中華古籍保護計劃

ZHONG HUA GU JI BAO HU JI HUA CHENG GUO

·成果·

廣東省佛山市圖書館等八家收藏單位古籍普查登記目録

全國古籍普查登記目録

國家圖書館出版社
National Library of China Publishing House

圖書在版編目(CIP)數據

廣東省佛山市圖書館等八家收藏單位古籍普查登記目録/《廣東省佛山市圖書館等八家收藏單位古籍普查登記目録》編委會編. --北京:國家圖書館出版社,2018. 11
(全國古籍普查登記目録)
ISBN 978 -7 -5013 -6588 -3

Ⅰ. ①廣… Ⅱ. ①廣… Ⅲ. ①公共圖書館—古籍—圖書館目録—佛山 Ⅳ. ①Z838

中國版本圖書館 CIP 數據核字(2018)第 223910 號

書　　名　廣東省佛山市圖書館等八家收藏單位古籍普查登記目録
著　　者　《廣東省佛山市圖書館等八家收藏單位古籍普查登記目録》編委會　編
責任編輯　張珂卿

出　　版　國家圖書館出版社(100034　北京市西城區文津街 7 號)
(原書目文獻出版社　北京圖書館出版社)
發　　行　010 -66114536　66126153　66151313　66175620
66121706(傳真)　66126156(門市部)
E-mail　nlcpress@ nlc. cn(郵購)
Website　www. nlcpress. com→投稿中心
經　　銷　新華書店
印　　裝　河北三河弘翰印務有限公司
版　　次　2018 年 11 月第 1 版　2018 年 11 月第 1 次印刷

開　　本　787 × 1092(毫米)　1/16
印　　張　33
字　　數　700 千字

書　　號　ISBN 978 -7 -5013 -6588 -3
定　　價　330. 00 圓

《全國古籍普查登記目録》

工作委員會

《全國古籍普查登記目録》

序 言

全國古籍普查登記工作是“中華古籍保護計劃”的首要任務，是全面開展古籍搶救、保護和利用工作的基礎，也是有史以來第一次由政府組織、參加收藏單位最多的全國性古籍普查登記工作。

2007 年國務院辦公廳發布《關於進一步加强古籍保護工作的意見》（國辦發[2007]6 號），明確了古籍保護工作的首要任務是對全國公共圖書館、博物館和教育、宗教、民族、文物等系統的古籍收藏和保護狀況進行全面普查，建立中華古籍聯合目録和古籍數字資源庫。2011 年 12 月，文化部下發《文化部辦公廳關於加快推進全國古籍普查登記工作的通知》（文辦發[2011]518 號），進一步落實了全國古籍普查登記工作。根據文化部 2011 年 518 號文件精神，國家古籍保護中心擬訂了《全國古籍普查登記工作方案》，進一步規範了古籍普查登記工作的範圍、内容、原則、步驟、辦法、成果和經費。目前進行的全國古籍普查登記工作的中心任務是通過每部古籍的身份證——“古籍普查登記編號”和相關信息，建立古籍總臺賬，全面瞭解全國古籍存藏情況，開展全國古籍保護的基礎性工作，加强各級政府對古籍的管理、保護和利用。

《全國古籍普查登記工作方案》規定了全國古籍普查登記工作的三個主要步驟：一、開展古籍普查登記工作；二、在古籍普查登記基礎上，編纂出版館藏古籍普查登記目録，形成《全國古籍普查登記目録》；三、在古籍普查登記工作基本完成的前提下，由省級古籍保護中心負責編纂出版本省古籍分類聯合目録《中華古籍總目》分省卷，由國家古籍保護中心負責編纂出版《中華古籍總目》統編卷。

在黨和政府領導下，在各地區、各有關部門和全社會共同努力下，古籍普查登記工作得以扎實推進。古籍普查已在除臺、港、澳之外的全國各省級行政區域開展，普查内容除漢文古籍外，還包括各少數民族文字古籍，特别是於 2010 年分别啓動了新疆古籍保護和西藏古籍保護專項，因地制宜，開展古籍普查登記工作；國家古籍保護中心研製的“全國古籍普查登記平臺”已覆蓋到全國各省級古籍保護中心，并進一步研發了“中華古籍索引庫”，爲及時展現古籍普查成果提供有力支持；截至目前，已有 11375 部古籍進入《國家珍貴古籍名録》，浙江、江蘇、山東、河北等省公布了省級《珍貴古籍名録》,古籍分級保護機制初步形成。

《全國古籍普查登記目録》是古籍普查工作的階段性成果,旨在摸清家底,揭示館藏,反映古籍的基本信息。原則上每申報單位獨立成冊,館藏量少不能獨立成冊者,則在本省範圍内幾個館目合并成冊。無論獨立成冊還是合并成冊,均編製獨立的書名筆畫索引附於書後。著録的必填基本項目有:古籍普查登記編號、索書號、題名卷數、著者(含著作方式)、版本、冊數及存缺卷數。其他擴展項目有:分類、批校題跋、版式、裝幀形式、叢書子目、書影、破損狀況等。有條件的收藏單位多著録的一些擴展項目,也反映在《全國古籍普查登記目録》上。目録編排按古籍普查登記編號排序,内在順序給予各古籍收藏單位較大自由度,可按分類排列古籍普查登記編號,也可按排架號、按同書名等排列古籍普查登記編號,以反映各館特色。

此次全國古籍普查登記工作,克服了古籍數量多、普查人員少、普查難度大等各種困難,也得到了全國古籍保護工作者的極大支持。在古籍普查登記過程中,國家古籍保護中心、各省古籍保護中心爲此舉辦了多期古籍普查、古籍鑒定、古籍普查目録審校等培訓班,全國共1600餘家單位參加了培訓,爲古籍普查登記工作培養了大量人才。同時在古籍普查登記工作中,也鍛煉了普查員的實踐能力,爲將來古籍保護事業發展奠定了良好的基礎。

《全國古籍普查登記目録》的出版,將摸清我國古籍家底,爲古籍保護和利用工作提供依據,也將是古籍保護長期工作的一個里程碑。

國家古籍保護中心
2013年10月

《全國古籍普查登記目録》

編纂凡例

一、收録範圍爲我國境内各收藏機構或個人所藏，産生於 1912 年以前，具有文物價值、學術價值和藝術價值的文獻典籍，包括漢文古籍和少數民族文字古籍以及甲骨、簡帛、敦煌遺書、碑帖拓本、古地圖等文獻。其中，部分文獻的收録年限適當延伸。

二、以各收藏機構爲分册依據，篇幅較小者，適當合并出版。

三、一部古籍一條款目，複本亦單獨著録。

四、著録基本要求爲客觀登記、規範描述。

五、著録款目包括古籍普查登記編號、索書號、題名卷數、著者、版本、册數、存缺卷等。古籍普查登記編號的組成方式是：省級行政區劃代碼—單位代碼—古籍普查登記順序號。

六、以古籍普查登記編號順序排序。

《廣東省古籍普查登記目録》

工作委員會

主　任： 劉洪輝　倪俊明

副主任： 林　鋭　肖　玲　蔣志華

委　員： 謝　暉　張淑瓊　榮子菡　郭祥文　羅焕好　李　媚

《廣東省佛山市圖書館等八家收藏單位古籍普查登記目録》

編委會

主　編: 劉洪輝　倪俊明

副主編: 林　鋭　肖　玲　蔣志華　謝　暉

編　委: 王纓纓　屈義華　李東來　莫艷紅　蔡曉絢　胡　露

李列章　孔曉明

參編單位及人員:

廣東省汕頭市圖書館: 張武强　林小山　陳佳瑜　吴　川

廣東省佛山市圖書館: 劉淑萍　鄧雅琴　廖　菲

廣東省東莞圖書館: 蔡　冰　鍾敬忠　龐宏廣

廣東省江門市新會區景堂圖書館: 袁梅梅　譚紅霞

鍾艷慶

廣東省廣州圖書館: 李鶯鶯　譚麗瓊　曾海燕　張顯慧

彭　沉　歐陽勇俊

韓山師範學院圖書館: 藍宗輝　陳俊華

廣東省汕頭市金山中學: 吴進南

廣東外語外貿大學圖書館: 錢國富

《廣東省佛山市圖書館等八家收藏單位古籍普查登記目録》

前　言

《廣東省佛山市圖書館等八家收藏單位古籍普查登記目録》是繼《暨南大學圖書館古籍普查登記目録》後廣東省第二部古籍普查登記目録，收録汕頭市圖書館、佛山市圖書館、東莞圖書館、江門市新會區景堂圖書館、廣州圖書館、韓山師範學院圖書館、汕頭市金山中學和廣東外語外貿大學圖書館共八家收藏單位的古籍數據6726條，著録文獻爲1912年以前面世的漢文刻本、活字印本、抄本、稿本等，著録項包括普查編號、索書號、題名卷數、著者、版本、册數、存卷等，目録後附書名筆畫索引。本册普查登記目録反映了上述八家收藏單位的古籍概況，也是廣東省市區級圖書館及學校圖書館古籍收藏狀況的一個縮影。

廣東省古籍普查工作開始於2008年，10年來，在國家古籍保護中心和廣東省文化廳的指導幫助下，廣東省古籍保護中心積極協調組織全省各古籍收藏單位開展古籍普查工作，并以科研立項推動古籍普查。2013年，廣東省古籍保護中心組織廣東省26家古籍收藏單位立項，2016年底，暨南大學圖書館等11家單位完成結項，2018年，其餘15家單位也在陸續結項，廣東全省絶大多數單位已基本完成古籍普查任務，全省古籍普查工作總體進入數據審核階段。

從本册古籍普查登記目録，可見廣東省各收藏單位古籍藏量參差不齊。八家收藏單位中，佛山市圖書館著録古籍2577條、廣州圖書館1475條、江門市新會區景堂圖書館1185條、汕頭市圖書館659條、汕頭市金山中學379條、東莞圖書館321條、韓山師範學院圖書館113條、廣東外語外貿大學圖書館17條。八家收藏單位中，明代刻本、木活字印本、抄本和鈐印本藏量最多者爲廣州圖書館，其次爲佛山市圖書館，套印本以佛山市圖書館爲最多，江門市新會區景堂圖書館和汕頭市圖書館等單位也有一定藏量的珍貴善本和特色古籍。佛山市圖書館、廣州圖書館、江門市新會區景堂圖書館、汕頭市圖書館、汕頭市金山中學和韓山師範學院圖書館已被評爲“廣東省古籍重點保護單位”。

本册目録收録古籍總體有如下特點：

一、不乏珍貴善本。本書共收明代文獻162部、嘉慶以前的清代文獻543部。6

部文獻入選第二批和第三批《國家珍貴古籍名録》，依次爲明萬曆凌毓枏刻朱墨套印本《楚辭》十七卷附録一卷（佛山市圖書館）、清吴榮光稿本《石雲山人自書詩稿》不分卷（佛山市圖書館）、明嘉靖八年（1529）信士羅貴等刻本《高上玉皇本行集經》三卷（廣州圖書館），明萬曆刻本《古史》六十卷（廣州圖書館）、明嘉靖四十三年（1564）刻本《大學衍義通略》三十卷（江門市新會區景堂圖書館）、明崇禎七年（1634）刻暨鈐印本《學山堂印譜》八卷序一卷（佛山市圖書館）。139 部文獻入選《廣東省珍貴古籍名録》。

二、特色版本較多。本册共有木活字印本 151 部、套印本 155 部、鈐印本 40 部、抄本 117 部、稿本 22 部。

三、内容豐富。涵蓋經、史、子、集、叢各部及新學，以子部和集部文獻較多。粤版書和地方文獻至少占 20%。

四、本册大部分爲清中期以後的文獻，超過半數文獻出自光緒和宣統年間，石印（影印）本和鉛印本數量不小，約 1500 多部。

本册各家收藏單位編製古籍普查登記目録，大都在各自館藏舊目録基礎上完成。普查過程中，各家著録人員認真核查原有目録，重新鑒定各書版本，基本摸清了家底。一方面，從普通古籍中發現一些珍貴善本；另一方面，也將一定數量的民國綫裝書剔除，由此出現上報古籍藏量數字前後不一致的現象，亦在所難免。古籍普查登記工作不僅全面梳理了各收藏單位的古籍情況，也對推動全省古籍保護與研究工作起到積極作用。在完成古籍普查登記目録之後，各家收藏單位將繼續開發整理古文獻資源，提高古籍利用率，同時改善各古籍庫房條件，加大古籍修復與人員培訓力度，將古籍保護工作更好地持久開展下去。

本册古籍普查登記目録既是各家著録人員的工作成果，也包含前輩館員的基礎性貢獻，廣東省古籍保護中心人員對目録逐條審核，校正了錯漏。本册目録彙總後，承蒙出版社責任編輯彌補缺失，在此謹致謝忱。書目中瑕疵或難盡除，亦盼方家不吝指正。

廣東省古籍保護中心

2018 年 11 月 8 日

目　録

廣東省汕頭市圖書館古籍普查登記目録

全國古籍普查登記目録

國家圖書館出版社
National Library of China Publishing House

440000－2503－0000001　101/4123
十三經注疏三百三十三卷　(明)□□輯　明崇禎虞山毛氏汲古閣刻清乾隆四十年(1775)虞山席世宣補刻本　八十六冊　缺四十八卷(尚書注疏十二至十四、毛詩注疏十六、禮記注疏十四至二十四、春秋左傳注疏二十八至六十)

440000－2503－0000002　101/4123/2
重刊宋本十三經注疏四百十六卷附校勘記四百十六卷　(清)阮元撰校勘記　(清)盧宣旬摘錄　**校勘記識語四卷**　(清)汪文臺撰　清光緒十三年(1887)上海脈望仙館石印本　三十冊　缺三十八卷(禮記注疏校勘記一至二十三、左傳注疏十六至三十)

440000－2503－0000003　101/4123/2(2)
重刊宋本十三經注疏四百十六卷附校勘記四百十六卷　(清)阮元撰校勘記　(清)盧宣旬摘錄　**校勘記識語四卷**　(清)汪文臺撰　清光緒十三年(1887)上海脈望仙館石印本　二十九冊　缺一百十六卷(禮記注疏四十四至六十三,春秋公羊傳注疏十九至二十八、春秋公羊傳注疏校勘記一至二十八,論語注疏一至二十、論語注疏校勘記一至二十,孝經注疏一至九、孝經注疏校勘記一至九)

440000－2503－0000004　101/4123/3
十三經注疏並校勘記一百五十卷　(清)阮元撰校勘記　(清)盧宣旬摘錄　**校勘記識語四卷**　(清)汪文臺撰　清光緒二十四年(1898)上海點石齋石印本　三十冊　缺六卷(周禮注疏一至三、春秋左傳注疏七至九)

440000－2503－0000005　101/7110
皇清經解一千四百卷　(清)阮元編　清學海堂刻本　十三冊　存八十三卷(二百八至二百二十四、三百三十至三百五十三、一千七十五至一千一百十六)

440000－2503－0000006　101/2583
皇朝五經彙解二百七十卷　朱鏡清輯　清光緒十九年(1893)上海同文書局石印本　十一冊　存一百五十四卷(一至一百二、一百十七至一百六十八)

440000－2503－0000007　101/7052
五經味根錄三十八卷首五卷　(清)關掞生輯　清光緒上海同文書局石印本　八冊　存十八卷(易經二至三;詩經一至二、四,首一卷;春秋十二至十四;禮記一至八、首一卷)

440000－2503－0000008　101/8040
第一樓叢書三十卷　(清)俞樾撰　清光緒二十五年(1899)刻春在堂全書叢書本　八冊

440000－2503－0000009　102/1290
漢魏二十一家易注三十三卷　(清)孫堂輯　清平湖孫氏映雪草堂刻本　五冊

440000－2503－0000010　102/2540
周易本義四卷　(宋)朱熹本義　清刻本　二冊

440000－2503－0000011　102/5082
新刻來瞿唐先生易註十五卷首一卷末一卷　(明)來知德撰　(清)高奣映鑒定　(清)淩夫純原點　清同治九年(1870)刻本　十一冊　缺二卷(四至五)

440000－2503－0000012　102/4438
象數論六卷　(清)黃宗羲撰　清光緒廣雅書局刻本　三冊

440000－2503－0000013　102/8333
田間易學不分卷　(清)錢澄之撰　清刻本　七冊

440000－2503－0000014　102/4094
御纂周易折中二十二卷首一卷　(清)李光地等撰　清康熙五十四年至五十五年(1715－1716)刻乾隆七年(1742)重印本　十一冊　缺一卷(十二)

440000－2503－0000015　102/4742
易說十二卷便錄一卷　(清)郝懿行撰　清光緒八年(1882)東路廳署刻郝氏遺書本　四冊

440000－2503－0000016　102/4442
易經精華六卷首一卷末一卷　(清)薛嘉穎撰　(清)陳龍標編輯　清同治元年(1862)光韙

堂刻本(卷首原缺)　二册

440000－2503－0000017　102/2183

周易鏡十卷圖説一卷學易管窺二卷　(清)何毓福註釋　清光緒十年(1884)鐵嶺何氏刻本　十三册

440000－2503－0000018　103/4430

書經集傳六卷　(宋)蔡沈集傳　清刻本　三册

440000－2503－0000019　103/6032

寫定尚書不分卷　(清)吴汝綸寫定　清光緒十八年(1892)桐城吴氏家塾石印本　一册

440000－2503－0000020　104/2540

詩經集傳八卷　(宋)朱熹集傳　清刻本　一册　存二卷(一至二)

440000－2503－0000021　104/1782

詩經繹參四卷　(清)鄧翔著　清同治六年(1867)刻朱墨套印本　四册

440000－2503－0000022　104/8333

田間詩學不分卷　(清)錢澄之述　清刻本　八册

440000－2503－0000023　104/4442

詩經精華十卷　(清)薛嘉穎纂輯　清刻本　一册　存三卷(五至七)

440000－2503－0000024　105/7530

禮記集説十卷　(元)陳澔集説　清刻本　十册

440000－2503－0000025　105/2141

賡和錄二卷　(清)何夢瑶撰　清道光三十年(1850)南海伍氏粤雅堂文字歡娱室刻嶺南遺書本　二册

440000－2503－0000026　105/3140

樂縣考二卷　(清)江藩撰　清咸豐四年(1854)南海伍氏刻粤雅堂叢書本　一册

440000－2503－0000027　105/3190

樂經律吕通解五卷　(清)汪烜撰　清同治元年(1862)南海伍氏刻粤雅堂叢書本　三册

440000－2503－0000028　106/4410

春秋左傳五十卷　(晉)杜預註　(唐)陸德明音義　清末商務印書館石印本　十一册　存四十八卷(三至五十)

440000－2503－0000029　106/4440

如西所刻諸名家評點春秋綱目左傳句解六卷　(清)韓菼重訂　清光緒十八年(1892)刻本　一册　存一卷(一)

440000－2503－0000030　106/4410/2

春秋經傳集解三十卷　(晉)杜預集傳　清刻本　九册　存二十七卷(一至二十五、二十九至三十)

440000－2503－0000031　108/7230

四書恒解□□卷　(清)劉沅輯註　清光緒十年(1884)刻槐軒全書本　一册　存一卷(大學)

440000－2503－0000032　108/2540/2

孟子集註七卷　(宋)朱熹集註　清刻本　三册

440000－2503－0000033　108/2540/4

四書朱子本義匯參不分卷　(宋)朱熹章句　(清)王步青輯　清光緒十五年(1889)上海廣百宋齋鉛印本　九册

440000－2503－0000034　108/2540/5

四書集註十九卷　(宋)朱熹集註　清光緒三十二年(1906)上海商務印書館鉛印本　二册　存十卷(論語一至十)

440000－2503－0000035　108/4060

四書反身錄八卷首一卷　(清)李顒撰　清刻本　三册　存六卷(三至八)

440000－2503－0000036　109/8732

六經圖二十四卷　(清)鄭之僑編輯　清乾隆九年(1744)述堂刻本　十一册　缺二卷(九至十)

440000－2503－0000037　109/8732/(2)

六經圖二十四卷　(清)鄭之僑編輯　清乾隆九年(1744)述堂刻本　十二册

440000－2503－0000038　109/7210

相臺書塾刊正九經三傳沿革例一卷　(宋)岳珂撰　**元真子一卷**　(唐)張志和撰　清乾隆至道光長塘鮑氏刻知不足齋叢書本　一册

440000－2503－0000039　109/4427

經訓比義三卷　(清)黄以周述　清光緒二十二年(1896)南菁講舍刻本　三册

440000－2503－0000040　110/2880

説文解字通釋四十卷　(五代)徐鍇撰　清光緒九年(1883)江蘇書局影宋刻本　八册

440000－2503－0000041　110/7714

説文解字注三十二卷　(清)段玉裁注　**附部目分韻一卷**　(清)陳煥編　清宣統二年(1910)上海江左書林石印本　二册　缺二十二卷(七至二十八)

440000－2503－0000042　110/7714/2

説文解字注三十二卷　(清)段玉裁注　**附部目分韻一卷**　(清)陳煥編　清末石印本　四册　存二十一卷(説文解字注九至十二、十五至三十,部目分韻一卷)

440000－2503－0000043　110/4420

説文解字義證五十卷　(清)桂馥撰　清同治九年(1870)湖北崇文書局刻本　三十一册　缺一卷(三十三)

440000－2503－0000044　110/5374

漢學諧聲二十四卷　(清)戚學標撰　清嘉慶刻本　七册　缺三卷(十八至二十)

440000－2503－0000045　110/4206

説文校議三十卷　(清)姚文田　(清)嚴可均撰　清同治十三年(1874)歸安姚氏刻本　六册

440000－2503－0000046　110/8741

段氏説文注訂八卷　(清)鈕樹玉撰　清道光三年(1823)鈕氏非石居刻同治五年(1866)碧螺山館修補本　四册

440000－2503－0000047　110/8741/2

説文新附考六卷續考一卷　(清)鈕樹玉撰　清鈕氏非石居刻同治七年(1868)碧螺山館修補本　二册

440000－2503－0000048　110/8741/3

説文解字校録十五卷　(清)鈕樹玉撰　清光緒十一年(1885)江蘇書局刻本　十四册

440000－2503－0000049　110/2075

説文解字述誼二卷　(清)毛際盛撰　清光緒二十七年(1901)貴池劉氏刻聚學軒叢書本　二册

440000－2503－0000050　110/3104

説文辨疑一卷　(清)顧廣圻撰　**周秦名字解故補一卷**　(清)王萱齡撰　清光緒貴池劉氏刻聚學軒叢書本　一册

440000－2503－0000051　110/1080

説文繫傳校録三十卷　(清)王筠撰　清咸豐七年(1857)王彦桐刻本　三册

440000－2503－0000052　110/1080/2

説文釋例二十卷　(清)王筠撰　清道光十七年(1837)刻同治四年(1865)印本　十二册

440000－2503－0000053　110/1080/3

説文釋例補正二十卷　(清)王筠續纂　清道光十七年(1837)刻同治四年(1865)印本　一册

440000－2503－0000054　110/1080/4

説文解字句讀三十卷　(清)王筠撰　清刻本　十四册　存二十八卷(三至三十)

440000－2503－0000055　110/1080/5

句讀補正三十卷　(清)王筠撰　清咸豐刻本　一册　存二十八卷(一至二十八)

440000－2503－0000056　110/4440

苗氏説文四種　(清)苗夔撰　清道光至咸豐壽陽祁氏漢專亭刻本　八册

440000－2503－0000057　110/8710

説文逸字二卷附録一卷　(清)鄭珍撰　清咸豐八年(1858)湖南經濟書堂刻本　二册

440000－2503－0000058　110/1030

説文外編十五卷補遺一卷　(清)雷浚撰　附

劉氏碎金一卷　(清)劉禧延撰　清同治至光緒二年(1876)吳縣雷氏刻雷刻八種本　六册

440000－2503－0000059　110/7500
說文諧聲孳生述一卷　(清)陳立撰　清光緒二十六年(1900)南陵徐氏積學齋刻鄦齋叢書本　一册

440000－2503－0000060　110/7510
說文引經攷證八卷　(清)陳瑑撰　(清)徐郙參校　清同治十三年(1874)湖北崇文書局刻本　二册

440000－2503－0000061　110/1140
復古編二卷　(宋)張有撰　**校正一卷附錄一卷**　(清)葛鳴陽撰　**曾樂軒稿一卷**　(宋)張維撰　**安陸集一卷**　(宋)張先撰　清光緒八年(1882)淮南書局刻本　三册

440000－2503－0000062　110/5040
漢隸字源五卷碑目一卷　(宋)婁機撰　清光緒歸安姚氏咫進齋刻本　六册

440000－2503－0000063　110/1115
康熙字典十二卷檢字一卷辨似一卷等韻一卷總目一卷備考一卷補遺一卷　(清)張玉書等纂　(清)奕繪等重修　清道光七年(1827)刻本　四十册

440000－2503－0000064　110/1115/2
康熙字典十二卷總目一卷檢字一卷辨似一卷等韻一卷備考一卷補遺一卷　(清)張玉書等纂　清光緒十八年(1892)點石齋石印本　六册

440000－2503－0000065　110/1115/2(2)
康熙字典十二卷總目一卷檢字一卷辨似一卷等韻一卷備考一卷補遺一卷　(清)張玉書等纂　清光緒石印本　五册　缺二卷(康熙字典十至十一)

440000－2503－0000066　110/3102
鐘鼎字源五卷附錄一卷　(清)汪立名輯　清光緒二年(1876)刻本　三册

440000－2503－0000067　110/3144
隸辨八卷　(清)顧藹吉撰　清乾隆八年(1743)天都黃晟刻本　八册

440000－2503－0000068　110/4069
選集漢印分韻二卷　(清)袁日省原本　(清)謝雲生摹錄　**續集漢印分韻二卷**　(清)謝景卿纂摹　清嘉慶二年至八年(1797－1803)漱藝堂刻本　四册

440000－2503－0000069　110/4420/2
繆篆分韻五卷補五卷　(清)桂馥輯　清光緒歸安姚氏咫進齋刻本　三册

440000－2503－0000070　110/0131
字學舉隅不分卷　(清)龍啓瑞撰　清道光二十四年(1844)刻本　一册

440000－2503－0000071　110/4687
四書五經集字備校十二卷　(清)楊錫隆輯　清嘉慶二十五年(1820)北隴傳述軒刻本　四册　缺二卷(五經春秋一卷、禮記一卷)

440000－2503－0000072　110/3240
楷法溯源十四卷目錄一卷　(清)潘存輯　楊守敬編　清光緒三年(1877)刻本　十五册

440000－2503－0000073　110/8308
隸通二卷　(清)錢慶曾撰　清光緒二十六年(1900)南陵徐氏刻鄦齋叢書本　二册

440000－2503－0000074　110/1200
古籀拾遺三卷坿宋政和禮器文字攷一卷　(清)孫詒讓記　清光緒十四年至十六年(1888－1890)瑞安孫氏刻經微室著書本　二册

440000－2503－0000075　110/7247
澄衷蒙學堂字課圖說四卷檢字一卷類字一卷　(清)劉樹屏撰　(清)吳子城繪圖　清光緒三十一年(1905)澄衷蒙學堂印書處石印本　三册　缺二卷(字課圖說一、三)

440000－2503－0000076　110/7247/2
澄衷蒙學堂字課圖說四卷檢字一卷類字一卷　(清)劉樹屏撰　(清)吳子城繪圖　清光緒三十二年(1906)石印本　四册　缺二卷(字

課圖說一、三）

440000－2503－0000077　110/7548
大宋重修廣韻五卷　（宋）陳彭年等撰　清影宋刻本　五册

440000－2503－0000078　110/2207
洪武正韻十六卷　（明）樂韶鳳　（明）宋濂等撰　明肅府刻本　十六册

440000－2503－0000079　110/1774
古今韻略五卷　（清）邵長蘅撰　清康熙三十五年（1696）宋犖刻本　六册

440000－2503－0000080　110/8346
聲類四卷　（清）錢大昕撰　**宋遼金元四史朔閏攷二卷**　（清）錢大昕撰　（清）錢侗增補　清道光二十九年至咸豐二年（1849－1852）南海伍氏刻粵雅堂叢書本　二册

440000－2503－0000081　110/4201
初學檢韻袖珍十二卷附佩文詩韻一卷　（清）姚文登輯　清刻本　二册

440000－2503－0000082　110/3631
詩韻全璧五卷初學檢韻一卷　（清）湯祥瑟輯　清光緒上海錦章書局石印本　六册

440000－2503－0000083　110/3631/（2）
詩韻全璧五卷初學檢韻一卷　（清）湯祥瑟輯　清光緒石印本　五册　缺一卷（詩韻全璧一）

440000－2503－0000084　110/8060
詩韻集成十卷　（清）余照輯　清末石印本　一册　存二卷（八至九）

440000－2503－0000085　110/1134
韻字釋同廣義六卷　（清）張對墀撰　清嘉慶刻本　二册

440000－2503－0000086　110/4239
經韻集字析解二卷　（清）彭良敞撰　清光緒三年（1877）刻本　二册

440000－2503－0000087　110/0710
爾雅注疏并校勘記二卷　（晉）郭璞注　（宋）邢昺疏　（清）阮元校勘記　清光緒十三年（1887）點石齋石印本　一册

440000－2503－0000088　110/0710/2
爾雅注疏二卷附校勘記二卷　（晉）郭璞注　（宋）邢昺疏　（清）阮元校勘記　清光緒二十九年（1903）點石齋印書局石印本　一册

440000－2503－0000089　110/1181
廣釋名二卷首一卷　（清）張金吾撰　清咸豐十年（1860）南海伍氏刻粵雅堂叢書本　一册

440000－2503－0000090　110/7110
經籍籑詁一百六卷首一卷　（清）阮元課集　清光緒十四年（1888）鴻文書局石印本　十六册

440000－2503－0000091　110/8320
輶軒使者絶代語釋别國方言箋疏十三卷　（清）錢繹撰　**校勘記一卷**　（清）何翰章撰　清光緒十六年（1890）廣雅書局刻本　二册　存七卷（一至三、五至七，校勘記一卷）

440000－2503－0000092　110/4644
客話本字一卷附録一卷　（清）楊恭桓著　清光緒三十三年（1907）刻本　二册

440000－2503－0000093　201/1773
史記一百三十卷　（漢）司馬遷撰　（南朝宋）裴駰注　清光緒四年（1878）金陵書局刻本　十六册

440000－2503－0000094　201/1773/2
史記一百三十卷　（漢）司馬遷撰　（南朝宋）裴駰集解　（唐）司馬貞索隱　清羊城駱氏翰墨園刻本　三十册

440000－2503－0000095　201/4436
史記菁華録六卷　（清）姚祖恩撰　清光緒九年（1883）廣州翰墨園刻朱墨套印本　六册

440000－2503－0000096　201/1160
漢書一百卷　（漢）班固撰　（唐）顔師古注　清同治八年（1869）金陵書局刻本　十七册

440000－2503－0000097　201/1160/2
漢書一百卷　（漢）班固撰　（唐）顔師古注　清同治十二年（1873）韓江書局刻本　二十

二册

440000－2503－0000098　201/4460
後漢書一百卷　(南朝宋)范曄撰　(唐)李賢注　**續漢書志三十卷**　(晉)司馬彪撰　(南朝梁)劉昭注補　清同治八年(1869)金陵書局刻本　十六册

440000－2503－0000099　201/4460/2
後漢書一百卷　(南朝宋)范曄撰　(唐)李賢注　**續漢書志三十卷**　(晉)司馬彪纂　(南朝梁)劉昭註補　清同治十二年(1873)韓江書局刻本　十八册

440000－2503－0000100　201/4460/3
後漢書一百卷　(南朝宋)范曄撰　(唐)李賢注　**續漢書志三十卷**　(晉)司馬彪撰　(南朝梁)劉昭注補　清光緒十三年(1887)金陵書局刻本　二册　存十卷(後漢書一至四、二十六至三十一)

440000－2503－0000101　201/7540
三國志六十五卷　(晉)陳壽撰　(南朝宋)裴松之注　清金陵書局刻本　七册　存六十卷(六至六十五)

440000－2503－0000102　201/3002
晉書一百三十卷　(唐)房玄齡等纂　清金陵書局刻本　五册　存三十一卷(二十二至五十二)

440000－2503－0000103　201/3420
宋書一百卷　(南朝梁)沈約撰　清同治十一年(1872)金陵書局刻本　十六册

440000－2503－0000104　201/3420/2
宋書一百卷　(南朝梁)沈約撰　清同治金陵書局刻本　八册　存四十八卷(十七至五十七、六十七至七十三)

440000－2503－0000105　201/4416
南齊書五十九卷　(南朝梁)蕭子顯撰　清同治十三年(1874)金陵書局刻本　六册

440000－2503－0000106　201/4260
梁書五十六卷　(唐)姚思廉撰　清同治十三年(1874)金陵書局刻本　六册

440000－2503－0000107　201/4260/(2)
梁書五十六卷　(唐)姚思廉撰　清金陵書局刻本　一册　存六卷(一至六)

440000－2503－0000108　201/4260/2
陳書三十六卷　(唐)姚思廉撰　清同治十一年(1872)金陵書局刻本　四册

440000－2503－0000109　201/4260/2(2)
陳書三十六卷　(唐)姚思廉撰　清同治十一年(1872)金陵書局刻本　三册　存二十八卷(一至二十八)

440000－2503－0000110　201/2620
魏書一百十四卷　(北齊)魏收撰　清同治十一年(1872)金陵書局刻本　十九册　缺七卷(三十八至四十四)

440000－2503－0000111　201/2620/(2)
魏書一百十四卷　(北齊)魏收撰　清金陵書局刻本　十五册　存八十九卷(七至十八、二十二至七十二、八十一至九十、九十七至一百十二)

440000－2503－0000112　201/4014
北齊書五十卷　(唐)李百藥撰　清同治十三年(1874)金陵書局刻本　四册

440000－2503－0000113　201/8052
周書五十卷　(唐)令狐德棻等撰　清同治十三年(1874)金陵書局刻本　二册　存二十一卷(一至八、二十四至三十六)

440000－2503－0000114　201/2620/2
隋書八十五卷　(唐)魏徵等撰　清同治十年(1871)淮南書局刻本　十六册

440000－2503－0000115　201/4014/2
南史八十卷　(唐)李延壽撰　清同治十一年(1872)金陵書局刻本　十一册　缺七卷(十一至十七)

440000－2503－0000116　201/4014/2(2)
南史八十卷　(唐)李延壽撰　清金陵書局刻本　三册　存二十三卷(二十五至三十二、四

十一至四十八、五十六至六十二)

440000－2503－0000117　201/4014/4
北史一百卷　(唐)李延壽撰　清同治十一年(1872)金陵書局刻本　二十册

440000－2503－0000118　201/4014/4(2)
北史一百卷　(唐)李延壽撰　清金陵書局刻本　五册　存三十二卷(四至八、十三至三十二、二十八至三十四)

440000－2503－0000119　201/7260/2
舊唐書二百卷　(五代)劉昫等撰　清刻本　二十三册　存一百二十五卷(十九至二十五、五十五至六十八、九十一至一百六十三、一百七十至二百)

440000－2503－0000120　201/7260
舊唐書二百卷　(五代)劉昫等撰　清同治十一年(1872)浙江書局刻本　三十六册　缺十一卷(十三至二十三)

440000－2503－0000121　201/7772
唐書二百二十五卷　(宋)歐陽修　(宋)宋祁撰　清同治十二年(1873)浙江書局刻本　三十九册　缺十卷(八十五至九十四)

440000－2503－0000122　201/7772/(2)
唐書二百二十五卷　(宋)歐陽修　(宋)宋祁撰　清同治十二年(1873)浙江書局刻本　三十六册　缺二十五卷(六十九至七十、一百四十七至一百六十九)

440000－2503－0000123　201/4471
舊五代史一百五十卷目錄二卷　(宋)薛居正等撰　清同治十一年(1872)湖北崇文書局刻本　十六册

440000－2503－0000124　201/4471/(2)
舊五代史一百五十卷目錄二卷　(宋)薛居正等撰　清同治十一年(1872)湖北崇文書局刻本　十五册　缺九卷(七十四至八十二)

440000－2503－0000125　201/7772/2
五代史七十四卷　(宋)歐陽修撰　(宋)徐無黨注　清同治十一年(1872)湖北崇文書局刻本　八册

440000－2503－0000126　201/7772/3
五代史七十四卷　(宋)歐陽修撰　(宋)徐無黨注　清刻本　二册　存十七卷(二十四至三十三、五十二至五十八)

440000－2503－0000127　201/7870
宋史四百九十六卷目錄三卷　(元)脱脱等修　清光緒元年(1875)浙江書局刻本　九十九册　缺一卷(五十)

440000－2503－0000128　201/7870/(2)
宋史四百九十六卷目錄三卷　(元)脱脱等修　清光緒元年(1875)浙江書局刻本　九十七册　缺十三卷(六十八至七十五、一百八十二至一百八十六)

440000－2503－0000129　201/7870/2
遼史一百十五卷　(元)脱脱等修　清同治十二年(1873)江蘇書局刻本　十二册

440000－2503－0000130　201/7870/2(2)
遼史一百十五卷　(元)脱脱等修　清同治十二年(1873)江蘇書局刻本　十二册

440000－2503－0000131　201/1475
武英殿本二十三史考證不分卷　(清)□□撰　清刻本　一册　存遼史二十至一百十五、考證

440000－2503－0000132　201/8335
欽定遼史語解十卷　(清)□□撰　清刻本　一册　存五卷(六至十)

440000－2503－0000133　201/7870/4
金史一百三十五卷　(元)脱脱等修　清同治十三年(1874)江蘇書局刻本　二十册

440000－2503－0000134　201/7870/4(2)
金史一百三十五卷　(元)脱脱等修　清同治十三年(1874)江蘇書局刻本　二十册

440000－2503－0000135　201/3030
元史二百十卷　(明)宋濂等修　清刻本　四十册

440000－2503－0000136　201/3030/(2)

元史二百十卷　(明)宋濂等修　清刻本　三十二册　存一百七十一卷(三十五至四十一、四十七至二百十)

440000-2503-0000137　201/1111
明史三百三十二卷目録四卷　(清)張廷玉等修　清光緒三年(1877)湖北崇文書局刻本　八十册

440000-2503-0000138　201/1111/(2)
明史三百三十二卷目録四卷　(清)張廷玉等修　清光緒三年(1877)湖北崇文書局刻本　五十八册　存二百四十卷(一至十八、四十三至五十、七十至一百七十四、一百八十至一百九十、一百九十五至二百二、二百十三至二百二十三、二百二十九至二百六十一、二百七十七至二百八十二、二百八十七至三百十二、三百十六至三百十八、三百二十二至三百二十五、三百三十至三百三十二,目録四卷)

440000-2503-0000139　201/3420/3
國朝事略五卷　(清)[金陵江楚編譯官書局]編　清光緒三十三年(1907)廣東學務公所鉛印本　一册

440000-2503-0000140　202/1042
重訂王鳳洲先生綱鑑會纂四十六卷續宋元二十三卷　(明)王世貞纂　清末石印本　一册　存十七卷(續宋元一至十七)

440000-2503-0000141　202/2390
御批歷代通鑑輯覽一百二十卷　(清)傅恒等纂　清光緒二十九年(1903)上海通元書局石印本　十六册　存七十九卷(一至五、十三至十七、二十四至三十三、三十九至四十三、四十九至五十三、五十八至七十五、八十至九十八、一百二至一百十三)

440000-2503-0000142　202/2390/2
御批歷代通鑑輯覽一百二十卷　(清)傅恒等纂　清光緒三十年(1904)上海美華書館鉛印本　十六册　存七十七卷(一至五、十三至十七、二十九至四十八、五十四至五十七、六十三至七十一、七十六至一百二、一百十四至一百二十)

440000-2503-0000143　202/2390/3
御批歷代通鑑輯覽一百二十卷　(清)傅恒等纂　清末上海商務印書館鉛印本　二十一册　存六十二卷(一至七、二十五至三十二、三十九至五十六、七十三至七十五、七十九至八十四、八十八至九十九、一百三至一百七、一百十至一百十二)

440000-2503-0000144　202/6024
尺木堂綱鑑易知録九十二卷　(清)吴乘權等輯　清光緒二十七年(1901)上海文瑞樓鉛印本　八册　存五十一卷(一至四、十二至十八、二十六至三十二、四十至四十六、五十四至七十三、八十七至九十二)

440000-2503-0000145　202/1020
九朝東華録一百二十卷　王先謙編　清末石印本　四十二册

440000-2503-0000146　202/1020/2
十朝東華録五百二十五卷　王先謙編　清光緒二十五年(1899)石印本　十六册　存一百三十四卷(康熙朝三十九至五十五、七十二至九十,雍正朝一至十一,乾隆朝四十二至五十七、八十二至九十,嘉慶朝十二至十七、三十至三十七,道光朝十一至十五、二十五至三十一、四十三至五十一,咸豐朝十九至二十二、三十六至四十一、四十八至六十、八十三至八十六)

440000-2503-0000147　202/1020/3
同治朝東華續録一百卷　王先謙編　清末石印本　五册　存二十卷(十五至十七、四十四至四十七、六十八至七十五、八十七至九十一)

440000-2503-0000148　203/0726
蜀鑑十卷　(宋)郭允蹈撰　清末吴氏詒穀堂刻本　四册

440000-2503-0000149　203/1180
西夏紀事本末三十六卷首二卷　(清)張鑑撰　清光緒十一年(1885)金陵刻本　四册

440000-2503-0000150　203/8005

明史紀事本末八十卷 （清）谷應泰撰 清光緒十四年(1888)上海崇德堂鉛印本 六冊 存六十一卷(一至二十、三十四至六十六、七十三至八十)

440000－2503－0000151 203/3166
臺灣外記三十卷 （清）江日昇撰 清道光求無不獲齋木活字印本 一冊 存五卷(二十六至三十)

440000－2503－0000152 204/7533
荆駝逸史五十種附一種 （清）陳湖逸士編 清宣統三年(1911)中國圖書館石印本 八冊

440000－2503－0000153 204/2217
痛史 樂天居士輯 清宣統至民國上海商務印書館鉛印本 三十八冊 存二十種六十三卷(哭廟記略一卷,丁酉北闈大獄記略一卷,莊氏史案一卷、附秋思草堂遺集一卷,研堂見聞雜記一卷,思文大紀八卷,弘光實錄鈔四卷,淮城紀事一卷、附揚州變略一卷、京口變略一卷,崇禎長編二卷,浙東紀略一卷,嘉定縣乙酉紀事一卷,江上孤忠錄一卷、附孤忠後錄一卷,啓禎記聞錄八卷,海上見聞錄二,蜀記一卷,鹿樵紀聞三卷,隆武遺事一卷,客滇述一卷,守陨記略一卷、附大梁守城記一卷,甲申朝事小紀一至四、七至十九,湖西遺事一卷、附虔臺逸史一卷)

440000－2503－0000154 204/0734
稽古篇五十五卷 （明）郭之奇撰 清初刻本 一冊 存五卷(四十二至四十六)

440000－2503－0000155 204/7432
中朝故事一卷 （五代）尉遲偓撰 清光緒至民國南陵徐氏刻隨庵徐氏叢書本 一冊

440000－2503－0000156 204/2840
小腆紀年附攷二十卷 （清）徐鼒撰 清光緒四年(1878)刻本 十冊

440000－2503－0000157 204/3627
南疆繹史勘本三十卷首二卷 （清）溫睿臨撰 （清）李瑤勘定 **繹史摭遺十八卷卹謚攷八卷** （清）李瑤輯 清北京琉璃廠半松居士刻本 十四冊

440000－2503－0000158 204/1073
湘軍志十六篇 王闓運撰 清刻本 四冊

440000－2503－0000159 204/3314
南漢書十八卷考異十八卷文字略四卷叢錄二卷 （清）梁廷枏撰 清道光刻藤花亭十七種本 八冊

440000－2503－0000160 206/0014
歷代帝王年表不分卷 （清）齊召南撰 （清）阮福續 **帝王廟謚年諱譜一卷** （清）陸費墀撰 清道光刻本 二冊 存宋年表、元年表、明年表、五代十國契丹年表,帝王廟謚年諱譜一卷

440000－2503－0000161 206/0838
韻史二卷 （清）許遯翁著 **補一卷** （清）朱玉岑著 清光緒廣州雙門底九經閣刻本 二冊

440000－2503－0000162 207/2760
史通削繁四卷 （清）紀昀刪評 清道光十三年(1833)粤東翰墨園刻朱墨套印本 四冊

440000－2503－0000163 207/2760/2
史通削繁四卷 （清）紀昀刪評 清光緒元年(1875)湖北崇文書局刻本 四冊

440000－2503－0000164 207/0070
文史通義八卷 （清）章學誠撰 清光緒刻本 二冊 存四卷(五至八)

440000－2503－0000165 207/0070/2
文史通義八卷校讎通義三卷 （清）章學誠撰 清光緒十九年(1893)粤東菁華閣刻本 四冊 存八卷(文史通義八卷)

440000－2503－0000166 205/3241
廣州鄉賢傳四卷首一卷 （清）潘楳元輯 清同治刻本 四冊

440000－2503－0000167 205/6044
[福建]晉江靈水吴氏家譜二十七卷 （清）吴梓材等修 清宣統元年(1909)粤東留香齋刻本 七冊 存十八卷(一、九至二十一、二十

三至二十六)

440000－2503－0000168　205/3193

史姓韻編六十四卷　(清)汪輝祖輯　清光緒上海中西書局石印本　四册

440000－2503－0000169　205/4430

元和姓纂十卷　(唐)林寶撰　清光緒六年(1880)金陵書局刻本　一册　存三卷(一至三)

440000－2503－0000170　205/6427

四朝名臣言行別録□□卷　(□)□□纂　清刻本　一册　存九卷(五至十三)

440000－2503－0000171　205/4490

碧血録二卷　(明)黄煜輯　**附周端孝先生血疏帖黄册一卷**　(明)周茂蘭撰　清乾隆至道光長塘鮑氏刻知不足齋叢書本　一册

440000－2503－0000172　205/4438

宋元學案一百卷首一卷　(清)黄宗羲原本　(清)黄百家纂輯　(清)全祖望修定　清光緒五年(1879)刻本　三册　存八卷(一、十至十二、五十四至五十六,首一卷)

440000－2503－0000173　205/3140

國朝漢學師承記八卷宋學淵源記二卷經師經義目録一卷　(清)江藩纂　清咸豐四年(1854)南海伍氏刻粤雅堂叢書本　四册

440000－2503－0000174　205/0440

忠武誌十卷　(清)張鵬翮輯　清刻本　一册　存三卷(五至七)

440000－2503－0000175　205/4480

韓[愈]柳[宗元]年譜八卷　(清)馬曰璐輯　清咸豐五年(1855)南海伍氏刻粤雅堂叢書本　二册

440000－2503－0000176　205/2540

朱子[熹]年譜四卷考異四卷附録二卷　(清)王懋竑撰　清乾隆十七年(1752)王氏白田草堂刻清末浙江書局補刻本　四册

440000－2503－0000177　205/0020

復堂日記(同治癸亥至光緒辛卯)八卷　(清)譚獻撰　清光緒十三年(1887)仁和譚氏刻半厂叢書初編本　二册

440000－2503－0000178　205/0520

廣東鄉試同年齒録(光緒癸卯恩科)不分卷　(清)□□輯　清末刻本　一册

440000－2503－0000179　208/2530

漢唐事箋前集十二卷後集八卷　(元)朱禮撰　**駁交記十二卷**　(明)張鏡心撰　(明)冒起宗訂　清光緒元年(1875)南海伍氏刻粤雅堂叢書本　四册　缺十卷(駁交記三至十二)

440000－2503－0000180　208/4385

九通全書二千三百二十一卷　(清)□□輯　清光緒二十八年(1902)貫吾齋石印本　一百十一册　存一千九百五十一卷(通典一至二十四、四十九至一百四,通志一至二百,欽定續通志一至六百四十,文獻通考一至三百四十八,欽定續文獻通考一至二百五十,皇朝通志一至一百二十六,皇朝文獻通考一至三百,欽定叁通考證一至七)

440000－2503－0000181　208/4380

九通全序不分卷　(清)□□輯　清光緒二十八年(1902)貫吾齋石印本　二册

440000－2503－0000182　208/2810

西漢會要七十卷　(宋)徐天麟撰　清光緒五年(1879)嶺南學海堂刻本　六册　缺三十卷(二十九至五十八)

440000－2503－0000183　208/6070

欽定大清會典事例一千二百二十卷目録八卷　(清)崑岡等修　清末石印本　二百二十八册　存八百三十卷(一至四十四、四十八至五十三、五十六至一百三十七、一百四十二至二百十三、二百三十二至二百七十一、二百七十六至三百六十五、三百八十四至三百八十八、三百九十七至四百十四、四百三十三至四百九十八、五百二十四至五百四十一、六百十四至六百三十六、六百五十五至六百九十、六百九十五至七百三、七百二十三至七百五十三、七百五十七至七百六十五、八百二十二至八百三十七、八百八十七至八百九十九、九百二

十四至九百六十二、九百九十八至一千一、一千五至一千二百五，目錄八卷）

440000－2503－0000184　208/6070/2
欽定大清會典圖二百七十卷首一卷　（清）崑岡等修　清末石印本　六册　存二十一卷（一至二十、首一卷）

440000－2503－0000185　208/0531
廣東財政説明書十六卷　（清）廣東清理財政局編訂　清宣統二年（1910）鉛印本　十四册　缺二卷（四、十二）

440000－2503－0000186　208/0534
廣東各府廳州縣調查戶口辦事細則不分卷　廣東巡警道編　清宣統元年（1909）廣東學務公所印刷處鉛印本　一册

440000－2503－0000187　208/0534/2
廣東巡警道編定調查戶口白話演講文不分卷　廣東巡警道編　清宣統鉛印本　一册

440000－2503－0000188　208/4640
各國度量權衡考一卷　（清）楊楧編　**各國三品貨幣表一卷**　（清）楊楧編　（清）徐同藺增輯　清光緒武備學堂鉛印本　一册

440000－2503－0000189　208/4435
滇緬劃界圖説一卷　（清）薛福成撰　清光緒二十八年（1902）無錫傳經樓石印本　一册

440000－2503－0000190　208/2547
駁案彙編四十一卷　（清）朱梅臣輯　清光緒圖書集成局鉛印本　五册　存十九卷（新編一至十五、續編六至七、秋審比較彙案一至二）

440000－2503－0000191　208/7220
劉委員丙午查覆嘉應商學案彙刻不分卷　（清）劉徵撰　清光緒鉛印本　一册

440000－2503－0000192　208/4920
朝野類要五卷　（宋）趙升撰　清乾隆至道光長塘鮑氏刻知不足齋叢書本　一册

440000－2503－0000193　208/1066
撫吳公牘五十卷　（清）丁日昌撰　清丁氏百蘭山館抄本　三册　存十五卷（六至十五、三十六至四十）

440000－2503－0000194　209/2130
漢官舊儀二卷補遺一卷　（漢）衛宏撰　清刻本　一册

440000－2503－0000195　209/3430
翰苑群書二卷　（宋）洪遵輯　清乾隆至道光長塘鮑氏刻知不足齋叢書本　二册

440000－2503－0000196　209/3448
槐廳載筆二十卷　（清）法式善撰　清嘉慶刻本　六册

440000－2503－0000197　212/2299
潮陽縣民情一卷　（清）崔炳炎撰　清宣統石印本　一册

440000－2503－0000198　213.1/4033
李氏五種合栞二十五卷　（清）李兆洛撰　清光緒二十四年（1898）掃葉山房石印本　三册　存二十二卷（歷代地理韻編一至二十、皇朝輿地韻編一至二）

440000－2503－0000199　213.1/1083
小方壺齋輿地叢鈔十二帙補編十二帙再補編十二帙　（清）王錫祺輯　清光緒十七年至二十三年（1891－1897）上海著易堂鉛印本　七十六册　存一千三百四十三種

440000－2503－0000200　213.1/7203
楚漢諸侯疆域志三卷　（清）劉文淇撰　清光緒十五年（1889）廣雅書局刻本　一册

440000－2503－0000201　213.1/4050
括地志八卷　（唐）李泰等撰　清刻本　二册

440000－2503－0000202　213.1/4045
元和郡縣志四十卷　（唐）李吉甫纂　清刻本　一册　存三卷（三十五至三十七）

440000－2503－0000203　213.1/2250
太平寰宇記二百卷目錄二卷　（宋）樂史撰　清刻本　一册　存六卷（一百五十七至一百六十二）

440000－2503－0000204　213.1/1040

元豐九域志十卷　(宋)王存等撰　清刻本　一册　存一卷(九)

440000－2503－0000205　213.1/2610
大清一統志四百二十四卷　(清)和珅等纂修　清光緒二十八年(1902)上海寶善齋石印本　四十七册　存三百四十六卷(一至一百六十四、一百七十至一百七十六、一百八十二至二百二、二百十九至二百三十二、二百三十七至二百八十一、二百九十九至三百四、三百二十四至三百四十四、三百五十四至四百三、四百七至四百二十四)

440000－2503－0000206　213.1/3132
讀史方輿紀要一百三十卷輿地要覽四卷　(清)顧祖禹輯著　(清)彭元瑞校定　清光緒二十五年(1899)慎記書莊石印本　十八册

440000－2503－0000207　213.1/3132/2
讀史方輿紀要一百三十卷方輿全圖總說五卷　(清)顧祖禹輯著　清光緒二十七年(1901)圖書集成局鉛印暨石印本　二十五册　存一百九卷(讀史方輿紀要一至六十九、七十五至八十八、一百六至一百三十,方輿全圖總說一)

440000－2503－0000208　213.1/7548
皇朝直省地名韻語一卷　(清)陳樹鏞纂　(清)韓銘基補　清末刻本　一册

440000－2503－0000209　213.1/4420
皇朝直省府廳州縣歌括一卷　(清)蔣升撰　清光緒二十四年(1898)滬城土山灣慈母堂印書局鉛印本　一册

440000－2503－0000210　213.2/3020
[光緒]重修安徽通志三百五十卷補遺十卷　(清)吳坤修等修　(清)何紹基等纂　(清)盧士傑續修　(清)馮焯續纂　清光緒三年至七年(1877－1881)刻本　一百二十册

440000－2503－0000211　213.2/3020/2
[光緒]皖志便覽六卷　(清)李應玨著　清光緒刻本　一册　存三卷(四至六)

440000－2503－0000212　213.2/0050
[道光]廣東通志三百三十四卷首一卷　(清)阮元修　(清)陳昌齊等纂　清同治三年(1864)刻本(卷十七至二十二配影印本)　一百十八册

440000－2503－0000213　213.2/3740
[光緒]湖南通志二百八十八卷首八卷末十九卷　(清)李瀚章等修　(清)曾國荃等纂　清光緒十一年(1885)刻本　一百五十四册　存三百二卷(一至六十七、七十一至二百十六、二百十九至二百三十三、二百三十五至二百三十六、二百三十八至二百六十一、二百六十四至二百七十九、二百八十二至二百八十八,首八卷,末一至十七)

440000－2503－0000214　213.2/1200
光緒順天府志一百三十卷附錄一卷　(清)萬青黎等修　(清)張之洞等纂　清光緒十五年(1889)刻本　六十三册　缺一卷(一)

440000－2503－0000215　213.2/3140jn
[嘉慶]重刊江甯府志五十六卷校勘記一卷　(清)呂燕昭修　(清)姚鼐纂　**[光緒]續纂江甯府志十五卷首一卷勘誤一卷**　(清)蔣啟勛等修　(清)汪士鐸等纂　清光緒六年(1880)刻本　二十四册

440000－2503－0000216　213.2/3140cz
[光緒]常昭合志稿四十八卷首一卷末一卷　(清)龐鴻文纂修　清光緒三十年(1904)木活字印本　十六册

440000－2503－0000217　213.2/3140bs
[光緒]寶山縣志十四卷首一卷　(清)梁蒲貴等修　(清)朱延射等纂　清光緒八年(1882)刻本　七册　缺三卷(十二至十四)

440000－2503－0000218　213.2/3140dt
[光緒]丹徒縣志六十卷首四卷　(清)何紹章等修　(清)呂耀斗等纂　清光緒五年(1879)刻本　三十二册

440000－2503－0000219　213.2/3140dt/(2)
[光緒]丹徒縣志六十卷首四卷　(清)何紹章等修　(清)呂耀斗等纂　清光緒五年(1879)

刻本　三十册　缺二卷(五十五至五十六)

440000－2503－0000220　213.2/3140gy
光緒贛榆縣志十八卷　(清)王豫熙修　(清)張謇纂　清光緒十四年(1888)刻本　四册

440000－2503－0000221　213.2/3140yz
[嘉慶]重修揚州府志七十二卷首一卷　(清)阿克當阿修　(清)姚文田等纂　清嘉慶十五年(1810)刻本　二十八册

440000－2503－0000222　213.2/3140yz/2
[同治]續纂揚州府志二十四卷　(清)方濬頤修　(清)晏端書等纂　清同治十三年(1874)刻本　八册

440000－2503－0000223　213.2/3140xz
同治徐州府志二十五卷　(清)吳世熊　(清)朱忻修　(清)劉庠　(清)方駿謨纂　清同治刻本　二十四册

440000－2503－0000224　213.2/3140pz
[咸豐]邳州志二十卷首一卷　(清)董用威等修　(清)魯一同纂　清咸豐元年(1851)刻光緒二十一年(1895)印本　四册

440000－2503－0000225　213.2/3020xa
[淳熙]新安志十卷　(宋)羅願等纂修　清光緒十四年(1888)黟邑李氏刻本　四册

440000－2503－0000226　213.2/2250lq
光緒臨朐縣志十六卷首一卷　(清)姚延福修　(清)鄧嘉緝　(清)蔣師轍纂　清光緒十年(1884)刻本　十册

440000－2503－0000227　213.2/2250hy
[光緒]海陽縣續志十卷首一卷　(清)王敬勳修　(清)李爾梅　(清)王兆騰纂　清光緒六年(1880)刻本　六册

440000－2503－0000228　213.2/3230la
咸淳臨安志一百卷附校栞札記三卷　(宋)潛說友纂修　清道光十年(1830)錢塘汪氏振綺堂刻同治六年(1867)增補刻本　二十四册

440000－2503－0000229　213.2/3230jx
[光緒]嘉興府志八十八卷首二卷　(清)許瑤光修　(清)吳仰賢等纂　清光緒三年至四年(1877－1878)鴛湖書院刻五年(1879)印本　四十八册

440000－2503－0000230　213.2/3230wc
[光緒]烏程縣志三十六卷　(清)潘玉璿　(清)馮健修　(清)周學濬等纂　清光緒六年至七年(1880－1881)刻本　十二册

440000－2503－0000231　213.2/3710hg
[光緒]黃岡縣志二十四卷首一卷　(清)戴昌言修　(清)劉恭冕纂　清光緒八年(1882)刻本　二十二册　缺二卷(十一、十九)

440000－2503－0000232　213.2/6020gx
[光緒]灌縣鄉土志二卷　(清)鍾文虎修　(清)徐昱等纂　清光緒三十三年(1907)刻本　一册　存一卷(一)

440000－2503－0000233　213.2/3115xm
[道光]廈門志十六卷　(清)周凱等纂修　清道光十九年(1839)玉屏書院刻本(卷十三配抄本)　十二册

440000－2503－0000234　213.2/3115nh
[康熙]甯化縣志七卷　(清)祝文郁修　(清)李世熊纂　清同治八年(1869)刻本　八册

440000－2503－0000235　213.2/3115zh
[道光]彰化縣志十二卷首一卷　(清)李廷璧修　(清)周璽等纂　清道光刻本　十二册

440000－2503－0000236　213.2/0050gz
[光緒]廣州府志一百六十三卷　(清)戴肇辰等修　(清)史澄　(清)李光廷纂　清光緒五年(1879)粵秀書院刻本　六十二册　缺五卷(二十六至三十)

440000－2503－0000237　213.2/0050py
[同治]番禺縣志五十四卷首一卷附錄一卷　(清)李福泰修　(清)史澄　(清)何若瑤纂　清同治十年(1871)刻本　十六册

440000－2503－0000238　213.2/0050nh
[同治]南海縣志二十六卷首一卷　(清)鄭夢

玉修　(清)梁紹獻等纂　清同治十一年(1872)刻本　五冊　存十二卷(一至六、十一至十五,首一卷)

440000－2503－0000239　213.2/0050nh/2
[宣統]南海縣志二十六卷末一卷　(清)鄭棻等修　(清)張鳳喈等纂　清宣統三年(1911)刻本　十五冊

440000－2503－0000240　213.2/0050hz/3
[康熙]惠州府志二十卷首一卷　(清)呂應奎等修　(清)黄挺華等纂　清康熙二十七年(1688)刻本　十一冊　缺二卷(十九至二十)

440000－2503－0000241　213.2/0050gs
[乾隆]歸善縣志十八卷首一卷　(清)章壽彭修　(清)陸飛纂　清乾隆四十八年(1783)刻本　七冊

440000－2503－0000242　213.2/0050cz/4
[乾隆]潮州府志四十二卷首一卷　(清)周碩勳輯　清光緒十九年(1893)潮郡保安總局刻本　二十五冊

440000－2503－0000243　213.2/0050cz/4(2)
[乾隆]潮州府志四十二卷首一卷　(清)周碩勳輯　清光緒十九年(1893)潮郡保安總局刻本　十冊　存十二卷(十六至十七、二十至二十一、二十四至二十七、二十九、三十一、三十七、四十二)

440000－2503－0000244　213.2/0050cz/4(3)
[乾隆]潮州府志四十二卷首一卷　(清)周碩勳輯　清光緒十九年(1893)潮郡保安總局刻本　二十三冊　存三十九卷(一至十二、十六至二十九、三十一至四十二,首一卷)

440000－2503－0000245　213.2/0050cz/4(4)
[乾隆]潮州府志四十二卷首一卷　(清)周碩勳輯　清光緒十九年(1893)潮郡保安總局刻本　二十三冊　存三十八卷(一至八、十三至四十、四十二,首一卷)

440000－2503－0000246　213.2/0050cz/4(5)
[乾隆]潮州府志四十二卷首一卷　(清)周碩勳輯　清光緒十九年(1893)潮郡保安總局刻本　二十二冊　存三十一卷(十一至三十二、三十四至四十、四十二,首一卷)

440000－2503－0000247　213.2/0050cy/2
[光緒]潮陽縣志二十二卷首一卷　(清)周恒重修　(清)張其翻等纂　清光緒十年(1884)刻本　一冊　存三卷(六至八)

440000－2503－0000248　213.2/0050hy
[光緒]海陽縣志四十六卷首一卷　(清)盧蔚猷修　吳道鎔等纂　清光緒二十六年(1900)潮城謝存文館刻本　十二冊

440000－2503－0000249　213.2/0050hy/(2)
[光緒]海陽縣志四十六卷首一卷　(清)盧蔚猷修　吳道鎔等纂　清光緒二十六年(1900)潮城謝存文館刻本　十二冊

440000－2503－0000250　213.2/0050hy/(3)
[光緒]海陽縣志四十六卷首一卷　(清)盧蔚猷修　吳道鎔等纂　清光緒二十六年(1900)潮城謝存文館刻本　十冊　存三十一卷(五至二十八、四十至四十六)

440000－2503－0000251　213.2/0050hy/(4)
[光緒]海陽縣志四十六卷首一卷　(清)盧蔚猷修　吳道鎔等纂　清光緒二十六年(1900)潮城謝存文館刻本　三冊　存十二卷(四至十、十五至十六、四十四至四十六)

440000－2503－0000252　213.2/0050hy/(5)
[光緒]海陽縣志四十六卷首一卷　(清)盧蔚猷修　吳道鎔等纂　清光緒二十六年(1900)潮城謝存文館刻本　一冊　存五卷(四至八)

440000－2503－0000253　213.2/0050ch/4
[嘉慶]澄海縣志二十六卷首一卷　(清)李書吉等纂修　清嘉慶二十年(1815)刻本　八冊

440000－2503－0000254　213.2/0050ch/4(2)
[嘉慶]澄海縣志二十六卷首一卷　(清)李書

吉等纂修　清嘉慶二十年(1815)刻本　一册　存二卷(二十五至二十六)

440000－2503－0000255　213.2/0050jy
光緒嘉應州志三十二卷首一卷　(清)吴宗焯等修　(清)溫仲和纂　清光緒二十七年(1901)刻本　十四册

440000－2503－0000256　213.2/0050jy/(2)
光緒嘉應州志三十二卷首一卷　(清)吴宗焯等修　(清)溫仲和纂　清光緒二十七年(1901)刻本　十四册

440000－2503－0000257　213.2/0050zq
[道光]肇慶府志二十二卷首一卷　(清)屠英等修　(清)江藩等纂　清光緒二年(1876)羊城富文齋刻本　二十三册

440000－2503－0000258　213.2/0050gy
[道光]高要縣志二十二卷首一卷　(清)韓際飛等修　(清)何元等纂　**[同治]續修高要縣志稿二卷首一卷補一卷**　(清)吴信臣修　(清)黄登瀛纂　清道光六年(1826)刻同治二年(1863)續光緒八年(1882)增刻本　十一册

440000－2503－0000259　213.2/0050sd
[咸豐]順德縣志三十二卷　(清)郭汝誠修　(清)馮奉初等纂　清咸豐六年(1856)刻本　十六册

440000－2503－0000260　213.2/0050ep
[道光]恩平縣志十八卷首一卷末一卷　(清)石臺等修　(清)楊秀拔等纂　清道光五年(1825)刻本　六册

440000－2503－0000261　213.2/0050xs
[光緒]香山縣志二十二卷　(清)田明曜等修　(清)陳澧纂　清光緒刻本　十二册

440000－2503－0000262　213.2/0050xs/(2)
[光緒]香山縣志二十二卷　(清)田明曜等修　(清)陳澧纂　清光緒刻本　十册　存十九卷(一至五、八至二十一)

440000－2503－0000263　213.2/0050xh
[道光]新會縣志十四卷首一卷　(清)林星章修　(清)黄培芳等纂　清道光二十一年(1841)刻本　十二册

440000－2503－0000264　213.2/0050yj
[道光]陽江縣志八卷　(清)李澐等修　(清)區啟科等纂　(清)李應均增補　(清)胡瑃續纂　清道光二年(1822)刻本　五册

440000－2503－0000265　213.2/0050mm
[光緒]茂名縣志八卷首一卷補遺訂訛一卷　(清)鄭業崇修　(清)許汝韶等纂　清光緒十四年(1888)刻本　七册

440000－2503－0000266　213.2/0050sc
[光緒]石城縣志九卷首一卷末一卷　(清)蔣廷桂修　(清)陳蘭彬等纂　清光緒刻本　八册

440000－2503－0000267　213.2/0050lz
[嘉慶]雷州府志二十卷首一卷　(清)雷學海修　(清)陳昌齊等纂　清嘉慶刻本　十册

440000－2503－0000268　213.2/0050hk
[嘉慶]海康縣志八卷　(清)劉邦柄修　(清)陳昌齊等纂　清嘉慶刻本　五册

440000－2503－0000269　213.3/4623
洛陽伽藍記五卷　(北魏)楊衒之撰　**集證一卷**　(清)吴若準撰　清光緒二十九年(1903)說劍齋刻本　一册

440000－2503－0000270　213.3/4420
福廬靈巖志三卷　(明)葉向高輯　清刻本　二册

440000－2503－0000271　213.3/7110
曹谿通志八卷首一卷　(清)馬元　(清)釋真樸重修　清道光十六年(1836)曲江劉學禮刻本　四册

440000－2503－0000272　213.3/7730
武林舊事十卷附録一卷　(宋)周密撰　**錢塘先賢傳贊一卷附録一卷**　(宋)袁韶撰　清乾隆至道光長塘鮑氏刻知不足齋叢書本　三册

440000－2503－0000273　213.3/6043
梅里志四卷首一卷　(清)吴存禮編　清道光

泰伯廟華乾刻本　一册　存一卷(三)

440000－2503－0000274　213.3/1152
錦里新編十六卷首一卷　(清)張邦伸輯　清嘉慶五年(1800)刻本　八册

440000－2503－0000275　213.3/4030
揚州畫舫録十八卷　(清)李斗著　清乾隆六十年至嘉慶二年(1795－1797)刻本　二册　存九卷(一至九)

440000－2503－0000276　213.3/4233
蜀故二十七卷　(清)彭遵泗纂輯　清光緒二年(1876)讀書堂刻本　六册

440000－2503－0000277　213.3/7700
廣東考古輯要四十六卷　(清)周廣等輯　清光緒十九年(1893)刻本　五册

440000－2503－0000278　213.3/4040
廣東輿地圖説十四卷　(清)李翰章修　(清)廖廷相纂　清宣統元年(1909)鉛印本　三册　缺一卷(一)

440000－2503－0000279　213.3/4630
京口山水志十八卷首一卷末一卷　(清)楊棨撰　清宣統三年(1911)鉛印本　四册

440000－2503－0000280　213.3/7565
南嶽總勝集三卷　(宋)陳田夫撰　清光緒三十二年(1906)長沙葉氏刻本　二册　存二卷(二至三)

440000－2503－0000281　213.3/0612
京口三山志四種　(清)□□輯　清同治十三年至光緒三十年(1874－1904)刻本　二十六册

440000－2503－0000282　213.3/3130
黄山領要録二卷　(清)汪洪度撰　清乾隆至道光長塘鮑氏刻知不足齋叢書本　一册

440000－2503－0000283　213.3/4040/2
華嶽志八卷首一卷　(清)李榕輯　清道光十一年(1831)楊翼武清白別墅刻光緒三十年(1904)補刻本　四册

440000－2503－0000284　213.3/6010
焦山志二十六卷首一卷　(清)吴雲輯　**焦山續志八卷**　(清)陳任暘輯　清光緒三十一年(1905)刻本　十册

440000－2503－0000285　213.3/8060
廣雁蕩山誌二十八卷首一卷末一卷　(清)曾唯纂　清乾隆曾唯依緑園刻本　八册

440000－2503－0000286　213.3/4050
石鐘山志十六卷首一卷　(清)李成謀　(清)丁義方輯　清光緒九年(1883)聽濤眺雨軒刻本　八册

440000－2503－0000287　213.3/1223
禺峽山志四卷　(清)孫繩祖纂修　清光緒十年(1884)刻本　四册

440000－2503－0000288　213.3/4020
西湖志四十八卷　(清)李衛等修　(清)傅王露撰　清光緒四年(1878)浙江書局刻本　四册　存八卷(一至四、十六至十七、四十三至四十四)

440000－2503－0000289　213.3/2833
徐霞客遊記十卷外編一卷補編一卷　(明)徐宏祖著　(清)葉廷甲補編　清乾隆四十一年(1776)刻嘉慶十三年(1808)江陰葉廷甲增補刻本　十册

440000－2503－0000290　213.3/2844
宣和奉使高麗圖經四十卷附録一卷　(宋)徐兢撰　清乾隆五十八年(1793)長塘鮑氏刻知不足齋叢書本　一册　存二十一卷(一至二十一)

440000－2503－0000291　213.3/4433
日本國志四十卷首一卷　(清)黄遵憲編纂　清光緒十六年至二十二年(1890－1896)羊城富文齋刻本　十二册

440000－2503－0000292　213.3/4433/2
日本國志四十卷首一卷　(清)黄遵憲編纂　清光緒二十四年(1898)浙江書局刻本　七册　存二十七卷(一至三、九至十四、十八至二十、二十七至四十,首一卷)

440000－2503－0000293　213.3/4433/3

日本國志四十卷首一卷　（清）黄遵憲編纂　清光緒二十七年（1901）上海書局石印本　五册

440000－2503－0000294　213.3/0014

皇朝一統輿地全圖一卷　（清）六承如輯　（清）馮焌光增補　（清）欸乃軒主人續增　清光緒石印本　一册

440000－2503－0000295　213.3/4634

歷代輿地沿革險要圖一卷　楊守敬　饒敦秩撰　清光緒刻朱墨套印本　一册

440000－2503－0000296　214/2531

金石圖說二卷　（清）牛運震集說　（清）褚峻橅圖　劉世珩編補　清光緒十九年至二十二年（1893－1896）貴池劉氏聚學軒刻本　三册

440000－2503－0000297　214/7493

金石續編二十一卷　（清）陸耀遹纂　（清）陸增祥校訂　清光緒十九年（1893）上海寶善石印本　六册

440000－2503－0000298　214/3117

金石索十二卷首一卷　（清）馮雲鵬　（清）馮雲鵷輯　清光緒三十二年（1906）上海文新書局石印本　十九册　存十二卷（金索一至六，石索一至四、六，首一卷）

440000－2503－0000299　214/3140

[江刻藏器目]十種十卷　（清）江標輯　清光緒江氏刻本　一册

440000－2503－0000300　214/1040

西清續鑑甲編二十卷附録一卷　（清）王杰等輯　清宣統影印本　三册　存三卷（二至四）

440000－2503－0000301　214/0200

陶齋吉金録八卷　（清）端方輯　清光緒有正書局石印本　八册

440000－2503－0000302　214/3430

泉志十五卷　（宋）洪遵撰　清刻本　一册　存五卷（八至十二）

440000－2503－0000303　214/1730

泉布統誌九卷首一卷附録一卷　（清）孟麟輯　清道光刻本　十三册　存八卷（一至八）

440000－2503－0000304　214/3441

中西錢幣考略二卷中西度量權衡考略一卷　（清）沈林一撰　清光緒錫山沈林一練青軒鉛印本　一册

440000－2503－0000305　214/1023

輿地碑記目四卷　（宋）王象之撰　清咸豐十年（1860）南海伍氏刻粤雅堂叢書本　二册

440000－2503－0000306　214/4450

菉竹堂碑目六卷　（明）葉盛撰　清咸豐四年（1854）南海伍氏刻粤雅堂叢書本　三册

440000－2503－0000307　214/4634

寰宇貞石圖六卷　楊守敬編　清宣統元年（1909）宜都楊氏飛青閣影印本　六册

440000－2503－0000308　214/8709

高麗國永樂好太王碑釋文纂攷一卷　鄭文焯撰　清光緒二十六年（1900）平湖朱氏經注經齋刻本　一册

440000－2503－0000309　214/2750

金石訂例四卷　（清）鮑振方撰　清光緒十年（1884）常熟鮑氏刻後知不足齋叢書本　二册

440000－2503－0000310　214/7260

鐵雲藏龜不分卷　（清）劉鶚輯　清光緒三十年（1904）丹徒劉鶚石印褒殘守缺齋所藏三代文字叢書本　四册

440000－2503－0000311　214/6030

中州金石記五卷　（清）畢沅撰　清乾隆鎮洋畢氏刻經訓堂叢書本　二册

440000－2503－0000312　214/6030/(2)

中州金石記五卷　（清）畢沅撰　清乾隆鎮洋畢氏刻經訓堂叢書本　一册　存二卷（一至二）

440000－2503－0000313　214/6030/2

關中金石記八卷　（清）畢沅撰　清乾隆四十六年（1781）鎮洋畢氏刻經訓堂叢書本　二册　缺二卷（五至六）

440000－2503－0000314　215/4429

觀古堂書目叢刊十五種　葉德輝輯　清光緒至民國湘潭葉氏刻本　十七册　存十種三十八卷（祕書省續編到四庫闕書目二，別本結一廬書目一卷，古今叢刻二卷，南廱志經籍考二卷，百川書志二十卷，萬卷堂書目四卷，絳雲樓書目補遺一卷，孝慈堂書目一卷，佳趣堂書目一卷，結一廬書目四卷、附錄一卷）

440000－2503－0000315　215/4806

勿菴歷算書目一卷　（清）梅文鼎撰　清乾隆至道光長塘鮑氏刻知不足齋叢書本　一册

440000－2503－0000316　215/2760

欽定四庫全書總目二百卷　（清）紀昀等編　**四庫未收書目提要五卷**　（清）阮元纂　清光緒二十年（1894）石印本　十四册　存一百六十九卷（四庫全書總目二十九至一百七十七、一百八十六至二百，未收書目提要五卷）

440000－2503－0000317　215/2760/4

欽定四庫全書簡明目錄二十卷　（清）紀昀等編　清末石印本　二册　存十卷（十一至二十）

440000－2503－0000318　215/0436/2

小學考五十卷　（清）謝啓昆撰　清光緒十五年（1889）鴻文書局石印本　四册　存三十一卷（一至三十一）

440000－2503－0000319　215/0436

小學考五十卷　（清）謝啓昆撰　清光緒十四年（1888）浙江書局刻本　十七册　存四十三卷（六至四十八）

440000－2503－0000320　302/6070

晏子春秋七卷音義二卷校勘二卷　（春秋）晏嬰撰　（清）孫星衍校　清光緒二十三年（1897）文瑞樓鉛印本　一册

440000－2503－0000321　302/1000

賈子新書十卷　（漢）賈誼撰　清光緒二十三年（1897）文瑞樓鉛印本　一册

440000－2503－0000322　302/4438

明夷待訪錄一卷　（清）黃宗羲撰　清末石印本　一册

440000－2503－0000323　302/0010

潛書二卷　（清）唐甄著　（清）王聞遠編　**西蜀唐圃亭先生行略**　（清）王聞遠編　清末上海大經綸書局石印本　二册

440000－2503－0000324　302/4022

西山先生真文忠公讀書記四十卷　（宋）真德秀撰　清同治三年（1864）建州真氏刻本　二十一册

440000－2503－0000325　302/4461

棉陽學準五卷　（清）藍鼎元撰　清同治刻本　一册

440000－2503－0000326　302/0762

屏風錄一卷　（清）郭鳴岐編註　清道光十一年（1831）刻本　一册

440000－2503－0000327　302/4717

新刻官板正訛千字文註一卷　（宋）胡元質註釋　清末潮城瑞文堂刻本　一册

440000－2503－0000328　302/2622

寄傲山房塾課新增幼學故事瓊林四卷首一卷　（清）程允升撰　（清）鄒聖脈增補　清刻本　一册　存三卷（一至二、首一卷）

440000－2503－0000329　302/1133

輶軒語七卷　（清）張之洞撰　清光緒四年（1878）敏德堂刻本　二册

440000－2503－0000330　303/4437

文子纘義十二卷　（宋）杜道堅撰　清光緒二十三年（1897）文瑞樓鉛印本　一册

440000－2503－0000331　303/4470

莊子南華真經十卷　（戰國）莊周撰　（晉）郭象注　清刻本　四册　存五卷（一至五）

440000－2503－0000332　304/8820

管子二十四卷　（唐）房玄齡注　（明）劉績補　清光緒二十三年（1897）圖書集成局石印本　四册

440000－2503－0000333　304/8820/（2）

管子二十四卷　（唐）房玄齡注　（明）劉績補

清光緒二十三年(1897)圖書集成局石印本　二册

440000－2503－0000334　306/6003
嶺南荔支譜六卷　(清)吴應逵撰　清道光三十年(1850)南海伍氏粤雅堂文字歡娱室刻嶺南遺書本　一册

440000－2503－0000335　307/7230
經騐襍方不分卷　(清)劉宏廣編　清宣統二年(1910)饒平縣同文善堂刻本　一册

440000－2503－0000336　307/2146
頤壽堂盧蔣昌各項丸散膏丹茶酒總册一卷　(清)□□編　清末羊城十七甫澄天閣石印本　一册

440000－2503－0000337　307/2664
醫學心悟六卷　(清)程國彭撰　清刻本　一册　存一卷(一)

440000－2503－0000338　311/3450
夢溪筆談二十六卷　(宋)沈括撰　明崇禎四年(1631)馬元調刻本　一册　存八卷(一至八)

440000－2503－0000339　311/3406
菜根譚一卷　(明)洪應明撰　**娑羅館清言二卷續娑羅館清言一卷**　(明)屠隆撰　清光緒南京流通經處刻本　一册

440000－2503－0000340　311/3406/2
菜根談一卷　(明)洪應明撰　清刻本　一册

440000－2503－0000341　311/2020
易餘籥録二十卷　(清)焦循撰　清刻本　三册　存十五卷(六至二十)

440000－2503－0000342　311/7110
定香亭筆談四卷　(清)阮元撰　清光緒二十五年(1899)浙江書局刻本　二册　存二卷(三至四)

440000－2503－0000343　311/7110/2
小滄浪筆談四卷　(清)阮元撰　清光緒二十六年(1900)江蘇書局刻本　二册

440000－2503－0000344　311/8766
韓江聞見録十卷　(清)鄭昌時輯著　清道光四年(1824)刻本　五册

440000－2503－0000345　311/3308
浪迹三談六卷　(清)梁章鉅撰　清咸豐七年(1857)福州梁氏刻杭縣鄭氏小琳瑯館印本　二册

440000－2503－0000346　311/3670
浮邱子十二卷　(清)湯鵬撰　清末上海掃葉山房石印本　二册　存四卷(三至六)

440000－2503－0000347　311/4421
集説詮真不分卷　(清)黄伯禄輯　清光緒刻本　四册

440000－2503－0000348　311/2510
無邪堂答問五卷　(清)朱一新撰　清光緒二十一年(1895)廣雅書局刻本　四册　缺一卷(三)

440000－2503－0000349　311/4428
莫奈何篇一卷　(□)□□撰　清光緒三十年(1904)樟東養真堂刻本　一册

440000－2503－0000350　310/6090
五總志一卷　(宋)吴炯撰　**黄氏日抄古今紀要逸編一卷**　(宋)黄震撰　**丙寅北行日譜一卷**　(明)朱祖文撰　清乾隆至道光長塘鮑氏刻知不足齋叢書本　一册

440000－2503－0000351　310/7520
西塘集耆舊續聞十卷　(宋)陳鵠撰　**山房隨筆一卷**　(元)蔣正子撰　清乾隆五十三年至五十八年(1788－1793)長塘鮑氏刻知不足齋叢書本　一册

440000－2503－0000352　310/4429
三教源流搜神大全七卷　(宋)□□輯　清宣統元年(1909)長沙葉氏刻本　三册

440000－2503－0000353　310/3140
增廣智囊補二十八卷　(明)馮夢龍輯　清宣統三年(1911)上海文盛書局石印本　三册

440000－2503－0000354　310/2770
文章游戲初編八卷二編八卷三編八卷四編八

卷　（清）繆艮輯　清嘉慶至道光刻本　十六册

440000－2503－0000355　310/4692
京塵雜錄四卷　（清）楊懋建撰　清光緒十二年（1886）上海同文書局鉛印本　一册

440000－2503－0000356　310/3092
天花亂墜二集八卷　（清）鍾駿文輯　清光緒刻本　一册　存二卷（五至六）

440000－2503－0000357　308/7520
東溪算學八種二十一卷　（清）陳崧撰　清末刻本　九册　缺二卷（弧角平儀簡法一至二）

440000－2503－0000358　312/2301
重鐫官板地理天機會元三十五卷　（唐）卜應天撰　（明）顧乃德集　（明）徐之鏌重編　明末刻後印本　一册　存三卷（三十三至三十五）

440000－2503－0000359　312/7550
河洛理數七卷　（宋）陳摶撰　（宋）邵雍述　（明）史應選重訂　清刻本　三册　存三卷（一至三）

440000－2503－0000360　312/4460
管窺輯要八十卷　（清）黄鼎輯　清刻本　二册　存三卷（一、七十七至七十八）

440000－2503－0000361　312/2800
六壬直指不分卷　（清）［徐端］撰　清刻本　十四册

440000－2503－0000362　312/7553
太玄闡祕十卷首一卷附編一卷外編一卷　（清）陳本禮撰　清光緒貴池劉氏刻聚學軒叢書本　五册

440000－2503－0000363　312/1740
地理知本金鎖秘二卷　（清）鄧恭撰　清刻本　一册　存一卷（上）

440000－2503－0000364　312/4422
辨正求真四卷　（清）蔡岷山補註　（清）李學恒等編錄　清刻本　四册

440000－2503－0000365　312/4764
羅經解定四卷附問答一卷　（清）胡國楨撰　清宣統三年至民國元年（1911－1912）廣益書局石印本　一册　存一卷（羅經解定一）

440000－2503－0000366　309/1730
美術叢書十集續集十集後集十集　鄧實輯　黄賓虹續輯　清宣統三年至民國四年（1911－1915）上海神州國光社鉛印本　五十八册　存二十二集一百七十卷

440000－2503－0000367　309/1110
清河書畫舫十二卷　（明）張丑撰　清乾隆刻本　十一册　缺一卷（辰）

440000－2503－0000368　309/1213
庚子銷夏記八卷　（清）孫承澤撰　清宣統三年（1911）掃葉山房石印本　三册　缺二卷（三至四）

440000－2503－0000369　309/1207
嶽雪樓書畫錄五卷續錄一卷　（清）孔廣陶編　清光緒十五年（1889）三十有三萬卷堂刻本　五册　缺一卷（續錄一卷）

440000－2503－0000370　309/0065
續楷帖五卷　文明書局輯　清宣統二年（1910）文明書局影印本　一册　存一卷（宋拓晉唐行楷一卷）

440000－2503－0000371　309/1030
淳化祕閣法帖考正十二卷　（清）王澍撰　清光緒十五年（1889）常熟鮑氏刻後知不足齋叢書本　十二册

440000－2503－0000372　309/4446
戲鴻堂法書十六卷　（明）董其昌審定　清宣統二年（1910）上海華新印局影印本　二册　存二卷（二、六）

440000－2503－0000373　309/4450
三希堂蘇長公法書帖三卷　（宋）蘇軾書　清末上海有正書局影印本　一册

440000－2503－0000374　309/4450/（2）
三希堂蘇長公法書帖三卷　（宋）蘇軾書　清末上海有正書局影印本　一册　存一卷（中）

440000－2503－0000375　309/8741

鄭蘇戡書南唐集字一卷　鄭孝胥書　清光緒三十四年(1908)商務印書館影印本　一冊

440000－2503－0000376　309/5033

桐陰論畫二卷首一卷附錄一卷　(清)秦祖永著　清同治三年(1864)刻朱墨套印本　一冊　存二卷(一、首一卷)

440000－2503－0000377　309/5033/2

桐陰論畫二編二卷　(清)秦祖永著　清光緒八年(1882)刻朱墨套印本　一冊　存一卷(一)

440000－2503－0000378　309/2220

摹仿各家畫譜四卷　(清)巢勲編　清光緒石印本　一冊　存一卷(四)

440000－2503－0000379　309/8342

錢吉生先生人物畫譜不分卷　(清)錢慧安繪　清宣統三年(1911)懷古山房石印本　一冊

440000－2503－0000380　309/1030/2

冶梅石譜二卷　(清)王寅編繪　清光緒六年(1880)合肥李氏刻本　一冊　存一卷(上)

440000－2503－0000381　309/2274

瑟譜六卷　(元)熊朋來撰　清咸豐二年(1852)南海伍氏刻粤雅堂叢書本　一冊

440000－2503－0000382　309/2161

吉金齋古銅印譜□□卷　(清)何昆玉輯　清鈐印本　四冊

440000－2503－0000383　309/1712

聚石印譜一卷　(清)聚石生輯　清光緒刻鈐印本　一冊

440000－2503－0000384　309/1779

古局象棋圖一卷投壺新格一卷　(宋)司馬光撰　清光緒三十二年(1906)長沙葉氏刻本　一冊

440000－2503－0000385　309/3430

譜雙五卷附錄一卷　(宋)洪遵撰　**打馬圖經一卷**　(宋)李清照撰　**除紅譜一卷**　(宋)朱河撰　清光緒三十二年(1906)長沙葉氏刻本　一冊

440000－2503－0000386　313/4453

大寶積經一百二十卷　(唐)釋菩提流志等譯　清光緒常熟刻經處刻本　二十四冊

440000－2503－0000387　313/6080/3

大方等大集經三十卷　(北凉)釋曇無讖譯　清光緒七年至八年(1881－1882)常熟刻經處刻本　八冊

440000－2503－0000388　313/1424

佛説菩薩念佛三昧經六卷　(南朝宋)釋功德直　(南朝齊)釋玄暢譯　清同治十一年(1872)常熟刻經處刻本　二冊

440000－2503－0000389　313/4316

楞伽阿跋多羅寶經四卷　(南朝宋)釋求那跋陀羅譯　清同治九年(1870)金陵刻本　二冊

440000－2503－0000390　313/1030/2

大乘密嚴經三卷　(唐)釋不空譯　清光緒二十三年(1897)金陵刻經處刻本　一冊

440000－2503－0000391　313/2740

大乘本生心地觀經八卷　(唐)釋般若等譯　清末刻本　二冊

440000－2503－0000392　313/2740/(2)

大乘本生心地觀經八卷　(唐)釋般若等譯　清末刻本　一冊　存四卷(一至四)

440000－2503－0000393　313/4706/3

思益梵天所問經四卷　(後秦)釋鳩摩羅什譯　清光緒五年(1879)金陵刻經處刻本　一冊

440000－2503－0000394　313/4457

大薩遮尼乾子受記經十卷　(北魏)釋菩提留支譯　清光緒十九年(1893)江北刻經處刻本　二冊

440000－2503－0000395　313/1044

佛説造像量度經一卷解一卷續補一卷　(清)工布查布譯　清同治十三年(1874)金陵刻經處刻本　一冊

440000－2503－0000396　313/4706

金剛般若經六譯本六卷　(後秦)釋鳩摩羅什

等譯　清同治十一年(1872)金陵刻經處刻本　一册

440000－2503－0000397　313/0020
大般若波羅蜜多經六百卷　(唐)釋玄奘譯　清同治十三年(1874)雞園刻經處刻本　一百十七册　缺十五卷(一百一至一百十五)

440000－2503－0000398　313/2576
觀佛三昧海經十卷　(晉)佛陀跋陀羅譯　清光緒十七年(1891)金陵刻經處刻本　二册

440000－2503－0000399　313/6080/2
大般涅槃經四十卷後品目二卷　(北涼)釋曇無讖譯　清光緒五年(1879)釋善成、釋妙湛刻本　七册　存二十八卷(大般涅槃經一至十六、二十五至三十二、三十七至四十)

440000－2503－0000400　313/6080/2(2)
大般涅槃經四十卷後品目二卷　(北涼)釋曇無讖譯　清光緒五年(1879)釋善成、釋妙湛刻本　八册　存三十二卷(大般涅槃經一至四、九至二十八、三十三至四十)

440000－2503－0000401　313/6080
金光明經四卷　(北涼)釋曇無讖譯　清同治十年(1871)金陵刻經處刻本　一册

440000－2503－0000402　313/8030
金光明最勝王經十卷　(唐)釋義淨譯　清同治十年(1871)常熟刻經處刻本　二册

440000－2503－0000403　313/4316/2
雜阿含經五十卷　(南朝宋)釋求那跋陀羅譯　清光緒常州刻經處刻民國二十二年(1933)金陵刻經處重修本　十二册

440000－2503－0000404　313/2571
佛説長阿含經二十二卷　(後秦)釋佛陀耶舍譯　清光緒十三年(1887)姑蘇刻經處刻本　六册

440000－2503－0000405　313/2571/2
四分律藏六十卷　(後秦)釋佛陀耶舍　(後秦)釋竺佛念譯　清刻本　十册　存三十卷(一至三、十至十五、二十二至三十三、四十至四十五、四十九至五十一)

440000－2503－0000406　313/6004
增壹阿含經五十卷　(前秦)釋曇摩難提譯　清光緒十二年(1886)江北刻經處刻本　十二册

440000－2503－0000407　313/4022
大方便佛報恩經七卷　(□)□□譯　清同治十一年(1872)金陵刻經處刻本　一册　存三卷(五至七)

440000－2503－0000408　313/4706/5
十住毗婆沙論十五卷　(後秦)釋鳩摩羅什譯　清光緒二十一年(1895)江北刻經處刻本　三册

440000－2503－0000409　313/4706/4
大智度論一百卷　(後秦)釋鳩摩羅什譯　清光緒九年(1883)姑蘇刻經處刻本　二十五册

440000－2503－0000410　313/2643
佛説大乘金剛經論一卷　(北魏)釋菩提留支譯　清咸豐四年(1854)潮州開元寺刻本　一册

440000－2503－0000411　313/4706/7
中論六卷　(後秦)釋鳩摩羅什譯　清宣統二年(1910)鉛印本　一册

440000－2503－0000412　313/3464
般若燈論十五卷　(唐)釋波羅頗密多羅譯　清光緒二十四年(1898)金陵刻經處刻本　三册

440000－2503－0000413　313/4706/6
十二門論不分卷　(後秦)釋鳩摩羅什譯　清光緒二十一年(1895)金陵刻經處刻本　一册

440000－2503－0000414　313/1030
讀誦佛母大孔雀明王經三卷　(唐)釋不空譯　清光緒十四年(1888)常熟刻經處刻本　一册

440000－2503－0000415　313/3074/3
大乘起信論一卷　題(唐)釋實叉難陀譯　清光緒二十四年(1898)金陵刻經處刻本　一册

440000 - 2503 - 0000416　313/8620/2
釋禪波羅蜜次第法門十卷　（隋）釋智顗說（唐）釋法慎記　（唐）釋灌頂再治　清光緒三十四年（1908）揚州藏經院刻本　四册

440000 - 2503 - 0000417　313/4040/2
勝鬘經寶窟十五卷　（唐）釋吉藏撰　清光緒二十六年（1900）金陵刻經處刻本　四册

440000 - 2503 - 0000418　313/3430
金剛經五十三家注解四卷　（明）釋洪蓮輯　清同治十三年（1874）昭慶寺慧空經房刻本　四册

440000 - 2503 - 0000419　313/3074
大方廣佛華嚴經疏鈔會本八十卷　（唐）釋澄觀撰述　（唐）釋實叉難陀譯　清光緒常昭刻經處刻本　六十册

440000 - 2503 - 0000420　313/4608
大方廣佛華嚴經著述集要　（清）[楊文會]輯　清同治九年至民國六年（1870 - 1917）如皋刻經處、雞園刻經處、長沙刻經處、金陵刻經處等刻本　十二册

440000 - 2503 - 0000421　313/3530/3
佛說阿彌陀經疏鈔四卷事義四卷　（明）釋袾宏述　清刻本　四册

440000 - 2503 - 0000422　313/3530/2
佛說阿彌陀經疏鈔四卷　（明）釋袾宏述　清末刻本　三册　存三卷（二至四）

440000 - 2503 - 0000423　313/3410
大般涅槃經玄義二卷　（隋）釋灌頂撰　清光緒八年（1882）金陵刻經處刻本　一册

440000 - 2503 - 0000424　313/8620
妙法蓮華經玄義釋籤四十卷　（隋）釋智顗說（唐）釋灌頂記　清光緒七年（1881）昭慶律寺經房刻本　二十册

440000 - 2503 - 0000425　313/4706/11
妙法蓮華經文句記三十卷　（後秦）釋鳩摩羅什譯　（隋）釋智顗說　（隋）釋灌頂記（唐）釋湛然述　清光緒七年（1881）姑蘇刻經處刻本　二十七册　存二十八卷（一、三至九、十一至三十）

440000 - 2503 - 0000426　313/3440/2
梵綱經菩薩戒本疏十卷　（唐）釋法藏撰　清光緒二十五年（1899）金陵刻經處刻本　二册

440000 - 2503 - 0000427　313/8620/3
梵綱經心地品菩薩戒義疏發隱五卷事義一卷問辯一卷　（隋）釋智顗說　（明）釋袾宏發隱　清光緒二十四年至二十五年（1898 - 1899）金陵刻經處刻本　五册

440000 - 2503 - 0000428　313/4706/2
佛說梵綱經菩薩心地品合註七卷　（後秦）釋鳩摩羅什譯　（明）釋智旭註　**佛說梵綱經菩薩心地品玄義一卷**　（明）釋智旭述　**雜集一卷**　（唐）釋玄奘等譯述　清同治十三年（1874）金陵刻經處刻本　五册

440000 - 2503 - 0000429　313/6020
無量壽經優婆提舍願生偈註二卷附讚阿彌陀佛偈一卷　（北魏）釋曇鸞注解　清光緒十九年（1893）金陵刻經處刻本　一册

440000 - 2503 - 0000430　313/4040
三論玄義二卷首一卷　（唐）釋吉藏撰　清光緒二十五年（1899）金陵刻經處刻本　一册

440000 - 2503 - 0000431　313/3440
十二門論宗致義記三卷　（唐）釋法藏述　清光緒二十一年（1895）金陵刻經處刻本　一册

440000 - 2503 - 0000432　313/1020
唯識開蒙問答二卷　（元）釋雲峰集　清宣統三年（1911）刻本　二册

440000 - 2503 - 0000433　313/3040
因明入正理論疏八卷　（唐）釋窺基撰　清光緒二十二年（1896）金陵刻經處刻本　二册

440000 - 2503 - 0000434　313/3040/2
成唯識論述記六十卷　（唐）釋窺基撰　清光緒二十六年至二十七年（1900 - 1901）維揚藏經院、金陵刻經處刻本　二十册

440000 - 2503 - 0000435　313/0020/2

相宗八要解八卷　(唐)釋玄奘譯　(明)釋明昱贊言　清光緒二十八年(1902)金陵刻經處刻本　三册

440000－2503－0000436　313/4242
大乘起信論疏解彙集八種三十六卷　(□)□□輯　清光緒十一年至民國十五年(1885－1926)金陵刻經處刻本　十一册　缺二卷(直解一至二)

440000－2503－0000437　313/4080
大佛頂首楞嚴經正脈疏四十卷　(明)釋真鑑述　清刻本　十一册　存三十一卷(四至九、十三至三十七)

440000－2503－0000438　313/8640
占察善惡業報經疏二卷行法一卷玄義一卷　(清)釋智旭集述　清同治七年(1868)清芬堂刻本　二册

440000－2503－0000439　313/2590
大佛頂首楞嚴經玄義四卷　(明)釋傳燈撰　清光緒十四年至十五年(1888－1889)杭城慧空經房刻本　二册

440000－2503－0000440　313/3710
楞嚴經指掌疏十卷事義十卷懸示一卷　(清)釋通理述　清光緒刻本　十二册

440000－2503－0000441　313/1000/2
地藏菩薩本願經科注三卷本願經綸貫一卷　(清)釋靈椉輯撰　**地藏經科一卷**　(清)釋青蓮定　清光緒杭州府慧空經房刻本　六册

440000－2503－0000442　313/3420
止觀輔行傳弘決十卷　(唐)釋湛然述　清刻本　二十册

440000－2503－0000443　313/4430
天台四教儀集註十卷　(元)釋蒙潤註　清末刻本　三册　存八卷(三至十)

440000－2503－0000444　313/8620/4
華嚴一乘十玄門一卷華嚴五十要問答二卷　(唐)釋智儼撰　清光緒二十二年(1896)金陵刻經處刻本　一册

440000－2503－0000445　313/3030
禪源諸詮集都序四卷　(唐)釋宗密撰　清光緒十八年(1892)金陵刻經處刻本　一册

440000－2503－0000446　313/3030/(2)
禪源諸詮集都序四卷　(唐)釋宗密撰　清光緒十八年(1892)金陵刻經處刻本　一册

440000－2503－0000447　313/1240
宗鏡錄一百卷　(宋)釋延壽集　清光緒二十五年(1899)江北刻經處刻本　二十册

440000－2503－0000448　313/1240/2
註心賦四卷　(宋)釋延壽述　清光緒刻本　二册　存二卷(二至三)

440000－2503－0000449　313/9030
百丈叢林清規證義記九卷首一卷　(唐)釋懷海集編　(清)釋儀潤證義　**地輿名目一卷**　(清)釋儀潤輯　清同治刻本　六册

440000－2503－0000450　313/8630
禪林重刻寶訓筆說三卷　(清)釋智祥述　清同治八年(1869)刻本　三册

440000－2503－0000451　313/1120
筠州黃蘗山斷際禪師傳心法要二卷　(唐)釋希運說　(唐)裴休輯　清光緒十年(1884)金陵刻經處刻本　一册

440000－2503－0000452　313/6632
指月錄三十二卷　(明)瞿汝稷撰　清同治十一年(1872)浙江寧波刻本　七册　存二十三卷(一至二十三)

440000－2503－0000453　313/6632/2
指月錄三十二卷　(明)瞿汝稷撰　清同治十一年(1872)浙江寧波刻本　三册　存十卷(十八至二十七)

440000－2503－0000454　313/3730
萬法歸心錄三卷　(清)釋超溟撰　清光緒三十四年(1908)揚州刻本　一册

440000－2503－0000455　313/8320
宗範八卷首一卷　(清)錢伊庵輯　清光緒十二年(1886)金陵刻經處刻本　三册

440000－2503－0000456　313/8640/2
靈峰蕅益大師宗論十卷首一卷　（明）釋智旭撰（清）釋成時輯　清刻本　九册　缺一卷（十）

440000－2503－0000457　313/8702
淨土古佚十書三十一卷　金陵刻經處輯　清光緒十九年至民國三年（1893－1914）金陵刻經處刻本　八册　存二十一卷（佛說阿彌陀經疏贊一至三、佛說阿彌陀經義疏、無量壽經優婆提舍生願生偈一至二、略論、安樂淨土義、讚阿彌陀佛偈、安樂集一至二、游心安樂道、西方要決釋疑通規、釋淨土羣疑論一至六、念佛鏡一至二）

440000－2503－0000458　313/4020
淨土隨學二卷　（清）釋古崑編　清光緒元年（1875）刻本　一册

440000－2503－0000459　313/3130
入佛問答二卷　（清）江沅述　清光緒十年（1884）刻本　一册

440000－2503－0000460　313/1062
龍舒淨土文十卷首一卷末一卷　（宋）王日休撰　清末刻本　一册

440000－2503－0000461　313/3840
法苑珠林一百卷　（唐）釋道世撰　清宣統二年（1910）毗陵天甯寺刻本　二十九册　缺三卷（一至三）

440000－2503－0000462　313/3870
顯密圓通成佛心要集二卷　（遼）釋道厰集　清同治十一年（1872）金陵刻經處刻本　一册

440000－2503－0000463　313/3870/（2）
顯密圓通成佛心要集二卷　（遼）釋道厰集　清同治十一年（1872）金陵刻經處刻本　一册

440000－2503－0000464　313/7720
釋氏稽古略四卷　（元）釋覺岸編　**釋鑑稽古略續集三卷**　（明）釋幻輪等編　清光緒十二年（1886）刻本　四册　存六卷（釋氏稽古略一至三、釋鑑稽古略續集三卷）

440000－2503－0000465　313/1000
一切經音義二十五卷　（唐）釋玄應撰　**補訂新譯大方廣佛華嚴經音義二卷**　（唐）釋慧苑述　**華嚴經音義敘錄一卷**　（清）臧庸輯　**刻華嚴經音義校勘記一卷**　（清）曹籀撰　清同治八年（1869）武林張氏寶晉齋刻本　四册

440000－2503－0000466　313/1000/（2）
一切經音義二十五卷　（唐）釋玄應撰　**補訂新譯大方廣佛華嚴經音義二卷**　（唐）釋慧苑述　**華嚴經音義敘錄一卷**　（清）臧庸輯　**刻華嚴經音義校勘記一卷**　（清）曹籀撰　清同治八年（1869）武林張氏寶晉齋刻本　一册　存六卷（一至六）

440000－2503－0000467　313/5060
正弘集一卷　（清）釋本果編　清刻本　一册

440000－2503－0000468　313/5060/（2）
正弘集一卷　（清）釋本果編　清刻本　一册

440000－2503－0000469　313/5060/2
正弘集一卷　（清）釋本果編　清刻本　一册

440000－2503－0000470　313/4420
慈悲道場懺法十卷　題（南朝梁）蕭衍等撰　清光緒十五年（1889）金陵刻經處刻本　一册　存三卷（一至三）

440000－2503－0000471　313/1296
[瑜伽焰口施食起止規範]不分卷　（□）□□撰　清乾隆四十八年（1783）刻本　一册

440000－2503－0000472　313/3530
修設瑜伽集要施食壇儀一卷　（明）釋袾宏補注　清光緒二十五年（1899）金陵刻經處刻雲棲法彙本　一册

440000－2503－0000473　313/7741
觀音心經真解一卷　（清）覺真子注解　清刻本　一册

440000－2503－0000474　320/4062
萬國通史續編十卷　（英國）李思倫白約翰輯譯　（清）曹曾涵纂述　清光緒三十年（1904）上海廣學會鉛印本　十册

440000－2503－0000475　320/4062/2

萬國通史三編十卷 (英國)李思倫白約翰輯譯 (清)曹曾涵纂述 清光緒三十一年(1905)上海廣學會鉛印本 十冊

440000－2503－0000476 320/1262
安南史四卷 (日本)引田利章撰 (清)毛乃庸譯 清光緒二十九年(1903)教育世界社石印本 四冊

440000－2503－0000477 320/2372
世界大事年表不分卷 (清)出洋學生編輯所編著 清光緒二十八年(1902)普通學書室鉛印本 一冊

440000－2503－0000478 320/7757
大日本中興先覺志二卷 (日本)岡本監輔撰 清光緒二十七年(1901)開導社刻本 二冊

440000－2503－0000479 320/5050
萬國公法四卷 (美國)惠頓撰 (美國)丁韙良譯 清同治三年(1864)京都崇實館刻本 二冊

440000－2503－0000480 320/2221
製火藥法三卷 (英國)利稼孫 (英國)華得斯輯 (英國)傅蘭雅口譯 (清)丁樹棠筆述 清末江南機器製造總局刻本 一冊

440000－2503－0000481 320/5011
水雷秘要五卷圖一卷 (英國)史理孟纂 (清)舒高第口譯 鄭昌棪筆述 清光緒六年(1880)江南製造總局刻本 六冊

440000－2503－0000482 320/1063
格物入門七卷 (美國)丁韙良著 清刻本 二冊 存二卷(三、五)

440000－2503－0000483 320/3062
滿洲地誌三卷 (日本)守田利遠編述 清光緒吉林官書刷印局鉛印本 二冊 存二卷(一、三)

440000－2503－0000484 320/4422
國文教科書第八冊 蔣維喬 莊俞編纂 清光緒三十二年(1906)上海商務印書館鉛印本 一冊

440000－2503－0000485 403.1/3491
漢褚先生集一卷 (漢)褚少孫著 (明)張溥編 **王諫議集一卷** (漢)王褒著 (明)張溥編 明婁東張氏刻漢魏六朝百三名家集本 一冊

440000－2503－0000486 403.1/7180
阮步兵集一卷 (三國魏)阮籍撰 (明)張溥編 明婁東張氏刻漢魏六朝百三名家集本 一冊

440000－2503－0000487 403.1/7730
陶淵明集八卷首一卷末一卷 (晉)陶潛撰 清光緒五年(1879)廣州翰墨園刻朱墨套印本 二冊

440000－2503－0000488 403.1/7730/(2)
陶淵明集八卷首一卷末一卷 (晉)陶潛撰 清光緒刻朱墨套印本 二冊

440000－2503－0000489 403.1/7730/2
陶淵明文集十卷 (晉)陶潛撰 (清)胡伯薊臨 清光緒五年(1879)俞秀山刻本 二冊

440000－2503－0000490 403.2/4450
杜工部集二十卷首一卷 (唐)杜甫撰 清光緒二年(1876)粵東翰墨園刻六色套印本 五冊 存十一卷(一至二、五至八、十三至十四、十九至二十,首一卷)

440000－2503－0000491 403.2/4450/2
杜詩詳註二十五卷首一卷附編二卷 (唐)杜甫撰 (清)仇兆鰲輯注 清康熙刻本 十三冊 存二十六卷(杜詩詳註二十五卷、首一卷)

440000－2503－0000492 403.2/4450/4
讀杜心解六卷首二卷 (清)浦起龍撰 清雍正二年至三年(1724－1725)浦氏寧我齋刻本 七冊

440000－2503－0000493 403.2/4702
韋蘇州集十卷 (唐)韋應物撰 清宣統三年(1911)上海文寶書局石印本 六冊

440000－2503－0000494 403.2/4480

重刊五百家註音辯昌黎先生文集四十卷 (唐)韓愈撰 (宋)魏仲舉輯 清乾隆四十九年(1784)經綸堂刻本 十一冊 存三十六卷(一至三十六)

440000－2503－0000495 403.2/4480/(2)
重刊五百家註音辯昌黎先生文集四十卷 (唐)韓愈撰 清刻本 一冊 存一卷(一)

440000－2503－0000496 403.2/4480/2
昌黎先生詩集注十一卷 (唐)韓愈撰 (清)朱彝尊等評 (清)顧嗣立刪補 清光緒九年(1883)廣州翰墨園刻三色套印本 四冊

440000－2503－0000497 403.2/4480/3
昌黎先生集四十卷外集十卷朱子校傳一卷 (唐)韓愈撰 (唐)李漢編 清宣統二年(1910)掃葉山房石印本 十一冊 缺三卷(昌黎先生集二至四)

440000－2503－0000498 403.2/4731
河東先生文集六卷 (唐)柳宗元撰 清宣統二年(1910)上海會文堂粹記石印本 六冊

440000－2503－0000499 403.3/2618
魏鶴山先生渠陽詩一卷 (宋)魏了翁撰 (宋)王德文注 清光緒二十八年(1902)貴池劉氏玉海堂影宋刻本 一冊

440000－2503－0000500 403.4/1047
元遺山詩集箋注十四卷首一卷末一卷 (金)元好問撰 (元)張德輝編 (清)施國祁箋注 清宣統三年(1911)上海掃葉山房石印本 八冊

440000－2503－0000501 403.6/3441
湛甘泉先生文集三十二卷 (明)湛若水撰 清同治五年(1866)刻甘泉全集本 十冊

440000－2503－0000502 403.6/2749
歸震川書牘二卷 (明)歸有光撰 清宣統三年(1911)上海商務印書館鉛印本 一冊 存一卷(二)

440000－2503－0000503 403.6/4448
東莆先生文集□□卷 (明)林大欽撰 清刻本 一冊 存二卷(三至四)

440000－2503－0000504 403.6/4625
楊忠愍公集五卷首一卷末一卷 (明)楊繼盛撰 清同治七年(1868)楚醴景萊書室刻本 二冊

440000－2503－0000505 403.6/0021
醉經樓集六卷奏疏附刻一卷 (明)唐伯元撰 清乾隆刻本 五冊

440000－2503－0000506 403.6/0021/2
醉經樓集六卷奏疏附刻一卷 (明)唐伯元撰 清光緒普寧方耀刻本 一冊 缺五卷(一至五)

440000－2503－0000507 403.6/5013
史忠正公集四卷首一卷末一卷 (明)史可法撰 清同治七年(1868)楚醴景萊書室刻本 二冊

440000－2503－0000508 403.6/0752
洗硯堂輯鈔四卷 (明)郭輔畿撰 清刻本 一冊 存二卷(三至四)

440000－2503－0000509 403.6/6042
瞻六堂集二卷 (明)羅萬傑撰 清乾隆三十年(1765)餘軒刻本 二冊

440000－2503－0000510 403.7/8308
投筆集箋註二卷 (清)錢謙益撰 (清)錢曾注 清宣統二年(1910)順德鄧氏風雨樓鉛印本 一冊

440000－2503－0000511 403.7/3800
布水臺集二十卷 (清)釋道忞著 清初刻本 三冊

440000－2503－0000512 403.7/7522
昭潭雜撰一卷 (清)陳衍虞撰 **世馨堂詩集一卷** (明)陳廷策撰 **研痕堂詩集□□卷** (清)陳玨撰 清刻本 一冊 存三種

440000－2503－0000513 403.7/7522/2
蓮山續文稿三卷 (清)陳衍虞撰 清初刻道光十九年(1839)鳳城世馨堂補刻本 三冊

440000－2503－0000514 403.7/7522/2(2)

蓮山續文稿三卷　(清)陳衍虞撰　清初刻道光十九年(1839)鳳城世馨堂補刻本　二冊　存二卷(二至三)

440000－2503－0000515　403.7/7522/2(3)
蓮山續文稿三卷　(清)陳衍虞撰　清初刻道光十九年(1839)鳳城世馨堂補刻本　一冊　存一卷(三)

440000－2503－0000516　403.7/7522/3
種墨亭尺牘二卷補遺一卷　(清)陳衍虞撰　清初刻道光十九年(1839)鳳城世馨堂補刻本　二冊

440000－2503－0000517　403.7/7522/3(2)
種墨亭尺牘二卷補遺一卷　(清)陳衍虞撰　清初刻道光十九年(1839)鳳城世馨堂補刻本　一冊　存二卷(種墨亭尺牘二、補遺一卷)

440000－2503－0000518　403.7/7522/4
蓮山詩集十九卷　(清)陳衍虞撰　清初刻道光十九年(1839)鳳城世馨堂補刻本　四冊

440000－2503－0000519　403.7/7522/4(2)
蓮山詩集十九卷　(清)陳衍虞撰　清初刻道光十九年(1839)鳳城世馨堂補刻本　四冊

440000－2503－0000520　403.7/7522/5
郡乘代言一卷邑乘論一卷邑志序一卷種墨亭啓集一卷　(清)陳衍虞撰　清初刻道光十九年(1839)鳳城世馨堂補刻本　一冊

440000－2503－0000521　403.7/7522/6
還山文稿一卷　(清)陳衍虞撰　清初刻道光二十六年(1846)鳳城世馨堂補刻本　一冊

440000－2503－0000522　403.7/7522/6(2)
還山文稿一卷　(清)陳衍虞撰　清初刻道光二十六年(1846)鳳城世馨堂補刻本　一冊

440000－2503－0000523　403.7/7522/7
蔚園文稿四卷　(清)陳衍虞撰　清初刻道光二十六年(1846)鳳城世馨堂補刻本　二冊

440000－2503－0000524　403.7/7522/7(2)
蔚園文稿四卷　(清)陳衍虞撰　清初刻道光二十六年(1846)鳳城世馨堂補刻本　二冊

440000－2503－0000525　403.7/7522/7(3)
蔚園文稿四卷　(清)陳衍虞撰　清初刻道光二十六年(1846)鳳城世馨堂補刻本　一冊　存一卷(一)

440000－2503－0000526　403.7/1043
王氏漁洋詩鈔十二卷　(清)王士禛撰　清宣統二年(1910)時中書局石印本　八冊

440000－2503－0000527　403.7/1043/2
漁洋山人詩問二卷律詩定體一卷　(清)王士禛撰　**然燈記聞一卷**　(清)何世璂述　清宣統三年(1911)上海掃葉山房石印本　一冊

440000－2503－0000528　403.7/4442
聊齋文集二卷　(清)蒲松齡撰　清宣統三年(1911)國學扶輪社鉛印本　一冊　存一卷(二)

440000－2503－0000529　403.7/2616
海日堂集七卷補遺一卷　(清)程可則撰　清道光五年(1825)南海程氏刻本　四冊

440000－2503－0000530　403.7/4444
瓦注草一卷課士論文一卷　(清)林世榕著　(清)姜宸英評　清康熙刻本　一冊　缺一卷(課士論文一卷)

440000－2503－0000531　403.7/1292
湖海集十三卷　(清)孔尚任撰　清康熙孔氏介安堂刻本　五冊　存五卷(四、六至九)

440000－2503－0000532　403.7/7518
蓬亭偶存詩草十五卷　(清)陳王猷撰　清道光鳳城世馨堂刻本　二冊　存八卷(一至八)

440000－2503－0000533　403.7/7575
小蓬亭詩草六卷　(清)陳學典撰　清道光二十九年(1849)陳廣澤刻本　一冊

440000－2503－0000534　403.7/7578
道榮堂文集六卷首一卷　(清)陳鵬年撰　清乾隆二十七年(1762)刻本　五冊

440000－2503－0000535　403.7/7578/2
滄洲近詩十卷　(清)陳鵬年撰　清乾隆二十七年(1762)刻本　四冊

440000－2503－0000536　403.7/0042
味和堂詩集六卷　(清)高其倬撰　清乾隆刻本　五册

440000－2503－0000537　403.7/7160
樊榭山房集外詩三卷　(清)厲鶚撰　**道古堂集外詩二卷**　(清)杭世駿撰　清同治至光緒錢唐丁氏刻本　一册

440000－2503－0000538　403.7/4047
嶺南集八卷　(清)杭世駿撰　清光緒七年(1881)學海堂刻本　二册

440000－2503－0000539　403.7/4040
小倉山房外集一卷　(清)袁枚撰　清嘉慶二十四年(1819)紫文閣補刻八家四六文鈔本　一册

440000－2503－0000540　403.7/4040/2
袁文箋正十六卷　(清)袁枚撰　(清)石韞玉箋　清光緒二十二年(1896)登雲閣刻本　四册　存十一卷(一至十一)

440000－2503－0000541　403.7/4040/3
音註小倉山房尺牘八卷　(清)袁枚撰　(清)胡光斗箋釋　清光緒三十二年(1906)章福記書局石印本　一册

440000－2503－0000542　403.7/4444/2
鼇洲詩草十二卷詩餘一卷　(清)林蒲封撰　清道光刻光緒二年(1876)重印本　四册

440000－2503－0000543　403.7/3150
述學内篇三卷外篇一卷别錄一卷附錄一卷校勘記一卷　(清)汪中撰　(清)汪喜孫編　清同治八年(1869)揚州書局刻本　一册　缺三卷(内篇三卷)

440000－2503－0000544　403.7/1184
逃虛閣詩集六卷　(清)張錦芳撰　清嘉慶刻本　二册

440000－2503－0000545　403.7/2780
五百四峰堂詩鈔二十五卷　(清)黎簡撰　清同治十三年(1874)南海陳氏刻本　七册　缺三卷(九至十一)

440000－2503－0000546　403.7/7269
思補堂文集一卷　(清)劉星煒撰　**玉芝堂文集一卷**　(清)邵齊燾撰　清嘉慶紫文閣補刻八家四六文鈔本　一册

440000－2503－0000547　403.7/8720
缾水齋詩集十七卷别集二卷詩話一卷　(清)舒位撰　清光緒十二年(1886)刻本　五册　存十二卷(詩集一至十二)

440000－2503－0000548　403.7/7503
西泠閨詠十六卷　(清)陳文述撰　(清)龔玉晨編　清光緒十三年(1887)西泠翠螺閣刻本　四册

440000－2503－0000549　403.7/6011
刻燭吟館詩鈔四卷　(清)呂玉璜撰　清道光刻本　二册

440000－2503－0000550　403.7/4440
圖南書屋稿三卷　(清)林植撰　清光緒十三年(1887)潮城敬文堂刻本　一册

440000－2503－0000551　403.7/8242
三餘詩草六卷附文集一卷　(清)鍾聲和著　清刻本　二册

440000－2503－0000552　403.7/8242/2
三餘文集一卷　(清)鍾聲和著　清潮州□□文在堂刻本　一册

440000－2503－0000553　403.7/4480
香銕先生書啓遺稿不分卷　(清)黃釗撰　清稿本　一册

440000－2503－0000554　403.7/4480/2
讀白華草堂詩初集九卷二集十二卷苜蓿集八卷　(清)黃釗撰　清道光刻本　八册

440000－2503－0000555　403.7/4480/2(2)
讀白華草堂詩初集九卷二集十二卷苜蓿集八卷　(清)黃釗撰　清道光刻本　五册　存十七卷(初集九卷、二集五至十二)

440000－2503－0000556　403.7/3600
登雲山房文稿四卷　(清)溫訓撰　清道光刻本　二册

440000－2503－0000557　403.7/4441
儆居集二十二卷　（清）黄式三撰　清光緒十四年（1888）刻儆居遺書本　八册

440000－2503－0000558　403.7/2140
安所遇軒僑西稿四卷　（清）何世文撰　清道光何淮刻本　一册　存二卷（一至二）

440000－2503－0000559　403.7/0121
龔定盦别集一卷　（清）龔自珍撰　（清）龔橙編　清宣統二年（1910）順德鄧氏鉛印風雨樓叢書本　一册

440000－2503－0000560　403.7/0121/2
定盦續集四卷　（清）龔自珍撰　清宣統鉛印本　一册

440000－2503－0000561　403.7/0121/3
定盦文集補五卷　（清）龔自珍撰　清宣統鉛印本　一册　缺一卷（詞選）

440000－2503－0000562　403.7/0121/4
定盦文拾遺一卷附時文　（清）龔自珍撰　清宣統鉛印本　一册

440000－2503－0000563　403.7/2210
珍帚編詩集十卷　（清）崔弼撰　清嘉慶十五年（1810）刻光緒八年（1882）補刻本　三册

440000－2503－0000564　403.7/7530
東塾集六卷　（清）陳澧撰　清光緒十八年（1892）羊城富文齋刻本　三册

440000－2503－0000565　403.7/7540
嶺南雜事詩鈔八卷　（清）陳坤撰　清同治至光緒錢塘陳氏粤東藝苑樓刻如不及齋叢書本　四册

440000－2503－0000566　403.7/4039
恪靖侯盾鼻餘瀋一卷　（清）左宗棠撰　（清）柳葆元等編　清光緒七年（1881）刻本　一册

440000－2503－0000567　403.7/4020
瑶華閣詩草一卷閩南雜咏一卷　（清）袁綬撰　清宣統二年（1910）陝西圖書館鉛印本　一册

440000－2503－0000568　403.7/7501
梅花書屋詩鈔二卷　（清）陳方平撰　清光緒二十六年（1900）陔蘭精舍刻本　二册

440000－2503－0000569　403.7/4630
養和山館課餘草六卷　（清）楊淞撰　清光緒二十三年（1897）潮城存文堂刻本　二册

440000－2503－0000570　403.7/4630/（2）
養和山館課餘草六卷　（清）楊淞撰　清光緒二十三年（1897）潮城存文堂刻本　一册　存三卷（四至六）

440000－2503－0000571　403.7/4476
繞緑書莊詩稿内集一卷　（清）林長暉撰　清光緒十六年（1890）刻本　一册

440000－2503－0000572　403.7/0843
堆墨齋詩鈔二卷　（清）許希逸撰　清末刻本　一册　存一卷（二）

440000－2503－0000573　403.7/4334
歸來居詩草五卷詞鈔一卷　（清）戴漉巾撰　清光緒九年（1883）刻本　二册

440000－2503－0000574　403.7/6032
桐城吴先生尺牘五卷補遺一卷諭兒一卷　（清）吴汝綸撰　清光緒二十九年（1903）桐城吴氏家刻本　一册　存一卷（尺牘一）

440000－2503－0000575　403.7/3272
清芬集二卷　（清）潘譽徵撰　清宣統三年（1911）廣州刻本　一册

440000－2503－0000576　403.7/2810
[茶聲寄興九卷]　（清）徐琪撰　清光緒二十二年（1896）仁和徐氏刻本　一册　存四卷（韓江雜詩、鳯山從祀詩、韓雲品瑞歌、梅州廿一律）

440000－2503－0000577　403.7/5525
紫荆吟館詩集四卷　（清）曹秉哲撰　清光緒二十五年（1899）番禺曹氏刻本　二册

440000－2503－0000578　403.7/2533
棣垞集四卷首一卷外集三卷　（清）朱啓連撰　清末刻本　二册

440000－2503－0000579　403.7/8014

唫花別墅詩鈔二卷 （清）曾廷蘭撰 清光緒十四年(1888)潮城存文樓刻本 一册

440000－2503－0000580 403.7/1062
小輞川詩集三卷 （清）王景仁撰 清宣統鉛印繡詩樓叢書本 一册

440000－2503－0000581 403.8/6002
小三吾亭文甲集一卷詩八卷詞三卷附一卷 冒廣生撰 清光緒刻如皋冒氏叢書本 一册 存二卷(文甲集一卷、詩一)

440000－2503－0000582 403.8/7524
繡詩樓詩五卷 陳步墀撰 清宣統元年(1909)鉛印本 一册

440000－2503－0000583 401/4420
文選六十卷 （南朝梁）蕭統輯 （唐）李善注 （清）何焯評 清羊城翰墨園刻朱墨套印本 十二册

440000－2503－0000584 401/3103
昭明文選六臣彙註疏解三十九卷首一卷 （清）顧施禎纂輯 清嘉慶二十四年(1819)刻本 十一册 存二十一卷(一至二、五至十二、十七至二十二、二十八至三十一,首一卷)

440000－2503－0000585 401/4221
文苑英華辨證十卷 （宋）彭叔夏撰 **詩紀匡謬一卷** （清）馮舒撰 清乾隆六十年(1795)長塘鮑氏刻知不足齋叢書本 一册 缺五卷(文苑英華辨證一至五)

440000－2503－0000586 401/6083
涵芬樓古今文鈔一百卷 吳曾祺纂録 清宣統二年(1910)上海商務印書館鉛印本 九十六册 缺三卷(一、五十四、六十八)

440000－2503－0000587 401/4418/2
古文析義二編八卷 （清）林雲銘評注 清宣統元年(1909)石印本 一册 存四卷(五至八)

440000－2503－0000588 401/4448
忠雅堂評選四六法海八卷 （清）蔣士銓評選 清咸豐藏珍閣刻本 三册 存三卷(二、五、八)

440000－2503－0000589 401/1073
八代詩選二十卷 王闓運輯 清光緒十九年(1893)章氏經濟堂刻本 八册

440000－2503－0000590 401/8224
鍾伯敬先生訂補千家詩二卷附二十四孝圖說 （明）鍾惺輯 清光緒三十年(1904)刻本 一册

440000－2503－0000591 401/4210
古文辭類纂七十四卷 （清）姚鼐輯 **續古文辭類纂三十四卷** 王先謙輯 清刻本 四册 存二十二卷(古文辭類纂六至十九、續五至十二)

440000－2503－0000592 401/4210/2
古文辭類纂十五卷 （清）姚鼐輯 清光緒二十四年(1898)慎記書莊石印本 五册

440000－2503－0000593 401/4210/3
古文辭類纂十五卷 （清）姚鼐輯 **續古文辭類纂十卷** 王先謙輯 清光緒二十四年(1898)慎記書莊石印本 四册 存十九卷(古文辭類纂一至三、十至十五,續十卷)

440000－2503－0000594 401/4210/4
古文辭類纂七十四卷 （清）姚鼐輯 **續古文辭類纂三十四卷** 王先謙輯 清光緒三十三年(1907)上海商務印書館鉛印本 十二册

440000－2503－0000595 401/4210/4(2)
古文辭類纂七十四卷 （清）姚鼐輯 **續古文辭類纂三十四卷** 王先謙輯 清光緒三十三年(1907)上海商務印書館鉛印本 八册 存五十四卷(古文辭類纂一至十、二十一至三十、六十一至六十七,續一至十六、二十四至三十四)

440000－2503－0000596 401/5530
全唐詩九百卷 （清）曹寅 （清）彭定球等輯 清刻本 二十三册 存一百六十三卷(樂章一至七、盧照鄰一至二,李百藥、劉禕之等、杜易簡等、狄仁杰等、張九齡一至三、王勃一至二、李嶠一至五、杜審言、董思恭等、李白一至二十五、孟彦深等、張謂、岑參一至四、沈宇等、杜儼等、楊賁等、包佶、李嘉佑一至二、包何、賈邕、皇甫曾、高適一至四、李峴等、杜甫六至九、李益一至二、李端一至三、盧鈞等、舒元興、盧宗回等、張蕭遠、殷堯藩、沈亞之、施肩吾、費冠卿、詞四至十二、方千一至六、羅鄴、張蠙、翁贊、黄滔一至三、殷文圭、徐夤一至四、錢珝、喻坦之、崔道融、盧廷讓等、曹松一至二、蘇拯、路德廷等、李洞一至三、唐求、于鄴、陸貞洞等、胡令能等、周曇一至二、李九齡、胡宿、高力士等、李密等、貫休七至十二、靈澈等、護國等、清江、無可一至二、齊己一至十、尚顏等、可朋等、曇睦等、慈恩寺沙門等、呂巖一至四)

440000－2503－0000597　401/4400
欽定全唐文一千卷總目三卷　(清)董誥等輯　清光緒二十七年(1901)廣雅書局刻本　一百八十四册　存九百三十二卷(五十九至五百四、五百十至九百九十五)

440000－2503－0000598　401/0700
唐文粹補遺二十六卷　(清)郭麐纂　清光緒十一年(1885)江蘇書局刻本　四册

440000－2503－0000599　401/1117
增廣賦海大全三十卷首一卷　(清)張承臚編　清光緒二十二年(1896)上海慎記書莊石印本　十二册

440000－2503－0000600　401/8021
觀劇絕句三卷　(清)金德瑛等撰　**木皮散人鼓詞一卷**　(明)賈凫西撰　**萬古愁曲一卷**　(清)歸莊撰　清光緒三十三年至三十四年(1907－1908)長沙葉氏刻雙楳景闇叢書本　一册

440000－2503－0000601　401/1173
七家詩輯注八卷　(清)張熙宇輯評　(清)陳方平注釋　清同治十二年(1873)刻本　四册

440000－2503－0000602　401/4443/2
皇朝經世文續編一百二十卷　(清)葛士濬輯　清光緒二十二年(1896)寶善書局石印本　一册　存六卷(一至六)

440000－2503－0000603　401/6755
國朝文匯乙集七十卷　國學扶輪社編　清宣統元年(1909)上海國學扶輪社石印本　三十一册　存六十二卷(一至二、五至六、九至三十六、三十九至四十二、四十五至七十)

440000－2503－0000604　401/7433
五十名家書札四卷　(清)陸心源輯　清末影印本　三册　存三卷(行、忠、信)

440000－2503－0000605　401/0824
八家四六文注八卷首一卷補注一卷增訂一卷校勘一卷　(清)許貞幹輯注　清光緒十八年(1892)上海圖書集成印書局鉛印本　八册

440000－2503－0000606　401/2564
策論叢鈔不分卷　嶺東日報社編　清光緒二十八年(1902)鉛印本　一册

440000－2503－0000607　401/1020
嶺南三大家詩選二十四卷　(清)王隼選　清同治七年(1868)南海陳氏刻本　五册

440000－2503－0000608　401/1010
西泠五布衣遺著十四種　(清)丁丙輯　清同治至光緒錢塘丁氏刻本　十册

440000－2503－0000609　401/2126
楚庭耆舊遺詩前集二十一卷後集二十一卷續集三十二卷　(清)伍崇曜輯　清道光二十三年至三十年(1843－1850)南海伍氏刻本　十二册

440000－2503－0000610　401/7510
古瀛詩苑五卷　(清)陳珏輯　清道光二十七年(1847)世馨堂刻本　二册

440000－2503－0000611　401/7510/(2)
古瀛詩苑五卷　(清)陳珏輯　清道光二十七年(1847)世馨堂刻本　一册　存三卷(一至三)

440000－2503－0000612　401/3153
潮州耆舊集三十七卷　(清)馮奉初輯　清道光二十九年(1849)李氏愛吾鼎齋刻本　十四册　存三十二卷(一至三十二)

440000－2503－0000613　401/7524
四先生詩存四卷　陳步墀編　清宣統元年(1909)繡詩樓鉛印本　一冊

440000－2503－0000614　401/7545
蓮山家言不分卷　(清)陳士規等撰　清初刻道光十九年(1839)鳳城世馨堂補刻本　二冊

440000－2503－0000615　401/7236
金城唱和集不分卷　(清)丘逢甲等撰　清光緒二十五年(1899)嶺南寶經閣刻本　一冊

440000－2503－0000616　401/1114
三河報政錄一卷　(清)張廷枬等撰　清光緒鉛印本　一冊

440000－2503－0000617　401/2146
金山書院課藝二卷　金山書院編　清光緒二十七年(1901)刻本　二冊

440000－2503－0000618　401/4635
分韻試帖青雲集全註四卷　(清)楊逢春輯　清光緒二十年(1894)圖書集成印書局鉛印本　四冊

440000－2503－0000619　407/1736
司空詩品註釋二十四則　(唐)司空圖撰　**詩品詩課鈔百首**　(清)鍾寶學課　清光緒十六年(1890)刻本　一冊

440000－2503－0000620　407/4429
乾嘉詩壇點將錄一卷東林點將錄一卷點將錄附考一卷重刻乾嘉詩壇點將錄一卷秦雲擷英小譜一卷　葉德輝輯　清光緒三十三年至宣統三年(1907－1911)長沙葉氏刻本　一冊

440000－2503－0000621　407/1240
四六叢話三十三卷選詩叢話一卷　(清)孫梅輯　清光緒七年(1881)吳下刻本　十二冊

440000－2503－0000622　407/5022
紅樓夢紀略一卷　(清)青山山農輯　**紅樓夢廣義二卷**　(清)青山山農撰　**紅樓夢論贊一卷**　(清)讀花人(塗瀛)編　清末石印本　一冊

440000－2503－0000623　407/3308
制義叢話二十四卷附題名一卷　(清)梁章鉅撰　清同治八年(1869)刻本　八冊

440000－2503－0000624　407/0175
新撰普通尺牘二卷附詳解　(清)商務印書館編　清末上海商務印書館鉛印本　一冊　存一卷(上)

440000－2503－0000625　404/7750
片玉詞二卷補遺一卷　(宋)周邦彥撰　清光緒十一年(1885)錢唐丁氏刻西泠詞萃叢書本　一冊　缺一卷(片玉詞二)

440000－2503－0000626　404/4234
蕭臺公餘詞一卷　(宋)姚述堯撰　清光緒十二年(1886)錢唐丁氏刻西泠詞萃叢書本　一冊

440000－2503－0000627　404/2528
曝書亭集詞注七卷　(清)朱彝尊撰　(清)李富孫註　清嘉慶刻本　四冊

440000－2503－0000628　404/4020
瑤華閣詞一卷補遺一卷　(清)袁綬撰　清宣統陝西圖書館鉛印本　一冊

440000－2503－0000629　404/6042
桐花閣詞一卷補遺一卷首一卷末一卷　(清)吳蘭修撰　清宣統三年(1911)刻本　一冊

440000－2503－0000630　404/4674
西湖秋柳詞一卷　(清)楊鳳苞撰　(清)楊知新注　清光緒錢塘丁氏嘉惠堂刻武林掌故叢書本　一冊

440000－2503－0000631　404/2810
長生籙詞一卷　(清)徐琪撰　清光緒三十一年(1905)仁和徐氏刻本　一冊

440000－2503－0000632　404/7524
雙溪詞三卷　陳步墀撰　清宣統鉛印繡詩樓叢書本　一冊

440000－2503－0000633　404/1150
詞選二卷　(清)張惠言輯　**附錄一卷**　(清)鄭善長輯　**續詞選二卷**　(清)董毅輯　清道光刻本　一冊

440000－2503－0000634　405/7720

鳳凰山七十二卷　(□)□□撰　清同治十三年(1874)刻本　一册　存三卷(一至三)

440000－2503－0000635　405/7729

天雨花三十回　(清)陶貞懷撰　清末刻本　五册　存十回(三至四、十一至十二、十五至十六、十九至二十、二十七至二十八)

440000－2503－0000636　405/7502

再生緣全傳二十卷八十回　(清)陳端生撰　清刻本　十三册　存十三卷(二至四、六至八、十、十五至二十)

440000－2503－0000637　405/7502/(2)

再生緣全傳二十卷八十回　(清)陳端生撰　清刻本　三册　存三卷(四、七、十九)

440000－2503－0000638　405/5034

靈山晨鐘二卷　(清)東初老人著　清光緒七年(1881)王守志刻本　一册

440000－2503－0000639　405/2724

再造天□□卷　(清)[侯香葉]撰　清刻本　一册　存一卷(十四)

440000－2503－0000640　405/3322

新刻陰陽寶扇八集八十卷　(清)梁紹仁編纂　清光緒佛山近文堂刻芹香閣書局印本　八十册

440000－2503－0000641　405/4493

帝女花二卷　(清)黄燮清填詞　(清)查仲誥正譜　(清)孫福海重校　清宣統三年(1911)刻本　二册

440000－2503－0000642　406/6016

增像全圖加批西遊記八卷一百回　(明)吴承恩撰　(清)陳士斌詮解　清光緒二十六年(1900)源記書莊石印本　八册

440000－2503－0000643　406/4410

繡像東周列國全志二十三卷一百八回　(清)蔡奡評點　清同治五年(1866)刻本　六册　存十一卷(一、八至十一、十八至二十三)

440000－2503－0000644　406/4040

新鐫全像武穆精忠傳八卷　(明)李贄撰　清刻本　三册　存六卷(三至八)

440000－2503－0000645　406/6010

飛龍傳六十回　(清)吴璿(東隅逸士)編纂　清嘉慶十年(1805)刻本　四册　存四十一回(一至九、二十一至五十二)

440000－2503－0000646　501.1/4444

增補事類統編九十三卷　(清)黄葆真增輯　清敦好堂刻本　四十三册　存八十三卷(二至三、九至四十二、四十五至四十六、四十九至九十三)

440000－2503－0000647　501.1/1000

玉海二百四卷附刻十三種六十一卷　(宋)王應麟撰　**校補玉海瑣記二卷王深甯先生[應麟]年譜一卷**　(清)張大昌撰　清光緒九年至十六年(1883－1890)浙江書局刻本　十二册　存二十四卷(玉海二至十三、三十五至三十六、一百三至一百十一,附刻周易鄭康成注一卷)

440000－2503－0000648　501.1/1140

淵鑑類函四百五十卷　(清)張英等撰　清康熙刻本　二册　存九卷(一百七十五至一百八十三)

440000－2503－0000649　501.1/7540

增廣留青新集二十四卷附泰西禮俗攷　(清)陳枚輯　清末石印本　四册　存十卷(七至十、十七至二十二)

440000－2503－0000650　501.2/1216

鑄史駢言十二卷　(清)孫玉田撰　清光緒刻本　三册　存九卷(一至九)

440000－2503－0000651　501.2/1115

佩文韻府一百六卷韻府拾遺一百六卷　(清)張玉書等纂　清光緒十八年(1892)上海同文書局石印本　五十二册　存一百七十卷(佩文韻府一至二十五、二十七至三十四、三十七至五十一、五十五至五十九、六十三至一百二,韻府拾遺一至三十、六十至一百六)

440000－2503－0000652　501.2/1115/2

佩文韻府一百六卷韻府拾遺一百六卷　（清）張玉書等纂　清光緒二十二年(1896)上海點石齋石印本　五十三冊　存一百四十二卷(佩文韻府一至四十七、五十一至一百六，韻府拾遺一至十五、四十四至五十九、九十九至一百六)

440000－2503－0000653　501.2/1115/3
佩文韻府一百六卷韻府拾遺一百六卷　（清）張玉書等纂　清末石印本　三十四冊　存七十七卷(佩文韻府一至三、五至二十五、四十九至五十一、五十五至五十九、六十三至七十、七十四至七十六、八十三至九十、九十三至九十八、一百至一百二，韻府拾遺九十至一百六)

440000－2503－0000654　502.1/6094
藝海珠塵八集一百六十四種　（清）吳省蘭輯　清嘉慶南匯吳氏聽彝堂刻本　六十二冊　存一百六十種

440000－2503－0000655　502.5/3191
亭林先生遺書彙輯二十三種附錄三種　（清）顧炎武撰　（清）席威　（清）朱記榮編　清光緒十一年至三十二年(1885－1906)朱氏槐廬家塾刻本　八冊　存九種十九卷(左傳杜解補正三卷、九經誤字一卷、五經異同三卷、韻補正一卷、聖安紀事二卷、救文格論一卷、亭林雜錄一卷、亭林文集三卷、亭林詩集四卷)

440000－2503－0000656　502.5/1053
重刊船山遺書六十二種　（清）王夫之撰　**校勘記二卷**　（清）劉毓崧撰　清同治四年(1865)湘鄉曾氏金陵刻本　九十八冊　存六十二種二百一卷(周易內傳六卷、發例一卷，周易大象解一卷，周易稗疏四卷，周易考異一卷，周易外傳七卷，書經稗疏四卷，尚書引義六卷，詩經稗疏四卷，詩經考異一卷，詩經叶韻辨一卷，詩廣傳五卷，禮記章句四十九卷，春秋家說三卷，春秋稗疏二卷，春秋世論五卷，續春秋左氏傳博議二卷，讀四書大全說十卷，四書稗疏一卷，四書考異一卷，說文廣義三卷，讀通鑑論三十卷、末一卷，宋論十五卷，永歷實錄二十六卷，蓮峰志五卷，張子正蒙注九卷，思問錄內篇一卷、外篇一卷，俟解一卷，噩夢一卷，黃書一卷，識小錄一卷，老子衍一卷，莊子解三十三卷，莊子通一卷，楚辭通釋十四卷、末一卷，薑齋文集十卷，薑齋五十自定稿一卷，薑齋六十自定稿一卷，薑齋七十自定稿一卷，柳岸吟一卷，落花詩一卷，遺興詩一卷，和梅花百詠一卷，洞庭秋一卷，雁字詩一卷，倣體詩一卷，嶽餘集一卷，鼓棹初集一卷，鼓棹二集一卷，瀟湘怨詞一卷，詩譯一卷，夕堂永日緒論內篇一卷，夕堂永日緒論外篇一卷，南窗漫記一卷，龍舟會雜劇一卷，經義一卷，附王船山叢書校勘記二卷，龍源夜話一卷，薑齋詩賸稿一卷，憶得一卷，薑齋詩分體藁四卷，薑齋詩編年藁一卷，薑齋文集補遺二卷)

440000－2503－0000657　502.5/4461
鹿洲全集八種　（清）藍鼎元輯　清雍正十年(1732)刻光緒五年(1879)藍謙修補刻本　二十一冊　存七種四十二卷(鹿洲初集二十卷、平臺紀略一卷、東征集六卷、鹿州公案二卷、脩史試筆二卷、棉陽學準五卷、女學六卷)

440000－2503－0000658　502.5/4040
隨園三十六種　（清）袁枚撰輯　清光緒十八年(1892)上海圖書集成印書局鉛印本　三十九冊　存二十九種二百九卷(小倉山房文集三十五卷，小倉山房外集八卷，小倉山房詩集三十七卷、補遺二卷，袁太史藁一卷，小倉山房尺牘十卷，牘外餘言一卷，隨園隨筆二十八卷，新齋諧二十四卷，隨園八十壽言六卷，紅豆村人詩稿十四卷，碧腴齋詩存八卷，南園詩選二卷，繡餘吟稿一卷，盈書閣遺稿一卷，樓居小草一卷，素文女子遺稿一卷，湘痕閣詩稿二卷、詞稿一卷，瑤華閣詩草二卷、詞鈔一卷、補遺一卷，隨園女弟子詩選六卷，飲水詞鈔二卷，箏船詞一卷，捧月樓詞二卷，綠秋草堂詞一卷，玉山堂詞一卷，崇睦山房詞一卷，過雲精舍詞二卷，碧梧山館詞二卷，隨園瑣記二卷，談瀛錄二卷)

440000－2503－0000659　502.5/4040/2
隨園三十六種　（清）袁枚撰輯　清光緒三十

四年(1908)上海集成圖書公司鉛印本　四十一冊　存三十種二百二十五卷(小倉山房文集三十五卷、小倉山房外集八卷、小倉山房詩集三十七卷補遺二卷、袁太史稿一卷、小倉山房尺牘十卷、隨園詩話十六卷、詩話補遺十卷、隨園隨筆二十八卷、隨意食單一卷、續同人集十七卷、隨園八十壽言六卷、紅豆村人詩稿十四卷、碧腴齋詩存八卷、南園詩選二卷、筱雲詩集二卷、粲花軒詩稿二卷、樓居小草一卷、素文女子遺稿一卷、瑤華閣詩草一卷詞鈔一卷補遺一卷、隨園女弟子詩選六卷、飲水詞鈔二卷、箏船詞一卷、捧月樓詞二卷、綠秋草堂詞一卷、玉山堂詞一卷、崇睦山房詞一卷、過雲精舍詞選二卷、碧梧山館詞二卷、隨園瑣記二卷、涉洋管見一卷)

廣東省佛山市圖書館古籍普查登記目録

全國古籍普查登記目録

國家圖書館出版社
National Library of China Publishing House

440000－2506－0000001　101/1
易經程傳四卷　(宋)程頤撰　清末明善社刻本　四冊

440000－2506－0000002　101/10
周易象義集成不分卷　(清)陳洪冠纂輯　清咸豐八年(1858)刻本　三冊

440000－2506－0000003　101/11
易經增訂旁訓三卷　(清)徐立綱撰　清咸豐七年(1857)吳郡張氏匠門書屋刻本　一冊

440000－2506－0000004　101/12
易經精華六卷末一卷　(清)薛嘉穎撰　清道光元年(1821)刻本　一冊　存三卷(五至六、末一卷)

440000－2506－0000005　101/13
易經解注傳義辯正四十四卷首二卷末二卷　(清)彭申甫編輯　清光緒十二年(1886)刻本　一冊　存六卷(三十九至四十四)

440000－2506－0000006　101/14
虞氏易事二卷　(清)張惠言撰　清光緒會稽趙之謙刻仰視千七百二十九鶴齋叢書本　一冊

440000－2506－0000007　101/15
古易音訓二卷　(宋)呂祖望撰　(清)宋咸溪輯　(清)臧鏞堂　(清)徐鯤校　清光緒會稽趙之謙刻仰視千七百二十九鶴齋叢書本　一冊

440000－2506－0000008　101/2
易經八卷　(宋)程頤傳　清宣統元年(1909)學部圖書局石印本　一冊　存三卷(六至八)

440000－2506－0000009　101/25
伊川易傳四卷　(宋)程頤撰　清光緒刻本　一冊　存一卷(一)

440000－2506－0000010　101/4
易經來註圖解十五卷首一卷末一卷　(明)來知德注　(清)凌夫惇圈點　(清)高奣映校勘　清光緒積善堂刻本　五冊

440000－2506－0000011　101/4(2)
易經來註圖解十五卷首一卷末一卷　(明)來知德注　(清)凌夫惇圈點　(清)高奣映校勘　清光緒刻本　十冊

440000－2506－0000012　101/4(3)
易經來註圖解十五卷首一卷末一卷　(明)來知德注　(清)凌夫惇圈點　(清)高奣映校勘　清光緒刻本　十冊

440000－2506－0000013　101/4(4)
易經來註圖解十五卷首一卷末一卷　(明)來知德注　(清)凌夫惇圈點　(清)高奣映校勘　清光緒刻本　一冊　存二卷(十四至十五)

440000－2506－0000014　101/4(5)
易經來註圖解十五卷首一卷末一卷　(明)來知德注　(清)凌夫惇圈點　(清)高奣映校勘　清光緒刻本　一冊　存一卷(首一卷)

440000－2506－0000015　101/6
周易四卷　(宋)朱熹本義　清光緒四年(1878)廣州古經閣刻本　三冊

440000－2506－0000016　101/8
御纂周易述義十卷　(清)傅恒等纂　清道光十八年(1838)刻本　四冊

440000－2506－0000017　101/9
周易闡真四卷首一卷　(清)劉一明撰　清嘉慶二十四年(1819)常郡護國菴刻本　一冊　存一卷(首一卷)

440000－2506－0000018　102/1
尚書注疏十六卷　(漢)孔安國傳　(唐)陸德明音義　(唐)孔穎達疏　清同治十年(1871)廣東書局刻十三經注疏本　七冊

440000－2506－0000019　102/11
書經六卷　(宋)蔡沈集傳　清刻本　三冊　存四卷(三至六)

440000－2506－0000020　102/5
欽定書經傳說彙纂二十一卷　(清)王頊齡纂　清光緒十四年(1888)上海點石齋石印本　三冊

440000－2506－0000021　102/6

欽定詩經傳説彙纂二十一卷首二卷書序一卷　(清)王頊齡等撰　清同治十年(1871)湖北崇文書局刻本　六册　存十三卷(十至二十一、書序一卷)

440000－2506－0000022　103/23(2)
詩經繹參四卷　(清)鄧翔著　(清)孔廣陶等校刊　清同治六年(1867)刻朱墨套印本　四册

440000－2506－0000023　103/23(3)
詩經繹参四卷　(清)鄧翔著　(清)孔廣陶等校刊　清同治六年(1867)刻朱墨套印本　四册

440000－2506－0000024　103/1
詩經四卷　(宋)朱熹集傳　清同治十年(1871)刻本　四册

440000－2506－0000025　103/1(2)
詩經四卷　(宋)朱熹集傳　清同治十年(1871)刻本　四册

440000－2506－0000026　103/10
毛詩通考三十卷　(清)林伯桐撰　清同治二年(1863)南海伍氏刻嶺南遺書本　一册　存十九卷(一至十九)

440000－2506－0000027　103/12
御纂詩義折中二十卷　(清)傅恒等撰　清文光堂刻本　九册　缺二卷(三至四)

440000－2506－0000028　103/13
欽定詩經傳説彙纂二十一卷　(清)王鴻緒等編　清光緒十四年(1888)上海點石齋石印本　二册　存十一卷(一至五、十二至十七)

440000－2506－0000029　103/14
學海堂集□□卷　(清)吳蘭修等編　清道光五年至光緒十二年(1825－1886)啟秀山房刻本　一册　存三卷(三至五)

440000－2506－0000030　103/15－2
御案詩經備旨八卷　(清)鄒聖脈纂輯　(清)鄒廷猷編次　(清)鄒景揚訂　清刻本　一册　存二卷(三至四)

440000－2506－0000031　103/18
詩經精華十卷　(清)薛嘉穎輯　清光緒七年(1881)廣州崇文堂刻本　四册

440000－2506－0000032　103/18(2)
詩經精華十卷　(清)薛嘉穎輯　清光緒七年(1881)廣州崇文堂刻本　一册　存三卷(八至十)

440000－2506－0000033　103/19
詩經庭訓便覽四卷　(清)潘炳綱輯稿　清光緒九年(1883)刻本(册二由開本及版式紙張略有不同的本子補配)　三册　存三卷(一至三)

440000－2506－0000034　103/19(2)
詩經庭訓便覽四卷　(清)潘炳綱輯稿　清光緒九年(1883)刻本　一册　存一卷(三)

440000－2506－0000035　103/20
毛詩稽古編三十卷　(清)陳啟源述　(清)龐佑清校　毛詩稽古編附考一卷　(清)費雲倬輯　清光緒九年(1883)上海同文書局石印本　八册

440000－2506－0000036　103/20(2)
毛詩稽古編三十卷　(清)陳啟源述　(清)龐佑清校　毛詩稽古編附考一卷　(清)費雲倬輯　清光緒九年(1883)上海同文書局石印本　七册　缺四卷(五至八)

440000－2506－0000037　103/21
詩經集句類聯四卷　(清)羅文俊輯　清光緒十二年(1886)石印本　一册

440000－2506－0000038　103/22
欽定詩經傳説彙纂二十一卷首二卷詩序二卷　(清)王鴻緒等纂修　清光緒十九年(1893)湖南寶慶漱芳閣刻御纂七經叢書本　十册

440000－2506－0000039　103/23
詩經繹参四卷　(清)鄧翔著　(清)孔廣陶等校刊　清同治六年(1867)刻朱墨套印本　四册

440000－2506－0000040　104/1

周禮精華六卷　(清)陳龍標編輯　清道光三年(1823)芥子園刻本　六册

440000－2506－0000041　104/11
欽定儀禮義疏四十八卷首二卷　(清)允祿等纂修　清光緒十四年(1888)江南書局刻本　二十八册

440000－2506－0000042　104/11－2
欽定儀禮義疏四十八卷首二卷　(清)允祿等纂修　清光緒二十九年(1903)湖南寶慶漱芳閣刻御纂七經叢書本　二十四册　存四十卷(一至四、十一至十三、十七至二十三、二十五至四十八,首二卷)

440000－2506－0000043　104/12
監本禮記十卷　(元)陳澔集説　清刻本　一册　存二卷(五至六)

440000－2506－0000044　104/1－2
周禮精華六卷　(清)陳龍標編輯　清末光韙堂刻本　六册

440000－2506－0000045　104/1－3
周禮精華六卷　(清)陳龍標編輯　清末翰寶樓刻本　四册　缺二卷(一、四)

440000－2506－0000046　104/14
附釋音禮記註疏十二卷　(漢)鄭玄撰　(唐)陸德明釋文　(唐)孔穎達疏　**禮記註疏校勘記十二卷**　(清)阮元撰　(清)盧宣旬摘錄　清光緒點石齋石印本　四册

440000－2506－0000047　104/15
欽定禮記義疏八十二卷首一卷　(清)允祿等纂修　清光緒漱芳閣刻御纂七經叢書本　三十九册　缺二卷(八十一至八十二)

440000－2506－0000048　104/17
禮記備旨萃精十一卷　(清)鄒聖脈纂輯　(清)鄒廷猷編次　(清)鄒景揚訂　清刻本　二册　存四卷(一至二、五至六)

440000－2506－0000049　104/2
周禮政要二卷　(清)孫詒讓撰　清光緒三十年(1904)上海書局石印本　二册

440000－2506－0000050　104/20
禮記精華十卷　(清)薛嘉穎輯　(清)汪基等考訂　清同治十三年(1874)同福堂刻本　五册

440000－2506－0000051　104/21
禮記約編十卷　(清)汪基等撰　**改良禮記圖説一卷**　(清)江永撰　清光緒三十四年(1908)上海廣益書局石印本　一册　存二卷(禮記約編一、改良禮記圖說一卷)

440000－2506－0000052　104/23
大戴禮記解詁十三卷　(清)王聘珍撰　(清)蕭鑑等校　清光緒十三年(1887)廣雅書局刻本　三册

440000－2506－0000053　104/24
朱子家禮五卷　(宋)朱熹著　(清)郭嵩燾校訂　清光緒十七年(1891)思賢講舍刻本　一册

440000－2506－0000054　104/25
禮書綱目八十五卷首三卷　(清)江永撰　(清)張成德等校　清光緒二十一年(1895)廣雅書局刻本　二十册

440000－2506－0000055　104/26
五禮通考二百六十二卷總目二卷首四卷　(清)秦蕙田編輯　(清)方觀承訂　(清)吳鼎等校　清光緒二十二年(1896)新化三味堂刻本　一百二十册

440000－2506－0000056　104/27
讀禮通考一百二十卷　(清)徐乾學撰　清光緒二十四年(1898)新化三味堂刻本　四十册

440000－2506－0000057　104/3
評點周禮政要二卷　(清)孫詒讓著　(清)求新圖書館評點　清光緒二十九年(1903)鉛印本　二册

440000－2506－0000058　104/4
周禮正文三卷　(清)伍兆芳音釋　**周禮奇字一卷**　(清)譚昭臣增訂　清道光八年(1828)奎璧堂刻本　二册

440000－2506－0000059　104/5
十三經札記十三種　(清)朱亦棟撰　清光緒四年(1878)武林竹簡齋刻本　一册　存五卷(周禮札記一至二、儀禮札記十二、禮記札記一至二)

440000－2506－0000060　104/6
欽定周官義疏四十八卷首一卷　(清)允祿等纂修　清末漱芳閣刻御纂七經叢書本　三册　存九卷(十二至二十)

440000－2506－0000061　104/8
儀禮註疏八卷　(漢)鄭玄注　(唐)賈公彦等撰　**儀禮註疏校勘記八卷**　(清)阮元撰　(清)盧宣旬摘錄　清光緒點石齋石印本　一册

440000－2506－0000062　105/12
新訂批註左傳快讀十八卷首一卷　(晉)杜預注　(唐)陸德明音義　(宋)林堯叟參注　(清)馮李驊批評　(清)李紹崧選訂　(清)李履道等校　清光緒五年(1879)崇文堂刻本　十四册

440000－2506－0000063　105/14
新訂批註左傳快讀十八卷首一卷　(晉)杜預注　(唐)陸德明音義　(宋)林堯叟參注　(清)馮李驊批評　(清)李紹崧選訂　(清)李履道等校　清道光三十年(1850)承恩堂刻本(卷十四至十五由不同版本補配)　十册　缺六卷(三至五、十六至十八)

440000－2506－0000064　105/15
新訂批註左傳快讀十八卷首一卷　(晉)杜預注　(唐)陸德明音義　(宋)林堯叟參注　(清)馮李驊批評　(清)李紹崧選訂　(清)李履道等校　清末佛山翰文堂刻本　十四册　缺三卷(四至五、十八)

440000－2506－0000065　105/2
春秋左傳五十卷　(晉)杜預注釋　(宋)林堯叟注釋　(唐)陸德明音義　(明)孫鑛等評點　清光緒三十四年(1908)商務印書館石印本　八册　存三十二卷(一至二、九至十八、二十四至三十九、四十七至五十)

440000－2506－0000066　105/20
春秋左傳綱目杜林詳註十四卷首一卷　(晉)杜預　(宋)林堯叟參注　(宋)朱申注釋　(唐)陸德明音義　(明)孫鑛　(明)鍾惺批點　(明)張岐然編輯　(明)張墣校　清同文堂刻本　十册

440000－2506－0000067　105/21
續春秋左傳博議二卷　(清)王夫之撰　清同治四年(1865)湘鄉曾國荃船山書院刻本　一册　存一卷(下)

440000－2506－0000068　105/22
春秋左傳服注存二卷續一卷補遺一卷　(清)沈豫輯　清光緒十六年(1890)新會劉氏藏修書屋刻本　二册

440000－2506－0000069　105/25
左傳列國人名分編□□卷　(清)萬希槐編　(清)劉蘭哲等校　清刻本　三册　存三卷(三至五)

440000－2506－0000070　105/26
左傳經世鈔二十三卷　(清)魏禧評點　(清)彭家屏參訂　清聯墨堂刻本　九册　存二十一卷(一至十一、十四至二十三)

440000－2506－0000071　105/26(2)
左傳經世鈔二十三卷　(清)魏禧評點　(清)彭家屏參訂　清聯墨堂刻本　八册　缺五卷(十一至十二、十九至二十一)

440000－2506－0000072　105/26(3)
左傳經世鈔二十三卷　(清)魏禧評點　(清)彭家屏參訂　清聯墨堂刻本　四册　存十卷(三至七、十至十一、二十一至二十三)

440000－2506－0000073　105/28
春秋左傳詁二十卷　(清)洪亮吉撰　(清)洪用懃校刊　清光緒四年(1878)洪用懃授經堂刻本　一册　存四卷(一至四)

440000－2506－0000074　105/29
春秋公羊註疏四卷　(漢)何休撰　**公羊註疏校勘記四卷**　(清)阮元撰　(清)盧宣旬摘錄　清光緒點石齋石印本　一册　存五卷(四、

校勘記四卷）

440000－2506－0000075　105/31
春秋公羊傳十一卷　（漢）何休撰　（唐）陸德明音義　清光緒十二年（1886）星沙文昌書院刻本　三冊

440000－2506－0000076　105/32
春秋繁露十七卷附錄一卷　（漢）董仲舒撰　（清）盧文弨校　（清）趙曦明等新校　清同治十二年（1873）粵東書局刻本　三冊

440000－2506－0000077　105/33
春秋釋例十五卷　（晉）杜預撰　（清）莊述祖　（清）孫星衍校　清同治十二年（1873）粵東書局刻本　二冊　存五卷（一至五）

440000－2506－0000078　105/35
春秋穀梁傳二十卷　（晉）范甯集解　（唐）陸德明音義　清刻本　二冊　存六卷（三至八）

440000－2506－0000079　105/38
欽定春秋傳說彙纂三十八卷首二卷　（清）王掞等纂修　清末漱芳閣刻御纂七經叢書本　二十冊

440000－2506－0000080　105/39
東萊博議四卷首一卷　（宋）呂祖謙撰　（清）馮泰松重刊　清光緒十八年（1892）上海古香閣石印本　一冊

440000－2506－0000081　105/5
春秋左傳五十卷　（晉）杜預　（宋）林堯叟注釋　（唐）陸德明音義　（明）孫鑛等評點　清光緒三十一年（1905）校經山房石印本　三冊　存十卷（一至十）

440000－2506－0000082　105/8
春秋左傳讀本三十卷　（清）英和等撰　清同治四年（1865）右文堂刻本　一冊　存三卷（一至三）

440000－2506－0000083　105/9
新訂批註左傳快讀十八卷首一卷　（晉）杜預注　（唐）陸德明音義　（宋）林堯叟　（宋）朱申參注　（清）馮李驊　（清）陸浩批評　（清）李紹崧選訂　（清）李履道等校　清同治七年（1868）同文堂刻本　十四冊

440000－2506－0000084　105/9（2）
新訂批註左傳快讀十八卷首一卷　（晉）杜預注　（唐）陸德明音義　（宋）林堯叟　（宋）朱申參注　（清）馮李驊　（清）陸浩批評　（清）李紹崧選訂　（清）李履道等校　清同治七年（1868）同文堂刻本（卷七之后卷次由不同版式本子補配）　十一冊　缺四卷（六、十一、十六至十七）

440000－2506－0000085　106/3
孝經註解一卷　（唐）玄宗李隆基注　（宋）司馬光指解　（宋）范祖禹說　清道光求是軒刻本　一冊

440000－2506－0000086　107/1
經典釋文三十卷　（唐）陸德明撰　清同治十年（1871）粵秀山文瀾閣刻本　十二冊

440000－2506－0000087　107/12
經義正宗一卷　（清）王夫之等撰　清光緒二十四年（1898）羊城聚豐坊刻本　一冊

440000－2506－0000088　107/13
質疑一卷　（清）任泰撰　**補五代史藝文志一卷**　（清）顧櫰三纂　清光緒會稽趙氏刻本　一冊

440000－2506－0000089　107/14
傳經表一卷附通經表一卷　（清）畢沅撰　清光緒五年（1879）華陽宏達堂刻本　二冊

440000－2506－0000090　107/15
新學僞經考十四卷　康有爲撰　清光緒十七年（1891）廣州萬木草堂刻本　七冊

440000－2506－0000091　107/3
群經平議三十五卷茶香室經說十六卷　（清）俞樾撰　清光緒十九年（1893）味腴書屋石印本　二冊

440000－2506－0000092　107/4
五經備旨萃精五十卷　（清）鄒聖脈纂輯　（清）鄒廷猷編次　（清）鄒景揚訂　清刻本

十三册　缺十五卷(易備旨一至二、首一卷,禮記備旨一至五、首一卷,左傳備旨五至七、十至十二)

440000－2506－0000093　107/5
增廣五經備旨四十五卷　(清)鄒聖脈纂輯　(清)鄒廷猷編次　(清)鄒景揚等訂　清光緒十九年(1893)上海蜚英館石印本　九册　缺十一卷(書經備旨四至七,禮記全文備旨一至三、八至十一)

440000－2506－0000094　107/6
五經備旨四十五卷　(清)鄒聖脈纂輯　(清)鄒廷猷編次　(清)鄒景揚等訂　清光緒十三年(1887)上海鴻文書局石印本　十册　缺七卷(易經備旨一至七)

440000－2506－0000095　107/7
五經合纂大成四十四卷　(清)同文書局主人輯　清光緒十一年(1885)上海同文書局石印本　十九册　缺一卷(禮記六)

440000－2506－0000096　107/7－2
五經合纂大成四十四卷　(清)同文書局主人輯　清光緒十八年(1892)上海書局石印本　六册　存三十六卷(書經一至六、詩經一至八、春秋一至十六、禮記一至六)

440000－2506－0000097　107/8
經策通纂二種八十九卷　(清)吳潁炎等纂修　清光緒二十年(1894)上海同文書局石印本　二十九册　缺六十七卷(經學輯要十八上,二十四中之三、下之二;策學備纂一至三十二、目錄一至三十二、首一卷)

440000－2506－0000098　107/9
五經體註五種　(□)□□輯　清光緒十年(1884)上海點石齋石印本　六册　存十九卷(春秋備旨一至七、首一卷,禮記體註一至十、首一卷)

440000－2506－0000099　108/14
增補蘇批孟子二卷附孟子年譜一卷　(宋)蘇洵撰　(清)趙大浣增補　清同治四年(1865)芸居樓刻朱墨套印本　二册

440000－2506－0000100　108/14(2)
增補蘇批孟子二卷附孟子年譜一卷　(宋)蘇洵撰　(清)趙大浣增補　清同治四年(1865)芸居樓刻朱墨套印本　一册　缺一卷(下)

440000－2506－0000101　108/14(3)
增補蘇批孟子二卷附孟子年譜一卷　(宋)蘇洵撰　(清)趙大浣增補　清同治四年(1865)芸居樓刻朱墨套印本　一册　缺一卷(下)

440000－2506－0000102　108/15
監本四書十九卷　(宋)朱熹集注　清末順德龍孝善刻本　六册

440000－2506－0000103　108/16
四書古註群義彙解九十八卷　(清)□□編　清光緒十七年(1891)上海鴻寶齋石印本　十五册　缺五卷(孟子正義十六至二十)

440000－2506－0000104　108/16(2)
四書古註群義彙解九十八卷　(清)□□編　清光緒十九年(1893)上海積山書局石印本　十四册　缺十三卷(四書改錯八至十五、孟子正義十六至二十)

440000－2506－0000105　108/26
新訂四書補註備旨十卷　(明)鄧林著　(清)杜定基增訂　(清)仇滄柱參補　清光緒十九年(1893)佛山寶華閣刻本　五册　缺二卷(論語一至二)

440000－2506－0000106　108/27
四書本註擇粹十九卷　(清)勞潼輯　清嘉慶荷經堂刻本　十册

440000－2506－0000107　108/27(2)
四書本註擇粹十九卷　(清)勞潼輯　清嘉慶荷經堂刻本　四册　存七卷(中庸一,論語八至十,孟子二、四至五)

440000－2506－0000108　108/3
大學衍義四十三卷　(宋)真德秀彙輯　清光緒二十二年(1896)新化三味堂刻本　十册

440000－2506－0000109　108/30
四書五經義約鈔不分卷　(清)花峯主人編

清光緒二十四年(1898)時務局刻本　二冊

440000－2506－0000110　108/31
四書經史摘證七卷　(清)宋繼穜輯　(清)興存鑒定　清光緒元年(1875)拜經精舍刻本　五冊

440000－2506－0000111　108/32
圖畫四書白話解二十卷　(清)王有宗等校訂　清光緒三十四年(1908)上海彪蒙書局石印本　十四冊

440000－2506－0000112　108/33
四書味根錄三十七卷　(清)金澂撰　清光緒二十年(1894)上海文盛書局石印本　八冊

440000－2506－0000113　108/33(2)
四書味根錄三十七卷　(清)金澂撰　清光緒十二年(1886)嶺南集成書局石印本　三冊　缺十八卷(論語一至十、孟子七至十四)

440000－2506－0000114　108/34
四書味根錄三十七卷　(清)金澂撰　清光緒二十九年(1903)上海鴻寶齋石印本　四冊　缺二十卷(論語一至二十)

440000－2506－0000115　108/34(2)
四書味根錄三十七卷　(清)金澂撰　清光緒二十九年(1903)上海鴻寶齋石印本　一冊　存五卷(孟子六至十)

440000－2506－0000116　108/35
四書味根錄三十七卷　(清)金澂撰　清同治二年(1863)粲花吟館刻本　二冊　存六卷(大學一、中庸一至二、孟子十至十二)

440000－2506－0000117　108/35(2)
四書味根錄三十七卷　(清)金澂撰　清光緒七年(1881)玉尺山房刻本　一冊　存三卷(大學一、中庸一至二)

440000－2506－0000118　108/36
四書改錯二十二卷首一卷　(清)毛奇齡撰　(清)陳元龍　(清)張希良校　清光緒十六年(1890)珍藝書局鉛印本　一冊

440000－2506－0000119　108/37
四書翼註論文十二卷　(清)鄭獻甫著　清光緒五年(1879)黔南節署刻本　六冊　缺六卷(二至三、五至七、十)

440000－2506－0000120　108/38
四書典林三十卷四書古人典林十二卷　(清)江永撰　清光緒十三年(1887)四明舌耕堂影印本　三冊

440000－2506－0000121　108/41
四書反身錄八卷首一卷　(清)李顒撰　清末湘陰小嫏嬛山館刻本　四冊

440000－2506－0000122　108/42
四書引解二十六卷　(清)鄧柱瀾纂輯　清末翠竹齋刻本　四冊　存八卷(一至二、五至六、九至十二)

440000－2506－0000123　108/44
四書集註本義滙參□□卷　(清)王步青輯　(清)王士龕編　(清)王乃維等校　清光緒十二年(1886)宏文閣書局鉛印本　二冊　存一卷(論語一)

440000－2506－0000124　108/46
四書人物類典串珠四十四卷　(清)臧志仁編輯　(清)臧銘　(清)臧鋸校　清光緒二十六年(1900)江左書林刻本　七冊　缺六卷(一至二、四十一至四十四)

440000－2506－0000125　108/47
四書逸箋六卷　(清)程大中撰　清木活字印本　一冊

440000－2506－0000126　108/48
四書正體校定字音十九卷　(清)呂世鏞音注　清道光二年(1822)榕蔭堂刻本　一冊

440000－2506－0000127　108/5
論語集解義疏十卷　(三國魏)何晏集解　(南朝梁)皇侃義疏　清乾隆至道光長塘鮑氏知不足齋刻本　一冊　存二卷(九至十)

440000－2506－0000128　108/7
論語註疏解經四卷　(三國魏)何晏集解　(宋)邢昺疏　**校勘記四卷**　(清)阮元校勘

孝經註疏二卷　(唐)玄宗李隆基注　(宋)邢昺疏　**校勘記二卷**　(清)阮元校勘　清光緒十三年(1887)上海點石齋石印本　一册

440000－2506－0000129　108/8
論語註疏二十卷　(三國魏)何晏集解　(唐)陸德明音義　(宋)邢昺疏　清同治十年(1871)刻本　四册

440000－2506－0000130　109/1
聲律通考十卷　(清)陳澧撰　清咸豐十年(1860)廣州富文齋刻本　二册

440000－2506－0000131　109/1(2)
聲律通考十卷　(清)陳澧撰　清咸豐十年(1860)廣州富文齋刻本　二册

440000－2506－0000132　109/1(3)
聲律通考十卷　(清)陳澧撰　清咸豐十年(1860)廣州富文齋刻本　二册

440000－2506－0000133　110/1
小學彙函十四種　(清)鍾謙鈞等輯　清同治十二年(1873)粵東書局刻本　三十一册

440000－2506－0000134　110/10
爾雅音圖三卷　(晉)郭璞注　清光緒二十二年(1896)上海古香閣石印本　一册　缺一卷(下)

440000－2506－0000135　110/10－2
爾雅音圖三卷　(晉)郭璞注　清光緒二十四年(1898)上海古香閣石印本　一册

440000－2506－0000136　110/11
駢雅訓纂七卷序目一卷　(明)朱謀㙔著　(清)魏茂林訓纂　清光緒二十年(1894)上海萬選書局石印本　四册

440000－2506－0000137　110/12
駢雅七卷序目一卷　(明)朱謀㙔著　(清)魏茂林訓纂　清同治十一年(1872)經綸書室刻本　八册

440000－2506－0000138　110/16
補刊段氏說文解字註三十二卷　(清)段玉裁撰　清同治六年至十一年(1867－1872)蘇州保息局刻本　十六册

440000－2506－0000139　110/18
說文解字十五卷　(漢)許慎撰　(宋)徐鉉校定　**說文通檢十四卷首一卷末一卷**　(清)黎永椿編　清同治十二年(1873)刻本　十册

440000－2506－0000140　110/22
說文解字句讀三十卷　(漢)許慎記　(清)王筠撰集　清光緒八年(1882)餘姚朱逌然四川尊經書局刻本　十四册

440000－2506－0000141　110/23
說文解字註十五卷　(清)段玉裁撰　清光緒十五年(1889)上海點石齋石印本　一册

440000－2506－0000142　110/24
說文解字校錄十五卷　(漢)許慎記　(清)鈕樹玉撰　清光緒十一年(1885)江蘇書局刻本　九册　存八卷(一至二、三下、六下、七至十)

440000－2506－0000143　110/25
說文答問疏證六卷　(清)薛傳均撰　**說文經字攷一卷**　(清)陳壽祺撰　清光緒十三年(1887)鴻寶齋書局石印本　一册

440000－2506－0000144　110/26
說文繫傳四十卷校勘記三卷　(五代)徐鍇傳釋　(五代)朱翺反切　**校勘記三卷**　(清)祁寯藻撰　清同治十二年(1873)粵東書局刻本　八册

440000－2506－0000145　110/27
說文聲訂二十八卷　(清)苗夔撰　清道光二十一年(1841)漢專亭刻本　一册

440000－2506－0000146　110/28
說文分韻易知錄五卷附說文分韻標目一卷說文分畫易知錄一卷　(清)許巽行撰　清光緒五年(1879)華亭許嘉德葆素堂刻本　十册

440000－2506－0000147　110/29
六書通十卷　(明)閔齊伋撰　(清)畢弘述篆訂　(清)閔章　(清)程煒校　清光緒二十一年(1895)上海鴻寶齋石印本　一册

440000－2506－0000148　110/29(2)

六書通十卷　(明)閔齊伋撰　(清)畢弘述篆訂　(清)閔章　(清)程煒校　清末石印本　三冊　存五卷(四至八)

440000－2506－0000149　110/30

六書通十卷　(明)閔齊伋撰　(清)畢弘述篆訂　(清)閔章　(清)程煒校　清光緒四年(1878)繡谷留耕堂刻本　六冊

440000－2506－0000150　110/31

六書辨一卷　(清)徐紹楨撰　清光緒南海梁守文刻本　一冊

440000－2506－0000151　110/34

說文古籀補十四卷附錄一卷　(清)吳大澂撰　清光緒二十四年(1898)刻本　二冊

440000－2506－0000152　110/39

十三經集字不分卷　(清)彭玉雯輯　清末刻本　五冊

440000－2506－0000153　110/40

康熙字典三十六卷總目一卷檢字一卷辨似一卷等韻一卷　(清)張玉書等撰　清光緒元年(1875)湖北崇文書局刻本　三十二冊

440000－2506－0000154　110/41

康熙字典三十六卷總目一卷檢字一卷辨似一卷等韻一卷　(清)張玉書等撰　清光緒元年(1875)湖北崇文書局刻本　十冊　存十五卷(子集下、丑集中下、寅集上中下、卯集上中下、辰集上中下、巳集上中下)

440000－2506－0000155　110/42

康熙字典三十六卷總目一卷檢字一卷辨似一卷等韻一卷補遺一卷備考一卷　(清)張玉書等撰　清道光七年(1827)刻本　二十九冊　缺四卷(子集上中、未集上、戌集下)

440000－2506－0000156　110/42(2)

康熙字典三十六卷總目一卷檢字一卷辨似一卷等韻一卷補遺一卷備考一卷　(清)張玉書等撰　清道光七年(1827)刻本　二十七冊　缺五卷(寅集下、午集上中下,補遺一卷)

440000－2506－0000157　110/42(3)

康熙字典三十六卷總目一卷檢字一卷辨似一卷等韻一卷補遺一卷備考一卷　(清)張玉書等撰　清道光七年(1827)刻本　二十五冊　缺九卷(子集上中下、丑集中下、寅集下、戌集中下、亥集上)

440000－2506－0000158　110/42(4)

康熙字典三十六卷總目一卷檢字一卷辨似一卷等韻一卷補遺一卷備考一卷　(清)張玉書等撰　清道光七年(1827)刻本　二十一冊　缺十七卷(寅集下、卯集上下、辰集上下、未集中、申集中下、酉集下、戌集中、亥集上中,總目一卷,檢字一卷,辨似一卷,等韻一卷,補遺一卷)

440000－2506－0000159　110/45

康熙字典三十六卷總目一卷檢字一卷辨似一卷等韻一卷備考一卷補遺一卷　(清)張玉書等撰　清光緒十三年(1887)上海同文書局石印本　六冊

440000－2506－0000160　110/45(2)

康熙字典三十六卷總目一卷檢字一卷辨似一卷等韻一卷補遺一卷備考一卷　(清)張玉書等撰　清光緒十三年(1887)上海同文書局石印本　六冊

440000－2506－0000161　110/46

康熙字典三十六卷總目一卷檢字一卷辨似一卷等韻一卷補遺一卷備考一卷　(清)張玉書等撰　清光緒三十年(1904)上海錦章書局石印本　六冊

440000－2506－0000162　110/58

卍齋璅錄十卷　(清)李調元撰　清光緒七年(1881)廣漢鍾登甲樂道齋刻本　一冊　存五卷(一至五)

440000－2506－0000163　110/6

爾雅註疏二卷　(晉)郭璞注　(宋)邢昺疏　**爾雅註疏校勘記二卷**　(清)阮元撰　(清)盧宣旬摘錄　清光緒十三年(1887)點石齋石印本　一冊

440000－2506－0000164　110/60

同文考證五種五卷　(清)管受之輯　清嘉慶十九年(1814)刻本　一冊

440000－2506－0000165　110/62

楷法溯源十四卷目錄一卷　(清)潘存輯　楊守敬編　饒敦秩校　清光緒三年(1877)刻本　八冊

440000－2506－0000166　110/66－2

隸辨八卷　(清)顧藹吉撰　清光緒十三年(1887)上海蜚英館石印本　五冊　存五卷(一至五)

440000－2506－0000167　110/67

隸篇十五卷目錄二卷續隸篇十五卷目錄二卷再續隸篇十五卷目錄二卷　(清)翟雲升撰　清道光十七年至十八年(1837－1838)刻本　十冊

440000－2506－0000168　110/70

增補字學舉隅一卷　(清)龍啟瑞撰　清光緒六年(1880)松竺齋刻本　一冊

440000－2506－0000169　110/70－2

字學舉隅一卷　(清)龍啟瑞撰　清光緒二年(1876)業經堂刻本　一冊

440000－2506－0000170　110/71

文字蒙求四卷　(清)王筠撰　(清)朱良箴覆校　清光緒二十三年(1897)壁經堂刻本　二冊

440000－2506－0000171　110/71(2)

文字蒙求四卷　(清)王筠撰　清末刻本　一冊

440000－2506－0000172　110/79

正音咀華三卷續編一卷　(清)莎彝尊著　(清)莎弼良　(清)莎溫良校　清咸豐三年(1853)刻朱墨套印本　二冊

440000－2506－0000173　110/8

爾雅三卷　(晉)郭璞注　清光緒八年(1882)巴陵方氏碧琳琅館刻本　一冊

440000－2506－0000174　110/80

正音咀華三卷續編一卷　(清)莎彝尊著　(清)莎弼良　(清)莎溫良校　清咸豐三年(1853)塵談軒刻本　二冊

440000－2506－0000175　110/81

集韻編雅十卷　(清)董文渙輯注　清同治十二年(1873)洪洞董氏刻本　二冊

440000－2506－0000176　110/82

佩文詩韻釋要五卷　(清)周兆基撰　(清)陸潤庠校　清宣統三年(1911)商務印書館石印本　一冊

440000－2506－0000177　110/82－2

佩文詩韻釋要五卷　(清)周兆基撰　清光緒十八年(1892)徐琪刻本　一冊

440000－2506－0000178　110/85

增廣詩韻全璧五卷初學檢韻一卷　(清)湯文璐輯　(清)惜陰主人校　**初學檢韻一卷**　(清)錢大昕鑒定　清光緒十七年(1891)上海錦章書局石印本　六冊

440000－2506－0000179　110/85(2)

增廣詩韻全璧五卷初學檢韻一卷　(清)湯文璐輯　(清)惜陰主人校　**初學檢韻一卷**　(清)錢大昕鑒定　清光緒十七年(1891)上海錦章書局石印本　四冊　缺二卷(一、五)

440000－2506－0000180　110/86

六書音均表一卷　(清)段玉裁著　**段注匡謬八卷**　(清)徐承慶撰　**說文通檢十四卷首一卷末一卷**　(清)黎永椿編　清光緒十五年(1889)上海點石齋石印本　一冊

440000－2506－0000181　110/9

爾雅註疏十一卷考證十一卷　(晉)郭璞注　(唐)陸德明音義　(宋)邢昺疏　清同治十年(1871)廣東書局刻本　四冊

440000－2506－0000182　110/90

小學考五十卷　(清)謝啟昆編　清光緒十五年(1889)上海鴻文書局石印本　五冊　存三十九卷(一至三十九)

440000－2506－0000183　110/92

草字彙十二集 （清）石梁集 清芥子園刻本 六冊

440000－2506－0000184 110/92(2)
草字彙十二集 （清）石梁集 清芥子園刻本 一冊 存二集（丑、寅）

440000－2506－0000185 110/93
臨文便覽一卷 （清）龍啟瑞輯 清光緒二年(1876)京都松竹齋刻本 一冊

440000－2506－0000186 110/94
欽定篆文六經四書十種 （清）李光地等輯 清光緒九年(1883)上海同文書局石印本 九冊

440000－2506－0000187 110/96
切韻考六卷外篇三卷 （清）陳澧撰 清光緒九年(1883)刻本 三冊 缺一卷（外篇一）

440000－2506－0000188 110/96(2)
切韻考六卷外篇三卷 （清）陳澧撰 清光緒九年(1883)刻本 三冊

440000－2506－0000189 111/1
御纂五經五種一百九十二卷 （□）□□輯 清光緒二十八年(1902)積山書局石印本 十六冊 缺九卷（周易十九至二十二、禮記七十八至八十二）

440000－2506－0000190 111/10
皇清經解續編二百七種一千四百三十卷 王先謙輯 清光緒十四年(1888)南菁書院刻本 三百二十冊

440000－2506－0000191 111/11
通志堂經解一百三十九種 （清）納蘭性德輯 清同治十二年(1873)粵東書局刻本 四百八十冊

440000－2506－0000192 111/2
皇朝五經彙解二百七十卷 （清）抉經心室主人輯 清光緒十四年(1888)鴻文書局石印本 三十二冊

440000－2506－0000193 111/2(2)
皇朝五經彙解二百七十卷 （清）抉經心室主人輯 清光緒十四年(1888)鴻文書局石印本 二十九冊 缺二十四卷（九十三至一百六、一百十七至一百二十六）

440000－2506－0000194 111/3
欽定七經七種 （清）聖祖玄燁定 （清）李光地等撰 清光緒二十年(1894)湖北書局刻本 一百二十八冊 缺四卷（禮記義疏二十七至二十八、四十八至四十九）

440000－2506－0000195 111/3(2)
欽定七經七種 （清）聖祖玄燁定 （清）李光地等撰 清光緒二十年(1894)湖北書局刻本 三十七冊 存九十五卷（周易一、九至二十二，首一卷；書經一至三；詩經一至二、首二卷；春秋九至十、十四至十八、二十五至三十三，首二卷；周官二至三、十四至二十六、三十七至四十一；儀禮二十四至二十五；禮記七至十一、二十三至四十六、七十五至七十七）

440000－2506－0000196 111/4
欽定七經七種 （清）聖祖玄燁定 （清）李光地等撰 清光緒二十九年(1903)上海慎記書莊石印本 二十四冊

440000－2506－0000197 111/5
重刊宋本十三經注疏附校勘記十三種 （清）阮元撰校勘記 （清）盧宣旬摘錄 清同治十年(1871)廣東書局刻本 一百二十冊

440000－2506－0000198 111/5(2)
重刊宋本十三經注疏附校勘記十三種 （清）阮元撰校勘記 （清）盧宣旬摘錄 清同治十年(1871)廣東書局刻本 一百二十冊

440000－2506－0000199 111/5(3)
重刊宋本十三經注疏附校勘記十三種 （清）阮元撰校勘記 （清）盧宣旬摘錄 清同治十年(1871)廣東書局刻本 一百二十冊

440000－2506－0000200 111/6
重刊宋本十三經注疏附校勘記十三種 （清）阮元撰校勘記 （清）盧宣旬摘錄 **十三經注疏校勘記識語四卷** （清）汪文臺撰 清光緒十三年(1887)脈望仙館石印本 十五冊 缺

七種

440000－2506－0000201　111/6(2)
重刊宋本十三經注疏附校勘記十三種　(清)阮元撰校勘記　(清)盧宣旬摘錄　**十三經注疏校勘記識語四卷**　(清)汪文臺撰　清光緒十三年(1887)脈望仙館石印本　十三冊　存三種

440000－2506－0000202　111/7
重刊宋本十三經注疏附校勘記十三種　(清)阮元撰校勘記　(清)盧宣旬摘錄　**十三經注疏校勘記識語四卷**　(清)汪文臺撰　清光緒十三年(1887)上海點石齋石印本　二十冊　缺六種

440000－2506－0000203　111/9
皇清經解一百七十四種　(清)阮元輯　清光緒十七年(1891)上海鴻寶齋石印本　五十六冊

440000－2506－0000204　201/1
史記一百三十卷　(漢)司馬遷撰　(南朝宋)裴駰集解　(唐)司馬貞索隱　(唐)張守節正義　清同治九年(1870)楚北崇文書局刻本　二十四冊

440000－2506－0000205　201/1(2)
史記一百三十卷　(漢)司馬遷撰　(南朝宋)裴駰集解　(唐)司馬貞索隱　(唐)張守節正義　清同治九年(1870)楚北崇文書局刻本　二十四冊

440000－2506－0000206　201/1(3)
史記一百三十卷　(漢)司馬遷撰　(南朝宋)裴駰集解　(唐)司馬貞索隱　(唐)張守節正義　清同治九年(1870)楚北崇文書局刻本　二十四冊

440000－2506－0000207　201/10
前漢書一百卷　(漢)班固撰　(唐)顏師古注　清光緒十年(1884)上海同文書局石印本　三十二冊

440000－2506－0000208　201/11
前漢書一百卷　(漢)班固撰　(唐)顏師古注　清光緒二十五年(1899)慎記書莊石印本　十二冊

440000－2506－0000209　201/11－1
漢書一百卷首一卷　(漢)班固撰　(唐)顏師古注　清光緒九年(1883)上海點石齋石印本　四冊　存六十一卷(一至六十、首一卷)

440000－2506－0000210　201/11－1(2)
漢書一百卷首一卷　(漢)班固撰　(唐)顏師古注　清光緒九年(1883)上海點石齋石印本　四冊　存五十八卷(一至五十八)

440000－2506－0000211　201/12
後漢書九十卷　(南朝宋)范曄撰　(唐)李賢注　**續漢志三十卷**　(晉)司馬彪續纂　(南朝梁)劉昭注補　清同治十二年(1873)嶺東使署刻本　十六冊

440000－2506－0000212　201/12(2)
後漢書九十卷　(南朝宋)范曄撰　(唐)李賢注　**續漢志三十卷**　(晉)司馬彪續纂　(南朝梁)劉昭注補　清同治十二年(1873)嶺東使署刻本　十六冊

440000－2506－0000213　201/13
後漢書一百二十卷　(南朝宋)范曄撰　(南朝梁)劉昭補志　(唐)李賢注　清光緒十四年(1888)上海蜚英館石印本　十一冊　缺十四卷(三十二至四十五)

440000－2506－0000214　201/13(2)
後漢書一百二十卷　(南朝宋)范曄撰　(南朝梁)劉昭補注　(唐)李賢注　清光緒十四年(1888)上海蜚英館石印本　十二冊

440000－2506－0000215　201/14
後漢書一百二十卷　(南朝宋)范曄撰　(南朝梁)劉昭補注　(唐)李賢注　清光緒十年(1884)上海同文書局石印本　二十四冊

440000－2506－0000216　201/15
後漢書一百二十卷　(南朝宋)范曄撰　(南朝梁)劉昭補注　(唐)李賢注　清光緒二十五年(1899)慎記書莊石印本　八冊

440000－2506－0000217　201/16
後漢書九十卷　(南朝宋)范曄撰　(唐)李賢注　**續漢志三十卷**　(南朝梁)劉昭注補　清光緒九年(1883)上海點石齋石印本　三冊　缺三十一卷(二十八至五十八)

440000－2506－0000218　201/16(2)
後漢書九十卷　(南朝宋)范曄撰　(唐)李賢注　**續漢志三十卷**　(南朝梁)劉昭注補　清光緒九年(1883)上海點石齋石印本　二冊　缺六十一卷(漢書二十八至五十八、續漢志三十卷)

440000－2506－0000219　201/17
漢書評林一百卷　(明)凌稚隆輯　清光緒十七年(1891)星沙養翮書齋刻本　三十二冊

440000－2506－0000220　201/18
前漢書精華錄四卷後漢書精華錄二卷　(清)高嵣輯　清光緒元年(1875)慎記書莊石印本　六冊

440000－2506－0000221　201/19
漢書西域傳補註二卷　(清)徐松撰　清光緒十九年(1893)寶善書局石印本　二冊

440000－2506－0000222　201/2
史記一百三十卷　(漢)司馬遷撰　(南朝宋)裴駰集解　(唐)司馬貞索隱　(唐)張守節正義　清光緒十四年(1888)上海蜚英館石印本　十一冊　缺十三卷(一百十八至一百三十)

440000－2506－0000223　201/2(2)
史記一百三十卷　(漢)司馬遷撰　(南朝宋)裴駰集解　(唐)司馬貞索隱　(唐)張守節正義　清光緒十四年(1888)上海蜚英館石印本　十二冊

440000－2506－0000224　201/2(3)
史記一百三十卷　(漢)司馬遷撰　(南朝宋)裴駰集解　(唐)司馬貞索隱　(唐)張守節正義　清光緒十四年(1888)上海蜚英館石印本　十二冊

440000－2506－0000225　201/2(4)
史記一百三十卷　(漢)司馬遷撰　(南朝宋)裴駰集解　(唐)司馬貞索隱　(唐)張守節正義　清光緒十四年(1888)上海蜚英館石印本　十冊　缺二十三卷(三十一至四十、一百十八至一百三十)

440000－2506－0000226　201/2(5)
史記一百三十卷　(漢)司馬遷撰　(南朝宋)裴駰集解　(唐)司馬貞索隱　(唐)張守節正義　清末石印本　十三冊　存六十七卷(三至六十九)

440000－2506－0000227　201/20
三國志六十五卷　(晉)陳壽撰　(南朝宋)裴松之注　清末嶺南石經堂刻本　十二冊

440000－2506－0000228　201/20(2)
三國志六十五卷　(晉)陳壽撰　(南朝宋)裴松之注　清末嶺南石經堂刻本　八冊　缺十八卷(一至三、八至十一、二十一至二十五、四十六至五十一)

440000－2506－0000229　201/21
三國志六十五卷　(晉)陳壽撰　(南朝宋)裴松之注　清光緒七年(1881)文雅齋刻本　十二冊

440000－2506－0000230　201/22
三國志六十五卷　(晉)陳壽撰　(南朝宋)裴松之注　清光緒十四年(1888)上海蜚英館石印本　七冊　缺五卷(魏志一至五)

440000－2506－0000231　201/22(2)
三國志六十五卷　(晉)陳壽撰　(南朝宋)裴松之注　清末石印本　三冊　存五十一卷(魏志十四至三十、蜀志一至十五、吳志一至十九)

440000－2506－0000232　201/22(3)
三國志六十五卷　(晉)陳壽撰　(南朝宋)裴松之注　清末石印本　二冊　存三十二卷(魏志十四至三十、蜀志一至十五)

440000－2506－0000233　201/29
五代史七十四卷　(宋)歐陽修撰　(宋)徐無黨注　清嘉慶、道光古吳趙氏書業堂刻本　六冊

440000－2506－0000234　201/3

史記一百三十卷　(漢)司馬遷撰　(南朝宋)裴駰集解　(唐)司馬貞索隱　(唐)張守節正義　清光緒十年(1884)上海同文書局石印本　二十八册

440000－2506－0000235　201/34

明史三百三十二卷目錄四卷　(清)張廷玉等修　清光緒三年(1877)湖北崇文書局刻本　六十五册　缺四十九卷(七十至一百十八)

440000－2506－0000236　201/37

欽定四史四百十五卷　(漢)司馬遷等撰　清光緒二十年(1894)上海點石齋石印本　十五册　缺九十七卷(史記十五至二十一,前漢書十六至三十、九十一至一百,三國志一至六十五)

440000－2506－0000237　201/38

欽定四史四百十五卷　(漢)司馬遷等撰　清光緒二十年(1894)嶺南培遠堂刻本　一百册

440000－2506－0000238　201/39

四史四百十五卷　(漢)司馬遷等撰　清光緒十四年(1888)上海圖書集成印書局鉛印本　六十册

440000－2506－0000239　201/42

廿四史分類言行錄四十二卷　(清)錢大昕輯　(清)顧廣圻校　清光緒二十八年(1902)上海書局石印本　四册

440000－2506－0000240　201/43

兩漢紀六十卷校記二卷　(漢)荀悦　(晉)袁宏撰　清光緒二年(1876)嶺南學海堂刻本　十四册

440000－2506－0000241　201/43(2)

兩漢紀六十卷校記二卷　(漢)荀悦　(晉)袁宏撰　清光緒二年(1876)嶺南學海堂刻本　十四册

440000－2506－0000242　201/45

三國志質疑六卷　(清)徐紹楨撰　清光緒十二年(1886)番禺徐氏刻本　一册　存三卷(一至三)

440000－2506－0000243　201/5

史記一百三十卷　(漢)司馬遷撰　(南朝宋)裴駰集解　(唐)司馬貞索隱　(唐)張守節正義　清末刻本　二十册　缺十九卷(一至十九)

440000－2506－0000244　201/5(2)

史記一百三十卷　(漢)司馬遷撰　(南朝宋)裴駰集解　(唐)司馬貞索隱　(唐)張守節正義　清末刻本　二十册　缺四十卷(一至十四、四十一至四十四、五十九至八十)

440000－2506－0000245　201/7－2

史記一百三十卷　(漢)司馬遷撰　清光緒二十九年(1903)上海點石齋石印本　四册

440000－2506－0000246　201/7－4

史記評林一百三十卷　(明)凌稚隆輯　清光緒十年(1884)佩蘭堂刻本　三十册

440000－2506－0000247　201/8

漢書一百卷　(漢)班固撰　(唐)顔師古注　清同治十二年(1873)嶺東使署刻本　十六册

440000－2506－0000248　201/8(2)

漢書一百卷　(漢)班固撰　(唐)顔師古注　清同治十二年(1873)嶺東使署刻本　十六册

440000－2506－0000249　201/9

前漢書一百卷　(漢)班固撰　(唐)顔師古注　清光緒十四年(1888)上海蜚英書局石印本　十五册　缺四卷(二十一至二十四)

440000－2506－0000250　201/9(2)

前漢書一百卷　(漢)班固撰　(唐)顔師古注　清光緒十四年(1888)上海蜚英書局石印本　十一册　缺二十卷(八至二十七)

440000－2506－0000251　202/1

資治通鑑二百九十四卷附釋文辨誤十二卷　(宋)司馬光撰　(元)胡三省音注　清嘉慶鄱陽胡克家刻同治八年(1869)江蘇書局修補本　一百册

440000－2506－0000252　202/1(2)

資治通鑑二百九十四卷附釋文辨誤十二卷

(宋)司馬光撰　(元)胡三省音注　清嘉慶鄱陽胡克家刻同治八年(1869)江蘇書局修補本　九十四册　缺十八卷(二十三至二十七、一百七十二至一百七十七、二百六十二至二百六十四、二百九十二至二百九十四)

440000－2506－0000253　202/12
資治通鑑目録三十卷　(宋)司馬光撰　清光緒二十五年(1899)上海蜚英館石印本　二册　存十五卷(一至七、二十三至三十)

440000－2506－0000254　202/14
御批資治通鑑綱目五十九卷首一卷　(宋)朱熹撰　清光緒十三年(1887)上海同文書局石印本　十三册　缺五卷(十四至十八)

440000－2506－0000255　202/14(2)
御批資治通鑑綱目五十九卷首一卷　(宋)朱熹撰　清光緒十三年(1887)上海同文書局石印本　四册　存十七卷(三十四至五十)

440000－2506－0000256　202/15
御撰資治通鑑綱目三編二十卷　(清)張廷玉等編　清末刻本　五册

440000－2506－0000257　202/16
御撰資治通鑑綱目三編二十卷　(清)張廷玉等編　清光緒二十五年(1899)掃葉山房鉛印本　二册

440000－2506－0000258　202/18
御批續資治通鑑綱目二十七卷　(明)商輅等撰　(清)聖祖玄燁批　清光緒十三年(1887)上海同文書局石印本　六册

440000－2506－0000259　202/18(2)
御批續資治通鑑綱目二十七卷　(明)商輅等撰　(清)聖祖玄燁批　清光緒十三年(1887)上海同文書局石印本　六册

440000－2506－0000260　202/2
資治通鑑二百九十四卷附釋文辨誤十二卷　(宋)司馬光撰　(元)胡三省音注　清同治十年(1871)湖北崇文書局刻本　一百二册　缺七卷(六十五至六十八、一百十二至一百十四)

440000－2506－0000261　202/23
御批資治通鑑綱目前編十八卷外紀一卷舉要三卷　(宋)金履祥撰　(清)聖祖玄燁批　清光緒十三年(1887)上海同文書局石印本　四册

440000－2506－0000262　202/23(2)
御批資治通鑑綱目前編十八卷外紀一卷舉要三卷　(宋)金履祥撰　(清)聖祖玄燁批　清光緒十三年(1887)上海同文書局石印本　二册　存十一卷(前編三至十三)

440000－2506－0000263　202/24
御批歷代通鑑輯覽一百二十卷　(清)傅恒等撰　清同治浙江書局刻朱墨套印本　四十六册　缺五卷(一至二、一百十一至一百十三)

440000－2506－0000264　202/24(2)
御批歷代通鑑輯覽一百二十卷　(清)傅恒等撰　清同治浙江書局刻朱墨套印本　五册　存十三卷(十二至十四、十八至二十、六十九至七十、八十三至八十五、九十四至九十五)

440000－2506－0000265　202/25
御批歷代通鑑輯覽一百二十卷　(清)傅恒等撰　清光緒十三年(1887)上海同文書局石印本　二十四册

440000－2506－0000266　202/26
御批歷代通鑑輯覽一百二十卷　(清)傅恒等撰　清光緒九年(1883)上海同文書局石印本　十六册

440000－2506－0000267　202/27
御批歷代通鑑輯覽一百二十卷　(清)傅恒等撰　清同治十三年(1874)湖南書局刻本　六十册

440000－2506－0000268　202/3
校刊資治通鑑全書八種四百一卷　(清)胡元常輯　清光緒十七年(1891)刻本　一百册

440000－2506－0000269　202/30
歷代通鑑纂要九十二卷　(明)李東陽等撰　清光緒二十三年(1897)廣雅書局刻本　五册　存十一卷(二十五至三十二、七十至七十

二)

440000－2506－0000270　202/32

重訂王鳳洲先生綱鑑會纂四十六卷續二十三卷　(明)王世貞纂　(明)陳仁錫訂　(明)呂一經校　**御撰資治通鑑綱目三編四卷**　(清)張廷玉撰　清光緒二十五年(1899)上海萃文齋石印本　十二册

440000－2506－0000271　202/34

袁王綱鑑合編三十九卷首一卷　(明)袁黄輯　(明)王世貞編　清光緒三十年(1904)上海商務印書館鉛印本　五册　缺十二卷(五至十六)

440000－2506－0000272　202/36

綱鑑會纂三十九卷首一卷　(明)王世貞纂　清光緒二十五年(1899)上海掃葉山房石印本　十八册

440000－2506－0000273　202/37

重訂王鳳洲先生會纂綱鑑四十六卷　(明)王世貞纂　清末刻本　四册　存十六卷(十六至三十一)

440000－2506－0000274　202/37－2

重訂王鳳洲先生綱鑑會纂四十六卷續二十三卷首一卷　(明)王世貞纂　清末刻本　十五册　缺三十九卷(綱鑑會纂一至三十九)

440000－2506－0000275　202/39

重訂王鳳洲先生綱鑑會纂四十六卷　(明)王世貞纂　(明)陳仁錫訂　(明)呂一經校　清末翰寶樓刻本　二十册　存三十九卷(一至三十九)

440000－2506－0000276　202/47

澹雅局增訂課讀鑑略妥註善本五卷　(明)李廷機著　(明)張瑞圖校正　(清)鄒聖脈原訂　(清)窺管樓重校　清光緒二十八年(1902)佛山翰文堂刻本　一册

440000－2506－0000277　202/48

司馬溫公稽古錄二十卷　(宋)司馬光撰　清同治十一年(1872)湖北崇文書局刻本　四册

440000－2506－0000278　202/49

竹書紀年統箋十二卷前編一卷雜述一卷　(南朝梁)沈約注　(清)徐文靖統箋　(清)馬陽　(清)崔萬烜校訂　**商君書五卷**　(戰國)商鞅撰　清光緒十九年(1893)鴻文書局石印本　一册

440000－2506－0000279　202/51

西漢年紀三十卷　(宋)王益之撰　清嘉慶四年(1799)掃葉山房刻本　六册

440000－2506－0000280　202/52

明通鑑九十卷首一卷前編四卷附編六卷　(清)夏燮輯　清光緒二十九年(1903)上海點石齋石印本　八册

440000－2506－0000281　202/56

東華錄三十二卷(天命朝至雍正朝)　(清)蔣良騏撰　清末粵東雙門底儒雅堂刻本　四册　存十三卷(一至三、七至十、十八至二十三)

440000－2506－0000282　202/57

東華錄詳節二十四卷　(清)鄔樹庭編　清光緒二十六年(1900)上海東文學堂石印本　五册　存二十卷(一至二十)

440000－2506－0000283　202/7

續資治通鑑二百二十卷　(清)畢沅撰　清同治江蘇書局刻本　五十四册　缺二十二卷(一至三、八至十一、二十一至二十五、六十九至七十二、一百六十至一百六十二、一百六十六至一百六十八)

440000－2506－0000284　202/7(2)

續資治通鑑二百二十卷　(清)畢沅撰　清同治江蘇書局刻本　五十五册　缺十六卷(一至三、一百三十一至一百三十九、一百四十七至一百五十)

440000－2506－0000285　202/8

續資治通鑑二百二十卷　(清)畢沅撰　清光緒二十五年(1899)上海蜚英館石印本　二十八册　缺十九卷(十七至三十五)

440000－2506－0000286　203/1

通鑑紀事本末二百三十九卷　(宋)袁樞編輯

（明）張溥論正　清同治十二年（1873）江西書局刻本　七十八册　缺九卷（一百九至一百十二、一百九十三至一百九十七）

440000－2506－0000287　203/11
元史紀事本末二十七卷　（明）陳邦瞻編輯　（明）張溥論正　清光緒二十四年（1898）上海文瀾書局石印本　一册

440000－2506－0000288　203/11(2)
元史紀事本末二十七卷　（明）陳邦瞻編輯　（明）張溥論正　清光緒二十四年（1898）上海文瀾書局石印本　二册

440000－2506－0000289　203/15
三藩紀事本末二十二卷　（清）楊陸榮編輯　（清）朱記榮校定　清光緒二十四年（1898）上海文瀾書局石印本　一册

440000－2506－0000290　203/16
明史紀事本末八十卷　（清）谷應泰編輯　（清）朱記榮校正　清光緒二十四年（1898）上海文瀾書局石印本　八册

440000－2506－0000291　203/17
明史紀事本末八十卷　（清）谷應泰編輯　（清）朱記榮校正　清光緒二十一年（1895）上海積山書局石印本　二册　存二十三卷（一至十、二十一至三十三）

440000－2506－0000292　203/18
明史紀事本末八十卷　（清）谷應泰編輯　清末刻本　五册　存十五卷（四十三至四十六、五十一至五十二、六十、六十七至六十八、七十二至七十四、七十八至八十）

440000－2506－0000293　203/24
中東戰紀本末八卷續編四卷文學興國策二卷　（美國）林樂知撰　蔡爾康譯　清光緒二十三年（1897）上海圖書集成局鉛印本　十二册　缺二卷（文學興國策二卷）

440000－2506－0000294　203/5
左傳紀事本末五十三卷　（清）高士奇著　清同治十二年（1873）江西書局刻本　十二册

440000－2506－0000295　203/6
宋史紀事本末一百九卷　（明）馮琦編　（明）陳邦瞻增訂　（明）張溥論正　清同治十三年（1874）江西書局刻本　二十册

440000－2506－0000296　203/7
元史紀事本末二十七卷　（明）陳邦瞻編輯　（明）張溥論正　清同治十三年（1874）江西書局刻本　四册

440000－2506－0000297　203/8
明史紀事本末八十卷　（清）谷應泰編輯　清同治十三年（1874）江西書局刻本　二十册

440000－2506－0000298　203/9
宋史紀事本末一百九卷　（明）陳邦瞻編輯　（明）張溥論正　清光緒二十四年（1898）上海文瀾書局石印本　八册　缺一卷（一百九）

440000－2506－0000299　203/9(2)
宋史紀事本末一百九卷　（明）陳邦瞻輯　（明）張溥論正　清光緒二十四年（1898）上海文瀾書局石印本　二册　存二十八卷（十九至三十、五十六至七十一）

440000－2506－0000300　205/1
國語二十一卷　（春秋）左丘明撰　（三國吴）韋昭注　**校刊明道本韋氏解國語札記一卷**　（清）黄丕烈書　**國語明道本攷異四卷**　（清）汪遠孫撰　清同治八年（1869）湖北崇文書局刻本　五册

440000－2506－0000301　205/1(2)
國語二十一卷　（春秋）左丘明撰　（三國吴）韋昭注　**校刊明道本韋氏解國語札記一卷**　（清）黄丕烈書　**國語明道本攷異四卷**　（清）汪遠孫撰　清同治八年（1869）湖北崇文書局刻本　四册　缺三卷（國語一至三）

440000－2506－0000302　205/11(6)
戰國策補註三十三卷　（漢）高誘注　吴曾祺補注　清宣統元年（1909）上海商務印書館鉛印本　四册

440000－2506－0000303　205/12
南北史捃華八卷　（清）周嘉猷輯　清同治四

年(1865)鑑止水齋刻本　四册

440000－2506－0000304　205/18
元史譯文證補三十卷　(清)洪鈞撰　清光緒二十三年(1897)石印本　四册　缺十卷(七至八、十三、十六至十七、十九至二十一、二十五、二十八)

440000－2506－0000305　205/18－3
元朝秘史十五卷　(元)□□撰　(清)李文田注　清道光二十七年(1847)靈石楊氏刻本　二册

440000－2506－0000306　205/19
東明聞見錄一卷　(明)瞿共美撰　**青燐屑二卷**　(清)應廷吉撰　清末刻明季稗史彙編本　一册

440000－2506－0000307　205/2
國語二十一卷　(春秋)左丘明撰　(三國吳)韋昭解　**校刊明道本韋氏解國語札記一卷**　(清)黄丕烈書　**戰國策三十三卷**　(漢)高誘注　**重刻剡川姚氏本戰國策札記三卷**　(清)黄丕烈撰　清光緒二十三年(1897)經綸元記刻本　十册

440000－2506－0000308　205/26
明季稗史彙編二十七卷　(清)留雲居士等撰　清光緒十三年(1887)上海圖書集成印書局鉛印本　六册

440000－2506－0000309　205/29
聖武記十四卷　(清)魏源撰　清末刻本　六册

440000－2506－0000310　205/30
聖武記十四卷　(清)魏源撰　清道光二十六年(1846)古微堂刻本　十册

440000－2506－0000311　205/33
歷朝史案二十卷　(清)洪亮吉編　清光緒二十四年(1898)緑槐草堂刻本　四册　缺七卷(四至六、十三至十六)

440000－2506－0000312　205/34
欽定剿平捻匪方略三百二十卷　(清)朱學勤等纂　清同治十一年(1872)鉛印本　十册　存五十卷(一至五十)

440000－2506－0000313　205/35
咸淳遺事二卷　(宋)□□撰　清道光三十年(1850)南海伍氏刻粤雅堂叢書本　一册

440000－2506－0000314　205/4
戰國策三十三卷　(漢)高誘注　**重刻剡川姚氏本戰國策札記三卷**　(清)黄丕烈撰　清同治八年(1869)湖北崇文書局刻本　五册

440000－2506－0000315　205/41
史腴二卷　(清)周金壇輯纂　(清)金弼大校訂　清末小嫏嬛山館刻本　二册

440000－2506－0000316　205/42
識小類編八卷　(清)夏大觀編輯　(清)李大珩校刊　清嘉慶巴陵李氏刻本　一册　存二卷(二至三)

440000－2506－0000317　205/43
清史攬要六卷　(日本)增田貢著　清光緒二十八年(1902)鉛印本　一册　存二卷(一至二)

440000－2506－0000318　205/53
中西紀事二十四卷　(清)夏燮撰　清光緒二十三年(1897)慎記書莊石印本　八册　缺二卷(十八至十九)

440000－2506－0000319　205/55
普通新歷史十章　(清)普通學書室編　清光緒二十七年(1901)上海商務印書館鉛印本　一册

440000－2506－0000320　205/57
泰西十八周史攬要十八卷　(英國)雅各偉德撰　(英國)季理斐譯　(清)李鼎星編　清光緒二十八年(1902)上海廣學會鉛印本　一册　存三卷(十三至十五)

440000－2506－0000321　205/58
西洋歷史教科書二卷　(清)出洋學生編輯所譯　清光緒二十八年(1902)上海商務印書館鉛印本　二册

440000－2506－0000322　205/59

西洋史要四期　（日本）小川銀次郎著　樊炳清　薩端譯　清光緒二十七年（1901）金粟齋鉛印本　二冊

440000－2506－0000323　205/62

勝朝遺事初編六卷二編八卷　（清）吴彌光輯　（清）宋澤元重訂　清光緒九年（1883）宋澤元懺華盦刻本　十三冊　缺三卷（初編六，二編一、四）

440000－2506－0000324　205/64

平定粤匪紀略十八卷附録四卷　（清）杜文瀾撰　清光緒刻本　二冊　存五卷（四至五、十六至十八）

440000－2506－0000325　205/64（2）

平定粤匪紀略十八卷附録四卷　（清）杜文瀾撰　清光緒刻本　二冊　存八卷（四至六、十八，附録四卷）

440000－2506－0000326　205/64（3）

平定粤匪紀略十八卷附録四卷　（清）杜文瀾撰　清光緒刻本　一冊　存五卷（十八、附録四卷）

440000－2506－0000327　206/10

硃批諭旨不分卷　（清）世宗胤禛撰　（清）鄂爾泰輯　清光緒十三年（1887）上海點石齋朱墨套印本　六十冊

440000－2506－0000328　206/13

同治中興京外奏議約編八卷　（清）陳弢輯　清光緒元年（1875）篋劍囊琴之室刻本　四冊

440000－2506－0000329　206/14

曾文正公奏議十卷首一卷末一卷補編四卷　（清）曾國藩撰　（清）薛福成編　（清）張瑛　（清）龐鴻湛校　清同治十三年（1874）上海醉六堂刻本　九冊

440000－2506－0000330　206/15

彭剛直公奏稿八卷　（清）彭玉麟撰　清光緒十七年（1891）鉛印本　四冊

440000－2506－0000331　206/17

外務部湖廣總督奏定西東洋遊學章程一卷　（清）張之洞撰　清光緒二十九年（1903）廣州文茂館鉛印本　一冊

440000－2506－0000332　206/18

江楚會奏變法摺三摺　（清）劉坤一　（清）張之洞撰　清光緒二十七年（1901）兩湖書院刻本　一冊

440000－2506－0000333　207－1/1

於越先賢像傳贊二卷　（清）任熊繪　（清）王齡輯　清光緒十年（1884）廣州鑑古書局石印本　二冊

440000－2506－0000334　207－1/1（2）

於越先賢像傳贊二卷　（清）任熊繪　（清）王齡輯　清光緒十年（1884）廣州鑑古書局石印本　二冊

440000－2506－0000335　207－1/10

增廣尚友録統編二十二卷　（清）應祖錫編輯　清光緒二十八年（1902）鴻寶齋石印本　八冊　存十四卷（一、三至十、十二至十四、十八至十九）

440000－2506－0000336　207－1/10（2）

增廣尚友録統編二十二卷　（清）應祖錫編輯　清光緒二十八年（1902）鴻寶齋石印本　八冊　存十一卷（四至七、十、十三至十七、十九）

440000－2506－0000337　207－1/11

尚友録二十二卷　（清）廖用賢等編輯　（清）張伯琮等補輯　**尚友録續集二十二卷**　（清）退思主人纂　清光緒十四年（1888）上海點石齋石印本　六冊　缺十二卷（續集五至十六）

440000－2506－0000338　207－1/1－1

於越先賢像傳贊二卷　（清）任熊繪　（清）王齡撰　清光緒三年（1877）刻本　二冊　存一卷（上）

440000－2506－0000339　207－1/12

校正尚友録續集二十二卷　（清）退思主人編纂　清光緒二十九年（1903）經藝齋石印本　三冊

440000－2506－0000340　207－1/13
海國尚友錄八卷　（清）吳佐清編　清光緒二十九年（1903）上海奎章書局石印本　一冊　存四卷（一至四）

440000－2506－0000341　207－1/15
昭代名人尺牘小傳二十四卷　（清）吳修輯　清光緒十六年（1890）新會劉晚榮藏修書屋刻本　二冊

440000－2506－0000342　207－1/16
文獻徵存錄十卷　（清）王藻原編　（清）錢林輯　清咸豐八年（1858）有嘉樹軒刻本　十冊

440000－2506－0000343　207－1/18
誦芬錄一卷　汪兆鏞輯　清光緒三十四年（1908）番禺汪氏刻本　一冊

440000－2506－0000344　207－1/2
聖廟祀典圖考三卷首一卷附孔子聖跡圖一卷孟子聖跡圖一卷　（清）顧沅撰　（清）孔繼堯繪　清光緒上海同文書局石印本　三冊

440000－2506－0000345　207－1/4
歷代名人年譜十卷附一卷　（清）吳榮光撰　（清）瞿樹辰　（清）吳彌光編校　清咸豐二年（1852）刻本　五冊

440000－2506－0000346　207－1/5
歷代名人年譜十卷附一卷　（清）吳榮光撰　（清）瞿樹辰　（清）吳彌光編校　（清）張蔭桓重校　清光緒元年（1875）樵山草堂刻本　五冊

440000－2506－0000347　207－1/5（2）
歷代名人年譜十卷附一卷　（清）吳榮光撰　（清）瞿樹辰　（清）吳彌光編校　（清）張蔭桓重校　清光緒元年（1875）樵山草堂刻本　六冊　存六卷（二至六、九）

440000－2506－0000348　207－1/6
點石齋叢鈔不分卷　（清）尊聞閣主人輯　清光緒二十三年（1897）石印本　一冊

440000－2506－0000349　207－1/7
增廣尚友錄統編二十二卷　（清）應祖錫編輯　清光緒二十八年（1902）鴻寶齋石印本　十一冊　存二十一卷（一至十、十二至二十二）

440000－2506－0000350　207－10/1
玉臺書史一卷　（清）厲鶚著　清同治、光緒古岡劉氏藏修書屋刻述古叢鈔本　一冊

440000－2506－0000351　207－10/2
列女傳八卷　（漢）劉向撰　（清）梁端校注　清同治十三年（1874）上海會文堂粹記石印本　一冊

440000－2506－0000352　207－10/7
閨訓圖説二卷　（清）俞增光編　（清）何雲梯繪　清末粵東合璧齋刻本　一冊　存一卷（下）

440000－2506－0000353　207－11/1
高士傳三卷　（晉）皇甫謐撰　（清）任熊繪　清光緒十年（1884）廣州鑑古書局石印本　一冊

440000－2506－0000354　207－11/1（2）
高士傳三卷　（晉）皇甫謐撰　（清）任熊繪　清光緒十年（1884）廣州鑑古書局石印本　一冊　存一卷（上）

440000－2506－0000355　207－11/4
高僧傳初集十五卷　（南朝梁）釋慧皎撰　清光緒十年（1884）金陵刻經處刻本　三冊　存十二卷（四至十五）

440000－2506－0000356　207－11/6
百孝圖四卷末一卷　（清）俞葆真編輯　（清）鄭績繪　清同治十二年（1873）河間俞氏仰善堂刻本　一冊　存三卷（三至四、末一卷）

440000－2506－0000357　207－12/9
鴻爪前遊日記六卷　（清）孔廣陶撰　清光緒十八年（1892）南海孔氏刻本　六冊

440000－2506－0000358　207－12/9（2）
鴻爪前遊日記六卷　（清）孔廣陶撰　清光緒十八年（1892）南海孔氏刻本　三冊　存四卷（三至六）

440000－2506－0000359　207－2/2

廣東文獻初集十八卷 （清）羅學鵬編輯 清嘉慶十九年至二十四年（1814－1819）順德羅學鵬春暉堂刻同治二年（1863）重印本 三冊 存三卷（一至三）

440000－2506－0000360 207－2/3

廣東文獻二集九卷 （清）羅學鵬編輯 清嘉慶十九年至二十四年（1814－1819）順德羅學鵬春暉堂刻同治二年（1863）重印本 九冊

440000－2506－0000361 207－2/4

廣東文獻四集二十六卷 （清）羅學鵬編輯 清嘉慶十九年至二十四年（1814－1819）順德羅學鵬春暉堂刻同治二年（1863）重印本 二冊 存九卷（十至十二、二十一至二十六）

440000－2506－0000362 207－2/7

廣州鄉賢傳四卷 （清）潘楳元輯 **續廣州鄉賢傳二卷** （清）譚瑩輯 清同治刻本 一冊 存三卷（廣州鄉賢傳三至四、續一）

440000－2506－0000363 207－2/8

廣州鄉賢傳四卷首一卷 （清）潘楳元輯 清嘉慶十九年（1814）尚古齋刻本 二冊

440000－2506－0000364 207－3/1

泰西名人事略二卷 （清）王臻善譯 （英國）季理斐鑒定 清光緒二十九年（1903）鉛印本 一冊 存一卷（上）

440000－2506－0000365 207－3/2

華盛頓傳八卷 （清）黎汝謙 （清）蔡國昭譯 清光緒十二年（1886）鉛印本 八冊

440000－2506－0000366 207－4/1

番禺小龍孔氏家譜十二卷 （清）孔昭湘等纂修 清光緒二十三年（1897）孔氏刻本 一冊 存四卷（九至十二）

440000－2506－0000367 207－4/10

南海九江朱氏家譜十二卷首一卷 （清）朱學懋輯 （清）朱昌瑤 （清）朱宗琦續修 清同治八年（1869）刻本 十二冊

440000－2506－0000368 207－4/10（2）

南海九江朱氏家譜十二卷首一卷 （清）朱學懋輯 （清）朱昌瑤 （清）朱宗琦續修 清同治八年（1869）刻本 十冊 存十一卷（一至三、五至十一，首一卷）

440000－2506－0000369 207－4/10（3）

南海九江朱氏家譜十二卷首一卷 （清）朱學懋輯 （清）朱昌瑤 （清）朱宗琦續修 清同治八年（1869）刻本 四冊 存四卷（三、五至六、九）

440000－2506－0000370 207－4/10（4）

南海九江朱氏家譜十二卷首一卷 （清）朱學懋輯 （清）朱昌瑤 （清）朱宗琦續修 清同治八年（1869）刻本 一冊 存二卷（十一至十二）

440000－2506－0000371 207－4/11

陳氏族譜□□卷 （□）□□撰 清末刻本 一冊 存一冊（三）

440000－2506－0000372 207－4/11（2）

陳氏族譜□□卷 （□）□□撰 清末刻本 一冊 存一冊（三）

440000－2506－0000373 207－4/11（3）

陳氏族譜□□卷 （□）□□撰 清末刻本 一冊 存一冊（三）

440000－2506－0000374 207－4/11（4）

陳氏族譜□□卷 （□）□□撰 清末刻本 一冊 存一冊（三）

440000－2506－0000375 207－4/14

［廣東新會］荷塘橫美坊李氏族譜一卷 （□）□□撰 清光緒二十一年（1895）朱欄抄本 一冊

440000－2506－0000376 207－4/2

番禺暹岡龍伏孔氏家譜□□卷 （清）孔廣炽纂修 清光緒二十三年（1897）育麟堂刻本 一冊 存二卷（三至四）

440000－2506－0000377 207－4/22

裕德堂梁氏族譜一卷 （清）梁司衡等纂輯 清同治三年（1864）抄本 一冊

440000－2506－0000378 207－4/23

[廣東新會]張燕詒堂家譜一卷　(清)張沾蘭等撰　清咸豐十年(1860)刻本　一冊

440000－2506－0000379　207－4/24

[廣東順德]黃垂憲堂族譜一卷　(清)黃步聖纂修　清末刻本　一冊

440000－2506－0000380　207－4/25(2)

[廣東新會]扶南鍾氏族譜三卷　(清)鍾順時等重修　清咸豐元年(1851)刻本　三冊

440000－2506－0000381　207－4/29

南海佛山霍氏族譜十一卷　(清)霍承恩撰　清道光二十八年(1848)世睦堂刻本　二冊　存二卷(一、六)

440000－2506－0000382　207－4/3

南海羅格孔氏家譜十四卷首一卷　(清)孔廣鏞等重修　清同治刻本　二冊　存四卷(九至十二)

440000－2506－0000383　207－4/30

世系考不分卷　(□)□□撰　清光緒六年(1880)抄本　八冊

440000－2506－0000384　207－4/5

闕里述聞十四卷　(清)鄭曉如撰　清同治五年(1866)刻本　八冊

440000－2506－0000385　207－4/6

闕里廣志二十卷　(清)宋際等撰　清同治九年(1870)刻本　十冊

440000－2506－0000386　207－4/9

先聖生卒年月日考二卷　(清)孔廣牧撰　清光緒十五年(1889)廣雅書局刻本　一冊

440000－2506－0000387　207－5/1

史姓韻編六十四卷　(清)汪輝祖輯　(清)馮祖憲重校　清光緒十年(1884)耕餘樓鉛印本　十六冊

440000－2506－0000388　207－5/2

史姓韻編六十四卷　(清)汪輝祖輯　(清)馮祖憲重校　清光緒十年(1884)上海中西書局石印本　四冊

440000－2506－0000389　207－5/3

風俗通姓氏篇二卷　(漢)應劭撰　(清)張澍輯補注　**十三州志一卷**　(北魏)闞駰撰　(清)張澍輯　**三秦記一卷**　(□)辛□撰　(清)張澍輯　**三輔決錄二卷**　(漢)趙岐撰　(清)張澍輯　清光緒順德龍氏知服齋刻本　一冊

440000－2506－0000390　207－6/1

歷代名臣言行錄二十四卷　(清)朱恒編輯　(清)潘永季校定　(清)許時庚重校　清光緒十五年(1889)上海廣百宋齋鉛印本　十二冊

440000－2506－0000391　207－6/1(2)

歷代名臣言行錄二十四卷　(清)朱恒編輯　(清)潘永季校定　(清)許時庚重校　清光緒十五年(1889)上海廣百宋齋鉛印本　十二冊

440000－2506－0000392　207－6/1(3)

歷代名臣言行錄二十四卷　(清)朱恒編輯　(清)潘永季校定　(清)許時庚重校　清光緒十五年(1889)上海廣百宋齋鉛印本　十冊

440000－2506－0000393　207－6/1(4)

歷代名臣言行錄二十四卷　(清)朱恒編輯　(清)潘永季校定　(清)許時庚重校　清光緒十五年(1889)上海廣百宋齋鉛印本　九冊　存十八卷(三至十二、十五至二十二)

440000－2506－0000394　207－6/1(5)

歷代名臣言行錄二十四卷　(清)朱恒編輯　(清)潘永季校定　(清)許時庚重校　清鉛印本　七冊　存十四卷(一至六、十一至十八)

440000－2506－0000395　207－6/10

安定言行錄二卷　(清)許正綬輯　**風水袪惑一卷**　(清)丁芮樸著　清光緒六年(1880)歸安丁寶書月河精舍刻本　一冊

440000－2506－0000396　207－6/11

楊忠愍公遺書一卷　(明)楊繼盛撰　清末刻本　一冊

440000－2506－0000397　207－6/1－1

歷代名臣言行錄二十四卷　(清)朱恒編輯　(清)潘永季校定　(清)沈維堉重校　清光緒鉛印本　七冊　存十五卷(一至二、五至九、

十二至十五、二十至二十三)

440000－2506－0000398　207－6/12
馮潛齋先生[成修]年譜一卷　(清)勞潼編　清宣統三年(1911)學古堂刻本　一册

440000－2506－0000399　207－6/1－2
歷代名臣言行録二十四卷首一卷　(清)朱恒編輯　清光緒三十年(1904)上海商務印書館鉛印本　六册　存十九卷(一至九、十六至二十四,首一卷)

440000－2506－0000400　207－6/13－2
國朝先正事略六十卷　(清)李元度纂　清同治五年(1866)循陔草堂刻本　十四册　存五十八卷(一至二十五、二十八至六十)

440000－2506－0000401　207－6/15
駱文忠公自訂年譜二卷　(清)駱秉章著　清光緒二十一年(1895)思賢書局刻本　二册

440000－2506－0000402　207－6/16
輓言録一卷　(清)陳興鉞撰　清同治十年(1871)刻本　一册

440000－2506－0000403　207－6/17
中興將帥别傳三十卷續編六卷　(清)朱孔彰撰　清光緒二十三年(1897)江寧刻本　七册

440000－2506－0000404　207－6/17
中興將帥别傳續編六卷　(清)朱孔彰撰　清光緒三十二年(1906)江寧刻本　一册

440000－2506－0000405　207－6/18
羅惇衍年譜一卷　(清)羅惇衍原編　(清)羅桀等重編　清光緒刻本　一册

440000－2506－0000406　207－6/20
曾文正公大事記四卷　(清)王定安著　**曾文正公榮哀録一卷**　(清)黄翼升撰　清光緒三十一年(1905)上海商務印書館鉛印本　一册

440000－2506－0000407　207－6/37
明史稿三百十卷目録三卷　(清)王鴻緒等編撰　清敬慎堂刻本　一册　存五卷(列傳七十六至八十)

440000－2506－0000408　207－6/4
碧血録五卷　(清)莊仲方撰　清光緒八年(1882)上海同文書局石印本　五册

440000－2506－0000409　207－6/5
百將圖傳二卷　(清)丁日昌輯　清同治八年(1869)江蘇書局刻本　二册

440000－2506－0000410　207－6/5(2)
百將圖傳二卷　(清)丁日昌輯　清同治八年(1869)江蘇書局刻本　二册

440000－2506－0000411　207－6/7
忠武侯諸葛孔明先生全集十九卷　(三國蜀)諸葛亮著　(清)張澍纂輯　清同治元年(1862)聚珍齋木活字印本　十册　缺一卷(奇門遁甲一)

440000－2506－0000412　207－7/1
疇人傳四十六卷　(清)阮元撰　**續疇人傳六卷**　(清)羅士琳撰　**疇人傳三編七卷附一卷**　(清)諸可寶撰　清光緒二十二年(1896)鴻寶齋石印本　五册　存五十二卷(疇人傳四十六卷、續疇人傳六卷)

440000－2506－0000413　207－7/10
花甲閑談十六卷首一卷　(清)張維屏撰　(清)葉夢草繪　清光緒十年(1884)上海同文書局石印本　四册

440000－2506－0000414　207－7/10(2)
花甲閑談十六卷首一卷　(清)張維屏撰　(清)葉夢草繪　清光緒十年(1884)上海同文書局石印本　三册　存十三卷(一至五、十至十六,首一卷)

440000－2506－0000415　207－7/10－2
花甲閑談十六卷首一卷　(清)張維屏撰　(清)葉夢草繪　清道光二十年(1840)廣州富文齋刻本　四册

440000－2506－0000416　207－7/10－2(2)
花甲閑談十六卷首一卷　(清)張維屏撰　(清)葉夢草繪　清道光二十年(1840)廣州富文齋刻本　三册　存十四卷(一至五、九至十六,首一卷)

440000－2506－0000417　207－7/11
科名佳話四卷　(清)何守愚輯訂　清末刻本　一册　存二卷(三至四)

440000－2506－0000418　207－7/12
白沙門人考一卷　(清)阮榕齡編　清咸豐元年(1851)新會阮氏夢菊堂刻本　一册

440000－2506－0000419　207－7/13
濂洛關閩六先生傳一卷　(清)羅惇衍編　清道光羊城學源堂刻本　一册

440000－2506－0000420　207－7/2
疇人傳三編七卷　(清)諸可寶撰　清光緒二十二年(1896)上海璣衡堂石印本　一册

440000－2506－0000421　207－7/3
國朝漢學師承記八卷　(清)江藩纂　清光緒十一年(1885)刻本　三册

440000－2506－0000422　207－7/3－2
國朝漢學師承記八卷　(清)江藩纂　清光緒十一年(1885)掃葉山房刻本　三册

440000－2506－0000423　207－7/4
國朝宋學淵源記二卷附記一卷國朝經師經義目錄一卷　(清)江藩輯　清咸豐四年(1854)刻本　一册

440000－2506－0000424　207－7/4－1
國朝宋學淵源記二卷附記一卷　(清)江藩輯　清光緒掃葉山房刻本　一册

440000－2506－0000425　207－7/5
宋元學案一百卷首一卷考略一卷　(清)黄宗羲纂　(清)黄百家輯　(清)全祖望修訂　清光緒五年(1879)長沙寄廬刻本　三十六册

440000－2506－0000426　207－7/5(2)
宋元學案一百卷首一卷考略一卷　(清)黄宗羲纂　(清)黄百家輯　(清)全祖望定本　清光緒五年(1879)長沙寄廬刻本　三十二册

440000－2506－0000427　207－7/8
明儒學案六十二卷　(清)黄宗羲著　(清)萬言訂　清光緒八年(1882)刻本　二十四册

440000－2506－0000428　207－7/8(2)
明儒學案六十二卷　(清)黄宗羲著　(清)萬言訂　清光緒八年(1882)刻本　二十三册　存五十七卷(一至三、九至六十二)

440000－2506－0000429　207－7/9
明儒學案六十二卷　(清)黄宗羲著　(清)莫晉　(清)莫階校　清道光元年(1821)刻本　十四册　存五十三卷(十至六十二)

440000－2506－0000430　207－7/9－1
學案小識十四卷首一卷末一卷　(清)唐鑑撰　清光緒十年(1884)刻本　十二册

440000－2506－0000431　207－7/9－1(2)
學案小識十四卷首一卷末一卷　(清)唐鑑撰　清光緒十年(1884)刻本　十二册

440000－2506－0000432　207－8/3
東坡事類二十二卷　(清)梁廷枏纂　清道光十年(1830)刻本　十册

440000－2506－0000433　207－8/4
廣元遺山[好問]年譜二卷　(清)李光廷編　清同治五年(1866)刻本　二册

440000－2506－0000434　207－8/4(2)
廣元遺山[好問]年譜二卷　(清)李光廷編　清同治五年(1866)刻本　二册

440000－2506－0000435　207－8/4(3)
廣元遺山[好問]年譜二卷　(清)李光廷編　清同治五年(1866)刻本　二册

440000－2506－0000436　207－8/7
國朝詩人徵略六十卷　(清)張維屏輯　清道光十年(1830)廣州超華齋刻本　十册

440000－2506－0000437　207－8/7(2)
國朝詩人徵略六十卷　(清)張維屏輯　清道光十年(1830)廣州富文齋刻本　十册

440000－2506－0000438　207－8/7(3)
國朝詩人徵略六十卷　(清)張維屏輯　清道光十年(1830)廣州富文齋刻本　三册　存二十卷(十二至二十三、五十三至六十)

440000－2506－0000439　207－8/8
國朝詩人徵略二編六十四卷　(清)張維屏輯

清道光二十二年(1842)刻本　六册

440000－2506－0000440　207－8/8(2)

國朝詩人徵略二編六十四卷　(清)張維屏輯　清道光二十二年(1842)刻本　四册　存四十七卷(一至三十八、五十六至六十四)

440000－2506－0000441　207－9/10

國朝畫徵錄三卷續錄二卷　(清)張庚著　**明人附錄一卷**　(清)黎遂球　(清)袁樞著　清光緒十九年(1893)上海積山書局石印本　一册

440000－2506－0000442　207－9/14

國朝畫徵錄三卷續錄二卷　(清)張庚著　**明人附錄一卷**　(清)黎遂球　(清)袁樞著　清末刻本　一册

440000－2506－0000443　207－9/4

倪高士年譜一卷　(清)沈世良編　清宣統元年(1909)刻本　一册

440000－2506－0000444　207－9/9

墨林今話十八卷　(清)蔣寶齡撰　**續編一卷**　(清)蔣茝生撰　清宣統三年(1911)上海掃葉山房石印本　五册　存十六卷(四至十八續編一卷)

440000－2506－0000445　208/1

史通削繁四卷　(清)紀昀撰　清道光十三年(1833)兩廣節署刻朱墨套印本　四册

440000－2506－0000446　208/1(2)

史通削繁四卷　(清)紀昀撰　清道光十三年(1833)兩廣節署刻朱墨套印本　四册

440000－2506－0000447　208/1(3)

史通削繁四卷　(清)紀昀撰　清道光十三年(1833)兩廣節署刻朱墨套印本　四册

440000－2506－0000448　208/1(4)

史通削繁四卷　(清)紀昀撰　清道光十三年(1833)兩廣節署刻朱墨套印本　四册

440000－2506－0000449　208/1(5)

史通削繁四卷　(清)紀昀撰　清道光十三年(1833)兩廣節署刻朱墨套印本　四册

440000－2506－0000450　208/1(6)

史通削繁四卷　(清)紀昀撰　清道光十三年(1833)兩廣節署刻朱墨套印本　四册

440000－2506－0000451　208/11

史記精華錄六卷　(清)姚祖恩輯　清光緒十三年(1887)上海蜚英館石印本　三册

440000－2506－0000452　208/12

史記精華錄六卷　(清)姚祖恩輯　清光緒十八年(1892)粵東文陞閣刻朱墨套印本　六册

440000－2506－0000453　208/2

史略八十七卷　(清)朱坤輯　清光緒二十八年(1902)文盛書局石印本　六册

440000－2506－0000454　208/2(2)

史略八十七卷　(清)朱坤輯　清光緒二十八年(1902)文盛書局石印本　四册　存五十九卷(一至十三、三十一至七十六)

440000－2506－0000455　208/21

蒙學中國歷史教科書八篇　丁寶書編著　清宣統元年(1909)上海文明書局鉛印本　二册

440000－2506－0000456　208/22

歷代帝王年表三卷　(清)齊召南撰　(清)阮福續　清咸豐五年(1855)南海伍氏刻粵雅堂叢書本　三册

440000－2506－0000457　208/22(2)

歷代帝王年表三卷　(清)齊召南撰　(清)阮福續　清咸豐五年(1855)南海伍氏刻粵雅堂叢書本　三册

440000－2506－0000458　208/23

歷代世系紀年編一卷　(清)沈炳震撰　清光緒十四年(1888)羊城馮氏刻本　一册

440000－2506－0000459　208/25

紀元通攷十二卷　(清)葉維庚撰　清道光八年(1828)鍾秀山房刻本　四册

440000－2506－0000460　208/26

後漢三公年表一卷　(清)華湛恩撰　清光緒十七年(1891)廣雅書局刻本　一册

440000－2506－0000461　208/27

春秋例表不分卷　(清)王代豐撰　清末刻本　二冊

440000－2506－0000462　208/29
四裔編年表四卷　(美國)林樂知　(清)嚴良勳譯　(清)李鳳苞彙編　清同治江南製造總局刻本　四冊

440000－2506－0000463　208/3
史略八十七卷　(清)朱坤輯　清光緒二十四年(1898)上海蜚英館石印本　四冊　存五十九卷(十三至二十八、四十五至八十七)

440000－2506－0000464　208/3(2)
史略八十七卷　(清)朱坤輯　清光緒二十四年(1898)上海蜚英館石印本　四冊

440000－2506－0000465　208/4
廿一史約編八卷首一卷　(清)鄭元慶撰　清光緒二十四年(1898)上海申昌書局石印本　三冊　缺二卷(革部、木部)

440000－2506－0000466　208/5
通鑑類纂二十卷　(清)松椿纂　清光緒二十三年(1897)上海天章書局石印本　三冊　缺四卷(四至七)

440000－2506－0000467　208/6
兩漢博聞十二卷　(宋)楊侃編　清咸豐十年(1860)刻本　三冊　缺二卷(一至二)

440000－2506－0000468　208/8
韻史二卷　(清)許遯翁撰　韻史補一卷　(清)朱玉岑撰　清光緒十五年(1889)上海廣百宋齋鉛印本　一冊

440000－2506－0000469　208/9
史記精華錄六卷　(清)姚祖恩輯　清光緒九年(1883)廣州翰墨園刻朱墨套印本　六冊

440000－2506－0000470　208/9(2)
史記精華錄六卷　(清)姚祖恩輯　清光緒九年(1883)廣州翰墨園刻朱墨套印本　六冊

440000－2506－0000471　208/9(3)
史記精華錄六卷　(清)姚祖恩輯　清光緒九年(1883)廣州翰墨園刻朱墨套印本　六冊

440000－2506－0000472　208/9(4)
史記精華錄六卷　(清)姚祖恩輯　清光緒九年(1883)廣州翰墨園刻朱墨套印本　五冊　缺一卷(五)

440000－2506－0000473　209/10
東洋史要二卷　(日本)桑原騭藏著　樊炳清譯　清光緒二十五年(1899)東文學社刻本　四冊

440000－2506－0000474　209/11
日本國志四十卷首一卷　(清)黄遵憲編纂　清光緒二十四年(1898)上海圖書集成印書局鉛印本　十冊

440000－2506－0000475　209/12
日本維新三十年史十二編　(日本)博文館撰　(清)廣智書局譯　清光緒二十八年(1902)上海廣智書局鉛印本　六冊

440000－2506－0000476　209/4
南漢文字略四卷　(清)梁廷枏輯　清道光刻本　一冊　存二卷(一至二)

440000－2506－0000477　209/4－1
南漢書考異十八卷　(清)梁廷枏撰　清道光刻本　二冊　存十二卷(一至十二)

440000－2506－0000478　209/5
五洲各國政治攷八卷　(清)錢恂輯　清光緒二十七年(1901)石印本　六冊

440000－2506－0000479　209/6
十九世紀歐洲政治史論一卷　(日本)酒井雄三郎著　(清)華文祺譯　清光緒二十八年(1902)教育世界出版所鉛印本　一冊

440000－2506－0000480　209/7
泰西新史攬要二十四卷　(英國)馬懇西撰　(英國)李提摩太譯　蔡爾康述稿　清光緒二十一年(1895)美華書館鉛印本　八冊　缺一卷(七)

440000－2506－0000481　209/8
英興記二卷首一卷末一卷　(清)鄧理槎著　(美國)林樂知　(清)任廷旭譯　清光緒二十

四年(1898)上海廣學會鉛印本　二册

440000－2506－0000482　209/9
歐羅巴通史四部　(日本)箕作元八　(日本)峰岸米造纂　(清)徐有成等譯　清光緒二十六年(1900)東亞譯書會鉛印本　四册

440000－2506－0000483　210－1/10
歷代沿革圖一卷　(清)六嚴繪　(清)馬徵麟增輯　清同治十年(1871)金陵刻本　一册

440000－2506－0000484　210－1/10(2)
歷代沿革圖一卷　(清)六嚴繪　(清)馬徵麟增輯　清同治十年(1871)金陵刻本　一册

440000－2506－0000485　210－1/11
漢書地理志稽疑六卷　(清)全祖望撰　清咸豐三年(1853)南海伍氏刻粤雅堂叢書本　二册

440000－2506－0000486　210－1/12
通鑑地理今釋十六卷　(清)吳熙載撰　清光緒二十三年(1897)廣東經史閣刻本　四册

440000－2506－0000487　210－1/13
輿地廣記三十八卷　(宋)歐陽忞撰　清末刻本　六册　缺五卷(三十四至三十八)

440000－2506－0000488　210－1/14
讀史方輿紀要一百三十卷　(清)顧祖禹撰　(清)彭元瑞校定　(清)龍萬育校刊　清道光三年(1823)刻後印本　七十四册　缺一卷(八十)

440000－2506－0000489　210－1/15
讀史方輿紀要一百三十卷輿圖要覽四卷　(清)顧祖禹撰　清刻本(卷一百十至一百十二爲補配)　十册　存十七卷(紀要四至五、十八、四十六、五十三至五十四、七十七、一百至一百一、一百八至一百十二,輿圖要覽二至四)

440000－2506－0000490　210－1/17
讀史方輿紀要摘錄歷代州域形勢九卷各省總論一卷　(清)顧祖禹著　清光緒二十二年(1896)澹雅書局刻本　十册

440000－2506－0000491　210－1/18
讀史方輿紀要摘錄歷代州域形勢九卷各省總論一卷　(清)顧祖禹著　清道光三十年(1850)長沙黄冕刻本　六册

440000－2506－0000492　210－1/19
讀史方輿紀要一百三十卷輿圖要覽四卷　(清)顧祖禹輯著　(清)彭元瑞校定　清道光三年(1823)宏道堂刻後印本　五十二册　存一百八卷(紀要一至四、六至十四、十九至二十、二十三至三十五、三十九至四十五、四十九至五十二、五十五至七十六、七十八至九十九、一百二、一百六至一百七、一百十一至一百三十,輿圖要覽一至二)

440000－2506－0000493　210－1/2
中外地輿圖説集成一百三十二卷首三卷　(清)同康廬主人輯　清光緒二十年(1894)上海積山書局石印本　二十三册　缺九卷(九十三至九十八、一百三十至一百三十二)

440000－2506－0000494　210－1/20
輿圖要覽四卷　(清)顧祖禹撰　清刻本　六册

440000－2506－0000495　210－1/22
大清一統輿圖三十一卷首一卷　(清)鄒世詒　(清)晏啟鎮編繪　(清)李廷簫　(清)汪士鐸核校　清同治二年(1863)刻本　八册

440000－2506－0000496　210－1/26
圖史提綱三卷　(清)胡宣慶編　清光緒十七年(1891)長沙胡氏刻本　二册

440000－2506－0000497　210－1/29
皇朝輿地韻編二卷　(清)李兆洛輯　(清)六嚴等編　清道光十七年(1837)刻本　一册　存一卷(上)

440000－2506－0000498　210－1/3
天下郡國利病書一百二十卷　(清)顧炎武輯　(清)龍萬育訂　清光緒五年(1879)桐華書屋刻本　六十册

440000－2506－0000499　210－1/3(2)
天下郡國利病書一百二十卷　(清)顧炎武輯

（清）龍萬育訂　清光緒五年（1879）桐華書屋刻本　三册　存十卷（一至四、一百十五至一百二十）

440000－2506－0000500　210－1/3（3）
天下郡國利病書一百二十卷　（清）顧炎武輯　（清）龍萬育訂　清光緒五年（1879）桐華書屋刻本　四十四册　存九十七卷（一至二十一、二十四至二十八、三十一至三十九、四十五至五十二、五十五至六十七、七十二至八十四、八十七至九十、九十三至九十八、一百三至一百二十）

440000－2506－0000501　210－1/30
皇朝輿地韻編二卷　（清）李兆洛輯　（清）六嚴等編　清光緒元年（1875）羊城馬氏集益堂刻本　一册

440000－2506－0000502　210－1/31
皇清地理圖一卷　（清）董方立原繪　（清）李兆洛改編　（清）胡錫燕重編　清同治十年（1871）廣州萃文堂刻本　一册

440000－2506－0000503　210－1/32
皇朝輿地略一卷皇朝輿地韻編一卷皇朝輿地略圖一卷　（清）六承如輯　清道光辨志書塾刻本　一册

440000－2506－0000504　210－1/33
皇朝輿地略一卷　（清）六承如輯　（清）馮焌光增補　清同治二年（1863）廣州寶華坊刻本　二册

440000－2506－0000505　210－1/34
皇輿全圖一卷　（清）鄒伯奇繪　清同治十三年（1874）廣州馮焌光刻本　一册

440000－2506－0000506　210－1/35
地志須知一卷　（英國）傅蘭雅著　清光緒八年（1882）刻本　一册

440000－2506－0000507　210－1/5
歷代地理志韻編今釋二十卷　（清）李兆洛輯　（清）六嚴等編　清光緒二十四年（1898）上海掃葉山房石印本　五册

440000－2506－0000508　210－1/7
歷代地理志韻編今釋二十卷　（清）李兆洛輯　（清）六嚴等編　清同治刻本　二册　存五卷（十二至十六）

440000－2506－0000509　210－1/8
歷代地理志韻編今釋二十卷　（清）李兆洛輯　清光緒元年（1875）羊城馬氏集益堂刻本　十册

440000－2506－0000510　210－1/8（2）
歷代地理志韻編今釋二十卷　（清）李兆洛輯　清光緒元年（1875）羊城馬氏集益堂刻本　七册

440000－2506－0000511　210－1/9
歷代地理志韻編今釋二十卷校勘記一卷　（清）李兆洛輯　清光緒十四年（1888）掃葉山房刻本　八册

440000－2506－0000512　210－2/1
［道光］廣東通志三百三十四卷首一卷　（清）阮元等修　（清）陳昌齊等纂　清同治三年（1864）刻本　一百十册　缺三十二卷（一百九十九至二百三十）

440000－2506－0000513　210－2/1（2）
［道光］廣東通志三百三十四卷首一卷　（清）阮元等修　（清）陳昌齊等纂　清同治三年（1864）刻本　八十二册　存一百八十卷（一百九至一百十三、一百二十四至一百五十、一百五十五至一百五十七、一百六十至一百九十、一百九十四至二百十五、二百十九至二百五十七、二百七十至二百七十五、二百七十九至二百八十四、二百八十八至二百九十五、二百九十九至三百三十一）

440000－2506－0000514　210－2/13
［道光］佛山忠義鄉志十四卷　（清）吳榮光纂修　清道光十一年（1831）刻本　四册　存五卷（九至十一、十三至十四）

440000－2506－0000515　210－2/13（2）
［道光］佛山忠義鄉志十四卷　（清）吳榮光纂修　清道光十一年（1831）刻本　一册　存一

卷(十)

440000－2506－0000516　210－2/15
[道光]南海縣志四十四卷首一卷末一卷　(清)潘尚楫等主修　(清)鄧士憲等纂　清同治八年(1869)刻本　十七册　存四十三卷(一至二、五至四十四,首一卷)

440000－2506－0000517　210－2/15(2)
[道光]南海縣志四十四卷首一卷末一卷　(清)潘尚楫等修　(清)鄧士憲等纂　清道光十五年(1835)修同治八年(1869)刻本(册一卷二十一至二十四由複印本補配)　三册　存八卷(二十一至二十四、二十九至三十、四十三至四十四)

440000－2506－0000518　210－2/16
[同治]南海縣志二十六卷首一卷　(清)鄭夢玉等修　(清)梁紹獻等纂　清同治十一年(1872)刻本　十二册

440000－2506－0000519　210－2/17
[宣統]南海縣志二十六卷首一卷末一卷　(清)鄭榮等修　(清)桂坫等纂　清宣統二年(1910)羊城富文齋刻本　十六册

440000－2506－0000520　210－2/18
[同治]南海縣志圖二卷　(清)鄭夢玉等修　(清)梁紹獻等纂　清同治十一年(1872)刻本　三册

440000－2506－0000521　210－2/23
[同治]番禺縣志五十四卷首一卷　(清)李福泰修　(清)史澄　(清)何若瑤纂　清同治十年(1871)光霽堂刻本　十六册

440000－2506－0000522　210－2/23(2)
[同治]番禺縣志五十四卷首一卷　(清)李福泰修　(清)史澄　(清)何若瑤纂　清同治十年(1871)光霽堂刻本　十五册　存五十三卷(一至五十二、首一卷)

440000－2506－0000523　210－2/24
[宣統]番禺縣續志四十四卷首一卷　梁鼎芬等修　(清)丁仁長等纂　清宣統三年(1911)刻本　十五册　缺二卷(四十至四十一)

440000－2506－0000524　210－2/3
[同治]廣東圖二十三卷　(清)瑞麟修　清同治五年(1866)刻本　三册

440000－2506－0000525　210－2/4
[同治]廣東圖説九十二卷首一卷　(清)毛鴻賓等編修　清同治九年至十年(1870－1871)刻本　十八册

440000－2506－0000526　210－2/4(2)
[同治]廣東圖志九十二卷首一卷　(清)毛鴻賓等編修　清同治九年至十年(1870－1871)刻本　十八册

440000－2506－0000527　210－2/5
[光緒]廣東輿地圖説十四卷首一卷　(清)李瀚章等纂修　清宣統元年(1909)廣東參謀處鉛印本　四册

440000－2506－0000528　210－2/6
[光緒]廣東輿地全圖不分卷　(清)張人駿編　清光緒二十三年(1897)廣州石經堂石印本　二册

440000－2506－0000529　210－2/7
[光緒]廣州府志一百六十三卷　(清)戴肇辰等纂　(清)史澄等修　清光緒五年(1879)粵秀書院刻本　六十册

440000－2506－0000530　210－3/10
南海百詠續編四卷　(清)樊封著　清光緒刻本　一册

440000－2506－0000531　210－3/1－1
夢粱錄二十卷　(宋)吳自牧著　清嘉慶十年(1805)虞山張氏曠照閣刻學津討原本　五册

440000－2506－0000532　210－3/1－1(2)
夢粱錄二十卷　(宋)吳自牧著　清嘉慶十年(1805)虞山張氏曠照閣刻學津討原本　四册　缺四卷(十三至十六)

440000－2506－0000533　210－3/12
桑園圍志十七卷　(清)何如銓纂修　清光緒十五年(1889)廣州翰元樓刻本　四册　存十二卷(一、四至十一、十五至十七)

440000－2506－0000534　210－3/15
欽定滿洲源流考二十卷首一卷　(清)阿桂等撰　清光緒十九年(1893)杭州便益書局石印本　四册

440000－2506－0000535　210－3/16
北隅掌錄二卷　(清)黄士珣撰　清道光二十五年(1845)錢唐汪氏刻本　二册

440000－2506－0000536　210－3/18
嶺南雜事詩鈔八卷　(清)陳坤撰　清光緒二年(1876)錢塘陳氏刻本　一册　存一卷(一)

440000－2506－0000537　210－3/2
六朝事迹編類十四卷　(宋)張敦頤撰　清光緒十三年(1887)刻本　二册

440000－2506－0000538　210－3/3
赤雅三卷　(清)鄺露撰　清道光五年(1825)刻本　一册

440000－2506－0000539　210－3/3(2)
赤雅三卷　(清)鄺露撰　清道光五年(1825)刻本　一册

440000－2506－0000540　210－3/5
粤中見聞三十五卷　(清)范端昂纂　清嘉慶六年(1801)同安刻本　十二册

440000－2506－0000541　210－3/6
羊城古鈔八卷首一卷　(清)仇巨川輯　清嘉慶十一年(1806)刻本　五册

440000－2506－0000542　210－3/6(2)
羊城古鈔八卷首一卷　(清)仇巨川輯　清嘉慶十一年(1806)刻本　八册

440000－2506－0000543　210－3/6(3)
羊城古鈔八卷首一卷　(清)仇巨川輯　清嘉慶十一年(1806)刻本　四册

440000－2506－0000544　210－3/7
古香齋鑒賞袖珍春明夢餘錄七十卷　(清)孫承澤著　清光緒八年(1882)南海孔氏嶽雪樓刻本　二十四册

440000－2506－0000545　210－3/8
廣東考古輯要四十六卷　(清)周廣等輯　清光緒十九年(1893)刻本　十册

440000－2506－0000546　210－3/8(2)
廣東考古輯要四十六卷　(清)周廣等輯　清光緒十九年(1893)刻本　十册

440000－2506－0000547　210－3/8(3)
廣東考古輯要四十六卷　(清)周廣等輯　清光緒十九年(1893)刻本　九册　存四十二卷(一至四十二)

440000－2506－0000548　210－3/8(4)
廣東考古輯要四十六卷　(清)周廣等輯　清光緒十九年(1893)刻本　八册　存四十卷(一至五、九至三十四、三十八至四十六)

440000－2506－0000549　210－3/8(5)
廣東考古輯要四十六卷　(清)周廣等輯　清光緒十九年(1893)刻本　六册

440000－2506－0000550　210－4/5
平山堂圖志十卷首一卷　(清)趙之壁纂　清光緒十四年(1888)上海同文書局石印本　一册　存二卷(一、首一卷)

440000－2506－0000551　210－4/6
悅城龍母廟志二卷首一卷　(清)黄應奎輯　清咸豐元年(1851)廣州藝芳齋刻本　二册

440000－2506－0000552　210－5/11
白雲越秀二山合志四十九卷　(清)崔弼編　(清)陳際清輯　清道光刻本　十五册

440000－2506－0000553　210－5/13－1
禺峽山志四卷　(清)孫繩祖纂修　清光緒十年(1884)刻本　四册

440000－2506－0000554　210－5/13－1(2)
禺峽山志四卷　(清)孫繩祖纂修　清光緒十年(1884)刻本　一册　存一卷(一)

440000－2506－0000555　210－5/14
禹貢川澤考二卷　(清)桂文燦撰　清光緒十二年(1886)利華印務局石印本　一册

440000－2506－0000556　210－5/15
水經註四十卷首一卷末一卷　(北魏)酈道元撰　清光緒十八年(1892)思賢講舍刻本　十

六冊

440000－2506－0000557　210－5/16
水經註西南諸水攷三卷弧三角平視法一卷摹印述一卷　（清）陳澧撰　清道光二十七年(1847)廣雅書局刻本　一冊

440000－2506－0000558　210－5/17
漢書地理志水道圖說七卷　（清）陳澧撰　**考正德清胡氏禹貢圖一卷**　（清）陳宗誼撰　清同治十一年(1872)番禺陳氏刻本　二冊

440000－2506－0000559　210－5/17(2)
漢書地理志水道圖說七卷　（清）陳澧撰　**考正德清胡氏禹貢圖一卷**　（清）陳宗誼撰　清同治十一年(1872)番禺陳氏刻本　一冊

440000－2506－0000560　210－5/18
皇朝輿地水道源流五卷　（清）胡宣慶編　（清）胡鴻浚　（清）胡鴻賓校　清光緒十七年(1891)長沙胡氏刻本　二冊

440000－2506－0000561　210－5/19
水道提綱二十八卷　（清）齊召南編　清光緒五年(1879)宏達堂刻本　六冊

440000－2506－0000562　210－5/2
武夷山志二十四卷首一卷　（清）董天工編　清道光二十七年(1847)籍溪羅良嵩刻本　十冊

440000－2506－0000563　210－5/20
西域水道記五卷　（清）徐松撰　清光緒十九年(1893)寶善書局石印本　五冊

440000－2506－0000564　210－5/21
海錄二卷　（清）楊炳南撰　清嘉慶刻本　一冊

440000－2506－0000565　210－5/22
西湖志四十八卷　（清）李衛等纂　（清）傅王露修　清光緒十五年(1889)刻本　二十七冊　缺八卷(十六、十八至二十二、三十七至三十八)

440000－2506－0000566　210－5/23－2
西湖志四十八卷　（清）李衛等纂　（清）傅王露修　清光緒四年(1878)浙江書局刻本　十六冊　缺十一卷(十至十一、三十二至四十)

440000－2506－0000567　210－5/25
莫愁湖志六卷首一卷　（清）馬士圖著　清光緒八年(1882)刻本　三冊

440000－2506－0000568　210－5/6
白雲洞志五卷　（清）黃亨纂輯　清光緒十三年(1887)刻本　一冊

440000－2506－0000569　210－5/7
西樵志六卷　（清）馬符錄編梓　（清）羅國器輯　（清）陳張翼參補　清嘉慶十九年(1814)刻本　二冊

440000－2506－0000570　210－5/8
浮山志五卷　（清）陳銘珪錄　**荔莊詩存一卷**　（清）陳銘珪撰　清光緒十九年(1893)荔莊刻本　二冊　缺二卷(浮山志三至四)

440000－2506－0000571　210－5/9
羅浮志十五卷末一卷　（明）陳璉撰　（清）陳伯陶補　清光緒刻本　四冊

440000－2506－0000572　210－6/1
輿地紀勝二百卷首一卷　（宋）王象之編　清咸豐五年(1855)南海伍氏粵雅堂刻本　十五冊　存一百五十卷(二十六至四十四、六十四至一百三十九、一百四十五至一百九十九)

440000－2506－0000573　210－6/11
西藏考一卷　（清）□□撰　清光緒會稽趙之謙刻仰視千七百二十九鶴齋叢書本　一冊

440000－2506－0000574　210－6/2
乘槎筆記二卷　（清）斌椿纂　清同治八年(1869)北京琉璃廠群英閣刻本　一冊

440000－2506－0000575　210－6/4
尋花日記二卷看花雜詠一卷　（清）歸莊著　**海珊詩鈔一卷**　（清）嚴遂成著　**藝庵遺詩一卷**　（清）黃彥著　**岳陽風土記一卷**　（清）范致明撰　清同治十三年(1874)虞山顧氏刻小石山房叢書本　一冊

440000－2506－0000576　210－6/5

曠遊偶筆二卷　(清)李雲麟著　清光緒十年(1884)刻本　一冊　存一卷(上)

440000－2506－0000577　210－6/6
西樵遊覽記十四卷　(清)劉子秀編錄　清道光十三年(1833)黄嘉圃、譚葯晨補刻本　四冊

440000－2506－0000578　210－6/6(2)
西樵遊覽記十四卷　(清)劉子秀編錄　白雲洞志五卷　(清)黄亨纂　清道光十三年(1833)黄嘉圃、譚葯晨補刻本　三冊　存十二卷(西樵遊覽記八至十四、白雲洞志五卷)

440000－2506－0000579　210－7/1
瀛環志略十卷　(清)徐繼畬撰　清光緒二十一年(1895)上海寶文書局石印本　二冊

440000－2506－0000580　210－7/11
新編東亞三國志□□卷　(日本)辻武雄著　清光緒二十五年(1899)東京合資會社普及舍鉛印本　一冊　存一卷(上)

440000－2506－0000581　210－7/2
瀛海論箋正九卷末一卷　(清)張自牧著　(清)凌鶴書箋　清光緒二十七年(1901)廣州文寶石印本　一冊　存二卷(一至二)

440000－2506－0000582　210－7/3
欽定皇輿西域圖志四十八卷首四卷　(清)傅恒等撰　清光緒十九年(1893)杭州便益書局石印本　十二冊

440000－2506－0000583　210－7/4
漢西域圖考七卷首一卷　(清)李光廷撰　清光緒十九年(1893)寶善書局石印本　四冊

440000－2506－0000584　210－7/5
漢西域圖考七卷首一卷　(清)李光廷撰　清同治九年(1870)刻本　四冊

440000－2506－0000585　210－7/5(2)
漢西域圖考七卷首一卷　(清)李光廷撰　清同治九年(1870)刻本　四冊

440000－2506－0000586　210－7/5(3)
漢西域圖考七卷首一卷　(清)李光廷撰　清同治九年(1870)刻本　三冊　缺二卷(六至七)

440000－2506－0000587　210－7/5(4)
漢西域圖考七卷首一卷　(清)李光廷撰　清同治九年(1870)刻本　二冊　缺三卷(一至二、首一卷)

440000－2506－0000588　210－7/6
出使美日秘崔日記十六卷　(清)崔國因撰　清光緒二十年(1894)鉛印本　十一冊　缺一卷(一)

440000－2506－0000589　211/1
唐御史臺精舍題名考三卷附錄一卷　(清)趙鉞　(清)勞格撰　(清)丁寶書參證　清光緒六年(1880)苕溪丁氏刻月河精舍叢鈔本　二冊

440000－2506－0000590　211/2
歷代職官表六卷　(□)□□撰　(清)黄本驥校　清光緒二十二年(1896)廣州新寧明善社刻本　三冊

440000－2506－0000591　211/4
三國職官表三卷　(清)洪飴孫撰　清光緒十七年(1891)廣雅書局刻本　三冊

440000－2506－0000592　211/7
州縣提綱四卷　(宋)陳襄撰　清光緒十年(1884)虞山鮑氏刻後知不足齋叢書本　一冊

440000－2506－0000593　211/7
輿地形勢論一卷　(清)鮑振方著　清同治十三年(1874)虞山鮑氏刻後知不足齋叢書本　一冊

440000－2506－0000594　212－1/1
通典二百卷　(唐)杜佑纂　清光緒二十七年(1901)上海圖書集成局石印本　十六冊

440000－2506－0000595　212－1/1(2)
通典二百卷　(唐)杜佑纂　清光緒二十七年(1901)上海圖書集成局石印本　八冊　存一百十二卷(一至十二、五十三至一百十、一百五十九至二百)

440000－2506－0000596　212－1/10
文獻通考三百四十八卷　(元)馬端臨著　清光緒二十七年(1901)上海圖書集成局鉛印本(冊三補配石印本)　三冊　存二十五卷(五至十一、九十九至一百五、一百二十三至一百三十三)

440000－2506－0000597　212－1/11
文獻通考詳節二十四卷　(元)馬端臨著　(清)嚴虞淳節錄　清光緒八年(1882)雲林草堂刻朱墨套印本　八冊　缺五卷(十三至十四、二十二至二十四)

440000－2506－0000598　212－1/12
欽定續文獻通考二百五十卷　(清)嵇璜等撰　清光緒二十七年(1901)上海圖書集成局石印本　十五冊　存一百十四卷(七至十一、二十五至二十九、七十三至九十三、一百十四至一百二十九、一百三十五至一百七十五、一百九十至二百十五)

440000－2506－0000599　212－1/13
三通考輯要三種七十六卷　湯壽潛輯　清光緒二十五年(1899)上海圖書集成局鉛印本　二十九冊　缺五卷(皇朝文獻通考十二至十六)

440000－2506－0000600　212－1/14
九通序三卷　(清)佚名編　清光緒二十八年(1902)景幡山房鉛印本　三冊

440000－2506－0000601　212－1/15
九通九種二千三百四十一卷　(清)紀昀等編　清光緒二十八年(1902)上海鴻寶書局石印本　二百四冊

440000－2506－0000602　212－1/16
九通分類總纂二百四十卷　(清)汪鍾霖輯　清光緒二十八年(1902)上海文瀾書局石印本　八十冊

440000－2506－0000603　212－1/17
漢唐事箋前集十二卷後集八卷　(元)朱禮著　清光緒元年(1875)南海伍氏刻粵雅堂叢書本　二冊　缺六卷(前集一至六)

440000－2506－0000604　212－1/18
大元聖政國朝典章首集六十卷新集不分卷　(元)□□撰　清光緒三十四年(1908)刻本　二十四冊

440000－2506－0000605　212－1/2
欽定續通典一百五十卷　(清)嵇璜等纂　清光緒二十七年(1901)上海圖書集成局石印本　六冊　存五十七卷(一至十六、二十三至三十一、四十五至六十七、九十二至一百)

440000－2506－0000606　212－1/22
欽定大清會典事例九百二十卷　(清)昆岡等纂　清嘉慶二十三年(1818)會典館刻本　一冊　存三卷(三百二十至三百二十二)

440000－2506－0000607　212－1/23
吾學錄初編二十四卷　(清)吳榮光撰　清道光十二年(1832)筠清館刻本　八冊

440000－2506－0000608　212－1/23(2)
吾學錄初編二十四卷　(清)吳榮光撰　清道光十二年(1832)筠清館刻本　八冊

440000－2506－0000609　212－1/23(3)
吾學錄初編二十四卷　(清)吳榮光撰　清道光十二年(1832)筠清館刻本　六冊

440000－2506－0000610　212－1/23(4)
吾學錄初編二十四卷　(清)吳榮光撰　清道光十二年(1832)筠清館刻本　五冊

440000－2506－0000611　212－1/3
通志二百卷欽定通志考證三卷　(宋)鄭樵撰　清光緒二十七年(1901)上海圖書集成局石印本　四十冊　缺六十七卷(一至九、二十三至三十七、八十三至一百七、一百十七至一百十九、一百二十二至一百二十四、一百四十二至一百四十八、一百七十二至一百七十六)

440000－2506－0000612　212－1/4
通志二百卷　(宋)鄭樵撰　清光緒二十八年(1902)上海鴻寶書局石印本　三十三冊　缺三十卷(二十三至二十四、七十一至七十七、一百二十八至一百三十一、一百四十八至一百五十四、一百七十七至一百八十一、一百九

十六至二百)

440000－2506－0000613　212－1/5
欽定續通志六百四十卷　(清)嵇璜等纂　清光緒二十七年(1901)上海圖書集成局石印本　一冊　存五卷(一百五十九至一百六十三)

440000－2506－0000614　212－1/6
續通志六百四十卷　(清)嵇璜等撰　清光緒二十八年(1902)上海鴻寶書局石印本　三十五冊　缺七十卷(一至五十四、二百二十三至二百三十七、四百八十六)

440000－2506－0000615　212－1/9
文獻通考二十四卷首一卷　(元)馬端臨著　清光緒十二年(1886)上海點石齋石印本　二十二冊

440000－2506－0000616　212－1/9(2)
文獻通考二十四卷首一卷　(元)馬端臨著　清光緒十二年(1886)上海點石齋石印本　二十冊　缺十一卷(一至九、二十一,首一卷)

440000－2506－0000617　212－2/10
教忠學堂徵信錄一卷　(清)□□撰　清末刻本　一冊

440000－2506－0000618　212－2/11
兩廣高等工業學堂暫行章程一卷　(清)□□撰　清宣統元年(1909)廣東學務公會印刷處鉛印本　一冊

440000－2506－0000619　212－2/2
漢禮器制度一卷　(漢)叔孫通撰　(清)龍鳳鑣校刊　**漢官一卷**　(清)孫星衍校集　(清)龍鳳鑣校刊　**漢官解詁一卷**　(漢)胡廣注　(清)孫星衍校集　(清)龍鳳鑣校刊　**漢舊儀二卷補遺二卷**　(漢)衛宏撰　(清)孫星衍校集　(清)龍鳳鑣校刊　**漢官儀二卷**　(漢)應劭撰　(清)孫星衍校集　(清)龍鳳鑣校刊　**漢官典職儀式選用一卷**　(漢)蔡質撰　(清)孫星衍校集　(清)龍鳳鑣校刊　**漢儀一卷**　(三國吳)丁孚撰　(清)孫星衍校集　(清)龍鳳鑣校刊　清光緒十七年(1891)順德龍氏刻知服齋叢書本　一冊

440000－2506－0000620　212－2/5
南巡盛典一百二十卷　(清)高晉等纂修　清光緒八年(1882)點石齋石印本　八冊

440000－2506－0000621　212－2/5(2)
南巡盛典一百二十卷　(清)高晉等纂修　清光緒八年(1882)點石齋石印本　七冊　缺十六卷(一至十六)

440000－2506－0000622　212－2/6
大清通禮五十四卷　(清)來保等修　(清)李玉鳴等纂　(清)穆克登額等續修　(清)恒泰等續纂　清道光刻本　十二冊

440000－2506－0000623　212－2/7
紀元編三卷末一卷　(清)李兆洛撰　(清)六承如集錄　清咸豐五年(1855)南海伍氏刻粵雅堂叢書本　三冊

440000－2506－0000624　212－2/8
紀元編三卷末一卷　(清)李兆洛撰　(清)六承如集錄　清同治十年(1871)合肥李氏刻本　二冊

440000－2506－0000625　212－2/9
欽定學政全書八十六卷首一卷　(清)恭阿拉等修　(清)童璜等纂　清嘉慶刻本　十六冊

440000－2506－0000626　212－3/1
熙朝紀政六卷　(清)王慶雲撰　清光緒二十七年(1901)上海天章書局石印本　一冊

440000－2506－0000627　212－3/11
佛山七十二行商會善堂籌辦賑災徵信錄一卷　(清)佛山商務分會編　清光緒三十四年(1908)羊城十七甫澄天閣石印本　一冊

440000－2506－0000628　212－3/15
新譯列國歲計政要十二卷　(清)海上譯社譯　清光緒二十七年(1901)海上譯社鉛印本　十一冊　缺四十六頁(大清一至四十六)

440000－2506－0000629　212－3/2
通商條約章程成案彙編三十卷　(清)李鴻章輯　清光緒十二年(1886)鐵城廣百宋齋鉛印本　十一冊　缺一卷(三十)

440000－2506－0000630　212－3/3
影唐寫本漢書食貨志一卷　(漢)班固撰　(唐)顏師古注　清光緒八年(1882)遵義黎氏日本東京使署影刻古逸叢書本　一册

440000－2506－0000631　212－3/4
欽定大清商律一卷　(清)商部編　清末刻本　一册

440000－2506－0000632　212－3/5
大清郵政章程二十五章　(□)□□撰　清光緒三十年(1904)天津廣興印書局鉛印本　一册

440000－2506－0000633　212－3/6
光緒會計表四卷　(清)劉嶽雲編　清光緒二十七年(1901)教育世界社石印本　四册

440000－2506－0000634　212－3/8
廣東全省商務總局試辦章程四章　(清)廣東全省商務總局編　清末刻本　一册

440000－2506－0000635　212－3/9
銀論一卷　(□)□□撰　清刻本　一册

440000－2506－0000636　212－4/1
國朝柔遠記二十卷　(清)王之春輯　清光緒十七年(1891)廣雅書局刻本　六册

440000－2506－0000637　212－4/1(2)
國朝柔遠記二十卷　(清)王之春輯　清光緒十七年(1891)廣雅書局刻本　一册　存二卷(十九至二十)

440000－2506－0000638　212－4/3
各國交涉公法論三集十六卷　(英國)費利摩羅巴德著　(英國)傅蘭雅口譯　(清)俞世爵筆述　清光緒二十二年(1896)慎記書莊石印本　八册

440000－2506－0000639　212－4/4
中外大事彙記十二卷首四卷末一卷　(清)□□輯　清光緒二十四年(1898)廣智報局鉛印本　九册　存十一卷(四至五、七至十二,首一至二,末一卷)

440000－2506－0000640　212－5/1
盛世危言三編六卷　(清)鄭觀應輯　清光緒二十四年(1898)圖書集成局鉛印本　三册

440000－2506－0000641　212－5/3
劉簾舫先生吏治三書三種六卷　(清)劉衡撰　清同治十二年(1873)羊城書局刻本　一册

440000－2506－0000642　212－5/4
九邊圖論一卷　(明)許論撰　清光緒十六年(1890)刻後知不足齋叢書本　一册

440000－2506－0000643　212－5/4
海防圖論一卷　(明)胡宗憲撰　清同治十一年(1872)刻後知不足齋叢書本　一册

440000－2506－0000644　212－5/5
朔方備乘六十八卷首十二卷　(清)何秋濤撰　清光緒七年(1881)寶善書局石印本　八册

440000－2506－0000645　212－5/5(2)
朔方備乘六十八卷首十二卷　(清)何秋濤撰　清光緒七年(1881)寶善書局石印本　八册

440000－2506－0000646　212－5/5(3)
朔方備乘六十八卷首十二卷　(清)何秋濤撰　清光緒七年(1881)寶善書局石印本　三册　存三十一卷(二十三至二十九、三十九至五十,首十二卷)

440000－2506－0000647　212－5/6
五洲政治要覽四卷　(□)□□撰　清光緒二十八年(1902)上海石印本　二册

440000－2506－0000648　212－5/7
治國要務九章　(英國)韋廉臣著　清光緒二十一年(1895)上海廣學會鉛印本　一册

440000－2506－0000649　212－5/8
時事新編初集六卷　(清)陳耀卿輯　清光緒二十一年(1895)鉛印本　五册　缺一卷(一)

440000－2506－0000650　212－5/9
時事新論十二卷　(英國)李提摩太著　清光緒二十年(1894)上海廣學會鉛印本　一册　存七卷(一至七)

440000－2506－0000651　212－6/1
大清律例增修統纂集成四十卷附督捕則例二

卷　(清)姚雨薌纂　(清)胡仰山增輯　清光緒十三年(1887)刻本　二十四册

440000－2506－0000652　212－6/2
大清律例增修統纂集成四十卷附督捕則例二卷　(清)姚雨薌纂　(清)陶駿　(清)陶念霖增修　清光緒十七年(1891)聚文堂刻本　二十三册　缺二卷(督捕則例二卷)

440000－2506－0000653　212－6/3
讀律提綱一卷　(清)楊榮緒撰　清光緒三年(1877)學海堂刻本　一册

440000－2506－0000654　212－6/5
定例彙編一卷　(□)□□撰　清光緒三年(1877)刻本　一册

440000－2506－0000655　212－6/8
重刊補註洗冤錄集證五卷　(宋)宋慈撰　(清)王又槐增輯　(清)李觀瀾補輯　(清)阮其新補注　清末刻四色套印本　三册　缺一卷(一)

440000－2506－0000656　212－6/9
重刊洗冤錄彙纂補輯五卷　(宋)宋慈撰　(清)王又槐增輯　(清)李觀瀾補輯　(清)阮其新補注　**附刊洗冤錄解一卷**　(清)姚德豫撰　(清)李璋煜重訂　清末刻四色套印本　一册　缺四卷(一至四)

440000－2506－0000657　212－7/2
竹葉亭雜記八卷　(清)姚元之撰　清宣統二年(1910)上海掃葉山房石印本　一册　存二卷(三至四)

440000－2506－0000658　212－7/3
撫吳公牘五十卷　(清)丁日昌撰　(清)沈葆楨評選　清光緒三年(1877)廣州郭昌記刻本　十册

440000－2506－0000659　212－7/3－1
撫鄂書牘□□卷　(清)胡林翼撰　清同治五年(1866)山左刻本　一册　存一卷(四)

440000－2506－0000660　212－7/5
不慊齋漫存七卷　(清)徐賡陛著　清光緒八年(1882)南海官署刻本　五册

440000－2506－0000661　212－7/5(2)
不慊齋漫存七卷　(清)徐賡陛著　清光緒八年(1882)南海官署刻本　三册　存四卷(一、三至五)

440000－2506－0000662　212－7/5(3)
不慊齋漫存七卷　(清)徐賡陛著　清光緒八年(1882)南海官署刻本　一册　存二卷(三至四)

440000－2506－0000663　212－7/6
樊山政書二十卷　樊增祥撰　清宣統二年(1910)上海政學社石印本　十册

440000－2506－0000664　213－1/1
校讐通義三卷　(清)章學誠著　清光緒十九年(1893)粵東菁華閣刻本　一册

440000－2506－0000665　213－1/3
古今僞書考一卷　(清)姚際恒撰　清光緒十五年(1889)長沙經濟書堂刻本　一册

440000－2506－0000666　213－1/7
藏書紀要一卷　(清)孫從添撰　清光緒九年(1883)吳縣潘祖蔭佞宋齋刻本　一册

440000－2506－0000667　213－2/1
欽定四庫全書總目二百卷首一卷　(清)紀昀等纂　清同治七年(1868)廣東書局刻本　一百二十册

440000－2506－0000668　213－2/1(2)
欽定四庫全書總目二百卷首一卷　(清)紀昀等纂　清同治七年(1868)廣東書局刻本　一百十八册　缺四卷(八十八至九十、一百八十六)

440000－2506－0000669　213－2/1(3)
欽定四庫全書總目二百卷首一卷　(清)紀昀等纂　清同治七年(1868)廣東書局刻本　一百八册

440000－2506－0000670　213－2/16
東西學書錄二卷附錄一卷　(清)徐維則輯　清光緒二十五年(1899)石印本　二册　缺一

卷(上)

440000－2506－0000671　213－2/23
濮陽蒲汀李先生家藏目錄一卷　(明)李廷相撰　清宣統二年(1910)上虞羅振玉刻玉簡齋叢書本　一冊

440000－2506－0000672　213－2/24
萬卷堂書目四卷　(明)朱睦㮮撰　清宣統二年(1910)上虞羅振玉刻玉簡齋叢書本　二冊

440000－2506－0000673　213－2/25
也是園藏書目十卷　(清)錢曾撰　清宣統二年(1910)上虞羅振玉刻玉簡齋叢書本　一冊　缺四卷(一至四)

440000－2506－0000674　213－2/26
傳是樓宋元本藏書目一卷　(清)徐乾學撰　清宣統二年(1910)上虞羅振玉刻玉簡齋叢書本　一冊

440000－2506－0000675　213－2/27
遂初堂書目一卷　(宋)尤袤撰　清刻本　一冊

440000－2506－0000676　213－2/28
書目答問四卷　(清)張之洞撰　清光緒四年(1878)上海淞隱閣鉛印本　四冊

440000－2506－0000677　213－2/28(2)
書目答問四卷　(清)張之洞撰　清光緒四年(1878)上海淞隱閣鉛印本　四冊

440000－2506－0000678　213－2/28－2
書目答問四卷　(清)張之洞撰　清刻本　一冊

440000－2506－0000679　213－2/28－2(2)
書目答問四卷　(清)張之洞撰　清刻本　二冊

440000－2506－0000680　213－2/28－3
書目答問四卷　(清)張之洞撰　清光緒刻本　二冊

440000－2506－0000681　213－2/30
讀書引十二卷　(清)王謨撰　清光緒二十八年(1902)拾芥園刻本　八冊

440000－2506－0000682　213－2/32
國朝未栞遺書志略四卷　(清)朱記榮輯　**唐昭陵石跡考略五卷**　(清)林侗撰　清光緒十八年(1892)徐氏刻觀自得齋叢書本　一冊

440000－2506－0000683　213－2/33
郘亭知見傳本書目十六卷　(清)莫友芝撰　清光緒鉛印本　八冊

440000－2506－0000684　213－2/5
欽定四庫全書簡明目錄二十卷首一卷　(清)紀昀等編　清同治七年(1868)廣東書局刻本　十二冊

440000－2506－0000685　213－2/6
欽定四庫全書簡明目錄二十卷　(清)紀昀等編　清光緒十年(1884)上海同文書局石印本　三冊　缺五卷(十六至二十)

440000－2506－0000686　213－2/8
欽定四庫全書簡明目錄二十卷　(清)紀昀等編　清刻本　一冊　存二卷(十七至十八)

440000－2506－0000687　213－3/12
粵雅堂叢書題跋一卷　(清)伍崇曜輯　清道光、光緒南海伍氏刻本　一冊

440000－2506－0000688　213－3/3
書目提要初編六卷　(清)曼陀羅花館主人編　清光緒二十四年(1898)刻本　一冊

440000－2506－0000689　213－4/1
補後漢書藝文志四卷　(清)侯康撰　清光緒十七年(1891)廣東廣雅書局刻本　一冊

440000－2506－0000690　213－4/2
光緒順天府藝文志五卷　繆荃孫纂　(清)傅雲龍輯　清光緒刻本　一冊　存一卷(一)

440000－2506－0000691　214－1/13
金石萃編補正四卷　(清)方履籛撰　清光緒二十年(1894)上海醉六堂石印本　四冊

440000－2506－0000692　214－1/16
隨軒金石文字一卷　(清)徐渭仁撰　清道光上海徐渭仁春暉堂刻本　二冊

440000－2506－0000693　214－1/17

金石苑不分卷 (清)劉喜海撰 清道光刻本 十一册

440000－2506－0000694 214－1/19
南漢金石志二卷 (清)吳蘭修撰 清光緒十一年(1885)羊城馮氏刻翠琅玕館叢書本 二册

440000－2506－0000695 214－1/20
金石綜例四卷 (清)馮登府纂 清光緒十三年(1887)吳縣朱記榮行素草堂刻槐廬叢書本 一册

440000－2506－0000696 214－1/21
金石稱例四卷續一卷 (清)梁廷枏撰 **石經閣金石跋文一卷** (清)馮登府著 清光緒十三年(1887)吳縣朱記榮行素草堂刻槐廬叢書本 一册

440000－2506－0000697 214－1/22
金石三例續編三種 (清)朱記榮輯 清光緒十一年(1885)吳縣朱記榮槐廬家塾刻槐廬叢書本 四册

440000－2506－0000698 214－1/23
金石三例三種 (清)盧見曾輯 清光緒四年(1878)南海馮氏讀有用書齋刻朱墨套印本 三册 缺二卷(墓銘舉例一至二)

440000－2506－0000699 214－1/24
香南精舍金石契一卷 (清)覺羅崇恩撰 清光緒二十六年(1900)影印本 一册

440000－2506－0000700 214－1/25
筠清館金石文字五卷 (清)吳榮光撰 清道光二十二年(1842)南海吳氏筠清館刻本 五册

440000－2506－0000701 214－1/26
粵東金石略九卷首一卷附二卷 (清)翁方綱撰 清光緒十七年(1891)廣州石經堂書局石印本 四册

440000－2506－0000702 214－1/26(2)
粵東金石略九卷首一卷附二卷 (清)翁方綱撰 清光緒十七年(1891)廣州石經堂書局石印本 四册

440000－2506－0000703 214－1/26(3)
粵東金石略九卷首一卷附二卷 (清)翁方綱撰 清光緒十七年(1891)廣州石經堂書局石印本 二册

440000－2506－0000704 214－1/26(4)
粵東金石略九卷首一卷附二卷 (清)翁方綱撰 清光緒十七年(1891)廣州石經堂書局石印本 二册 存六卷(一至二、六至八,首一卷)

440000－2506－0000705 214－1/28
越中金石記十卷 (清)杜春生編 清道光十年(1830)山陰杜春生詹波館刻本 六册 缺二卷(七至八)

440000－2506－0000706 214－1/3
寒山堂金石林時地考二卷 (明)趙均撰 清咸豐三年(1853)南海伍氏刻粤雅堂叢書本 一册

440000－2506－0000707 214－1/30
清儀閣金石題識四卷 (清)張廷濟撰 (清)陳其榮輯 清光緒二十年(1894)石埭徐士愷刻觀自得齋本 四册

440000－2506－0000708 214－1/5
潛研堂金石文字目錄八卷 (清)錢大昕撰 清嘉慶十年(1805)嘉定瞿中溶刻本 二册

440000－2506－0000709 214－1/6
中州金石目四卷補遺一卷 (清)姚晏撰 清光緒九年(1883)歸安姚氏刻本 一册

440000－2506－0000710 214－1/8
金石萃編一百六十卷 (清)王昶撰 **金石續編二十一卷首一卷** (清)陸耀遹編 (清)陸增祥校訂 清光緒十九年(1893)上海鴻寶齋石印本 二十四册

440000－2506－0000711 214－2/11
錢志新編二十卷 (清)張崇懿輯 **嘉蔭簃論泉截句二卷** (清)劉喜海著 清咸豐五年(1855)古滇趙鈁刻本 四册 缺七卷(錢志

新編一至二、十七至二十，嘉蔭簃論泉截句下）

440000－2506－0000712　214－2/13
潘氏泉譜不分卷　（清）□□輯　清虹橋僊館刻暨抄本　二冊

440000－2506－0000713　214－2/2
西清古鑑四十卷附錢錄十六卷　（清）梁詩正編　清光緒十四年（1888）上海鴻文書局石印本　二十冊　缺十三卷（七至十、二十二至二十三，錢錄十至十六）

440000－2506－0000714　214－2/5
積古齋鍾鼎彝器款識十卷　（清）阮元編　清嘉慶九年（1804）揚州阮氏刻本　六冊

440000－2506－0000715　214－2/6
積古齋鍾鼎彝器款識十卷　（清）阮元編　清光緒九年（1883）常熟鮑氏刻後知不足齋叢書本　四冊

440000－2506－0000716　214－2/7
積古齋鍾鼎彝器款識十卷　（清）阮元編　清光緒十年（1884）羊城鑑古書局影印本　三冊　存五卷（一、七至十）

440000－2506－0000717　214－2/9
歷代鍾鼎彝器款識法帖二十卷　（宋）薛尚功撰　清嘉慶二年（1797）儀徵阮氏小琅環仙館刻本　四冊

440000－2506－0000718　214－2/9(2)
歷代鍾鼎彝器款識法帖二十卷　（宋）薛尚功撰　清嘉慶二年（1797）儀徵阮氏小琅環仙館刻本　四冊

440000－2506－0000719　214－2/9(3)
歷代鍾鼎彝器款識法帖二十卷　（宋）薛尚功撰　清嘉慶二年（1797）儀徵阮氏小琅環仙館刻本　三冊　缺六卷（六至十一）

440000－2506－0000720　214－3/12
瘞鶴銘圖考一卷　（清）汪士鋐撰　清光緒九年（1883）歸安姚氏刻咫進齋叢書本　一冊

440000－2506－0000721　214－3/13
古誌石華三十卷　（清）黄本驥輯　清道光二十七年（1847）甯鄉黄本驥三長物齋刻本　六冊

440000－2506－0000722　214－3/14
平津讀碑記八卷續記一卷　（清）洪頤煊撰　清光緒十二年（1886）吳縣朱記榮槐廬刻行素草堂金石叢書本　三冊

440000－2506－0000723　214－3/16
碑版文廣例十卷　（清）王芑孫輯　清道光二十一年（1841）長洲工氏刻本　四冊

440000－2506－0000724　214－3/17
景教碑文紀事考正一卷　（清）楊榮鋕撰　清光緒二十一年（1895）楊文本堂刻本　一冊

440000－2506－0000725　214－3/18
匋齋藏石記四十四卷首一卷　（清）端方撰　清宣統元年（1909）上海商務印書館石印本　一冊　存四卷（四至七）

440000－2506－0000726　214－3/20
千甓亭磚錄六卷續錄四卷　（清）陸心源纂　清光緒七年（1881）歸安陸心源十萬卷樓刻存齋雜纂叢書本　四冊

440000－2506－0000727　214－3/23
漢魏六朝墓銘纂例四卷　（清）李富孫撰　清光緒十三年（1887）吳縣朱記榮行素草堂刻槐廬叢書本　一冊

440000－2506－0000728　214－3/27
語石十卷　葉昌熾著　清宣統元年（1909）刻本　一冊　存三卷（八至十）

440000－2506－0000729　214－3/3
寶刻叢編二十卷　（宋）陳思纂　**至書一卷**　（宋）蔡沈著　清光緒十四年（1888）吳興陸氏刻十萬卷樓叢書本　五冊

440000－2506－0000730　214－3/4
環宇訪碑錄十二卷　（清）孫星衍　（清）邢澍撰　**刊繆一卷**　羅振玉撰　清光緒十一年（1885）吳縣朱記榮刻行素草堂金石叢書本　一冊　存一卷（十一）

440000－2506－0000731　214－3/5
補寰宇訪碑錄五卷　(清)趙之謙撰　**失編一卷刊誤一卷**　羅振玉集　清光緒二十年(1894)吴縣朱氏槐廬家塾刻本　一册　缺三卷(補寰宇訪碑錄一至三)

440000－2506－0000732　214－3/5(2)
補寰宇訪碑錄五卷　(清)趙之謙撰　**失編一卷**　羅振玉集　清光緒十二年(1886)吴縣朱氏槐廬家塾刻本　二册

440000－2506－0000733　214－3/9
集古錄跋尾十卷集古錄目五卷　(宋)歐陽修撰　清道光甯鄉黄本驥三長物齋刻本　六册

440000－2506－0000734　215/10
史論評箋四卷　(宋)蘇東坡等撰　清刻本　三册　缺一卷(一)

440000－2506－0000735　215/11
史論彙選甲編八卷　(清)吕景端編　清光緒二十六年(1900)羊城聚豐坊刻本　四册

440000－2506－0000736　215/12
讀通鑑論三十卷末一卷　(清)王夫之撰　清光緒二十二年(1896)廣州新寧明善社刻本　十六册

440000－2506－0000737　215/12(2)
讀通鑑論三十卷末一卷宋論十五卷　(清)王夫之撰　清光緒二十二年(1896)廣州新寧明善社刻本　十五册　缺八卷(讀通鑑論一至三、宋論十一至十五)

440000－2506－0000738　215/13
讀史論略一卷　(清)杜詔撰　清光緒琉璃廠刻本　一册

440000－2506－0000739　215/15
鑑史提綱四卷　(清)潘榮著　(清)盧文錦注　清末刻本　一册

440000－2506－0000740　215/17
歷朝綱鑑總論一卷　(清)周茂才撰　清光緒二十七年(1901)廣州翰文堂刻本　一册

440000－2506－0000741　215/18
三國志裴註述二卷　(清)林國贊撰　清光緒學海堂刻本　一册

440000－2506－0000742　215/19
歷代政事要論四卷　(清)范公謌等纂輯　清光緒二十七年(1901)廣東實學書齋刻本　五册

440000－2506－0000743　215/19(2)
歷代政事要論四卷　(清)范公謌等纂輯　清光緒二十七年(1901)廣東實學書齋刻本　二册　缺一卷(一)

440000－2506－0000744　215/2
史通通釋二十卷　(清)浦起龍釋　清光緒十一年(1885)刻本　八册

440000－2506－0000745　215/2(2)
史通通釋二十卷　(清)浦起龍釋　清光緒十一年(1885)刻本　八册

440000－2506－0000746　215/21
宋論十五卷　(清)王夫之撰　清光緒二十二年(1896)廣州新寧明善社刻本　四册

440000－2506－0000747　215/22
史論□□卷　(□)□□撰　清刻本　一册

440000－2506－0000748　215/23
朱九江先生論史口説一卷　(清)朱次琦撰　邱煒萲校訂　清光緒二十六年(1900)廣州實經閣刻本　一册

440000－2506－0000749　215/24
史案二十卷　(清)吴裕垂撰　清光緒六年(1880)大成堂刻本　四册

440000－2506－0000750　215/25
古今史論大觀前編十五卷後編十七卷　(清)雷瑨撰　清光緒二十七年(1901)上海硯耕山莊石印本　十册

440000－2506－0000751　215/26
唐史論斷三卷附錄一卷　(宋)孫甫撰　清光緒刻本　三册

440000－2506－0000752　215/28
史學開通一卷　(清)譚經裕撰　清抄本

一册

440000－2506－0000753　215/30
諸史攷異十八卷　(清)洪頤煊撰　清光緒十五年(1889)廣雅書局刻本　四册

440000－2506－0000754　215/32
論海四種　(清)蔡和鏘輯　清石印本　七册　存二十九卷(歷代時勢論海一至三,歷代政治論海二十一至二十七、三十五至三十九,中外掌故論海四至七,歷代人物論海三至五、四十至四十二、六十八至七十一)

440000－2506－0000755　215/34
中國文明小史十五章　(日本)田口卯吉著　(清)劉陶譯　清光緒二十八年(1902)廣智書局鉛印本　一册

440000－2506－0000756　215/38
桐華舸明季詠史詩鈔一卷　(清)鮑瑞駿著　清同治三年(1864)刻本　一册

440000－2506－0000757　215/39
鐵厓詠史註八卷　(清)楊維楨著　(清)樓卜瀍注　清宣統二年(1910)上海掃葉山房石印本　四册

440000－2506－0000758　215/5
文史通義八卷　(清)章學誠著　清光緒十九年(1893)粵東菁華閣刻本　七册

440000－2506－0000759　215/6
史目表二卷　(清)洪飴孫撰　清光緒四年(1878)啟秀山房刻本　一册　存一卷(一)

440000－2506－0000760　215/7
史事論甲編十卷乙編六卷丙編四卷丁編四卷　(清)雷瑨輯　清光緒二十九年(1903)硯耕山莊石印本　八册　缺五卷(甲編四至六、乙編三至四)

440000－2506－0000761　215/8
歷代史論十二卷宋史論三卷元史論一卷　(明)張溥論正　**明史論四卷**　(清)谷應泰撰　**左傳史論二卷**　(清)高士奇撰　清光緒十一年(1885)粵東文陞閣刻朱墨套印本　四册　缺十一卷(歷代史論十至十二、宋史論一至二、明史論四卷、左傳史論二卷)

440000－2506－0000762　215/8(2)
歷代史論十二卷宋史論三卷元史論一卷　(明)張溥論正　**明史論四卷**　(清)谷應泰撰　**左傳史論二卷**　(清)高士奇撰　清光緒十一年(1885)粵東文陞閣刻朱墨套印本　二册　存七卷(歷代史論一至四、七至九)

440000－2506－0000763　215/8－2
歷代史論十二卷宋史論三卷元史論一卷　(明)張溥論正　**明史論四卷**　(清)谷應泰撰　**左傳史論二卷**　(清)高士奇撰　清光緒十八年(1892)粵東翰珍閣刻本　八册

440000－2506－0000764　215/8－3
歷代史論一編四卷　(明)張溥撰　清光緒十八年(1892)學海堂刻本　二册

440000－2506－0000765　215/8－3(2)
歷代史論一編四卷　(明)張溥撰　清光緒十八年(1892)學海堂刻本　二册

440000－2506－0000766　215/9
史論薈萃十卷　(清)鄭玉山編　清光緒二十五年(1899)廣州南雅書局鉛印本　五册

440000－2506－0000767　216/1
金石叢書十種六十七卷　(□)□□輯　清光緒十二年(1886)敦懷書屋刻本　十九册　缺六卷(金薤琳琅五至十)

440000－2506－0000768　216/2
史學叢書四十三種　(清)□□輯　清光緒二十八年(1902)上海煥文書局石印本　二十七册　存三十八種

440000－2506－0000769　301/10
賈子新書十卷　(漢)賈誼撰　**春秋繁露十七卷**　(漢)董仲舒撰　清光緒十九年(1893)鴻文書局石印二十五子彙函本　一册

440000－2506－0000770　301/11
新書十卷　(漢)賈誼撰　清光緒元年(1875)湖北崇文書局刻本　一册

440000－2506－0000771　301/12
孔叢子二卷　(漢)孔鮒撰　清光緒元年(1875)湖北崇文書局刻本　一冊

440000－2506－0000772　301/15
揚子法言十三卷　(漢)揚雄撰　**文子纘義十二卷**　(元)杜道堅撰　清光緒十九年(1893)鴻文書局石印二十五子彙函本　一冊

440000－2506－0000773　301/17
文中子十卷　(隋)王通撰　(宋)阮義注　**山海經十八卷**　(晉)郭璞傳　清光緒十九年(1893)鴻文書局石印二十五子彙函本　一冊

440000－2506－0000774　301/18
硃批曹寅谷全稿不分卷　(清)曹之升撰　清光緒二十年(1894)聚豐坊刻朱墨套印本　三冊

440000－2506－0000775　301/21
二程全書二十五卷　(宋)程顥　(宋)程頤撰　清星沙小嫏環山館刻本　十三冊

440000－2506－0000776　301/24
近思錄十四卷　(宋)朱熹撰　(宋)呂祖謙輯　(清)江永注　**考訂朱子世家一卷**　(清)江永著　清光緒十四年(1888)廣州廣雅書局刻本　五冊

440000－2506－0000777　301/26
朱子集一百四卷目錄二卷　(宋)朱熹撰　清咸豐十年(1860)刻同治元年(1862)紫霞洲祠堂遞修本　四十冊

440000－2506－0000778　301/27
朱子語類一百四十卷　(宋)朱熹撰　(清)黎靖德輯　清同治應元書院刻本　四十冊

440000－2506－0000779　301/27(2)
朱子語類一百四十卷　(宋)朱熹撰　(清)黎靖德輯　清同治應元書院刻本　二冊　存五卷(二十一至二十五)

440000－2506－0000780　301/28
朱子語類日鈔五卷　(宋)朱熹撰　(清)陳澧編　清咸豐十一年(1861)番禺陳氏刻本　一冊

440000－2506－0000781　301/28(2)
朱子語類日鈔五卷　(宋)朱熹撰　(清)陳澧編　清咸豐十一年(1861)番禺陳氏刻本　一冊

440000－2506－0000782　301/28(3)
朱子語類日鈔五卷　(宋)朱熹撰　(清)陳澧編　清咸豐十一年(1861)番禺陳氏刻本　一冊

440000－2506－0000783　301/3
孔子集語十七卷　(清)孫星衍輯　清光緒十九年(1893)鴻文書局石印二十五子彙函本　一冊

440000－2506－0000784　301/30
北溪先生字義二卷補遺一卷嚴陵講義一卷　(宋)陳淳撰　清光緒九年(1883)學海堂刻本　二冊

440000－2506－0000785　301/31
呂子節錄四卷　(明)呂坤撰　(清)陳宏謀輯　清光緒九年(1883)津河廣仁堂刻本　一冊

440000－2506－0000786　301/33
儒門法語一卷　(清)彭定求撰　(清)湯金釗輯　清咸豐二年(1852)味道腴軒刻本　一冊

440000－2506－0000787　301/34
思辨錄輯要前集二十二卷後集十三卷　(清)陸世儀撰　(清)張伯行輯　清光緒三年(1877)江蘇書局刻本　六冊

440000－2506－0000788　301/35
延平李先生師弟子答問二卷　(宋)朱熹編　**合刻延平四先生年譜不分卷**　(清)毛念恃訂　清光緒五年(1879)延平府署刻本　四冊

440000－2506－0000789　301/36
畜德錄二十卷　(清)席啟圖輯　清光緒二十三年(1897)南海西樵雲泉仙館刻本　七冊　存十四卷(一至十二、十九至二十)

440000－2506－0000790　301/37
宣講博聞錄十六條　(清)元善社輯　清光緒

十四年(1888)南海西樵雲泉仙館刻本　六册　存十一條(一至十一)

440000－2506－0000791　301/38
朱九江先生講學記一卷朱九江先生傳一卷
簡朝亮撰　清光緒二十三年(1897)讀書草堂刻本(朱九江先生傳補配上海中華書局鉛印本)　一册

440000－2506－0000792　301/38(2)
朱九江先生講學記一卷　簡朝亮撰　清光緒二十三年(1897)讀書草堂刻本　一册

440000－2506－0000793　301/38(3)
朱九江先生講學記一卷　簡朝亮撰　清光緒二十三年(1897)讀書草堂刻本　一册

440000－2506－0000794　301/42
東塾讀書記十五卷　(清)陳澧撰　清道光廣州鎔經鑄史齋刻本　五册

440000－2506－0000795　301/42(2)
東塾讀書記十五卷　(清)陳澧撰　清道光廣州鎔經鑄史齋刻本　五册

440000－2506－0000796　301/42(3)
東塾讀書記十五卷　(清)陳澧撰　清光緒番禺陳氏東塾刻本　五册

440000－2506－0000797　301/43－1
漢儒通義七卷　(清)陳澧撰　清咸豐八年(1858)陳氏東塾刻本　二册

440000－2506－0000798　301/43－1(2)
漢儒通義七卷　(清)陳澧撰　清咸豐八年(1858)陳氏東塾刻本　二册

440000－2506－0000799　301/44
張楊園先生全集六卷　(清)張履祥撰　清同治元年(1862)昆明楊�刻本　五册

440000－2506－0000800　301/5
晏子春秋七卷音義二卷　(戰國)晏嬰撰　(清)孫星衍校並音義　清光緒十九年(1893)鴻文書局石印二十五子彙函本　一册

440000－2506－0000801　301/5(2)
晏子春秋七卷音義二卷　(戰國)晏嬰撰　(清)孫星衍校並音義　**鶡冠子三卷**　(宋)陸佃解　清光緒十九年(1893)鴻文書局石印二十五子彙函本　一册

440000－2506－0000802　301/52
三字經註解備要二卷　(宋)王應麟撰　(清)賀興思注　清光緒六年(1880)芸居樓刻本　一册

440000－2506－0000803　301/53
三字經註解備要一卷　(宋)王應麟撰　(清)賀興思注　清光緒二十一年(1895)上海石印書局石印本　一册

440000－2506－0000804　301/55
小學集解六卷　(宋)朱熹撰　(清)張伯行注　清道光求是軒刻本　五册

440000－2506－0000805　301/55(2)
小學集解六卷　(宋)朱熹撰　(清)張伯行注　**孝經注解一卷**　(唐)玄宗李隆基注　清道光求是軒刻本　二册　缺三卷(三至五)

440000－2506－0000806　301/56
小學集解六卷　(宋)朱熹撰　(清)張伯行注　清光緒三十三年(1907)廣州福芸樓刻本　三册

440000－2506－0000807　301/57
小學集解六卷　(宋)朱熹撰　(清)張伯行注　清光緒二十七年(1901)廣雅書局刻本　二册

440000－2506－0000808　301/57(2)
小學集解六卷　(宋)朱熹撰　(清)張伯行注　清光緒二十七年(1901)廣雅書局刻本　三册

440000－2506－0000809　301/60
程氏家塾讀書分年日程三卷　(元)程端禮撰　清光緒八年(1882)羊城六雅齋刻本　二册

440000－2506－0000810　301/60－2
程氏家塾讀書分年日程三卷　(元)程端禮撰　清光緒十八年(1892)文雅齋刻本　二册

440000－2506－0000811　301/61

勸學篇二卷　(清)張之洞撰　清光緒二十四年(1898)上海扶輪書局鉛印本　一冊

440000－2506－0000812　301/62
輶軒語不分卷　(清)張之洞撰　清光緒二年(1876)退補齋刻本　一冊

440000－2506－0000813　301/63－1
十駕齋養新錄二十卷餘錄三卷　(清)錢大昕撰　**錢辛楣先生[大昕]年譜一卷竹汀居士[錢大昕]年譜續編一卷**　(清)錢慶曾撰　清光緒二年(1876)浙江書局刻本　三冊　缺十四卷(一至十四)

440000－2506－0000814　301/64
人譜一卷　(明)劉宗周撰　清光緒十六年(1890)省過堂刻本　一冊

440000－2506－0000815　301/65－2
蕺山先生人譜一卷人譜類記二卷　(明)劉宗周撰　清咸豐七年(1857)刻本　二冊

440000－2506－0000816　301/66
人譜類記二卷　(明)劉宗周撰　清刻本　二冊

440000－2506－0000817　301/68
人範六卷　(清)蔣元輯　清光緒二十七年(1901)廣雅書局刻本　一冊

440000－2506－0000818　301/7
荀子二十卷　(唐)楊倞注　清光緒二十三年(1897)上海文瑞樓鉛印本　一冊　存十卷(一至十)

440000－2506－0000819　301/74
百孝圖說不分卷　(清)俞葆真輯　清光緒十五年(1889)嶺南仰善堂刻本　二冊

440000－2506－0000820　301/74(2)
百孝圖說不分卷　(清)俞葆真輯　清光緒十五年(1889)嶺南仰善堂刻本　二冊

440000－2506－0000821　302/1
兵書三種　(清)左宗棠編　清光緒二十一年(1895)上海書局石印本　一冊

440000－2506－0000822　302/12
陸操新義四卷　(德國)康貝撰　(清)李鳳苞譯　清末上海同文書局影印本　一冊　存二卷(一至二)

440000－2506－0000823　302/13
營壘圖說一卷　(比利時)伯里牙芒撰　(美國)金楷理口譯　(清)李鳳苞筆述　清刻本　一冊

440000－2506－0000824　302/4
孫子十家註十三卷　(宋)吉天保輯　(清)孫星衍　(清)吳人驥校　清光緒十九年(1893)鴻文書局石印二十五子彙函本　一冊

440000－2506－0000825　302/8
孫子十家註十三卷　(宋)吉天保輯　(清)孫星衍　(清)吳人驥校勘　**孫子遺說一卷**　(唐)鄭友賢撰　**孫子敘錄一卷**　(清)畢以珣撰　清嘉慶二年(1797)孫星衍刻本　四冊

440000－2506－0000826　303/1
韓非子二十卷　(戰國)韓非子著　清光緒十九年(1893)鴻文書局石印二十五子彙函本　一冊

440000－2506－0000827　304/3
齊民要術六卷　(北魏)賈思勰撰　清光緒元年(1875)湖北崇文書局刻子書百家本　一冊

440000－2506－0000828　305－1/1
仲景全書五種　(漢)張仲景等撰　(宋)成無已撰述　清光緒二十年(1894)成都鄧少如崇文齋刻本　二冊　存八卷(傷寒論六至十、明理論上中、藥方論下)

440000－2506－0000829　305－1/13
御纂醫宗金鑑九十卷首一卷　(清)吳謙等纂　清刻本　十八冊　存十九卷(一至十一、十三至十五、十九、二十一、二十六至二十八)

440000－2506－0000830　305－1/13(2)
御纂醫宗金鑑九十卷首一卷　(清)吳謙等纂　清刻本　四冊　存四卷(二至三、六至七)

440000－2506－0000831　305－1/13(3)
御纂醫宗金鑑九十卷首一卷　(清)吳謙等纂

清刻本　一冊　存一卷(六十二)

440000－2506－0000832　305－1/14
御纂醫宗金鑑九十卷首一卷　(清)吳謙等纂　清刻本　七冊　存八卷(一、四、六、六十一、六十四至六十五、七十三,首一卷)

440000－2506－0000833　305－1/15
御纂醫宗金鑑九十卷首一卷　(清)吳謙等纂　清刻本　二十一冊　存三十一卷(五至十五、四十四、四十七至五十一、五十三至五十九、六十四、七十至七十四,首一卷)

440000－2506－0000834　305－1/2－2
景岳全書六十四卷　(明)張介賓撰　清刻本　九冊　存二十一卷(三至八、十三至十五、十九至二十一、四十至四十七、六十四)

440000－2506－0000835　305－1/2－3
景岳全書六十四卷　(明)張介賓撰　清刻本　一冊　存一卷(四十七)

440000－2506－0000836　305－1/6
御纂醫宗金鑑外科十六卷　(清)吳謙等纂　清光緒三十二年(1906)上海文新書局石印本　一冊

440000－2506－0000837　305－1/6－11
御纂醫宗金鑑内科七十四卷　(清)吳謙等纂　清刻本　一冊　存一卷(二十七)

440000－2506－0000838　305－1/6－2
御纂醫宗金鑑外科十六卷　(清)吳謙等纂　清宣統元年(1909)上海久敬齋石印本　一冊

440000－2506－0000839　305－1/6－3
御纂醫宗金鑑外科十六卷　(清)吳謙等纂　清光緒三十二年(1906)有益齋石印本　三冊　存十二卷(一至二、七至十六)

440000－2506－0000840　305－10/11
小兒科家傳秘錄一卷　(清)程康圃輯　清光緒十九年(1893)羊城實經閣刻本　一冊

440000－2506－0000841　305－10/11(2)
小兒科家傳秘錄一卷　(清)程康圃輯　清光緒十九年(1893)羊城實經閣刻本　一冊

440000－2506－0000842　305－10/13
保嬰秘旨二卷　(清)姚猶龍編　清佛山瑞文堂刻本　一冊

440000－2506－0000843　305－10/14
會科便覽□□卷　(□)□□輯　清刻本　一冊　存一卷(八)

440000－2506－0000844　305－10/16－2
保赤新編二卷　(清)任贊撰　清末刻本　一冊

440000－2506－0000845　305－10/18
增補幼幼集成六卷　(清)陳復正輯　清光緒二十一年(1895)石印本　一冊

440000－2506－0000846　305－10/2
活幼大法八卷末一卷　(明)聶尚恒著　清嘉慶二十五年(1820)刻本　一冊　存五卷(五至八、末一卷)

440000－2506－0000847　305－10/3－2
達生篇二卷遂生篇一卷遂生福幼編一卷　(清)莊一夔著　清同治五年(1866)佛山右文堂刻本　一冊

440000－2506－0000848　305－10/3－2(2)
達生篇二卷遂生篇一卷遂生福幼編一卷　(清)莊一夔著　清同治五年(1866)佛山右文堂刻本　一冊

440000－2506－0000849　305－10/3－3
達生篇二卷遂生篇一卷遂生福幼編一卷　(清)莊一夔著　清佛山翰文堂刻本　一冊

440000－2506－0000850　305－10/3－3(2)
達生篇二卷遂生篇一卷遂生福幼編一卷　(清)莊一夔著　清佛山翰文堂刻本　一冊

440000－2506－0000851　305－10/3－4
達生篇二卷遂生篇一卷遂生福幼編一卷　(清)莊一夔著　清佛山連元閣刻本　一冊

440000－2506－0000852　305－10/9
幼科鐵鏡二卷　(清)夏鼎著　清宣統元年(1909)文元書莊石印本　一冊　存一卷(上)

440000－2506－0000853　305－10/9－2

幼科鐵鏡一卷　(清)夏鼎著　清光緒二十年(1894)刻本　二冊

440000－2506－0000854　305－11/1
鍼灸大成十卷　(明)楊繼洲撰　(清)李月桂重訂　清佛山刻本　一冊　存一卷(一)

440000－2506－0000855　305－11/3
備急灸法不分卷鍼灸擇日編集一卷　(清)張公渙撰　清光緒十六年(1890)刻本　二冊

440000－2506－0000856　305－12/1
壽身小補八卷　(清)黄克楣著　清光緒十四年(1888)佛山字林書局鉛印本　八冊

440000－2506－0000857　305－12/1－3
壽身小補八卷　(清)黄克楣著　清末佛山大地街文華閣書局刻本　八冊

440000－2506－0000858　305－12/1(2)
壽身小補八卷　(清)黄克楣著　清光緒十四年(1888)佛山字林書局鉛印本　二冊　存一卷(八)

440000－2506－0000859　305－12/4
衛生保壽術一卷　(清)許繼祥著　清光緒二十九年(1903)鉛印本　一冊

440000－2506－0000860　305－2/10
重廣補註黄帝内經素問二十四卷　(唐)王冰注　清光緒二年(1876)新會李氏刻本　三冊

440000－2506－0000861　305－2/17
筆花醫鏡四卷　(清)江涵暾著　清道光浙江三元堂刻本　一冊　存二卷(一至二)

440000－2506－0000862　305－2/18
不知醫必要四卷　(清)梁廉夫撰　清末刻本　二冊　存二卷(二、四)

440000－2506－0000863　305－2/21－2
靈素節要集註十二卷　(清)陳念祖集注　清刻本　四冊　存八卷(三至六、九至十二)

440000－2506－0000864　305－2/23
醫學實在易八卷　(清)陳念祖撰　清道光佛山文華閣刻本　二冊　存四卷(一至二、七至八)

440000－2506－0000865　305－2/23－2
醫學實在易八卷　(清)陳念祖撰　清道光刻本　一冊

440000－2506－0000866　305－2/23－2(2)
醫學實在易八卷　(清)陳念祖撰　清道光南雅堂家刻本　三冊　存四卷(一至二、四、八)

440000－2506－0000867　305－2/25
醫學三字經四卷　(清)陳念祖撰　清末佛山翰文堂刻本　二冊

440000－2506－0000868　305－2/25－2
醫學三字經四卷　(清)陳念祖撰　清道光文華閣刻本　二冊

440000－2506－0000869　305－2/27
内經知要二卷　(清)李念莪輯　清刻本　二冊

440000－2506－0000870　305－2/28
慎疾芻言一卷醫貫砭二卷　(清)徐大椿撰　**靈素集註節要十二卷**　(清)陳念祖集注　清道光刻本　一冊　存五卷(慎疾芻言一卷、醫貫砭上、靈素集註節要三至五)

440000－2506－0000871　305－2/29
中西彙通醫經精義二卷　(清)唐宗海撰　清光緒三十四年(1908)千頃堂書局石印本　二冊

440000－2506－0000872　305－2/3
校正圖註八十一難經四卷　(晉)王叔和撰　(明)張世賢圖注　清光緒三十二年(1906)上海福記書局石印本　一冊　存二卷(一至二)

440000－2506－0000873　305－2/30
三指禪三卷　(清)周學霆撰　清道光十二年(1832)翰文堂刻本　一冊

440000－2506－0000874　305－2/32
醫林獵要一卷　(清)黄保康撰　清宣統三年(1911)南海刻本　一冊

440000－2506－0000875　305－2/33
醫醇賸義四卷　(清)費伯雄撰　清同治四年(1865)廣州登雲閣刻本　四冊

440000－2506－0000876　305－2/37－3
醫門法律六卷　（清）喻昌撰　清光緒三十一年（1905）新化三味書局刻本　四册　存五卷（一至四、六）

440000－2506－0000877　305－2/4
醫宗說約六卷　（清）蔣示吉輯　清光緒十年（1884）遠安堂刻本　一册　存一卷（一）

440000－2506－0000878　305－2/43
醫學從眾八卷　（清）陳念祖著　清刻本　二册　存六卷（三至八）

440000－2506－0000879　305－2/44
醫學金鍼八卷　（清）陳念祖撰　（清）潘霨增輯　清光緒四年（1878）敏德堂刻本　四册

440000－2506－0000880　305－2/45
醫學六種　（清）姜國伊撰　清四川成都黄氏茹古書局刻本　一册

440000－2506－0000881　305－2/48
東垣十書　（元）李杲撰　清光緒三十三年（1907）文盛書局石印本　一册　存七卷（内外傷辨一至三、首一卷，脾胃論一至三）

440000－2506－0000882　305－2/5
補註黄帝内經素問二十四卷遺篇一卷　（唐）王冰注　清光緒十九年（1893）上海鴻文書局石印本　一册

440000－2506－0000883　305－2/5（2）
補註黄帝内經素問二十四卷遺篇一卷　（唐）王冰注　清光緒十九年（1893）上海鴻文書局石印本　二册

440000－2506－0000884　305－2/50
醫門捷效□□卷　（□）□□撰　清刻本　一册　存一卷（三）

440000－2506－0000885　305－2/52
衛生學問答二編　丁福保撰　清末刻本　一册　存一編（下）

440000－2506－0000886　305－2/53
體用十章四卷　（□）□□撰　清末刻本　一册　存一卷（二）

440000－2506－0000887　305－2/54
孩童衛生編十二章　（英國）傅蘭雅譯　清光緒十九年（1893）上海格致書堂鉛印本　一册

440000－2506－0000888　305－2/55
仲景歸真七卷　（清）陳煥堂撰輯　清道光二十九年（1849）粤東光華堂刻本　一册　存三卷（一至三）

440000－2506－0000889　305－2/56
華洋臟象約纂二卷　（清）朱沛文編　清刻本　二册

440000－2506－0000890　305－2/57
傷寒論歸真□□卷　（□）□□撰　清刻本　一册　存三卷（一至三）

440000－2506－0000891　305－2/9
黄帝内經靈樞十二卷　（唐）王冰注　清光緒十九年（1893）鴻文書局石印本　一册

440000－2506－0000892　305－3/1
本草綱目五十二卷　（明）李時珍撰　清天寶樓刻本　三十七册　存五十一卷（一至十七、十九至五十二）

440000－2506－0000893　305－3/11－3
增訂圖注本草備要四卷重校醫方湯頭歌訣一卷經絡歌訣一卷　（清）汪昂著　清光華堂刻本　三册　存三卷（一至三）

440000－2506－0000894　305－3/17
本草從新十八卷　（清）吳儀洛撰　清光緒二十二年（1896）上海圖書集成印書局石印本　二册　存七卷（一至三、十至十三）

440000－2506－0000895　305－3/20
本草求真十一卷　（清）黄宮繡撰　清廣州登雲閣刻本　五册　缺二卷（八至九）

440000－2506－0000896　305－3/23
本草備要六卷醫方集解合編六卷湯頭歌括一卷經絡歌括一卷日食菜物一卷　（清）汪昂著輯　清光緒九年（1883）長沙暇玲精舍刻本　五册

440000－2506－0000897　305－3/23－2

本草備要六卷醫方集解合編六卷湯頭歌括一卷經絡歌括一卷日食菜物一卷　(清)汪昂著輯　清刻本　三册　存十二卷(本草備要六卷、醫方集解合編一至五、湯頭歌括一卷)

440000－2506－0000898　305－3/24
本草求原二十七卷　(清)趙其光撰　清道光二十八年(1848)遠安堂刻本　三册　存十一卷(一至三、二十至二十七)

440000－2506－0000899　305－3/25
本草問答二卷　(清)唐宗海撰　清光緒三十四年(1908)千頃堂石印本　一册

440000－2506－0000900　305－3/31
增補雷公炮製藥性賦四卷藥性賦解四卷　(元)李杲撰　清光緒上海鉛印本　三册

440000－2506－0000901　305－3/31－6
增補藥性雷公炮製四卷　(清)張光斗增補　清陳國旺刻本　一册　存二卷(三至四)

440000－2506－0000902　305－3/33
神農本草經讀四卷醫學三字經四卷時方妙用四卷時方歌括二卷　(清)陳念祖著　**引痘略一卷**　(清)邱熺撰　**濕熱條辨一卷**　(清)薛生白著　**醫家心法一卷**　(清)明玨訂　清光緒上海章福記石印本　一册

440000－2506－0000903　305－3/38
生草藥性備要二卷　(清)何諫撰　清守經堂刻本　一册

440000－2506－0000904　305－3/41
西藥略釋四卷　(清)孔繼良譯撰　清光緒十二年(1886)廣州博濟醫局刻本　四册

440000－2506－0000905　305－3/41(2)
西藥略釋四卷　(清)孔繼良譯撰　清光緒十二年(1886)廣州博濟醫局刻本(册一由民國三年重印本補配)　三册　存三卷(一、三至四)

440000－2506－0000906　305－3/42
同仁堂藥目一卷　(□)□□撰　清光緒十五年(1889)刻本　一册

440000－2506－0000907　305－3/44
神農本經三卷神農本經經釋三卷　(清)姜國伊撰　清光緒四川成都黄氏茹古書局刻姜氏醫學叢書本　三册　缺一卷(神農本草經經釋三)

440000－2506－0000908　305－3/9
本草三家合註六卷　(清)陳念祖等注　(清)郭汝驄集注　**神農本草經百種錄一卷**　(清)徐大椿撰　清兩儀堂刻本　四册

440000－2506－0000909　305－3/9(2)
本草三家合註六卷　(清)陳念祖等注　**神農本草經百種錄一卷**　(清)徐大椿撰　清兩儀堂刻本　四册

440000－2506－0000910　305－4/1
刪註脈訣規正二卷　(晉)王叔和撰　清嘉慶五年(1800)連元閣刻本　二册

440000－2506－0000911　305－4/1(2)
刪註脈訣規正二卷　(晉)王叔和撰　清嘉慶五年(1800)連元閣刻本　一册　存一卷(二)

440000－2506－0000912　305－4/12
樂只堂人子須知韻語□□卷　(清)何西池撰輯　清光緒十一年(1885)佛山華文局刻本　一册　存二卷(一至二)

440000－2506－0000913　305－4/4－2
脈經十卷　(晉)王叔和撰　(宋)林億校訂　清刻本　一册　存二卷(三至四)

440000－2506－0000914　305－4/6
證治要訣類方四卷　(明)戴元禮輯　清宏道堂刻本　一册

440000－2506－0000915　305－5/10
醫故二卷　鄭文焯撰　清光緒刻本　二册

440000－2506－0000916　305－5/14
時方歌括六卷　(清)陳念祖撰　清佛山英文堂刻本　三册

440000－2506－0000917　305－5/14(2)
時方歌括六卷　(清)陳念祖撰　清佛山英文堂刻本　二册　存四卷(一至二、五至六)

440000－2506－0000918　305－5/14(3)
時方歌括六卷　(清)陳念祖撰　清佛山英文堂刻本　一册　存二卷(一至二)

440000－2506－0000919　305－5/15
時方妙用六卷　(清)陳念祖撰　清佛山刻本　二册　存四卷(三至六)

440000－2506－0000920　305－5/15(2)
時方妙用六卷　(清)陳念祖撰　清佛山刻本　一册　存二卷(三至四)

440000－2506－0000921　305－5/15(3)
時方妙用六卷　(清)陳念祖撰　清佛山刻本　一册　存二卷(三至四)

440000－2506－0000922　305－5/15－2
時方妙用六卷　(清)陳念祖撰　清刻本　一册　存二卷(五至六)

440000－2506－0000923　305－5/17
傷寒醫訣串解六卷傷寒真方歌括五卷　(清)陳念祖撰　清光緒十八年(1892)上海圖書集成印書局石印本　一册

440000－2506－0000924　305－5/18
景岳新方砭四卷　(清)陳念祖撰　清廣州同文堂刻本　二册

440000－2506－0000925　305－5/19
經絡歌訣醫方集解□□卷　(清)汪昂輯　清刻本　二册　存二卷(五至六)

440000－2506－0000926　305－5/2
臨證指南醫案八卷　(清)葉桂著　(清)徐大椿評　清光緒三十二年(1906)上海書局石印本　六册　缺二卷(五、八)

440000－2506－0000927　305－5/2(2)
臨證指南醫案八卷　(清)葉桂撰　(清)徐大椿評　清光緒三十二年(1906)上海書局石印本　二册　存二卷(二、七)

440000－2506－0000928　305－5/20
湯頭歌訣一卷　(清)汪昂著　清鉛印本　一册

440000－2506－0000929　305－5/23
經絡歌訣一卷湯頭歌訣一卷　(清)汪昂著　清刻本　一册

440000－2506－0000930　305－5/28
醫方論四卷　(清)費伯雄撰　清同治四年(1865)廣州登雲閣刻本　二册

440000－2506－0000931　305－5/30
經驗良方二卷太上感應篇一卷　(清)周其芬撰　清同治七年(1868)佛山華文局刻本　二册

440000－2506－0000932　305－5/30(2)
經驗良方二卷太上感應篇一卷　(清)周其芬撰　清同治七年(1868)佛山華文局刻本　二册

440000－2506－0000933　305－5/31
新刊醫林狀元壽世保元十卷　(清)金谿雲編　清刻本　一册　存一卷(五)

440000－2506－0000934　305－5/31－2
增補醫林狀元壽世保元十卷　(清)金谿雲編　清光緒三十三年(1907)上海同文書局石印本　四册　存六卷(一至三、六至八)

440000－2506－0000935　305－5/31－2(2)
增補醫林狀元壽世保元十卷　(清)金谿雲編　清光緒三十三年(1907)上海同文書局石印本　三册　存三卷(三、七至八)

440000－2506－0000936　305－5/36
博濟仙方一卷　(清)□□撰　清光緒三十四年(1908)佛山翰文堂刻本　一册

440000－2506－0000937　305－5/37
驗方新編十六卷　(清)鮑相璈編　清道光二十九年(1849)廣州海山仙館刻本　五册　存九卷(一至二、五至八、十、十五至十六)

440000－2506－0000938　305－5/37－2
增廣驗方新編正集十六卷首一卷續集二種六卷　(清)鮑相璈編　清光緒七年(1881)上海錦章圖書局石印本　一册

440000－2506－0000939　305－5/37－2(2)
增廣驗方新編正集十六卷首一卷續集二種六

卷 （清）鮑相璈編 清光緒七年(1881)上海錦章圖書局石印本 七冊

440000－2506－0000940 305－5/37－2(3)
增廣驗方新編正集十六卷首一卷續集二種六卷 （清）鮑相璈編 清光緒七年(1881)上海錦章圖書局石印本 二冊 存八卷(正集十二至十六、首一卷,續集一至二)

440000－2506－0000941 305－5/4
王氏醫案二卷續編八卷 （清）王士雄撰 清光緒三十年(1904)石印本 一冊

440000－2506－0000942 305－5/41－3
選錄驗方新編十八卷 （清）李夢九輯 清光緒三十一年(1905)香港東華醫院鉛印本 一冊

440000－2506－0000943 305－5/41－3(2)
選錄驗方新編十八卷 （清）李夢九輯 清光緒三十一年(1905)香港東華醫院鉛印本 一冊

440000－2506－0000944 305－5/41－3(3)
選錄驗方新編十八卷 （清）李夢九輯 清光緒三十一年(1905)香港東華醫院鉛印本 一冊

440000－2506－0000945 305－5/41－3(4)
選錄驗方新編十八卷 （清）李夢九輯 清光緒三十一年(1905)香港東華醫院鉛印本 一冊

440000－2506－0000946 305－5/42
選錄驗方新編十八卷 （清）李夢九輯 清光緒二十三年(1897)上海同文閣鉛印本 一冊

440000－2506－0000947 305－5/43－3
驗方新編十八卷 （清）李夢九輯 清刻本 一冊 存一卷(九)

440000－2506－0000948 305－5/49
治心身錄不分卷 （清）鍾景星訂 清廣化善堂刻本 一冊

440000－2506－0000949 305－5/5
王氏醫案二卷 （清）王士雄撰 清光緒十六年(1890)刻本 一冊

440000－2506－0000950 305－5/50
濟世經驗方一卷 （明）陳仕賢輯 清刻本 一冊

440000－2506－0000951 305－5/51
醫門捷效不分卷 （清）□□輯 清刻本 一冊

440000－2506－0000952 305－5/54
救劫回生四卷 （清）□□輯 清光緒十三年(1887)光華堂刻本 一冊 存一卷(四)

440000－2506－0000953 305－5/55
奇方備檢一卷 （清）梁元輝輯 清光緒十二年(1886)佛山昌華堂刻本 一冊

440000－2506－0000954 305－5/55(2)
奇方備檢一卷 （清）梁元輝輯 清光緒十二年(1886)佛山昌華堂刻本 一冊

440000－2506－0000955 305－5/55(3)
奇方備檢一卷 （清）梁元輝輯 清光緒十二年(1886)佛山昌華堂刻本 一冊

440000－2506－0000956 305－5/57
提攜便覽一卷 （清）陳羲撰 清光緒三年(1877)辰耕別墅刻本 一冊

440000－2506－0000957 305－5/58
經驗雜方一卷 劉心愧撰輯 清宣統二年(1910)潮州文善堂石印本 一冊

440000－2506－0000958 305－5/60
經驗良方六卷 （清）符麗生輯 清光緒三十年(1904)南海蔡忠善堂刻本 二冊 存二卷(一至二)

440000－2506－0000959 305－5/60－2
經驗良方一卷 （清）符麗生輯 清光緒十五年(1889)刻本 一冊

440000－2506－0000960 305－5/61
吳鞠通方歌一卷首一卷 （清）黄保康撰 黄任恒校注 **陳修園方歌一卷首一卷** （清）陳念祖撰 黄任恒編 清宣統三年(1911)南海黄氏刻本 一冊

440000－2506－0000961　305－5/62
保赤新編二卷　（清）任贊撰集　清光緒二十七年（1901）伍安懷堂廣盛號刻本　一冊　存一卷（下）

440000－2506－0000962　305－5/63
景岳新方歌一卷　（清）吳辰燦撰　清嘉慶十四年（1809）刻本　一冊

440000－2506－0000963　305－5/7
王氏醫案續編八卷　（清）王士雄撰　清道光十六年（1836）刻本　二冊

440000－2506－0000964　305－5/8－2
寓意草一卷　（明）喻昌著　清刻本　一冊

440000－2506－0000965　305－6/12－2
張仲景傷寒論原文淺註六卷　（漢）張仲景撰（清）陳念祖集注　清嘉慶二十五年（1820）刻本　三冊　存三卷（四至六）

440000－2506－0000966　305－6/12－2（2）
張仲景傷寒論原文淺註六卷　（漢）張仲景撰（清）陳念祖集注　清嘉慶二十五年（1820）刻本　一冊　存二卷（五至六）

440000－2506－0000967　305－6/16－2
傷寒醫訣串解六卷　（清）陳念祖撰　清咸豐九年（1859）刻本　一冊

440000－2506－0000968　305－6/21
增注類證活人書二十二卷　（宋）朱肱撰（明）吳勉學校　清光緒二十三年（1897）廣州儒雅堂刻本　二冊　存十卷（一至三、十六至二十二）

440000－2506－0000969　305－6/22
傷寒方經解一卷　（清）姜國伊注　清末四川成都黄氏茹古書局刻本　一冊

440000－2506－0000970　305－6/24－4
溫病條辨六卷首一卷　（清）吳瑭撰　清光緒十九年（1893）上海圖書集成書局石印本　三冊　存四卷（一至三、首一卷）

440000－2506－0000971　305－6/24－4（2）
溫病條辨六卷首一卷　（清）吳瑭撰　清光緒十九年（1893）上海圖書集成書局石印本　三冊　存六卷（一、三至六，首一卷）

440000－2506－0000972　305－6/24－5
溫病條辨六卷首一卷　（清）吳瑭撰　清道光十五年（1835）粵東惠濟倉刻本　四冊

440000－2506－0000973　305－6/24－5（2）
溫病條辨六卷首一卷　（清）吳瑭撰　清道光十五年（1835）粵東惠濟倉刻本　三冊　存六卷（一至二、四至六，首一卷）

440000－2506－0000974　305－6/29－2
溫熱經緯五卷重訂霍亂論四卷　（清）王士雄撰　清光緒三十年（1904）石印本　一冊

440000－2506－0000975　305－6/29－3
溫熱經緯五卷重訂霍亂論四卷　（清）王士雄撰　清光緒十八年（1892）璧經堂刻本　四冊

440000－2506－0000976　305－6/33－3
醫學心悟六卷　（清）程國彭撰　清光緒二十年（1894）圖書集成印書局石印本　三冊

440000－2506－0000977　305－6/38
醫法圓通二卷　（清）鄭壽全撰　清同治十三年（1874）重慶中西書局鉛印本　一冊

440000－2506－0000978　305－6/39
血證論八卷　（清）唐宗海撰　清光緒三十四年（1908）千頃堂書局石印本　二冊

440000－2506－0000979　305－6/41
鼠疫彙編一卷　（清）羅汝蘭撰　清光緒二十四年（1898）佛山翰寶樓刻本　一冊

440000－2506－0000980　305－6/42
霍亂論二卷　（清）王士雄撰　清咸豐元年（1851）刻本　一冊

440000－2506－0000981　305－6/7
金匱要略淺註補正十卷　（漢）張仲景撰（清）陳念祖注　（清）唐宗海補正　清光緒三十四年（1908）千頃堂書局石印本　三冊　存九卷（一至九）

440000－2506－0000982　305－6/8－3
金匱方歌括六卷　（清）陳念祖撰　清刻本

二冊　存四卷(一至二、五至六)

440000－2506－0000983　305－6/8－3(2)

金匱方歌括六卷　(清)陳念祖撰　清刻本　二冊　存四卷(三至六)

440000－2506－0000984　305－6/8－3(3)

金匱方歌括六卷　(清)陳念祖撰　清刻本　三冊

440000－2506－0000985　305－7/1

外科正宗十二卷附錄一卷　(明)陳實功撰　清文光堂刻本　一冊　存一卷(三)

440000－2506－0000986　305－7/10

瘰癧花柳良方錄要一卷　(清)□□輯　清鴻都閣刻本　一冊

440000－2506－0000987　305－7/13

經驗瘍醫雜症二卷　(清)麥會儀撰　清宣統三年(1911)刻本　一冊

440000－2506－0000988　305－7/5－2

外科症治全生集二卷　(清)王維德輯　清光緒五年(1879)刻本　二冊

440000－2506－0000989　305－7/5－4

外科證治二卷　(清)王維德輯　清同治七年(1868)刻本　一冊

440000－2506－0000990　305－7/5－5

外科症治全生集二卷　(清)王維德輯　(清)王雲客訂　清光緒五年(1879)刻本　二冊

440000－2506－0000991　305－7/5－5(2)

外科症治全生集二卷　(清)王維德輯　(清)王雲客訂　清光緒五年(1879)刻本　一冊　存一卷(下)

440000－2506－0000992　305－7/9

瘍醫大全四十卷　(清)顧世澄輯　清光華堂刻本　一冊　存一卷(八)

440000－2506－0000993　305－8/1

傅氏眼科審視瑤函六卷　(明)傅仁宇撰　清光緒四年(1878)刻本　六冊

440000－2506－0000994　305－8/1(2)

傅氏眼科審視瑤函六卷　(明)傅仁宇撰　清光緒四年(1878)刻本　五冊　存四卷(二至五)

440000－2506－0000995　305－8/1(3)

傅氏眼科審視瑤函六卷　(明)傅仁宇撰　清光緒四年(1878)刻本　三冊　存三卷(二至三、六)

440000－2506－0000996　305－8/4

眼科約編一卷　(清)顏筱園撰　清道光十九年(1839)刻本　一冊

440000－2506－0000997　305－8/5

眼科證治二十二章　(美國)聶會東撰　清光緒二十四年(1898)鉛印本　一冊

440000－2506－0000998　305－9/1

經效產寶三卷續編一卷　(唐)昝殷撰　清光緒七年(1881)刻本　一冊

440000－2506－0000999　305－9/12

廣嗣金丹要言錄□□卷　(□)□□撰　清刻本　一冊　存一卷(二)

440000－2506－0001000　305－9/13

大生要旨五卷　(清)唐千頃撰　**廣東仁和堂膏丹散總彙一卷**　(清)仁和堂編　清光緒二十九年(1903)廣東石印本　一冊

440000－2506－0001001　305－9/14

增廣大生要旨五卷　(清)唐桐園撰　(清)葉灝增訂　清光緒二十六年(1900)廣州龍裕光刻本　一冊

440000－2506－0001002　305－9/14(2)

增廣大生要旨五卷　(清)唐桐園撰　(清)葉灝增訂　清光緒二十六年(1900)廣州龍裕光刻本　一冊

440000－2506－0001003　305－9/14(3)

增廣大生要旨五卷　(清)唐桐園撰　(清)葉灝增訂　清光緒二十六年(1900)廣州龍裕光刻本　一冊

440000－2506－0001004　305－9/15

古越竹林寺婦科秘方一卷小兒應驗驚風方一

卷　(清)譚步雲撰　清光緒十一年(1885)廣州文苑樓刻本　一册

440000－2506－0001005　305－9/2
女科二卷產後編二卷　(清)傅山撰　清同治五年(1866)廣州拾芥園書坊刻本　三册

440000－2506－0001006　305－9/4
產後編二卷　(清)傅山撰　清刻本　一册

440000－2506－0001007　305－9/8
胎產心法二卷　(清)閻純璽撰　清同文堂刻本　一册　存一卷(上)

440000－2506－0001008　306－1/1
御製曆象考成上編十六卷下編十卷　(清)允祿修　清光緒二十三年(1897)雙梧書屋石印本　十六册

440000－2506－0001009　306－1/1(2)
御製曆象考成上編十六卷下編十卷　(清)允祿修　清光緒二十三年(1897)雙梧書屋石印本　八册　存七卷(上編四至十)

440000－2506－0001010　306－1/11
星學初階一卷　(清)鍾瑞彪輯　清光緒十八年(1892)刻本　一册

440000－2506－0001011　306－1/11(2)
星學初階一卷　(清)鍾瑞彪輯　清光緒十八年(1892)刻本　一册

440000－2506－0001012　306－1/1－2
御製曆象考成後編十卷　(清)允祿等纂修　清光緒二十二年(1896)上海書局石印本　七册

440000－2506－0001013　306－1/3
天文書四卷　(明)海達兒譯　清末石印本　一册　存一卷(一)

440000－2506－0001014　306－1/4
三統術詳說四卷　(清)陳澧撰　清光緒廣雅書局刻本　一册

440000－2506－0001015　306－1/5
高厚蒙求四集　(清)徐朝俊輯　清嘉慶十二年(1807)刻本　四册

440000－2506－0001016　306－1/6
圜天圖說三卷續編二卷首一卷　(清)李明徹撰　清嘉慶二十四年(1819)松梅軒刻本　四册

440000－2506－0001017　306－1/6(2)
圜天圖說三卷續編二卷首一卷　(清)李明徹撰　清嘉慶二十四年(1819)松梅軒刻本　五册

440000－2506－0001018　306－1/7－2
談天十八卷首一卷　(英國)侯失勒著　(英國)佛烈亞力口譯　(清)李善蘭刪述　(清)徐建寅續述　清光緒江南製造總局刻本　四册

440000－2506－0001019　306－1/7－3
談天十八卷　(英國)侯失勒著　(英國)佛烈亞力口譯　(清)李善蘭刪述　(清)徐建寅續述　清咸豐九年(1859)鉛字本　三册

440000－2506－0001020　306－1/8
天文須知一卷地理須知一卷　(英國)傅蘭雅撰　清光緒十四年(1888)刻本　一册

440000－2506－0001021　306－1/9
天文問答六十章　(清)王亨統輯　清光緒三十二年(1906)鉛印本　一册　存四十七章(一至四十七)

440000－2506－0001022　306－2/10
古籌算考釋六卷　勞乃宣撰　清光緒十二年(1886)刻朱墨套印本　六册

440000－2506－0001023　306－2/11
御製數理精蘊二編四十五卷表八卷　(清)何國宗彙編　清宣統三年(1911)上海文瑞樓石印本　一册　存五卷(上編一至五)

440000－2506－0001024　306－2/11－2
御製數理精蘊四十五卷表八卷　(清)何國宗彙編　清光緒八年(1882)廣州富文齋刻本　三十二册

440000－2506－0001025　306－2/11－3
御製數理精蘊二編四十五卷表八卷　(清)何

國宗彙編　清光緒十四年(1888)石印本　二十四册

440000－2506－0001026　306－2/11－3(2)
御製數理精蘊二編四十五卷表八卷　(清)何國宗彙編　清光緒十四年(1888)石印本　八册　存十七卷(下編十九至三十,表三至四、六至八)

440000－2506－0001027　306－2/14
數學精詳十一卷末一卷　(清)屈曾發輯　清同治十年(1871)學海堂刻本　五册

440000－2506－0001028　306－2/16
行素軒算稿五種　(清)華蘅芳撰　清光緒八年(1882)梁谿華氏刻本　六册

440000－2506－0001029　306－2/17
新編筭學啟蒙三卷　(清)朱世傑編　清光緒二十二年(1896)上海璣衡堂石印本　一册

440000－2506－0001030　306－2/18
數學啟蒙四卷　(英國)偉烈亞力撰　清光緒二十二年(1896)上海仰古齋書莊鉛印本　一册　存一卷(一)

440000－2506－0001031　306－2/19
鄒徵君遺書六種附二種　(清)鄒伯奇撰　清同治十二年(1873)南海刻本　五册

440000－2506－0001032　306－2/19(2)
鄒徵君遺書六種附二種　(清)鄒伯奇撰　清同治十二年(1873)南海刻本　一册　存一種

440000－2506－0001033　306－2/19(3)
鄒徵君遺書六種附二種　(清)鄒伯奇撰　清同治十二年(1873)南海刻本　二册　存五種

440000－2506－0001034　306－2/20
代數通藝錄十六卷　(清)方子可撰　清光緒二十二年(1896)廣州刻本　五册

440000－2506－0001035　306－2/20(2)
代數通藝錄十六卷　(清)方子可撰　清光緒二十二年(1896)廣州刻本　四册　存十三卷(四至十六)

440000－2506－0001036　306－2/21
代數術二十五卷　(英國)華里司輯　(英國)傅蘭雅譯　(清)華蘅芳筆述　清同治十二年(1873)刻本　六册

440000－2506－0001037　306－2/22
代數備旨十三章　(美國)狄考文選譯　(清)鄒立文筆述　清光緒十六年(1890)上海美華書館鉛印本　二册

440000－2506－0001038　306－2/24
算學課程二卷附一卷　(清)兩湖書院編　清光緒二十四年(1898)兩湖書院刻本　二册

440000－2506－0001039　306－2/25
無名居羅青巖手輯範疇圖數裁述□□卷　(清)羅孔裔輯　清刻本　一册　存二卷(三至四)

440000－2506－0001040　306－2/26
中西算學題鏡八卷　(清)陳平瑛撰　清光緒二十七年(1901)羊城刻本　四册

440000－2506－0001041　306－2/27
形學備旨十卷　(美國)狄考文選譯　(清)鄒立文筆述　清末鉛印本　一册　存六卷(五至十)

440000－2506－0001042　306－2/28
代數鑰七卷　(清)黃慶澄撰　清光緒刻本　二册　存二卷(二、五)

440000－2506－0001043　306－2/29
廣學類編十二卷　(英國)唐蘭孟編　(清)任廷旭譯　清光緒二十七年(1901)上海廣學會鉛印本　六册

440000－2506－0001044　306－2/30
幾何畫法一卷　(英國)費士特撰　(清)黃桂芬譯　清光緒三十二年(1906)刻本　一册

440000－2506－0001045　306－2/31
運規約指三卷　(英國)白起德輯　(清)徐建寅筆述　清刻本　一册

440000－2506－0001046　306－2/32
測天約術一卷呂氏春秋正誤一卷楚詞辨韻一卷　(清)陳昌齊撰　清道光三十年(1850)南

海伍氏粤雅堂刻嶺南遺書叢書本　一册

440000－2506－0001047　306－2/33
數學上篇十三卷數學上篇答數一卷　(清)曹汝英撰　清光緒二十九年(1903)廣州留香齋刻直方大齋算稿叢書本　二册

440000－2506－0001048　306－2/5
四元玉鑑細艸三卷　(清)羅士琳撰　清光緒二十二年(1896)鴻寶齋書局石印本　一册　存二卷(上、中)

440000－2506－0001049　306－2/6
翼梅八卷　(清)江永撰　清道光二十七年(1847)番禺潘氏刻海山仙館叢書本　三册

440000－2506－0001050　306－2/7
下學庵勾股六術一卷　(清)項名達撰　清道光刻本　一册

440000－2506－0001051　306－2/8
割圜捷術通義二卷　(清)凌仲霈撰　清光緒三十二年(1906)番禺凌氏百硯齋刻算稿叢書本　一册　存一卷(一)

440000－2506－0001052　306－2/9
白芙堂算學叢書二十一種　(清)丁取忠輯　清同治、光緒長沙古荷花池精舍刻本　二十六册

440000－2506－0001053　307/10
潛虛述義四卷附考異一卷　(宋)司馬光撰　(清)蘇天木述　清道光三十年(1850)南海伍氏刻嶺南遺書本　一册　存二卷(一至二)

440000－2506－0001054　307/103
關帝明聖經一卷　(清)潘燦琛校刊　清光緒刻本　一册

440000－2506－0001055　307/104
神相鐵關刀四卷　(宋)陳摶撰　清光緒三年(1877)佛山芥香閣刻本　一册

440000－2506－0001056　307/11
集注太玄經十卷　(漢)揚雄撰　(宋)司馬光注　清光緒元年(1875)湖北崇文書局刻本　一册

440000－2506－0001057　307/12
卜筮正宗四卷　(清)王維德輯　清光緒上海普通書局石印本　一册

440000－2506－0001058　307/12－2
卜筮正宗十四卷　(清)王維德撰　清光緒上海錦章圖書局石印本　一册

440000－2506－0001059　307/14
牙牌靈數一卷　(清)岳慶山樵撰　清光緒石印本　一册

440000－2506－0001060　307/15
蘭閨清玩記一卷　(□)□□撰　清末石印本　一册

440000－2506－0001061　307/18－3
增刪卜易十二卷首一卷　(清)野鶴老人撰　(清)李文輝增刪　清末佛山翰寶樓刻本　三册　存七卷(一、八至十二、首一卷)

440000－2506－0001062　307/2－2
梅花易數五卷　(宋)邵雍撰　清刻本　一册　存三卷(三至五)

440000－2506－0001063　307/2－3
梅花易數五卷　(宋)邵雍撰　清佛山翰文堂刻本　一册　存一卷(一)

440000－2506－0001064　307/24－2
景祐六壬神定經二卷　(宋)楊維德撰　清光緒刻本　一册

440000－2506－0001065　307/28
撼龍經一卷　(唐)楊筠松撰　(清)龍鳳鑣校　(清)李文田注　清光緒順德龍氏刻知服齋叢書本　一册

440000－2506－0001066　307/29(2)
人子須知資孝地理心學統宗八卷首一卷　(明)徐善繼　(明)徐善述撰　清宣統三年(1911)上海江左書林石印本　一册　存三卷(一至二、首一卷)

440000－2506－0001067　307/30
地理人子須知心學統宗八卷首一卷　(明)徐善繼　(明)徐善述著　清刻本　二册　存二

卷(三、八)

440000－2506－0001068　307/32
地理鐵案五卷　(宋)司馬頭陀撰　清光緒五年(1879)閎博書局刻本　一冊

440000－2506－0001069　307/35
山水忠肝集摘要一卷　(明)蕭克撰　**大六壬苗公射覆鬼撮腳三卷**　(□)□□撰　**宜齋野乘一卷**　(宋)吳枋著　**痛餘雜錄一卷**　(宋)史惇撰　清渤海高氏刻續知不足齋叢書本　一冊

440000－2506－0001070　307/36
張宗道先生地理全書一卷　(明)張亙撰　清聚盛堂刻本　一冊

440000－2506－0001071　307/39
地理四彈子四種　(清)張九儀輯　清同治五年(1866)紫貴堂刻本　一冊

440000－2506－0001072　307/43
地理求真一卷　(清)晏聯奎撰　清光緒十六年(1890)維經堂刻本　一冊

440000－2506－0001073　307/44
巒頭心法圖訣二卷　(清)蔡麟士撰　清咸豐四年(1854)廣州西園書屋刻本　二冊

440000－2506－0001074　307/44
青囊曾序二卷　(唐)曾求已著　清同治二年(1863)刻本　一冊

440000－2506－0001075　307/44
天玉經註三卷　(唐)楊筠松著　清同治八年(1869)刻本　一冊

440000－2506－0001076　307/45
地理辨正疏五卷首一卷末一卷　(清)張心言撰　清同治二年(1863)佛山文華閣刻本　一冊

440000－2506－0001077　307/45－3
地理辨正疏五卷首一卷末一卷　(清)張心言撰　清道光八年(1828)刻本　二冊

440000－2506－0001078　307/46
地理辨正補義四卷末一卷　(清)蔣平階補傳　(清)姜垚辨正　(清)尹有本補義　清佛山翰文堂刻本　一冊　存三卷(一至三)

440000－2506－0001079　307/49
地理龍穴扼要十卷　(□)廖辰輯　清佛山翰文堂刻本　一冊　存一卷(十)

440000－2506－0001080　307/5
推背圖說一卷　(唐)李淳風　(唐)袁天罡撰　清刻本　一冊

440000－2506－0001081　307/53
堪輿三昧一卷　(清)康基田撰　清刻本　一冊

440000－2506－0001082　307/54
玉髓真經二十八卷末一卷　(□)□□輯　清刻本　一冊　存十卷(十九至二十八)

440000－2506－0001083　307/56
秘傳通天竅鬼靈經十卷　(唐)楊筠松撰　清刻本　一冊

440000－2506－0001084　307/58－2
羅經解定□□卷　(清)胡國楨撰　清墨潤堂石印本　一冊　存二卷(五至六)

440000－2506－0001085　307/58－3
羅經解定七卷附錄一卷　(清)胡國楨撰　清刻本　一冊　存四卷(五至七、附錄一卷)

440000－2506－0001086　307/61
秘抄本讖緯圖說一卷帝師問答歌一卷　(唐)袁天罡　(唐)李淳風撰　清石印本　一冊

440000－2506－0001087　307/63
辟徑集二卷　(清)李默齋著　清光緒四年(1878)欖溪李世德堂刻本　一冊

440000－2506－0001088　307/63(2)
辟徑集二卷　(清)李默齋著　清光緒四年(1878)欖溪李世德堂刻本　一冊

440000－2506－0001089　307/63(3)
辟徑集二卷　(清)李默齋著　清光緒四年(1878)欖溪李世德堂刻本　一冊

440000－2506－0001090　307/63(4)

辟徑集二卷　(清)李默齋著　清光緒四年(1878)欖溪李世德堂刻本　一冊

440000－2506－0001091　307/65

葉註青囊曾敘二卷　(唐)曾求已著　(清)葉滋榮注　清同治二年(1863)刻本　一冊

440000－2506－0001092　307/66

地理大成山法全書十九卷首二卷　(清)葉泰撰　清末上海九經書局石印本　一冊　存十卷(一至八、首二卷)

440000－2506－0001093　307/67

地理大全輯要十卷地理陽宅大全四卷　(清)許明輯　清末上海九經書局石印本　一冊

440000－2506－0001094　307/70

地理辨正直解□□卷　(清)蔣平階撰　(清)姜垚參定　清末朝記書莊石印本　二冊　存二卷(四至五)

440000－2506－0001095　307/71

地理大成地理六經註六卷理氣四訣四卷羅經指南撥霧集三卷　(清)葉泰著　清末石印本　一冊

440000－2506－0001096　307/72

地理大全入門要訣七卷　(清)鄒廷猷編輯　清末上海校經山房石印本　一冊　存四卷(一至四)

440000－2506－0001097　307/73

天元五歌闡義五卷　(清)蔣平階撰　(清)無心道人注　清末上海校經山房石印本　一冊

440000－2506－0001098　307/74

山法全書□□卷　(清)葉泰撰　(清)高其倬校訂　清同文堂刻本　一冊　存一卷(一)

440000－2506－0001099　307/75

地理條貫十二卷　(清)陸文明撰　清嘉慶二年(1797)金玉樓刻本　六冊

440000－2506－0001100　307/76

地理冰海一卷　(清)高文俊撰　清光緒實事求是軒刻本　一冊

440000－2506－0001101　307/79

地理知本金鎖秘□□卷　(清)鄧恭撰　清刻本　一冊　存一卷(上)

440000－2506－0001102　307/79(2)

地理知本金鎖秘□□卷　(清)鄧恭撰　清刻本　一冊　存一卷(上)

440000－2506－0001103　307/8

百二漢鏡齋秘書四種　(清)程芝雲編　清道光三年(1823)湖邊程氏刻本　四冊

440000－2506－0001104　307/8(2)

靈棋經一卷　(清)程芝雲校　清道光三年(1823)刻百二漢鏡齋秘書四種本　一冊

440000－2506－0001105　307/80

相山攝要六卷　(清)曠學至編　清四川刻本　六冊

440000－2506－0001106　307/81

地學三卷　(清)魏青江撰　清刻本　一冊　存一卷(二)

440000－2506－0001107　307/84

乾元秘旨一卷　(清)舒繼英撰　清嘉慶讀畫齋刻本　一冊

440000－2506－0001108　307/86

命理約言四卷　(清)陳之遴撰　清佛山文華堂刻本　二冊

440000－2506－0001109　307/86(2)

命理約言四卷　(清)陳之遴撰　清佛山文華堂刻本　一冊

440000－2506－0001110　307/89

柳莊神相三卷　(明)袁柳莊秘傳　清光緒三元堂刻本　一冊

440000－2506－0001111　307/9

新鐫鬼谷子先生四字金前定數二卷　(戰國)王詡撰　清刻本　一冊

440000－2506－0001112　307/90

新鐫希夷陳先生紫微斗數全書四卷　(宋)陳摶撰　(明)潘希尹輯　清末上海校經山房石印本　一冊

440000－2506－0001113　307/94
地理河洛精義十卷　（清）劉步青編　清同治六年(1867)遠安堂刻本　二册　存四卷(一至二、五至六)

440000－2506－0001114　307/95
新刊合併官板音義評註淵海子平五卷　（宋）徐升編　清光緒上海富文書局石印本　一册

440000－2506－0001115　307/96
新刻增補淵海子平大全四卷　(□)廣寒子評注　清光緒十一年(1885)三和堂刻本　一册

440000－2506－0001116　308－1/116－1
［字法］　(□)□□輯　清廣州聚賢堂刻本　一册

440000－2506－0001117　308－1/123
益州名畫錄三卷　（宋）黄休復撰　清光緒八年(1882)廣漢鍾登甲樂道齋刻函海叢書本　一册

440000－2506－0001118　308－1/123
韓氏山水純全集一卷　（宋）韓拙撰　清光緒八年(1882)廣漢鍾登甲樂道齋刻函海叢書本　一册

440000－2506－0001119　308－1/126
中麓畫品一卷　（明）李開先撰　**玉名詁一卷**　（明）楊慎撰　清光緒八年(1882)廣漢鍾登甲樂道齋刻函海叢書本　一册

440000－2506－0001120　308－1/130
畫禪室隨筆四卷　（明）董其昌撰　（清）董紹敏重校　清宣統三年(1911)上海掃葉山房石印本　一册　存一卷(二)

440000－2506－0001121　308－1/133
毓秀堂畫傳四卷　（清）王墀繪　清光緒十年(1884)石印本　一册　存二卷(一至二)

440000－2506－0001122　308－1/135
桐陰論畫初編二卷首一卷二編二卷三編二卷　（清）秦祖永撰　清同治三年(1864)刻朱墨套印本　四册

440000－2506－0001123　308－1/135(2)
桐陰論畫初編二卷首一卷續桐陰論畫一卷桐陰畫訣一卷　（清）秦祖永撰　清同治三年(1864)刻朱墨套印本　四册

440000－2506－0001124　308－1/135(3)
桐陰論畫初編二卷首一卷續桐陰論畫一卷桐陰畫訣一卷桐陰論畫二編二卷三編二卷　（清）秦祖永撰　清同治三年(1864)刻朱墨套印本　四册

440000－2506－0001125　308－1/136
桐陰論畫二編二卷　（清）秦祖永撰　清光緒八年(1882)刻朱墨套印本　二册

440000－2506－0001126　308－1/137
習苦齋畫絮十卷　（清）戴熙撰　清末上海文瑞樓石印本　一册

440000－2506－0001127　308－1/138
習苦齋畫絮十卷　（清）戴熙撰　（清）惠年編　清光緒十九年(1893)杭州鹾署刻本　五册

440000－2506－0001128　308－1/140
畫學心印八卷　（清）秦祖永評輯　清光緒四年(1878)梁溪秦氏刻本　七册

440000－2506－0001129　308－1/142
無聲詩史七卷　（清）姜紹書撰　清同治九年(1870)古岡劉晚榮藏修書屋刻述古叢鈔本　二册

440000－2506－0001130　308－1/14－2
墨池堂選帖五卷　（明）章藻輯　清宣統元年(1909)澄衷學堂印書處影印本　五册

440000－2506－0001131　308－1/143
無聲詩史七卷　（清）姜紹書撰　清同治九年(1870)古岡劉晚榮藏修書屋刻述古叢鈔本　二册

440000－2506－0001132　308－1/146－3
芥子園畫譜大全初集六卷　（清）王槩等摹　清光緒十三年(1887)上海千頃堂書局石印本　三册　缺一卷(三)

440000－2506－0001133　308－1/146－3(2)
芥子園畫譜大全初集六卷　（清）王槩等摹

清光緒十三年(1887)上海千頃堂書局石印本 一冊 存一卷(四)

440000－2506－0001134 308－1/148－2
芥子園畫譜二集九卷 (清)王槩等摹 清光緒十四年(1888)上海千頃堂書局石印本 三冊 存六卷(一至六)

440000－2506－0001135 308－1/151－2
芥子園畫譜三集六卷 (清)王槩等摹 清光緒十四年(1888)上海千頃堂書局石印本 二冊

440000－2506－0001136 308－1/156
詩中畫二卷 (清)馬濤繪 清光緒十一年(1885)上海會文堂書局石印本 二冊

440000－2506－0001137 308－1/159
虛齋名畫錄十六卷 (清)龐元濟撰 清宣統元年(1909)烏程龐氏刻本 十五冊

440000－2506－0001138 308－1/161
題畫詩稿不分卷 (清)鄭績撰並繪 清末石印本 二冊

440000－2506－0001139 308－1/165
煮石齋稿一卷 (清)鮑家瑞撰 清光緒十八年(1892)刻本 一冊

440000－2506－0001140 308－1/167
李躍門百蝶圖四卷 (清)李國龍繪 清道光刻本 一冊 存一卷(一)

440000－2506－0001141 308－1/170－2
古今名人畫稿□□集 (清)王翬 (清)惲壽平繪 清光緒二十二年(1896)上海慎記書莊石印本 三冊 存三集(初集、二集、□集)

440000－2506－0001142 308－1/172
詩畫舫□□卷 (清)點石齋輯 清光緒三十年(1904)上海點石齋石印本 二冊 存二冊(四至五)

440000－2506－0001143 308－1/173
點石齋叢畫十卷 (清)尊聞閣主人輯 清光緒十一年(1885)上海點石齋石印本 五冊

440000－2506－0001144 308－1/173(2)
點石齋叢畫十卷 (清)尊聞閣主人輯 清光緒十一年(1885)上海點石齋石印本 二冊 存二卷(一、十)

440000－2506－0001145 308－1/175
海上名人畫稿不分卷 (清)張熊繪 清末石印本 一冊

440000－2506－0001146 308－1/175－2
海上名人畫稿不分卷 (清)張熊繪 清末石印本 一冊 存二十七頁(二十九至五十五)

440000－2506－0001147 308－1/175－2(2)
海上名人畫稿不分卷 (清)張熊繪 清末石印本 一冊 存三十頁(二十七至五十六)

440000－2506－0001148 308－1/183
百尺樓叢畫□□卷 (清)汪鑅輯 清末朝記書莊石印本 二冊 存二卷(四、八)

440000－2506－0001149 308－1/185
古今人物畫譜不分卷 (清)馬駘繪 清末石印本 一冊

440000－2506－0001150 308－1/188
毓秀堂畫傳四卷 (清)王墀繪 清光緒九年(1883)點石齋石印本 一冊 存二卷(三至四)

440000－2506－0001151 308－1/27
豐樂亭記不分卷 (宋)蘇軾書 清拓本 一冊

440000－2506－0001152 308－1/28－2
欽定重刻淳化閣帖釋文十卷 (清)于敏中等編 清道光十五年(1835)刻本 一冊

440000－2506－0001153 308－1/4
庚子銷夏記八卷 (清)孫承澤撰 清宣統三年(1911)上海掃葉山房石印本 一冊

440000－2506－0001154 308－1/4(2)
庚子銷夏記八卷 (清)孫承澤撰 清宣統三年(1911)上海掃葉山房石印本 四冊

440000－2506－0001155 308－1/4－2
庚子銷夏記八卷閒者軒帖考一卷 (清)孫承澤撰 清宣統三年(1911)順德鄧氏鉛印風雨樓叢書本 三冊

440000－2506－0001156　308－1/43
文徵明懷歸出京詩一卷　(明)文徵明書　清光緒三十四年(1908)上海點石齋石印本　一冊

440000－2506－0001157　308－1/5
嶽雪樓書畫錄五卷　(清)孔廣陶編　清光緒十五年(1889)南海孔廣陶三十有三萬卷堂刻本　四冊　存四卷(一至四)

440000－2506－0001158　308－1/51
尺素遺芬□□卷　(清)潘仕成輯　清咸豐七年(1857)拓本　四冊

440000－2506－0001159　308－1/52
嶺南叢帖遺真不分卷　(清)□□輯　清道光三十年(1850)拓本　五冊

440000－2506－0001160　308－1/54－2
藝舟雙楫不分卷　(清)包世臣撰　清道光十年(1830)刻本　一冊

440000－2506－0001161　308－1/6
江村銷夏錄三卷　(清)高士奇輯　清宣統二年(1910)順德鄧氏鉛印風雨樓叢書本　三冊

440000－2506－0001162　308－1/6－3
江村銷夏錄六卷　(清)高士奇輯　清嘉慶刻本　一冊

440000－2506－0001163　308－1/67
金冬心先生詩稿墨蹟一卷　(清)金農撰　清光緒三十一年(1905)上海有正書局影印本　一冊

440000－2506－0001164　308－1/7
辛丑銷夏記五卷　(清)吳榮光撰　清光緒三十一年(1905)長沙葉德輝郎園刻本　五冊

440000－2506－0001165　308－1/7(2)
辛丑銷夏記五卷　(清)吳榮光撰　清光緒三十一年(1905)長沙葉德輝郎園刻本　五冊

440000－2506－0001166　308－1/7(3)
辛丑銷夏記五卷　(清)吳榮光撰　清光緒三十一年(1905)長沙葉德輝郎園刻本　一冊　存一卷(二)

440000－2506－0001167　308－1/75
李文誠師臨唐碑十二種　(清)李文田書　清影印本　一冊

440000－2506－0001168　308－1/75(2)
李文誠師臨唐碑十二種　(清)李文田書　清影印本　一冊

440000－2506－0001169　308－1/79
國朝名人手蹟□□集　有正書局輯　清光緒有正書局影印本　二冊　存二集(五、七)

440000－2506－0001170　308－1/80
名賢題詠不分卷　(清)朱貞彬輯　清光緒影印本　一冊

440000－2506－0001171　308－1/80－1
吳榮光寫經不分卷　(清)吳榮光書　清光緒三十四年(1908)廣州澄天閣影印本　一冊

440000－2506－0001172　308－1/82(2)
鄭小谷示兒詩一卷　潘齡臯書　清影印本　一冊

440000－2506－0001173　308－1/95
廣藝舟雙楫六卷　康有爲著　清光緒十九年(1893)康氏萬木草堂刻本　二冊

440000－2506－0001174　308－1/95(2)
廣藝舟雙楫六卷　康有爲著　清光緒十九年(1893)康氏萬木草堂刻本　二冊

440000－2506－0001175　308－1/95(3)
廣藝舟雙楫六卷　康有爲著　清光緒十九年(1893)康氏萬木草堂刻本　二冊

440000－2506－0001176　308－2/2
琴學入門二卷　(清)張鶴撰　清光緒七年(1881)中華圖書館石印本　二冊

440000－2506－0001177　308－2/2－2
琴學入門二卷　(清)張鶴撰　清同治六年(1867)刻本　二冊

440000－2506－0001178　308－2/4
琴譜雜錄一卷　(□)□□輯　清荃翠山房抄本　一冊

440000－2506－0001179　308－3/1－2
篆學叢書三十三種　(清)顧湘輯　清光緒十四年(1888)虞山飛鴻延年堂刻本　二册

440000－2506－0001180　308－4/2
楹帖采腴□□卷　(清)羅昌基輯　清刻本　二册　存四卷(三至六)

440000－2506－0001181　308－4/3
楹帖新華五卷　(清)馮譽驄輯　清刻本　三册　存三卷(三至五)

440000－2506－0001182　308－4/3－2
楹帖新華五卷　(清)馮譽驄輯　清光緒廣東刻本　三册　存三卷(一、三、五)

440000－2506－0001183　308－4/6
楹聯集錦八卷　(清)胡鳳丹輯　清同治六年(1867)退補齋刻本　一册

440000－2506－0001184　308－4/8－1
楹聯述錄十二卷　(清)林慶銓輯　清光緒七年(1881)刻本　六册

440000－2506－0001185　308－4/8－2
楹聯集帖不分卷　(清)何紹基集　清同治二年(1863)歸安吳雲二百蘭亭齋刻本　一册

440000－2506－0001186　308－4/9
適情雅趣八卷　(宋)陳摶著　清光緒廣州古經閣刻本　一册　存二卷(一至二)

440000－2506－0001187　308－4/9(2)
適情雅趣八卷　(宋)陳摶著　清禪山金玉樓刻本　一册　存二卷(一至二)

440000－2506－0001188　309/11－3
景德鎮陶錄十卷　(清)藍浦撰　清同治九年(1870)刻本　六册

440000－2506－0001189　309/17
雲林石譜三卷　(宋)杜綰撰　清嘉慶十九年(1814)長塘鮑氏刻知不足齋叢書本　一册

440000－2506－0001190　309/4
金玉瑣碎二卷　(清)謝堃撰　清光緒六年(1880)刻本　一册

440000－2506－0001191　309/5
古玉圖考一卷　(清)吳大澂撰　清光緒十五年(1889)上海同文書局石印本　三册

440000－2506－0001192　309/5(2)
古玉圖考一卷　(清)吳大澂撰　清光緒十五年(1889)上海同文書局石印本　四册

440000－2506－0001193　309/8
端溪硯史三卷　(清)吳蘭修編　清道光嘉善周氏刻本　一册

440000－2506－0001194　309/9
博物要覽十二卷　(清)谷應泰撰　清光緒七年(1881)廣漢鍾登甲樂道齋刻函海叢書本　一册　存八卷(一至八)

440000－2506－0001195　310－1/11
淮南子二十一卷　(漢)劉安撰　(漢)高誘注　清嘉慶九年(1804)姑蘇聚文堂刻本　一册　存三卷(一至三)

440000－2506－0001196　310－1/7
呂氏春秋二十六卷　(漢)高誘注　清光緒十九年(1893)鴻文書局石印本　一册

440000－2506－0001197　310－1/9
淮南子二十一卷　(漢)劉安撰　(漢)高誘注　清光緒十九年(1893)鴻文書局石印本　一册

440000－2506－0001198　310－2/1
白虎通德論四卷　(漢)班固撰　(明)鍾惺評　清刻本　二册

440000－2506－0001199　310－2/14
丹鉛雜錄十卷譚華啟秀八卷　(明)楊慎撰　(清)李調元校　清光緒八年(1882)廣漢鍾登甲樂道齋刻函海叢書本　二册

440000－2506－0001200　310－2/15
困學紀聞二十卷　(宋)王應麟撰　清道光五年(1825)刻本　十册

440000－2506－0001201　310－2/15－2
困學紀聞二十卷首一卷　(宋)王應麟撰　清光緒十九年(1893)上海積山書局影印本　四

册　存十三卷(五至七、十二至十六、十七至二十,首一卷)

440000－2506－0001202　310－2/15－3
困學紀聞二十卷　(宋)王應麟撰　清光緒上海同文書局影印本　六册

440000－2506－0001203　310－2/15－3(2)
困學紀聞二十卷　(宋)王應麟撰　清光緒上海同文書局影印本　六册

440000－2506－0001204　310－2/18
隨園隨筆二十八卷　(清)袁枚撰　清光緒十九年(1893)石印本　一册

440000－2506－0001205　310－2/19－2
歸田瑣記八卷　(清)梁章鉅撰　清同治九年(1870)近文堂刻本　二册　存四卷(一至二、五至六)

440000－2506－0001206　310－2/21
陔餘叢考四十三卷　(清)趙翼撰　清上海文瑞樓書局石印本　十六册

440000－2506－0001207　310－2/21(2)
陔餘叢考四十三卷　(清)趙翼撰　清上海文瑞樓書局石印本　八册　存二十四卷(三至二十四、三十三至三十四)

440000－2506－0001208　310－2/22
日知錄集釋三十二卷　(清)顧炎武撰　(清)黄汝成集釋並刊誤　清道光十四年(1834)刻本　十六册

440000－2506－0001209　310－2/22(2)
日知錄集釋三十二卷　(清)顧炎武撰　(清)黄汝成集釋並刊誤　清道光十四年(1834)刻本　十六册

440000－2506－0001210　310－2/22－2
日知錄集釋三十二卷首一卷刊誤二卷續刊誤二卷　(清)顧炎武撰　(清)黄汝成集釋並刊誤　清光緒十二年(1886)上海點石齋石印本　三册　存二十八卷(一至七、十七至三十二,首一卷,刊誤二卷,續刊誤二卷)

440000－2506－0001211　310－2/22－3
日知錄集釋三十二卷刊誤二卷續刊誤二卷　(清)顧炎武撰　(清)黄汝成集釋並刊誤　清末上海中華書局鉛印本　一册　存三卷(六至八)

440000－2506－0001212　310－2/26
郎潛紀聞三筆六卷　(清)陳康祺著　清宣統二年(1910)上海掃葉山房石印本　一册

440000－2506－0001213　310－2/28
浪跡叢談十一卷續談八卷　(清)梁章鉅撰　清宣統三年(1911)上海掃葉山房石印本　六册

440000－2506－0001214　310－2/28(2)
浪跡叢談十一卷續談八卷　(清)梁章鉅撰　清宣統三年(1911)上海掃葉山房石印本　五册

440000－2506－0001215　310－2/29
耳學錄十卷　(清)葉愚撰　清則古軒刻本　二册

440000－2506－0001216　310－2/30
羣書札記十六卷　(清)朱亦棟撰　清道光二年(1822)雲鶴堂刻本　二册　存七卷(一至三、十三至十六)

440000－2506－0001217　310－2/31
吹網錄六卷　(清)葉廷琯撰　清同治八年(1869)刻本　二册

440000－2506－0001218　310－2/32
讀書雜識十二卷　(清)勞格撰　清光緒四年(1878)吴興丁氏刻月河精舍叢鈔本　五册

440000－2506－0001219　310－2/33
定香亭筆談四卷　(清)阮元撰　清嘉慶五年(1800)揚州阮氏琅嬛僊館刻本　四册

440000－2506－0001220　310－2/33(2)
定香亭筆談四卷　(清)阮元撰　清嘉慶五年(1800)揚州阮氏琅嬛僊館刻本　四册

440000－2506－0001221　310－2/34
無邪堂問答五卷　(清)朱一新輯　清光緒二十一年(1895)廣雅書局刻本　五册

440000－2506－0001222　310－2/34(2)
無邪堂問答五卷　(清)朱一新輯　清光緒二十一年(1895)廣雅書局刻本　五冊

440000－2506－0001223　310－2/35
唾餘新拾十卷續拾六卷補拾二卷　(清)李調元撰　清光緒八年(1882)樂道齋刻函海叢書本　一冊　存六卷(新拾一至六)

440000－2506－0001224　310－3/1
群書治要五十卷　(唐)魏徵撰　(清)譚瑩校　清咸豐七年(1857)南海伍氏刻粵雅堂叢書本　十二冊

440000－2506－0001225　310－3/1(2)
群書治要五十卷　(唐)魏徵撰　(清)譚瑩校　清咸豐七年(1857)南海伍氏刻粵雅堂叢書本　十一冊

440000－2506－0001226　310－3/12
菜根譚一卷　(明)洪應明撰　清光緒二十五年(1899)揚州藏經禪院刻本　一冊

440000－2506－0001227　310－3/12(2)
菜根譚一卷　(明)洪應明撰　清光緒二十五年(1899)揚州藏經禪院刻本　一冊

440000－2506－0001228　310－3/13
王漁洋筆記八卷　(清)王士禛撰　清末上海廣益書局石印本　六冊

440000－2506－0001229　310－3/14
池北偶談二十六卷　(清)王士禛撰　清上海進步書局石印本　二冊　存十三卷(六至十八)

440000－2506－0001230　310－3/14－2
池北偶談二十六卷　(清)王士禛撰　清宣統二年(1910)上海震東學社石印本　三冊

440000－2506－0001231　310－3/17
朱蓉生侍御論學遺札摭存一卷　(清)朱一新著　清光緒二十一年(1895)廣州菁華閣刻本　一冊

440000－2506－0001232　310－3/18
茶香室叢鈔二十三卷續鈔二十五卷三鈔二十九卷四鈔二十九卷　(清)俞樾撰　清光緒九年(1883)刻本　二十二冊

440000－2506－0001233　310－3/19
徐氏學語一卷　(清)徐仁鑄撰　清光緒麟書閣刻本　一冊

440000－2506－0001234　310－3/2
新論二卷　(南朝梁)劉勰著　(清)孔慶增校刊　清光緒鉛印本　一冊

440000－2506－0001235　310－3/20
弟子箴言十六卷　(清)胡達源撰　清光緒二十一年(1895)蒲圻但氏湖南糧儲道署刻本　四冊

440000－2506－0001236　310－3/21
聖諭廣訓不分卷　(清)聖祖玄燁撰　清光緒三年(1877)廣州儒林閣刻本　一冊

440000－2506－0001237　310－3/22
安樂銘不分卷　(清)王文選輯　清光緒六年(1880)寶善堂刻本　一冊

440000－2506－0001238　310－3/23
寤心錄一卷　(清)談泉輯　清光緒佛山天祿閣刻本　一冊

440000－2506－0001239　310－3/25
讀子先河一卷　(清)劉翰棻輯　清光緒二十四年(1898)庚南刻本　一冊

440000－2506－0001240　310－3/26
課餘彙抄八卷　(清)何文綺編　清咸豐元年(1851)粵東省城同文堂刻本　四冊

440000－2506－0001241　310－3/27
約書十二卷　(清)謝階撰　清道光二十四年(1844)宜黃謝氏刻本　四冊

440000－2506－0001242　310－3/28
勸學篇二篇　(清)張之洞撰　清光緒廣州廣雅書局刻本　一冊

440000－2506－0001243　310－3/28(2)
勸學篇二篇　(清)張之洞撰　清光緒廣州廣雅書局刻本　一冊

440000－2506－0001244　310－3/29
人範六卷　（清）蔣元輯　清光緒二十七年(1901)廣雅書局刻本　一冊

440000－2506－0001245　310－3/29(2)
人範六卷　（清）蔣元輯　清光緒二十七年(1901)廣雅書局刻本　一冊

440000－2506－0001246　310－3/29(3)
人範六卷　（清）蔣元輯　清光緒二十七年(1901)廣雅書局刻本　一冊

440000－2506－0001247　310－3/3
夢溪筆談二十六卷補筆三卷首一卷末一卷　（宋）沈括撰　清末上海鴻章書局石印本　六冊

440000－2506－0001248　310－3/31
讀書樂趣八卷　（清）伍涵芬輯　清同文堂刻本　二冊

440000－2506－0001249　310－3/33
貽令堂雜俎一卷與壻遺言一卷　（清）黃保康撰　清宣統三年(1911)南海黃氏刻霄鵬先生遺著本　一冊

440000－2506－0001250　310－3/34
聖祖仁皇帝庭訓格言一卷　（清）紀昀等編　清末鉛印本　一冊

440000－2506－0001251　310－3/35
時言一卷　（清）黎汝謙撰　清末鉛印本　一冊

440000－2506－0001252　310－3/36
重刻添補傳家寶俚言新本四集三十二卷　（清）石成金著　清末石印本　十二冊

440000－2506－0001253　310－3/37
分類詳註曾文正公日記二卷　（清）曾國藩撰　（清）王啟原輯　清末上海世界書局石印本　一冊

440000－2506－0001254　310－3/37(2)
分類詳註曾文正公日記二卷　（清）曾國藩撰　（清）王啟原輯　清末上海世界書局石印本　一冊

440000－2506－0001255　310－3/37－2
分類詳註曾文正公日記二卷　（清）曾國藩撰　（清）王啟原輯　清末上海廣益書局石印本　一冊

440000－2506－0001256　310－3/38
陳文恭公五種遺規節要二十卷　（清）陳宏謀輯　清光緒十八年(1892)雲巢書隱樓刻本　六冊

440000－2506－0001257　310－3/41
四刻暗室燈二卷　（清）深山居士撰　清刻本　一冊

440000－2506－0001258　310－3/42
寅谷制藝一卷　（清）曹之升撰　清嘉慶刻朱墨套印本　一冊

440000－2506－0001259　310－3/43
鑑古人儀一卷　（清）談泉編　清光緒佛山天祿閣刻本　一冊

440000－2506－0001260　310－3/48
修身約言一卷　胡元倓輯　清光緒三十三年(1907)鉛印本　一冊

440000－2506－0001261　310－3/5
吹劍錄外集一卷　（宋）俞文豹撰　清乾隆至道光長塘鮑氏刻知不足齋叢書本　一冊

440000－2506－0001262　310－3/53
供冀小言一卷　（清）林伯桐撰　清廣州富文齋刻本　一冊

440000－2506－0001263　310－3/55
讀西學書法一卷西學書目表一卷　梁啟超撰　清末時務報館鉛印本　一冊

440000－2506－0001264　310－3/56
三才略三卷　蔣德鈞輯　清光緒十四年(1888)蔣氏求實齋刻本　一冊

440000－2506－0001265　310－3/56(2)
三才略三卷　蔣德鈞輯　清光緒十四年(1888)蔣氏求實齋刻本　一冊

440000－2506－0001266　310－3/56(3)
三才略三卷　蔣德鈞輯　清光緒十四年

(1888)蔣氏求實齋刻本　一册

440000－2506－0001267　310－3/58
屑玉叢談初集六卷　(清)錢徵　蔡爾康輯　清光緒上海中華圖書館石印本　一册　存三卷(一至三)

440000－2506－0001268　310－3/60
桂學答問一卷　康有爲著　清光緒廣州雙門全經閣刻本　一册

440000－2506－0001269　310－5/1
增廣智囊補二十八卷　(明)馮夢龍輯　清石印本　一册

440000－2506－0001270　310－5/1(2)
增廣智囊補二十八卷　(明)馮夢龍輯　清石印本　二册　存十四卷(一至七、二十二至二十八)

440000－2506－0001271　310－5/1－2
增廣智囊補二十八卷　(明)馮夢龍輯　清刻本　九册　存九卷(二至五、七至十一)

440000－2506－0001272　310－5/4
廣東校士錄十卷　朱祖謀編　清上海大成書局石印本　一册

440000－2506－0001273　310－5/4(2)
廣東校士錄十卷　朱祖謀編　清末上海大成書局石印本　一册

440000－2506－0001274　310－5/5
粵東校士錄一卷　(清)□□編　清光緒二十六年(1900)九經閣刻本　一册

440000－2506－0001275　310－5/7
安舟襍鈔二十九卷　(清)蘇珥輯　清嘉慶十九年(1814)種德堂刻本　四册

440000－2506－0001276　311/1
北堂書鈔一百六十卷　(唐)虞世南撰　清光緒十四年(1888)廣東南海孔氏三十有三萬卷堂刻本　二十册

440000－2506－0001277　311/12
古今圖書集成一萬卷目錄四十卷　(清)陳夢雷等輯　清光緒十年(1884)上海圖書集成鉛版印書局鉛印本　一千五百四十九册

440000－2506－0001278　311/12(2)
古今圖書集成一萬卷目錄四十卷　(清)陳夢雷等輯　清光緒十年(1884)上海圖書集成鉛版印書局鉛印本　四册　存二十三卷(考工典一百八十三至一百八十六,經籍典四十八至五十四、三百四至三百十、四百八十一至四百八十五)

440000－2506－0001279　311/14
淵鑑類函四百五十卷目錄四卷　(清)張英等編　清光緒十三年(1887)上海同文書局影印本　四十七册

440000－2506－0001280　311/14(2)
淵鑑類函四百五十卷目錄四卷　(清)張英等編　清光緒十三年(1887)上海同文書局石印本　四十八册

440000－2506－0001281　311/14－2
淵鑑類函四百五十卷目錄四卷　(清)張英等編　清光緒九年(1883)上海點石齋石印本　十册

440000－2506－0001282　311/14－2(2)
淵鑑類函四百五十卷目錄四卷　(清)張英等編　清光緒九年(1883)上海點石齋石印本　八册

440000－2506－0001283　311/17
御定子史精華一百六十卷　(清)允祿等編　清光緒十三年(1887)上海積山書局石印本　十册

440000－2506－0001284　311/17－2
御定子史精華一百六十卷　(清)允祿等編　清末中華圖書館石印本　六册

440000－2506－0001285　311/17－3
御定子史精華一百六十卷　(清)允祿等編　清光緒十二年(1886)上海同文書局石印本　八册

440000－2506－0001286　311/2
古香齋鑒賞袖珍初學記三十卷　(唐)徐堅撰

清光緒八年(1882)孔氏三十三萬卷堂刻本 十二冊

440000－2506－0001287 311/21
佩文韻府一百六卷韻府拾遺一百六卷 (清)張玉書編 (清)張廷玉拾遺 清潘氏海山仙館刻本 一百六十冊

440000－2506－0001288 311/21(2)
佩文韻府一百六卷韻府拾遺一百六卷 (清)張玉書編 (清)張廷玉拾遺 清潘氏海山仙館刻本 十七冊 存十卷(二十一、二十三下、二十四下、二十七、六十七至七十、八十一至八十二)

440000－2506－0001289 311/22
佩文韻府一百六卷韻府拾遺一百六卷 (清)張玉書編 (清)張廷玉拾遺 清末上海掃葉山房影印本 五十四冊

440000－2506－0001290 311/23
佩文韻府一百六卷韻府拾遺一百六卷 (清)張玉書編 (清)張廷玉拾遺 清光緒十二年(1886)上海同文書局石印本 六十冊

440000－2506－0001291 311/24
佩文韻府一百六卷韻府拾遺一百六卷 (清)張玉書編 (清)張廷玉拾遺 清光緒十二年(1886)上海點石齋石印本 五十八冊

440000－2506－0001292 311/26
佩文韻府約編二十四卷 (清)鄧愷編 清刻本 五冊 存七卷(一、三至七、十)

440000－2506－0001293 311/28
古事比五十二卷 (清)方中德輯著 清光緒十三年(1887)上海文盛堂石印本 六冊

440000－2506－0001294 311/28(2)
古事比五十二卷 (清)方中德輯著 清光緒十三年(1887)上海文盛堂石印本 六冊

440000－2506－0001295 311/28－2
古事比五十二卷 (清)方中德輯著 清光緒十九年(1893)上海寶善書局石印本 六冊

440000－2506－0001296 311/28－3
古事比五十二卷 (清)方中德輯著 清末上海錦章圖書局石印本 三冊 存九卷(四十四至五十二)

440000－2506－0001297 311/3
古香齋鑒賞袖珍初學記三十卷 (唐)徐堅撰 清江西金谿紅杏山房刻本 十冊

440000－2506－0001298 311/32
二十二子摘錦三十卷 (清)孫灝輯 清光緒二十三年(1897)積山書局石印本 五冊

440000－2506－0001299 311/33
小知錄十二卷 (清)陸鳳藻輯 清同治拾芥園刻本 四冊

440000－2506－0001300 311/33－2
小知錄十二卷 (清)陸鳳藻輯 清嘉慶九年(1804)群玉山房刻本 四冊

440000－2506－0001301 311/35
經腴類纂二卷 (清)孫顔輯 清同治六年(1867)刻本 一冊

440000－2506－0001302 311/36
宋稗類鈔三十六卷 (清)潘永因輯 清末藜光社石印本 一冊

440000－2506－0001303 311/37
註釋四六類腋十九卷 (清)葉祺昌注 清光緒十三年(1887)石印本 四冊

440000－2506－0001304 311/38
經藝類腋一卷 (清)陳邦庸輯 清光緒十四年(1888)百成書局石印本 三冊

440000－2506－0001305 311/39
經藝淵海不分卷 (清)常安室主人輯 清光緒十一年(1885)上海點石齋石印本 十冊

440000－2506－0001306 311/40
六藝通考一百卷 (清)孫璧文輯 清光緒二十七年(1901)兩湖譯書學堂刻本 三十一冊

440000－2506－0001307 311/41
文選類雋十四卷 (清)何松輯 清光緒二年(1876)慈谿何氏刻本 二冊

440000－2506－0001308　311/42

仕商應酬須知便覽二十卷　(清)邵惠沅輯　清光緒二十三年(1897)澄天書局刻本　五册

440000－2506－0001309　311/4－2

增補事類統編九十三卷　(清)黄葆真輯　清石印本　十一册

440000－2506－0001310　311/43

增廣詩句題解彙編四卷　(清)□□編　清光緒十三年(1887)上海大同書局石印本　四册

440000－2506－0001311　311/44

月令粹編二十四卷圖説一卷　(清)秦嘉謨編　清嘉慶十七年(1812)琳瑯僊館刻本　七册

440000－2506－0001312　311/4－4

增補事類統編九十三卷首一卷　(清)黄葆真輯　清光緒十四年(1888)上海積山書局石印本　十二册

440000－2506－0001313　311/4－4(2)

增補事類統編九十三卷首一卷　(清)黄葆真輯　清光緒十四年(1888)上海積山書局石印本　十一册

440000－2506－0001314　311/45

詩學含英十四卷　(清)劉文蔚輯　清刻本　二册

440000－2506－0001315　311/4－5

增補事類統編三十五卷　(清)黄葆真輯　清光緒十七年(1891)上海點石齋石印本　十一册

440000－2506－0001316　311/49

大題十萬選不分卷　(清)□□輯　清光緒二十三年(1897)積山書局石印本　八十五册

440000－2506－0001317　311/50

小題三萬選不分卷　(清)求是齋主人選編　清光緒十七年(1891)芸碧山房石印本　三十七册

440000－2506－0001318　311/51

時務通攷三十一卷目錄一卷　(清)點石齋主人輯　清光緒二十三年(1897)上海點石齋影印本　十五册

440000－2506－0001319　311/52

時務分類興國策八卷　(清)李鳳儀輯　清光緒二十三年(1897)上海書局石印本　十二册

440000－2506－0001320　311/53

歷代人物論海一百卷總目一卷歷代政治論海四十四卷中外掌故論海十四卷歷代時勢論海十四卷　(清)蔡和鏘輯　清光緒石印本　三十八册

440000－2506－0001321　311/54

策府統宗六十五卷目錄一卷　(清)劉昌齡輯　清光緒十四年(1888)廣州同文書局石印本　十九册

440000－2506－0001322　311/55

策學備纂三十二卷目錄三十二卷首一卷　(清)吳頴炎輯　清光緒十三年(1887)石印本　二十一册

440000－2506－0001323　311/56

分韻試帖五萬選一百五卷試帖類目七卷　(清)梅石主人撰　清光緒十九年(1893)上海書局石印本　十六册

440000－2506－0001324　311/58

試帖三萬選十卷　(清)鄧雲航輯　清光緒十六年(1890)石印本　九册

440000－2506－0001325　311/59

賦海大觀三十二卷　(清)盧江輯　清光緒二十年(1894)鴻寶齋書局石印本　十二册

440000－2506－0001326　311/60

宦鄉要則七卷　(清)張鑒瀛編　清光緒三十三年(1907)石印本　一册

440000－2506－0001327　311/62

增補萬寶全書三卷　尚古山房輯　清末石印本　二册

440000－2506－0001328　311/63

詩韻□□卷　(清)□□輯　清末石印本　二册　存二卷(二至三)

440000－2506－0001329　311/68

重訂通天曉全編五卷 (清)玉纕堂編 清同治二年(1863)廣州古經閣刻本 一册

440000－2506－0001330 311/7

重訂廣事類賦四十卷 (清)華希閔著 清道光十七年(1837)刻本 二册 存十一卷(十八至二十八)

440000－2506－0001331 311/71

韻對屑玉二卷 (清)歐芝田 (清)李天淇注 清末麟書閣石印本 一册

440000－2506－0001332 311/73

對類便讀□□卷 (清)程錫類編 (清)葉謙高音注 清刻本 一册 存三卷(四至六)

440000－2506－0001333 311/8

十七史蒙求十六卷 (宋)王令輯 清光緒二十六年(1900)文華閣刻本 一册 存五卷(一至五)

440000－2506－0001334 311/80

己酉年官商快覽一卷 (清)上海商務總會輯 清光緒三十四年(1908)上海掃葉山房石印本 一册

440000－2506－0001335 311/84

啟事紀要□□卷 (清)張震森著 清光緒十三年(1887)萬慶堂刻本 一册 存卷一部分

440000－2506－0001336 311/9

李氏蒙求補注六卷 (唐)李瀚撰 (清)金三俊輯 清光緒二十六年(1900)文華閣刻本 一册 存三卷(四至六)

440000－2506－0001337 312－1/10

博物志十卷 (晉)張華撰 **續博物志** (唐)李石撰 **述異記二卷** (南朝梁)任昉撰 **陰符經一卷** (漢)張良注 **關尹子一卷** (□)□□撰 清光緒元年(1875)湖北崇文書局刻子書百家本 一册

440000－2506－0001338 312－1/18

老學庵筆記二卷 (宋)陸游撰 清宣統三年(1911)上海掃葉山房石印本 一册

440000－2506－0001339 312－1/21

繪圖子不語續集三卷 (清)袁枚撰 清宣統元年(1909)上海翠英書坊石印本 二册 存二卷(中、下)

440000－2506－0001340 312－1/24－3

繪圖閱微草堂筆記二十四卷 (清)紀昀撰 清末上海章福記書局石印本 四册

440000－2506－0001341 312－1/24－4

詳註閱微草堂筆記二十四卷 (清)紀昀撰 清末上海會文堂書局石印本 二册 存四卷(十至十三)

440000－2506－0001342 312－1/26

制義科瑣記四卷 (清)李調元輯 清光緒七年(1881)刻本 一册

440000－2506－0001343 312－1/27

閱微草堂筆記二十四卷 (清)紀昀撰 清嘉慶五年(1800)北平盛氏刻本 十册

440000－2506－0001344 312－1/32

寄園寄所寄十二卷 (清)趙吉士撰 清宣統三年(1911)文盛書局石印本 七册

440000－2506－0001345 312－1/36

遣愁集十四卷 (清)張貴勝輯 清刻本 四册

440000－2506－0001346 312－1/39

板橋雜記三卷 (清)余懷撰 **海鷗小譜一卷** (清)趙執信著 清末番禺沈宗畸石印拜鴛樓校刻四種本 一册

440000－2506－0001347 312－1/43

兩般秋雨盦隨筆八卷 (清)梁紹壬撰 清宣統二年(1910)上海掃葉山房石印本 四册

440000－2506－0001348 312－1/43(2)

兩般秋雨盦隨筆八卷 (清)梁紹壬撰 清宣統二年(1910)上海掃葉山房石印本 二册

440000－2506－0001349 312－1/43(3)

兩般秋雨盦隨筆八卷 (清)梁紹壬撰 清宣統二年(1910)上海掃葉山房石印本 一册

440000－2506－0001350 312－1/51

揮麈拾遺六卷 邱煒萲撰 清光緒二十七年

(1901)鉛印本　一冊　存三卷(一至三)

440000－2506－0001351　312－1/55
重修滬游雜記四卷　(清)葛元煦撰　清光緒十三年(1887)上海鉛印本　一冊　存二卷(一至二)

440000－2506－0001352　312－2/17
燕山外史二卷　(清)陳球撰　(清)若騤子輯注　清光緒上海錦章圖書局石印本　一冊

440000－2506－0001353　312－2/19
繪圖諧鐸十二卷　(清)沈起鳳撰　清光緒二十一年(1895)海上書局石印本　二冊　存七卷(三至九)

440000－2506－0001354　312－2/22
伊索寓言一卷　(希臘)伊索著　林紓譯　清光緒二十九年(1903)上海商務印書館鉛印本　一冊

440000－2506－0001355　312－2/6
繪圖歷代神仙傳二十四卷　(□)□□輯　清宣統元年(1909)上海掃葉山房石印本　三冊

440000－2506－0001356　312－2/9
詳註聊齋志異圖詠十六卷　(清)蒲松齡撰　(清)呂湛恩注　清末上海錦章圖書局石印本　六冊

440000－2506－0001357　312－2/9－2
詳註聊齋志異圖詠十六卷　(清)蒲松齡撰　(清)呂湛恩注　清光緒三十三年(1907)上海章福記書局石印本　七冊

440000－2506－0001358　312－2/9－4
聊齋志異新評十六卷　(清)蒲松齡撰　(清)王士禛評　(清)但明倫新評　清刻朱墨套印本　五冊　存五卷(四至八)

440000－2506－0001359　312－2/9－4(2)
聊齋志異新評十六卷　(清)蒲松齡撰　(清)王士禛評　(清)但明倫新評　清刻朱墨套印本　五冊　存五卷(四、六至七、十一、十三)

440000－2506－0001360　312－2/9－6
詳註聊齋志異新評十六卷　(清)蒲松齡撰　(清)王士禛評　(清)但明倫新評　清末中新書局石印本　十三冊　存十三卷(四至十六)

440000－2506－0001361　312－2/9－8
聊齋志異新評十六卷　(清)蒲松齡撰　(清)王士禛評　(清)但明倫新評　清同治八年(1869)刻朱墨套印本　五冊　存五卷(二、五至八)

440000－2506－0001362　312－2/9－8(2)
聊齋志異新評十六卷　(清)蒲松齡撰　(清)王士禛評　(清)但明倫新評　清同治八年(1869)刻朱墨套印本　一冊　存一卷(二)

440000－2506－0001363　312－3/1
增像全圖東周列國志二十七卷　(清)蔡昇評點　清末上海會文堂書局石印本　二冊

440000－2506－0001364　312－3/1(2)
增像全圖東周列國志二十七卷　(清)蔡昇評點　清末上海會文堂書局石印本　二冊

440000－2506－0001365　312－3/11
增評補像全圖金玉緣一百二十回首一卷　(清)曹雪芹著　清光緒二十四年(1898)石印本　十二冊

440000－2506－0001366　312－3/12
精訂綱鑑二十四史通俗衍義四十四回　(清)呂撫輯　清光緒十五年(1889)上海廣百宋齋鉛印本　三冊　存十八回(十二至十九、二十八至三十七)

440000－2506－0001367　312－3/2
評註圖像水滸傳三十五卷首一卷　(明)施耐庵撰　(清)金聖歎評　清末鉛印本　八冊

440000－2506－0001368　312－3/3
第一才子書六十卷　(明)羅貫中撰　(清)毛宗崗評　(清)金聖歎批　清刻朱墨套印本　八冊

440000－2506－0001369　312－3/3－2
三國圖志六十卷　(明)羅貫中撰　(清)金聖歎序　清光緒十四年(1888)圖書集成局石印暨鉛印本　十一冊

440000－2506－0001370　312－3/3－3

增像全圖三國演義一百二十回　(明)羅貫中撰　(清)金聖歎　(清)毛宗崗評　清末上海錦章書局石印本　十冊

440000－2506－0001371　312－3/7

花月痕全書十六卷　(清)魏秀仁撰　清末著易堂鉛印本　四冊

440000－2506－0001372　312－3/7－2

繪圖花月因緣十六卷五十二回　(清)魏秀仁撰　(清)棲霞居士評　清末鉛印本　二冊　存五卷(二至三、七至九)

440000－2506－0001373　313/1

金剛經旁解一卷　(後秦)釋鳩摩羅什譯　清光緒十二年(1886)廣東合成齋刻本　一冊

440000－2506－0001374　313/10

悲華經十卷　(北涼)釋曇無讖譯　清刻本　一冊　存三卷(四至六)

440000－2506－0001375　313/12

大悲神咒一卷　(唐)釋達摩譯　清光緒十五年(1889)安福蔣氏刻本　一冊

440000－2506－0001376　313/14

慈悲道場懺法十卷　(南朝梁)武帝蕭衍等撰　清光緒十五年(1889)金陵刻經處刻本　三冊

440000－2506－0001377　313/1－5

金剛般若波羅蜜經一卷　(後秦)釋鳩摩羅什譯　清光緒二年(1876)俞敬義堂刻本　一冊

440000－2506－0001378　313/19

地藏菩薩本願經二卷　(唐)釋實叉難陀譯　清光緒二十八年(1902)華林寺經房刻本　一冊　存一卷(下)

440000－2506－0001379　313/22

維摩詰所説經註十卷　(後秦)釋鳩摩羅什譯　清海幢寺刻本　二冊

440000－2506－0001380　313/23

雲棲法彙三十二種　(明)釋袾宏撰　清光緒二十三年(1897)金陵刻經處刻本　十三冊

440000－2506－0001381　313/25

楞伽阿跋多羅寶經心印四卷　(宋)釋求那跋陀羅譯　(清)釋函是疏　清光緒八年(1882)海幢寺刻本　二冊　存二卷(二上下、四上下)

440000－2506－0001382　313/27

指月錄三十二卷　(明)瞿汝稷編　清同治十一年(1872)浙江寧波徐挺芝刻本　五冊　存十七卷(一至三、七至十七、二十八至三十)

440000－2506－0001383　313/28

佛祖歷代通載三十六卷　(元)釋念常撰　清光緒二十二年(1896)廣東鼎湖山慶雲寺刻本　八冊　存二十四卷(四至十二、十九至二十一、二十五至三十六)

440000－2506－0001384　313/29

天台四教儀集註十卷　(元)釋蒙潤編　清光緒三十四年(1908)揚州藏經院刻本　二冊　存四卷(七至十)

440000－2506－0001385　313/30

彌陀經疏鈔演義定本四卷　(明)古德演義　(明)釋智願定本　清末刻本　二冊　存二卷(一、三)

440000－2506－0001386　313/31

佛説阿彌陀經摘要易解一卷　(清)真嵩述　**毗陵天寧普能嵩禪師淨土詩一卷**　(清)釋德潤錄　**毗陵天寧定念禪和尚語錄一卷**　(清)定念和尚語錄　(清)釋清玉輯　清光緒五年(1879)錢唐靈虛、魏唐清玉刻本　一冊

440000－2506－0001387　313/32

金剛般若波羅蜜經一卷　(清)俞樾注　清光緒石印本　一冊

440000－2506－0001388　313/37

西遊原旨讀法二卷　(清)劉一明撰　清嘉慶刻本　一冊

440000－2506－0001389　313/38

一乘決疑論一卷　(清)彭際清撰　清同治八年(1869)如皋刻經處刻本　一冊

440000－2506－0001390　313/45

妙法蓮華經性理會解□□卷　(清)釋觀心表釋　清末刻本　二册　存二卷(一之二、二之一)

440000－2506－0001391　313/46

竹窗隨筆一卷　(明)釋袾宏撰　清光緒二十五年(1899)金陵刻經處刻雲棲法彙三十二種本　一册

440000－2506－0001392　313/48

心經註解一卷　(唐)釋玄奘譯　清咸豐十年(1860)刻本　一册

440000－2506－0001393　s313/5

大藏經　(明)成祖朱棣敕修　明永樂刻南藏本　六册　存六卷(宗鏡錄十七、三法度論下、瑜伽師地論八十七、波羅提木叉僧祇戒本一、三經同一、大方廣佛同華嚴經二十八)

440000－2506－0001394　313/50

佛説觀無量壽佛經疏妙宗鈔四卷　(宋)釋知禮撰　清刻本　一册　存二卷(三至四)

440000－2506－0001395　313/51

西齋淨土詩四卷　(元)釋梵琦撰　清光緒金陵刻經處刻本　一册

440000－2506－0001396　313/7

大佛頂如來密因修證了義諸菩薩萬行首楞嚴經十卷　(唐)釋般剌密帝譯　清光緒七年(1881)廣州海幢寺刻本　三册

440000－2506－0001397　313/8

阿彌陀經一卷　(後秦)釋鳩摩羅什譯　清光緒十五年(1889)金陵刻本　一册

440000－2506－0001398　313/9

妙法蓮華經七卷　(後秦)釋鳩摩羅什譯　清刻本　一册　存二卷(一至二)

440000－2506－0001399　314/12

長春道教源流八卷　(清)陳銘珪撰　清光緒廣東刻本　八册

440000－2506－0001400　314/15

陰符經發隱一卷沖虚經發隱一卷道德經發隱一卷南華經發隱一卷　(清)楊文會注　清光緒刻本　一册

440000－2506－0001401　314/17

參同契經文直指二篇　(清)劉一明解　清嘉慶二十五年(1820)常德府護國庵刻本　一册

440000－2506－0001402　314/2

莊子集釋十卷　(清)郭慶藩輯　清末上海掃葉山房石印本　三册　存五卷(二至四、九至十)

440000－2506－0001403　314/2(2)

莊子集釋十卷　(清)郭慶藩輯　清末上海掃葉山房石印本　二册　存五卷(一至五)

440000－2506－0001404　314/20－3

性命圭旨四卷　(明)尹真人授　清刻本　二册

440000－2506－0001405　314/25

華帝靈簽一卷　(清)孟夏友輯　清光緒十八年(1892)順德永利祥刻本　一册

440000－2506－0001406　314/26

善與人同錄四卷　(□)□□撰　清光緒十六年(1890)南海雲泉僊館刻本　四册

440000－2506－0001407　314/6

道德寶章一卷　(宋)葛長庚注　清光緒十年(1884)羊城海墨樓石印本　一册

440000－2506－0001408　314/9

道書十七種　(清)□□輯　清刻本　十六册　存九種

440000－2506－0001409　315/1

希臘三大哲學家學説三卷　(清)陳鵬譯　清光緒二十九年(1903)鉛印本　一册

440000－2506－0001410　315/2

穆勒名學不分卷　(英國)穆勒約翰撰　嚴復譯　清光緒二十八年(1902)金粟齋鉛印本　一册　存二卷(名首、名甲)

440000－2506－0001411　316/1

強華溯源論一卷　(美國)福開森撰　清光緒二十二年(1896)上海廣學會鉛印本　一册

440000－2506－0001412　316/13
七國新學備要一卷　（英國）李提摩太著　清光緒十八年（1892）廣學會鉛印本　一册

440000－2506－0001413　316/25
兩廣優級師範學堂章程一卷　（□）□□編　清光緒三十四年（1908）鉛印本　一册

440000－2506－0001414　316/36
兩廣學務處游學報告一卷　（清）兩廣學務處編　清光緒三十一年（1905）兩廣學務處鉛印本　一册

440000－2506－0001415　316/40
奏定學堂章程一卷　（清）張之洞等撰　清光緒三十年（1904）上海商務印書館鉛印本　一册

440000－2506－0001416　316/5
萬法精理一卷　（法國）孟德斯鳩著　張相文譯　清光緒二十九年（1903）上海文明書局鉛印本　一册

440000－2506－0001417　316/7
最近萬國公法提要一卷附大清與列國已訂之約一卷列國與外國所立和約地約一卷列國與外國所立商約船約一卷　（清）何祐編　清光緒三十年（1904）刻本　一册

440000－2506－0001418　316/8
原富五部　（英國）斯密亞丹著　嚴復譯　清光緒二十八年（1902）南陽公學譯書院刻本　七册

440000－2506－0001419　316/8（2）
原富五部　（英國）斯密亞丹著　嚴復譯　清光緒二十八年（1902）南陽公學譯書院刻本　七册　缺一部（甲部下）

440000－2506－0001420　317/1
西學原始考一卷泰丁著述考一卷　（清）王韜輯撰　**華英通商事略一卷**　（英國）偉烈亞力口譯　（清）王韜譯　清光緒天南遯叟鉛印本　一册

440000－2506－0001421　317/10
聲學須知一卷氣學須知一卷重學須知一卷畫器須知一卷化學須知一卷電學須知一卷　（英國）傅蘭雅著　清光緒刻本　三册

440000－2506－0001422　317/10（2）
化學須知一卷　（英國）傅蘭雅著　清光緒刻本　一册

440000－2506－0001423　317/12
化學鑑原六卷　（英國）韋而司撰　（英國）傅蘭雅口譯　（清）徐壽筆述　清刻本　四册

440000－2506－0001424　317/13
化學初階四卷　（美國）嘉約翰口譯　（清）何瞭然筆述　清同治九年（1870）廣州博濟醫局刻本　四册

440000－2506－0001425　317/14
藝器記珠不分卷　（清）徐建寅筆述　清光緒十年（1884）江南機器製造總局刻本　一册

440000－2506－0001426　317/15
海國圖志一百卷首一卷　（清）魏源輯　清光緒二十一年（1895）上海書局石印本　一册　存六卷（八十七至九十二）

440000－2506－0001427　317/16
克虜伯炮彈製造法二卷圖一卷餅藥造法一卷克虜伯礮説四卷克虜伯礮操法四卷克虜伯礮表三卷　（美國）金楷理口譯　（清）李鳳苞筆述　清末江南機器製造總局刻本　五册

440000－2506－0001428　317/2
格致舉隅十章　（清）莫壽山等譯　清光緒二十四年（1898）上海美華書館鉛印本　一册

440000－2506－0001429　317/3
格致彙編四卷　（英國）傅蘭雅輯　清光緒十八年（1892）鉛印本　四册

440000－2506－0001430　317/4
博物新編圖説一卷　（清）陳修堂編　清光緒二十四年（1898）藏經史館石印本　一册

440000－2506－0001431　317/5
植物學啟蒙三十章　（英國）艾約瑟編撰　清光緒十二年（1886）上海總稅務司署刻本

一冊

440000－2506－0001432　317/6
西國天學源流一卷重學淺説一卷　（清）偉烈亞力口譯　（清）王韜筆著　**西學圖説一卷**　（清）王韜輯撰　清光緒上海淞隱廬鉛印本　一冊

440000－2506－0001433　317/8
求礦指南十卷附錄一卷　（英國）安德孫撰　（英國）傅蘭雅　（清）潘松譯　清光緒二十五年（1899）江南製造總局刻本　一冊

440000－2506－0001434　317/9
西學大成十二編　（清）王西清輯　清光緒二十一年（1895）上海醉六堂書坊石印本　十一冊

440000－2506－0001435　318/1
子書百家一百二種　（清）崇文書局輯　清光緒元年（1875）湖北崇文書局刻本　四十七冊　存九十四種

440000－2506－0001436　318/2
香艷叢書二十集三百二十四種　（清）蟲天子輯　清宣統國學扶輪社鉛印本　四十二冊　存二百十二種

440000－2506－0001437　318/3
二十五子彙函二十五種　（清）鴻文書局輯　清光緒十九年（1893）上海鴻文書局石印本　十四冊　存二十三種

440000－2506－0001438　318/4
十子全書十種　（清）王子興輯　清嘉慶九年（1804）姑蘇聚文堂刻本　二十二冊

440000－2506－0001439　318/4－2
注解十子全書十種　（清）王子興輯　清末廣州書局刻本　四十冊

440000－2506－0001440　318/6
廿二子全書二十二種　（清）□□輯　清光緒二十三年（1897）新化三味書室刻本　七十七冊　存二十一種

440000－2506－0001441　401/1
楚辭章句十七卷　（戰國）屈原等撰　（漢）王逸注　（宋）洪興祖補注　清光緒九年（1883）長沙書堂山館刻本　四冊

440000－2506－0001442　401/4
楚辭十七卷　（戰國）屈原等撰　（漢）王逸章句　清末鴻章書局石印本　四冊

440000－2506－0001443　401/5
楚辭集注八卷　（戰國）屈原等撰　（宋）朱熹注　清光緒三年（1877）湖北崇文書局刻本　一冊　存四卷（一至四）

440000－2506－0001444　401/7
離騷彙訂八卷雜文箋略不分卷　（清）王邦采輯　清光緒二十六年（1900）廣雅書局刻本　三冊

440000－2506－0001445　402－10/16－3
王臨川全集一百卷目錄二卷　（宋）王安石撰　清光緒九年（1883）聽香館刻本　十六冊

440000－2506－0001446　402－10/21
蘇文忠公詩集五十卷　（宋）蘇軾撰　（清）紀昀評點　清同治八年（1869）韞玉山房刻朱墨套印本　十一冊

440000－2506－0001447　402－10/26
東坡和陶合箋四卷　（宋）蘇軾撰　（清）溫汝能纂訂　清嘉慶順德溫氏刻本　四冊

440000－2506－0001448　402－10/3
鉅鹿東觀集十卷補遺一卷附錄一卷　（宋）魏野撰　清宣統三年（1911）新陽趙氏刻峭帆樓叢書本　一冊

440000－2506－0001449　402－10/33
山谷詩内集註二十卷　（宋）黄庭堅撰　（宋）任淵注　**外集詩註十七卷**　（宋）黄庭堅撰　（宋）史容注　**别集詩註二卷**　（宋）黄庭堅撰　（宋）史季溫注　**外集補四卷**　（宋）黄庭堅撰　**黄山谷［庭堅］年譜十四卷**　（宋）黄子耕編　清光緒二年（1876）刻本　二十冊

440000－2506－0001450　402－10/35
后山詩註十二卷　（宋）陳師道撰　（宋）任淵

注　清末三榆書屋石印本　二冊

440000－2506－0001451　402－10/4
景文集五十六卷　（宋）宋祁撰　清乾隆至道光福建刻武英殿聚珍版叢書本　八冊　存三十八卷（一至十五、二十六至四十四、四十九至五十二）

440000－2506－0001452　402－10/43
肯綮錄一卷　（宋）趙叔向撰　（清）李調元校　**燕魏雜記一卷**　（宋）呂頤浩撰　**夾漈遺稿三卷**　（宋）鄭樵撰　（清）李調元校　清光緒七年（1881）廣漢鍾登甲樂道齋刻函海叢書本　一冊

440000－2506－0001453　402－10/44
宋王忠文公文集五十卷　（宋）王十朋撰　清末民初上海掃葉山房石印本　十冊

440000－2506－0001454　402－10/44（2）
宋王忠文公文集五十卷　（宋）王十朋撰　清末民初上海掃葉山房石印本　十冊

440000－2506－0001455　402－10/45
岳忠武王文集八卷末一卷　（宋）岳飛撰　清光緒十二年（1886）上海簡玉山房刻本　四冊

440000－2506－0001456　402－10/48
劍南詩鈔八卷　（宋）陸游撰　（清）楊大鶴選　清文選樓刻本　八冊

440000－2506－0001457　402－10/50
梁谿全集一百八十卷附錄一卷　（宋）李綱撰　清刻本　十六冊　存九十九卷（一至九十九）

440000－2506－0001458　402－10/52
增批輯註東萊博議四卷　（宋）呂祖謙撰　（清）劉紫山輯注　清光緒上海錦章圖書局石印本　四冊

440000－2506－0001459　402－10/52－2
東萊博議四卷　（宋）呂祖謙撰　清光緒刻本　四冊

440000－2506－0001460　402－10/54
陸象山先生文集三十六卷　（宋）陸九淵撰　清同治十年（1871）大儒家廟刻本　十冊

440000－2506－0001461　402－10/58
水心先生別集十六卷　（宋）葉適撰　清同治九年（1870）瑞安孫氏刻本　四冊

440000－2506－0001462　402－10/6
歐陽文忠公全集一百五十三卷　（宋）歐陽修撰　清光緒十九年（1893）澹雅書局刻本　三十冊

440000－2506－0001463　402－10/60
姜白石全集十種　（宋）姜夔撰　清宣統二年（1910）上海掃葉山房石印本　三冊

440000－2506－0001464　402－10/60（2）
姜白石全集十種　（宋）姜夔撰　清宣統二年（1910）上海掃葉山房石印本　三冊

440000－2506－0001465　402－10/60（3）
姜白石全集十種　（宋）姜夔撰　清宣統二年（1910）上海掃葉山房石印本　四冊

440000－2506－0001466　402－10/60（4）
姜白石全集十種　（宋）姜夔撰　清宣統二年（1910）上海掃葉山房石印本　二冊

440000－2506－0001467　402－10/61
姜白石全集十種　（宋）姜夔撰　清同治十年（1871）桂林倪鴻刻本　二冊

440000－2506－0001468　402－10/61（2）
姜白石全集十種　（宋）姜夔撰　清同治十年（1871）桂林倪鴻刻本　一冊　存五種

440000－2506－0001469　402－10/62
白石道人全集　（宋）姜夔撰　清光緒十年（1884）娛園刻榆園叢刻本　一冊

440000－2506－0001470　402－10/63
文溪集二十卷首一卷　（宋）李昴英撰　清道光二十年（1840）南海伍氏詩雪軒刻粵十三家集叢書本　三冊

440000－2506－0001471　402－10/65
蒙齋集二十卷　（宋）袁甫撰　清乾隆福建刻武英殿聚珍版叢書本　五冊　存十七卷（一至六、十至二十）

440000－2506－0001472　402－10/66
廬陵宋丞相信國公文忠烈先生全集十六卷
（宋）文天祥撰　清刻本　十六冊

440000－2506－0001473　402－10/70
霽山先生集五卷首一卷　（宋）林景熙撰　（元）章祖程注　清光緒八年（1882）嶺南芸林僊館刻本　一冊　存三卷（一至二、首一卷）

440000－2506－0001474　402－10/72
海瓊白真人全集十卷　（宋）葛長庚撰　（清）王時宇重訂　清同治八年（1869）刻本　十冊

440000－2506－0001475　402－10/73
南海百詠一卷　（宋）方信孺撰　清光緒八年（1882）學海堂刻本　一冊

440000－2506－0001476　402－10/73（2）
南海百詠一卷　（宋）方信孺撰　清光緒八年（1882）學海堂刻本　一冊

440000－2506－0001477　402－10/73（3）
南海百詠一卷　（宋）方信孺撰　清光緒八年（1882）學海堂刻本　一冊

440000－2506－0001478　402－10/75
許氏巾箱集三種五卷　（宋）許察著　清嘉慶二十二年（1817）許氏石契齋刻本　一冊　存二卷（南峯雜詠一、耕間偶吟上）

440000－2506－0001479　402－10/77
金陵百詠一卷　（宋）曾極撰　清光緒二十九年（1903）長沙葉氏刻本　一冊

440000－2506－0001480　402－10/78
九峰先生集三卷首一卷附錄一卷　（宋）區仕衡撰　清道光二十年（1840）南海伍氏詩雪軒刻粤十三家集叢書本　一冊

440000－2506－0001481　402－10/79
秋曉先生覆瓿集四卷附錄一卷末一卷　（宋）趙必瑑撰　清道光二十年（1840）南海伍氏詩雪軒刻粤十三家集叢書本　一冊

440000－2506－0001482　402－11/3
元遺山詩集箋註十四卷附錄一卷補載一卷
（宋）元好問撰　（元）張德輝注　清道光七年（1827）醉六堂刻本　四冊

440000－2506－0001483　402－11/3（2）
元遺山詩集箋註十四卷附錄一卷補載一卷
（宋）元好問撰　（元）張德輝注　清道光七年（1827）醉六堂刻本　一冊　存五卷（十二至十四、附錄一卷、補載一卷）

440000－2506－0001484　402－11/5
湛淵遺稿三卷補一卷　（元）白珽撰　清嘉慶八年（1803）長塘鮑氏刻知不足齋叢書本　一冊

440000－2506－0001485　402－12/11
湛甘泉先生文集三十二卷　（明）湛若水撰　清同治五年（1866）刻本　九冊

440000－2506－0001486　402－12/12
鄺海雪集箋十二卷　（清）鄺露撰　（清）鄺廷瑤箋　清咸豐元年（1851）綺錯樓刻本　四冊

440000－2506－0001487　402－12/12（2）
鄺海雪集箋十二卷　（清）鄺露撰　（清）鄺廷瑤箋　清咸豐元年（1851）綺錯樓刻後印本　三冊

440000－2506－0001488　402－12/13
嶠雅二卷　（清）鄺露撰　清南海刻本　二冊

440000－2506－0001489　402－12/15
六如居士全集七卷補遺一卷　（明）唐寅撰　清末石印本　二冊

440000－2506－0001490　402－12/16
六如居士全集七卷外集六卷畫譜三卷制義一卷　（明）唐寅撰　清末上海國學昌明社石印本　六冊

440000－2506－0001491　402－12/18
王陽明先生全集十六卷目錄二卷　（明）王守仁撰　清同治九年（1870）佛山翰寶樓刻本　十五冊

440000－2506－0001492　402－12/19
瑤石山人詩稿十六卷　（明）黎民表著　清道光二十年（1840）南海伍氏詩雪軒刻粤十三家集叢書本　五冊

440000－2506－0001493　402－12/20

李空同詩集三十三卷目錄一卷　(明)李夢陽撰　清宣統二年(1910)上海掃葉山房石印本　九册

440000－2506－0001494　402－12/21

升庵外集一百卷　(明)楊慎撰　清道光二十四年(1844)四川新都修志局刻本　七册　存二十六卷(七十至七十五、八十一至一百)

440000－2506－0001495　402－12/22

海忠介公集六卷首一卷　(明)海瑞撰　清同治八年(1869)刻本　四册

440000－2506－0001496　402－12/23

徐文長集三十卷目錄一卷補遺一卷　(明)徐渭撰　清宣統三年(1911)石印本　七册　存二十六卷(一至二十五、目錄一卷)

440000－2506－0001497　402－12/24

區太史詩集二十七卷　(明)區大相撰　清道光二十年(1840)南海伍氏詩雪軒刻粤十三家集叢書本　五册

440000－2506－0001498　402－12/24(2)

區太史詩集二十七卷　(明)區大相撰　清道光二十年(1840)南海伍氏詩雪軒刻粤十三家集叢書本　一册　存五卷(一至五)

440000－2506－0001499　402－12/25

陳文忠公遺集十一卷　(明)陳子壯撰　清道光二十年(1840)南海伍氏詩雪軒刻粤十三家集叢書本　二册

440000－2506－0001500　402－12/25(2)

陳文忠公遺集十一卷　(明)陳子壯撰　清道光二十年(1840)南海伍氏詩雪軒刻粤十三家集叢書本　一册　存四卷(八至十一)

440000－2506－0001501　402－12/28

蓮鬚閣集二十六卷首一卷　(明)黎遂球著　清道光二十年(1840)南海伍氏詩雪軒刻粤十三家集叢書本　六册

440000－2506－0001502　402－12/29

天問閣集三卷　(明)李長祥著　**鮓話一卷**　(清)佟世思撰　清光緒會稽趙之謙刻仰視千七百二十九鶴齋叢書本　二册

440000－2506－0001503　402－12/30

中洲草堂遺集二十三卷首一卷末一卷　(明)陳子升著　清道光二十年(1840)南海伍氏詩雪軒刻粤十三家集叢書本　四册

440000－2506－0001504　402－12/30(2)

中洲草堂遺集二十三卷首一卷末一卷　(明)陳子升著　清道光二十年(1840)南海伍氏詩雪軒刻粤十三家集叢書本　一册　存八卷(十七至二十三、末一卷)

440000－2506－0001505　402－12/31

陳巖野先生全集四卷　(明)陳邦彦撰　(清)溫汝能校輯　清嘉慶十年(1805)聽松閣刻本　四册

440000－2506－0001506　402－12/32

返生香一卷　(明)葉小鸞著　**疏香閣附集一卷**　(明)沈自炳撰　**窈聞一卷續一卷**　(明)葉紹袁撰　清光緒二十二年(1896)羊城葉衍蘭秋夢庵刻本　二册

440000－2506－0001507　402－12/32(2)

返生香一卷　(明)葉小鸞撰　**疏香閣附集一卷**　(明)沈自炳撰　**窈聞一卷續一卷**　(明)葉紹袁撰　清光緒二十二年(1896)羊城葉衍蘭秋夢庵刻本　一册

440000－2506－0001508　402－12/35

重刻秫坡黎先生集八卷首一卷末一卷　(明)黎貞撰　(明)袁奎編次　清光緒元年(1875)都會三賢居書屋刻本　十四册

440000－2506－0001509　402－12/36

重刻秫坡黎先生集八卷首一卷末一卷　(明)黎貞撰　(明)袁奎編　清光緒元年(1875)都會三賢居書屋刻本　四册　存九卷(重刻秫坡黎先生集八卷、首一卷)

440000－2506－0001510　402－12/36(2)

重刻秫坡黎先生集八卷首一卷末一卷　(明)黎貞撰　清光緒元年(1875)刻本　四册　存九卷(重刻秫坡黎先生集八卷、首一卷)

440000－2506－0001511　402－12/37
李駕部前集四卷後集二卷青霞漫稿一卷（明）李時行著　清道光二十年（1840）南海伍氏詩雪軒刻粤十三家集叢書本　二册

440000－2506－0001512　402－13/1
錢牧齋尺牘三卷補遺一卷　（清）錢謙益撰　清宣統二年（1910）上海商務印書館鉛印本　二册

440000－2506－0001513　402－13/10
亭林文集六卷餘集一卷　（清）顧炎武撰　清山隱居刻本　四册

440000－2506－0001514　402－13/100
定庵文集二卷續集一卷　（清）龔自珍撰　清末石印本　一册

440000－2506－0001515　402－13/102
拙修集十卷　（清）吴廷棟撰　清同治十年（1871）六安求我齋刻本　四册

440000－2506－0001516　402－13/103
邃懷堂文集十六卷　（清）袁翼撰　（清）朱舲注　清咸豐八年（1858）古唐朱氏古歡齋刻本　六册

440000－2506－0001517　402－13/105
倭文端公遺書十卷首二卷　（清）倭仁撰　清光緒三年（1877）粤東翰元樓刻本　六册

440000－2506－0001518　402－13/106
樂志堂文集十八卷續集二卷詩集十二卷（清）譚瑩撰　清咸豐九年（1859）吏隱園刻本　十二册

440000－2506－0001519　402－13/106（2）
樂志堂文集十八卷續集二卷詩集十二卷（清）譚瑩撰　清咸豐九年（1859）吏隱園刻本　十二册

440000－2506－0001520　402－13/107
曾文正公全集十六種　（清）曾國藩撰　（清）李瀚章編輯　清同治至光緒傳忠書局刻本　一百十五册　存十四種

440000－2506－0001521　402－13/107（2）
曾文正公全集十六種　（清）曾國藩撰　（清）李瀚章編輯　清同治至光緒傳忠書局刻本　九册　存九卷（奏稿一至九）

440000－2506－0001522　402－13/109
曾文正公詩集三卷　（清）曾國藩撰　清宣統元年（1909）著易堂鉛印本　一册

440000－2506－0001523　402－13/110
曾文正公詩鈔四卷曾文正公文鈔四卷　（清）曾國藩撰　清光緒二年（1876）上海醉六堂刻本　三册

440000－2506－0001524　402－13/113
曾文正公家書十卷家訓二卷　（清）曾國藩撰　清光緒五年（1879）傳忠書局刻本　十册

440000－2506－0001525　402－13/114
曾文正公手劄一卷　（清）曾國藩撰　**胡文忠公手劄一卷**　（清）胡林翼撰　**駱文忠公手劄一卷**　（清）駱秉章撰　**沈文肅公手劄一卷**（清）沈葆楨撰　**恪靖侯左相手劄一卷**　（清）左宗棠撰　清光緒十年（1884）上海同文書局石印本　一册

440000－2506－0001526　402－13/114－2
曾文正公手劄一卷　（清）曾國藩撰　**曾威毅伯手劄一卷**　（清）曾國荃撰　清光緒二年（1876）岵瞻堂刻本　一册

440000－2506－0001527　402－13/115
胡文忠公遺集八十六卷首一卷　（清）胡林翼撰　（清）鄭敦謹　（清）曾國荃編　清同治六年（1867）刻本　二十四册

440000－2506－0001528　402－13/118
艸艸艸堂詩艸二卷　（清）何仁山撰　清光緒十一年（1885）刻本　二册

440000－2506－0001529　402－13/118（2）
艸艸艸堂詩艸二卷　（清）何仁山撰　清光緒十一年（1885）刻本　二册

440000－2506－0001530　402－13/12
亭林遺書二十五種　（清）顧炎武撰　清光緒十一年（1885）上海文瑞樓石印本　十册

440000－2506－0001531　402－13/12(2)
亭林遺書二十五種　(清)顧炎武撰　清光緒十一年(1885)上海文瑞樓石印本　二册

440000－2506－0001532　402－13/120
蓮因室詩集二卷　(清)鄭蘭孫撰　清光緒二十年(1894)刻本　一册　存一卷(下)

440000－2506－0001533　402－13/122
觀古閣叢稿三編二卷　(清)鮑康撰　清光緒二年(1876)歙縣鮑氏刻觀古閣叢刻本　一册

440000－2506－0001534　402－13/124
陶山詩前録二卷　(清)唐仲冕撰　清嘉慶十六年(1811)刻本　一册

440000－2506－0001535　402－13/125
陶山詩録十二卷　(清)唐仲冕撰　清嘉慶十六年(1811)刻本　七册

440000－2506－0001536　402－13/126
棣垞集四卷外集三卷首一卷　(清)朱啟連撰　清光緒刻本　二册

440000－2506－0001537　402－13/126(2)
棣垞集四卷外集三卷首一卷　(清)朱啟連撰　清光緒刻本　二册

440000－2506－0001538　402－13/126(3)
棣垞集四卷外集三卷首一卷　(清)朱啟連撰　清光緒刻本　二册

440000－2506－0001539　402－13/127
海日堂集詩五卷文二卷　(清)程可則撰　清道光五年(1825)金山縣署刻本　四册

440000－2506－0001540　402－13/128
春華集二卷　(清)龍元任撰　清光緒刻本　一册

440000－2506－0001541　402－13/128(2)
春華集二卷　(清)龍元任撰　清光緒刻本　一册

440000－2506－0001542　402－13/128(3)
春華集二卷　(清)龍元任撰　清光緒刻本　一册

440000－2506－0001543　402－13/129
海目廬詩草六卷　(清)馮栻宗撰　清光緒二十年(1894)刻本　二册

440000－2506－0001544　402－13/129(2)
海目廬詩草六卷　(清)馮栻宗撰　清光緒二十年(1894)刻本　二册

440000－2506－0001545　402－13/130(2)
獨漉堂詩集十五卷文集十五卷續編不分卷　(清)陳恭尹撰　清宣統廣東超華齋刻本　八册

440000－2506－0001546　402－13/131
嘯古堂詩集八卷　(清)蔣敦復撰　清宣統三年(1911)廣益書局石印本　二册

440000－2506－0001547　402－13/133
兩當軒詩鈔十四卷竹眠詞鈔二卷　(清)黄景仁撰　(清)黎兆棠校　清道光十三年(1833)廣州刻本　四册

440000－2506－0001548　402－13/134
江忠烈公遺集二卷　(清)江忠源撰　清同治三年(1864)四川藩署刻本　二册

440000－2506－0001549　402－13/135
甘泉鄉人稿二十四卷　(清)錢泰吉撰　清同治十一年(1872)嘉興錢氏刻本　五册

440000－2506－0001550　402－13/136
甘泉鄉人餘稿二卷年譜一卷　(清)錢泰吉撰　清同治十一年(1872)嘉興錢氏刻本　一册

440000－2506－0001551　402－13/138
海陀華館詩集三卷　(清)何若瑶撰　**隙亭賸草一卷**　(清)何森撰　清刻本　一册

440000－2506－0001552　402－13/139
龍泓館詩集一卷　(清)丁敬撰　清同治刻本　一册

440000－2506－0001553　402－13/140
荔村草堂詩鈔十卷　(清)譚宗浚撰　清光緒十八年(1892)廣州刻本　四册

440000－2506－0001554　402－13/141
荔村草堂詩續鈔一卷　(清)譚宗浚撰　清宣

統二年(1910)刻本　一冊

440000－2506－0001555　402－13/142
梅窩詩鈔三卷詞鈔一卷遺稿一卷　(清)陳良玉撰　清光緒南海黃劬學齋刻本　二冊

440000－2506－0001556　402－13/142(2)
梅窩詩鈔三卷詞鈔一卷遺稿一卷　(清)陳良玉撰　清光緒南海黃劬學齋刻本　一冊

440000－2506－0001557　402－13/144
劍光樓詩鈔四卷文鈔一卷詞一卷　(清)儀克中撰　清光緒八年(1882)學海堂刻本　二冊

440000－2506－0001558　402－13/144(2)
劍光樓詩鈔四卷文鈔一卷詞一卷　(清)儀克中撰　清光緒八年(1882)學海堂刻本　二冊

440000－2506－0001559　402－13/145
尺岡草堂遺集十二卷　(清)陳璞撰　清光緒十五年(1889)刻本　四冊

440000－2506－0001560　402－13/148
壯懷堂詩初稿十卷　(清)林直撰　清咸豐六年(1856)福州刻本　一冊

440000－2506－0001561　402－13/149
橫堂詩稿二卷　(清)吳懋清撰　清光緒九年(1883)吳氏刻本　一冊

440000－2506－0001562　402－13/150
綠雪堂遺集二十卷　(清)王衍梅撰　清道光會稽王文瑋刻本　二冊　存四卷(一至四)

440000－2506－0001563　402－13/151
調琴飼鶴齋雜體詩存不分卷　(清)呂鑑煊撰　清光緒刻本　一冊

440000－2506－0001564　402－13/153
趙忠節公遺墨不分卷　(清)趙景賢撰　清光緒刻本　一冊

440000－2506－0001565　402－13/154
沈文忠公集十卷　(清)沈兆霖撰　清同治八年(1869)刻本　四冊

440000－2506－0001566　402－13/155
得月軒尺牘八卷　(清)孫方增撰　清刻本　五冊　存五卷(四至八)

440000－2506－0001567　402－13/156
松桂堂全集三十七卷　(清)彭孫遹撰　清宣統三年(1911)上海掃葉山房石印本　九冊

440000－2506－0001568　402－13/157
六瑩堂集九卷二集八卷評詞一卷附錄一卷　(清)梁佩蘭撰　清道光二十年(1840)南海伍氏詩雪軒刻粵十三家集叢書本　六冊

440000－2506－0001569　402－13/158
古春軒詩鈔二卷　(清)梁德繩撰　清道光刻本　二冊

440000－2506－0001570　402－13/159
蕉雨軒稿一卷　(清)龍吟薌撰　清光緒三十四年(1908)刻本　一冊

440000－2506－0001571　402－13/16
西堂雜組一集八卷二集八卷三集八卷　(清)尤侗撰　清末石印本　三冊

440000－2506－0001572　402－13/162
守柔齋詩鈔初集四卷續集四卷　(清)蘇廷魁撰　清同治刻本　二冊

440000－2506－0001573　402－13/163
瓶水齋詩集十六卷別集二卷　(清)舒位撰　清光緒十二年(1886)刻本　六冊

440000－2506－0001574　402－13/163(2)
瓶水齋詩集十七卷別集二卷詩話一卷　(清)舒位撰　清光緒十二年(1886)刻本　八冊

440000－2506－0001575　402－13/164
五百四峰堂詩鈔二十五卷　(清)黎簡撰　清光緒六年(1880)順德黎氏教忠堂刻本　八冊

440000－2506－0001576　402－13/164(2)
五百四峰堂詩鈔二十五卷　(清)黎簡撰　清光緒六年(1880)順德黎氏教忠堂刻本　八冊

440000－2506－0001577　402－13/164(3)
五百四峰堂詩鈔二十五卷　(清)黎簡撰　清光緒六年(1880)順德黎氏教忠堂刻本　一冊　存八卷(一至八)

440000－2506－0001578　402－13/167
忠雅堂文集十二卷　(清)蔣士銓撰　清嘉慶二十一年(1816)藏園刻本　六册

440000－2506－0001579　402－13/167(2)
忠雅堂文集十二卷　(清)蔣士銓撰　清嘉慶二十一年(1816)藏園刻本　六册

440000－2506－0001580　402－13/168
石笥山房文集六卷　(清)胡天游撰　清刻本　一册　存三卷(二至四)

440000－2506－0001581　402－13/17
壯悔堂文集十卷遺稿一卷　(清)侯方域撰　清末石印本　一册　存六卷(文集六至十、遺稿一卷)

440000－2506－0001582　402－13/170
大梅山館集五十二卷　(清)姚燮撰　清咸豐四年(1854)大梅山館刻本　十九册

440000－2506－0001583　402－13/174
小羅浮草堂詩集四十卷　(清)馮敏昌撰　清嘉慶十六年(1811)欽州馮氏刻本　十二册

440000－2506－0001584　402－13/175
自然堂遺詩三卷　(清)黄寬撰　清同治五年(1866)刻本　一册

440000－2506－0001585　402－13/180
讀白華草堂詩初集八卷二集十二卷　(清)黄釗撰　清道光刻本　六册

440000－2506－0001586　402－13/181
不易居齋集一卷豐湖漫草不分卷紅杏山房試詩一卷紅杏山房詩鈔一卷紅杏山房試帖詩一卷漢書摘詠一卷後漢書摘詠一卷詞館賦鈔一卷　(清)宋湘撰　清嘉慶刻本　四册

440000－2506－0001587　402－13/181(2)
不易居齋集一卷豐湖漫草不分卷紅杏山房試詩一卷紅杏山房詩鈔一卷紅杏山房試帖詩一卷漢書摘詠一卷後漢書摘詠一卷詞館賦鈔一卷　(清)宋湘撰　清嘉慶刻本　一册　存一卷(不易居齋集一卷)

440000－2506－0001588　402－13/182
崔翰林遺集二卷附録一卷　(清)崔舜球著　清光緒十四年(1888)南海崔氏刻本　一册

440000－2506－0001589　402－13/182(2)
崔翰林遺集二卷附録一卷　(清)崔舜球著　清光緒十四年(1888)南海崔氏刻本　一册

440000－2506－0001590　402－13/182(3)
崔翰林遺集二卷附録一卷　(清)崔舜球著　清光緒十四年(1888)南海崔氏刻本　一册

440000－2506－0001591　402－13/183
四水子遺稿一卷　(清)錢友泗撰　**郊農偶吟稿一卷**　(清)錢炳森撰　清光緒刻本　一册

440000－2506－0001592　402－13/184
緑蘿書屋遺集四卷附録一卷　(清)羅文俊撰　清光緒廣州刻本　三册

440000－2506－0001593　402－13/185
頤巢類稿詩三卷文一卷　(清)陶邵學撰　清宣統三年(1911)廣州翰元樓刻本　二册

440000－2506－0001594　402－13/185(2)
頤巢類稿詩三卷文一卷　(清)陶邵學撰　清宣統三年(1911)廣州翰元樓刻本　二册

440000－2506－0001595　402－13/185(3)
頤巢類稿詩三卷文一卷　(清)陶邵學撰　清宣統三年(1911)廣州翰元樓刻本　一册　存三卷(詩三卷)

440000－2506－0001596　402－13/186
瞎堂詩集二十卷首一卷　(清)釋函昰撰　清刻本　四册

440000－2506－0001597　402－13/186(2)
瞎堂詩集二十卷首一卷　(清)釋函昰撰　清刻本　四册

440000－2506－0001598　402－13/192
古香樓遺稾十卷　(清)沈長春撰　清嘉慶刻本　四册

440000－2506－0001599　402－13/193
冬榮館遺藁六卷　(清)許玉彬撰　清咸豐刻本　一册　存三卷(一至三)

440000－2506－0001600　402－13/194

柳洲遺稿二卷　(清)魏之琇撰　清同治十一年(1872)錢塘丁氏當歸草堂刻西泠五布衣遺著本　一册

440000－2506－0001601　402－13/195

子雨詩草一卷　(清)謝元霖撰　清光緒刻本　一册

440000－2506－0001602　402－13/196

鋤月山房文鈔二卷艸艸艸堂詩艸二卷　(清)何仁山撰　清光緒十六年(1890)刻本　四册

440000－2506－0001603　402－13/197

蓮西詩存二卷　(清)釋竇筏著　清光緒十九年(1893)刻本　二册

440000－2506－0001604　402－13/199

鴻桷堂詩文集四卷　(清)胡方撰　清同治三年(1864)廣州劬學齋刻本　四册

440000－2506－0001605　402－13/20

陳檢討集二十卷　(清)陳維崧撰　清光緒元年(1875)寶文堂刻本　四册

440000－2506－0001606　402－13/20(2)

陳檢討集二十卷　(清)陳維崧撰　清光緒元年(1875)寶文堂刻本　二册　存十卷(十一至二十)

440000－2506－0001607　402－13/202

十悔齋詩鈔四卷　(清)吴炳南撰　清佛山多寶堂刻本　一册

440000－2506－0001608　402－13/203

紅杏山房詩鈔四卷試詩一卷試帖詩一卷同館賦鈔一卷　(清)宋湘撰　清嘉慶二十五年(1820)刻本　六册

440000－2506－0001609　402－13/206

儀鄭堂駢儷文三卷　(清)孔廣森撰　清光緒善化章氏經濟堂刻本　二册

440000－2506－0001610　402－13/207

隨山館詩簡編四卷　(清)汪瑔撰　清光緒刻本　一册　存二卷(一至二)

440000－2506－0001611　402－13/209

希古堂集甲集二卷乙集六卷　(清)譚宗浚撰　清光緒十六年(1890)羊城萃古堂刻本　四册

440000－2506－0001612　402－13/21

二曲集四十六卷　(清)李顒撰　清光緒三年(1877)石泉彭懋謙刻本　十六册

440000－2506－0001613　402－13/21(2)

二曲集四十六卷　(清)李顒撰　清光緒三年(1877)石泉彭懋謙刻本　十六册

440000－2506－0001614　402－13/210

讀白華草堂詩初集九卷二集十二卷苜蓿集八卷　(清)黄釗撰　清道光刻本　八册

440000－2506－0001615　402－13/216

清溪吟草三卷　(清)陳汪撰　清道光真率閣刻本　一册

440000－2506－0001616　402－13/217

誦芬堂詩草不分卷　(清)羅廷琛撰　清光緒二十三年(1897)廣州刻本　一册

440000－2506－0001617　402－13/217(2)

誦芬堂詩草不分卷　(清)羅廷琛撰　清光緒二十三年(1897)廣州刻本　一册

440000－2506－0001618　402－13/22

三魚堂文集十二卷三魚堂外集六卷附録一卷　(清)陸隴其撰　(清)席永恂等校　清末老掃葉山房刻本　六册

440000－2506－0001619　402－13/220

柏梘山房集三十一卷　(清)梅曾亮撰　清咸豐六年(1856)刻同治三年(1864)補刻本　八册

440000－2506－0001620　402－13/222

所託山房詩集四卷首一卷　(清)周遐桃撰　清光緒刻本　一册

440000－2506－0001621　402－13/222(2)

所託山房詩集四卷首一卷　(清)周遐桃撰　清光緒刻本　二册

440000－2506－0001622　402－13/222(3)

所託山房詩集四卷首一卷　(清)周遐桃撰

清光緒刻本　一册　存三卷(二至四)

440000－2506－0001623　402－13/223
鼇洲詩草十二卷詩餘一卷　(清)林蒲封撰　清光緒二年(1876)刻本　四册

440000－2506－0001624　402－13/225
衎石齋記事稿十卷　(清)錢儀吉撰　清道光刻本　十册

440000－2506－0001625　402－13/227
海天樓詩鈔六卷　(清)喻炳榮撰　清道光刻本　二册

440000－2506－0001626　402－13/23
曝書亭集八十卷附錄一卷目錄一卷　(清)朱彝尊撰　清光緒十五年(1889)寒梅館刻本　十六册

440000－2506－0001627　402－13/23(2)
曝書亭集八十卷附錄一卷目錄一卷　(清)朱彝尊撰　清光緒十五年(1889)寒梅館刻朱印本　五册　存二十三卷(五至二十二、三十一至三十五)

440000－2506－0001628　402－13/231
古香閣詩集二卷　(清)葉璧華撰　清光緒二十九年(1903)刻本　一册　存一卷(一)

440000－2506－0001629　402－13/232
紅豆山房詩集三卷詞集一卷文一卷　(清)何振撰　清光緒刻本　二册

440000－2506－0001630　402－13/233
侯官嚴氏叢刻五種五卷　嚴復撰　清光緒二十七年(1901)南昌讀有用書之齋刻本　四册

440000－2506－0001631　402－13/238
旅逸小稿二卷　(清)錢儀吉撰　清光緒五年(1879)刻本　一册

440000－2506－0001632　402－13/239
冬花庵燼餘稿三卷　(清)奚岡撰　清同治十一年(1872)錢塘丁氏當歸草堂刻西泠五布衣遺著本　一册

440000－2506－0001633　402－13/239(2)
冬花庵燼餘稿三卷　(清)奚岡撰　清同治十一年(1872)錢塘丁氏當歸草堂刻西泠五布衣遺著本　一册

440000－2506－0001634　402－13/240
鐵畫樓詩續鈔二卷　(清)張蔭桓撰　清光緒二十八年(1902)觀復齋刻本　一册

440000－2506－0001635　402－13/241
愚荃敝帚二種二卷　(清)李文安撰　清光緒九年(1883)同文書局石印本　一册

440000－2506－0001636　402－13/242
影梅庵憶語一卷　(清)冒襄撰　清光緒二十六年(1900)番禺沈宗疇刻拜鴛樓校刻四種本　一册

440000－2506－0001637　402－13/247
觀古閣叢稿二卷　(清)鮑康著　清同治十二年(1873)歙縣鮑康觀古閣刻本　一册

440000－2506－0001638　402－13/248
從政錄四卷　(清)汪喜荀撰　清道光汪喜荀刻本　一册　存一卷(四)

440000－2506－0001639　402－13/249
微波詞一卷獨學廬二稿三卷　(清)石韞玉撰　清嘉慶十年(1805)重慶刻本　一册

440000－2506－0001640　402－13/252
易餘籥錄二十卷　(清)焦循撰　清嘉慶二十一年(1816)刻本　三册

440000－2506－0001641　402－13/254
九芝僊館行卷不分卷　(清)徐琪撰　清光緒二十年(1894)刻本　一册

440000－2506－0001642　402－13/258
萬物炊累室文乙集二卷　(明)沈同芳撰　清光緒二十二年(1896)廣州刻本　一册

440000－2506－0001643　402－13/259
硃批評註管稿八卷　(清)管世銘撰　清光緒十七年(1891)琉璃廠刻朱墨套印本　四册

440000－2506－0001644　402－13/26
曝書亭集外詩八卷　(清)朱彝尊撰　清道光二年(1822)阮元刻本　二册

440000－2506－0001645　402－13/260
小樓吟稿不分卷　(清)謝方端撰　清光緒二十六年(1900)古經閣刻本　一册

440000－2506－0001646　402－13/261
綠蘿書屋遺集四卷附錄一卷　(清)羅文俊撰　清光緒二十三年(1897)廣州刻本　三册

440000－2506－0001647　402－13/262
廣東文獻四集二十六卷　(明)羅學鵬編輯　清嘉慶二十四年(1819)順德春暉堂刻本　一册　存六卷(一至六)

440000－2506－0001648　402－13/263
硯林詩集四卷　(清)丁敬撰　清同治十年(1871)錢塘丁氏當歸草堂刻本　一册

440000－2506－0001649　402－13/264
劬書室遺集十六卷理學庸言二卷　(清)金錫齡撰　清光緒二十一年(1895)刻本　六册

440000－2506－0001650　402－13/265
懷古田舍詩節鈔六卷　(清)徐榮撰　清同治三年(1864)錦城刻本　六册

440000－2506－0001651　402－13/267
墨井詩鈔二卷別卷一卷外卷一卷　(清)吳歷撰　清刻本　一册

440000－2506－0001652　402－13/268
小袛陀龕詩鈔四卷　(清)沈世良撰　清光緒刻本　二册

440000－2506－0001653　402－13/270
子良詩錄二卷摘句一卷　(清)馮詢撰　清同治二年(1863)廣州寶華坊刻本　二册

440000－2506－0001654　402－13/272
百宋一廛賦一卷　(清)顧廣圻撰　(清)黄丕烈注　清光緒三年(1877)刻本　一册

440000－2506－0001655　402－13/275
靈洲山人詩錄六卷　(清)徐灝撰　清同治三年(1864)廣州萃文堂刻本　二册

440000－2506－0001656　402－13/275(2)
靈洲山人詩錄六卷　(清)徐灝撰　清同治三年(1864)廣州萃文堂刻本　一册

440000－2506－0001657　402－13/278
珍帚編詩集十卷　(清)崔弼撰　清嘉慶十五年(1810)刻本　二册

440000－2506－0001658　402－13/278(2)
珍帚編詩集十卷　(清)崔弼撰　清嘉慶十五年(1810)刻本　二册

440000－2506－0001659　402－13/279
劉錦川先生遺著一卷　(清)劉汝新撰　清末廣州鉛印本　一册

440000－2506－0001660　402－13/28
道援堂詩十三卷　(清)屈大均撰　清刻本　八册

440000－2506－0001661　402－13/280
瑞谷山人遺集不分卷　(清)黄芝撰　清同治十一年(1872)刻本　一册

440000－2506－0001662　402－13/283
藹儔詩鈔一卷　(清)梁玉森撰　清光緒二年(1876)廣州富文齋刻本　一册

440000－2506－0001663　402－13/284
心遠小榭詩集二卷　(清)梁松年撰　清光緒刻本　一册

440000－2506－0001664　402－13/286
臨江鄉人詩四卷　(清)吳穎芳撰　清同治十年(1871)錢塘丁氏當歸草堂刻本　一册

440000－2506－0001665　402－13/288
鉛刀集四卷首一卷　(清)徐台英撰　清光緒十年(1884)刻本　三册

440000－2506－0001666　402－13/288(2)
鉛刀集四卷首一卷　(清)徐台英撰　清光緒十年(1884)刻本　三册

440000－2506－0001667　402－13/289
苜蓿集八卷　(清)黄釗撰　清道光刻本　一册　存四卷(一至四)

440000－2506－0001668　402－13/289(2)
苜蓿集八卷　(清)黄釗撰　清道光刻本　一册　存四卷(一至四)

440000－2506－0001669　402－13/29
翁山詩外十九卷　（清）屈大均撰　（清）屈明洪編　清宣統二年(1910)上海國學扶輪社鉛印本　十冊

440000－2506－0001670　402－13/290
逃虚閣詩集六卷　（清）張錦芳撰　清光緒十年(1884)廣州合成齋刻本　二冊

440000－2506－0001671　402－13/290(2)
逃虚閣詩集六卷　（清）張錦芳撰　清光緒十年(1884)廣州合成齋刻本　二冊

440000－2506－0001672　402－13/291
拙園詩選不分卷　（清）馮賡颺撰　清同治南海馮氏刻本　一冊

440000－2506－0001673　402－13/292
倚劍樓詩草七卷　（清）黄景棠撰　清光緒二十七年(1901)刻本　三冊

440000－2506－0001674　402－13/293
廣經室文鈔一卷　（清）劉恭冕撰　清光緒十五年(1889)廣雅書局刻本　一冊

440000－2506－0001675　402－13/294
結一宧駢體文二卷詩略三卷　屠寄撰　清光緒十六年(1890)廣州富文齋刻本　一冊

440000－2506－0001676　402－13/296
南遊賸稿一卷　（清）張槐撰　清光緒龍江張氏刻本　一冊

440000－2506－0001677　402－13/296(2)
南遊賸稿一卷　（清）張槐撰　清光緒龍江張氏刻本　一冊

440000－2506－0001678　402－13/297
琴隱園詩集三十六卷詞集四卷　（清）湯貽汾撰　清光緒刻本　八冊

440000－2506－0001679　402－13/30
翁山文外十六卷　（清）屈大均撰　清宣統二年(1910)上海國學扶輪社鉛印本　四冊

440000－2506－0001680　402－13/300
精華錄訓纂十卷年譜二卷附錄一卷　（清）王士禛撰　（清）惠棟編　清光緒十七年(1891)會稽徐氏述史樓刻本　二十二冊

440000－2506－0001681　402－13/302
刻楮集四卷　（清）錢儀吉撰　清光緒六年(1880)嘉興錢彝甫刻本　一冊

440000－2506－0001682　402－13/304
冬日百詠不分卷　（清）徐琪撰　清光緒元年(1875)刻本　一冊

440000－2506－0001683　402－13/305
豐湖漫草一卷續草一卷　（清）宋湘撰　清嘉慶刻本　二冊

440000－2506－0001684　402－13/306
宛湄書屋文鈔八卷　（清）李光廷著　清刻本　一冊　存四卷(一至四)

440000－2506－0001685　402－13/307
素心蘭室詩鈔二卷　（清）陸應暄撰　清刻本　一冊

440000－2506－0001686　402－13/307(2)
素心蘭室詩鈔二卷　（清）陸應暄撰　清刻本　一冊

440000－2506－0001687　402－13/308
嶺南集八卷　（清）杭世駿撰　清光緒七年(1881)學海堂刻本　二冊

440000－2506－0001688　402－13/309
懷舊集二卷　（明）馮舒撰　清光緒三年(1877)刻本　一冊

440000－2506－0001689　402－13/31
清芬集二卷　（清）潘譽徵撰　清宣統三年(1911)南海潘氏刻本　一冊

440000－2506－0001690　402－13/310
聽雲樓詩鈔十卷　（清）譚敬昭撰　清光緒六年(1880)刻本　一冊　存六卷(一至六)

440000－2506－0001691　402－13/312
石雲山人詩集二十三卷　（清）吳榮光撰　清道光二十一年(1841)南海吳氏筠清館刻本　六冊

440000－2506－0001692　402－13/313

朱九江先生集十卷首一卷　(清)朱次琦撰　清光緒二十三年(1897)順德簡氏讀書草堂刻本　四册

440000－2506－0001693　402－13/313(2)
朱九江先生集十卷首一卷　(清)朱次琦撰　清光緒二十三年(1897)順德簡氏讀書草堂刻本　四册

440000－2506－0001694　402－13/313(3)
朱九江先生集十卷首一卷　(清)朱次琦撰　清光緒二十三年(1897)順德簡氏讀書草堂刻本　四册

440000－2506－0001695　402－13/313(4)
朱九江先生集十卷首一卷　(清)朱次琦撰　清光緒二十三年(1897)順德簡氏讀書草堂刻本　四册

440000－2506－0001696　402－13/313(5)
朱九江先生集十卷首一卷　(清)朱次琦撰　清光緒二十三年(1897)順德簡氏讀書草堂刻本　四册

440000－2506－0001697　402－13/313(6)
朱九江先生集十卷首一卷　(清)朱次琦撰　清光緒二十三年(1897)順德簡氏讀書草堂刻本　三册

440000－2506－0001698　402－13/313(7)
朱九江先生集十卷首一卷　(清)朱次琦撰　清光緒二十三年(1897)順德簡氏讀書草堂刻本　一册　存一卷(首一卷)

440000－2506－0001699　402－13/314
東塾集六卷　(清)陳澧撰　清光緒十八年(1892)菊坡精舍刻本　三册

440000－2506－0001700　402－13/314(2)
東塾集六卷附申范一卷　(清)陳澧撰　清光緒十八年(1892)菊坡精舍刻本　三册

440000－2506－0001701　402－13/314(3)
東塾集六卷附申范一卷　(清)陳澧撰　清光緒十八年(1892)菊坡精舍刻本　三册

440000－2506－0001702　402－13/314(4)
東塾集六卷附申范一卷　(清)陳澧撰　清光緒十八年(1892)菊坡精舍刻本　三册

440000－2506－0001703　402－13/314(5)
東塾集六卷　(清)陳澧撰　清光緒十八年(1892)菊坡精舍刻本　一册　存三卷(一至三)

440000－2506－0001704　402－13/318
鑄史駢言十二卷首一卷　(清)孫玉田撰　清光緒二十九年(1903)上海慎記石印本　二册

440000－2506－0001705　402－13/319
曲園尺牘五卷　(清)俞樾撰　清光緒十七年(1891)上海石印本　三册　存三卷(一、四至五)

440000－2506－0001706　402－13/32
獨漉堂詩集十五卷文集十五卷續編一卷　(清)陳恭尹撰　陳獨漉先生[恭尹]年譜一卷　溫肅編　清宣統刻本　十册

440000－2506－0001707　402－13/32(2)
獨漉堂詩集十五卷文集十五卷續編一卷　(清)陳恭尹撰　陳獨漉先生[恭尹]年譜一卷　溫肅編　清宣統刻本　一册　存七卷(文集五至八、十至十二)

440000－2506－0001708　402－13/320
庸書内篇二卷外篇二卷　(清)陳熾撰　清光緒二十三年(1897)知新書局刻本　四册

440000－2506－0001709　402－13/321
確山駢體文四卷　(明)宋世犖撰　清光緒九年(1883)花雨樓刻本　一册　存二卷(一至二)

440000－2506－0001710　402－13/322
南泩集三卷　(清)彭孫遹撰　清宣統三年(1911)上海掃葉山房石印本　二册

440000－2506－0001711　402－13/323
船山詩草選六卷　(清)張問陶撰　(清)石韞玉輯　清影印本　二册　存四卷(一至四)

440000－2506－0001712　402－13/325
粤臺徵雅錄一卷　(清)羅元煥撰　(清)陳仲

鴻注　清道光南海伍氏粵雅堂文字歡娛室刻嶺南遺書本　一冊

440000－2506－0001713　402－13/326
紫荆吟館詩集四卷　（清）曹秉哲撰　清光緒二十五年(1899)刻本　二冊

440000－2506－0001714　402－13/327
大樗堂初集十二卷　（清）王隼著　清道光二十年(1840)南海伍氏詩雪軒刻粵十三家集叢書本　一冊

440000－2506－0001715　402－13/328
雲華閣詩略六卷附録一卷坡亭詞鈔一卷　（清）易宏撰　清道光二十年(1840)南海伍氏詩雪軒刻粵十三家集叢書本　一冊

440000－2506－0001716　402－13/329
潛研堂詩續集十卷　（清）錢大昕撰　清嘉慶刻本　一冊　存四卷(一至四)

440000－2506－0001717　402－13/330
逢吉堂焚餘稿一卷題詞一卷　（清）黄錫深撰（清）黄春輯　**芝畦遊草一卷**　（清）黄春撰　清光緒三十年(1904)南海黄春刻本　一冊

440000－2506－0001718　402－13/331
樂善草堂詩鈔六卷　（清）潘贊清撰　清末廣州天成福記鉛印本　一冊

440000－2506－0001719　402－13/332
天章閣詩鈔五卷附行狀一卷　（清）龍應時撰　清嘉慶刻本　二冊

440000－2506－0001720　402－13/333
阿字無禪師光宣臺集二十五卷　（清）釋今無撰　清刻本　十一冊　存二十三卷(一至二十三)

440000－2506－0001721　402－13/36
九谷集六卷　（清）方殿元撰　清道光二十年(1840)南海伍氏詩雪軒刻粵十三家集叢書本　三冊

440000－2506－0001722　402－13/36(2)
九谷集六卷　（清）方殿元撰　清道光二十年(1840)南海伍氏詩雪軒刻粵十三家集叢書本　一冊　存二卷(一至二)

440000－2506－0001723　402－13/41
方望溪先生文集十八卷集外文十卷集外文補遺二卷　（清）方苞撰　**年譜一卷**　（清）蘇惇元輯　清咸豐元年(1851)刻本　十二冊

440000－2506－0001724　402－13/41(2)
方望溪先生文集十八卷集外文十卷集外文補遺二卷　（清）方苞撰　**年譜一卷**　（清）蘇惇元輯　清咸豐元年(1851)刻本　十冊

440000－2506－0001725　402－13/43－2
樊榭山房集十卷續集十卷文集八卷　（清）厲鶚撰　清光緒七年(1881)嶺南述古軒刻本　六冊

440000－2506－0001726　402－13/47
鄭板橋全集六編　（清）鄭燮撰　清宣統元年(1909)上海掃葉山房石印本　四冊

440000－2506－0001727　402－13/47(2)
鄭板橋全集六編　（清）鄭燮撰　清宣統元年(1909)上海掃葉山房石印本　一冊　存四十六頁(板橋詩鈔一至四十六)

440000－2506－0001728　402－13/49
寶綸堂文鈔八卷　（清）齊召南撰　清光緒十三年(1887)金峨山館刻本　二冊

440000－2506－0001729　402－13/50
寶綸堂集十卷拾遺一卷　（清）陳洪綬撰　清光緒十四年(1888)會稽董氏取斯堂刻本　八冊

440000－2506－0001730　402－13/51
鮚埼亭集三十八卷首一卷經史答問十卷外篇五十卷　（清）全祖望撰　清同治十一年(1872)借樹山房刻本　二十三冊

440000－2506－0001731　402－13/51(2)
鮚埼亭集三十八卷首一卷經史答問十卷外篇五十卷　（清）全祖望撰　清同治十一年(1872)借樹山房刻本　二十六冊

440000－2506－0001732　402－13/57
隨園全集四十種　（清）袁枚輯　清末至民國

初校經山房成記書局石印本　五十七册　存九種

440000－2506－0001733　402－13/57－2
隨園全集四十種　（清）袁枚輯　清光緒十九年（1893）倉山舊主石印本　十二册　存三十八種

440000－2506－0001734　402－13/63
袁文箋正十六卷補註一卷　（清）袁枚撰（清）石韞玉箋注　**增訂袁文箋正四卷**　（清）魏大縉撰　清光緒十四年（1888）上海蜚英館石印本　五册

440000－2506－0001735　402－13/63（2）
袁文箋正十六卷補註一卷　（清）袁枚撰（清）石韞玉箋注　**增訂袁文箋正四卷**　（清）魏大縉撰　清光緒十四年（1888）上海蜚英館石印本　一册　存四卷（增訂袁文箋正四卷）

440000－2506－0001736　402－13/63－3
袁文箋正十六卷補注一卷　（清）袁枚撰（清）石韞玉等箋注　清刻本　二册　存六卷（十至十五）

440000－2506－0001737　402－13/66
補校袁文箋正七卷首一卷　（清）袁枚撰（清）汗漫山人補校　清道光三年（1823）廣州叢雅居刻本　六册

440000－2506－0001738　402－13/66（2）
補校袁文箋正七卷首一卷　（清）袁枚撰（清）汗漫山人補校　清道光三年（1823）廣州叢雅居刻本　五册

440000－2506－0001739　402－13/66（3）
補校袁文箋正七卷首一卷　（清）袁枚撰（清）汗漫山人補校　清道光三年（1823）廣州叢雅居刻本　二册　存三卷（一、三，首一卷）

440000－2506－0001740　402－13/69
知足齋集三十二卷目錄一卷　（清）朱珪撰　清末刻本　十册

440000－2506－0001741　402－13/71
惜抱軒今體詩選不分卷　（清）姚鼐輯　清同治七年（1868）湘鄉曾氏刻本　三册

440000－2506－0001742　402－13/72
述學内篇三卷外篇一卷補遺一卷别錄一卷　（清）汪中撰　清光緒二十年（1894）刻本　三册

440000－2506－0001743　402－13/76－2
洪北江先生更生齋駢體文四卷　（清）洪亮吉撰　清光緒善化章氏經濟堂刻本　二册

440000－2506－0001744　402－13/78
卷施閣文乙集八卷續編一卷　（清）洪亮吉撰　清光緒二十一年（1895）善化章氏經濟堂刻本　四册

440000－2506－0001745　402－13/82－3
有正味齋駢體文箋注二十四卷首一卷　（清）吳錫麒撰　（清）葉聯芬箋注　（清）葉金泉原校　清光緒十五年（1889）上海蜚英館石印本　三册

440000－2506－0001746　402－13/82－4
有正味齋駢體文十六卷　（清）吳錫麒撰（清）葉聯芬箋注　（清）葉金泉原校　清同治七年（1868）慈北葉氏刻本　八册

440000－2506－0001747　402－13/82－4（2）
有正味齋駢體文箋注十六卷　（清）吳錫麒撰（清）葉聯芬箋注　（清）葉金泉原校　清同治七年（1868）慈北葉氏刻本　一册

440000－2506－0001748　402－13/82－4（3）
有正味齋駢體文箋注十六卷　（清）吳錫麒撰（清）葉聯芬箋注　（清）葉金泉原校　清同治七年（1868）慈北葉氏刻本　六册

440000－2506－0001749　402－13/82－4（4）
有正味齋駢體文箋注十六卷　（清）吳錫麒著（清）葉聯芬箋注　清同治七年（1868）慈北葉氏刻本　八册

440000－2506－0001750　402－13/82－4（5）
有正味齋駢體文箋註十六卷　（清）吳錫麒著（清）葉聯芬箋注　清同治七年（1868）慈北葉氏刻本　八册

440000－2506－0001751　402－13/84
有正味齋駢體文續集八卷詩續集八卷　(清)吳錫麒撰　清嘉慶二年(1797)刻本　八冊

440000－2506－0001752　402－13/88
有正味齋詩集六卷　(清)吳錫麒撰　清刻本　一冊

440000－2506－0001753　402－13/89
有正味齋賦稿一卷　(清)吳錫麒撰　(清)黄蟾桂注　**蘭修館賦稿一卷**　(清)顧元熙撰　清咸豐十年(1860)刻本　二冊

440000－2506－0001754　402－13/91
不櫛吟二卷　(清)潘素心撰　清嘉慶五年(1800)刻本　一冊　存一卷(一)

440000－2506－0001755　402－13/92
獨學廬二稿三卷　(清)石韞玉撰　清嘉慶十年(1805)重慶刻本　一冊

440000－2506－0001756　402－13/93
獨學廬外集不分卷　(清)石韞玉撰　清嘉慶十年(1805)重慶刻本　一冊

440000－2506－0001757　402－13/94
揅經室一集十四卷二集八卷三集五卷四集十一卷續集十一卷再續集七卷外集五卷　(清)阮元撰　(清)阮亨輯　清道光三年(1823)文選樓刻本　二十四冊

440000－2506－0001758　402－13/95
揅經室外集五卷　(清)阮元撰　清刻本　二冊

440000－2506－0001759　402－13/96
小謨觴館詩集八卷詩餘附錄一卷文集四卷　(清)彭兆蓀撰　清同治刻本　四冊

440000－2506－0001760　402－13/98
崇百藥齋文集二十卷續集四卷三集十二卷　(清)陸繼輅撰　**五真閣吟稿一卷**　(清)陸錢惠撰　清嘉慶二十五年(1820)合肥學舍刻本　八冊

440000－2506－0001761　402－14/15－2
說劍堂集不分卷　潘飛聲撰　清光緒二十二年(1896)刻本　四冊

440000－2506－0001762　402－14/19
新編分類飲冰室文集全編二十卷　梁啟超撰　清末上海廣益書局石印本　十九冊　存十九卷(一至十四、十六至二十)

440000－2506－0001763　402－14/20
飲冰室壬寅文集十六卷癸卯文集四卷　梁啟超撰　清末上海錦章書局石印本　四冊

440000－2506－0001764　402－14/20(2)
飲冰室壬寅文集十六卷癸卯文集四卷　梁啟超撰　清末上海錦章書局石印本　一冊　存二卷(壬寅文集十三至十四)

440000－2506－0001765　402－14/22
飲冰室文集十六卷　梁啟超撰　何天柱輯　清光緒二十九年(1903)上海廣智書局鉛印本　七冊　存七卷(一、四至九)

440000－2506－0001766　402－14/32
微尚齋詩二卷　汪兆鏞撰　清宣統三年(1911)刻本　一冊

440000－2506－0001767　402－14/32(2)
微尚齋詩二卷　汪兆鏞撰　清宣統三年(1911)刻本　一冊

440000－2506－0001768　402－14/32(3)
微尚齋詩二卷　汪兆鏞撰　清宣統三年(1911)刻本　一冊

440000－2506－0001769　402－14/52
鋤月山房文鈔二卷　(清)何仁山撰　清光緒十六年(1890)鄧蓉鏡豫章臬署刻本　一冊　存一卷(下)

440000－2506－0001770　402－14/70
五山草堂初編二卷　龍令憲撰　清光緒三十四年(1908)刻本　一冊

440000－2506－0001771　402－14/70(2)
五山草堂初編二卷　龍令憲撰　清光緒三十四年(1908)刻本　一冊

440000－2506－0001772　402－14/93
求志居存稿六卷　(清)李再榮撰　清光緒十

四年(1888)粵華公司鉛印本　一冊

440000－2506－0001773　402－3/22
陶淵明集十卷　(晉)陶潛撰　清宣統元年(1909)著易堂石印本　四冊

440000－2506－0001774　402－3/23
陶靖節先生詩四卷附錄一卷補註一卷　(晉)陶潛撰　(宋)湯漢箋釋　(元)吳師道附錄　清光緒十一年(1885)會稽章氏刻本　一冊

440000－2506－0001775　402－3/25
陶詩註四卷補註一卷　(晉)陶潛撰　(清)湯漢注　清光緒十一年(1885)刻本　一冊

440000－2506－0001776　402－3/29
陶淵明文集十卷　(晉)陶潛撰　(清)陶福祥校　清光緒五年(1879)刻本　四冊

440000－2506－0001777　402－3/29(2)
陶淵明文集十卷　(晉)陶潛撰　(清)陶福祥校　清光緒五年(1879)刻本　二冊

440000－2506－0001778　402－3/29(3)
陶淵明文集十卷　(晉)陶潛撰　(清)陶福祥校　清光緒五年(1879)刻本　三冊

440000－2506－0001779　402－7/2－3
徐孝穆全集六卷　(南朝陳)徐陵撰　(清)吳兆宜注　清光緒二年(1876)廣東翰墨園刻本　三冊

440000－2506－0001780　402－7/2－3(2)
徐孝穆全集六卷　(南朝陳)徐陵撰　(清)吳兆宜注　清光緒二年(1876)廣東翰墨園刻本　三冊

440000－2506－0001781　402－7/2－3(3)
徐孝穆全集六卷　(南朝陳)徐陵撰　(清)吳兆宜注　清光緒二年(1876)廣東翰墨園刻本　一冊　存二卷(五至六)

440000－2506－0001782　402－7/2－3(4)
徐孝穆全集六卷　(南朝陳)徐陵撰　(清)吳兆宜注　清光緒二年(1876)廣東翰墨園刻本　二冊

440000－2506－0001783　402－8/1－3
庾子山集十六卷年譜一卷世系一卷本傳一卷　(北周)庾信撰　(清)倪璠注　清光緒二十年(1894)儒雅堂刻本　十二冊

440000－2506－0001784　402－8/1－3(2)
庾子山集十六卷年譜一卷世系一卷本傳一卷　(北周)庾信撰　(清)倪璠注　清光緒二十年(1894)儒雅堂刻本　十二冊

440000－2506－0001785　402－8/1－4
庾子山集十六卷年譜一卷世系一卷本傳一卷　(北周)庾信撰　(清)倪璠注　清同治八年(1869)刻本　九冊

440000－2506－0001786　402－9/10
孟浩然詩集二卷　(唐)孟浩然撰　清光緒六年(1880)碧琳琅館刻朱墨套印本　二冊

440000－2506－0001787　402－9/12
王右丞集箋註二十八卷首一卷末一卷　(唐)王維撰　(清)趙殿成箋注　清末石印本　六冊

440000－2506－0001788　402－9/13
王摩詰詩集七卷　(唐)王維撰　(宋)劉辰翁評　清光緒五年(1879)碧琳琅館刻朱墨套印本　二冊

440000－2506－0001789　402－9/17
岑嘉州集八卷　(唐)岑參撰　清光緒十年(1884)上海同文書局石印本　二冊

440000－2506－0001790　402－9/18
高常侍集十卷　(唐)高適撰　清光緒十年(1884)上海同文書局石印本　二冊

440000－2506－0001791　402－9/19
杜工部集二十卷　(唐)杜甫撰　(清)錢謙益箋注　清宣統三年(1911)時中書局石印本　八冊

440000－2506－0001792　402－9/2
王子安集十三卷　(唐)王勃撰　清光緒九年(1883)蔣氏雙唐碑館刻本　六冊

440000－2506－0001793　402－9/21
杜詩鏡銓二十卷　(唐)杜甫撰　(清)楊倫注

清同治十一年(1872)望三益齋刻本　九冊

440000－2506－0001794　402－9/22
唱經堂杜詩解四卷　(唐)杜甫撰　(清)金聖歎解　清末石印本　三冊　存三卷(二至四)

440000－2506－0001795　402－9/26
唐陸宣公集二十二卷　(唐)陸贄撰　清光緒二十年(1894)上海鴻寶齋石印本　六冊

440000－2506－0001796　402－9/31－2
韓昌黎全集四十卷外集十卷　(唐)韓愈撰　清宣統二年(1910)上海掃葉山房石印本　九冊　存三十九卷(一至十九、二十五至三十四,外集十卷)

440000－2506－0001797　402－9/31－2(2)
韓昌黎全集四十卷外集十卷　(唐)韓愈撰　清宣統二年(1910)上海掃葉山房石印本　五冊　存二十四卷(一至五、十一至十九,外集十卷)

440000－2506－0001798　402－9/31－5
昌黎先生集四十卷　(唐)韓愈撰　(唐)李漢編　清光緒十五年(1889)玉山文瀾閣刻本　八冊

440000－2506－0001799　402－9/31－6
昌黎先生集四十卷　(唐)韓愈撰　(唐)李漢編　清同治九年(1870)廣東述古堂刻本　八冊

440000－2506－0001800　402－9/31－6(2)
昌黎先生集四十卷　(唐)韓愈撰　(唐)李漢編　清同治九年(1870)廣東述古堂刻本　八冊

440000－2506－0001801　402－9/33
昌黎先生詩集十卷　(唐)韓愈撰　(唐)李漢編　清光緒十五年(1889)玉山文瀾閣刻本　三冊

440000－2506－0001802　402－9/45
河東先生文集六卷　(唐)柳宗元撰　清宣統二年(1910)上海會文堂石印本　五冊

440000－2506－0001803　402－9/45(2)
河東先生文集六卷　(唐)柳宗元撰　清宣統二年(1910)上海會文堂石印本　四冊

440000－2506－0001804　402－9/46
柳柳州全集四卷　(唐)柳宗元撰　(清)孫琮評點　清末廣益書局石印本　一冊

440000－2506－0001805　402－9/50
李長吉詩註四卷首一卷外集一卷　(唐)李賀撰　(清)王琦注　清宣統元年(1909)上海掃葉山房石印本　二冊

440000－2506－0001806　402－9/51－3
李長吉集四卷外卷一卷　(唐)李賀撰　(清)黃淳耀　(清)黎簡評點　清光緒十八年(1892)廣州刻朱墨套印本　一冊

440000－2506－0001807　402－9/51－3(2)
李長吉集四卷外卷一卷　(唐)李賀撰　(清)黃淳耀　(清)黎簡評點　清光緒十八年(1892)廣州刻朱墨套印本　二冊

440000－2506－0001808　402－9/54
劉希仁文集一卷　(唐)劉軻撰　**理學簡言一卷**　(宋)區仕衡撰　清道光二十五年(1845)南海伍氏粵雅堂文字歡娛室刻嶺南遺書本　一冊

440000－2506－0001809　402－9/55
樊川詩集四卷樊川詩補遺一卷外集一卷別集一卷　(唐)杜牧撰　(清)馮集梧注　清光緒十六年(1890)湘南書局刻本　五冊

440000－2506－0001810　402－9/6
王摩詰集六卷　(唐)王維撰　清光緒十年(1884)上海商務印館石印本　二冊

440000－2506－0001811　402－9/64
溫飛卿詩集箋註九卷　(唐)溫庭筠撰　(明)曾益注　(清)顧予咸補注　(清)顧嗣立重校　清宣統二年(1910)石印本　四冊

440000－2506－0001812　402－9/64(2)
溫飛卿詩集箋註九卷　(唐)溫庭筠撰　(明)曾益注　(清)顧予咸補注　(清)顧嗣立重校　清宣統二年(1910)石印本　一冊

440000－2506－0001813　402－9/64－4
溫飛卿詩集箋註九卷　(唐)溫庭筠撰　(明)曾益注　(清)顧予咸補注　(清)顧嗣立重校　清光緒八年(1882)泉堂汪氏刻本　二册

440000－2506－0001814　402－9/71－3
唐女郎魚玄機詩一卷　(唐)魚玄機撰　清光緒二十年(1894)順德龍氏刻本　一册

440000－2506－0001815　402－9/8
孟浩然集四卷　(唐)孟浩然撰　清光緒十年(1884)上海同文書局石印本　二册

440000－2506－0001816　402－9/8(2)
孟浩然集四卷　(唐)孟浩然撰　清光緒十年(1884)上海同文書局石印本　一册　存二卷(一至二)

440000－2506－0001817　403－1/1
文選六十卷　(南朝梁)蕭統輯　(唐)李善注　(清)葉樹藩參訂　清末羊城翰墨園刻朱墨套印本　五册　存四十九卷(一至二十八、四十至六十)

440000－2506－0001818　403－1/1(2)
文選六十卷　(南朝梁)蕭統輯　(唐)李善注　(清)葉樹藩參訂　清末羊城翰墨園刻朱墨套印本　十一册　缺五卷(五十六至六十)

440000－2506－0001819　403－1/1(3)
文選六十卷　(南朝梁)蕭統輯　(唐)李善注　(清)葉樹藩參訂　清末羊城翰墨園刻朱墨套印本　十一册　缺五卷(四至八)

440000－2506－0001820　403－1/1(4)
文選六十卷　(南朝梁)蕭統輯　(唐)李善注　(清)葉樹藩參訂　清末羊城翰墨園刻朱墨套印本　七册　存三十四卷(一至八、十五至十九、二十四至二十八、四十至四十四、五十至六十)

440000－2506－0001821　403－1/1(5)
文選六十卷　(南朝梁)蕭統輯　(唐)李善注　(清)葉樹藩參訂　清末羊城翰墨園刻朱墨套印本　三册　存二十卷(十一至十五、二十至二十四、三十至三十九)

440000－2506－0001822　403－1/1(6)
文選六十卷　(南朝梁)蕭統輯　(唐)李善注　(清)葉樹藩參訂　清末羊城翰墨園刻朱墨套印本　十册　存五十四卷(一至十、十六至四十九、五十一至六十)

440000－2506－0001823　403－1/1(7)
文選六十卷　(南朝梁)蕭統輯　(唐)李善注　(清)葉樹藩參訂　清末羊城翰墨園刻朱墨套印本　八册

440000－2506－0001824　403－1/2－2
重訂文選集評十五卷首一卷末一卷　(南朝梁)蕭統輯　(明)于光華編　清刻本　五册　存六卷(四、十、十二至十三、十五,末一卷)

440000－2506－0001825　403－1/3
孫批胡刻文選四卷　(南朝梁)蕭統輯　(唐)李善注　(清)胡克家校　清光緒二十五年(1899)石印本　一册

440000－2506－0001826　403－1/6
重訂文選集評十五卷首一卷末一卷　(南朝梁)蕭統輯　(清)于光華重訂　清同治九年(1870)刻本　十一册　存十一卷(一至三、五至九、十一、十四,首一卷)

440000－2506－0001827　403－2/1
全上古三代秦漢三國六朝文七百四十六卷　(清)嚴可均輯　(清)王毓藻校刊　清光緒十三年至十九年(1887－1893)廣州廣雅書局刻本　五十九册

440000－2506－0001828　403－2/1/1
漢魏六朝百三家集不分卷　(明)張溥輯　清光緒刻本　二十七册

440000－2506－0001829　403－2/1/10
六朝文絜四卷　(清)許槤評點　清光緒七年(1881)寶石齋刻本　一册

440000－2506－0001830　403－2/1/10－2
六朝文絜四卷　(清)許槤評點　清光緒九年(1883)巴陵方氏刻本　一册

440000－2506－0001831　403－2/1/10－3

六朝文絜四卷　(清)許槤評點　清光緒三年(1877)讀有用書齋刻朱墨套印本　二冊

440000－2506－0001832　403－2/1/14
六朝唐賦讀本不分卷　(清)馬傳庚編注　清光緒元年(1875)琉璃廠翰寶齋刻本　二冊

440000－2506－0001833　403－2/1/6
南北朝文鈔二卷　(清)彭兆蓀輯　清光緒南海伍氏刻粤雅堂叢書本　二冊

440000－2506－0001834　403－2/1/6－2
南北朝文鈔二卷　(清)彭兆蓀輯　清光緒九年(1883)廣州味道腴軒刻本　二冊

440000－2506－0001835　403－2/14－2
古文辭類纂七十五卷　(清)姚鼐輯　清同治八年(1869)刻本　十二冊

440000－2506－0001836　403－2/18
玉臺新詠十卷　(南朝陳)徐陵輯　清光緒五年(1879)成都宏達堂刻本　五冊

440000－2506－0001837　403－2/2/1
初唐四傑集四種　(清)項家達輯　清同治十二年(1873)叢雅居刻本　八冊

440000－2506－0001838　403－2/2/1(2)
初唐四傑集四種　(清)項家達輯　清同治十二年(1873)叢雅居刻本　十冊

440000－2506－0001839　403－2/2/13
唐詩繹律六卷　(清)朱曾武選注　清嘉慶十一年(1806)綠玉堂刻本　五冊

440000－2506－0001840　403－2/2/14
御製全唐詩三十二卷　(清)聖祖玄燁編　清光緒十三年(1887)上海同文書局石印本　三十二冊

440000－2506－0001841　403－2/2/17
唐詩三百首註疏六卷　(清)孫洙編　(清)章燮注　清道光刻本　四冊

440000－2506－0001842　403－2/2/2
唐文粹一百卷　(宋)姚鉉編　清光緒九年(1883)江蘇書局刻本　二十冊

440000－2506－0001843　403－2/2/21
唐人賦鈔六卷　(清)邱先德輯　清刻本　一冊

440000－2506－0001844　403－2/2/21(2)
唐人賦鈔六卷　(清)邱先德輯　清刻本　一冊

440000－2506－0001845　403－2/2/2－2
唐文粹一百卷　(宋)姚鉉編　清刻本　十五冊

440000－2506－0001846　403－2/2/2－3
唐文粹一百卷　(宋)姚鉉編　清光緒十六年(1890)杭州許氏榆園刻本　十四冊

440000－2506－0001847　403－2/2/4
重訂唐詩別裁集二十卷　(清)沈德潛選　清刻本　三冊　存六卷(五至六、十一至十二、十七至十八)

440000－2506－0001848　403－2/2/7
唐駢體文鈔十七卷　(清)陳均輯　清同治刻本　四冊

440000－2506－0001849　403－2/2/7－2
唐駢體文鈔十七卷　(清)陳均輯　清嘉慶刻本　六冊

440000－2506－0001850　403－2/2/7－2(2)
唐駢體文鈔十七卷　(清)陳均輯　清嘉慶刻本　四冊

440000－2506－0001851　403－2/20
古詩源十四卷　(清)沈德潛選　清刻本　二冊　存七卷(一至三、八至十一)

440000－2506－0001852　403－2/24
古詩源十四卷　(清)沈德潛選　清光緒十七年(1891)湖南經濟書局刻本　五冊

440000－2506－0001853　403－2/24(2)
古詩源十四卷　(清)沈德潛選　清光緒二十二年(1896)湖南新化三味堂刻本　四冊

440000－2506－0001854　403－2/25
漁洋山人古詩選十五卷　(清)王士禛選　清同治七年(1868)湘鄉曾氏刻本　八冊

440000－2506－0001855　403－2/26

古文眉詮七十九卷　(清)浦起龍編　清光緒二十四年(1898)嶺南良產書屋刻本　二十六冊

440000－2506－0001856　403－2/28

古文翼八卷　(清)唐德宜輯　清光緒十二年(1886)漢口森寶齋刻本　八冊

440000－2506－0001857　403－2/29

詩倫四卷　(清)汪薇輯　清同治六年(1867)柳塘書屋刻本　四冊

440000－2506－0001858　403－2/3/1

南宋文範七十卷外篇四卷　(清)莊仲方編　清光緒十四年(1888)江蘇書局刻本　十六冊

440000－2506－0001859　403－2/3/3

三蘇文集三種　(清)邵希雍輯　清宣統元年(1909)上海會文學社石印本　五冊　存二十五卷(東坡四至八、蘇轍一至二十)

440000－2506－0001860　403－2/3/4－2

東萊先生古文關鍵四卷　(宋)呂祖謙編　清光緒元年(1875)番禺韓氏經畬草堂刻本　二冊

440000－2506－0001861　403－2/3/5

三蘇全集一百二十二卷　(清)弓翊清校　清道光七年至十二年(1827－1832)眉州三蘇祠刻本　五十二冊

440000－2506－0001862　403－2/30

詩倫二卷　(清)汪薇編　清乾隆木活字印武英殿聚珍版叢書本　二冊

440000－2506－0001863　403－2/3－2

古文淵鑒六十四卷　(清)徐乾學編注　清同治十二年(1873)浙江書局刻本　三十二冊

440000－2506－0001864　403－2/35

古文析義十六卷　(清)林雲銘評注　清奎璧堂刻本　十一冊

440000－2506－0001865　403－2/36

五朝別裁集五種　(清)沈德潛選　清書業堂刻本　十四冊

440000－2506－0001866　403－2/4/1

元詩別裁八卷　(清)沈德潛選　清刻本　二冊　存四卷(一至二、五至六)

440000－2506－0001867　403－2/4/4

谷音二卷　(元)杜本編　清咸豐元年(1851)南海伍氏刻粵雅堂叢書本　一冊

440000－2506－0001868　403－2/4/7

元文類七十卷目錄三卷　(元)蘇天爵輯　清光緒十五年(1889)江蘇書局刻本　十冊

440000－2506－0001869　403－2/42

古文觀止十二卷　(清)吳乘權輯　清宣統元年(1909)浙江石印本　一冊　存十卷(一至十)

440000－2506－0001870　403－2/43

四六法海八卷　(明)王志堅輯　(清)蔣士銓評選　清光緒十五年(1889)嶺南雲林閣刻朱墨套印本　八冊

440000－2506－0001871　403－2/44

瀛奎律髓刊誤四十九卷　(元)方回選　(清)紀昀評點　清光緒六年(1880)讖華庵刻本　九冊

440000－2506－0001872　403－2/44(2)

瀛奎律髓刊誤四十九卷　(元)方回選　(清)紀昀評點　清光緒六年(1880)讖華庵刻本　五冊

440000－2506－0001873　403－2/46

古文雅正十四卷　(清)蔡世遠選評　清光緒二十二年(1896)上海圖書集成印書局鉛印本　一冊　存七卷(一至七)

440000－2506－0001874　403－2/47

駢體文鈔三十一卷　(清)李兆洛輯　清廣州登雲閣刻本　八冊

440000－2506－0001875　403－2/48

宮閨文選二十六卷　(清)周壽昌輯　清道光二十六年(1846)小蓬萊山館刻本　八冊

440000－2506－0001876　403－2/49

賦學正鵠十卷　(清)李元度輯　清光緒二十

年(1894)琉璃廠刻朱墨套印本　七冊

440000－2506－0001877　403－2/49－2

賦學正鵠十卷　(清)李元度輯　清刻本　三冊　存七卷(二至八)

440000－2506－0001878　403－2/49－2(2)

賦學正鵠十卷　(清)李元度輯　清刻本　一冊　存二卷(四至五)

440000－2506－0001879　403－2/5/4

明文在一百卷　(清)薛熙編　清光緒十五年(1889)江蘇書局刻本　十冊

440000－2506－0001880　403－2/5/8

瓶花齋集十卷　(明)袁宏道撰　清宣統三年(1911)石印本　三冊

440000－2506－0001881　403－2/59

御選唐宋詩醇四十七卷目錄二卷　(清)高宗弘曆選　清光緒七年(1881)浙江書局刻本　十四冊

440000－2506－0001882　403－2/59(2)

御選唐宋詩醇四十七卷目錄二卷　(清)高宗弘曆選　清光緒七年(1881)浙江書局刻本　二十冊

440000－2506－0001883　403－2/6/10

國朝駢體正宗續編八卷　(清)張鳴珂輯　清光緒二十一年(1895)善化章氏刻本　四冊

440000－2506－0001884　403－2/6/15

賦海大全二十六卷首一卷　(清)張承臚編　清光緒十五年(1889)上海點石齋石印本　十冊

440000－2506－0001885　403－2/6/16

南宋雜事詩七卷首一卷　(清)沈嘉轍等撰　清道光九年(1829)扶荔山房刻本　四冊

440000－2506－0001886　403－2/6/17

大題觀海二集不分卷　(□)□□輯　清光緒十四年(1888)上海點石齋石印本　九冊

440000－2506－0001887　403－2/6/18

粵東古學觀海集六卷　(清)李調元編　清同治、光緒拾芥園刻本　二冊　存二卷(一至二)

440000－2506－0001888　403－2/6/19

八家四六文註八卷　(清)許貞幹注　清光緒二十四年(1898)上海緯文閣石印本　二冊　存三卷(一至三)

440000－2506－0001889　403－2/6/20

八家四六文註八卷　(清)許貞幹注　清末上海掃葉山房石印本　一冊　存二卷(七至八)

440000－2506－0001890　403－2/6/24

隨園續同人集不分卷　(清)袁枚輯　清光緒十九年(1893)石印本　二冊

440000－2506－0001891　403－2/6/26

菊坡精舍集二十卷　(清)陳澧編　清光緒二十三年(1897)刻本　七冊

440000－2506－0001892　403－2/6/26(2)

菊坡精舍集二十卷　(清)陳澧編　清光緒二十三年(1897)刻本　七冊

440000－2506－0001893　403－2/6/27

學海堂集初集十六卷二集二十二卷三集二十四卷四集二十八卷　(清)阮元等編　清道光五年至光緒十二年(1825－1886)啟秀山房刻本　四十冊

440000－2506－0001894　403－2/6/27(2)

學海堂集初集十六卷二集二十二卷三集二十四卷四集二十八卷　(清)阮元等編　清道光五年至光緒十二年(1825－1886)啟秀山房刻本　四十冊

440000－2506－0001895　403－2/6/27(3)

學海堂集初集十六卷二集二十二卷三集二十四卷四集二十八卷　(清)阮元等編　清道光五年至光緒十二年(1825－1886)啟秀山房刻本　四十二冊

440000－2506－0001896　403－2/6/27(4)

學海堂集初集十六卷二集二十二卷三集二十四卷四集二十八卷　(清)阮元等編　清道光五年至光緒十二年(1825－1886)啟秀山房刻本　十三冊　存二十九卷(初集一至四、七至

八,二集一至二、六至十五、十八至二十二,三集一至六)

440000－2506－0001897　403－2/6/28
皇朝經世文編一百二十卷姓名總目二卷　(清)賀長齡輯　清光緒十五年(1889)廣百宋齋鉛印本　十四冊　存七十三卷(二十一至二十五、三十七至一百四)

440000－2506－0001898　403－2/6/29
皇朝經世文續編一百二十卷姓名總目二卷　(清)葛士濬輯　清光緒十四年(1888)圖書集成局石印本　二十八冊

440000－2506－0001899　403－2/6/29(2)
皇朝經世文續編一百二十卷姓名總目二卷　(清)葛士濬輯　清光緒十四年(1888)圖書集成局石印本　二十三冊　存八十三卷(五至十八、二十四至三十一、三十六至三十九、五十二至七十四、七十九至一百十二)

440000－2506－0001900　403－2/6/3
國朝古文正的五卷附錄二卷　(清)楊彝珍輯　清光緒六年(1880)獨山莫氏鉛印本　五冊

440000－2506－0001901　403－2/6/30
感舊集十六卷首一卷　(清)王士禛輯　清末中華圖書館石印本　四冊

440000－2506－0001902　403－2/6/32
東游詩記一卷　(清)金保權著　清光緒二十四年(1898)廣州鉛印本　一冊

440000－2506－0001903　403－2/6/4
國朝六家詩鈔八卷　(清)劉執玉輯　清刻本　四冊

440000－2506－0001904　403－2/6/6
國朝六家詩鈔八卷　(清)劉執玉輯　清光緒九年(1883)汗青簃刻本　八冊

440000－2506－0001905　403－2/6/7
國朝駢體正宗十二卷　(清)曾燠輯　清嘉慶十一年(1806)賞雨茆屋刻本　五冊

440000－2506－0001906　403－2/6/8
國朝駢體正宗十二卷　(清)曾燠輯　(清)姚燮評　清光緒芸林草堂刻本　八冊

440000－2506－0001907　403－2/6/8(2)
國朝駢體正宗十二卷　(清)曾燠輯　(清)姚燮評　清光緒芸林草堂刻本　五冊

440000－2506－0001908　403－2/6/8－2
國朝駢體正宗十二卷　(清)曾燠輯　清嘉慶十一年(1806)賞雨茆屋刻本　六冊

440000－2506－0001909　403－2/6/9
皇朝駢文類苑十四卷首一卷　(清)姚燮輯　清光緒十二年(1886)刻本　十二冊

440000－2506－0001910　403－2/62
御選唐宋文醇五十八卷　(清)高宗弘曆選　清光緒二十一年(1895)上海鴻文書局石印本　一冊　存四卷(一至四)

440000－2506－0001911　403－2/63－1
御選唐宋詩醇四十七卷　(清)高宗弘曆選　清光緒二十一年(1895)上海鴻文書局石印本　八冊

440000－2506－0001912　403－2/64
唐宋八大家類選十四卷　(清)儲欣選評　清刻本　五冊　存八卷(一至四、七至八、十一至十二)

440000－2506－0001913　403－2/64－2
唐宋八大家類選十四卷　(清)儲欣選評　清光緒十八年(1892)湖北官書處刻本　六冊

440000－2506－0001914　403－2/66
古唐詩合解十二卷　(清)王堯衢注　清宣統元年(1909)上海錦章圖書局石印本　一冊

440000－2506－0001915　403－2/66(2)
古唐詩合解十二卷　(清)王堯衢注　清宣統元年(1909)上海錦章圖書局石印本　一冊　存八卷(一至八)

440000－2506－0001916　403－2/67
古賦首選一卷　(清)梁夔譜選　清同治八年(1869)梁鏡古堂刻本　一冊

440000－2506－0001917　403－2/67(2)
古賦首選一卷　(清)梁夔譜選　清同治八年

(1869)梁鏡古堂刻本　一冊

440000－2506－0001918　403－2/67(3)
古賦首選一卷　(清)梁夔譜選　清同治八年(1869)梁鏡古堂刻本　一冊

440000－2506－0001919　403－2/67(4)
古賦首選一卷　(清)梁夔譜選　清同治八年(1869)梁鏡古堂刻本　一冊

440000－2506－0001920　403－2/67(5)
古賦首選一卷　(清)梁夔譜選　清同治八年(1869)梁鏡古堂刻本　一冊

440000－2506－0001921　403－2/68
賦鈔箋略十五卷　(清)雷琳　(清)張杏濱箋　清同治二年(1863)遠安堂刻本　四冊　存三卷(四至六)

440000－2506－0001922　403－2/69
合諸家點評古文洪藻十二卷　(明)黄士京輯　清刻本　十二冊

440000－2506－0001923　403－2/7/1
重修滬遊雜記四卷　(清)葛元煦編　(清)袁祖志修　清末鉛印本　一冊　存二卷(三至四)

440000－2506－0001924　403－2/79
河嶽英靈集二卷　(唐)殷璠輯　清光緒四年(1878)遼陽賴豐烈揚州刻本　一冊

440000－2506－0001925　403－2/80－2
明文才調集不分卷國朝文才調集不分卷　(清)許振褘編　清光緒十七年(1891)刻本　十四冊

440000－2506－0001926　403－2/82
文章正宗復刻三十卷　(宋)真德秀輯　清刻本　一冊　存三卷(二十八至三十)

440000－2506－0001927　403－2/84
四忠遺集四種　(清)朱璘輯　清同治十年(1871)楚醴聚奎書閣刻本　二十冊

440000－2506－0001928　403－2/84(2)
四忠遺集四種　(清)朱璘輯　清同治十年(1871)楚醴聚奎書閣刻本　十八冊

440000－2506－0001929　403－2/88
經史百家簡編二卷　(清)曾國藩輯　清同治十三年(1874)傳忠書局刻本　二冊

440000－2506－0001930　403－2/89
經史百家雜鈔二十六卷　(清)曾國藩輯　清光緒三十二年(1906)上海商務印書館鉛印本　十二冊

440000－2506－0001931　403－2/89(2)
經史百家雜鈔二十六卷　(清)曾國藩輯　清光緒三十二年(1906)上海商務印書館鉛印本　八冊　存十七卷(一至二、九至十四、十八至二十六)

440000－2506－0001932　403－2/95
古文苑九卷　(宋)□□輯　清光緒五年(1879)宏達堂刻本　三冊

440000－2506－0001933　403－2/96
玉尺樓賦選五卷　(清)趙古農輯　清同治二年(1863)寶文堂刻本　二冊

440000－2506－0001934　403－3/1
粵東詩海一百卷補遺六卷　(清)溫汝能輯　清同治五年(1866)順德聚文堂刻本　四十冊

440000－2506－0001935　403－3/11
嶺南即事雜撰十卷　(□)□□編　清上海錦章書局石印本　一冊

440000－2506－0001936　403－3/12
後續嶺南即事六卷　(□)□□編　清刻本　一冊　存三卷(一至三)

440000－2506－0001937　403－3/15
番禺潘氏詩略二十三卷　(清)潘儀增編　清光緒二十年(1894)刻本　四冊

440000－2506－0001938　403－3/15(2)
番禺潘氏詩略二十三卷　(清)潘儀增編　清光緒二十年(1894)刻本　一冊　存七卷(四至十)

440000－2506－0001939　403－3/16
楚庭耆舊遺詩前集二十一卷後集二十一卷續集三十二卷　(清)伍崇曜輯　清道光二十三

年至三十年(1843－1850)南海伍氏刻本　十二冊

440000－2506－0001940　403－3/16(2)
楚庭耆舊遺詩前集二十一卷續集三十二卷　(清)伍崇曜輯　清道光二十三年至三十年(1843－1850)南海伍氏刻本　七冊　存三十九卷(前集二十一卷、續集九至二十六)

440000－2506－0001941　403－3/17
粵東七子詩六卷　(清)盛大士輯　清道光刻本　二冊

440000－2506－0001942　403－3/18
鼎湖外集五卷　(清)釋開溈撰　清刻本　一冊

440000－2506－0001943　403－3/19
國朝嶺南文鈔十八卷　(清)陳在謙評輯　清道光十二年(1832)廣州富文齋刻本　六冊

440000－2506－0001944　403－3/19(2)
國朝嶺南文鈔十八卷　(清)陳在謙評輯　清道光十二年(1832)廣州富文齋刻本　三冊　存九卷(六至十四)

440000－2506－0001945　403－3/2
粵十三家集一百八十二卷　(清)伍崇曜輯　清道光二十年(1840)南海伍氏詩雪軒刻本　三十冊

440000－2506－0001946　403－3/2(2)
粵十三家集一百八十二卷　(清)伍崇曜輯　清道光二十年(1840)南海伍氏詩雪軒刻本　十四冊　存八十四卷(一至八十四)

440000－2506－0001947　403－3/23
廣東古今名媛詩選二卷　(清)胡廷梁選　清刻本　一冊

440000－2506－0001948　403－3/24
吳會英才集二十四卷　(清)畢沅編　清道光刻本　六冊

440000－2506－0001949　403－3/27
嶺南群雅初集三卷補集二卷二集三卷　(清)劉彬華輯　清嘉慶十八年(1813)刻本　二冊　存三卷(初集三卷)

440000－2506－0001950　403－3/28
梅水彙靈集八卷首一卷　(清)胡曦輯　清光緒十二年(1886)湛此心齋鉛印本　一冊　存三卷(一至二、首一卷)

440000－2506－0001951　403－3/29
梅水詩傳續集□□卷　(清)張煜南　(清)張鴻南輯　清刻本　一冊　存一卷(九)

440000－2506－0001952　403－3/3
六瑩堂集九卷二集八卷　(清)梁佩蘭撰　清道光二十年(1840)南海伍氏詩雪軒刻粵十三家集叢書本　一冊　存二卷(二集七至八)

440000－2506－0001953　403－3/31
邱園八詠□□卷　(清)邱詒桐輯　清光緒二十二年(1896)邱園刻本　一冊　存一卷(一)

440000－2506－0001954　403－3/4
東莞詩錄六十五卷首一卷　張其淦輯　清宣統二年(1910)東莞張其淦刻本　十六冊　存五十卷(十三至三十八、四十二至六十五)

440000－2506－0001955　403－3/4(2)
東莞詩錄六十五卷首一卷　張其淦輯　清宣統二年(1910)東莞張其淦刻本　十五冊　存四十五卷(一至三十二、三十六至四十七,首卷)

440000－2506－0001956　403－3/4(3)
東莞詩錄六十五卷首一卷　張其淦輯　清宣統二年(1910)東莞張其淦刻本　六冊　存十六卷(一至十二、三十三至三十五,首一卷)

440000－2506－0001957　403－3/5
嶺南三大家詩選二十四卷　(清)王隼選　清同治七年(1868)南海陳氏刻本　五冊

440000－2506－0001958　403－3/5(2)
嶺南三大家詩選二十四卷　(清)王隼選　清同治七年(1868)南海陳氏刻本　四冊

440000－2506－0001959　403－3/5(3)
嶺南三大家詩選二十四卷　(清)王隼選　清同治七年(1868)南海陳氏刻本　五冊

440000－2506－0001960　403－3/7
粵東三子詩鈔十四卷首一卷　(清)黄玉階編　清道光二十二年(1842)廣州番禺黄玉階刻本　四册

440000－2506－0001961　403－3/7(2)
粵東三子詩鈔十四卷首一卷　(清)黄玉階編　清道光二十二年(1842)廣州番禺黄玉階刻本　六册

440000－2506－0001962　403－3/8
朱氏傳芳集八卷首一卷　(清)朱次琦編　清咸豐廣州刻本　五册

440000－2506－0001963　403－3/8(2)
朱氏傳芳集八卷首一卷　(清)朱次琦編　清咸豐廣州刻本　四册　存七卷(一至六、首一卷)

440000－2506－0001964　403－3/8(3)
朱氏傳芳集八卷首一卷　(清)朱次琦編　清咸豐廣州刻本　四册　存八卷(朱氏傳芳集八卷)

440000－2506－0001965　403－4/14
春遊唱和詩一卷　(清)張維屏編　清道光二十六年(1846)刻本　一册

440000－2506－0001966　403－4/15
南山佳話一卷　鄔慶時編　清光緒三十四年(1908)羊城超華齋刻本　一册

440000－2506－0001967　403－4/16
露波樓詩鈔一卷首一卷　(明)張耀杓編　清光緒二十年(1894)刻本　一册

440000－2506－0001968　403－4/19
蘇海餘波一卷　(清)徐琪輯　清光緒七年(1881)刻本　一册

440000－2506－0001969　403－4/20
粵臺秋唱一卷　(清)版蟲輯　清光緒三十二年(1906)鉛印本　一册

440000－2506－0001970　403－4/4
河汾諸老詩集八卷　(元)房祺輯　清咸豐二年(1852)南海伍氏刻粵雅堂叢書本　一册

440000－2506－0001971　403－4/8
墨池賡和一卷　(清)徐琪輯　清光緒十三年(1887)刻香海庵叢書本　一册

440000－2506－0001972　403－4/9
留雲集一卷　(清)徐琪輯　清光緒十二年(1886)刻本　一册

440000－2506－0001973　403－5/1
月泉吟社一卷　(宋)吳渭編　清咸豐元年(1851)南海伍氏刻粵雅堂叢書本　一册

440000－2506－0001974　403－5/10
圖詠遺芬六卷　(清)俞伯惠輯　清光緒二十一年(1895)婺原俞氏清蔭堂刻本　一册

440000－2506－0001975　403－5/10(2)
圖詠遺芬六卷　(清)俞伯惠輯　清光緒二十一年(1895)婺原俞氏清蔭堂刻本　一册

440000－2506－0001976　403－5/10(3)
圖詠遺芬六卷　(清)俞伯惠輯　清光緒二十一年(1895)婺原俞氏清蔭堂刻本　一册

440000－2506－0001977　403－5/11
歷朝詠物詩選箋註八卷　(清)黄應超撰　(清)易雲紀注　清光緒二年(1876)天寶樓刻本　四册

440000－2506－0001978　403－5/11(2)
歷朝詠物詩選箋註八卷　(清)黄應超撰　(清)易雲紀注　清同治七年(1868)翰寶樓刻本　五册　存六卷(一至五、八)

440000－2506－0001979　403－5/13
枕泉仙館詩賦鈔不分卷　(清)葉啟秀編　清咸豐廣州楊正文堂刻本　一册

440000－2506－0001980　403－5/17
新增百美圖說一卷　(清)李世捷繪　清光緒八年(1882)上海積山書房石印本　一册

440000－2506－0001981　403－5/7
百美新詠圖傳不分卷　(清)顔希源撰　清嘉慶十年(1805)集腋軒刻本　一册

440000－2506－0001982　403－5/9
題畫詩稿不分卷　(□)□□撰　清光緒夢香

園刻本　一册

440000－2506－0001983　403－6/10
名賢手劄不分卷　(清)郭慶藩輯　清光緒十年(1884)湘陰郭氏岵瞻堂刻本　一册

440000－2506－0001984　403－6/13
五十名家書札不分卷　(清)陸心源輯　清光緒二十年(1894)上海復古齋石印本　三册

440000－2506－0001985　403－7/1
鐵網珊瑚初集一卷二集一卷三集一卷　(明)朱存理輯　清同治六年(1867)翰寶樓刻本　五册

440000－2506－0001986　403－7/10
課藝不分卷　(□)□□編　清光緒十四年(1888)鉛印本　四十六册

440000－2506－0001987　403－7/2
湖南闈墨不分卷　(清)□□編　清光緒二十七年(1901)衡鑒堂刻本　一册

440000－2506－0001988　403－7/3
格致書院課藝不分卷　(清)王韜編　清光緒十三年(1887)上海大文書局石印本　十一册

440000－2506－0001989　403－7/4
金鈴集十二卷　(清)張綸編　清咸豐十年(1860)光華堂刻本　二册

440000－2506－0001990　403－7/5
歷科鄉會元魁大成不分卷　(清)褱海山房主人輯　清光緒十五年(1889)上海鴻寶齋書局石印本　十六册

440000－2506－0001991　403－7/6
近科通雅集初編不分卷　(清)謝昌期等撰　清光緒二十年(1894)刻本　一册

440000－2506－0001992　403－7/7
目耕齋讀本不分卷　(清)沈叔眉選輯　(清)徐楷評注　清光緒十一年(1885)北京琉璃廠蓬觀書屋刻朱墨套印本　三册

440000－2506－0001993　403－7/7－2
目耕齋讀本不分卷　(明)沈叔眉選輯　清刻本　四册

440000－2506－0001994　403－7/8
格致課存一卷　(清)□□編　清光緒二十年(1894)刻本　二册

440000－2506－0001995　403－7/9
時文拓胸集不分卷　(清)周嘉璧編　清道光二十一年(1841)濟美堂刻本　三册

440000－2506－0001996　404/1
文心雕龍十卷　(南朝梁)劉勰撰　(清)黄叔琳注　(清)紀昀評述　清道光十三年(1833)兩廣節署刻朱墨套印本　四册

440000－2506－0001997　404/1(2)
文心雕龍十卷　(南朝梁)劉勰撰　(清)黄叔琳注　(清)紀昀評述　清道光十三年(1833)兩廣節署刻朱墨套印本　四册

440000－2506－0001998　404/1(3)
文心雕龍十卷　(南朝梁)劉勰撰　(清)黄叔琳注　(清)紀昀評述　清道光十三年(1833)兩廣節署刻朱墨套印本　四册

440000－2506－0001999　404/1(4)
文心雕龍十卷　(南朝梁)劉勰撰　(清)黄叔琳注　(清)紀昀評述　清道光十三年(1833)兩廣節署刻朱墨套印本　四册

440000－2506－0002000　404/1(5)
文心雕龍十卷　(南朝梁)劉勰撰　(清)黄叔琳注　(清)紀昀評述　清道光十三年(1833)兩廣節署刻朱墨套印本　四册

440000－2506－0002001　404/1(6)
文心雕龍十卷　(南朝梁)劉勰撰　(清)黄叔琳注　(清)紀昀評述　清道光十三年(1833)兩廣節署刻朱墨套印本　四册

440000－2506－0002002　404/1(7)
文心雕龍十卷　(南朝梁)劉勰撰　(清)黄叔琳注　(清)紀昀評述　清道光十三年(1833)兩廣節署刻朱墨套印本　一册　存三卷(五至七)

440000－2506－0002003　404/2
文心雕龍十卷　(南朝梁)劉勰撰　(清)黄叔

琳注　(清)紀昀評述　清刻朱墨套印本　三冊　存七卷(四至十)

440000－2506－0002004　404/20
藝談錄二卷　(清)張維屏撰　清刻本　二冊

440000－2506－0002005　404/20(2)
藝談錄二卷　(清)張維屏撰　清刻本　二冊

440000－2506－0002006　404/21
墓銘舉例四卷　(明)王行撰　清光緒四年(1878)南海馮氏讀有用書齋刻朱墨套印本　一冊　存二卷(一至二)

440000－2506－0002007　404/22
四六叢話三十三卷選詩叢話一卷　(清)孫梅輯　清光緒七年(1881)吳下刻本　十二冊

440000－2506－0002008　404/23
升庵詩話十二卷詩話補遺二卷　(明)楊慎撰　(清)李調元校定　清嘉慶十四年(1809)李鼎元刻函海本　一冊

440000－2506－0002009　404/24
明詩紀事十籤一百八十七卷　(清)陳田輯　清光緒二十三年至宣統三年(1897－1911)貴陽陳氏聽濤詩齋刻本　三十八冊

440000－2506－0002010　404/25
帶經堂詩話三十卷首一卷　(清)王士禛撰　清同治十二年(1873)廣州藏修堂刻本　十冊

440000－2506－0002011　404/25(2)
帶經堂詩話三十卷首一卷　(清)王士禛撰　清同治十二年(1873)廣州藏修堂刻本　十冊

440000－2506－0002012　404/26
隨園詩話十六卷補遺十卷　(清)袁枚撰　清嘉慶刻本　五冊　存十二卷(一至四、九至十、十三至十四,補遺一至四)

440000－2506－0002013　404/27
隨園詩話十六卷補遺十卷　(清)袁枚撰　清末上海掃葉山房石印本　三冊

440000－2506－0002014　404/27(2)
隨園詩話十六卷補遺十卷　(清)袁枚撰　清末上海掃葉山房石印本　二冊　存十八卷(九至十六、補遺十卷)

440000－2506－0002015　404/27(3)
隨園詩話十六卷補遺十卷　(清)袁枚撰　清宣統三年(1911)上海掃葉山房石印本　六冊

440000－2506－0002016　404/32
靜志居詩話二十四卷　(清)朱彝尊撰　清扶荔山房石印本　三冊　存七卷(九至十一、十五至十八)

440000－2506－0002017　404/33
北江詩話四卷　(清)洪亮吉撰　清刻本　一冊

440000－2506－0002018　404/37
海天琴思錄八卷　(清)林昌彝輯　清同治八年(1869)廣州富文齋刻本　三冊　存六卷(三至八)

440000－2506－0002019　404/38
藝概六卷　(清)劉熙載撰　清光緒三年(1877)嶺南刻本　二冊

440000－2506－0002020　404/39
緝雅堂詩話二卷　(清)潘衍桐撰　清光緒十七年(1891)杭州刻本　一冊

440000－2506－0002021　404/40
讀書堂杜工部文集註解二卷　(唐)杜甫撰　(清)張溍注評　清同治十一年(1872)望三益齋刻本　一冊

440000－2506－0002022　404/41
廣陵詩事十卷　(清)阮元輯　清光緒十六年(1890)京師揚州老館刻本　二冊

440000－2506－0002023　404/42
聲調三譜五卷前譜一卷後譜一卷續譜一卷　(明)王祖源輯　清光緒八年(1882)福山王氏刻本　二冊

440000－2506－0002024　404/43
楹聯叢話十二卷　(清)梁章鉅編　清道光二十年(1840)沭陽呂恩湛刻本　三冊　存九卷(一至六、十至十二)

440000－2506－0002025　404/5

談藝珠叢四十四卷　(南朝梁)鍾嶸等撰　(清)王啟原輯　清光緒十一年(1885)長沙玉尺山房刻本　十册

440000－2506－0002026　404/66
分類詩腋八卷　(清)李楨編　清刻本　一册

440000－2506－0002027　404/68
春秋詩話五卷　(清)勞孝輿撰　清道光二十五年(1845)南海伍氏刻嶺南遺書本　一册

440000－2506－0002028　404/70
詩品百首一卷　(清)侯桐著　清道光二十二年(1842)桂香居刻本　一册

440000－2506－0002029　404/74
耕雲别墅詩話一卷　(清)鄔啟祚撰　清宣統三年(1911)刻本　一册

440000－2506－0002030　405－1/1
東坡詞一卷　(宋)蘇軾撰　清宣統元年(1909)二友堂石印本　一册

440000－2506－0002031　405－1/14－1
山中白雲詞八卷　(宋)張炎撰　清宣統三年(1911)北京龍文閣書莊石印本　二册

440000－2506－0002032　405－1/15
山中白雲詞八卷　(宋)張炎撰　清寶書堂刻本　一册

440000－2506－0002033　405－1/17
陶情樂府四卷　(明)楊慎撰　清宣統三年(1911)岷陽精舍刻本　一册

440000－2506－0002034　405－1/18
詞品六卷拾遺二卷　(明)楊慎撰　(清)李調元校定　清光緒刻本　一册

440000－2506－0002035　405－1/25
紅藕莊詞三卷　(清)龔翔麟撰　清刻本　一册

440000－2506－0002036　405－1/26
彈指詞二卷　(清)顧貞觀撰　清海甯陳氏鉛印本　二册

440000－2506－0002037　405－1/27
佛山竹枝詞一卷　(清)馮雨田著　清光緒三十年(1904)刻本　一册

440000－2506－0002038　405－1/29
雨屋深鐙詞一卷續稿一卷　汪兆鏞撰　清宣統三年(1911)鉛印本　一册

440000－2506－0002039　405－1/29(2)
雨屋深鐙詞一卷續稿一卷　汪兆鏞撰　清宣統三年(1911)鉛印本　一册

440000－2506－0002040　405－1/29(3)
雨屋深鐙詞一卷續稿一卷　汪兆鏞撰　清宣統三年(1911)鉛印本　一册

440000－2506－0002041　405－1/29(4)
雨屋深鐙詞一卷續稿一卷　汪兆鏞撰　清宣統三年(1911)鉛印本　一册

440000－2506－0002042　405－1/32
説劍堂集詞集四卷　潘飛聲撰　清光緒刻本　一册

440000－2506－0002043　405－1/41
劍光樓詞一卷　(清)儀克中撰　清咸豐十年(1860)正文堂刻本　一册

440000－2506－0002044　405－1/6
山谷詞一卷　(宋)黄庭堅撰　清宣統元年(1909)二友堂石印本　一册

440000－2506－0002045　405－2/16
四明近體樂府十卷　(清)袁鈞輯　清嘉慶五年(1800)鄞縣袁鈞刻本　四册

440000－2506－0002046　405－2/18
浙西六家詞十卷　(清)陳維崧輯　清寶書堂刻朱墨套印本　一册　存七卷(一至七)

440000－2506－0002047　405－2/19
粵東三家詞鈔三卷　(清)葉衍蘭編　清光緒二十一年(1895)刻本　一册

440000－2506－0002048　405－2/20
粵東詞鈔三編不分卷　(清)許玉彬　(清)沈世良輯　清道光二十九年(1849)羊城藝芳齋刻本　九册

440000－2506－0002049　405－2/20(2)
粤東詞鈔三編不分卷　(清)許玉彬　(清)沈世良輯　清道光二十九年(1849)羊城藝芳齋刻本　二册

440000－2506－0002050　405－2/21
樂府補題一卷　(宋)陳恕可撰　**蜕巖詞二卷**　(元)張翥撰　清刻本　一册

440000－2506－0002051　405－2/22
羊城竹枝詞二卷　(清)吟香閣主人輯　清光緒十四年(1888)佛山近文堂刻本　一册

440000－2506－0002052　405－2/22(2)
羊城竹枝詞二卷　(清)吟香閣主人輯　清光緒三年(1877)刻本　一册

440000－2506－0002053　405－2/22(3)
羊城竹枝詞二卷　(清)吟香閣主人輯　清光緒三年(1877)刻本　一册　存一卷(一)

440000－2506－0002054　405－2/22(4)
羊城竹枝詞二卷　(清)吟香閣主人輯　清光緒三年(1877)刻本　二册

440000－2506－0002055　405－2/24
緑秋草堂詞選一卷樓居小草一卷盈香閣遺稿一卷玉山堂詞一卷過雲精舍詞二卷碧梧山館詞二卷隨園瑣記二卷碧齋胰詩存八卷南園詩選二卷　(清)顧翰等撰　清光緒十九年(1893)倉山舊主石印本　一册

440000－2506－0002056　405－2/6
絕妙好詞箋七卷續鈔一卷詞選二卷續詞選二卷　(宋)周密輯　清同治十年(1871)會稽章氏刻本　四册

440000－2506－0002057　405－2/8
歷朝名人詞選十三卷　(清)夏秉衡選　清宣統元年(1909)上海掃葉山房石印本　六册

440000－2506－0002058　405－3/8
牡丹亭還魂記二卷　(明)湯顯祖撰　清光緒三十四年(1908)上海同文書店石印本　一册

440000－2506－0002059　405－4/1
詞律二十卷　(清)萬樹撰　**詞律拾遺八卷**　(清)徐本立撰　**詞律補遺一卷**　(清)杜文瀾撰　清光緒二年(1876)上海普益書局石印本　十二册

440000－2506－0002060　405－4/1(2)
詞律二十卷　(清)萬樹撰　**詞律拾遺八卷**　(清)徐本立撰　**詞律補遺一卷**　(清)杜文瀾撰　清光緒二年(1876)上海普益書局石印本　十一册　缺三卷(詞律一至三)

440000－2506－0002061　405－4/5
詞學全書不分卷填詞名解四卷古今詞論一卷填詞圖譜六卷續集一卷詞韻二卷　(明)毛先舒撰　清木石居石印本　六册

440000－2506－0002062　405－4/5(2)
詞學全書不分卷填詞名解四卷古今詞論一卷填詞圖譜六卷續集一卷詞韻二卷　(明)毛先舒撰　清木石居石印本　六册

440000－2506－0002063　405－4/5(3)
詞學全書不分卷填詞名解四卷古今詞論一卷填詞圖譜六卷續集一卷詞韻二卷　(明)毛先舒撰　清木石居石印本　三册　存七卷(填詞名解四卷、詞論一卷、填詞圖譜一至二)

440000－2506－0002064　501/11
海山仙館叢書五十六種　(清)潘仕成輯　清道光、咸豐番禺潘氏刻光緒補刻本　一百二十册

440000－2506－0002065　501/11(2)
海山仙館叢書五十六種　(清)潘仕成輯　清道光、咸豐番禺潘氏刻光緒補刻本　一百七册　存五十二種

440000－2506－0002066　501/11(3)
海山仙館叢書五十六種　(清)潘仕成輯　清道光、咸豐番禺潘氏刻光緒補刻本　十册　存八種

440000－2506－0002067　501/12
粤雅堂叢書三編三十集一百八十五種　(清)伍崇曜輯　清道光、光緒南海伍氏刻本　三百五十五册　存一百七十六種

440000－2506－0002068　501/12(2)
粤雅堂叢書三編三十集一百八十五種　(清)伍崇曜輯　清道光、光緒南海伍氏刻本　三百二冊　存一百五十二種

440000－2506－0002069　501/12(3)
粤雅堂叢書三編三十集一百八十五種　(清)伍崇曜輯　清道光、光緒南海伍氏刻本　一百六十四冊　存九十八種

440000－2506－0002070　501/12(4)
粤雅堂叢書三編三十集一百八十五種　(清)伍崇曜輯　清道光、光緒南海伍氏刻本　一百七十一冊　存九十二種

440000－2506－0002071　501/12(5)
粤雅堂叢書三編三十集一百八十五種　(清)伍崇曜輯　清道光、光緒南海伍氏刻本　九十二冊　存四十八種

440000－2506－0002072　501/13
曼陀羅華閣叢書十六種一百五十一卷　(清)杜文瀾輯　清咸豐、同治秀水杜氏刻光緒十八年(1892)上海掃葉山房印本　四冊　存三種

440000－2506－0002073　501/14
滂喜齋叢書五十種九十六卷　(清)潘祖蔭輯　清同治、光緒吴縣潘氏京師刻本　三十冊　存四十二種

440000－2506－0002074　501/15
功順堂叢書十八種七十七卷　(清)潘祖蔭輯　清光緒吴縣潘氏刻本　二十四冊　存十七種

440000－2506－0002075　501/17
學海堂叢刻十三種　(清)□□輯　清光緒刻本　六冊　存八種

440000－2506－0002076　501/19
榆園叢刻十六種　(清)許增輯　清同治、光緒刻本　十五冊　存十五種

440000－2506－0002077　501/19－2
娱園叢刻十種　(清)許增輯　清光緒十五年(1889)刻本　六冊

440000－2506－0002078　501/2
昭代叢書四百九十九種　(清)張潮　(清)張漸輯　(清)楊復吉　(清)沈楙悳續輯　清道光吴江沈氏世楷堂刻本　六十三冊　存二百十九種

440000－2506－0002079　501/20
求實齋叢書十五種　蔣德鈞撰　清光緒湘鄉蔣氏龍安郡署刻本　八冊

440000－2506－0002080　501/21
雙楳景闇叢書十六種　葉德輝輯　清光緒、宣統間長沙葉氏郎園刻本　四冊　存十一種

440000－2506－0002081　501/22
玉簡齋叢書十種二十九卷　羅振玉輯　清宣統二年(1910)上虞羅氏刻本　二冊　存三種

440000－2506－0002082　501/31
嶺南遺書六集五十九種　(清)伍崇曜輯　清道光、同治南海伍氏粤雅堂文字歡娱室刻本　七十九冊　存五十種

440000－2506－0002083　501/31(2)
嶺南遺書六集五十九種　(清)伍崇曜輯　清道光、同治南海伍氏粤雅堂文字歡娱室刻本　四十三冊　存三十八種

440000－2506－0002084　501/31(3)
嶺南遺書六集五十九種　(清)伍崇曜輯　清道光、同治南海伍氏粤雅堂文字歡娱室刻本　十九冊　存二十五種

440000－2506－0002085　501/32
國魂叢編不分卷　(清)國魂社編　清光緒刻本　二十八冊　存三十二種

440000－2506－0002086　501/3－2
增訂漢魏叢書九十六種　(清)王謨輯　清宣統三年(1911)上海大通書局石印本　八冊　存二十八種

440000－2506－0002087　501/34
晨風閣叢書甲集四十六種　沈宗畸等輯　清光緒三十四年至宣統三年(1908－1911)國學

萃編社鉛印本　八冊　存十種

440000－2506－0002088　501/35
西政叢書三十一種　(清)求強齋主人輯　清光緒二十三年(1897)慎記書莊石印本　二十四冊　存二十五種

440000－2506－0002089　501/6
武英殿聚珍版叢書一百四十八種　(清)廣雅書局重編　清光緒二十五年(1899)廣雅書局刻本　八百冊

440000－2506－0002090　501/6(2)
武英殿聚珍版叢書一百四十八種　(清)廣雅書局重編　清光緒二十五年(1899)廣雅書局刻本　九十七冊　存五十一種

440000－2506－0002091　501/7
知不足齋叢書三十集一百九十六種　(清)鮑廷博輯　(清)鮑志祖續輯　清乾隆、道光長塘鮑氏刻本　二百十九冊　存一百八十九種

440000－2506－0002092　501/7(2)
知不足齋叢書三十集一百九十六種　(清)鮑廷博輯　(清)鮑志祖續輯　清乾隆、道光長塘鮑氏刻本　六十四冊　存六十種

440000－2506－0002093　501/8
平津館叢書十集三十八種　(清)孫星衍輯　清光緒十一年(1885)吴縣朱氏槐廬家塾刻本　二十四冊　存十八種

440000－2506－0002094　502/3
美術叢書四集四十輯二百七十九種　鄧實輯　清宣統至民國上海神州國光社鉛印本　六十八冊　存一百五十六種

440000－2506－0002095　502/3(2)
美術叢書四集四十輯二百七十九種　鄧實輯　清宣統至民國上海神州國光社鉛印本　三冊　存八種

440000－2506－0002096　502/5
漢魏六朝百三名家集一百三種　(明)張溥輯　清光緒十八年(1892)善化章經濟堂刻本　八十九冊　存一百種

440000－2506－0002097　502/7
唐代叢書一百六十四種二十卷　(清)蓮塘居士(陳世熙)輯　清佛山翰寶樓刻本　二十冊

440000－2506－0002098　503/10
番禺陳氏東塾叢書五種　(清)陳澧撰　清咸豐至光緒刻本　九冊

440000－2506－0002099　503/10(2)
番禺陳氏東塾叢書五種　(清)陳澧撰　清咸豐至光緒刻本　九冊

440000－2506－0002100　503/6
崔東壁遺書十四種　(清)崔述撰　清光緒五年(1879)定州王氏謙德堂刻本　十二冊

440000－2506－0002101　503/7
脩本堂叢書十種　(清)林伯桐撰　清道光二十四年(1844)林世懋刻本　十二冊　存九種

440000－2506－0002102　600001
左文襄公全集十一卷　(清)左宗棠撰　清光緒刻本　一百二十四冊

440000－2506－0002103　600016
亭林先生遺書彙輯二十六種　(清)顧炎武撰　(清)席威　(清)朱記榮輯　清蓬瀛閣刻本　二十四冊

440000－2506－0002104　600017
嶺南三大家詩選二十四卷　(清)王隼選　清同治七年(1868)南海陳氏刻本　二冊　存八卷(梁佩蘭集一至八)

440000－2506－0002105　600018
碑傳集一百六十卷首二卷　(清)錢儀吉纂　清光緒十九年(1893)江蘇書局刻本　二十四冊　缺五十五卷(十四至二十一、二十九至五十五、六十六至七十四、一百九至一百十三、一百五十五至一百六十)

440000－2506－0002106　600020
續碑傳集八十六卷首二卷　繆荃孫纂　清宣統二年(1910)江楚編譯書局刻本　十二冊　缺三十卷(四至十二、四十二至五十七、六十六至七十)

440000－2506－0002107　600021
[道光]廣東通志三百三十四卷首一卷　(清)阮元等修　(清)陳昌齊等纂　清同治三年(1864)廣州富文齋、萃文堂刻本　一百二十册

440000－2506－0002108　600026
增補蘇批孟子二卷附孟子年譜一卷　(宋)蘇洵撰　(清)趙大浣增補　清光緒三十年(1904)上海會文堂書局石印本　一册

440000－2506－0002109　600029
林文忠公遺集四種　(清)林則徐撰　清光緒三山林氏刻本　十册　存三種

440000－2506－0002110　600034
明史紀事本末八十卷　(清)谷應泰編輯　清光緒十三年(1887)廣雅書局刻本　十四册　缺十二卷(二十至三十一)

440000－2506－0002111　600035
左傳紀事本末五十二卷　(清)高士奇編纂　清光緒二十六年(1900)廣雅書局刻本　十一册

440000－2506－0002112　600036
通鑑紀事本末二百三十九卷　(宋)袁樞編輯　(明)張溥論正　清光緒十三年(1887)廣雅書局刻本　四十四册　缺十九卷(一百五十二至一百六十七、二百三十七至二百三十九)

440000－2506－0002113　600037
遼史紀事本末四十卷首一卷　(清)李有棠撰　清光緒二十六年(1900)廣雅書局刻本　四册

440000－2506－0002114　600038
元史紀事本末二十七卷　(明)陳邦瞻編輯　(明)張溥論正　清光緒十三年(1887)廣雅書局刻本　一册　缺十七卷(十一至二十七)

440000－2506－0002115　600039
金史紀事本末五十二卷　(清)李有棠撰　清光緒二十七年(1901)廣雅書局刻本　二册　存十七卷(七至十四、三十五至四十三)

440000－2506－0002116　600040
宋史紀事本末一百九卷　(明)陳邦瞻增訂　(明)馮琦編　(明)張溥論正　清光緒十三年(1887)廣雅書局刻本　十六册

440000－2506－0002117　600041
廣藝舟雙楫六卷　康有爲撰　清光緒十九年(1893)南海康氏萬木草堂刻本　二册

440000－2506－0002118　600042
歷代帝王年表不分卷　(清)齊召南編　清道光四年(1824)小琅嬛仙館刻本　四册

440000－2506－0002119　600043
平定粵匪紀略十八卷附錄四卷　(清)杜文瀾撰　清光緒刻本　六册　存九卷(五至九、十一至十四)

440000－2506－0002120　600046
曾文正公全集十三種　(清)曾國藩撰　清同治至光緒傳忠書局刻本　八十册

440000－2506－0002121　600047
佩文韻府一百六卷韻府拾遺一百六卷　(清)張玉書等編　(清)張廷玉拾遺　清末石印本　六十册

440000－2506－0002122　600049
廣印人傳十四卷補遺一卷　葉銘　葉舟輯　清宣統二年(1910)西泠印社刻印學叢書本　四册

440000－2506－0002123　600050
讀史兵略四十六卷　(清)胡林翼撰　清咸豐十一年(1861)武昌節署刻本　二册　存六卷(三至五、十八至二十)

440000－2506－0002124　600051
中東戰紀本末八卷續編四卷　(美國)林樂知撰　(清)廣學會編譯　清光緒二十二年(1896)上海圖書集成局鉛印本　十一册　缺一卷(中東戰紀本末五)

440000－2506－0002125　600056
貫華堂才子書彙稿十種　(清)金人瑞撰　鄧實輯　清宣統二年(1910)順德鄧氏鉛印風雨

樓叢書本　四册

440000－2506－0002126　600061

[同治]番禺縣志五十四卷首一卷　(清)李福泰修　(清)史澄　(清)何若瑶纂　清同治十年(1871)光霽堂刻本　十四册　存四十四卷(六至十三、十九至五十四)

440000－2506－0002127　600065

澤農要錄六卷　(清)吳邦慶撰　清道光四年(1824)益津吳氏刻畿輔河道水利叢書本　二册

440000－2506－0002128　600066

陳學士文鈔一卷　(清)陳儀撰　清道光四年(1824)益津吳氏刻畿輔河道水利叢書本　一册

440000－2506－0002129　600067

勸學篇二卷　(清)張之洞撰　清光緒二十四年(1898)兩湖書院刻本　一册

440000－2506－0002130　600069

廣東考古輯要四十六卷　(清)周廣等輯　清光緒十九年(1893)還讀書屋刻本　八册　缺十一卷(十四至二十一、三十五至三十七)

440000－2506－0002131　600073

涵芬樓古今文鈔一百卷　吳曾祺纂　清宣統二年(1910)鉛印本　七十二册　缺二十八卷(四至十三、三十一、六十二至六十五、六十七至七十、八十二、八十七至八十九、九十一至九十二、九十四至九十六)

440000－2506－0002132　600079

國史考異六卷　(清)潘檉章撰　清光緒吳縣潘氏刻功順堂叢書本　四册

440000－2506－0002133　600080

元朝秘史注十五卷　(清)李文田注　清光緒二十二年(1896)桐廬袁氏刻漸西村舍彙刊本　一册　存三卷(一至三)

440000－2506－0002134　600082

書目答問四卷　(清)張之洞撰　清光緒十四年(1888)上海蜚英館石印本　二册

440000－2506－0002135　600083

防海紀略二卷　(清)王之春撰　清光緒六年(1880)上洋文藝齋刻本　一册

440000－2506－0002136　600087

皇清地理圖不分卷　(清)董祐誠繪　清同治十年(1871)番禺俞守義刻本　一册

440000－2506－0002137　600088

痛史二十種　樂天居士輯　清末至民國初上海商務印書館鉛印本　三十一册

440000－2506－0002138　600091

赤雅三卷　(清)鄺露撰　清道光五年(1825)海雪堂刻本　一册

440000－2506－0002139　600092

嶠雅不分卷　(清)鄺露撰　清道光五年(1825)海雪堂刻本　一册

440000－2506－0002140　600093

續資治通鑑長編五百二十卷拾補六十卷　(宋)李燾撰　(清)張大昌等注補　清光緒七年(1881)浙江書局刻本　五册　存三十一卷(二百六十五至二百八十六、拾補八至十六)

440000－2506－0002141　600094

通商約章類纂三十五卷首一卷　(清)張開運纂輯　清光緒十二年(1886)天津官書局刻本　十册　存十六卷(一至九、二十三至二十七,首一卷)

440000－2506－0002142　600096

粵雅堂叢書三編三十集一百八十五種　(清)伍崇曜輯　清道光、咸豐南海伍氏刻本　二百七十八册

440000－2506－0002143　600099

船山遺書五十六種附校勘記二卷　(清)王夫之撰　清同治四年(1865)金陵湘鄉曾國荃刻本　七册

440000－2506－0002144　600100

金石萃編一百六十卷首二卷末二卷　(清)王昶編　清同治十一年(1872)青浦王氏刻本　七十八册　存一百五十六卷(一至一百三十三、一百三十八至一百六十)

440000－2506－0002145　600102

袁了凡王鳳洲綱鑑合編九卷　(明)袁黄　(明)王世貞編　**御撰資治通鑑綱目三編二卷**　(清)張廷玉撰　清石印本　七册　存七卷(二至三、七至九,三編二卷)

440000－2506－0002146　600103

御批歷代通鑑輯覽一百二十卷　(清)傅恒等纂　清光緒三十四年(1908)上海商務印書館鉛印本　九册　存二十九卷(一至十五、十九至三十二)

440000－2506－0002147　600105

春秋大事表五十卷輿圖一卷附錄一卷　(清)顧棟高撰　清光緒十四年(1888)陝西求友齋刻本　二十四册

440000－2506－0002148　600110

九通九種　(清)紀昀編　清咸豐至光緒浙江書局刻本　七百七十九册　缺三十八卷(通志一百五十六至一百六十二、一百七十二至一百七十七、一百八十二至一百八十七,續通志一百至一百十五、三百一、五百二十九,皇朝文獻通考一百二十)

440000－2506－0002149　600113

東萊博議四卷　(宋)呂祖謙撰　清光緒二十八年(1902)新化三味書室刻本　一册　存一卷(四)

440000－2506－0002150　600114

明文在一百卷　(清)薛熙編　清光緒十五年(1889)江蘇書局刻本　十册

440000－2506－0002151　600115

説郛一百二十卷　(明)陶宗儀編　(明)陶珽重輯　清刻本　七册　存七卷(六十七至六十九、七十三、八十二至八十三、一百一)

440000－2506－0002152　600116

皇朝經濟文新編六十一卷　(清)宜令室主人輯　清光緒二十七年(1901)上海宜令室石印本　二十四册

440000－2506－0002153　600117

嶺南遺書六集五十九種　(清)伍崇曜輯　清道光至同治南海伍氏粤雅堂文字歡娱室刻本　三册　存二種十一卷(潛虚述義三至四、考異一卷,蠡勺編二十九至三十六)

440000－2506－0002154　600118

怡賢親王疏鈔一卷　(清)允祥撰　清道光四年(1824)益津吴邦慶刻本　一册

440000－2506－0002155　600119

禺山潘氏詩略四卷　(清)潘儀增編　(清)潘飛聲校　清光緒二十年(1894)潘氏刻本　三册　存三卷(一至三)

440000－2506－0002156　600122

廣陽雜記五卷　(清)劉獻廷撰　清光緒吴縣潘氏刻功順堂叢書本　四册　存四卷(一至四)

440000－2506－0002157　600128

詳注聊齋志異圖詠十六卷　(清)蒲松齡撰　清末上海錦章書局石印本　三册　存六卷(九至十四)

440000－2506－0002158　600135

農政全書六十卷　(明)徐光啟纂輯　清同治十三年(1874)山東書局刻本　十册　存五十卷(一至十七、二十五至五十七)

440000－2506－0002159　600144

善與人同錄不分卷　(清)林侣真撰　清末刻本　一册

440000－2506－0002160　600147

國朝文匯總目一卷甲前集二十卷甲集六十卷乙集七十卷丙集三十卷丁集二十卷　國學扶輪社編　清宣統元年(1909)上海國學扶輪社石印本　七十七册

440000－2506－0002161　600149

通商約章類纂三十五卷首一卷　(清)張開運等纂輯　清光緒十二年(1886)天津官書局刻本　十册　存二十卷(十至二十一、二十八至三十五)

440000－2506－0002162　600159

[光緒]廣東輿地全圖不分卷　(清)張人駿編

清光緒二十三年(1897)廣州石經堂石印本 二册

440000－2506－0002163 600160

稗海七十種三百四十六卷 (明)商濬輯 (清)李孝源重訂 清乾隆刻本 七十六册

440000－2506－0002164 600165

馬氏繹史一百六十卷世系圖一卷年表一卷 (清)馬驌撰 清光緒三十年(1904)浙江書局刻本 五十册

440000－2506－0002165 600166

宋文鑑一百五十卷目錄三卷 (宋)呂祖謙輯 清光緒十二年(1886)江蘇書局刻本 二十四册

440000－2506－0002166 600167

日知錄集釋三十二卷刊誤二卷續刊誤二卷 (清)顧炎武撰 (清)黃汝成集釋 清光緒三年(1877)刻本 十四册

440000－2506－0002167 600168

明通鑑九十卷首一卷目錄二十卷前編四卷附編六卷 (清)夏燮撰 清同治十二年(1873)宜黃官廨刻本 四十七册

440000－2506－0002168 600170

大元聖政國朝典章綱目前集六十卷附新集□□卷 (□)□□編 清光緒三十四年(1908)刻本 二十二册

440000－2506－0002169 600177

御纂詩義折中二十卷 (清)傅恒等撰 清文光堂刻本 十册

440000－2506－0002170 600178

御纂周易述義十卷 (清)傅恒等纂 清刻本 八册

440000－2506－0002171 600179

四書擇粹四卷 (清)勞潼輯 清嘉慶二年(1797)荷經堂刻本 六册

440000－2506－0002172 600180

附釋音春秋左傳注疏六十卷 (唐)孔穎達撰 (唐)陸德明釋文 清光緒十三年(1887)脈望仙館石印本 四册

440000－2506－0002173 600181

詩經二十卷末一卷 (宋)朱熹集傳 清光緒七年(1881)江蘇書局刻本 五册

440000－2506－0002174 600182

書經六卷首一卷末一卷 (宋)蔡沈集傳 **書傳音釋二卷** (元)鄒季友撰 清光緒七年(1881)江蘇書局刻本 五册

440000－2506－0002175 600183

御纂周易折中二十二卷首一卷 (清)李光地等纂 清光緒四年(1878)廣州翰墨園刻本 十二册

440000－2506－0002176 600189

心經政經合編不分卷 (宋)真德秀輯 清末江蘇書局刻本 一册

440000－2506－0002177 600190

列女傳八卷 (漢)劉向撰 (清)梁端校注 清宣統二年(1910)上海會文堂書局石印本 一册

440000－2506－0002178 600193

朱九江先生講學記一卷 簡朝亮纂 清光緒二十三年(1897)讀書草堂刻本 一册

440000－2506－0002179 600196

欽定周官義疏四十八卷首一卷 (清)允祿等撰 清同治七年(1868)浙江巡撫李瀚章刻本 二十四册

440000－2506－0002180 600197

五經萃室五種九十六卷 (清)高宗弘曆敕撰 清同治三年(1864)南海鄺九我堂刻本 三十一册

440000－2506－0002181 600200

[光緒]四會縣志十編首一編末一編圖說一編 (清)陳志喆等修 (清)吳大猷纂 清光緒二十二年(1896)刻本 十二册

440000－2506－0002182 600201

欽定詩經傳說彙纂二十一卷首二卷詩序二卷 (清)王鴻緒等纂 清同治七年(1868)閩浙

總督馬新貽刻本　十六冊

440000－2506－0002183　600202
百將圖傳二卷　（清）丁日昌編　清同治八年(1869)江蘇書局刻本　二冊

440000－2506－0002184　600203
瀛環志略十卷　（清）徐繼畬輯著　（清）陳慶偕等參訂　（清）霍明高採譯　清道光三十年(1850)紅杏山房刻本　四冊

440000－2506－0002185　600204
欽定儀禮義疏四十八卷首二卷　（清）鄂爾泰等著　清同治浙江書局刻本　二十八冊

440000－2506－0002186　600205
春秋左傳五十卷　（晉）杜預注　（宋）林堯叟注釋　（唐）陸德明音義　（明）鍾惺等評點　清末石印本　四冊

440000－2506－0002187　600207
通鑑地理今釋十六卷　（清）吳熙載撰　清光緒二十三年(1897)廣東經史閣刻本　四冊

440000－2506－0002188　600208
皇清地理圖不分卷　（清）董方立繪　清同治十年(1871)粵東省城龍藏街萃文堂刻本　三冊

440000－2506－0002189　600208(2)
皇清地理圖不分卷　（清）董方立繪　清同治十年(1871)粵東省城龍藏街萃文堂刻本　二冊

440000－2506－0002190　600209
廣東圖不分卷　（□）□□編　清同治五年(1866)刻本　三冊

440000－2506－0002191　600209(2)
廣東圖不分卷　（□）□□編　清同治五年(1866)刻本　三冊

440000－2506－0002192　600210
大清一統輿圖中一卷南十卷北二十卷首一卷　（清）鄒世詒　（清）晏啟鎮編繪　（清）李廷簫　（清）汪士鐸核校　清同治二年(1863)湖北撫署景桓樓刻本　十冊

440000－2506－0002193　600211
欽定禮記義疏八十二卷首一卷　（清）鄂爾泰等撰　清同治浙江書局刻本　三十二冊

440000－2506－0002194　600212
左傳經世鈔二十三卷　（清）魏禧評點　（清）彭家屏參訂　清聯墨堂刻本　十冊

440000－2506－0002195　600216
文獻通考三百四十八卷　（元）馬端臨著　清光緒二十七年(1901)上海圖書集成局鉛印本　四十二冊

440000－2506－0002196　600217
四史四百十五卷　（清）鄂爾泰等編　清光緒十八年(1892)武林竹簡齋石印本　三十一冊

440000－2506－0002197　600220
南海九江朱氏家譜十二卷首一卷　（清）朱次琦等修　清同治八年(1869)刻本　十二冊

440000－2506－0002198　600223
讀史兵略十二卷　（清）胡林翼纂　清光緒二十五年(1899)上海紹先書局石印本　六冊

440000－2506－0002199　600224
圜天圖說三卷續編二卷首一卷　（清）李明徹撰　清嘉慶二十四年至道光元年(1819－1821)松梅軒刻本　五冊

440000－2506－0002200　600225
算經十書十種附刻一種　（清）孔繼涵輯　清光緒十六年(1890)上海刻本　十冊

440000－2506－0002201　600226
文選六十卷　（南朝梁）蕭統撰　（唐）李善注　清光緒二十一年(1895)成都同文書局刻本　二十四冊

440000－2506－0002202　600227
日知錄集釋三十二卷刊誤二卷續刊誤二卷　（清）顧炎武撰　（清）黄汝成集釋　清同治八年(1869)金陵劉漢洲刻本　十六冊

440000－2506－0002203　600228
續資治通鑑二百二十卷　（清）畢沅編集　清同治八年(1869)江蘇書局刻本　八十冊

440000－2506－0002204　600229
大學衍義四十三卷　（宋）真德秀彙輯　（明）陳仁錫評閱　**大學衍義補一百六十卷首一卷**　（明）丘濬撰　（明）陳仁錫評閱　清道光十七年（1837）刻本　四十八册

440000－2506－0002205　600230
小學集解六卷輯説一卷　（清）張伯行輯纂　（清）李蘭汀校訂　清光緒三十一年（1905）廣州城麟書閣刻本　四册

440000－2506－0002206　600231
國語二十一卷考異四卷　（三國吳）韋昭解　（清）汪遠孫考異　清末刻本　五册

440000－2506－0002207　600232
古今列女傳四卷　（漢）劉向撰　（明）解縉補　清光緒二十四年（1898）鏡清書屋刻本　二册

440000－2506－0002208　600233
朱九江先生集十卷首一卷　（清）朱次琦撰　清光緒二十三年（1897）讀書草堂刻本　四册

440000－2506－0002209　600233（2）
朱九江先生集十卷首一卷　（清）朱次琦撰　清光緒二十三年（1897）讀書草堂刻本　四册

440000－2506－0002210　600234
孫子吳子司馬法合刻三種八卷　（清）孫星衍輯　清末羊城内西湖街富文齋刻本　一册

440000－2506－0002211　600235
三才略三卷　蔣德鈞輯　清光緒十四年（1888）蔣氏求實齋刻本　一册

440000－2506－0002212　600236
明史三百三十二卷　（清）張廷玉等撰　清光緒十年（1884）上海同文書局影印本　一百十册

440000－2506－0002213　600237
資治通鑑目録三十卷　（宋）司馬光編集　清同治八年（1869）江蘇書局刻本　十册

440000－2506－0002214　600238
資治通鑑注二百九十四卷　（宋）司馬光編集　（元）胡三省音注　**釋文辨誤十二卷**　（元）胡三省撰　清同治八年（1869）江蘇書局刻本　一百十册

440000－2506－0002215　600238（2）
資治通鑑注二百九十四卷　（宋）司馬光編集　（元）胡三省音注　**釋文辨誤十二卷**　（元）胡三省撰　清同治八年（1869）江蘇書局刻本　一百册

440000－2506－0002216　600239
資治通鑑注二百九十四卷　（宋）司馬光編集　（元）胡三省音注　**釋文辨誤十二卷**　（元）胡三省撰　清同治十年（1871）湖北崇文書局刻本　一百册

440000－2506－0002217　600243
欽定詩經傳説彙纂二十一卷首二卷詩序二卷　（清）王鴻緒等撰　清同治七年（1868）閩浙總督馬新貽刻本　十六册

440000－2506－0002218　600245
[湖南邵陽]太平曾氏支譜□□卷　（清）□□修　清刻本　九册　存九卷（二、四、六至十、十四至十五）

440000－2506－0002219　600246
丁氏族譜十二卷首一卷末一卷　（清）丁華先等纂修　清同治十一年（1872）丁氏傳易堂刻本　九册　存八卷（一、三、五至六、九至十，首一卷，末一卷）

440000－2506－0002220　600247
常寧曲潭李氏續修宗譜不分卷　（清）□□修　清李氏敦睦堂刻本　十五册

440000－2506－0002221　600248
圖書集成醫部全録五百四十卷　（清）陳夢雷等編　清光緒二十三年（1897）鉛印本　六十册

440000－2506－0002222　600253
[湖南安化]蕭氏曻祖族譜不分卷　（清）蕭明珪等修　（清）蕭福洲等纂　清光緒二十七年（1901）木活字印本　三册

440000－2506－0002223　600254
林氏族譜□□卷　(□)□□編　清九龍堂木活字印本　七册　存八卷(一、三、五至十)

440000－2506－0002224　600259
瑞金浮四湖常馬齊塘劉氏五修族譜不分卷　(清)劉氏修　清末木活字印本　八册

440000－2506－0002225　600266
譚氏族譜□□卷　(□)□□纂修　清末浦梓港祠木活字印本　四册　存五卷(一至三、六至七)

440000－2506－0002226　600268
王氏三修族譜□□卷　(清)王德彰等修　清同治十二年(1873)三槐堂鈔本　八册　存八卷(一至二、五、七至八、十、十三,首一卷)

440000－2506－0002227　600269
秦氏續修宗譜□□卷　(□)□□修　清木活字印本　一册　存一卷(四)

440000－2506－0002228　600273
彭氏四修族譜□□卷　(□)□□修　清末信述堂木活字印本　一册　存二卷(十至十一)

440000－2506－0002229　600274
彭氏宗譜□□卷　(□)□□修　清末隴西堂木活字印本　一册　存一卷(九)

440000－2506－0002230　600276
楊氏族譜□□卷　(清)□□修　清光緒二十三年(1897)宏農堂木活字印本　六册　存七卷(一至六、首一卷)

440000－2506－0002231　600277
[廣東新會]梁氏族譜□□卷　(清)梁能美等修　清光緒二十九年(1903)抄本　一册

440000－2506－0002232　600280
李氏族譜□□卷　(□)□□修　清末隴西堂木活字印本　一册　存一卷(二)

440000－2506－0002233　600281
左氏宗譜□□卷　(清)□□修　清長豐九修木活字印本　一册　存一卷(三)

440000－2506－0002234　600294
[廣東江門]開平博健梁氏家譜不分卷　(□)□□修　清光緒三十一年(1905)抄本　一册

440000－2506－0002235　600295
區氏世系一卷附光緒己丑廣東鄉試硃卷一卷　(清)□□修　清末刻本　一册

440000－2506－0002236　600297
[廣東江門]余紹賢堂族譜□□卷　(□)□□修　清末編譯公司石印本　十册　存二十二卷(一、六至八、十一至十三、十五至二十六、二十八至三十)

440000－2506－0002237　600298
[福建建寧]彭城劉氏三修家譜不分卷　(□)劉昌琇等纂修　清木活字印本　三册

440000－2506－0002238　600299
[福建建寧]劉氏四修草譜不分卷　(□)□□修　清手抄本　一册

440000－2506－0002239　600302
[甘肅蘭州]重修皋蘭金氏家譜□□卷　(清)□□修　清光緒三十年(1904)廣西興安府木活字印本　一册　存二卷(一至二)

440000－2506－0002240　600307
新增韻對屑玉二卷　(清)歐芝田纂輯　(清)李天淇詳注　清佛山鎮十七間同文堂影印本　一册

440000－2506－0002241　600309
目耕齋讀本二卷　(清)徐荆聞　(清)沈少潭編次　清佛山文林閣刻本　二册

440000－2506－0002242　600310
明心寶鑑一卷　(明)范立本輯　清末禪山福禄街昌華堂刻本　一册

440000－2506－0002243　600313
同音字彙二卷　(□)□□編　清光緒三十二年(1906)佛山英文堂影印本　一册

440000－2506－0002244　600315
禮記節本二卷　(□)□□編　清光緒三十二年(1906)佛山同文堂刻本　二册

440000－2506－0002245　600318

新增詳注韻對屑玉□□卷　（清）歐芝田纂輯　（清）鍾映雪等注　（清）李天淇詳注　清末石印本　一册　存二卷（二至三）

440000－2506－0002246　600322

家譜不分卷　（□）□□編　清光緒三十四年（1908）手抄本　一册

440000－2506－0002247　600324

聲律啟蒙撮要二卷　（清）車萬育著　（清）夏大觀删補　（清）王之幹箋釋　清光緒二十六年（1900）佛山同文堂刻本　一册

440000－2506－0002248　600326

書經讀本四卷　（□）□□編　清光緒三十年（1904）佛山廣文書局石印本　四册

440000－2506－0002249　600330

［光緒］興寧縣志十八卷首一卷末一卷　（清）郭樹馨等纂修　清光緒元年（1875）刻本　十册　存十六卷（一至二、七至十八，首一卷，末一卷）

440000－2506－0002250　600331

五代史七十四卷　（宋）歐陽修撰　（宋）徐無黨注　清光緒十年（1884）上海同文書局石印本　十册

440000－2506－0002251　600332

後漢書一百二十卷　（南朝宋）范曄撰　（南朝梁）劉昭補志　（唐）李賢注　清光緒十年（1884）上海同文書局石印本　二十八册

440000－2506－0002252　600337

東萊博議四卷　（宋）吕祖謙著　清光緒七年（1881）石印本　一册　存一卷（二）

440000－2506－0002253　600340

芥子園畫傳二集九卷　（清）王概等摹　清光緒石印本　一册

440000－2506－0002254　600342

蒙學中國地理教科書一卷　（清）張相文撰　清光緒三十四年（1908）上海文明書局鉛印本　一册

440000－2506－0002255　600343

唐詩合解箋注十二卷　（清）王堯衢注　清宣統元年（1909）上海錦章書局石印本　一册

440000－2506－0002256　600364

詩學便讀三卷　（清）鄧琳輯　清同治十三年（1874）黄維淦刻本　二册　存二卷（一、三）

440000－2506－0002257　600365

對類便讀六卷首一卷　（清）程錫類編　（清）葉良儀訂　清遠安堂刻本　一册　存三卷（一至三）

440000－2506－0002258　600366

考正增廣詩韻合璧□□卷　（清）陳尺珊考訂　清光緒著易堂鉛印本　一册　存一卷（三）

440000－2506－0002259　600367

增廣詩韻全璧五卷　（清）□□撰　清光緒暢懷書屋石印本　一册　存一卷（五）

440000－2506－0002260　600368

嶺南即事雜詠六卷　（清）何惠群輯　清光緒二十年（1894）佛山昌華堂刻本　一册

440000－2506－0002261　600369

宋王守溪四書經義□□卷　（宋）王守溪著　清刻本　一册　存一卷（五）

440000－2506－0002262　600374

六瑩堂集九卷　（清）梁佩蘭撰　清道光二十年（1840）詩雪軒刻粵十三家集叢書本　二册　存六卷（一至六）

440000－2506－0002263　600381

增廣詩韻大全五卷　（清）湯祥瑟原編　（清）華鋃重編　清光緒十九年（1893）上海點石齋石印本　二册　存二卷（一、五）

440000－2506－0002264　600382

美味求真一卷　（清）紅杏主人撰　清光緒十三年（1887）佛山芹香閣刻本　一册

440000－2506－0002265　600382（2）

美味求真一卷　（清）紅杏主人撰　清光緒十三年（1887）佛山芹香閣刻本　一册

440000－2506－0002266　600383

新義錄一百卷首一卷　（清）孫璧文撰　清光

緒刻本　三冊　存七卷(九至十一、十九至二十二)

440000－2506－0002267　600384
通天曉五卷　(清)王纕堂撰　清刻本　一冊　存一卷(四)

440000－2506－0002268　600385
繡像嶺南逸史十卷　(清)花溪逸士編　清同治、光緒刻本　一冊　存三卷(一至三)

440000－2506－0002269　600386
嶺南逸史□□卷　(清)花溪逸十編　清刻本　二冊　存八卷(五至十二)

440000－2506－0002270　600387
月令粹編二十四卷圖説一卷　(清)秦嘉謨輯　清嘉慶十七年(1812)刻本　四冊　存十六卷(五至二十)

440000－2506－0002271　600388
廣東鄉土史附錄一卷　黃佛頤輯　清光緒三十二年(1906)刻本　一冊

440000－2506－0002272　600391
新訂四書補注備旨十卷　(明)鄧林撰　(清)杜定基增訂　清刻本　一冊　存一卷(三)

440000－2506－0002273　600395
聽松廬詩略二卷　(清)張維屏撰　(清)陳澧編　清同治十年(1871)學海堂刻本　一冊

440000－2506－0002274　600396
嶺南遺書四集六十一種　(清)伍崇曜等輯　清道光三十年(1850)南海伍氏粵雅堂文字歡娛室刻本　十冊

440000－2506－0002275　600400
名賢手札二卷　(清)曾國藩等撰　清光緒三十四年(1908)上洋海左書局石印本　一冊

440000－2506－0002276　600402
校正繪圖幼學故事瓊林四卷首一卷　(明)程允升原著　(清)鄒聖脈增補　清光緒三十年(1904)育文書局石印本　一冊

440000－2506－0002277　600412
經義模範一卷　(宋)張才叔等撰　清光緒二十七年(1901)刻本　一冊

440000－2506－0002278　600413
江左校士錄四卷　(清)李殿林選　清光緒二十九年(1903)上海桂記石印本　三冊　存三卷(一、三至四)

440000－2506－0002279　600414
尚友錄三集十卷　(清)張兆蓉編　清光緒二十九年(1903)經藝齋石印本　一冊

440000－2506－0002280　600418
課藝日新不分卷　(□)□□編　清光緒二十一年(1895)廣州十八甫石經堂書局石印本　三冊

440000－2506－0002281　600419
隨園戲編一卷　(清)袁枚輯　清聚賢堂刻本　一冊

440000－2506－0002282　600420
江湖尺牘分韻撮要合集四卷　(清)虞學圃　(清)溫岐石輯　清光緒二十一年(1895)天寶樓刻本　一冊　存二卷(一至二)

440000－2506－0002283　600421
續黔書八卷　(清)張澍撰　清光緒元年(1875)南海伍氏刻粵雅堂叢書本　一冊　存三卷(一至三)

440000－2506－0002284　600429
而龐娶親戚友厚惠志一卷尾附一卷　(□)□□撰　清光緒十九年(1893)抄本　一冊

440000－2506－0002285　600436
嶺南荔支譜六卷　(清)吳應逵撰　清道光三十年(1850)南海伍氏粵雅堂文字歡娛室刻嶺南遺書本　一冊

440000－2506－0002286　600443
善與人同錄□□卷　題(□)呂洞賓述　(清)□□輯　清光緒五年(1879)樵山雲泉仙館刻本　一冊

440000－2506－0002287　600446
康熙字典十二集檢字一卷等韻一卷總目一卷備考一卷補遺一卷　(清)張玉書等纂　清宣

統二年(1910)上海天寶石印書局石印本　四冊

440000－2506－0002288　600447
康熙字典十二集總目一卷檢字一卷辨似一卷等韻一卷備考一卷補遺一卷　(清)張玉書等纂　清光緒十年(1884)上海點石齋石印本　五冊

440000－2506－0002289　600459
全圖增訂金玉緣十二卷首一卷繡像一卷　(清)曹雪芹　(清)高鶚著　(清)王希廉評　清光緒三十二年(1906)上海桐蔭軒石印本　一冊　存二卷(首一卷、繡像一卷)

440000－2506－0002290　600465
康熙字典十二集三十六卷備考一卷補遺一卷　(清)張玉書等纂　清光緒三十年(1904)上海文盛堂石印本　五冊

440000－2506－0002291　600473
康熙字典十二集三十六卷總目一卷檢字一卷辨似一卷等韻一卷備考一卷補遺一卷　(清)張玉書等纂　清光緒二十年(1894)點石齋石印本　四冊

440000－2506－0002292　600477
不可錄一卷　(清)陳海曙輯　清咸豐八年(1858)刻本　一冊

440000－2506－0002293　600478
歐美新談一卷亞洲奇異錄一卷　(清)周文治編譯　清光緒二十九年(1903)一新書局鉛印本　一冊

440000－2506－0002294　600479
修學篇不分卷　(日本)飯泉規矩三著　(清)蔣震方譯　清光緒二十八年(1902)上海廣智書局鉛印本　一冊

440000－2506－0002295　600482
春秋公羊傳注疏二十八卷　(漢)何休疏　(唐)陸德明音義　清刻本　二冊　存七卷(一至七)

440000－2506－0002296　600483
東塾讀書記二十五卷　(清)陳澧撰　清刻本　一冊　存四卷(一至四)

440000－2506－0002297　600484
呂祖師經讖不分卷　(□)□□撰　清光緒十九年(1893)石印本　一冊

440000－2506－0002298　600487
兵部會試進京錄一卷　(□)□□撰　清光緒九年(1883)第八甫載經堂刻本　一冊

440000－2506－0002299　600488
新校刻詳訂古文評註全集□□卷　(清)過珙　(清)黃越評選　清末粵東順邑馬岡鄉馮繼善刻本　六冊　存六卷(四、六至十)

440000－2506－0002300　600489
清修閣稿八卷　(清)張品楨撰　清光緒二十二年(1896)刻本　六冊

440000－2506－0002301　600490
清暉贈言十卷　(清)徐永宣編次　清宣統三年(1911)順德鄧氏鉛印風雨樓叢書本　三冊

440000－2506－0002302　600491
筠清館法帖六卷　(清)吳榮光輯　清拓本　一冊　存三卷(一至二、六)

440000－2506－0002303　600492
古唐詩合解十二卷　(清)王堯衢注　清佛鎮英文堂刻本　一冊　存二卷(一至二)

440000－2506－0002304　600493
古譜纂例六卷首一卷　黃任恒輯　清光緒三十年(1904)鉛印本　二冊

440000－2506－0002305　600497
醫林改錯二卷　(清)王清任著　清光緒三十三年(1907)佛山文華閣刻本　一冊

440000－2506－0002306　600499
俗話傾談二集二卷　(□)□□撰　清同治十年(1871)佛山英文堂刻本　一冊

440000－2506－0002307　600501
唐詩合選詳解十二卷　(清)劉文蔚注釋　清末刻本　二冊　存四卷(九至十二)

440000－2506－0002308　600520

增補事類統編九十三卷首一卷　(清)黃葆真輯　清末石印本　十一冊　存八十九卷(一至二十二、二十八至九十三,首一卷)

440000－2506－0002309　600521

御批歷代通鑑輯覽一百二十卷　(清)傅恒等纂　清末鉛印本　二十六冊　存一百十九卷(一至一百五、一百七至一百二十)

440000－2506－0002310　600523

四史四種四百十五卷　(□)□□編　清光緒二十九年(1903)上海點石齋石印本　二十五冊　存四百十四卷(史記一百三十卷,漢書一至七十、七十二至一百,後漢書一至九十,後漢志三十卷,三國志六十五卷)

440000－2506－0002311　s101/18

易緯通卦驗二卷　(漢)鄭玄注　清乾隆浙江刻武英殿聚珍版叢書本　一冊

440000－2506－0002312　s101/19

易緯辨終備一卷易緯乾元序製記一卷易緯坤靈圖一卷易緯類是謀一卷　(漢)鄭玄注　清乾隆浙江刻武英殿聚珍版叢書本　一冊

440000－2506－0002313　s101/20

易相意言一卷　(宋)蔡淵撰　清乾隆浙江刻武英殿聚珍版叢書本　一冊

440000－2506－0002314　s101/21

易緯乾坤鑿度二卷　(漢)鄭玄注　清乾隆浙江刻武英殿聚珍版叢書本　一冊

440000－2506－0002315　s101/22

易緯乾鑿度二卷　(漢)鄭玄注　清乾隆浙江刻武英殿聚珍版叢書本　一冊

440000－2506－0002316　s101/23

易緯稽覽圖二卷　(漢)鄭玄注　清乾隆浙江刻武英殿聚珍版叢書本　一冊

440000－2506－0002317　s101/24

郭氏傳家易說十一卷首一卷　(宋)郭雍著　清乾隆浙江刻武英殿聚珍版叢書本　八冊

440000－2506－0002318　s102/12

書經六卷　(宋)蔡沈集傳　清康熙崇道堂刻本　三冊　存五卷(二至六)

440000－2506－0002319　s102/4

融堂書解二十卷　(宋)錢時傳　清乾隆浙江刻武英殿聚珍版叢書本　六冊

440000－2506－0002320　s103/26

刻陳眉公先生六經選註詩經二卷　(明)陳繼儒注　(明)張鼐校正　明萬曆余象斗刻本　二冊

440000－2506－0002321　s103/6

韓詩外傳十卷　(漢)韓嬰撰　明吳郡野竹齋刻本　四冊

440000－2506－0002322　s103/8

絜齋毛詩經筵講義四卷　(宋)袁燮撰　清乾隆浙江刻武英殿聚珍版叢書本　一冊

440000－2506－0002323　s104/10

儀禮識誤三卷　(宋)張淳撰　清乾隆浙江刻武英殿聚珍版叢書本　一冊

440000－2506－0002324　s104/19

禮記增訂旁訓六卷　(清)徐立綱輯　清乾隆匠門書屋刻本　二冊　存二卷(四至五)

440000－2506－0002325　s105/36

春秋辨疑四卷校刊記一卷　(宋)蕭楚撰　(清)周自得校　清乾隆浙江刻武英殿聚珍版叢書本　一冊　存二卷(一至二)

440000－2506－0002326　s105/41

春秋比事目錄四卷　(清)方苞撰　(清)王兆符　(清)程崟編　清乾隆刻本　一冊

440000－2506－0002327　s108/43

論語集解義疏十卷　(三國魏)何晏集解　(南朝梁)皇侃義疏　清乾隆刻本　三冊　缺四卷(一至二、九至十)

440000－2506－0002328　s108/50

多寶船不分卷　(□)□□編　清末石印本　五冊

440000－2506－0002329　s110/61

字學三種　(清)傅雲龍輯　清同治十三年

(1874)傅氏味腴山館刻本　一冊

440000－2506－0002330　s110/66
隸辨八卷　(清)顧藹吉撰　清康熙五十七年(1718)秀水項絪玉淵堂刻本　八冊

440000－2506－0002331　s110/89
新集古文四聲韻五卷附錄一卷　(宋)夏竦撰　清乾隆四十四年(1779)汪啟淑刻本　二冊

440000－2506－0002332　s110/9－2
爾雅注疏十一卷　(晉)郭璞注　(宋)邢昺疏　明崇禎元年(1628)青雲樓刻本　二冊　存六卷(三至五、九至十一)

440000－2506－0002333　s110/97
爾雅翼三十二卷　(宋)羅願著　明正德十四年(1519)羅文殊刻本　二冊　存十四卷(一至十四)

440000－2506－0002334　s110/98
滿漢合璧詞典不分卷　(□)□□著　清抄本　一冊

440000－2506－0002335　s201/44
前漢紀三十卷　(漢)荀悅撰　**後漢紀三十卷**　(晉)袁宏撰　**兩漢紀字句異同考一卷**　(清)蔣國祚撰　清康熙蔣國祚刻本　十冊

440000－2506－0002336　s202/61
綱鑑會纂三十九卷首一卷　(明)王世貞編　**綱鑑會通明紀十五卷**　(清)陳志襄輯　清乾隆五十六年(1791)書業德刻本　四十七冊

440000－2506－0002337　s203/25
左傳紀事本末二十卷　(明)孫范輯　明崇禎十一年(1638)刻本　六冊

440000－2506－0002338　s204/1
尚史七十二卷　(清)李鍇撰　清乾隆三十八年(1773)刻本　十九冊

440000－2506－0002339　s204/2
逸周書十卷附錄一卷逸周書校正補遺一卷　(晉)孔晁注　清乾隆五十一年(1786)餘姚盧氏刻抱經堂叢書本　二冊

440000－2506－0002340　s204/2(2)
逸周書十卷校正補遺一卷　(晉)孔晁注　清乾隆五十一年(1786)餘姚盧氏刻抱經堂叢書本　二冊

440000－2506－0002341　s204/6
藏書六十八卷續藏書二十七卷　(明)李贄輯著　明萬曆刻本　二十五冊　存六十一卷(一至二十九、三十三至六十四)

440000－2506－0002342　s205/13
戰國策十七卷　(清)張北拱評點　清雍正塞翁亭刻本　四冊

440000－2506－0002343　s205/23
丙寅北行日譜一卷　(明)朱祖文撰　清乾隆至道光長塘鮑氏知不足齋刻本　一冊

440000－2506－0002344　s205/9
戰國策十卷　(宋)鮑彪校注　(元)吳師道重校　明萬曆九年(1581)張一鯤刻本　八冊

440000－2506－0002345　s206/11
陸宣公奏議四卷　(唐)陸贄撰　(宋)蘇軾選　(清)蔡方炳評　清乾隆十一年(1746)江榕刻本　二冊

440000－2506－0002346　s206/12
魏鄭公諫續錄二卷　(元)翟思忠撰　清乾隆浙江刻武英殿聚珍版叢書本　一冊

440000－2506－0002347　s207－1/19
聖學宗傳十八卷　(明)周汝登撰　清順治十七年(1660)劉邦胤刻本　八冊

440000－2506－0002348　s207－10/4
新刊古列女傳八卷　(漢)劉向撰　(晉)顧愷之繪　清道光揚州阮氏刻本　四冊

440000－2506－0002349　s207－10/4(2)
新刊古列女傳八卷　(漢)劉向撰　(晉)顧愷之繪　清道光揚州阮氏刻本　四冊

440000－2506－0002350　s207－10/4(3)
新刊古列女傳八卷　(漢)劉向撰　(晉)顧愷之繪　清道光揚州阮氏刻本　二冊　存四卷(一至四)

440000－2506－0002351　s207－10/5

列女傳十六卷　(漢)劉向輯　(明)汪道昆增輯　(明)仇英繪　明萬曆汪道昆刻清乾隆四十四年(1779)安徽歙縣鮑氏知不足齋印本　二册　存六卷(九至十二、十五至十六)

440000－2506－0002352　s207－10/9
秦淮八豔圖詠一卷　(清)葉衍蘭編繪　清光緒十八年(1892)羊城越華講院刻本　一册

440000－2506－0002353　s207－11/2
高士傳三卷　(晉)皇甫謐撰　(清)任熊繪　清光緒三年(1877)張九牧刻本　二册

440000－2506－0002354　s207－4/7
闕里文獻考一百卷首一卷　(清)孔繼汾輯　清乾隆二十七年(1762)刻本　七册　存八十一卷(一至八十、首一卷)

440000－2506－0002355　s208/18
歷代史纂左編一百四十二卷　(明)唐順之輯　明刻本　二册　存三卷(一百八、一百十四至一百十五)

440000－2506－0002356　s208/28
春秋大事表五十卷輿圖一卷附錄一卷　(清)顧棟高輯　清乾隆萬卷樓刻本　二十四册　存四十八卷(一至八、十二至五十,附錄一卷)

440000－2506－0002357　s209/3
鄴中記一卷　(晉)陸翽撰　清乾隆浙江刻武英殿聚珍版叢書本　一册

440000－2506－0002358　s210－1/1
禹貢指南四卷　(宋)毛晃撰　清乾隆浙江刻武英殿聚珍版叢書本　二册

440000－2506－0002359　s210－1/25
大清一統志三百五十六卷　(清)蔣廷錫等撰　清道光二十九年(1849)薛子瑜木活字印本　三册　存九卷(二百七十八至二百八十二、二百八十六至二百八十九)

440000－2506－0002360　s210－2/14
忠義鄉志十一卷首一卷　(清)陳炎宗輯　清乾隆十七年(1752)文盛堂刻本　一册　存二卷(十至十一)

440000－2506－0002361　s210－3/1
嶺表錄異三卷　(唐)劉恂撰　清乾隆浙江刻武英殿聚珍版叢書本　一册

440000－2506－0002362　s210－3/4
廣東新語二十八卷　(清)屈大均撰　清康熙刻後印本　十册

440000－2506－0002363　s210－3/4(2)
廣東新語二十八卷　(清)屈大均撰　清康熙刻後印本　九册　存二十三卷(一至二、四至二十四)

440000－2506－0002364　s210－3/4(3)
廣東新語二十八卷　(清)屈大均撰　清康熙刻後印本　十册　存二十五卷(四至二十八)

440000－2506－0002365　s210－4/1
洞霄圖志六卷　(宋)鄧牧編　清乾隆至道光鮑氏知不足齋刻本　三册

440000－2506－0002366　s210－4/1(2)
洞霄圖志六卷　(宋)鄧牧編　清乾隆至道光鮑氏知不足齋刻本　三册

440000－2506－0002367　s210－5/10
羅浮山志會編二十二卷首一卷　(清)宋廣業纂輯　清康熙五十五年(1716)刻本　十册

440000－2506－0002368　s210－5/10(2)
羅浮山志會編二十二卷首一卷　(清)宋廣業纂輯　清康熙五十五年(1716)刻本　六册　存十三卷(十至二十二)

440000－2506－0002369　s210－5/13
鼎湖山志八卷首一卷　(清)丁易總修　(清)釋成鷲纂撰　清康熙刻本　四册

440000－2506－0002370　s210－5/13(2)
鼎湖山志八卷首一卷　(清)丁易總修　(清)釋成鷲纂述　清康熙刻本　四册

440000－2506－0002371　s210－5/13(3)
鼎湖山志八卷首一卷　(清)丁易總修　(清)釋成鷲纂述　清康熙刻本　四册

440000－2506－0002372　s210－5/15－2
水經註四十卷　(北魏)酈道元撰　清乾隆福

建刻武英殿聚珍版叢書本　十三冊　缺六卷(一至二、三十七至四十)

440000－2506－0002373　s210－5/23
西湖志四十八卷　(清)李衛等纂　(清)傅王露修　清雍正兩浙鹽驛道庫刻本　二十冊

440000－2506－0002374　s210－5/23(2)
西湖志四十八卷　(清)李衛等纂　(清)傅王露修　清雍正兩浙鹽驛道庫刻本　一冊　存五卷(十九至二十三)

440000－2506－0002375　s210－5/4
廬山志十五卷　(清)毛德琦編　清乾隆五十八年(1793)順德堂刻本　三冊　存三卷(六至八)

440000－2506－0002376　s211/5
麟臺故事五卷首一卷　(宋)程俱撰　清乾隆浙江刻武英殿聚珍版叢書本　一冊

440000－2506－0002377　s212－1/20
欽定大清會典一百卷　(清)允祹等撰　清乾隆浙江刻武英殿聚珍版叢書本　十冊

440000－2506－0002378　s212－2/1
漢官舊儀二卷補遺一卷　(漢)衛宏撰　清乾隆浙江刻武英殿聚珍版叢書本　一冊

440000－2506－0002379　s212－2/4
南巡盛典一百二十卷　(清)高晉等纂　清乾隆三十六年(1771)刻本　一冊　存三卷(九十九至一百一)

440000－2506－0002380　s212－6/10
棠陰比事一卷　(宋)桂萬榮撰　清同治六年(1867)桂嵩慶木樨山房木活字印本　一冊

440000－2506－0002381　s213－3/1
直齋書錄解題二十二卷　(宋)陳振孫撰　清乾隆浙江刻武英殿聚珍版叢書本　十三冊　存十八卷(一至十六、二十一至二十二)

440000－2506－0002382　s213－5/5
欽定聚珍版程式一卷　(清)金簡撰　清乾隆浙江刻武英殿聚珍版叢書本　一冊

440000－2506－0002383　s213－5/6
欽定聚珍版程式一卷　(清)金簡撰　清福建刻武英殿聚珍版叢書本　一冊

440000－2506－0002384　s214－1/15
兩漢金石記二十二卷　(清)翁方綱撰　清乾隆五十四年(1789)南昌使院刻本　十九冊　存十八卷(一至十七、十九)

440000－2506－0002385　s214－1/15(2)
兩漢金石記二十二卷　(清)翁方綱撰　清乾隆五十四年(1789)南昌使院刻本　五冊　存十四卷(一至十一、十六至十八)

440000－2506－0002386　s214－1/2
金石錄二十卷目錄十卷　(宋)趙明誠編著　(清)謝世箕校　清順治七年(1650)刻本　六冊

440000－2506－0002387　s214－1/23－2
金石三例三種　(清)盧見曾輯　清乾隆二十年(1755)盧見曾雅雨堂刻本　一冊

440000－2506－0002388　s214－1/27
粵東金石略九卷首一卷附錄二卷　(清)翁方綱撰　清乾隆三十六年(1771)石州草堂刻本　二冊

440000－2506－0002389　s214－3/1
石刻鋪敘二卷附錄一卷　(宋)曾宏父撰　清乾隆四十七年(1782)長塘鮑氏刻知不足齋叢書本　一冊

440000－2506－0002390　s214－3/1(2)
石刻鋪敘二卷附錄一卷　(宋)曾宏父撰　清乾隆四十七年(1782)長塘鮑氏刻知不足齋叢書本　一冊

440000－2506－0002391　s215/37
廿一史彈詞注十一卷　(明)楊慎編著　(清)張三異增定　(清)張仲璜注　清乾隆五十一年(1786)刻本　十冊

440000－2506－0002392　s301/16
傅子一卷　(晉)傅玄撰　清乾隆浙江刻武英殿聚珍版叢書本　一冊

440000－2506－0002393　s301/22

明本釋三卷　（宋）劉荀撰　清乾隆浙江刻武英殿聚珍版叢書本　三冊

440000－2506－0002394　s301/22－2
明本釋三卷　（宋）劉荀撰　清乾隆刻本　一冊

440000－2506－0002395　s301/29
淵鑒齋御纂朱子全書六十六卷　（宋）朱熹撰　（清）李光地等編　清嘉慶二十二年（1817）武英殿刻本　三十冊

440000－2506－0002396　s301/29（2）
淵鑒齋御纂朱子全書六十六卷　（宋）朱熹撰　（清）李光地等編　清嘉慶二十二年（1817）武英殿刻本　九冊　存十三卷（二至三、十一至十二、十六至十七、二十六至二十七、二十九至三十、三十七、四十九、五十一）

440000－2506－0002397　s301/46
帝範四卷　（唐）太宗李世民撰　（清）林澍蕃編　清乾隆浙江刻武英殿聚珍版叢書本　一冊

440000－2506－0002398　s302/10
武備志二百四十卷　（明）茅元儀輯　明天啟刻本　二十三冊　存七十三卷（十九至二十二、二十六至三十一、三十七至四十、四十五至五十六、六十至八十五、一百二至一百二十二）

440000－2506－0002399　s302/10（2）
武備志二百四十卷　（明）茅元儀輯　明天啟刻本　十四冊　存三十八卷（二十二至二十七、三十一至三十四、三十九至四十二、一百七十五至一百七十九、一百八十三至一百八十五、一百八十九至一百九十八、二百三至二百四、二百三十七至二百四十）

440000－2506－0002400　s302/9
唐荊川先生纂輯武前編六卷後編六卷　（明）唐順之撰　（明）焦竑校　清木活字印本　十二冊

440000－2506－0002401　s304/1
農桑輯要七卷　（元）司農司撰　清乾隆浙江刻武英殿聚珍版叢書本　四冊

440000－2506－0002402　s305－2/34－3
尚論張仲景傷寒論重編三百九十七法二卷首一卷　（清）喻昌撰　清乾隆刻本　四冊

440000－2506－0002403　s305－3/17－3
本草從新六卷　（清）吳儀洛輯　清乾隆二十二年（1757）大文堂刻本　六冊

440000－2506－0002404　s305－3/30
增訂本草附方不分卷　（□）□□撰　清乾隆刻本　一冊

440000－2506－0002405　s305－3/30
醫方集解二卷　（清）汪昂撰　清乾隆五十三年（1788）金閶綠蔭堂刻本　一冊

440000－2506－0002406　s305－5/3
儒門事親十五卷　（金）張從正撰　明嘉靖二十年（1541）步月樓刻本　六冊

440000－2506－0002407　s305－6/33
醫學心悟五卷外科十法一卷　（清）程國彭撰　清乾隆五十六年（1791）拾芥園刻本　三冊　存三卷（一至三）

440000－2506－0002408　s305－6/37
長沙方歌括六卷　（清）陳念祖著　清乾隆十三年（1748）南雅堂刻本　三冊

440000－2506－0002409　s305－7/4
瘡瘍經驗全書十三卷　（宋）竇漢卿著　清康熙五十六年（1717）浩然樓刻本　三冊　存七卷（一至二、五至九）

440000－2506－0002410　s305－7/5
外科症治全生前集三卷後集三卷　（清）王維德輯　清乾隆五年（1740）王維德刻本　一冊

440000－2506－0002411　s306－2/1
孫子算經三卷　（唐）李淳風注　清乾隆浙江刻武英殿聚珍版叢書本　一冊

440000－2506－0002412　s306－2/2
夏侯陽算經三卷　題（□）夏侯陽撰　清乾隆浙江刻武英殿聚珍版叢書本　一冊

440000－2506－0002413　s306－2/3

海島算經一卷　(晉)劉徽撰　(唐)李淳風等注　清乾隆浙江刻武英殿聚珍版叢書本　一冊

440000－2506－0002414　s306－2/4

五經算術二卷　(北周)甄鸞撰　(唐)李淳風注　清乾隆浙江刻武英殿聚珍版叢書本　一冊

440000－2506－0002415　s307/16

太乙數統宗大全四十卷　(清)李自明撰　(清)羅集福重訂　清乾隆四十五年(1780)集福堂刻本　十冊

440000－2506－0002416　s307/40

地理枀贊玄樨僊婆集十三卷　(明)張鳴鳳編　(明)呂元等評選　(明)萬國隆校正　明萬曆十五年(1587)宏遠堂熊雲濱刻本　四冊　存七卷(一至三、五至八)

440000－2506－0002417　s307/55

陽宅集成八卷　(清)姚廷鑾輯　清乾隆十九年(1754)刻本　一冊　存一卷(六)

440000－2506－0002418　s307/64

無名居羅青巖手輯範疇圖數裁述八卷　(清)羅孔裔輯　清康熙四十九年(1710)無名居刻本　三冊　存六卷(一至二、五至八)

440000－2506－0002419　s307/77

地學形勢集八卷　(清)倪化南輯　清乾隆保和堂刻本　七冊

440000－2506－0002420　s307/92

河洛理數七卷　(宋)陳摶撰　(宋)邵雍述　(明)史應選重訂　明崇禎奎璧堂刻本　五冊

440000－2506－0002421　s308－1/1

欽定佩文齋書畫譜一百卷　(清)孫岳頒等撰　清康熙刻本　二十四冊　存五十三卷(一至二十三、二十六至三十四、四十一至四十二、六十四至六十五、八十二至八十五、八十八至一百)

440000－2506－0002422　s308－1/1(2)

欽定佩文齋書畫譜一百卷　(清)孫岳頒等撰　清康熙刻本　一冊　存二卷(八至九)

440000－2506－0002423　s308－1/10

東坡題跋二卷　(宋)蘇軾撰　清乾隆五十年(1785)又賞齋刻本　二冊

440000－2506－0002424　s308－1/121

歷代名畫記十卷　(唐)張彥遠撰　明崇禎毛氏汲古閣刻本　一冊　存三卷(六至八)

440000－2506－0002425　s308－1/177

梅花喜神譜二卷　(宋)宋伯仁撰　清咸豐五年(1855)葉志詵刻本　一冊　存一卷(下)

440000－2506－0002426　s308－1/191

畫譜不分卷　(清)梁清標撰　清康熙十二年(1673)刻本　一冊

440000－2506－0002427　s308－1/2

清河書畫舫十二卷　(明)張丑撰　清乾隆二十八年(1763)仁和吳氏池北草堂刻本　五冊　存九卷(卯至亥)

440000－2506－0002428　s308－1/206

十竹齋蘭譜一卷　(清)胡正言輯　清刻彩色套印本　一冊

440000－2506－0002429　s308－1/23

墨池編二十卷　(宋)朱長文纂　清康熙五十三年(1714)朱氏就閑堂刻本　六冊

440000－2506－0002430　s308－1/6－2

江邨銷夏錄三卷　(清)高士奇輯　清康熙三十二年(1693)刻本　六冊

440000－2506－0002431　s308－1/9

山谷題跋三卷　(宋)黃庭堅撰　清乾隆五十年(1785)又賞齋刻本　三冊

440000－2506－0002432　s308－3/11

秋景庵主印譜一卷　(清)黃易篆　清西泠印社藍印暨鈐印本　一冊

440000－2506－0002433　s308－3/12

唐太宗百字文印譜一卷朱子治家格言印譜一卷　(□)□□篆　清綠印暨鈐印本　一冊

440000－2506－0002434　s308－3/13
黟山人黄牧甫印存一卷　(清)黄士陵撰　清光緒鈐印本　二冊

440000－2506－0002435　s308－3/14
印典八卷　(清)朱象賢編　清康熙六十一年(1722)朱氏就閑堂刻本　一冊　存四卷(五至八)

440000－2506－0002436　s308－3/17
學山堂印譜八卷序一卷　(明)張灝輯　明崇禎七年(1634)刻暨鈐印本　四冊　存二卷(一、序一卷)

440000－2506－0002437　s308－3/7
學印聯珠二種　(清)許文興輯撰　清道光八年(1828)蒼涵閣刻暨鈐印本　一冊

440000－2506－0002438　s308－3/8
補羅迦室印譜一卷　(清)趙之琛篆　清刻暨鈐印本　一冊

440000－2506－0002439　s309/16
五雲行規抄記部不分卷　(清)黄悦抄　清抄本　一冊

440000－2506－0002440　s309/3
墨法集要一卷　(明)沈繼孫撰　清乾隆浙江刻武英殿聚珍版叢書本　一冊

440000－2506－0002441　s310－2/10
澗泉日記三卷　(宋)韓淲撰　清乾隆浙江刻武英殿聚珍版叢書本　一冊

440000－2506－0002442　s310－2/11
敬齋古今黈八卷　(元)李冶撰　清乾隆浙江刻武英殿聚珍版叢書本　四冊

440000－2506－0002443　s310－2/16
鴻苞節錄十卷　(明)屠隆著　(清)屠繼烈編　明刻本　一冊　存一卷(六)

440000－2506－0002444　s310－2/20
陔餘叢考四十三卷　(清)趙翼著　清乾隆五十五年(1790)湛貽堂刻本　十冊

440000－2506－0002445　s310－2/20(2)
陔餘叢考四十三卷　(清)趙翼著　清乾隆五十五年(1790)湛貽堂刻本　十冊

440000－2506－0002446　s310－2/4
刊誤二卷　(唐)李涪撰　(明)吳琯校　**古今註上中下三卷**　(晉)崔豹著　(明)吳琯校　明吳琯刻增定古今逸史叢書本　一冊

440000－2506－0002447　s310－2/7
甕牖閒評八卷　(宋)袁文撰　清乾隆浙江刻武英殿聚珍版叢書本　二冊

440000－2506－0002448　s310－2/8
雲谷雜記四卷首一卷末一卷　(宋)張淏撰　清乾隆浙江刻武英殿聚珍版叢書本　二冊

440000－2506－0002449　s310－2/9
攷古質疑六卷　(宋)葉大慶撰　清乾隆浙江刻武英殿聚珍版叢書本　二冊

440000－2506－0002450　s310－3/39
天祿識餘十二卷北墅倡和詩一卷　(清)高士奇輯　清康熙二十九年(1690)刻本　三冊

440000－2506－0002451　s310－4/1
韻石齋筆談二卷　(清)姜紹書著　**七頌堂識小錄一卷**　(清)劉勇撰　清乾隆長塘鮑氏知不足齋刻本　一冊

440000－2506－0002452　s311/11－1
名句文身表異錄二十卷　(明)王志堅輯　清康熙四十七年(1708)漱六閣刻本　一冊

440000－2506－0002453　s311/15
古學彙纂十卷　(明)周旹雍輯　明崇禎十五年(1642)愛日齋刻本　十六冊

440000－2506－0002454　s311/16
分類字錦六十四卷　(清)張廷玉等編　清康熙刻本　六十四冊

440000－2506－0002455　s311/18
新刊唐荆川先生稗編一百二十卷　(明)唐順之編　明萬曆九年(1581)茅氏文霞閣刻本(卷六十一至六十三由不同開本補配)　四冊　存九卷(六十一至六十三、八十一至八十六)

440000－2506－0002456　s311/20

御定子史精華一百六十卷　(清)允祿等編　清雍正五年(1727)刻本　二十四册　存九十六卷(一至三、九至二十七、三十七至三十九、四十三至四十六、五十一至六十五、七十八至八十二、九十一至一百六、一百十至一百十六、一百二十四至一百二十六、一百三十一至一百五十一)

440000－2506－0002457　s311/27

憑山閣增輯留青新集三十卷　(清)陳枚選　(清)陳德裕增輯　清康熙憑山閣刻本　十二册　存二十五卷(一至十三、十九至三十)

440000－2506－0002458　s311/29

省軒考古類編十二卷　(清)柴紹炳纂　(清)姚培謙評　清乾隆二十三年(1758)敦化堂補刻本　四册

440000－2506－0002459　s311/30

省軒考古類編十二卷　(清)柴紹炳纂　(清)姚廷謙評　清乾隆二十三年(1758)刻本　二册　存六卷(七至十二)

440000－2506－0002460　s311/5

三才圖會一百八卷　(明)王圻撰　明刻本　一册　存四卷(草木八,人物五、八、十三)

440000－2506－0002461　s311/77

丙午歲紅字頭通書大成不分卷　(清)廣州澄天閣編　清光緒三十二年(1906)廣州澄天閣書局五彩石印本　一册

440000－2506－0002462　s312－1/12

太平廣記五百卷目錄十卷　(宋)李昉編　清刻本　四十六册

440000－2506－0002463　s312－1/40

清異錄二卷　(宋)陶穀撰　清康熙漱六閣刻本　一册

440000－2506－0002464　s312－1/56

因樹屋書影十卷　(明)周亮工撰　清雍正懷德堂刻本　三册　存五卷(一至五)

440000－2506－0002465　s312－1/57

偶記八卷　(明)鄭仲夔撰　明刻本　一册　存五卷(一至五)

440000－2506－0002466　s312－1/6

世說新語補二十卷　(南朝宋)劉義慶撰　(清)黄汝琳重訂　清光緒茂清書屋刻朱印本　六册

440000－2506－0002467　s313/2

諸佛世尊如來菩薩尊者名稱歌曲不分卷　(明)成祖朱棣撰　明永樂内府刻本　一册

440000－2506－0002468　s313/26

楞嚴正脈十卷　(明)釋真鑑撰　清乾隆五十七年(1792)海幢寺刻本　六册

440000－2506－0002469　s313/40

西歸直指四卷　(清)周夢彦輯　清康熙羅萬忠刻本　一册　存一卷(三)

440000－2506－0002470　s313/46

師子林天如和尚淨土或問一卷　(清)釋善遇編　**淨土法語一卷**　(明)正知校　清乾隆四十九年(1784)衍法寺刻本　一册

440000－2506－0002471　s313/5

大藏經　(明)成祖朱棣敕修　明永樂刻本　六册　存六卷(宗鏡錄十七、三法度論下、瑜伽師地論八十七、波羅提木叉僧祇戒本一、三經同一卷、大方廣佛同華嚴經二十八)

440000－2506－0002472　s313/6

佛本行集經六十卷　(隋)釋闍那崛多譯　明崇禎刻本　四册　存二十卷(一至二十)

440000－2506－0002473　s313/9－2

妙法蓮華經七卷　(後秦)釋鳩摩羅什譯　清乾隆二十九年(1764)刻道光二十二年(1842)比丘仁機修補本　一册　存二卷(六至七)

440000－2506－0002474　s314/16

太上黄庭經註三卷陰符經一卷　(清)石和陽撰　(清)李明徹評閲　**常清靜經一卷**　(清)牟目源訂　**金玉經一卷**　(清)純陽真人著　(清)牟目源訂　清乾隆五十八年(1793)李明徹刻本　一册

440000－2506－0002475　s314/5

老子道德經二卷　(三國魏)王弼注　清乾隆浙江刻武英殿聚珍版叢書本　二冊

440000－2506－0002476　s401/2
楚辭十七卷附錄一卷　(戰國)屈原等撰　明萬曆凌毓枏刻朱墨套印本　四冊

440000－2506－0002477　s402－10/15
元豐類稿九卷首一卷　(宋)曾鞏撰　清康熙四十九年(1710)曾國光刻本　一冊

440000－2506－0002478　s402－10/2
文恭集四十卷　(宋)胡宿撰　清乾隆浙江刻武英殿聚珍版叢書本　十二冊

440000－2506－0002479　s402－10/22
古香齋鑒賞袖珍施註蘇詩四十二卷總目二卷　(宋)蘇軾撰　(宋)施元之注　(清)邵長蘅等刪補　**古香齋鑒賞袖珍蘇詩續補遺二卷續補遺總目一卷**　(清)馮景補注　清乾隆古香齋刻本　十五冊　存三十六卷(一至十五、十九至二十一、二十五至四十二)

440000－2506－0002480　s402－10/22－2
施註蘇詩四十二卷總目二卷　(宋)蘇軾撰　(宋)施元之注　**蘇詩續補遺二卷續補遺總目一卷**　(清)馮景補注　清康熙刻本　十冊

440000－2506－0002481　s402－10/22－2(2)
施注蘇詩四十二卷總目二卷　(宋)蘇軾撰　(宋)施元之注　(清)邵長蘅等刪補　**王注正譌一卷**　**東坡先生墓誌銘一卷**　(宋)蘇轍撰　**宋史本傳一卷**　(元)脱脱撰　**東坡先生[蘇軾]年譜一卷**　(清)王宗稷編　(清)邵長蘅重訂　**蘇詩續補遺二卷**　(清)馮景補注　清康熙刻本　十二冊

440000－2506－0002482　s402－10/28－2
欒城集五十卷後集二十四卷三集十卷　(宋)蘇轍撰　明活字印本　一冊　存二卷(後集二十四、三集一)

440000－2506－0002483　s402－10/32
宋黃文節公全集三十二卷首四卷外集二十四卷別集十九卷伐檀集二卷　(宋)黃庭堅撰　清乾隆刻本　一冊　存二卷(宋黃文節公全集二十五至二十六)

440000－2506－0002484　s402－10/39
茶山集八卷　(宋)曾幾撰　清乾隆浙江刻武英殿聚珍版叢書本　二冊

440000－2506－0002485　s402－10/55
絜齋集二十四卷　(宋)袁燮撰　清乾隆浙江刻武英殿聚珍版叢書本　十冊

440000－2506－0002486　s402－10/7
寓惠錄四卷　(宋)蘇軾撰　明萬曆刻本　一冊　存二卷(三至四)

440000－2506－0002487　s402－10/80
海瓊玉蟾先生文集六卷續文集二卷　(宋)葛長庚撰　(明)朱權重編　明正統七年(1442)朱權刻本　六冊　存六卷(文集三至六、續文集二卷)

440000－2506－0002488　s402－11/1
拙軒集六卷　(金)王寂撰　清乾隆浙江刻武英殿聚珍版叢書本　四冊

440000－2506－0002489　s402－11/3－2
遺山集四十卷附錄一卷　(金)元好問撰　清康熙刻本　一冊　存三卷(十至十二)

440000－2506－0002490　s402－12/27
容臺文集十卷詩集四卷別集六卷　(明)董其昌著　(明)葉有聲校　明刻本　十七冊

440000－2506－0002491　s402－12/3－2
青邱高季迪先生詩集十八卷　(明)高啟撰　(清)金檀輯注　清雍正六年(1728)刻本　一冊　存五卷(三至七)

440000－2506－0002492　s402－12/33
西菴集九卷　(明)孫蕡撰　清乾隆三十五年(1770)孫士斗刻本　三冊

440000－2506－0002493　s402－12/38
弇州山人續稿二百七卷目錄十卷　(明)王世貞著　明刻本　四十三冊　存一百十五卷(二十七至八十一、九十五、一百四十九至二百七)

440000－2506－0002494　s402－12/39
茅鹿門先生文集三十六卷　（明）茅坤著　明刻本　一冊　存二卷（一至二）

440000－2506－0002495　s402－12/6
白沙子全集十卷首一卷末一卷　（明）陳獻章撰　（明）湛若水等纂　**古教詩解二卷**　（明）陳獻章撰　（明）湛若水注　清乾隆三十六年（1771）陳鴻漸等刻本　十二冊

440000－2506－0002496　s402－12/6(2)
白沙子全集十卷首一卷末一卷　（明）陳獻章撰　（明）湛若水等纂　**古教詩解二卷**　（明）陳獻章撰　（明）湛若水注　清乾隆三十六年（1771）陳鴻漸等刻本　十冊

440000－2506－0002497　s402－12/8
白沙子古詩教解二卷　（明）陳獻章撰　（清）湛若水注　清乾隆三十六年（1771）碧玉樓刻本　一冊

440000－2506－0002498　402－12/9
邱文莊公集十卷　（明）邱濬撰　（清）邱明邦編　清嘉慶二十年（1815）邱明邦刻同治九年（1870）印本　六冊

440000－2506－0002499　s402－13/13
顧亭林先生遺書十種　（清）顧炎武撰　清康熙吴江潘氏遂初堂刻本　六冊

440000－2506－0002500　s402－13/161
宦遊草一卷　（清）蘇正學著　（清）蘇珥校閲　（清）謝寧掄編次　**秋浦驪歌一卷**　（清）蘇正學著　清乾隆十三年（1748）蒼葭堂刻本　一冊

440000－2506－0002501　s402－13/169
瘦暈山房詩刪十三卷續編一卷　（清）羅天尺著　清乾隆三十一年（1766）刻本　二冊　存九卷（六至十三、續編一卷）

440000－2506－0002502　s402－13/188
碧腴齋詩存八卷　（清）胡德琳著　清乾隆隨園刻本　一冊

440000－2506－0002503　s402－13/255
楚庭偶存稿四卷　（清）何邵撰　清乾隆三十三年（1768）管峰草堂刻本　一冊

440000－2506－0002504　s402－13/256
歸田文存二卷　（清）魯曾煜撰　清雍正鳴野山房刻本　二冊

440000－2506－0002505　s402－13/271
文恭集四十卷　（宋）胡宿撰　清乾隆刻本　六冊

440000－2506－0002506　s402－13/276
魏興士文集六卷　（清）魏世傑著　（清）彭躬菴點定　清康熙易堂刻本　一冊

440000－2506－0002507　s402－13/277
霜葉吟一卷　（明）釋法新撰　清康熙刻本　一冊

440000－2506－0002508　s402－13/281
笠翁文集五卷笠翁詩集二卷笠翁餘集一卷笠翁别集二卷笠翁偶集六卷　（清）李漁著　清雍正八年（1730）芥子園刻本　十冊　存二卷（文集二至三）

440000－2506－0002509　s402－13/285
蕭亭詩選六卷　（清）張實居撰　（清）王士禛批點　清康熙刻本　二冊

440000－2506－0002510　s402－13/336
石雲山人自書詩稿不分卷　（清）吴榮光撰　清道光稿本　三冊

440000－2506－0002511　s402－13/37
古歡堂集八卷　（清）田雯著　清康熙刻本　二冊

440000－2506－0002512　s402－13/42
鹿洲全集八種　（清）藍鼎元撰　清雍正閑存堂刻本　十八冊

440000－2506－0002513　s402－13/5－2
吴詩集覽二十卷　（清）吴偉業撰　（清）靳榮藩輯　**吴詩談藪一卷**　（清）靳榮藩輯　清乾隆四十年（1775）靳氏淩雲亭刻本　十四冊

440000－2506－0002514　s402－13/5－2(2)
吴詩集覽二十卷　（清）吴偉業撰　（清）靳榮

藩輯　清乾隆四十年(1775)靳氏淩雲亭刻本　十六册

440000－2506－0002515　s402－13/6
醒省齋零草一卷　(清)李碧泉著　清光緒刻本　一册

440000－2506－0002516　s402－13/68
甌北詩鈔六卷　(清)趙翼撰　清乾隆湛貽堂刻本　六册

440000－2506－0002517　s402－13/80
卷施閣詩二十卷　(清)洪亮吉撰　清乾隆六十年(1795)刻本　二册　存十卷(一至五、十一至十五)

440000－2506－0002518　s402－13/81
更生齋詩八卷　(清)洪亮吉撰　清乾隆六十年(1795)刻本　一册　存四卷(五至八)

440000－2506－0002519　s402－3/28
陶淵明詩一卷　(晉)陶潛撰　清光緒元年(1875)刻本　一册

440000－2506－0002520　s402－9/14－2
李太白全集三十卷　(唐)李白撰　清康熙五十六年(1717)吳門繆曰芑刻本　五册

440000－2506－0002521　s402－9/20
杜工部集二十卷首一卷　(唐)杜甫撰　清光緒二年(1876)粤東翰墨園刻五色套印本　十册

440000－2506－0002522　s402－9/20(2)
杜工部集二十卷首一卷　(唐)杜甫撰　清光緒二年(1876)粤東翰墨園刻五色套印本　十册

440000－2506－0002523　s402－9/31－4
重刊五百家註音辯昌黎先生文集四十卷　(唐)韓愈著　清乾隆觀樓氏刻本　十四册

440000－2506－0002524　s402－9/31－4(2)
重刊五百家註音辯昌黎先生文集四十卷　(唐)韓愈著　清乾隆觀樓氏刻本　十一册　存三十七卷(一至十一、十五至四十)

440000－2506－0002525　s402－9/40
昌黎先生詩集注十一卷　(唐)韓愈撰　(清)朱彝尊　(清)何焯評　(清)顧嗣立輯　清光緒九年(1883)翰墨園刻三色套印本　四册

440000－2506－0002526　s402－9/41
白香山詩長慶集二十卷後集十七卷别集一卷補遺二卷　(唐)白居易撰　(清)汪立名編訂　清康熙汪氏一隅草堂刻文聚堂印本　十册

440000－2506－0002527　s402－9/41(2)
白香山詩長慶集二十卷後集十七卷别集一卷補遺二卷　(唐)白居易撰　(清)汪立名編訂　清康熙汪氏一隅草堂刻本　八册　存二十七卷(白香山詩長慶集二十卷、後集一至七)

440000－2506－0002528　s402－9/57－4
李義山詩集三卷　(唐)李商隱撰　(清)朱鶴齡箋注　清同治九年(1870)廣州倅署刻三色套印本　四册

440000－2506－0002529　s402－9/57－4(2)
李義山詩集三卷　(唐)李商隱撰　(清)朱鶴齡箋注　清同治九年(1870)廣州倅署刻三色套印本　四册

440000－2506－0002530　s402－9/57－4(3)
李義山詩集三卷　(唐)李商隱撰　(清)朱鶴齡箋注　清同治九年(1870)廣州倅署刻三色套印本　四册

440000－2506－0002531　s402－9/57－4(4)
李義山詩集三卷　(唐)李商隱撰　(清)朱鶴齡箋注　清同治九年(1870)廣州倅署刻三色套印本　四册

440000－2506－0002532　s402－9/74
唐英歌詩三卷　(唐)吳融撰　清康熙席氏琴川書屋刻本　一册

440000－2506－0002533　s402－9/75
李才江詩集三卷　(唐)李洞撰　清康熙四十一年(1702)洞庭席氏琴川書屋刻本　一册

440000－2506－0002534　s403－1/12
三家宮詞三卷附二家宮詞二卷　(明)毛晉輯　明毛晉綠君亭刻本　二册

440000－2506－0002535　s403－1/13
文選六十卷　（南朝梁）蕭統輯　（唐）李善注　（清）葉樹藩參訂　清乾隆海錄軒刻朱墨套印本　八冊

440000－2506－0002536　s403－1/5
文選六十卷　（南朝梁）蕭統輯　（唐）李善注　（清）葉樹藩參訂　清乾隆海錄軒刻朱墨套印本　十二冊

440000－2506－0002537　s403－1/5(2)
文選六十卷　（南朝梁）蕭統輯　（唐）李善注　（清）葉樹藩參訂　清乾隆海錄軒刻朱墨套印本　十冊　存五十四卷(一至十、十六至四十九、五十一至六十)

440000－2506－0002538　s403－1/8
文略二卷目錄二卷　（明）劉廣生輯　明萬曆四十六年(1618)劉廣生刻本　二冊

440000－2506－0002539　s403－2/19
謝疊山先生文章軌範七卷　（宋）謝枋得輯　清光緒暘谷謝氏家塾刻本　四冊

440000－2506－0002540　s403－2/2
御定歷代賦彙一百四十卷外集二十卷逸句二卷補遺二十二卷目錄二卷　（清）陳元龍輯　清康熙四十五年(1706)内府刻本　六十四冊

440000－2506－0002541　s403－2/2/15
唐詩英華二十二卷　（清）顧有孝輯　清順治顧有孝刻本　二十四冊

440000－2506－0002542　s403－2/2/16
全唐詩十二函　（清）徐倬輯　清康熙刻本　八冊

440000－2506－0002543　s403－2/2/23
丁卯詩集二卷丁卯詩續集一卷　（唐）許渾撰　清康熙東山席氏琴川書屋刻本　一冊　存二卷(下、續集一卷)

440000－2506－0002544　s403－2/2/3
松陵集十卷目錄一卷　（唐）皮日休　（唐）陸龜蒙撰　明毛氏汲古閣刻本　一冊　存一卷(目錄一卷)

440000－2506－0002545　s403－2/2/9
全唐詩錄一百卷　（清）徐倬輯　清康熙四十五年(1706)刻本　十七冊　存六十八卷(一、三至二十六、三十六至三十九、四十四至四十七、五十二至六十九、七十四至七十八、八十九至一百)

440000－2506－0002546　s403－2/3
古文淵鑒六十四卷　（清）徐乾學編注　清康熙内府刻四色套印本　十二冊　存十五卷(三至四、六至八、三十一至四十)

440000－2506－0002547　s403－2/33
古文崇正十二卷　（明）敖鯤輯　明萬曆八年(1580)刻本　一冊　存二卷(五、七)

440000－2506－0002548　s403－2/3－3
古文淵鑒六十四卷　（清）聖祖玄燁選　（清）徐乾學等編注　清康熙二十四年(1685)刻本　二十八冊

440000－2506－0002549　s403－2/3－4
古文淵鑒六十四卷　（清）聖祖玄燁御製　（清）徐乾學等編注　清刻五色套印本　十四冊

440000－2506－0002550　s403－2/4/5
元詩選不分卷　（清）顧嗣立輯　清康熙四十一年(1702)顧氏秀野草堂刻本　二冊

440000－2506－0002551　s403－2/5/1
明詩綜一百卷　（清）朱彝尊輯　清康熙西泠吳氏清來堂刻乾隆印本　二十八冊　存九十五卷(一至六、九至十八、二十二至一百)

440000－2506－0002552　s403－2/5/2
明詩綜一百卷　（清）朱彝尊錄　（清）汪森等評　清康熙刻乾隆白蓮涇印本　二十四冊　存五十四卷(一至五十四)

440000－2506－0002553　s403－2/6/1
欽定國朝詩別裁集三十二卷　（清）沈德潛纂評　清乾隆刻本　十一冊　存二十四卷(一至八、十五至二十、二十三至三十二)

440000－2506－0002554　s403－2/6/25

篋衍集十二卷　(清)陳維崧輯　清康熙三十二年(1693)刻本　三册　存四卷(五至六、八、十)

440000－2506－0002555　s403－2/6/34
錦繡文章不分卷　(清)□□輯　清稿本　一册

440000－2506－0002556　s403－2/61
御選唐宋詩醇四十七卷　(清)高宗弘曆編　清乾隆二十五年(1760)刻本　十九册　存四十四卷(一至十九、二十三至四十七)

440000－2506－0002557　s403－2/81
詩紀一百三十卷前集十卷外集四卷别集十二卷　(明)馮惟訥輯　明嘉靖三十九年(1560)甄敬刻本　四册　存十五卷(一百十六至一百三十)

440000－2506－0002558　s403－3/25
洞霄詩集十四卷　(元)孟宗寶輯　清乾隆刻知不足齋叢書本　二册

440000－2506－0002559　s403－3/25(2)
洞霄詩集十四卷　(元)孟宗寶輯　清乾隆刻知不足齋叢書本　一册　存六卷(一至六)

440000－2506－0002560　s404/19
浩然齋雅談三卷　(宋)周密撰　清乾隆四十二年(1777)刻本　一册

440000－2506－0002561　s404/59
歲寒堂詩話二卷　(宋)張戒撰　清乾隆浙江刻武英殿聚珍版叢書本　一册

440000－2506－0002562　s404/75
唐音癸籤三十三卷　(明)胡震亨著　明崇禎劉鳳鳴刻本　四册

440000－2506－0002563　s404/76
古詩歸十五卷　(明)鍾惺撰　(明)譚元春輯　明萬曆四十五年(1617)吴興閔振聲、閔振業刻三色套印本　一册　存一卷(一)

440000－2506－0002564　s405－1/16
秋水菴花影集五卷　(明)施紹莘撰　清乾隆十七年(1752)博古堂刻本　四册

440000－2506－0002565　s405－3/14
冬青樹二卷四弦秋一卷　(清)蔣士銓填詞　清乾隆刻本　一册

440000－2506－0002566　s405－3/7
白石道人歌曲四卷别集一卷　(宋)姜夔撰　清乾隆刻本　一册

440000－2506－0002567　s501/3
漢魏叢書八十九種四百四十四卷　(清)王謨輯　清乾隆五十六年(1791)王謨刻本　九十册

440000－2506－0002568　s501/39
津逮秘書十五集　(明)毛晉輯　明崇禎汲古閣刻本　三册

440000－2506－0002569　s502/14
稗海七十種　(明)商濬輯　清乾隆十六年(1751)振鷺堂刻本　五十四册　存四十二種

440000－2506－0002570　s503/1
西河合集一百十九種　(清)毛奇齡撰　(清)毛健等輯　清乾隆三十五年(1770)刻本　八十四册

440000－2506－0002571　s503/2
隨園三十種　(清)袁枚撰　清乾隆、嘉慶隨園刻本　五十七册

440000－2506－0002572　s503/2(2)
隨園三十種　(清)袁枚撰　清乾隆、嘉慶隨園刻本　七册　存六種

440000－2506－0002573　s600030
明史藁三百十卷目錄三卷　(清)王鴻緒等撰　清雍正敬慎堂刻本　五十六册　缺三十八卷(本紀八至十九,志一至十七,傳記一百三十七至一百四十一、一百八十一至一百八十四)

440000－2506－0002574　s600033
六書分類十二卷首一卷　(清)傅世垚輯　清乾隆五十四年(1789)韓城官舍刻嘉慶元年(1796)印本　十二册

440000－2506－0002575　s600054

續齊魯古印攈十六卷　(清)郭裕之輯　清光緒十八年(1892)濰縣郭氏鈐印本　三冊　存三卷(九至十、十五)

440000－2506－0002576　s600060

瘞鶴銘考一卷　(清)汪士鋐編　清咸豐二年(1852)粵東督署刻本　一冊

440000－2506－0002577　s600160

稗海七十種三百四十六卷　(明)商濬輯　清乾隆刻本　七十六冊　缺二十二卷(侍兒小名錄一、補侍兒小名錄一、續補侍兒小名錄一、嬾真子一至五、隨隱漫錄一至五、楓窗小牘一至二、耕錄稿一、厚德錄一至四、西溪叢語一至二)

廣東省東莞圖書館
古籍普查登記目録

全國古籍普查登記目録

國家圖書館出版社
National Library of China Publishing House

440000－2516－0000001　葉001
前漢書一百卷附考證　(漢)班固撰　(唐)顔師古注　(清)陳浩等考證　**前漢書敘例一卷附考證**　(唐)顔師古撰　(清)陳浩等考證　清光緒十四年(1888)上海圖書集成印書局鉛印本　二十册

440000－2516－0000002　葉002
後漢書一百二十卷附考證　(南朝宋)范曄撰　(晉)司馬彪續志　(唐)李賢注　(清)陳浩等考證　清光緒十四年(1888)上海圖書集成印書局鉛印本　十六册

440000－2516－0000003　葉004
滬遊雜記四卷　(清)葛元煦撰　清光緒二年(1876)刻本　二册

440000－2516－0000004　葉005
愚荃敝帚二卷　(清)李文安撰　清光緒九年(1883)同文書局石印本　一册

440000－2516－0000005　葉007
南遊賸稿一卷　(清)張槐撰　清光緒二十八年(1902)龍江張氏刻本　一册

440000－2516－0000006　葉014
東洋神户日本竹枝詞一卷　(清)四明浮槎客著　清光緒十一年(1885)刻本　一册

440000－2516－0000007　葉015
馮雨田佛山竹枝詞一卷　(清)馮雨田撰　清光緒三十年(1904)刻本　一册

440000－2516－0000008　葉017
竹林詞鈔二卷　(清)吕洪　(清)吕鑑煌撰　(清)戴鴻慈　(清)吴桂丹輯　清光緒十九年(1893)刻本　一册

440000－2516－0000009　葉018
都門竹枝詞一卷　(清)楊静亭等撰　清末刻本　一册

440000－2516－0000010　葉026
垂綏録十卷　(清)張雲璈纂　清光緒二十七年(1901)安雅書局鉛印本　一册　存一卷(一)

440000－2516－0000011　葉033
北海雜録一卷　(清)梁鴻勳編　清末香港中華印務總局鉛印本　一册

440000－2516－0000012　葉042
養和堂詩鈔一卷　(清)蔡球撰　清刻本　一册

440000－2516－0000013　葉047
潘仙全書一卷　(清)譚應祥輯　清光緒九年(1883)茂邑譚應祥刻本　一册

440000－2516－0000014　葉049
潞水客談一卷附録一卷　(明)徐貞明撰　清咸豐元年(1851)南海伍氏刻粤雅堂叢書本　一册

440000－2516－0000015　葉053
淮南子二十一卷　(漢)劉安撰　(漢)高誘注　清光緒十九年(1893)鴻文書局石印本　一册

440000－2516－0000016　葉058
嶺南詩集八卷　(清)李文藻撰　清刻本　一册

440000－2516－0000017　2001
爾雅三卷　(晉)郭璞注　清光緒十年(1884)上海點石齋石印本　二册

440000－2516－0000018　葉059
草草草堂詩草二卷　(清)何仁山撰　(清)何壽泉箋注　清光緒十一年(1885)刻本　二册

440000－2516－0000019　葉063
字學三種　(清)傅雲龍輯　清同治十三年(1874)傅雲龍味腴山館刻本　一册

440000－2516－0000020　1076
廣東新語二十八卷　(清)屈大均撰　清刻本　十一册　缺二卷(一至二)

440000－2516－0000021　葉065
見聞雜録□□卷　(清)羊城日報編纂　清光緒三十一年(1905)羊城報局鉛印本　四册　存八卷(一至八)

440000－2516－0000022　葉068

留都見聞錄二卷　(明)吳應箕撰　清光緒三十三年(1907)國學保存會鉛印本　一册

440000－2516－0000023　葉 069
黑奴籲天錄四卷　(美國)斯土活著　林紓魏易譯　清光緒二十七年(1901)刻本　四册

440000－2516－0000024　葉 075
粵西筆述一卷　(清)張祥河輯　清光緒二十二年(1896)大興謝光綺刻本　一册

440000－2516－0000025　葉 080
五山草堂初編二卷　龍令憲撰　清末刻本　一册

440000－2516－0000026　葉 082
赤雅三卷　(清)鄺露撰　清乾隆三十四年(1769)長塘鮑氏刻知不足齋叢書本　一册

440000－2516－0000027　葉 084
昭忠錄一卷　(宋)□□撰　清道光三十年(1850)南海伍氏刻粵雅堂叢書本　一册

440000－2516－0000028　葉 085
嶺南集鈔一卷　(清)程含章撰　(清)李長榮輯　清刻本　一册

440000－2516－0000029　葉 096
敬竈靈書一卷　(清)芥園主人守愚氏輯　清同治十一年(1872)刻本　一册

440000－2516－0000030　葉 097
甯陽學存一卷　(清)趙天錫輯　清光緒二十六年(1900)廣州新甯明善社刻本　一册

440000－2516－0000031　葉 108
盛世危言五卷　(清)鄭觀應撰　**盛世危言續編三卷**　(清)杞憂生輯　**盛世危言外編二卷**　(清)馮桂芬輯　清光緒二十二年(1896)上海書局石印本　五册

440000－2516－0000032　葉 115
吉祥花六卷　(清)邵紀棠輯　清同治九年(1870)省城富經堂、漱經堂刻本　二册

440000－2516－0000033　葉 116
新訂解人頤廣集七卷　(清)錢德蒼輯　清同治元年(1862)刻本　二册　存五卷(一至五)

440000－2516－0000034　葉 117
蟲鳴漫錄二卷　(清)採蘅子撰　清光緒三年(1877)上海申報館鉛印本　一册

440000－2516－0000035　葉 121
鄉党考一卷　(清)黃守僊撰　清乾隆四十九年(1784)刻本　二册

440000－2516－0000036　葉 123
嶺南即事雜詠九集一卷十集一卷　(清)□□撰　清光緒十年(1884)刻本　一册

440000－2516－0000037　葉 124
粵東皇華集四卷　(清)李調元撰　清光緒八年(1882)廣漢鍾登甲樂道齋刻函海本　一册

440000－2516－0000038　葉 133
鏡源遺照集二十卷首一卷　(清)張均輯　清光緒十五年(1889)大成堂刻本　四册

440000－2516－0000039　葉 143
退遂齋詩鈔八卷　(清)倪鴻撰　清光緒七年(1881)泉州刻本　一册　存五卷(一至五)

440000－2516－0000040　葉 144
梅花書屋近體詩□□卷　(清)葉廷勳撰　清梅花書屋刻本　一册　存一卷(一)

440000－2516－0000041　葉 151
説鈴　(清)吳震方輯　清道光五年(1825)聚秀堂刻本(有補配)　十六册　存前集三十七種

440000－2516－0000042　葉 153
不慊齋漫存六卷　(清)徐賡陛撰　清末石印本　一册

440000－2516－0000043　葉 154
不慊齋漫存六卷　(清)徐賡陛撰　清光緒八年(1882)南海官署刻本　四册　存五卷(一至五)

440000－2516－0000044　葉 218
國朝先正事略六十卷　(清)李元度纂　清同治五年(1866)循陔草堂刻本　二十四册

440000－2516－0000045　葉 219
御批歷代通鑑輯覽一百二十卷　(清)傅恒等

纂　清光緒九年(1883)上海同文書局石印本　二十册

440000－2516－0000046　葉220
粤東成案初編三十八卷總目一卷補遺一卷　(清)朱橒編　清道光十二年(1832)刻本　四十册

440000－2516－0000047　葉226
漢書一百卷　(漢)班固撰　(唐)顔師古注　清同治八年(1869)金陵書局刻本　十六册

440000－2516－0000048　葉227
後漢書九十卷　(南朝宋)范曄撰　(唐)李賢注　**續漢志三十卷**　(晉)司馬彪撰　(南朝梁)劉昭注補　清同治八年(1869)金陵書局刻本　十六册

440000－2516－0000049　葉228
八旗文經六十卷　(清)盛昱輯　清光緒二十八年(1902)刻本　十二册

440000－2516－0000050　葉229
苗氏説文四種四十六卷　(清)苗夔撰　清道光至咸豐壽陽祁氏漢碑亭刻本　八册

440000－2516－0000051　葉230
字典考證十二集　(清)王引之撰　(清)奕繪等輯　清道光十一年(1831)刻本　四册

440000－2516－0000052　葉231
南漢書十八卷考異十八卷　(清)梁廷枏撰　清道光刻本　六册

440000－2516－0000053　葉232
四書經史摘證七卷　(清)宋繼穜輯著　清光緒元年(1875)廣州將軍署刻本　四册

440000－2516－0000054　葉234
欽定七政四餘萬年書不分卷(乾隆二十一年至道光二十八年)　(清)□□撰　清刻本　四册

440000－2516－0000055　葉236
漢魏六朝百三名家集　(明)張溥輯　清光緒三年(1877)滇南唐氏壽考堂刻本　四册　存四種

440000－2516－0000056　葉237
兩廣鹽法志三十五卷首一卷　(清)阮元等修　(清)伍長華等纂　清粤東省城九曜坊林興堂刻本　十五册　存二十六卷(二至十、十三至十七、十九至二十、二十二至二十五、三十至三十五)

440000－2516－0000057　葉238
明季南略十八卷　(清)計六奇撰　清都城琉璃廠半松居士木活字印本　十二册

440000－2516－0000058　葉239
南漢春秋十三卷　(清)劉應麟撰　清道光七年(1827)刻本　二册

440000－2516－0000059　葉240－242
邵武徐氏叢書二十三種　(清)徐幹輯　清光緒邵武徐氏刻本　五册　存三種

440000－2516－0000060　葉243
東粤藩儲攷十二卷　(清)高崇基纂　清末木活字印本　十二册

440000－2516－0000061　葉244
四生譜四種　(清)金文錦撰　清刻本　四册

440000－2516－0000062　葉246
海道圖説十五卷　(英國)金約翰輯　(英國)傅蘭雅口譯　(清)王德均筆述　**長江圖説一卷**　(英國)金約翰輯　(英國)金楷理口譯　(清)王德均筆述　清光緒二十二年(1896)上海書局石印本　八册

440000－2516－0000063　葉247
原富五部　(英國)斯密亞丹撰　嚴復譯　清光緒二十八年(1902)南洋公學譯書院鉛印本　八册

440000－2516－0000064　葉248
廣東考古輯要四十六卷　(清)周廣等輯　清光緒十九年(1893)刻本　十册

440000－2516－0000065　葉252
明季稗史彙編十六種二十七卷　(清)留雲居士輯　清光緒二十二年(1896)上海圖書集成印書局鉛印本　六册

440000－2516－0000066　葉261
龍威秘書十集一百六十八種　(清)馬俊良輯　清乾隆五十九年(1794)石門馬氏大酉山房刻本　一册　存五種

440000－2516－0000067　葉119、266
知不足齋叢書三十集一百九十七種　(清)鮑廷博輯　(清)鮑志祖續輯　清乾隆至道光長塘鮑氏刻本　二册　存三種

440000－2516－0000068　葉267－270
知不足齋叢書三十集一百九十七種　(清)鮑廷博輯　(清)鮑志祖續輯　清乾隆至道光長塘鮑氏刻本　八册　存七種

440000－2516－0000069　葉302
指南後録三卷　(宋)文天祥撰　清光緒六年(1880)崇文書局刻本　一册

440000－2516－0000070　葉303
藏説小萃七種七卷　(明)李鶚翀輯　清光緒十四年(1888)江陰金氏刻粟香室叢書本　一册

440000－2516－0000071　葉304
赤溪雜志二卷　金武祥撰　清光緒十七年(1891)江陰金氏刻粟香室叢書本　一册

440000－2516－0000072　葉305
文房四譜五卷　(宋)蘇易簡撰　清光緒七年(1881)吴興陸氏刻十萬卷樓叢書本　一册

440000－2516－0000073　葉306
今文房四譜一卷　(清)謝崧梁撰　清光緒十六年(1890)湘鄉肇經榭謝氏刻本　一册

440000－2516－0000074　葉307
李靜叔遺文一卷　(清)李文淵撰　**拙齋集一卷**　(清)李遠撰　清刻本　一册

440000－2516－0000075　葉308
榆塞紀行録四卷　(清)李嘉績纂　清光緒十二年(1886)李氏代耕堂刻本　一册

440000－2516－0000076　葉311
靈芝唱答集三卷首一卷　(清)戴肇辰輯　清同治七年(1868)刻本　一册

440000－2516－0000077　葉312
叢碧山房雜著三卷　(清)龐塏著　清刻本　一册

440000－2516－0000078　葉313
端溪硯史三卷　(清)吴蘭修編　清道光三十年(1850)南海伍氏粵雅堂文字歡娱室刻嶺南遺書本　一册

440000－2516－0000079　葉314
史表功比説一卷　(清)張錫瑜撰　清光緒十四年(1888)廣雅書局刻本　一册

440000－2516－0000080　葉132、315、316
鹿洲全集八種四十三卷　(清)藍鼎元撰　清同治四年(1865)羊城緯文堂刻本　五册　存三種

440000－2516－0000081　葉318
警富新書四卷四十回　(清)安和先生撰　清嘉慶十四年(1809)刻本　一册

440000－2516－0000082　葉320
楚庭稗珠擇録四卷　(清)檀萃纂　(清)黄壽編　清嘉慶二十二年(1817)刻本　一册　存二卷(一至二)

440000－2516－0000083　葉321
續板橋雜記三卷雪鴻小記一卷補遺一卷　(清)珠泉居士著　清乾隆五十七年(1792)刻本　一册

440000－2516－0000084　葉323
金壺浪墨八卷　(清)黄鈞宰撰　清光緒四年(1878)粤東儒林閣書坊刻本　一册　存四卷(一至四)

440000－2516－0000085　葉325
韓江聞見録十卷　(清)鄭昌時纂　清道光四年(1824)刻本　四册　存八卷(一至四、七至十)

440000－2516－0000086　葉333
奇字名十二卷　(清)李調元撰　清乾隆綿州李氏萬卷樓刻函海本　一册　存五卷(一至五)

440000－2516－0000087　葉334
尾蔗叢談四卷　(清)李調元撰　清乾隆綿州李氏萬卷樓刻函海本　一冊

440000－2516－0000088　葉335
先三鄉賢年譜一卷　黄佛頤輯　清光緒二十九年(1903)純淵堂刻本　一冊

440000－2516－0000089　葉336
頤巢類藁三卷　(清)陶邵學撰　**陶徵君行狀一卷**　梁贊燊撰　清宣統三年(1911)粤東省城翰元樓刻本　一冊

440000－2516－0000090　葉354
痛史二十一種　樂天居士輯　清宣統三年(1911)上海商務印書館鉛印本　一冊　存一種

440000－2516－0000091　葉360
天下五洲各大國志要一卷　(英國)李提摩太著　(清)鑄鐵生述　清光緒二十三年(1897)上海廣學會鉛印本　一冊

440000－2516－0000092　葉383
雷祖志二卷　(清)劉世馨輯　清光緒十一年(1885)刻本　一冊

440000－2516－0000093　葉386
鼠疫彙編二卷　(清)羅汝蘭編　清光緒二十七年(1901)香港中華印務公司鉛印本　一冊

440000－2516－0000094　1075
浮山志三卷　(清)陳銘珪撰　清光緒七年(1881)刻本　三冊

440000－2516－0000095　葉410
[光緒]興寧縣志十八卷首一卷末一卷　(清)郭樹馨　(清)劉錫九修　(清)黄榜元等纂　清光緒元年(1875)刻本　四冊　存十卷(二至四、八至九、十二至十三、十七至十八,末一卷)

440000－2516－0000096　葉411
[光緒]湘潭縣志十二卷　(清)陳嘉榆等修　王闓運等纂　清光緒十五年(1889)刻本　一冊　存一卷(一)

440000－2516－0000097　葉412
[嘉慶]湘潭縣志四十卷　(清)張雲璈等修　(清)周系英纂　清嘉慶二十三年(1818)刻本　二冊　存五卷(二十六至三十)

440000－2516－0000098　葉429
始興縣鄉土志一卷　(清)張報和等纂　清光緒三十三年(1907)文茂印務局鉛印本　一冊

440000－2516－0000099　葉430
新寧鄉土歷史□□卷　(清)雷澤普纂　清末刻本　一冊　存一卷(下)

440000－2516－0000100　葉433
廣甯縣鄉土志一卷　伍梅　龔炳章編輯　清末刻本　一冊

440000－2516－0000101　葉434
悦城龍母廟志二卷首一卷　(清)黄應奎等編輯　清末省城錦書堂刻本　一冊

440000－2516－0000102　葉440
新會鄉土志十五卷　(清)蔡垚爔修　(清)譚鑣纂　清末粤東編譯公司鉛印本　一冊

440000－2516－0000103　葉468
廣東新語二十八卷　(清)屈大均撰　清刻本　十冊

440000－2516－0000104　葉469
千山詩集二十卷首一卷　(清)釋函可撰　(清)釋今羞編　清刻本　四冊

440000－2516－0000105　0001
十三經注疏三百四十六卷　(清)鄂爾泰等總閱　(清)張照等總裁　清同治十年(1871)廣東書局刻本　一百二十冊

440000－2516－0000106　0002
宋本十三經注疏附校勘記十三種四百十六卷　(清)阮元校勘　**十三經注疏校勘記識語四卷**　(清)汪文臺撰　清光緒十三年(1887)上海脈望仙館石印本　三十一冊　缺二十二卷(春秋穀梁傳二十卷、校勘記識語三至四)

440000－2516－0000107　0004
十三經注疏校勘記識語四卷　(清)汪文臺撰

清光緒三年(1877)江西書局刻本　一冊

440000－2516－0000108　0005
經典釋文三十卷　(唐)陸德明撰　清同治十年(1871)刻本　十二冊

440000－2516－0000109　0018
尚書大傳三卷附序錄一卷辨譌一卷　(漢)伏勝撰　(漢)鄭玄注　(清)陳壽祺輯校　清同治十二年(1873)粵東書局刻本　一冊

440000－2516－0000110　0019
融堂書解二十卷　(宋)錢時撰　清光緒二十一年(1895)福建刻武英殿聚珍版書本　二冊

440000－2516－0000111　0020
禹貢指南四卷　(宋)毛晃撰　清刻武英殿聚珍版書本　一冊

440000－2516－0000112　0031
欽定詩經傳說彙纂二十一卷首二卷詩序二卷　(清)王鴻緒等總裁　清刻本　十七冊　缺一卷(二十一)

440000－2516－0000113　0047
大戴禮記解詁十三卷　(清)王聘珍撰　清光緒十三年(1887)廣雅書局刻本　二冊　存八卷(一至八)

440000－2516－0000114　0048
欽定禮記義疏八十二卷首一卷　(清)鄂爾泰等總裁　清光緒十六年(1890)雲南書局刻本　八十冊

440000－2516－0000115　0050
直省釋奠禮樂記六卷首一卷末一卷　(清)應寶時等輯　清光緒十七年(1891)廣東藩署刻本　四冊

440000－2516－0000116　0055
左傳經世鈔二十三卷　(清)魏禧評點　(清)彭家屏参訂　清刻本　十冊

440000－2516－0000117　0056
左傳紀事本末五十三卷　(清)高士奇撰　清光緒二十六年(1900)廣雅書局刻本　十二冊

440000－2516－0000118　0060
春秋公羊註疏二十八卷　(漢)何休註　明崇禎七年(1634)古虞毛氏汲古閣刻十三經注疏本　十冊　缺五卷(三至四、十三至十五)

440000－2516－0000119　0062
春秋繁露十七卷　(漢)董仲舒撰　(清)淩曙注　清末刻本　四冊

440000－2516－0000120　0064
東萊博議四卷　(宋)呂祖謙撰　清光緒七年(1881)鳳城官舍刻本　四冊

440000－2516－0000121　0068
春秋經傳日月考一卷　(清)鄒伯奇撰　清光緒兩湖書院刻朱印本　一冊

440000－2516－0000122　0085
三萬選不分卷　(清)□□輯　清光緒二十六年(1900)上海書局石印本　七冊　存七冊(一、三至六、八、十)

440000－2516－0000123　0098
說文解字十五卷校字記一卷　(漢)許慎撰　(宋)徐鉉等校定　**說文通檢十四卷首一卷末一卷**　(清)黎永椿編　清光緒五年(1879)祥符常桂潤刻本　八冊

440000－2516－0000124　0101
說文解字十五卷　(漢)許慎撰　(宋)徐鉉等校定　清初毛氏汲古閣刻本　四冊　缺五卷(三至四、八至十)

440000－2516－0000125　0102
說文解字句讀三十卷　(清)王筠撰　清光緒八年(1882)四川尊經書局刻本　七冊　存十四卷(一至六、九至十六)

440000－2516－0000126　0103
汗簡七卷　(宋)郭忠恕撰　(清)鄭珍箋正　清光緒十五年(1889)廣雅書局刻本　四冊

440000－2516－0000127　0105
說文辨字正俗八卷　(清)李富孫纂　清刻本　二冊

440000－2516－0000128　0108
許氏說文解字雙聲疊韻譜不分卷　(清)鄧廷

楨撰　清光緒七年(1881)常熟鮑氏刻後知不足齋叢書本　二册

440000－2516－0000129　0644
漁洋山人精華錄箋注十二卷補一卷　(清)王士禛撰　(清)金榮箋注　(清)徐淮輯　清金氏鳳翽堂刻本　六册

440000－2516－0000130　0113
史記一百三十卷　(漢)司馬遷撰　(南朝宋)裴駰集解　清光緒四年(1878)金陵書局刻本　十六册

440000－2516－0000131　0114
史記一百三十卷　(漢)司馬遷撰　(南朝宋)裴駰集解　(唐)司馬貞索隱　(唐)張守節正義　清羊城駱氏翰墨園刻本　三十册

440000－2516－0000132　0117
史記志疑三十六卷　(清)梁玉繩撰　清光緒十三年(1887)廣雅書局刻本　十三册　缺四卷(三十至三十三)

440000－2516－0000133　0118
漢書一百卷　(漢)班固撰　(唐)顔師古注　清同治十二年(1873)嶺東使署刻本　十六册

440000－2516－0000134　0121
前漢書一百卷　(漢)班固撰　(唐)顔師古注　清光緒十二年(1886)廣州澹吟館刻本　三十二册

440000－2516－0000135　0125
後漢書九十卷　(南朝宋)范曄撰　(唐)李賢注　**續漢書八志三十卷**　(晉)司馬彪撰　(南朝梁)劉昭注　清同治十二年(1873)嶺東使署刻本　十五册　缺十八卷(續漢書八志十三至三十)

440000－2516－0000136　0129
三國志六十五卷　(晉)陳壽撰　(南朝宋)裴松之注　清光緒七年(1881)文雅齋刻本　十二册

440000－2516－0000137　0131
三國志六十五卷附考證　(晉)陳壽撰　(南朝宋)裴松之注　清光緒十四年(1888)上海蜚英館石印本　二册　存十二卷(魏志一至五、十二至十八)

440000－2516－0000138　0143
陳書三十六卷　(唐)姚思廉撰　清同治十一年(1872)金陵書局刻本　二册

440000－2516－0000139　0145
魏書一百十四卷　(北齊)魏收撰　明崇禎九年(1636)刻清順治九年(1652)補刻本　二十四册

440000－2516－0000140　0152
周書五十卷　(唐)令狐德棻等撰　清同治十三年(1874)金陵書局刻本　四册

440000－2516－0000141　0161
唐書二百二十五卷　(宋)歐陽修　(宋)宋祁等撰　清同治十二年(1873)浙江書局刻本　二十六册　缺二十四卷(七十二至七十三、一百二十三至一百四十四)

440000－2516－0000142　0164
新舊唐書互證二十卷　(清)趙紹祖撰　清光緒十七年(1891)廣雅書局刻本　三册　缺五卷(六至十)

440000－2516－0000143　1074
草草草堂詩草二卷　(清)何仁山撰　(清)何壽泉箋注　清光緒十一年(1885)刻本　二册

440000－2516－0000144　0177
明史三百三十二卷目錄四卷　(清)張廷玉等撰　清光緒三年(1877)湖北崇文書局刻本　八十册

440000－2516－0000145　0182
資治通鑑二百九十四卷　(宋)司馬光撰　(元)胡三省音注　**通鑑釋文辨誤十二卷**　(元)胡三省撰　清嘉慶二十一年(1816)胡克家刻同治八年(1869)江蘇書局補刻本　九十册

440000－2516－0000146　0184
續資治通鑑二百二十卷　(清)畢沅編　清乾

隆鎮洋畢氏刻嘉慶六年(1801)嘉興馮氏補刻同治六年(1867)永康應氏修補同治八年(1869)江蘇書局再修補刻本　四十八册

440000－2516－0000147　0187
歷代通鑑纂要九十二卷　(明)李東陽等纂　清光緒二十三年(1897)廣雅書局刻本　四十四册　缺七卷(四十五、五十至五十一、七十三至七十四、九十一至九十二)

440000－2516－0000148　0194
資治通鑑外紀十卷目錄五卷　(宋)劉恕纂　(清)胡克家注補　清同治十年(1871)江蘇書局刻本　十册

440000－2516－0000149　0197
歷代帝王年表一卷　(清)齊召南編　(清)阮福續編　**帝王廟謚年諱譜一卷**　(清)陸費墀撰　清道光四年(1824)小琅嬛僊館刻本　二册

440000－2516－0000150　0200
明通鑑九十卷首一卷前編四卷附編六卷目錄二十卷　(清)夏燮編輯　清同治十二年(1873)宜黄官廨刻本　二十四册

440000－2516－0000151　0218
東都事畧一百三十卷　(宋)王偁撰　清嘉慶三年(1798)掃葉山房刻本　十册

440000－2516－0000152　0230
國朝先正事略六十卷首一卷　(清)李元度纂　清光緒十三年(1887)上海廣百宋齋鉛印本　十册

440000－2516－0000153　0229
歷代循良能吏列傳彙鈔二十卷　(清)喬用遷編　清道光二十四年(1844)有恆齋刻本　三册　存八卷(一至七、二十)

440000－2516－0000154　0242
馮潛齋先生[成修]年譜一卷　(清)勞潼撰　清宣統三年(1911)學古堂刻本　一册

440000－2516－0000155　0243
鴻爪前遊記六卷　(清)孔廣陶撰　清光緒十八年(1892)三十有三萬卷堂刻本　六册

440000－2516－0000156　0244
誦芬錄一卷　汪兆鏞輯　清光緒三十四年(1908)刻本　一册

440000－2516－0000157　0246
十七史詳節一百七十五卷　(宋)呂祖謙輯　清光緒二十八年至二十九年(1902－1903)崇新書局石印本　十八册

440000－2516－0000158　0249
漢書地理志校本二卷　(清)汪遠孫撰　清道光二十八年(1848)錢唐汪氏振綺堂刻本　一册

440000－2516－0000159　0250
大清中外壹統輿圖三十一卷首一卷　(清)鄒世詒等編　(清)李廷簫增訂　清同治二年(1863)刻本　二十六册　缺五卷(南一至五)

440000－2516－0000160　0253
中國江海險要圖誌二十二卷首一卷補編五卷附圖五卷　(英國)海軍海圖官局編　(清)陳壽彭譯　清光緒三十三年(1907)廣雅書局石印本　十四册　缺三卷(十六至十八)

440000－2516－0000161　0256
天下郡國利病書一百二十卷　(清)顧炎武撰　清廣雅書局刻本　三十册　存七十卷(一至二十、二十三至三十、三十三至五十七、六十一至七十五、九十二至九十三)

440000－2516－0000162　0258
[宣統]南海縣志二十六卷末一卷　(清)張鳳喈等修　桂坫等纂　清宣統二年(1910)刻本　十三册　缺一卷(末一卷)

440000－2516－0000163　0259
[同治]南海縣志二十六卷首一卷　(清)鄭夢玉等修　(清)梁紹獻等纂　清同治十一年(1872)羊城翰元樓刻本　十一册

440000－2516－0000164　0265
鼎湖山慶雲寺志八卷首一卷　(清)丁易修　(清)釋成鷲纂　清刻本　四册

440000－2516－0000165　0266

焦山志二十六卷首一卷　(清)吳雲輯　清刻本　八册

440000－2516－0000166　0268

重修南海普陀山志二十卷首一卷　(清)秦耀曾輯　清道光十二年(1832)刻民國四年(1915)趙希伊補刻南海普陀山佛經流通處印本　五册

440000－2516－0000167　0269

浪跡續談八卷　(清)梁章鉅撰　清刻本　三册　缺二卷(二至三)

440000－2516－0000168　0272

羅馬史二卷　(日本)占部百太郎撰　(清)陳時夏等譯　清光緒二十九年(1903)上海商務印書館鉛印本　二册

440000－2516－0000169　0273

亞洲各國史一卷　徐紹棨編　清末廣東高等學堂鉛印本　一册

440000－2516－0000170　0270

日本國志四十卷首一卷　(清)黄遵憲撰　清光緒二十八年(1902)上海書局石印本　三册

440000－2516－0000171　0275

海國圖志一百卷首一卷　(清)魏源撰　清光緒六年(1880)邵陽急當務齋刻本　二十四册

440000－2516－0000172　0277

西湖百詠二卷　(宋)董嗣杲撰　(明)陳贄和　清光緒七年(1881)錢塘丁氏嘉惠堂刻武林掌故叢編本　二册

440000－2516－0000173　0278

羊城古鈔八卷首一卷　(清)仇巨川輯　清刻本　五册

440000－2516－0000174　0281

欽定歷代職官表七十二卷首一卷　(清)永瑢等纂　清光緒二十二年(1896)廣雅書局刻本　六册　存十八卷(一至二、十六至十八、三十四至三十六、四十至四十二、四十八至五十、六十四至六十六,首一卷)

440000－2516－0000175　0283

通典二百卷　(唐)杜佑纂　清咸豐九年(1859)崇仁謝氏刻本　三十三册　存一百六十四卷(十七至一百二、一百十五至一百九十二)

440000－2516－0000176　0285

皇朝通典一百卷　(清)嵇璜等纂修　清光緒元年(1875)廣東學海堂刻本　三十二册

440000－2516－0000177　0286

欽定續通志六百四十卷　(清)嵇璜等纂修　清光緒十二年(1886)浙江書局刻本　八十五册　缺五十六卷(二十至二十七、一百十六至一百十九、二百四十二至二四十九、三百四十三、三百五十二至三百六十一、三百六十四至三百七十五、五百八至五百十二、五百三十至五百三十七)

440000－2516－0000178　0288

皇朝文獻通考三百卷　(清)嵇璜等纂修　清光緒二十八年(1902)上海鴻寶書局石印本　二十九册　缺二十九卷(八十三至九十四、一百五十一至一百五十七、二百十九至二百二十七)

440000－2516－0000179　0296

分類時務通纂三百卷　(清)陳昌紳輯　清光緒二十八年(1902)上海文瀾書局石印本　十七册　存八十六卷(十九至二十九、四十一至四十三、五十、九十至九十三、一百二十至一百二十二、一百六十二至一百六十七、二百十至二百十三、二百三十八至二百四十四、二百五十四至三百)

440000－2516－0000180　0297

資治新書十四卷首一卷　(清)李漁輯　清刻本　六册　缺二卷(十一至十二)

440000－2516－0000181　0299

吾學錄初編二十四卷　(清)吳榮光撰　清同治九年(1870)江蘇書局刻本　四册

440000－2516－0000182　0300

吾學錄初編二十四卷　(清)吳榮光撰　清道

光十二年(1832)吳氏筠清館刻本　八冊

440000－2516－0000183　0302
欽定四庫全書簡明目錄二十卷首一卷　(清)紀昀等編　清同治七年(1868)廣東書局刻本　十二冊

440000－2516－0000184　0304
欽定四庫全書總目二百卷首一卷　(清)紀昀等編　清同治七年(1868)廣東書局刻本　一百一冊　缺十卷(九至十、一百九十三至二百)

440000－2516－0000185　0316
古今僞書考一卷　(清)姚際恒撰　清光緒十九年(1893)廣州拾芥書園刻本　一冊

440000－2516－0000186　0317
廣東考古輯要四十六卷　(清)周廣等輯　清光緒十九年(1893)刻本　五冊

440000－2516－0000187　0318
粤東金石略九卷首一卷附二卷　(清)翁方綱撰　清光緒十七年(1891)廣州石經堂書局石印本　三冊　缺三卷(七至九)

440000－2516－0000188　0321
選集漢印分韻二卷　(清)袁日省輯　(清)謝雲生摹錄　清嘉慶二年(1797)漱藝堂刻本　二冊

440000－2516－0000189　0324
十七史商榷一百卷　(清)王鳴盛撰　清乾隆五十二年(1787)刻本　十六冊

440000－2516－0000190　0325
十七史商榷一百卷　(清)王鳴盛撰　清光緒十九年(1893)廣雅書局刻本　十五冊　缺二十六卷(四十六至六十、六十九至七十五、八十五至八十八)

440000－2516－0000191　0328
廿二史考異一百卷　(清)錢大昕撰　清光緒二十年(1894)廣雅書局刻本　十六冊　缺十一卷(九至十九)

440000－2516－0000192　0329
歷代史論十二卷宋史論三卷　(明)張溥撰　**左傳史論二卷**　(清)高士奇撰　清刻朱墨套印本　五冊　存十二卷(歷代史論五至十二、宋史論一至二、左傳史論二卷)

440000－2516－0000193　0334
史通通釋二十卷　(清)浦起龍撰　清光緒十一年(1885)刻本　四冊

440000－2516－0000194　0339
戰國策十八卷　(清)張星徽評點　清末廣州啟智書局刻本　四冊　缺三卷(十三至十五)

440000－2516－0000195　0346
荀子二十卷附校勘補遺一卷　(戰國)荀況撰　(唐)楊倞注　(清)盧文弨　(清)謝墉校　清光緒二年(1876)浙江書局刻二十二子彙函本　六冊

440000－2516－0000196　0348
晏子春秋七卷音義二卷校勘記二卷　(春秋)晏嬰撰　(清)孫星衍校並音義　(清)黄以周校勘　清光緒元年(1875)浙江書局刻二十二子彙函本　四冊

440000－2516－0000197　0201
宋史紀事本末一百九卷　(明)馮琦撰　(明)陳邦瞻增訂　(明)張溥論正　清光緒十三年(1887)廣雅書局刻本　十六冊

440000－2516－0000198　0203
元史紀事本末二十七卷　(明)陳邦瞻撰　(明)張溥論正　清光緒十三年(1887)廣雅書局刻本　三冊

440000－2516－0000199　0205
明史紀事本末八十卷　(清)谷應泰撰　清光緒十四年(1888)廣雅書局刻本　十六冊

440000－2516－0000200　0207
通鑑紀事本末二百三十九卷　(宋)袁樞撰　(明)張溥論正　清光緒十三年(1887)廣雅書局刻本　四十八冊

440000－2516－0000201　0222
十朝聖訓九百二十二卷　(清)□□編　清光

緒刻本　二百十八册　缺十二卷(穆宗毅皇帝聖訓一百三十二至一百三十四、一百四十九至一百五十一、一百五十五至一百六十)

440000－2516－0000202　0248

月令粹編二十四卷圖説一卷　(清)秦嘉謨編　清嘉慶十七年(1812)江都秦嘉謨琳琅仙館刻本　八册

440000－2516－0000203　0247

史記菁華録六卷　(清)姚祖恩輯　清光緒九年(1883)廣州翰墨園刻朱墨套印本　一册　存一卷(一)

440000－2516－0000204　0252

歷代地理志韻編今釋二十卷校勘記一卷　(清)李兆洛纂　(清)馬貞榆校勘　**地志韻編唐志補闕正誤考異一卷**　(清)馬貞榆輯　清光緒元年(1875)羊城馬氏集益堂刻本　七册

440000－2516－0000205　葉034

香山地方自治研究録一卷　(清)香山地方自治研究社輯　清宣統鉛印本　一册

440000－2516－0000206　葉035

日本雜事詩二卷　(清)黄遵憲撰　清光緒二十四年(1898)刻本　一册　存一卷(二)

440000－2516－0000207　葉067

小方壺齋輿地叢鈔第八帙二十六種　(清)王錫祺等輯　清光緒十七年(1891)上海著易堂鉛印本　一册　存十五種

440000－2516－0000208　葉081

續海天雜俎□□卷　(清)嶺東報館輯　清光緒三十二年(1906)嶺東報館鉛印本　一册　存一卷(四)

440000－2516－0000209　葉245

十三經策案二十二卷首一卷　(清)王謨輯　(清)喻祥麟編　清刻本　四册

440000－2516－0000210　葉255

政治官報(宣統元年十一月份)　(清)政治官報局編　清宣統元年(1909)鉛印本　四册

440000－2516－0000211　葉257

醫學報　尹端模編　清光緒二十四年(1898)香港文裕堂鉛印本　一册　存第一卷第二册

440000－2516－0000212　葉258

兩廣官報□□期　(清)兩廣總督署編輯　清宣統三年(1911)粤東編譯公司鉛印本　四册　存四期(一、三、十三、十七)

440000－2516－0000213　0349

項氏家説十卷附録二卷　(宋)項安世撰　清乾隆四十二年(1777)福建刻道光、同治遞修武英殿聚珍版書本　二册

440000－2516－0000214　0350

漢儒通義七卷　(清)陳澧纂　清咸豐八年(1858)番禺陳氏刻本　二册

440000－2516－0000215　0363

文中子中説十卷　(隋)王通撰　(宋)阮逸注　清光緒二年(1876)浙江書局刻二十二子彙函本　二册

440000－2516－0000216　0364

朱子語類日鈔五卷　(宋)朱熹撰　(清)陳澧編　清光緒二十六年(1900)廣雅書局刻本　一册

440000－2516－0000217　0366

朱子原訂近思録十四卷　(清)江永集注　**考訂朱子世家一卷**　(清)江永撰　清光緒十四年(1888)廣雅書局刻本　五册

440000－2516－0000218　0370

御纂性理精義十二卷　(清)李光地等纂　清光緒十八年(1892)上海中和書局石印本　一册

440000－2516－0000219　0378

管子二十四卷　(唐)房玄齡注　(明)劉績補注　清光緒二年(1876)浙江書局刻二十二子彙函本　六册

440000－2516－0000220　0381

韓非子二十卷　(戰國)韓非撰　**韓非子識誤三卷**　(清)顧廣圻撰　清光緒元年(1875)浙江書局刻二十二子彙函本　六册

440000－2516－0000221　0384

補注黄帝内經素問二十四卷靈樞十二卷　(唐)王冰注　(宋)林億等校正　(宋)孫兆改誤　**黄帝内經素問遺篇一卷**　(宋)劉溫舒纂　清光緒三年(1877)浙江書局刻二十二子彙函本　六册　缺八卷(靈樞五至十二)

440000－2516－0000222　0400

經驗雜方一卷　劉心愧纂輯　清宣統二年(1910)刻本　一册

440000－2516－0000223　0405

圜天圖説三卷　(清)李明徹撰　清嘉慶二十四年(1819)刻本　二册　缺一卷(下)

440000－2516－0000224　0406

圜天圖説續編二卷首一卷　(清)李明徹撰　清道光元年(1821)刻本　一册

440000－2516－0000225　0423

畫禪室隨筆四卷　(明)董其昌撰　清宣統元年(1909)上海掃葉山房石印本　二册

440000－2516－0000226　0432

懷古田舍梅統十三卷　(清)徐榮輯　清刻本　三册　缺五卷(五至九)

440000－2516－0000227　0436

梅邊吹笛譜二卷補錄一卷　(清)淩廷堪撰　清光緒元年(1875)南海伍氏刻粵雅堂叢書本　一册

440000－2516－0000228　0437

琴學入門二卷　(清)張鶴輯　清末刻本　二册

440000－2516－0000229　0438

楹帖新華五卷　(清)馮譽驥輯　清光緒刻本　二册　存二卷(一至二)

440000－2516－0000230　0441

佩文齋廣群芳譜一百卷目錄二卷　(明)王象晉原編　(清)汪灝等重編　清同治七年(1868)刻本　二十九册　缺九卷(一至三、七十二至七十五、九十九至一百)

440000－2516－0000231　0445

墨子閒詁十五卷目錄一卷附錄一卷後語二卷　(清)孫詒讓纂　清光緒三十三年(1907)瑞安孫氏刻本　八册

440000－2516－0000232　0447

呂氏春秋二十六卷　(戰國)呂不韋等撰　清光緒元年(1875)湖北崇文書局刻本　二册

440000－2516－0000233　0462

日知錄集釋三十二卷　(清)顧炎武撰　(清)黄汝成集釋　**日知錄刊誤二卷續刊誤二卷**　(清)黄汝成撰　清刻本　十二册

440000－2516－0000234　0463

十駕齋養新錄二十卷餘錄三卷　(清)錢大昕撰　清光緒二年(1876)浙江書局刻本　七册

440000－2516－0000235　0467

東塾讀書記十五卷　(清)陳澧撰　清光緒八年(1882)刻本　四册

440000－2516－0000236　0473

供冀小言一卷　(清)林伯桐撰　清光緒三年(1877)學海堂刻本　一册

440000－2516－0000237　0485

策學備纂三十二卷首一卷　(清)吳潁炎　(清)孫廷翰等輯　清光緒十三年(1887)點石齋石印本　三册　存二卷(二之史部十七至二十五,四之方輿一至三、十六至二十二)

440000－2516－0000238　0486

初學對類引端三卷　(清)硯香書屋主人輯　清宣統二年(1910)佛山鎮天寶樓鉛印本　一册

440000－2516－0000239　0487

三才略三卷　蔣德鈞輯　清光緒十四年(1888)蔣氏求實齋刻本　一册

440000－2516－0000240　0488

佩文韻府一百六卷　(清)張玉書等纂　**韻府拾遺一百六卷**　(清)汪灝等纂　清光緒八年(1882)上海點石齋石印本　十册

440000－2516－0000241　0489

古香齋新刻袖珍淵鑑類函四百五十卷目錄四

卷 (清)張英等纂 清同治十三年至光緒六年(1874－1880)南海孔廣陶嶽雪樓刻本 一百五十七册 缺十卷(二百十一至二百十六、四百三十三至四百三十五,目録四)

440000－2516－0000242 0490
淵鑑類函四百五十卷目録四卷 (清)張英等纂 清刻本 一百二十册

440000－2516－0000243 0492
莊子南華真經十卷 (戰國)莊周撰 (晉)郭象注 清光緒十一年(1885)傳忠書局刻本 六册

440000－2516－0000244 0498
黄老合編二種三卷 (清)丁杰注 清末刻本 一册 缺一卷(老子道德經直解下篇)

440000－2516－0000245 0515
徐孝穆全集六卷 (南朝陳)徐陵撰 (清)吴兆宜箋注 **徐孝穆備考一卷** (清)吴文炳纂 清光緒二年(1876)廣東翰墨園刻本 四册

440000－2516－0000246 0516
陶淵明文集十卷 (晉)陶潛撰 (宋)蘇軾書 (清)胡伯薊臨 清光緒五年(1879)番禺俞秀山刻本 三册

440000－2516－0000247 0517
重刊五百家注音辯昌黎先生文集四十卷 (唐)韓愈撰 清乾隆四十九年(1784)覩樓氏刻本 十册

440000－2516－0000248 0518
昌黎先生集四十卷外集十卷遺文一卷附傳一卷點勘四卷 (唐)韓愈撰 (唐)李漢編 清宣統二年(1910)掃葉山房石印本 十二册

440000－2516－0000249 0521
白香山詩集四十卷 (唐)白居易著 (清)汪立名編訂 清康熙四十二年(1703)一隅草堂刻本 十二册

440000－2516－0000250 0522
杜詩詳註二十五卷首一卷附録二卷 (唐)杜甫撰 (清)仇兆鰲輯註 清刻本 十二册

440000－2516－0000251 0523
杜詩鏡銓二十卷 (唐)杜甫撰 (清)楊倫注 清同治十一年(1872)望三益齋刻本 十册 缺二卷(十八至十九)

440000－2516－0000252 0525
張燕公集二十五卷 (唐)張説撰 清光緒二十五年(1899)廣雅書局刻武英殿聚珍版書本 五册

440000－2516－0000253 0537
王臨川全集一百卷目録二卷 (宋)王安石撰 清光緒九年(1883)聽香館刻本 十八册

440000－2516－0000254 0539
絜齋集二十四卷 (宋)袁燮撰 清同治十三年(1874)江西書局刻武英殿聚珍版書本 十册

440000－2516－0000255 0540
雪山集十六卷 (宋)王質撰 清福建刻武英殿聚珍版書本 四册

440000－2516－0000256 0541
西臺集二十卷 (宋)畢仲游撰 清福建刻武英殿聚珍版書本 六册 缺三卷(十一至十三)

440000－2516－0000257 0542
蘇文忠公詩集擇粹十八卷 (宋)蘇軾撰 (清)紀昀批 (清)趙古農選 清嘉慶二十二年(1817)刻本 四册

440000－2516－0000258 0573
震川先生集三十卷 (明)歸有光撰 清光緒六年(1880)常熟歸氏刻本 十一册

440000－2516－0000259 0574
湛甘泉先生文集三十二卷 (明)湛若水撰 清同治五年(1866)刻本 四册 存十四卷(一至四、十二至十六、十八至二十二)

440000－2516－0000260 0583
東塾集六卷 (清)陳澧撰 清光緒十八年(1892)刻本 三册

440000－2516－0000261 0587

梅窩詩鈔三卷詞鈔一卷遺稾一卷 （清）陳良玉撰 清光緒元年(1875)刻本 二册

440000－2516－0000262 0588
海日堂集七卷 （清）程可則撰 清道光五年(1825)刻本 三册

440000－2516－0000263 0589
望溪先生文集十八卷集外文十卷補遺二卷附年譜二卷 （清）方苞撰 清咸豐元年(1851)戴鈞衡刻本 六册 存十八卷(文集一至六、十一至十八,集外文七至十)

440000－2516－0000264 0590
子良詩存二十一卷 （清）馮詢撰 清刻本 七册 存十五卷(一至十五)

440000－2516－0000265 0594
道古堂文集四十八卷詩集二十六卷集外文一卷集外詩一卷 （清）杭世駿撰 清刻本 十六册

440000－2516－0000266 0595
悔餘菴詩稿十三卷 （清）何栻撰 清同治四年(1865)鳩江戎幄刻本 四册

440000－2516－0000267 0596
悔餘菴文稿九卷 （清）何栻撰 清同治四年(1865)鳩江戎幄刻本 三册

440000－2516－0000268 0597
使黔草三卷 （清）何紹基撰 清末刻本 一册

440000－2516－0000269 0616
二曲全集二十六卷 （清）李顒撰 清湘陰奎樓蔣氏小嫏嬛山館刻本 五册

440000－2516－0000270 0622
春華集二卷 （清）龍元任撰 清光緒十九年(1893)刻本 一册

440000－2516－0000271 0625
止齋文鈔二卷 （清）馬福安撰 清同治七年(1868)刻本 一册

440000－2516－0000272 0626
翁山文外十六卷 （清）屈大均撰 清宣統二年(1910)上海國學扶輪社鉛印本 二册

440000－2516－0000273 0627
潛研堂文集五十卷 （清）錢大昕撰 清刻本 十二册

440000－2516－0000274 0628
鮚埼亭集三十八卷首一卷 （清）全祖望撰 （清）史夢蛟校 清同治十一年(1872)刻本 六册

440000－2516－0000275 0631
瞎堂詩集二十卷首一卷 （清）釋函昰撰 （清）釋今毬編 清刻本 四册

440000－2516－0000276 0634
希古堂文甲集二卷乙集六卷 （清）譚宗浚撰 清光緒十六年(1890)羊城刻本 一册 存二卷(甲集二卷)

440000－2516－0000277 0635
荔村草堂詩續鈔一卷 （清）譚宗浚撰 清宣統二年(1910)京師刻本 一册

440000－2516－0000278 0637
頤巢類稿三卷 （清）陶邵學撰 清宣統三年(1911)粵東省城翰元樓刻本 一册

440000－2516－0000279 0641
小輞川詩集五卷 （清）王景仁撰 清宣統元年(1909)饒平陳氏香港鉛印繡詩樓叢書本 二册

440000－2516－0000280 0645
吳詩集覽二十卷 （清）吳偉業撰 （清）靳榮藩輯 清刻本 十六册

440000－2516－0000281 0648
有正味齋駢文十六卷 （清）吳錫麒撰 （清）葉聯芬箋註 清同治七年(1868)刻本 八册

440000－2516－0000282 0653
南遊賸稿一卷 （清）張槐撰 清光緒二十八年(1902)龍江張氏刻本 一册

440000－2516－0000283 0658
補學軒文集外編四卷 （清）鄭獻甫撰 清光緒八年(1882)黔南節署刻本 四册

440000－2516－0000284　0659
逃虛閣詩集六卷　（清）張錦芳撰　清光緒十年（1884）羊城合成齋刻本　二冊

440000－2516－0000285　0661
棣垞集四卷首一卷外集三卷　（清）朱啟連撰　清末刻本　二冊

440000－2516－0000286　0662
朱九江先生集十卷首四卷　（清）朱次琦撰　簡朝亮編　清光緒二十三年（1897）讀書草堂刻本　四冊

440000－2516－0000287　0713
國朝常州駢體文錄三十一卷　屠寄輯　**結一宧駢體文一卷**　屠寄撰　清光緒十六年（1890）武進屠氏廣州刻本　六冊

440000－2516－0000288　0717
三蘇全集四種二百四卷　（宋）蘇軾等撰　（清）弓翊清校　清道光十二年（1832）眉州三蘇祠刻本　二十二冊　存七十四卷（東坡集十一至八十四）

440000－2516－0000289　0720
唐詩三百首註疏六卷　（清）孫洙編　（清）章燮註　清羊城文陞閣刻本　一冊　存二卷（一至二）

440000－2516－0000290　0725
御定歷代賦彙一百四十卷目錄二卷外集二十卷逸句二卷補遺二十二卷　（清）陳元龍編輯　清刻本　七冊　存十四卷（正集一至十二、目錄二卷）

440000－2516－0000291　0733
詳訂古文評註全集十卷　（清）過珙　（清）黄越評選　清宣統二年（1910）麟書閣石印本　六冊　存六卷（一至三、七至九）

440000－2516－0000292　0737
御選唐宋詩醇四十七卷目錄二卷　（清）高宗弘曆選　清光緒七年（1881）浙江書局刻本　十九冊　缺二卷（四十六至四十七）

440000－2516－0000293　0738
御選唐宋文醇五十八卷　（清）高宗弘曆選　清光緒三年（1877）浙江書局刻本　十四冊　缺八卷（十一至十四、四十五至四十八）

440000－2516－0000294　0739
文選六十卷　（南朝梁）蕭統輯　（唐）李善註　（清）何焯評點　清乾隆三十七年（1772）長洲葉氏刻朱墨套印本　十二冊

440000－2516－0000295　0741
文選六十卷　（南朝梁）蕭統輯　（唐）李善注　**文選考異十卷**　（清）胡克家撰　清同治八年（1869）潯陽萬本儀廣州刻本　二十四冊

440000－2516－0000296　0749
經史百家雜鈔二十六卷　（清）曾國藩纂　清光緒三十二年（1906）上海商務印書館鉛印本　十二冊

440000－2516－0000297　0751
桐雲閣試帖輯註二卷　（清）楊庚撰　（清）張熙宇輯評　（清）王植桂輯註　清桐雲閣刻本　二冊

440000－2516－0000298　0752
硃批小題正鵠三集　（清）李元度編　清光緒十四年（1888）刻朱墨套印本　四冊　缺第三集下半集

440000－2516－0000299　0753
批註分法試帖指南四卷　（清）□□編　（清）穆騰額注釋　清光緒刻本　四冊

440000－2516－0000300　0756
唐駢體文鈔十七卷　（清）陳均輯　清同治刻本　四冊

440000－2516－0000301　0758
唐文粹一百卷　（宋）姚鉉輯　清光緒九年（1883）江蘇書局刻本　十二冊　缺二十四卷（二十四至三十三、四十一至四十七、八十至八十六）

440000－2516－0000302　0761－0765
國朝文匯甲前集二十卷甲集六十卷乙集七十卷丙集三十卷丁集二十卷　（清）沈粹芬等輯

清宣統元年(1909)上海國學扶輪社石印本　九十七册　缺六卷(乙集二十九至三十、三十七至四十)

440000－2516－0000303　0766
學海堂集十六卷　(清)阮元輯　清道光五年(1825)啟秀山房刻本　六册

440000－2516－0000304　0767
學海堂二集二十二卷　(清)吳蘭修輯　清道光十八年(1838)啟秀山房刻本　十册

440000－2516－0000305　0769
宣統己酉恩貢科廣東卷一卷　陳步墀撰　清宣統鉛印本　一册

440000－2516－0000306　0770
四六叢話三十三卷　(清)孫梅輯　清光緒七年(1881)刻本　八册

440000－2516－0000307　0774
文心雕龍十卷　(南朝梁)劉勰撰　清刻本　一册

440000－2516－0000308　0776
文心雕龍十卷　(南朝梁)劉勰撰　(清)黃叔琳注　(清)紀昀評　清道光十三年(1833)兩廣節署刻朱墨套印本　四册

440000－2516－0000309　0783
花影吹笙詞鈔二卷小遊僊詞一卷　(清)葉英華撰　清光緒三年(1877)刻本　一册

440000－2516－0000310　0787
雙溪詞三卷　陳步墀撰　清宣統饒平陳氏香港鉛印繡詩樓叢書本　一册

440000－2516－0000311　0804
藏修堂叢書六集三十六種　(清)劉晚榮輯　清光緒十六年(1890)新會劉氏藏修書屋刻本　二十五册　存十六種

440000－2516－0000312　0805
增訂漢魏叢書九十六種　(清)王謨輯　清宣統三年(1911)上海大通書局石印本　十二册　存三十種

440000－2516－0000313　0807
述古叢鈔第一集十六種　(清)劉晚榮輯　清同治九年(1870)古岡劉氏藏修書屋刻本　三册　存三種

440000－2516－0000314　0808
毛詩通考三十卷　(清)林伯桐撰　清道光二十四年(1844)番禺林世懋刻修本堂叢書本　一册　存十九卷(一至十九)

440000－2516－0000315　0809
馮氏清芬集三種　(清)馮詢輯　清光緒元年(1875)上海榷署刻本　一册

440000－2516－0000316　0811
洪北江全集二十三種　(清)洪亮吉撰　清光緒洪用懃授經堂刻本　二十九册　存六種

440000－2516－0000317　0812
東塾遺書四種　(清)陳澧撰　清光緒廣雅書局刻本　二册

440000－2516－0000318　1019
增補韻對屑玉詳注二卷　(清)歐達徽纂　(清)鍾映雪等注　清光緒二十六年(1900)佛山英文堂活字印本　一册　存一卷(一)

440000－2516－0000319　1044
擬古樂府二卷　(明)李東陽撰　(明)陳建通考　清康熙五十七年(1718)刻本　一册

440000－2516－0000320　1072
評點第九才子書二荷花史四卷　(□)□□撰　(清)鍾映雪評訂　清刻本　一册

440000－2516－0000321　1073
鋤月山房文鈔二卷　(清)何仁山撰　清光緒十六年(1890)豫章臬署刻本　一册　存一卷(一)

廣東省江門市新會區景堂圖書館古籍普查登記目録

全國古籍普查登記目録

國家圖書館出版社
National Library of China Publishing House

440000－2518－0000001　S0001
大學衍義通略三十卷　(明)王諍輯　明嘉靖四十三年(1564)刻本　十二册

440000－2518－0000002　S0002
續古文苑二十卷　(清)孫星衍輯　清嘉慶十七年(1812)冶城山館刻本　八册

440000－2518－0000003　S0003
元詩選九集首一卷　(清)顧嗣立輯　清康熙三十三年(1694)秀野草堂刻本　二十六册

440000－2518－0000004　S0004
嶠雅二卷　(清)鄺露撰　清海雪堂刻本　二册

440000－2518－0000005　S0005
西山先生真文忠公文章正宗二十四卷　(宋)真德秀輯　明嘉靖四十三年(1564)杜陵蔣氏家塾刻本　十册　存十九卷(二至三、六至十七、二十至二十四)

440000－2518－0000006　S0006
湧幢小品三十二卷　(明)朱國禎撰　明天啟二年(1622)清美堂刻本　十二册

440000－2518－0000007　S0007
唐詩品彙九十卷拾遺十卷詩人爵里詳節一卷　(明)高棅編　(明)張恂重訂　明張恂刻本　十六册

440000－2518－0000008　S0008
草堂詩餘十六卷雜説一卷　(明)陳繼儒評選　(明)卓人月彙選　(明)徐士俊參評　**徐卓晤歌一卷**　(明)卓人月　(明)徐士俊撰　明崇禎刻本　八册

440000－2518－0000009　S0010
澗泉日記三卷　(宋)韓淲撰　清乾隆武英殿聚珍版書本　一册

440000－2518－0000010　S0011
小窗自紀四卷別紀四卷清紀不分卷豔紀不分卷　(明)吳從先撰　明萬曆刻本　十一册　存九卷(自紀四卷、別紀四卷、清紀不分卷)

440000－2518－0000011　S0012
中晚唐詩叩彈集十二卷　(清)杜詔　(清)杜庭珠輯　清康熙四十三年(1704)采山亭刻本　一册　存三卷(一至三)

440000－2518－0000012　S0013
杜詩詳註二十五卷首一卷附編二卷　(清)仇兆鰲輯　清刻本　十四册

440000－2518－0000013　S0014
漁洋山人精華錄十卷　(清)王士禛撰　清康熙三十九年(1700)林佶刻本　四册

440000－2518－0000014　S0015
卻掃編三卷　(宋)徐度撰　(明)毛晉訂　明崇禎毛氏汲古閣刻本　三册

440000－2518－0000015　S0016
西溪叢語二卷　(宋)姚寬輯　(明)毛晉訂　明崇禎毛氏汲古閣刻本　二册

440000－2518－0000016　S0017
山堂肆考二百四十卷　(明)彭大翼輯　明萬曆二十三年(1595)刻四十七年(1619)張幼學重修本　六十六册

440000－2518－0000017　S0018
輟畊錄三十卷　(明)陶宗儀撰　明崇禎刻本　八册

440000－2518－0000018　S0019
王右丞集二十八卷首一卷末一卷　(唐)王維撰　(清)趙殿成箋注　清乾隆趙氏刻本　六册　存十九卷(一至七、十八至二十八,首一卷)

440000－2518－0000019　S0020
東坡全集一百十五卷　(宋)蘇軾撰　明刻本　十册　存五十一卷(五至九、五十九至六十九、七十五至九十四、一百一至一百十五)

440000－2518－0000020　S0021
御纂醫宗金鑑九十卷首一卷　(清)吳謙等纂　清乾隆七年(1742)武英殿刻本　三十六册

440000－2518－0000021　S0022
正學淵源　(清)□□輯　清雍正、乾隆郡東藕塘刻本　四册

440000－2518－0000022　S0023
通志略五十二卷　(宋)鄭樵撰　(明)陳宗夔校　清乾隆十三年(1748)金壇于敏中刻本　二十四冊

440000－2518－0000023　S0024
廣東新語二十八卷　(清)屈大均撰　清康熙水天閣刻本　十冊

440000－2518－0000024　S0025
昭代叢書　(清)張潮輯　清康熙刻本　十四冊

440000－2518－0000025　S0026
詩經庭訓便覽五卷　(清)潘炳綱輯　清乾隆五十九年(1794)刻本　四冊

440000－2518－0000026　S0027
鼎湖山慶雲寺志八卷首一卷　(清)丁易修　(清)釋成鷲纂　清康熙刻本　四冊

440000－2518－0000027　S0028
大乘起信論直解二卷　(明)釋德清撰　清乾隆十六年(1751)海幢經坊刻本　二冊

440000－2518－0000028　S0029
楞嚴正脈十卷　(明)釋真鑑述　清乾隆五十七年(1792)海幢寺刻本　六冊

440000－2518－0000029　S0030
全唐詩不分卷　(清)□□輯　清康熙刻本　二十冊

440000－2518－0000030　S0031
元詩選六卷補遺一卷　(清)顧奎光輯　(清)陶瀚　(清)陶玉禾參評　清乾隆十六年(1751)海幢經坊刻本　三冊

440000－2518－0000031　S0032
古今韻略五卷　(清)邵長蘅撰　(清)宋至校　清康熙刻本　五冊

440000－2518－0000032　S0033
集漢隸分韻七卷　(明)李石疊撰　清乾隆三十七年(1772)辨志堂刻本　六冊

440000－2518－0000033　S0034
御刻三希堂石渠寶笈法帖釋文十六卷首一卷　(清)梁詩正等編　清乾隆刻本　四冊

440000－2518－0000034　S0035
亦政堂重修宣和博古圖錄三十卷　(宋)王黼撰　清乾隆十五年(1750)亦政堂刻本　十冊

440000－2518－0000035　S0036
陸宣公奏議四卷　(唐)陸贄撰　(清)蔡方炳評　(清)江榕訂　清乾隆十一年(1746)刻本　一冊　存二卷(一至二)

440000－2518－0000036　S0037
宦遊草一卷陵陽別言一卷秋浦驪歌一卷　(清)蘇正學撰　(清)謝寧掄編　清乾隆十三年(1748)蒼葭堂刻本　一冊

440000－2518－0000037　S0038
容齋隨筆十六卷續筆十六卷三筆十六卷四筆十六卷五筆十卷　(宋)洪邁撰　清乾隆五十九年(1794)掃葉山房刻本　十冊

440000－2518－0000038　S0039
全唐詩鈔八十卷補遺十六卷詩人爵里節略一卷　(清)吳成儀輯　清乾隆二十四年(1759)刻本　十六冊

440000－2518－0000039　S0040
一柏堂詩集不分卷　(清)李潮三撰　清嘉慶至道光抄本　十一冊

440000－2518－0000040　S0041
韓昌黎詩集編年箋注十二卷　(唐)韓愈撰　(清)方世舉考訂　清乾隆德州盧氏雅雨堂刻本　四冊　存十卷(三至十二)

440000－2518－0000041　S0042
韓昌黎詩集編年箋注十二卷　(唐)韓愈撰　(清)方世舉考訂　清乾隆德州盧氏雅雨堂刻本　四冊　存八卷(五至十二)

440000－2518－0000042　S0043
明詩綜一百卷　(清)朱彝尊輯　(清)朱逢源等輯評　清康熙刻本　七冊　存二十卷(十四至十八、二十四至二十八、五十九至六十四、九十至九十三)

440000－2518－0000043　S0044

重訂唐詩別裁集二十卷　(清)沈德潛輯　清乾隆二十八年(1763)刻本　十册

440000－2518－0000044　S0045
晚笑堂畫傳不分卷　(清)上官周繪　清乾隆八年(1743)刻本　二册

440000－2518－0000045　S0047
東坡先生編年詩五十卷　(宋)蘇軾撰　(清)查慎行補注　清乾隆二十六年(1761)香雨齋刻本　十一册

440000－2518－0000046　S0048
讀左補義五十卷首二卷　(清)姜炳璋撰　清刻本　十四册

440000－2518－0000047　S0049
陶說六卷　(清)朱琰撰　清乾隆五十九年(1794)石門馬俊良大酉山房刻龍威秘書刻本　二册　存四卷(三至六)

440000－2518－0000048　S0050
玉壺清話十卷　(宋)釋文瑩撰　清乾隆四十五年(1780)長塘鮑氏刻知不足齋叢書本　二册

440000－2518－0000049　S0051
憑山閣增輯留青新集三十卷　(清)陳枚選　(清)陳德裕增輯　清刻本　四册　存五卷(四、十九、二十三至二十四)

440000－2518－0000050　S0052
羅浮山志會編二十二卷首一卷　(清)宋廣業撰　清康熙五十五年(1716)刻本　九册　存二十一卷(一至九、十二至二十二,首一卷)

440000－2518－0000051　S0053
潛研堂金石文跋尾六卷續七卷又續六卷三續六卷　(清)錢大昕撰　清嘉慶十年(1805)嘉定瞿中溶刻本　三册　存十九卷(跋尾六卷、續七卷、又續六卷)

440000－2518－0000052　S0054
文恭集四十卷　(宋)胡宿撰　清乾隆刻本　八册

440000－2518－0000053　S0055
文心雕龍十卷　(南朝梁)劉勰撰　(清)黄叔琳輯注　清乾隆六年(1741)養素堂刻本　四册

440000－2518－0000054　S0056
清河書畫舫十二卷　(明)張丑撰　清刻本　十二册

440000－2518－0000055　S0057
晚香山房詩鈔一卷　(清)李春林撰　清道光五年(1825)稿本　一册

440000－2518－0000056　S0058
古琴譜一卷　(清)莫相厓　(清)莫韻石輯　清咸豐四年(1854)新會蔗湖抄本　一册

440000－2518－0000057　S0059
古今僞書考一卷　(清)姚際恒撰　清刻本　一册

440000－2518－0000058　S0060
說苑二十卷　(漢)劉向撰　(清)王謨輯　清乾隆五十六年(1791)金谿王氏刻本　三册　存十五卷(六至二十)

440000－2518－0000059　S0061
鄉賢區西屏詩集十卷　(明)區越撰　明嘉靖四十四年(1565)刻本　一册　存一卷(一)

440000－2518－0000060　S0062
區奉政遺稿十卷　(明)區元晉撰　明萬曆四年(1576)刻本　二册

440000－2518－0000061　S0063
李長吉歌詩四卷首一卷　(唐)李賀撰　(清)王琦彙解　清乾隆二十五年(1760)刻本　二册

440000－2518－0000062　S0064
白沙子全集十卷首一卷末一卷古詩教解二卷　(明)陳獻章撰　清乾隆三十六年(1771)碧玉樓刻本　十册

440000－2518－0000063　S0065
白沙子全集十卷首一卷末一卷古詩教解二卷　(明)陳獻章撰　清乾隆三十六年(1771)碧玉樓刻本　八册　存十二卷(一至八、首一

卷、末一卷,古詩教解二卷)

440000－2518－0000064　S0066

白沙子全集十卷首一卷末一卷古詩教解二卷　(明)陳獻章撰　清乾隆三十六年(1771)碧玉樓刻本　十册

440000－2518－0000065　S0067

白沙子全集十卷首一卷末一卷古詩教解二卷　(明)陳獻章撰　清乾隆三十六年(1771)碧玉樓刻本　十册

440000－2518－0000066　S0068

白沙子全集十卷首一卷末一卷古詩教解二卷　(明)陳獻章撰　清乾隆三十六年(1771)碧玉樓刻本　十册

440000－2518－0000067　S0069

白沙子全集六卷首一卷附録一卷　(明)陳獻章撰　(清)顧嗣協校正　(清)何九疇重編　清康熙四十九年(1710)刻本　三册　存三卷(一至二、首一卷)

440000－2518－0000068　S0070

白沙子全集十卷首一卷末一卷古詩教解二卷　(明)陳獻章撰　清乾隆三十六年(1771)碧玉樓刻本　七册　存九卷(三、六至十,末一卷,古詩教解二卷)

440000－2518－0000069　S0071

白沙子全集十卷首一卷末一卷古詩教解二卷　(明)陳獻章撰　清乾隆三十六年(1771)碧玉樓刻本　九册　存十三卷(一至九、首一卷、末一卷、古詩教解二卷)

440000－2518－0000070　S0072

白沙子全集十卷首一卷末一卷古詩教解二卷　(明)陳獻章撰　清乾隆三十六年(1771)碧玉樓刻本　六册　存八卷(三至五、十,首一卷,末一卷,古詩教解二卷)

440000－2518－0000071　S0073

白沙子全集十卷首一卷末一卷古詩教解二卷　(明)陳獻章撰　清乾隆三十六年(1771)碧玉樓刻本　十册

440000－2518－0000072　S0074

白沙子全集十卷首一卷末一卷古詩教解二卷　(明)陳獻章撰　清乾隆三十六年(1771)碧玉樓刻本　七册　存十卷(四至八、十,首一卷,末一卷,古詩教解二卷)

440000－2518－0000073　S0075

白沙子全集十卷首一卷末一卷古詩教解二卷　(明)陳獻章撰　清乾隆三十六年(1771)碧玉樓刻本　五册　存七卷(一至三、六至八,首一卷)

440000－2518－0000074　S0076

白沙子全集十卷首一卷末一卷古詩教解二卷　(明)陳獻章撰　清乾隆三十六年(1771)碧玉樓刻本　四册　存六卷(四至七、首一卷、末一卷)

440000－2518－0000075　S0077

白沙子全集十卷首一卷末一卷古詩教解二卷　(明)陳獻章撰　清乾隆三十六年(1771)碧玉樓刻本　一册　存一卷(末一卷)

440000－2518－0000076　S0078

白沙子全集十卷首一卷末一卷古詩教解二卷　(明)陳獻章撰　清乾隆三十六年(1771)碧玉樓刻本　二册　存二卷(首一卷、末一卷)

440000－2518－0000077　S0079

白沙子全集十卷首一卷末一卷古詩教解二卷　(明)陳獻章撰　清乾隆三十六年(1771)碧玉樓刻本　一册　存一卷(首一卷)

440000－2518－0000078　S0080

文選六十卷　(南朝梁)蕭統輯　(唐)李善注　明末常熟毛氏汲古閣刻本　十四册

440000－2518－0000079　S0081

芥子園畫傳三集四卷末一卷　(清)王槩等輯　清嘉慶金陵文光堂刻彩色套印本　二册

440000－2518－0000080　S0082

芥子園畫傳五卷　(清)王槩輯　清刻本　二册　存二卷(三至四)

440000－2518－0000081　S0083

畫傳二集八卷首一卷 (清)王槩等輯 清嘉慶五年(1800)金陵芥子園刻彩色套印本 三冊 存七卷(蘭譜二卷、梅譜二卷、竹譜二卷,首一卷)

440000－2518－0000082 S0084
元史類編四十二卷 (清)邵遠平撰 清乾隆六十年(1795)掃葉山房刻本 十六冊

440000－2518－0000083 S0085
揚州畫舫錄十八卷 (清)李斗撰 清乾隆六十年(1795)刻道光增補本 五冊

440000－2518－0000084 S0086
絮香閣詞鈔一卷 (清)趙泰來撰 清抄本 一冊

440000－2518－0000085 S0087
子青詩鈔六卷 (清)莫芝雲撰 清同治十一年(1872)刻本 二冊

440000－2518－0000086 S0088
十竹齋書畫譜八卷 (清)胡正言輯 清刻彩色套印本 五冊

440000－2518－0000087 S0089
揮麈後錄十一卷三錄三卷 (宋)王明清輯 (明)毛晉訂 明崇禎毛氏汲古閣刻本 四冊

440000－2518－0000088 S0090
新刻來瞿唐先生易注十五卷首一卷末一卷圖像一卷 (明)來知德撰 清康熙刻本 十冊

440000－2518－0000089 S0091
鼎湖山慶雲寺志八卷首一卷 (清)丁易修 (清)釋成鷲纂 清康熙刻本 四冊

440000－2518－0000090 S0092
武備志二百四十卷 (明)茅元儀輯 清道光木活字印本 八十冊

440000－2518－0000091 S0093
芥子園畫傳五卷 (清)王概輯 清刻彩色套印本 四冊

440000－2518－0000092 S0094
芥子園畫傳二集八卷首一卷 (清)王槩等輯 清嘉慶金陵文光堂刻彩色套印本 四冊

440000－2518－0000093 S0095
歷代詩話二十八種 (清)何文煥輯 清乾隆三十五年(1770)刻本 十二冊 存二十五種

440000－2518－0000094 S0096
彙纂詩法度鍼八集三十三卷首一卷 (清)徐文弼輯 清乾隆二十四年(1759)大文堂刻本 五冊

440000－2518－0000095 S0097
芥子園畫傳五卷 (清)王概輯 清刻本 一冊 存二卷(三至四)

440000－2518－0000096 S0098
儒門事親十五卷 (金)張從正撰 明萬曆二十九年(1601)吳勉學刻本 三冊 存十二卷(一至十二)

440000－2518－0000097 G0001
子書百家 (清)崇文書局輯 清光緒元年(1875)湖北崇文書局刻本 七十六冊 存九十八種

440000－2518－0000098 G0002
莊子十卷 (晉)郭象注 (唐)陸德明音義 清光緒二年(1876)浙江書局刻本 四冊

440000－2518－0000099 G0003
新鐫校正詳註分類百子金丹全書十卷 (明)郭偉選注 清光緒石印本 四冊 存七卷(二至六、九至十)

440000－2518－0000100 G0004
任兆麟述記三卷 (清)任兆麟撰 清光緒二十四年(1898)上海文瀾書局石印本 二冊

440000－2518－0000101 G0005
子書二十八種 (清)育文書局輯 清宣統元年(1909)上海育文書局石印本 三十二冊

440000－2518－0000102 G0006
注解十子全書 (清)浙江書局輯 清光緒浙江書局刻本 四十冊

440000－2518－0000103 G0007
孔子改制考二十一卷 康有爲撰 清光緒上海大同譯書局石印本 六冊 存十卷(四、七

至八、十一至十六、二十一）

440000－2518－0000104　G0008

揚子法言十三卷　（漢）揚雄撰　（晉）李軌注　**文子纘義十二卷**　（元）杜道堅撰　清光緒十九年（1893）上海鴻文書局石印本　一册

440000－2518－0000105　G0009

抱朴子内篇二十卷外篇五十卷　（晉）葛洪撰　（清）孫星衍輯　清嘉慶蘭陵孫氏刻平津館叢書本　五册

440000－2518－0000106　G0010

伊洛淵源錄十四卷　（宋）朱熹撰　（清）張伯行訂　清同治五年（1866）福州正誼書局刻正誼堂全書本　二册

440000－2518－0000107　G0011

二程全書　（宋）程灝　（宋）程頤撰　（宋）朱熹輯　清刻本　十二册

440000－2518－0000108　G0012

朱子原訂近思錄十四卷　（宋）朱熹撰　（清）江永集注　（清）王鼎校次　**考訂朱子世家一卷**　（清）江永撰　清光緒十四年（1888）廣雅書局刻本　五册

440000－2518－0000109　G0013

朱子原訂近思錄十四卷　（宋）朱熹撰　（清）江永集注　（清）王鼎校次　清同治至光緒刻本　五册

440000－2518－0000110　G0014

周子全書九卷首二卷末一卷　（宋）周敦頤撰　（清）鄧顯鶴編　清道光二十七年（1847）新化鄧氏刻本　四册

440000－2518－0000111　G0015

梨洲遺箸彙刊　（清）黄宗羲撰　（清）薛鳳昌編　清宣統二年（1910）上海時中書局鉛印本　十册

440000－2518－0000112　G0016

格言聯璧一卷　（清）金纓輯　清光緒二十五年（1899）順德龍裕光刻本　一册

440000－2518－0000113　G0017

趨庭瑣語八卷　（清）史澄撰　清光緒十一年（1885）繼園刻味根山房全集本　二册

440000－2518－0000114　G0018

詳註張太史訓子三十篇不分卷　（清）張百川撰　清同治二年（1863）維經堂刻本　一册

440000－2518－0000115　G0019

菜根譚一卷　（明）洪應明撰　清光緒元年（1875）揚州藏經禪院刻本　一册

440000－2518－0000116　G0020

傳家至寶十卷　（清）與善堂輯　清光緒二十年（1894）兩粤廣仁善堂刻本　一册

440000－2518－0000117　G0021

呂語集粹四卷　（明）呂坤撰　（清）陳宏謀評　清宣統三年（1911）鉛印本　一册

440000－2518－0000118　G0022

少年世界史二卷　（清）何琪編　（清）周天鵬校　清光緒二十九年（1903）山會北鄉義塾東湖通藝學堂刻本　二册

440000－2518－0000119　G0023

泰西新史攬要二十四卷　（英國）馬懇西撰　（英國）李提摩太譯　蔡爾康述　清光緒二十一年（1895）上海美華書館鉛印本　一册　存一卷（一）

440000－2518－0000120　G0024

泰西新史攬要二十四卷　（英國）馬懇西撰　（英國）李提摩太譯　蔡爾康述　清光緒鉛印本　七册

440000－2518－0000121　G0026

西洋史要四卷圖一卷　（日本）小川銀次郎撰　樊炳清　薩端譯　清光緒三十二年（1906）上海金粟齋譯書社鉛印本　三册

440000－2518－0000122　G0028

中外紀年通表六卷　（清）齊召南輯　清光緒二十三年（1897）上海著易堂石印本　八册

440000－2518－0000123　G0029

中學萬國地誌三卷　（日本）矢津昌永撰　（清）出洋學生編輯所譯　清光緒二十八年

(1902)上海商務印書館鉛印本　一冊　存一卷(中)

440000－2518－0000124　G0030

小學萬國地理新編二卷　(清)陳乾生輯　清光緒二十八年(1902)上海商務印書館鉛印本　一冊　存一卷(下)

440000－2518－0000125　G0031

韻史二卷　(清)許遯翁撰　清刻本　一冊　存一卷(下)

440000－2518－0000126　G0032

支那通史四卷　(日本)那珂通世編　清光緒二十五年(1899)上海東文學社石印本　五冊

440000－2518－0000127　G0033

支那通史四卷　(日本)那珂通世編　清光緒二十五年(1899)上海東文學社石印本　五冊

440000－2518－0000128　G0034

普通新歷史　(清)普通學書室輯　清光緒二十七年(1901)上海普通學書室刻本　一冊

440000－2518－0000129　G0036

資治通鑑二百九十四卷　(宋)司馬光撰　(元)胡三省音注　**通鑑釋文辨誤十二卷**　(元)胡三省撰　清同治八年(1869)江蘇書局刻本　一百三十冊

440000－2518－0000130　G0037

御批歷代通鑑輯覽一百二十卷　(清)傅恒等纂修　**歷代帝王傳授全圖及年表**　**讀史論略**　清同治十年(1871)潯陽萬氏芋粟園刻本　一百十冊

440000－2518－0000131　G0038

兩朝御批通鑑輯覽一百二十卷　(清)傅恒等纂　清宣統元年(1909)上海公記書局石印本　二十四冊

440000－2518－0000132　G0039

御批歷代通鑑輯覽一百二十卷　(清)傅恒等纂　清光緒二十九年(1903)上海商務印書館鉛印本　四冊　存四十卷(一至十、二十一至三十、九十一至一百十)

440000－2518－0000133　G0040

御批歷代通鑑輯覽一百二十卷　(清)傅恒等纂　清光緒三十一年(1905)上海商務印書館鉛印本　二十三冊

440000－2518－0000134　G0041

御批歷代通鑑輯覽一百二十卷　(清)傅恒等纂　清光緒二十九年(1903)上海商務印書館鉛印本　十一冊　存一百十卷(一至六十、七十一至一百二十)

440000－2518－0000135　G0042

御批歷代通鑑輯覽一百二十卷　(清)傅恒等纂　清光緒三十年(1904)上海宏文閣石印本　五冊　存二十四卷(一至六、七十六至七十九、九十五至一百八)

440000－2518－0000136　G0043

御批歷代通鑑輯覽一百二十卷　(清)傅恒等纂　清石印本　三冊　存十五卷(六十三至七十二、九十六至一百)

440000－2518－0000137　G0044

御批歷代通鑑輯覽一百二十卷　(清)傅恒等纂　清光緒三十年(1904)上海文林惠記書局石印本　四冊　存十七卷(一至六、五十三至五十七、八十五至九十)

440000－2518－0000138　G0045

御撰資治通鑑綱目三編五卷　(清)張廷玉等撰　清光緒二十九年(1903)石印本　一冊　存二卷(一至二)

440000－2518－0000139　G0046

芸居樓綱鑑易知錄九十二卷　(清)吳乘權等輯　清光緒四年(1878)廣州芸居樓刻本　三十冊　存八十八卷(一至七十七、八十二至九十二)

440000－2518－0000140　G0047

芸居樓明鑑易知錄九十二卷　(清)吳乘權等輯　清光緒四年(1878)廣州芸居樓刻本　三冊　存九卷(一至三、十至十五)

440000－2518－0000141　G0048

二十四史　(□)□□輯　清光緒二十九年

(1903)五洲同文書局石印本　五百六十二册　存二十三種

440000－2518－0000142　G0049
二十四史　(□)□□輯　清光緒二十八年(1902)上海文瀾書局石印本　一百七册　存二十種

440000－2518－0000143　G0050
通鑑紀事本末二百三十九卷　(宋)袁樞撰　清光緒十三年(1887)廣雅書局刻本　四十八册

440000－2518－0000144　G0051
歷朝紀事本末九種　(清)陳如升　(清)朱記榮輯　清光緒二十五年(1899)上海慎記書莊石印本　五十二册

440000－2518－0000145　G0052
文獻通考三百四十八卷　(元)馬端臨撰　清咸豐佛山鄧氏錫活字印本　八十三册　存二百四十七卷(四十至七十五、七十八至八十、八十四至一百四十五、二百三至三百四十八)

440000－2518－0000146　G0053
通典二百卷　(唐)杜佑撰　清同治十年(1871)廣東學海堂刻本　四十册

440000－2518－0000147　G0054
史姓韻編六十四卷　(清)汪輝祖輯　(清)馮祖憲重校　清光緒十年(1884)上海中西書局石印本　四册

440000－2518－0000148　G0055
廿四史菁華錄七十六卷　(清)汪慶生輯　清光緒二十九年(1903)上海奎章書局石印本　八册

440000－2518－0000149　G0056
廿一史約編八卷首一卷　(清)鄭元慶撰　清刻本　一册　存二卷(一、首一卷)

440000－2518－0000150　G0057
讀史論略一卷　(清)杜詔撰　清光緒元年(1875)刻本　一册

440000－2518－0000151　G0058
讀通鑑論三十卷末一卷　(清)王夫之撰　清光緒二十二年(1896)廣州新寧明善社刻本　十二册

440000－2518－0000152　G0059
歷代史論十二卷　(明)張溥撰　**宋史論三卷**　**元史論一卷**　(明)張溥撰　**明史論四卷**　(清)谷應泰撰　**左傳史論二卷**　(清)高士奇撰　清光緒九年(1883)都城蒼松山房刻朱墨套印本　八册

440000－2518－0000153　G0060
歷代史論十二卷　(明)張溥撰　**宋史論三卷**　**元史論一卷**　(明)張溥撰　**明史論四卷**　(清)谷應泰撰　**左傳史論二卷**　(清)高士奇撰　清刻本　八册

440000－2518－0000154　G0061
史通通釋二十卷　(清)浦起龍撰　清刻本　一册　存三卷(八至十)

440000－2518－0000155　G0062
歷代職官表六卷　(清)黄本驥輯　(清)王廷學重校　清光緒八年(1882)上海王氏刻本　三册

440000－2518－0000156　G0063
紀元通攷十二卷　(清)葉維庚撰　清同治十年(1871)刻本　四册

440000－2518－0000157　G0064
紀元通攷十二卷　(清)葉維庚撰　清道光八年(1828)鍾秀山房刻本　五册

440000－2518－0000158　G0065
繹史一百六十卷世系圖一卷年表一卷　(清)馬驌撰　清光緒二十三年(1897)武林尚友齋石印本　十四册　存七十五卷(八十六至一百六十)

440000－2518－0000159　G0066
史通削繁四卷　(唐)劉知幾撰　(清)紀昀削繁　(清)浦起龍注　清道光十三年(1833)兩廣節署刻朱墨套印本　四册

440000－2518－0000160　G0067

史記一百三十卷　（漢）司馬遷撰　（南朝宋）裴駰集解　（唐）司馬貞索隱　（唐）張守節正義　清同治十一年（1872）成都書局刻本　三十册

440000－2518－0000161　G0068

史記一百三十卷　（漢）司馬遷撰　（南朝宋）裴駰集解　（唐）司馬貞索隱　（唐）張守節正義　清羊城駱氏翰墨園刻本　三十册

440000－2518－0000162　G0069

史記一百三十卷　（漢）司馬遷撰　（南朝宋）裴駰集解　（唐）司馬貞索隱　（唐）張守節正義　清光緒十年（1884）上海同文書局石印本　二十五册　存一百二十九卷（二至一百三十）

440000－2518－0000163　G0070

史記一百三十卷　（漢）司馬遷撰　（南朝宋）裴駰集解　（唐）司馬貞索隱　（唐）張守節正義　清光緒十四年（1888）上海圖書集成印書局石印本　十五册　存一百二十二卷（一至一百二十二）

440000－2518－0000164　G0071

史記一百三十卷　（漢）司馬遷撰　（南朝宋）裴駰集解　（唐）司馬貞索隱　（唐）張守節正義　清刻本　二十九册　存一百二十九卷（二至一百三十）

440000－2518－0000165　G0072

史記一百三十卷　（漢）司馬遷撰　（南朝宋）裴駰集解　（唐）司馬貞索隱　（唐）張守節正義　清光緒二十三年（1897）慎記書莊石印本　四册

440000－2518－0000166　G0073

史記一百三十卷　（漢）司馬遷撰　（南朝宋）裴駰集解　（唐）司馬貞索隱　（唐）張守節正義　清光緒十四年（1888）上海圖書集成印書局石印本　十三册　存一百十五卷（一至十四、十七至二十一、二十七至一百二十二）

440000－2518－0000167　G0074

春秋精義四卷首一卷　（清）黄淦撰　清嘉慶九年（1804）刻本　一册　存三卷（一至二、首一卷）

440000－2518－0000168　G0075

欽定春秋傳説彙纂三十八卷首二卷　（清）王掞等撰　清同治九年（1870）刻本　十四册

440000－2518－0000169　G0076

春秋左傳五十卷　（晋）杜預　（宋）林堯叟注釋　（唐）陸德明音義　（明）鍾惺等評點　清光緒三十四年（1908）上海商務印書館石印本　九册　存三十三卷（一至二十三、二十八至三十五、四十五至四十六）

440000－2518－0000170　G0077

左國腴詞八卷　（明）凌迪知輯　清光緒七年（1881）會稽徐氏八杉齋刻融經館叢書本　二册

440000－2518－0000171　G0078

曲江書屋新訂批註左傳快讀十八卷首一卷　（清）李紹崧輯　清同治七年（1868）刻本　七册　存九卷（一、四至六、八、十一至十四）

440000－2518－0000172　G0079

左傳經世鈔二十三卷　（清）魏禧評點　清刻本　四册　存九卷（三至四、十一至十二、十七至十八、二十一至二十三）

440000－2518－0000173　G0080

左傳紀事本末五十三卷　（清）高士奇撰　清光緒二十六年（1900）廣雅書局刻本　十二册

440000－2518－0000174　G0081

春秋經傳集解三十卷　（晋）杜預注　**左繡三十卷**　（清）馮李驊　（清）陸浩評輯　清刻本　十三册　存二十九卷（二至三十）

440000－2518－0000175　G0082

戰國策三十三卷　（漢）高誘注　清同治八年（1869）湖北崇文書局刻本　五册

440000－2518－0000176　G0083

重刻剡川姚氏本戰國策札記三卷　（清）黄丕烈撰　清同治八年（1869）湖北崇文書局刻本　一册

440000－2518－0000177　G0084

前漢書一百卷　(漢)班固撰　(唐)顔師古注　清同治十二年(1873)嶺東使署刻本　十六冊

440000－2518－0000178　G0085

前漢書一百卷　(漢)班固撰　(唐)顔師古注　清同治十二年(1873)嶺東使署刻本　十七冊

440000－2518－0000179　G0086

前漢書一百卷　(漢)班固撰　(唐)顔師古注　清光緒十年(1884)上海同文書局石印本　三十二冊

440000－2518－0000180　G0087

前漢書一百卷　(漢)班固撰　(唐)顔師古注　清光緒二十三年(1897)慎記書莊石印本　六冊

440000－2518－0000181　G0088

前漢書一百卷　(漢)班固撰　(唐)顔師古注　清光緒十四年(1888)上海圖書集成印書局鉛印本　九冊　存三十四卷(一至二十七、六十五至七十一)

440000－2518－0000182　G0089

前漢書一百卷　(漢)班固撰　(唐)顔師古注　清光緒十四年(1888)上海圖書集成印書局鉛印本　九冊　存九十七卷(一至十四、十八至一百)

440000－2518－0000183　G0090

後漢書一百二十卷　(南朝宋)范曄　(晉)司馬彪撰　清光緒二十三年(1897)慎記書莊石印本　四冊

440000－2518－0000184　G0091

後漢書一百二十卷　(南朝宋)范曄　(晉)司馬彪撰　清光緒十四年(1888)上海圖書集成印書局鉛印本　六冊　存四十八卷(三十三至四十四、五十四至六十、七十至八十四、九十一至一百四)

440000－2518－0000185　G0092

後漢書一百二十卷　(南朝宋)范曄　(晉)司馬彪撰　清光緒十四年(1888)上海圖書集成印書局鉛印本　八冊

440000－2518－0000186　G0093

後漢書一百二十卷　(南朝宋)范曄　(晉)司馬彪撰　清光緒十年(1884)上海同文書局石印本　二十一冊　存八十卷(四十一至一百二十)

440000－2518－0000187　G0094

後漢書九十卷　(南朝宋)范曄撰　**續漢志三十卷**　(晉)司馬彪撰　清同治十二年(1873)嶺東使署刻本　十六冊

440000－2518－0000188　G0095

後漢書九十卷　(南朝宋)范曄撰　**續漢志三十卷**　(晉)司馬彪撰　清同治十二年(1873)嶺東使署刻本　十六冊

440000－2518－0000189　G0096

兩漢博聞十二卷　(宋)楊侃撰　清咸豐十年(1860)南海伍氏刻粤雅堂叢書本　五冊

440000－2518－0000190　G0097

三國志六十五卷　(晉)陳壽撰　(南朝宋)裴松之注　清光緒十四年(1888)上海圖書集成印書局鉛印本　五冊　存三十九卷(一至六、二十三至五十五)

440000－2518－0000191　G0098

三國志六十五卷　(晉)陳壽撰　(南朝宋)裴松之注　清光緒二十三年(1897)慎記書莊石印本　二冊

440000－2518－0000192　G0099

三國志六十五卷　(晉)陳壽撰　(南朝宋)裴松之注　清光緒七年(1881)文雅齋刻本　十二冊

440000－2518－0000193　G0100

三國志六十五卷　(晉)陳壽撰　(南朝宋)裴松之注　清光緒七年(1881)文雅齋刻本　十二冊

440000－2518－0000194　G0101

南史八十卷　(唐)李延壽撰　清同治十一年

(1872)金陵書局刻本　十冊

440000－2518－0000195　G0102
宋書一百卷　(南朝梁)沈約撰　清光緒十年(1884)上海同文書局石印本　二十三冊　存九十七卷(一至七十一、七十五至一百)

440000－2518－0000196　G0103
南齊書五十九卷　(南朝梁)蕭子顯撰　清光緒十年(1884)上海同文書局石印本　五冊　存四十卷(一至八、二十八至五十九)

440000－2518－0000197　G0104
梁書五十六卷　(唐)姚思廉撰　清光緒十年(1884)上海同文書局石印本　八冊

440000－2518－0000198　G0105
陳書三十六卷　(唐)姚思廉撰　清光緒十年(1884)上海同文書局石印本　六冊

440000－2518－0000199　G0106
陳書三十六卷　(唐)姚思廉撰　清光緒十年(1884)上海同文書局石印本　六冊

440000－2518－0000200　G0107
舊五代史一百五十卷　(宋)薛居正等撰　清刻本　十四冊

440000－2518－0000201　G0108
南漢書十八卷考異十八卷南漢文字略四卷南漢叢錄二卷　(清)梁廷枏撰　清刻本　八冊

440000－2518－0000202　G0109
宋論十五卷　(清)王夫之撰　清光緒二十二年(1896)廣州新寧明善社刻本　四冊

440000－2518－0000203　G0110
宋史紀事本末一百九卷　(明)馮琦原編　(明)陳邦瞻增訂　(明)張溥論正　清光緒十三年(1887)廣雅書局刻本　十六冊

440000－2518－0000204　G0111
遼史一百十六卷　(元)脱脱等修　清光緒十年(1884)上海同文書局石印本　七冊　存九十一卷(一至七十、九十六至一百十六)

440000－2518－0000205　G0112
遼史紀事本末四十卷首一卷　(清)李有棠撰　清光緒二十六年(1900)廣雅書局刻本　四冊

440000－2518－0000206　G0113
金史一百三十五卷　(元)脱脱等修　清光緒十年(1884)上海同文書局石印本　二十三冊　存一百二十九卷(一至六十二、六十九至一百三十五)

440000－2518－0000207　G0114
金史紀事本末五十二卷首一卷　(清)李有棠輯　清光緒二十七年(1901)廣雅書局刻本　六冊

440000－2518－0000208　G0115
元史譯文證補三十卷　(清)洪鈞撰　清光緒影印本　一冊　存一卷(一)

440000－2518－0000209　G0116
元史紀事本末二十七卷　(明)陳邦瞻編輯　(明)張溥論正　清光緒十三年(1887)廣雅書局刻本　三冊

440000－2518－0000210　G0117
明史紀事本末八十卷　(清)谷應泰撰　清光緒十三年(1887)廣雅書局刻本　十六冊

440000－2518－0000211　G0118
明末紀事補遺十卷　(清)三餘氏撰　清同治刻本　五冊

440000－2518－0000212　G0119
續明紀事本末十八卷　(清)倪在田輯　清光緒二十九年(1903)上海書局鉛印本　八冊

440000－2518－0000213　G0120
明季稗史彙編二十七卷　(清)留雲居士輯　清光緒二十二年(1896)上海圖書集成印書局鉛印本　六冊

440000－2518－0000214　G0121
明季稗史彙編　(清)留雲居士輯　清末都城琉璃廠刻本　四冊　存四種十卷(烈皇小識一至四、七至八,聖安皇帝本紀二卷,兩廣紀略一卷,東明聞見錄一卷)

440000－2518－0000215　G0122

小腆紀年附攷二十卷 (清)徐鼒撰 清光緒十二年(1886)扶桑使廨鉛印本 十一冊 存十八卷(一至六、九至二十)

440000－2518－0000216 G0123
荆駝逸史 (清)陳湖逸士輯 清木活字印本 二十冊

440000－2518－0000217 G0124
皇朝武功紀盛四卷 (清)趙翼撰 清光緒二十七年(1901)掃葉山房石印本 一冊

440000－2518－0000218 G0125
皇清開國方略三十二卷首一卷 (清)阿桂等撰 清光緒十三年(1887)廣百宋齋鉛印本 六冊

440000－2518－0000219 G0126
欽定大清會典一百卷 (清)崑岡等修 (清)吳樹梅等纂 清刻本 十二冊 存八十卷(四至八十三)

440000－2518－0000220 G0127
東華錄三十二卷(天命朝至乾隆朝) (清)蔣良騏輯 清刻本 十冊 存二十七卷(四至二十二、二十五至三十二)

440000－2518－0000221 G0128
貳臣傳十二卷逆臣傳四卷 (清)國史館撰 清都城琉璃廠半松居士刻本 六冊 存九卷(貳臣傳一、四至七、十至十一,逆臣傳一、四)

440000－2518－0000222 G0129
東華錄四十五卷續錄六十五卷(天命朝至道光朝) 王先謙編 清末石印本 六十冊

440000－2518－0000223 G0130
咸豐朝東華續錄一百卷 王先謙編 清光緒十九年(1893)會稽籀三倉室石印本 二十四冊

440000－2518－0000224 G0131
李文忠公奏議二十卷 (清)李鴻章撰 (清)章洪鈞 (清)吳汝綸編 清末蓮池石印本 二十冊

440000－2518－0000225 G0132
李文忠公外部函稿二十八卷 (清)李鴻章撰 (清)吳汝綸編 清光緒二十八年(1902)蓮池書社鉛印本 十四冊

440000－2518－0000226 G0133
左文襄公奏疏初編三十八卷續編七十六卷三編六卷 (清)左宗棠撰 清光緒十六年(1890)上海圖書集成局鉛印本 二十冊

440000－2518－0000227 G0134
左文襄公全集 (清)左宗棠撰 清光緒二十七年(1901)刻本 四十八冊

440000－2518－0000228 G0135
胡文忠公遺集八十六卷首一卷 (清)胡林翼撰 (清)鄭敦謹 (清)曾國荃輯 清同治六年(1867)刻本 二十四冊

440000－2518－0000229 G0136
胡文忠公遺集八十六卷首一卷 (清)胡林翼撰 (清)曾國荃輯 (清)胡鳳丹重編 清光緒二十七年(1901)上海圖書集成印書局鉛印本 八冊

440000－2518－0000230 G0137
國朝先正事略六十卷 (清)李元度纂 **中興名臣事略八卷** (清)朱孔彰撰 清光緒二十五年(1899)上海圖書集成印書局鉛印本 十冊

440000－2518－0000231 G0138
逆臣傳四卷 (清)國史館撰 清都城琉璃廠半松居士木活字印本 一冊

440000－2518－0000232 G0139
朱九江先生講學記一卷 簡朝亮輯 清光緒二十三年(1897)讀書草堂刻本 一冊

440000－2518－0000233 G0140
羅文恪公[惇衍]年譜一卷 (清)羅棨等輯 清光緒刻本 一冊

440000－2518－0000234 G0141
出使英法義比四國日記六卷 (清)薛福成撰 清光緒十七年(1891)無錫薛氏刻本 四冊 存五卷(二至六)

440000－2518－0000235　G0142
讀史方輿紀要一百三十卷輿圖要覽四卷　（清）顧祖禹輯　（清）彭元瑞校　清末敷文閣刻本　五十三冊　存九十卷（讀史方輿紀要二至二十一、四十七至九十六、一百十三至一百三十，輿圖要覽一至二）

440000－2518－0000236　G0143
讀史方輿紀要十卷　（清）顧祖禹撰　清光緒二十二年（1896）澹雅書局刻本　二冊　存三卷（一至三）

440000－2518－0000237　G0144
讀史方輿紀要一百三十卷方輿全圖總說五卷　（清）顧祖禹撰　清光緒二十七年（1901）圖書集成局鉛印本　三十二冊

440000－2518－0000238　G0145
天下郡國利病書一百二十卷　（清）顧炎武撰　清光緒二十七年（1901）圖書集成局鉛印本　十六冊

440000－2518－0000239　G0146
天下郡國利病書一百二十卷　（清）顧炎武撰　清光緒二十七年（1901）圖書集成局鉛印本　二十八冊

440000－2518－0000240　G0147
歷代地理志韻編今釋二十卷　（清）李兆洛撰　清光緒二十四年（1898）掃葉山房石印本　一冊　存三卷（一至三）

440000－2518－0000241　G0148
歷代地理志韻編今釋二十卷　（清）李兆洛撰　**校勘記一卷**　（清）馬貞榆撰　清光緒元年（1875）羊城馬氏集益堂刻本　十冊

440000－2518－0000242　G0149
廣輿記二十四卷　（明）陸應陽撰　（清）蔡方炳增輯　清刻本　十一冊　存十八卷（一至十一、十八至二十四）

440000－2518－0000243　G0150
水經注四十卷　（北魏）酈道元撰　**附錄二卷**　（清）趙一清輯　清光緒十八年（1892）長沙王氏刻本　十七冊

440000－2518－0000244　G0151
水經注四十卷　（北魏）酈道元撰　清步月山房刻本　十二冊

440000－2518－0000245　G0152
中國近世輿地圖說二十三卷首一卷　（清）羅汝楠撰　清宣統元年（1909）廣東教忠學堂石印本　八冊

440000－2518－0000246　G0153
中國近世輿地圖說二十三卷首一卷　（清）羅汝楠撰　清宣統元年（1909）廣東教忠學堂石印本　八冊

440000－2518－0000247　G0154
大清一統史略十一卷　（日本）佐藤楚材輯　清光緒二十八年（1902）石印本　十二冊

440000－2518－0000248　G0155
燕京歲時記一卷　（清）富察敦崇撰　清光緒三十二年（1906）琉璃廠文德齋刻本　一冊

440000－2518－0000249　G0156
西藏圖考八卷首一卷　（清）黃沛翹輯　清光緒十二年（1886）滇南李培榮刻本　四冊

440000－2518－0000250　G0157
廣東新語二十八卷　（清）屈大均撰　清刻本　十二冊

440000－2518－0000251　G0158
[道光]廣東通志三百三十四卷首一卷　（清）阮元修　（清）陳昌齊等纂　清刻本　十二冊　存二十三卷（四十一至四十五、五十至五十五、八十六至八十七、一百六、一百七十六、二百三十七至二百三十八、二百五十一至二百五十二、二百五十五至二百五十八）

440000－2518－0000252　G0159
廣東圖二十三卷　（清）□□輯　清同治五年（1866）刻本　三冊

440000－2518－0000253　G0160
羊城古鈔八卷首一卷　（清）仇池石輯　清嘉慶十一年（1806）大賚堂刻本　三冊　存五卷（一、六至八，首一卷）

440000－2518－0000254　G0161
羊城古鈔八卷首一卷　（清）仇池石輯　清嘉慶十一年(1806)大賚堂刻本　五册

440000－2518－0000255　G0162
南海百詠一卷　（宋）方信孺撰　清光緒八年(1882)學海堂刻本　一册

440000－2518－0000256　G0163
南海百詠續編四卷　（清）樊封撰　清光緒十九年(1893)學海堂刻本　二册

440000－2518－0000257　G0164
俄羅斯三卷　（法國）波留撰　（日本）林毅陸譯　清光緒三十年(1904)商務印書館鉛印本　一册　存一卷(一)

440000－2518－0000258　G0165
東洋史要四卷　（日本）小川銀次郎撰　屠長春譯　清光緒普通學書室鉛印本　一册

440000－2518－0000259　G0166
日本維新史十二編　（日本）東京博文館輯　清光緒二十八年(1902)鉛印本　四册

440000－2518－0000260　G0184
日本七十三義俠傳三卷　（清）韓曇首撰　清光緒二十四年(1898)東亞書局鉛印本　二册　存二卷(二至三)

440000－2518－0000261　G0185
英丁前后海戰紀二卷　（美國）賢獨滑獨希兹配痕撰　（日本）安住宗俊譯　清光緒二十四年(1898)東亞書局鉛印本　一册

440000－2518－0000262　G0186
意大利興國俠士傳九卷　（日本）松井廣吉撰　（日本）橋本大郎譯　清末上海大同譯書局石印本　二册

440000－2518－0000263　G0187
威廉振興荷蘭紀畧四卷　（□）□□撰　清光緒二十七年(1901)上海廣學會鉛印本　一册

440000－2518－0000264　G0188
校正尚友錄全集二十二卷　（明）廖用賢編　（清）張伯琮補輯　清光緒二十九年(1903)上海慎記書莊石印本　十四册

440000－2518－0000265　G0189
校正遼金元明尚友錄十卷　（清）張兆蓉編　清光緒二十九年(1903)上海慎記書莊石印本　二册

440000－2518－0000266　G0190
海國尚友錄八卷　（清）吳佐清輯　清光緒二十九年(1903)上海奎章書局石印本　四册

440000－2518－0000267　G0191
於越先賢像傳贊二卷　（清）王齡撰　（清）任熊繪　清光緒五年(1879)上海點石齋石印本　一册

440000－2518－0000268　G0192
歷代名臣言行錄二十四卷　（清）朱桓編　清光緒鉛印本　二册　存四卷(三至四、七至八)

440000－2518－0000269　G0193
歷代名臣言行錄二十四卷　（清）朱桓編　清光緒鉛印本　一册　存二卷(三至四)

440000－2518－0000270　G0194
歷代名臣言行錄二十四卷　（清）朱桓編　清光緒二十八年(1902)上海文盛堂書局石印本　六册　存二十一卷(一至二十一)

440000－2518－0000271　G0195
歷代名臣言行錄二十四卷　（清）朱桓編　清光緒二十六年(1900)上海宏文閣石印本　八册

440000－2518－0000272　G0196
金石萃編一百六十卷　（清）王昶撰　清光緒十九年(1893)上海寶善石印本　十七册　存一百四十六卷(十至一百六、一百十二至一百六十)

440000－2518－0000273　G0197
金石續編二十一卷首一卷　（清）陸耀遹撰　清光緒十九年(1893)上海寶善石印本　六册

440000－2518－0000274　G0198
金石續編二十一卷首一卷　（清）陸耀遹撰

清光緒十九年(1893)上海寶善石印本　二冊　存七卷(一至三、八至十,首一卷)

440000－2518－0000275　G0199
吴郡金石目一卷　(清)程祖慶撰　清光緒三年(1877)吴縣潘氏刻滂喜齋叢書本　一冊

440000－2518－0000276　G0200
京畿金石考二卷　(清)孫星衍撰　**止觀輔行傳宏決一卷**　(唐)釋湛然撰　(清)胡澍錄　清同治至光緒吴縣潘氏刻滂喜齋叢書本　一冊

440000－2518－0000277　G0201
寶鐵齋金石文跋尾三卷　(清)韓崇撰　清光緒四年(1878)吴縣潘氏刻滂喜齋叢書本　一冊

440000－2518－0000278　G0202
粤東金石略九卷首一卷九曜石考二卷　(清)翁方綱撰　清光緒十七年(1891)廣州石經堂書局影印本　四冊

440000－2518－0000279　G0203
粤東金石略九卷首一卷九曜石考二卷　(清)翁方綱撰　清光緒十七年(1891)廣州石經堂書局影印本　四冊

440000－2518－0000280　G0204
粤東金石略九卷首一卷九曜石考二卷　(清)翁方綱撰　清光緒十七年(1891)廣州石經堂書局影印本　一冊　存九卷(一至八、首一卷)

440000－2518－0000281　G0205
原富甲二卷乙一卷丙一卷丁二卷戊二卷　(英國)斯密亞丹撰　嚴復譯　清光緒二十八年(1902)南洋公學譯書院鉛印本　七冊

440000－2518－0000282　G0208
公門懲勸錄二卷　(清)周炳麟輯　清光緒二十六年(1900)儀徵吴氏有福讀書堂刻本　一冊

440000－2518－0000283　G0209
石渠餘紀六卷　(清)王慶雲撰　清光緒十四年(1888)寧鄉黄氏刻本　六冊

440000－2518－0000284　G0210
荒政叢書十卷附錄二卷　(清)俞森輯　清宣統三年(1911)文盛書局石印本　六冊

440000－2518－0000285　G0211
德國議院章程一卷德國合盟紀事本末一卷　(清)徐建寅譯述　清光緒八年(1882)石印本　一冊

440000－2518－0000286　G0212
十九世紀外交史十七章總論一章　(日本)平田久撰　張相譯　清光緒二十八年(1902)史學齋刻本　四冊

440000－2518－0000287　G0213
孫子十家註十三卷　(宋)吉天保輯　(清)孫星衍　(清)吳人驥校　**孫子遺說一卷**　(宋)鄭友賢撰　**孫子敘錄一卷**　(清)畢以珣撰　清咸豐五年(1855)淡香齋木活字印本　六冊

440000－2518－0000288　G0214
心書一卷　(三國蜀)諸葛亮撰　清光緒七年(1881)刻本　一冊

440000－2518－0000289　G0215
軍用文式二篇　(清)姜若輯　清宣統元年(1909)兩廣督練公所鉛印本　一冊

440000－2518－0000290　G0216
軍用文式二篇　(清)姜若輯　清宣統元年(1909)兩廣督練公所鉛印本　一冊

440000－2518－0000291　G0217
武備輯要六卷　(□)□□撰　清道光十二年(1832)刻本　一冊

440000－2518－0000292　G0218
光緒三十二年編纂地形學教程二卷　(日本)莊太郎齋藤改訂　清光緒三十二年(1906)鉛印本　二冊

440000－2518－0000293　G0219
光緒三十二年編纂地形學教程二卷　(日本)莊太郎齋藤改訂　清光緒三十二年(1906)鉛印本　一冊　存一卷(一)

440000－2518－0000294　G0220
地形學附圖一卷　(□)□□輯　清光緒三十二年(1906)鉛印本　一冊

440000－2518－0000295　G0221
讀律提綱一卷　(清)楊榮緒撰　清光緒三年(1877)刻學海堂叢刻本　一冊

440000－2518－0000296　G0222
大清律例增修統纂集成四十卷督捕則例附纂二卷　(清)刑部修　(清)陶駿　(清)陶念霖增修　清光緒十五年(1889)刻本　二十三冊　存四十卷(大清律例增修統纂集成一至二十、二十三至四十,督捕則例附纂二卷)

440000－2518－0000297　G0223
大清律例會通新纂四十卷　(清)沈天易注　清刻本　十九冊　存二十八卷(三、五至六、九至十二、十五至三十、三十三至三十五、三十九至四十)

440000－2518－0000298　G0224
粵東省例新纂八卷　(清)黄恩彤修　清道光二十六年(1846)刻本　四冊

440000－2518－0000299　G0225
澄衷蒙學堂字課圖説四卷檢字一卷類字一卷　(清)劉樹屏編　(清)吴子城繪圖　清光緒二十九年(1903)澄衷學堂印書處石印本　八冊

440000－2518－0000300　G0226
蒙學課本二卷　(清)南洋公學編　清光緒二十七年(1901)鉛印本　一冊

440000－2518－0000301　G0227
説文解字十五卷　(漢)許慎撰　(宋)徐鉉等校　清同治十二年(1873)羊城富文齋刻本　八冊

440000－2518－0000302　G0228
字學舉隅一卷　(清)龍光甸　(清)龍啟瑞輯　清光緒二年(1876)業經堂刻本　一冊

440000－2518－0000303　G0229
爾雅註疏十一卷　(晉)郭璞注　(宋)邢昺疏　清同治九年(1870)聯墨堂刻本　四冊

440000－2518－0000304　G0230
康熙字典十二集三十六卷等韻一卷備考一卷補遺一卷　(清)張玉書等撰　清光緒十五年(1889)上海點石齋石印本　四冊

440000－2518－0000305　G0231
康熙字典十二集三十六卷檢字一卷辨似一卷等韻一卷　(清)張玉書等撰　清刻本　十五冊　缺二集(子、卯)

440000－2518－0000306　G0232
康熙字典十二集三十六卷檢字一卷辨似一卷等韻一卷　(清)張玉書等撰　清光緒十六年(1890)鴻寶齋石印本　五冊　缺一集(亥)

440000－2518－0000307　G0233
正音咀華三卷　(清)莎彝尊撰　清刻本　二冊

440000－2518－0000308　G0234
正音咀華三卷　(清)莎彝尊撰　清咸豐三年(1853)聚文堂刻本　二冊

440000－2518－0000309　G0235
禮儀備覽二卷　(□)□□撰　清光緒十九年(1893)維經堂刻本　二冊

440000－2518－0000310　G0236
對類引端三卷　(□)□□撰　清光緒二十四年(1898)羊城守經閣刻本　一冊

440000－2518－0000311　G0237
婦孺論説階梯一卷　蒙學書塾輯　清光緒二十八年(1902)鉛印本　一冊

440000－2518－0000312　G0238
婦孺論説階梯一卷　蒙學書塾輯　清光緒二十八年(1902)鉛印本　一冊

440000－2518－0000313　G0239
詩學含英十四卷　(清)劉文蔚輯　清刻本　二冊

440000－2518－0000314　G0240
詩韻合璧五卷　(清)湯文潞輯　清光緒十四年(1888)上海同文書局石印本　六冊

440000－2518－0000315　G0241
詩韻合璧五卷　(清)湯文潞輯　清刻本　一冊　存一卷(五)

440000－2518－0000316　G0242
詩賦駢字類珠八卷　(清)蕭熿編　清道光十五年(1835)緯文堂刻本　二冊

440000－2518－0000317　G0243
分類詩腋八卷　(清)李楨編　清咸豐八年(1858)右文堂刻本　四冊

440000－2518－0000318　G0244
詩韻集成十卷　(清)余照輯　清刻本　一冊　存二卷(三至四)

440000－2518－0000319　G0245
增廣詩句題解彙編四卷　(清)同文書局輯　清光緒十年(1884)上海同文書局石印本　四冊

440000－2518－0000320　G0246
新編詩句題解續集五卷　(清)同文書局輯　清光緒十四年(1888)上海同文書局石印本　二冊

440000－2518－0000321　G0247
隨園詩話十六卷　(清)袁枚撰　清光緒十八年(1892)著易堂鉛印本　四冊

440000－2518－0000322　G0248
詩韻全璧五卷　(清)湯文潞輯　(清)惜陰主人增輯　清光緒十七年(1891)上海錦章圖書局石印本　六冊

440000－2518－0000323　G0249
石洲詩話八卷　(清)翁方綱撰　清咸豐元年(1851)南海伍氏刻粵雅堂叢書本　二冊

440000－2518－0000324　G0250
退菴詩話十二卷　(清)何日愈撰　清光緒九年(1883)刻本　四冊

440000－2518－0000325　G0251
燕蘭小譜五卷　(清)吴長元撰　海漚小譜一卷　(清)趙執信撰　清宣統三年(1911)長沙葉氏刻本　一冊

440000－2518－0000326　G0252
青樓集一卷　(元)夏庭芝輯　板橋雜記三卷　(清)余懷撰　吴門畫舫錄一卷　(清)西溪山人撰　清光緒三十四年(1908)長沙葉氏刻本　一冊

440000－2518－0000327　G0253
乾隆詩壇點將錄一卷　(清)舒位撰　秦雲擷英小譜一卷　(清)嚴長明輯　清光緒三十三年(1907)長沙葉氏刻本　一冊

440000－2518－0000328　G0254
國朝詩人徵略六十卷　(清)張維屏輯　清道光十年(1830)富文齋刻本　十冊

440000－2518－0000329　G0255
文選六十卷　(南朝梁)蕭統輯　(唐)李善注　(清)何焯評　清羊城翰墨園刻朱墨套印本　十二冊

440000－2518－0000330　G0256
文選六十卷　(南朝梁)蕭統輯　(唐)李善注　(清)何焯評　清大文堂刻朱墨套印本　十二冊

440000－2518－0000331　G0257
重訂文選集評十五卷　(清)于光華編　清刻本　十二冊　存十二卷(一、三至十三)

440000－2518－0000332　G0258
文選六十卷　(南朝梁)蕭統輯　(唐)李善注　(清)何焯評　清刻本　十冊　存五十卷(十一至六十)

440000－2518－0000333　G0259
文選六十卷　(南朝梁)蕭統輯　(唐)李善注　(清)何焯評　清刻本　四冊　存二十卷(二十一至四十)

440000－2518－0000334　G0260
文選六十卷　(南朝梁)蕭統輯　(唐)李善注　(清)何焯評　清刻本　三冊　存十二卷(十二至十八、四十八至五十二)

440000－2518－0000335　G0261
文選六十卷　(南朝梁)蕭統輯　(唐)李善注

文選考異十卷　(清)胡克家撰　清宣統三年(1911)上海會文堂石印本　十三册　存四十八卷(一至三十八、五十一至六十)

440000－2518－0000336　G0262
朱氏傳芳集八卷首一卷　(清)朱宗琦輯　清咸豐十一年(1861)刻本　五册

440000－2518－0000337　G0263
庾子山集十六卷總釋一卷　(北周)庾信撰　(清)倪璠注　**年譜一卷**　(清)倪璠撰　清大文堂刻本　八册

440000－2518－0000338　G0264
庾子山集十六卷總釋一卷　(北周)庾信撰　(清)倪璠注　**年譜一卷**　(清)倪璠撰　清同治八年(1869)刻本　十册

440000－2518－0000339　G0265
唐丞相曲江張文獻公集十二卷千秋金鑑錄五卷　(唐)張九齡撰　清光緒十八年(1892)刻本　六册

440000－2518－0000340　G0266
初唐四傑集　(清)項家達輯　清同治十二年(1873)蘋雅居刻本　八册

440000－2518－0000341　G0267
昌黎先生集四十卷　(唐)韓愈撰　(唐)李漢編　清光緒十五年(1889)玉山文瀾閣刻本　四册　存十六卷(一至十六)

440000－2518－0000342　G0268
昌黎先生集四十卷外集十卷遺文一卷　(唐)韓愈撰　(唐)李漢編　清宣統三年(1911)石印本　十册

440000－2518－0000343　G0269
王臨川全集一百卷　(宋)王安石撰　清刻本　十二册　存五十七卷(十六至二十四、三十二至四十、四十七至六十、七十六至一百)

440000－2518－0000344　G0270
居易軒詩遺鈔一卷文遺鈔一卷　(清)趙炳龍撰　清光緒十四年(1888)刻本　一册

440000－2518－0000345　G0271
曝書亭集八十卷附錄一卷　(清)朱彝尊撰　清光緒十五年(1889)寒梅館刻本　十六册

440000－2518－0000346　G0272
隨園三十種　(清)袁枚撰　清刻本　六十册

440000－2518－0000347　G0273
定盦文集三卷續集四卷續錄一卷古今體詩二卷雜詩一卷詞選一卷詞錄一卷文集補編四卷　(清)龔自珍撰　清光緒二十三年(1897)萬本書堂刻本　六册

440000－2518－0000348　G0274
二丸居集選九卷續集一卷　(清)黎景義撰　清光緒元年(1875)順邑黎光澤堂刻本　五册

440000－2518－0000349　G0275
樂志堂文略四卷詩略一卷附錄一卷　(清)譚瑩撰　清光緒元年(1875)南海譚氏刻本　三册

440000－2518－0000350　G0276
説劍堂著書　潘飛聲撰　清光緒二十四年(1898)刻本　三册

440000－2518－0000351　G0277
嶺南集鈔一卷　(清)程含章撰　(清)李長榮輯　清咸豐十一年(1861)萃文堂刻本　三册

440000－2518－0000352　G0278
海陀華館文集一卷詩集三卷　(清)何若瑤撰　清光緒八年(1882)何雲旭刻何宫贊遺書本　一册

440000－2518－0000353　G0279
詩經精義四卷首一卷　(清)黄淦撰　清刻本　二册

440000－2518－0000354　G0280
毛詩説習傳一卷　簡朝亮撰　清同治十年(1871)刻本　一册

440000－2518－0000355　G0281
毛詩品物圖考七卷　(日本)岡元鳳輯　清宣統二年(1910)上海掃葉山房石印本　二册

440000－2518－0000356　G0282
詩經八卷　(宋)朱熹集傳　清同治十二年

(1873)維經堂刻本　四册

440000－2518－0000357　G0283

詩經精華十卷　(清)薛嘉穎撰　清道光五年(1825)刻本　四册

440000－2518－0000358　G0284

古賦首選一卷　(清)梁夔譜編　清同治八年(1869)梁鏡古堂家刻本　一册

440000－2518－0000359　G0285

廣事類賦四十卷　(清)華希閔撰　清刻本　一册　存五卷(一至五)

440000－2518－0000360　G0286

古詩源十四卷　(清)沈德潛選　清芥子園刻本　二册　存六卷(一至三、十二至十四)

440000－2518－0000361　G0287

五言今體詩鈔九卷七言今體詩鈔九卷　(清)姚鼐輯　清同治七年(1868)湘鄉曾氏刻本　三册　存十五卷(五言今體詩鈔九卷、七言今體詩鈔一至六)

440000－2518－0000362　G0288

陶靖節詩集四卷　(晉)陶潛撰　**東坡和陶詩一卷**　(宋)蘇軾撰　**律陶詩一卷**　(明)王思齊集　**敦好齋律陶纂一卷**　(明)黄槐開撰　**陶靖節詩話一卷**　(清)胡鳳丹撰　**陶淵明詩集考異**　(清)胡鳳丹撰　清同文山房刻本　二册

440000－2518－0000363　G0289

瀛奎律髓刊誤四十九卷　(元)方回編　(清)紀昀批點　清光緒三十年(1904)山陰宋氏懺花盦刻本　九册　存四十卷(一至三十七、四十七至四十九)

440000－2518－0000364　G0290

讀雪山房唐詩三十四卷　(清)管世銘輯　清光緒十二年(1886)湖北官書處刻本　十册　存二十八卷(一至十五、十八至二十六、三十一至三十四)

440000－2518－0000365　G0291

重訂唐詩别裁集二十卷　(清)沈德潛選　清刻本　四册　存八卷(一、四至五、八至九、十六至十八)

440000－2518－0000366　G0292

重訂唐詩别裁集二十卷　(清)沈德潛選　清刻本　四册　存八卷(五至十二)

440000－2518－0000367　G0293

御選唐宋詩醇四十七卷　(清)高宗弘曆輯　清刻本　二册　存七卷(三十七至四十三)

440000－2518－0000368　G0294

中晚唐詩叩彈集十二卷續集三卷　(清)杜詔　(清)杜庭珠輯　清寶仁堂刻本　四册

440000－2518－0000369　G0295

唐人賦鈔六卷　(清)邱先德選　清咸豐八年(1858)拾芥園刻本　六册

440000－2518－0000370　G0296

唐人賦鈔六卷　(清)邱先德選　清咸豐八年(1858)慶雲樓刻本　六册

440000－2518－0000371　G0297

李義山詩集三卷　(唐)李商隱撰　(清)朱鶴齡箋注　(清)沈厚塽輯評　清同治九年(1870)廣州倅署刻三色套印本　四册

440000－2518－0000372　G0298

李義山詩集三卷　(唐)李商隱撰　(清)朱鶴齡箋注　(清)沈厚塽輯評　清同治九年(1870)廣州倅署刻三色套印本　四册

440000－2518－0000373　G0299

杜工部集二十卷首一卷　(唐)杜甫撰　清刻五色套印本　十册

440000－2518－0000374　G0300

杜詩鏡銓二十卷附録一卷　(唐)杜甫撰　(清)楊倫輯　**年譜一卷**　(清)楊倫編　**讀書堂杜工部文集注解二卷**　(清)張溍評注　清同治十一年(1872)望三益齋刻本　十一册　存二十卷(杜詩鏡銓一至二、五至二十,附録一卷,年譜一卷)

440000－2518－0000375　G0301

宋詩别裁八卷　(清)沈德潛選　清刻本

二册

440000－2518－0000376　G0302
宋詩别裁八卷　(清)姚培謙等輯　清刻本　一册　存二卷(六至七)

440000－2518－0000377　G0303
劍南詩鈔六卷　(宋)陸游撰　(清)楊大鶴選　清宣統二年(1910)上海掃葉山房石印本　六册

440000－2518－0000378　G0304
陸放翁劍南詩鈔八卷　(宋)陸游撰　(清)朱陖選　清道光二年(1822)文畲堂刻本　二册　存二卷(一、四)

440000－2518－0000379　G0305
白石道人四種　(宋)姜夔撰　清同治十年(1871)桂林倪鴻刻本　二册

440000－2518－0000380　G0306
蘇文忠公詩合註五十卷首一卷　(清)馮應榴輯　清桐鄉馮氏踵息齋刻本　二十册

440000－2518－0000381　G0307
後山先生集二十四卷　(宋)陳師道撰　清光緒十一年(1885)番禺陶福祥愛廬刻本　三册　存十八卷(一至五、十二至二十四)

440000－2518－0000382　G0308
元詩别裁八卷補遺一卷　(清)沈德潛選　清青雲樓刻本　三册

440000－2518－0000383　G0309
元詩别裁八卷補遺一卷　(清)姚培謙等輯　清文光堂刻本　二册　存六卷(一至二、六至八,補遺一卷)

440000－2518－0000384　G0310
元詩别裁八卷補遺一卷　(清)沈德潛選　清刻本　一册　存五卷(五至八、補遺一卷)

440000－2518－0000385　G0311
出都詩録一卷吴篷詩録一卷樊山沌水詩録一卷蜀船詩録一卷巴山詩録一卷　易順鼎撰　清光緒十一年(1885)活字印楚頌樓詩本　一册

440000－2518－0000386　G0313
明詩别裁集十二卷　(清)沈德潛　(清)周準輯　清芥子園刻本　六册

440000－2518－0000387　G0314
明詩别裁集十二卷　(清)沈德潛　(清)周準輯　清刻本　三册　存六卷(三至六、九至十)

440000－2518－0000388　G0315
明詩别裁集十二卷　(清)沈德潛　(清)周準輯　清元聚堂刻本　四册　存六卷(一至二、九至十二)

440000－2518－0000389　G0316
疑雨集四卷　(明)王彦泓撰　清宣統元年(1909)上海著易堂石印本　一册

440000－2518－0000390　G0317
國朝六家詩鈔八卷　(清)劉執玉輯　清光緒十三年(1887)汗青簃刻本　五册　存七卷(一、三至八)

440000－2518－0000391　G0318
嶺南三大家詩選二十四卷　(清)王隼選　清同治七年(1868)南海陳氏刻本　四册

440000－2518－0000392　G0319
嶺南三大家詩選二十四卷　(清)王隼選　清同治七年(1868)南海陳氏刻本　五册

440000－2518－0000393　G0320
嶺南三大家詩選二十四卷　(清)王隼選　清同治七年(1868)南海陳氏刻本　六册

440000－2518－0000394　G0321
欽定國朝詩别裁集三十二卷　(清)沈德潛纂評　清刻本　十六册

440000－2518－0000395　G0322
欽定國朝詩别裁集三十二卷　(清)沈德潛纂評　清刻本　七册　存十六卷(七至八、十七至二十二、二十五至三十二)

440000－2518－0000396　G0323
欽定國朝詩别裁集三十二卷　(清)沈德潛纂評　清刻本　十二册　存二十五卷(一至二、

四至十二、十七至二十、二十三至三十二)

440000－2518－0000397　G0324

國朝五言長律賡颺集八卷　(清)陸心齋輯　清刻本　四册

440000－2518－0000398　G0325

蓺黍堂唱和詩鈔四卷首一卷續刻詩鈔三卷　(清)黄文之輯　清光緒七年(1881)刻本　四册

440000－2518－0000399　G0326

懺花盦詩存十一卷　(清)宋澤元撰　清光緒三十二年(1906)刻本　三册

440000－2518－0000400　G0327

懺花盦詩鈔十卷　(清)宋澤元撰　清光緒八年(1882)刻本　二册

440000－2518－0000401　G0328

海蠡堂詩稿三卷　(清)吴河光撰　清光緒刻本　一册

440000－2518－0000402　G0329

延秋吟館詩鈔四卷　(清)張聯桂撰　清光緒十一年(1885)刻本　一册

440000－2518－0000403　G0330

羅浮聯詠詩册二卷首一卷　(清)李子安編　清同治二年(1863)刻本　一册

440000－2518－0000404　G0331

玉露堂詩集四卷　(清)羅鼎撰　清宣統元年(1909)刻本　一册　存二卷(一至二)

440000－2518－0000405　G0332

春華集二卷　(清)龍元任撰　清光緒十九年(1893)刻本　一册

440000－2518－0000406　G0333

樂志堂詩集十二卷　(清)譚瑩撰　清咸豐十年(1860)吏隱園刻本　四册

440000－2518－0000407　G0334

寸心草堂詩鈔六卷集外詩二卷　(清)李欣榮撰　清光緒十六年(1890)海幢經坊刻本　三册

440000－2518－0000408　G0335

有正味齋賦稿一卷　(清)吴錫麒撰　清咸豐三年(1853)刻本　一册

440000－2518－0000409　G0336

守柔齋詩鈔初集四卷續集四卷　(清)蘇廷魁撰　清同治三年(1864)都門刻本　一册

440000－2518－0000410　G0337

五百四峯堂詩鈔二十五卷　(清)黎簡撰　清廣州儒雅堂刻本　八册

440000－2518－0000411　G0338

五百四峯堂詩鈔二十五卷　(清)黎簡撰　清廣州儒雅堂刻本　八册

440000－2518－0000412　G0339

肄雅堂詩鈔一卷　(清)葉覲光撰　清刻本　一册

440000－2518－0000413　G0340

嶺南集八卷　(清)杭世駿撰　清光緒七年(1881)學海堂刻本　三册　存六卷(一至六)

440000－2518－0000414　G0341

三十二蘭亭室詩存八卷　(清)劉湘年撰　清同治十二年(1873)刻本　二册

440000－2518－0000415　G0342

嘯古堂詩集八卷　(清)蔣敦復撰　清宣統三年(1911)廣益書局石印本　二册

440000－2518－0000416　G0343

松石齋詩續集八卷　(清)王家齊撰　清刻本　二册

440000－2518－0000417　G0344

宜春館詩選一卷　(清)李靖國撰　清光緒三十一年(1905)木活字印本　一册

440000－2518－0000418　G0345

詠古詩鈔二卷韓山詩鈔六卷　(清)王利亨撰　清刻本　二册

440000－2518－0000419　G0346

所託山房詩集四卷首三卷　(清)周遐桃撰　清光緒刻本　一册　存四卷(一、首三卷)

440000－2518－0000420　G0347

小草庵詩鈔一卷　（清）屠蘇撰　清光緒十年(1884)吳縣潘氏八囍齋刻滂喜齋叢書本　一册

440000－2518－0000421　G0348

荔村草堂詩鈔十卷　（清）譚宗浚撰　清光緒十八年(1892)羊城刻本　四册　存八卷(一至八)

440000－2518－0000422　G0349

子良詩錄二卷　（清）馮詢撰　清同治二年(1863)廣州寶華坊刻本　二册

440000－2518－0000423　G0350

坦室詩草一卷　（清）恩霖撰　清同治二年(1863)刻本　一册

440000－2518－0000424　G0351

小倉山房詩集三十一卷補遺二卷附錄一卷　（清）袁枚撰　清刻本　三册　存二十一卷(一至七、二十一至三十一,補遺二卷,附錄一卷)

440000－2518－0000425　G0352

蓮西詩集四卷　（清）王維珍撰　清光緒石印本　三册

440000－2518－0000426　G0353

邱園八詠不分卷　（清）邱誥桐編　清光緒十九年(1893)刻本　一册

440000－2518－0000427　G0355

初月樓詩鈔四卷　（清）吳德旋撰　清光緒八年(1882)蛟川張氏花雨樓刻花雨樓叢鈔本　二册

440000－2518－0000428　G0356

紫荊吟館詩集四卷　（清）曹秉哲撰　清光緒二十五年(1899)番禺曹氏刻本　二册

440000－2518－0000429　G0357

劍光樓詩鈔四卷文鈔一卷詞一卷　（清）儀克中撰　清咸豐刻本　二册

440000－2518－0000430　G0358

百尺樓百首詩鈔一卷　（清）陳次壬撰　清宣統三年(1911)刻本　一册

440000－2518－0000431　G0359

作是堂詩草一卷　（清）麥近詹撰　**見山堂詩草不分卷**　（清）麥莊撰　清道光二十四年(1844)刻本　一册

440000－2518－0000432　G0360

退思軒詩存一卷　（清）史澄撰　清光緒九年(1883)刻本　一册

440000－2518－0000433　G0361

尺岡草堂遺詩八卷遺文四卷　（清）陳璞撰　清光緒十五年(1889)刻本　四册

440000－2518－0000434　G0362

梅花閣遺稿二卷　（清）歐秀松撰　清光緒十八年(1892)刻本　一册

440000－2518－0000435　G0363

黃氏三世詩三卷　（清）黃炳垕輯　清光緒十五年(1889)留書種閣刻本　一册

440000－2518－0000436　G0364

夢痕仙館詩鈔四卷　張其淦撰　清光緒刻本　二册

440000－2518－0000437　G0365

瓶守堂詩鈔二卷　（清）潘譽恩撰　清光緒二十七年(1901)刻本　一册

440000－2518－0000438　G0366

海漚集一卷　（清）劉慶崧撰　清宣統三年(1911)廣州石印本　一册

440000－2518－0000439　G0367

芙蓉館遺稿一卷　（清）史印玉撰　清同治十三年(1874)刻本　一册

440000－2518－0000440　G0368

蕭齋餘事約刊三卷　（清）蕭瓊常撰　清光緒二十七年(1901)刻本　一册

440000－2518－0000441　G0369

紫墟詩鈔一卷　（清）顏薰撰　清光緒二年(1876)羊城富文齋刻本　一册

440000－2518－0000442　G0370

聞妙香室詩稿五卷　(清)錢錫寀撰　清宣統二年(1910)天津醒華報館石印本　一冊

440000－2518－0000443　G0371
五山艸堂初編二卷　龍令憲撰　清光緒三十四年(1908)刻本　一冊

440000－2518－0000444　G0372
梅窩詩鈔三卷詞鈔一卷遺稿一卷　(清)陳良玉撰　清光緒南海黃劬學齋刻本　二冊

440000－2518－0000445　G0373
聽松廬詩鈔十六卷　(清)張維屏撰　清刻本　三冊　存十二卷(一至八、十三至十六)

440000－2518－0000446　G0374
三家宮詞三卷二家宮詞二卷　(明)毛晉輯　清宣統三年(1911)上海掃葉山房石印本　一冊

440000－2518－0000447　G0375
明宮詞一卷　(清)程嗣章撰　清宣統三年(1911)上海掃葉山房石印本　一冊

440000－2518－0000448　G0376
寄影軒詞稿六卷　(清)張觀美撰　清同治九年(1870)刻本　一冊　存二卷(一至二)

440000－2518－0000449　G0377
觀劇絕句三卷　(清)金德瑛等撰　清光緒三十四年(1908)葉氏觀古堂刻本　一冊

440000－2518－0000450　G0378
繪像第六才子書八卷　(元)王實甫撰　清光緒十年(1884)廣州刻朱墨套印本　六冊

440000－2518－0000451　G0380
唐宋八家文讀本三十卷　(清)沈德潛評點　清宣統元年(1909)江左書林石印本　六冊

440000－2518－0000452　G0381
詳訂古文評註全集十卷　(清)過珙　(清)黃越選評　清咸豐二年(1852)茂經樓刻本　三冊　存三卷(一、四、八)

440000－2518－0000453　G0382
詳訂古文評註全集十卷　(清)過珙　(清)黃越選評　清刻本　一冊　存一卷(九)

440000－2518－0000454　G0383
古文辭類纂七十四卷　(清)姚鼐輯　清光緒三十年(1904)上海商務印書館鉛印本　五冊

440000－2518－0000455　G0384
續古文辭類纂三十四卷　王先謙輯　清光緒三十年(1904)上海商務印書館鉛印本　三冊

440000－2518－0000456　G0385
古文辭類纂七十四卷　(清)姚鼐輯　清光緒三十三年(1907)上海商務印書館鉛印本　六冊　存六十四卷(十一至七十四)

440000－2518－0000457　G0386
續古文辭類纂三十四卷　王先謙輯　清光緒三十三年(1907)上海商務印書館鉛印本　三冊　存二十三卷(一至二十三)

440000－2518－0000458　G0387
古文淵鑒六十四卷　(清)徐乾學等編注　清刻本　十五冊　存十九卷(十九至三十七)

440000－2518－0000459　G0388
古文集宜四卷　(清)魏起泰編　清緯文堂刻本　四冊

440000－2518－0000460　G0389
東萊先生古文關鍵二卷　(宋)呂祖謙輯　清錫山華綺天和氏刻本　二冊

440000－2518－0000461　G0390
李文公集十八卷補遺一卷　(唐)李翱撰　清光緒元年(1875)南海馮氏讀有用書齋刻本　四冊

440000－2518－0000462　G0391
三蘇策論十二卷　(宋)蘇洵等撰　清光緒二十七年(1901)石印本　四冊　存十卷(三至十二)

440000－2518－0000463　G0392
羅司勳文集八卷外集一卷　(明)羅虞臣撰　清刻本　三冊

440000－2518－0000464　G0393
國朝文錄八十二卷　(清)李祖陶評點　清道光十九年(1839)瑞州府鳳儀書院刻本　三十

五册

440000－2518－0000465　G0394

補校袁文箋正七卷首一卷　（清）袁枚撰　（清）石韞玉注　清嶺南叢雅居刻本　八册

440000－2518－0000466　G0395

袁文箋正十六卷補注一卷　（清）袁枚撰　（清）石韞玉注　清刻本　四册

440000－2518－0000467　G0396

鹿洲全集　（清）藍鼎元撰　清同治四年（1865）羊城緯文堂刻本　十八册

440000－2518－0000468　G0397

懺花盦文存六卷　（清）宋澤元撰　清光緒三十四年（1908）刻本　五册

440000－2518－0000469　G0398

全謝山文鈔十六卷　（清）全祖望撰　清宣統二年（1910）上海國學扶輪社鉛印本　六册

440000－2518－0000470　G0399

初月樓文鈔十卷續鈔八卷　（清）吳德旋撰　清光緒九年（1883）蛟川張氏花雨樓刻花雨樓叢刊本　八册

440000－2518－0000471　G0400

不慊齋漫存六卷　（清）徐賡陛撰　清光緒八年（1882）南海官署刻本　六册

440000－2518－0000472　G0401

樂志堂文集十八卷續集二卷　（清）譚瑩撰　清咸豐九年（1859）吏隱園刻本　八册

440000－2518－0000473　G0402

林嚴文鈔四卷　林紓　嚴復撰　清宣統元年（1909）上海國學扶輪社鉛印本　四册

440000－2518－0000474　G0403

昭代名人尺牘小傳二十四卷　（清）吳修輯　清光緒十六年（1890）新會劉氏藏修書屋刻本　二册

440000－2518－0000475　G0404

滋園粵游尺牘四卷　（清）劉家柱撰　清光緒二十八年（1902）翰香樓刻本　二册

440000－2518－0000476　G0405

賴古堂尺牘新鈔二選藏弆集十六卷　（清）周在浚等輯　清道光十九年（1839）刻本　一册　存二卷（一至二）

440000－2518－0000477　G0406

楹聯叢話十二卷續話四卷　（清）梁章鉅輯　清道光二十六年（1846）刻本　六册

440000－2518－0000478　G0407

四六叢話三十三卷選詩叢話一卷　（清）孫梅撰　清光緒七年（1881）吳下刻本　十一册　存三十一卷（四六叢話一至二十七、三十一至三十三，選詩叢話一卷）

440000－2518－0000479　G0408

駢林摘艷五十卷　（清）胡又安輯　清光緒二十二年（1896）上海點石齋石印本　十册

440000－2518－0000480　G0409

唐駢體文鈔十七卷　（清）陳均輯　清同治十二年（1873）刻本　五册

440000－2518－0000481　G0410

皇朝駢文類苑十四卷首一卷　（清）姚燮輯　（清）張壽榮校　清光緒七年（1881）刻本　十九册

440000－2518－0000482　G0411

八家四六文註八卷補注一卷　（清）許貞幹注　清光緒十八年（1892）上海圖書集成印書局鉛印本　四册

440000－2518－0000483　G0412

有正味齋駢文十六卷　（清）吳錫麒撰　（清）葉聯芬注　清同治七年（1868）慈溪葉氏刻本　六册

440000－2518－0000484　G0413

有正味齋駢文十六卷　（清）吳錫麒撰　（清）葉聯芬注　清同治七年（1868）慈溪葉氏刻本　四册　存七卷（一至二、五至六、十一至十二、十六）

440000－2518－0000485　G0414

屑玉叢談初集六卷　（清）錢徵　蔡爾康輯

清光緒四年(1878)上海中華圖書館石印本　三冊

440000－2518－0000486　G0415
嶺外代答十卷　(宋)周去非撰　清刻本　二冊

440000－2518－0000487　G0416
愧郯錄十五卷　(宋)岳珂撰　清刻本　一冊　存七卷(一至七)

440000－2518－0000488　G0417
表異錄二十卷　(明)王志堅輯　清光緒二年(1876)海昌陳氏庸閑齋刻本　二冊

440000－2518－0000489　G0418
郎潛紀聞四卷　(清)陳康祺撰　清光緒二十九年(1903)掃葉山房石印本　二冊

440000－2518－0000490　G0419
燕下鄉脞錄四卷　(清)陳康祺撰　清光緒二十九年(1903)掃葉山房石印本　二冊

440000－2518－0000491　G0420
嘯亭雜錄八卷續錄二卷　(清)昭槤撰　清光緒二十七年(1901)掃葉山房石印本　六冊

440000－2518－0000492　G0421
竹葉亭雜記四卷　(清)姚元之撰　清光緒二十九年(1903)掃葉山房石印本　一冊

440000－2518－0000493　G0422
思益堂日札五卷　(清)周壽昌撰　清光緒二十九年(1903)掃葉山房石印本　一冊

440000－2518－0000494　G0423
庸盦筆記二卷　(清)薛福成撰　清光緒二十七年(1901)掃葉山房石印本　一冊

440000－2518－0000495　G0424
寄園寄所寄十二卷　(清)趙吉士輯　清刻本　十冊

440000－2518－0000496　G0425
鄺齋雜記八卷　(清)陳曇撰　清道光九年(1829)東莞陳汝亨刻本　二冊

440000－2518－0000497　G0426
揮麈拾遺六卷　邱煒萲撰　清光緒二十八年(1902)上海鉛印本　二冊

440000－2518－0000498　G0427
重訂西青散記八卷　(清)史震林撰　清光緒四年(1878)鉛印本　四冊

440000－2518－0000499　G0428
定香亭筆談四卷　(清)阮元撰　清光緒十年(1884)瀨江宋氏刻本　四冊

440000－2518－0000500　G0429
藤陰雜記十二卷　(清)戴璐撰　清嘉慶五年(1800)石鼓齋刻本　二冊

440000－2518－0000501　G0430
退庵隨筆二十二卷　(清)梁章鉅撰　清道光十七年(1837)刻本　一冊　存四卷(一至四)

440000－2518－0000502　G0431
嗇菴隨筆六卷末一卷　(清)陸文衡撰　清光緒二十三年(1897)吳江陸同壽木活字印本　二冊

440000－2518－0000503　G0432
懺盦隨筆八卷　(清)沈澤棠撰　清宣統二年(1910)刻本　二冊

440000－2518－0000504　G0433
塵談拾雅　(清)劉節卿輯　清同治八年(1869)藏修書屋刻本　一冊　存八種

440000－2518－0000505　G0434
粟香隨筆八卷二筆八卷三筆四卷　金武祥撰　清光緒江陰金氏羊城刻本　十冊

440000－2518－0000506　G0435
增評補像全圖金玉緣一百二十回　(清)曹雪芹撰　清光緒十五年(1889)石印本　十五冊　存一百十一回(一至七十六、八十六至一百二十)

440000－2518－0000507　G0436
第一才子書繡像三國志演義六十卷　(明)羅貫中(羅本)撰　(清)毛宗崗評　清光緒三十年(1904)上海商務印書館鉛印本　三冊　存二十二卷(三十一至三十八、四十七至六十)

440000－2518－0000508　G0437

繪圖鏡花緣一百回　(清)李汝珍撰　清光緒十四年(1888)上海點石齋石印本　三冊　存四十八回(一至四十八)

440000－2518－0000509　G0438

繪圖騙術奇談四卷　(清)雷君曜撰　清宣統元年(1909)上海掃葉山房石印本　三冊　存三卷(一、三至四)

440000－2518－0000510　G0439

欠愁集一卷　(清)史震林撰　清光緒二十六年(1900)番禺沈氏刻本　一冊

440000－2518－0000511　G0440

信徵紀集二卷　(清)段永源撰　清同治九年(1870)文經堂刻本　一冊

440000－2518－0000512　G0441

閱微草堂筆記二十四卷　(清)紀昀撰　清道光十三年(1833)羊城刻本　十冊

440000－2518－0000513　G0442

招子庸正粵謳解心一卷　(清)招子庸撰　清末羊城刻本　一冊

440000－2518－0000514　G0443

甌缽羅室書畫過目攷四卷首一卷附一卷　(清)李玉棻輯　清光緒上海鴻文齋石印本　一冊

440000－2518－0000515　G0444

庚子銷夏記八卷　(清)孫承澤撰　清宣統三年(1911)上海掃葉山房石印本　四冊

440000－2518－0000516　G0445

歷代畫史彙傳七十二卷首一卷附錄二卷目錄三卷　(清)彭蘊璨輯　清光緒五年(1879)京都善成堂書鋪刻本　二十四冊

440000－2518－0000517　G0446

南宋院畫錄八卷首一卷　(清)厲鶚輯　清光緒十年(1884)錢塘丁氏竹書堂刻武林掌故叢編本　四冊

440000－2518－0000518　G0447

蘇黄題跋四卷　(宋)蘇軾　(宋)黄庭堅撰　清同治十一年(1872)刻本　四冊

440000－2518－0000519　G0448

泛槎圖六集　(清)張寶編繪　清光緒六年(1880)上海點石齋石印本　四冊

440000－2518－0000520　G0449

詩中畫二卷　(清)馬濤繪　清光緒十一年(1885)石印本　二冊

440000－2518－0000521　G0450

芥子園畫傳初集六卷二集九卷三集六卷　(清)王概輯纂　清光緒十三年至十四年(1887－1888)上海鴻文書局石印本　十二冊

440000－2518－0000522　G0451

芥子園畫傳初集六卷二集九卷三集六卷　(清)王概輯纂　清光緒三十四年(1908)上海章福記石印本　十冊　存十一卷(初集一至四、二集三至九)

440000－2518－0000523　G0452

芳堅館題跋四卷　(清)郭尚先撰　清光緒十六年(1890)新會劉氏藏修書屋刻本　一冊

440000－2518－0000524　G0453

官子一卷奕萃一卷　(清)卞文恒撰　清嘉慶二十一年(1816)味書堂刻本　二冊

440000－2518－0000525　G0454

釋迦如來成道記一卷　(唐)王勃撰　(宋)釋道誠註　清刻本　一冊

440000－2518－0000526　G0455

法苑珠林一百卷　(唐)釋道世撰　清宣統二年(1910)常州天寧寺刻本　二十八冊　存九十四卷(一至八十四、八十八至九十、九十四至一百)

440000－2518－0000527　G0456

溈山警策句釋記二卷　(清)釋宏贊注　清宣統二年(1910)常州天寧寺刻本　一冊

440000－2518－0000528　G0457

大乘起信論一卷　(南朝梁)釋真諦譯　清光緒二十四年(1898)金陵刻經處刻本　一冊

440000－2518－0000529　G0458

釋摩訶衍論十卷 （南朝梁）釋波羅末陀 （後秦）釋筏提摩多譯 清光緒金陵刻經處刻本 四冊

440000－2518－0000530 G0459

大乘起信論義記七卷別記一卷 （唐）釋法藏撰 清光緒二十三年至二十四年（1897－1898）金陵刻經處刻本 二冊

440000－2518－0000531 G0460

大乘起信論疏記會本六卷 （南朝梁）釋真諦譯 （唐）釋元曉疏 清光緒二十五年（1899）金陵刻經處刻本 二冊

440000－2518－0000532 G0461

大乘起信論纂註二卷 （南朝梁）釋真諦譯 （明）釋真界纂注 清光緒十一年（1885）金陵刻經處刻本 一冊

440000－2518－0000533 G0462

大乘起信論直解二卷 （明）釋德清撰 清光緒十六年（1890）金陵刻經處刻本 一冊

440000－2518－0000534 G0463

大乘起信論裂網疏六卷 （明）釋智旭撰 清光緒金陵書局刻本 一冊

440000－2518－0000535 G0464

七俱胝佛母所說準提陀羅尼經會釋三卷 （唐）釋不空譯 （清）釋宏贊會釋 清宣統三年（1911）常州天寧寺刻本 一冊

440000－2518－0000536 G0465

八識規矩頌一卷畧說一卷 （明）釋廣益撰 清光緒六年（1880）刻本 一冊

440000－2518－0000537 G0466

閱藏隨筆二卷 （清）釋元度撰 （清）釋太穆節解 清光緒九年（1883）維揚天寧寺刻本 二冊

440000－2518－0000538 G0467

重訂西方公據二卷 （清）彭際清輯 清光緒四年（1878）金陵刻經處刻本 一冊

440000－2518－0000539 G0468

修習止觀坐禪法要二卷 （隋）釋智顗撰 清嘉慶二年（1797）廣州海幢經坊刻本 一冊

440000－2518－0000540 G0469

永覺和尚續寱言一卷 （清）元賢輯 （清）道霈重編 清刻本 一冊

440000－2518－0000541 G0470

一切經音義二十五卷 （唐）釋玄應撰 **補訂新譯大方廣佛華嚴經音義二卷** （唐）釋慧苑撰 清同治八年（1869）武林張氏寶晉齋刻本 四冊

440000－2518－0000542 G0471

金剛經注解不分卷 （後秦）釋鳩摩羅什譯 清同治十三年（1874）浙江昭慶慧空經房刻本 三冊

440000－2518－0000543 G0472

六祖大師法寶壇經一卷 （唐）釋法海輯 清光緒六年（1880）廣州海幢寺刻本 一冊

440000－2518－0000544 G0473

訓蒙趣味新書二卷 （清）關百康輯 清末刻本 一冊

440000－2518－0000545 G0474

淨土四經不分卷 （清）魏源輯 清同治五年（1866）金陵書局刻本 一冊

440000－2518－0000546 G0475

目蓮三世寶卷三卷 （□）□□撰 清光緒二十年（1894）刻本 一冊

440000－2518－0000547 G0476

金剛經一卷 （□）□□撰 清光緒三十年（1904）中和堂善書坊刻本 一冊

440000－2518－0000548 G0477

性命雙脩萬神圭旨四卷 （明）尹真人授 清一山房刻本 二冊

440000－2518－0000549 G0478

古教彙參三卷 （英國）韋廉臣撰 （清）董樹堂筆 清光緒二十五年（1899）上海廣學會刻本 三冊

440000－2518－0000550 G0479

靈棋經二卷 （晉）顏幼明 （南朝宋）何承天

註　(元)陳師凱　(明)劉基解　清刻本　二册

440000－2518－0000551　G0480
新增重刻辨正圖訣注解一卷　(清)戴禮臺撰　清光緒十七年(1891)陳讀易草堂刻本　一册

440000－2518－0000552　G0481
數學上篇十三卷答數一卷　(清)曹汝英撰　清光緒三十年(1904)上海德新書局刻本　四册

440000－2518－0000553　G0482
筆算數學三卷　(美國)狄考文輯　(清)鄒立文述　清光緒三十年(1904)刻本　一册　存一卷(上)

440000－2518－0000554　G0483
代數通藝錄十六卷　(清)方愷撰　清光緒二十五年(1899)上海書局石印本　二册　存六卷(一至三、十至十二)

440000－2518－0000555　G0484
代數備旨一卷總答一卷　(美國)狄考文選譯　(清)鄒立文　(清)生福維筆述　清光緒二十九年(1903)上海美華書館鉛印本　二册

440000－2518－0000556　G0485
運規約指三卷　(英國)白起德輯　(英國)傅蘭雅口譯　(清)徐建寅筆述　清光緒江南製造總局刻本　一册

440000－2518－0000557　G0486
格物質學一卷　(美國)史砥爾撰　(清)謝洪賚筆述　清光緒三十年(1904)上海美華書館鉛印本　一册

440000－2518－0000558　G0487
化學鑑原六卷　(英國)韋而司撰　**續編二十四卷**　(英國)蒲陸山撰　清光緒二十七年(1901)上海日新社石印本　四册

440000－2518－0000559　G0488
化學鑑原補編六卷附一卷　(英國)傅蘭雅口譯　(清)徐壽筆述　清光緒二十七年(1901)上海日新社石印本　三册　存五卷(一至三、六,附一卷)

440000－2518－0000560　G0489
天文地學歌略一卷　(清)葉瀾　(清)葉瀚撰　清光緒二十三年(1897)周氏刻本　一册

440000－2518－0000561　G0490
萬國藥方八卷　(美國)洪士提反譯　清光緒二十四年(1898)美華書館石印本　八册

440000－2518－0000562　G0491
養蘭說一卷　(清)九思齋主人輯　清光緒三十三年(1907)廣東學務公所印刷處鉛印本　一册

440000－2518－0000563　G0492
秘傳花鏡六卷　(清)陳淏子輯　清刻本　五册　存五卷(一至二、四至六)

440000－2518－0000564　G0493
明密碼電報書一卷　(清)商務印書館編譯所編　清宣統元年(1909)上海商務印書館石印本　一册

440000－2518－0000565　G0494
新刻京板工師雕鏤正式魯班經匠家鏡二卷秘訣仙機一卷　(明)午榮編　清刻本　一册

440000－2518－0000566　G0495
書林揚觶一卷　(清)方東樹撰　清道光儀衛軒刻本　一册

440000－2518－0000567　G0496
書目答問不分卷　(清)張之洞撰　清光緒元年(1875)刻本　二册

440000－2518－0000568　G0497
稽瑞樓書目四卷　(清)陳揆撰　清光緒三年(1877)吳縣潘祖蔭滂喜齋刻滂喜齋叢書本　二册

440000－2518－0000569　G0498
欽定四庫全書簡明目錄二十卷　(清)紀昀等撰　清同治七年(1868)廣東書局刻本　十一册

440000－2518－0000570　G0499

欽定四庫全書總目二百卷首一卷 (清)紀昀等撰 清同治七年(1868)廣東書局刻本 一百十九冊 存二百卷(一至一百九十六、一百九十八至二百,首一卷)

440000－2518－0000571 G0500
欽定四庫全書附存目錄十卷 (清)胡虔輯 清光緒十年(1884)學海堂刻本 六冊

440000－2518－0000572 G0501
彙刻書目二十卷 (清)顧修編 清光緒十五年(1889)上海福瀛書局刻本 二十冊

440000－2518－0000573 G0502
幼學故事尋源十卷 (明)邱濬撰 (清)楊應象集注 清同治五年(1866)維經堂刻本 五冊

440000－2518－0000574 G0503
古學記問錄十五卷 (清)吳蔚文輯 清同治文瑞堂刻本 五冊

440000－2518－0000575 G0504
時務通攷三十一卷 (清)杞廬主人輯 清光緒二十七年(1901)上海點石齋石印本 二十冊 存二十七卷(一至四、九至三十一)

440000－2518－0000576 G0505
時務通攷續編三十一卷 (清)杞廬主人輯 清光緒二十七年(1901)上海點石齋石印本 十六冊

440000－2518－0000577 G0506
西學大成五十六種 (清)王西清 (清)盧梯青輯 清光緒二十一年(1895)上海醉六堂書坊石印本 十二冊

440000－2518－0000578 G0507
小嫏嬛山館彙刊類書十二種 (□)□□輯 清咸豐元年(1851)刻本 六冊 存九種

440000－2518－0000579 G0508
玉海二百四卷附十三種 (宋)王應麟撰 清刻本 三十九冊 存一百二卷(一、二十至二十一、二十四至二十八、四十至四十一、四十七至五十三、五十六至五十七、八十三至八十五、一百三至一百五、一百二十二至一百三十、一百五十二至一百五十四、一百五十八至一百六十一、一百六十五至一百六十七、一百七十一至一百八十八,小學紺珠一至三、七至八,詩攷一卷,詩地理攷六卷,漢藝文志攷證十卷,通鑑地理通釋一至五,漢制攷四卷,急就篇四卷,姓氏急就二卷,通鑑答問三至五)

440000－2518－0000580 G0509
佩文韻府一百六卷拾遺一百六卷 (清)張廷玉等編 清嶺南潘氏海山仙館刻本 一百八十冊

440000－2518－0000581 G0510
佩文韻府一百六卷拾遺一百六卷 (清)張廷玉等編 清嶺南潘氏海山仙館刻本 一百六十冊

440000－2518－0000582 G0511
佩文韻府一百六卷拾遺一百六卷 (清)張廷玉等編 清光緒十二年(1886)上海同文書局石印本 六十冊

440000－2518－0000583 G0512
古香齋新刻袖珍淵鑑類函四百五十卷目錄四卷 (清)張英等輯 清光緒南海孔氏刻本 一百四十冊 存三百九十四卷(二十九至二百八十、三百九至四百五十)

440000－2518－0000584 G0513
藝概六卷 (清)劉熙載撰 清光緒三年(1877)嶺南刻本 二冊

440000－2518－0000585 G0514
東塾讀書記二十五卷 (清)陳澧撰 清光緒刻本 五冊 存十五卷(一至十二、十五至十六、二十一)

440000－2518－0000586 G0515
校訂困學紀聞三箋二十卷 (宋)王應麟撰 清嘉慶十二年(1807)金閶友益齋刻本 六冊

440000－2518－0000587 G0516
王船山經史論八種 (清)王夫之撰 清光緒二十四年至二十五年(1898－1899)慎記書莊石印本 十四冊 存六十四卷(周易外傳五

至七，尚書引義六卷，詩廣傳五卷，春秋家說三卷，春秋世論五卷，續春秋左氏傳博議二卷，讀通鑑論七至三十、末，宋論十五卷）

440000－2518－0000588　G0517
皇朝經世文編一百二十卷姓名總目二卷（清）賀長齡輯　清光緒二十四年（1898）上海宏文閣鉛印本　二十四冊

440000－2518－0000589　G0518
皇朝經世文續編一百二十卷　（清）葛士濬輯　清光緒十七年（1891）廣百宋齋鉛印本　二十冊

440000－2518－0000590　G0519
皇朝經世文新編二十一卷　（清）麥仲華輯　清光緒二十四年（1898）上海譯書局石印本　二十冊

440000－2518－0000591　G0520
學海堂集十六卷　（清）阮元輯　清道光五年（1825）啟秀山房刻本　六冊

440000－2518－0000592　G0521
學海堂集十六卷　（清）阮元輯　清道光五年（1825）啟秀山房刻本　四冊　存十卷（七至十六）

440000－2518－0000593　G0522
學海堂二集二十二卷　（清）吳蘭修輯　清道光十八年（1838）啟秀山房刻本　九冊　存十九卷（一至二、六至二十二）

440000－2518－0000594　G0523
學海堂三集二十四卷　（清）張維屏輯　清咸豐九年（1859）啟秀山房刻本　八冊

440000－2518－0000595　G0524
學海堂四集二十八卷　（清）金錫齡輯　清光緒十二年（1886）啟秀山房刻本　十六冊

440000－2518－0000596　G0525
十三經注疏附考證　（清）武英殿輯　清同治十年（1871）廣東書局刻本　一百二十冊

440000－2518－0000597　G0526
十三經注疏　（清）武英殿輯　清同治十年（1871）廣東書局刻本　一百二十冊

440000－2518－0000598　G0527
重刊宋本十三經注疏附校勘記　（清）阮元撰　校勘記　（清）盧宣旬摘錄　清光緒十三年（1887）上海脈望仙館石印本　十三冊

440000－2518－0000599　G0528
皇清經解一千四百卷　（清）阮元輯　清道光九年（1829）廣東學海堂刻本　三百五十三冊　存一千三百六十七卷（一至二百四十二、二百四十七至六百九十七、七百二十七至一千四百）

440000－2518－0000600　G0529
四書味根錄三十七卷　（清）金澂輯　清道光十七年（1837）粲花吟館刻本　六冊　存三十卷（大學一卷，中庸二卷，論語二十卷、首一卷，孟子一至六）

440000－2518－0000601　G0530
四書味根錄三十七卷　（清）金澂輯　清刻本　七冊　存二十八卷（論語一至十四、首一卷，孟子一至十二、首一卷）

440000－2518－0000602　G0531
四書人物類典串珠四十卷　（清）臧志仁輯　清翰寶樓刻本　十冊

440000－2518－0000603　G0532
四書集註十九卷　（宋）朱熹撰　清光緒三十二年（1906）上海商務印書館鉛印本　一冊　存十四卷（大學一卷、中庸一卷、論語十二卷）

440000－2518－0000604　G0533
四書翼註論文十二卷　（清）鄭獻甫撰　清光緒五年（1879）黔南節署刻本　十冊

440000－2518－0000605　G0534
新訂四書補註備旨十卷　（明）鄧林撰　（清）杜定基增訂　清咸豐六年（1856）六經堂刻本　三冊　存六卷（大學一卷、中庸一卷、論語四卷）

440000－2518－0000606　G0535
小方壺齋輿地叢鈔十二帙　（清）王錫祺輯

清末上海著易堂鉛印本　一冊　存一帙(六)

440000－2518－0000607　G0536
中庸直指一卷　(明)釋德清撰　清光緒十年(1884)金陵刻經處刻本　一冊

440000－2518－0000608　G0537
五經精義三十一卷　(清)黄淦撰　清刻本　十冊

440000－2518－0000609　G0538
五經備旨四十五卷　(清)鄒聖脈輯　清刻本　十冊　存二十六卷(詩經備旨一至四、七至八,書經備旨一至三,禮記全文備旨五至六、九至十一,春秋備旨一至十二)

440000－2518－0000610　G0539
九經今義二十八卷　(清)成本璞撰　清光緒三十一年(1905)鉛印本　一冊　存十五卷(十四至二十八)

440000－2518－0000611　G0540
監本書經六卷　(宋)蔡沈集傳　清同治五年(1866)會城醉經樓刻本　一冊　存三卷(一至三)

440000－2518－0000612　G0541
書經離句六卷　(清)錢在培輯解　清刻本　二冊

440000－2518－0000613　G0542
易經精華六卷末一卷　(清)薛嘉穎輯　清咸豐十年(1860)三元堂刻本　三冊

440000－2518－0000614　G0543
易經精華六卷末一卷　(清)薛嘉穎輯　清咸豐十年(1860)三元堂刻本　一冊　存三卷(五至六、末一卷)

440000－2518－0000615　G0544
監本禮記十卷　(元)陳澔集說　清光緒十四年(1888)羊城維經堂刻本　五冊

440000－2518－0000616　G0545
周禮精華六卷　(清)陳龍標輯　清嘉慶十六年(1811)緯文堂刻本　六冊

440000－2518－0000617　G0546
禮記庭訓十二卷　(清)潘炳綱輯　清刻本　二冊　存四卷(七至十)

440000－2518－0000618　G0547
禮記增訂旁訓六卷　(清)徐立綱撰　清刻本　一冊　存一卷(二)

440000－2518－0000619　G0548
增訂漢魏叢書　(清)王謨輯　清光緒二十一年(1895)石印本　十四冊

440000－2518－0000620　G0549
嶺南遺書　(清)伍崇曜輯　清道光十一年至同治二年(1831－1863)南海伍氏粵雅堂文字歡娛室刻本　二十五冊

440000－2518－0000621　G0550
粵十三家集　(清)伍崇曜輯　清道光二十年(1840)南海伍氏詩雪軒刻本　九冊

440000－2518－0000622　G0551
周易集傳八卷　(元)龍仁夫撰　清道光海昌蔣氏刻別下齋叢書本　一冊

440000－2518－0000623　G0552
小蓬海遺詩一卷屑屑集一卷　(清)翁雒撰　清道光海昌蔣氏刻別下齋叢書本　一冊

440000－2518－0000624　G0553
長恩書室叢書　(清)莊肇麟輯　清咸豐四年(1854)新昌莊氏過客軒刻本　十二冊

440000－2518－0000625　G0554
說鈴　(清)吳震方輯　清光緒五年(1879)兩儀堂刻本　二十冊

440000－2518－0000626　G0555
粵雅堂叢書　(清)伍崇曜輯　清道光二十九年至光緒十一年(1849－1885)南海伍氏刻本　二百二十八冊　存一百十九種

440000－2518－0000627　G0556
粵雅堂叢書續集　(清)伍崇曜輯　清道光至光緒南海伍氏刻本　九十六冊

440000－2518－0000628　G0557
海山仙館叢書五十六種　(清)潘仕成輯　清道光二十五年至咸豐元年(1845－1851)番禺

潘氏刻本　一百二十一册　缺三卷(高僧傳十一至十三)

440000－2518－0000629　G0558

漁隱叢話六十卷後集四十卷　(宋)胡仔撰　清道光二十六年(1846)番禺潘氏刻海山仙館叢書本　七册　存五十九卷(四十二至六十、後集四十卷)

440000－2518－0000630　G0559

一切經音義二十五卷　(唐)釋玄應撰　(清)莊炘等校　清道光二十五年(1845)番禺潘氏刻海山仙館叢書本　一册　存二卷(一至二)

440000－2518－0000631　G0560

青藤書屋文集三十卷補遺一卷　(明)徐渭撰　清道光二十六年(1846)番禺潘氏刻海山仙館叢書本　一册　存四卷(七至十)

440000－2518－0000632　G0561

漁隱叢話六十卷後集四十卷　(宋)胡仔撰　清道光二十六年(1846)番禺潘氏刻海山仙館叢書本　二册　存十五卷(漁隱叢話五十四至六十、後集十二至十九)

440000－2518－0000633　G0562

宋四六話十二卷　(清)彭元瑞撰　清道光二十六年(1846)番禺潘氏刻海山仙館叢書本　一册　存二卷(三至四)

440000－2518－0000634　G0563

詞苑叢談十二卷　(清)徐釚撰　清道光二十七年(1847)番禺潘氏刻海山仙館叢書本　一册　存二卷(一至二)

440000－2518－0000635　G0564

鄔氏叢書　鄔慶時輯　清光緒至民國刻本　三册

440000－2518－0000636　G0565

子書二十八種　(清)文瑞樓輯　清光緒三十四年(1908)上海集成圖書公司鉛印本　四十八册

440000－2518－0000637　G0566

子書二十二種　(清)浙江書局輯　清光緒二十三年(1897)上海集成圖書公司鉛印本　十五册　存十一種

440000－2518－0000638　G0567

二十五子彙函　(清)鴻文書局輯　清光緒十九年(1893)上海鴻文書局石印本　二册　存八種

440000－2518－0000639　G0568

新訂四書補註備旨十卷　(明)鄧林撰　(清)杜定基增訂　清末粤東編譯公司鉛印本　五册　存九卷(大學一卷、中庸一卷、論語四卷、孟子一至三)

440000－2518－0000640　G0569

增注四書人物類典串珠四十卷首一卷　(清)臧志仁輯　清光緒十一年(1885)上海點石齋石印本　四册

440000－2518－0000641　G0570

化書六卷　(五代)譚峭撰　清光緒六年(1880)刻本　一册

440000－2518－0000642　G0571

漢學商兑三卷　(清)方東樹撰　清光緒八年(1882)四明華雨樓刻本　二册

440000－2518－0000643　G0572

新序十卷　(漢)劉向撰　**新書十卷**　(漢)賈誼撰　清嘉慶刻本　二册

440000－2518－0000644　G0573

宋元學案一百卷首一卷　(清)黄宗羲撰　(清)黄百家輯　(清)全祖望補　清光緒五年(1879)長沙寄廬刻本　四十八册

440000－2518－0000645　G0574

明儒學案十六卷　(清)黄宗羲撰　清光緒二十八年(1902)上海文瀾書局石印本　八册

440000－2518－0000646　G0575

王文成公全書　(明)王守仁撰　清宣統元年(1909)上海集成圖書公司鉛印本　十二册

440000－2518－0000647　G0576

人道大義錄一卷　夏震武撰　清光緒至民國鉛印本　一册

440000－2518－0000648　G0577
人道大義錄一卷　夏震武撰　清光緒至民國鉛印本　一冊

440000－2518－0000649　G0578
人道大義錄一卷　夏震武撰　清光緒至民國鉛印本　一冊

440000－2518－0000650　G0579
人道大義錄一卷　夏震武撰　清光緒至民國鉛印本　一冊

440000－2518－0000651　G0580
人道大義錄一卷　夏震武撰　清光緒至民國鉛印本　一冊

440000－2518－0000652　G0581
人道大義錄一卷　夏震武撰　清光緒至民國鉛印本　一冊

440000－2518－0000653　G0582
人道大義錄一卷　夏震武撰　清光緒至民國鉛印本　一冊

440000－2518－0000654　G0583
孝經注解一卷　（唐）玄宗李隆基注　（宋）司馬光指解　（宋）范祖禹說　清道光二十七年（1847）羊城拾芥園刻本　一冊

440000－2518－0000655　G0584
三才略三卷　蔣德鈞輯　清光緒十四年（1888）湘鄉蔣氏求實齋刻求實齋叢書本　一冊

440000－2518－0000656　G0585
瀛環志略十卷　（清）徐繼畬撰　清光緒二十一年（1895）上海寶文局石印本　二冊

440000－2518－0000657　G0586
海國圖志一百卷　（清）魏源輯　清刻本　二十三冊　存八十卷（二十一至一百）

440000－2518－0000658　G0587
五洲括地歌一卷　（清）蔣升撰　清光緒二十四年（1898）上海土山灣慈母堂印書局鉛印本　一冊

440000－2518－0000659　G0588
新釋地理備考全書十卷　（葡萄牙）瑪吉士撰　清道光二十七年（1847）番禺潘氏刻海山仙館叢書本　六冊

440000－2518－0000660　G0589
校刊資治通鑑全書　（清）胡元常輯　清光緒十四年至十七年（1888－1891）長沙楊氏刻本　一百冊

440000－2518－0000661　G0590
御批資治通鑑綱目全書一百九卷　（宋）朱熹等撰　清光緒十三年（1887）上海同文書局石印本　二十四冊

440000－2518－0000662　G0591
尺木堂綱鑑易知錄二十卷　（清）吳乘權等輯　清光緒二十五年（1899）上海鴻寶齋石印本　八冊

440000－2518－0000663　G0592
御撰資治通鑑綱目三編五卷　（清）張廷玉等輯　清光緒二十五年（1899）上海鴻寶齋石印本　二冊

440000－2518－0000664　G0593
尺木堂綱鑑易知錄九十二卷　（清）吳乘權等輯　清光緒十七年（1891）廣百宋齋鉛印本　十四冊

440000－2518－0000665　G0594
尺木堂明鑑易知錄十五卷　（清）吳乘權等輯　清光緒十七年（1891）廣百宋齋鉛印本　二冊

440000－2518－0000666　G0595
御批歷代通鑑輯覽一百二十卷　（清）傅恒等纂　清光緒十三年（1887）上海同文書局石印本　二十冊

440000－2518－0000667　G0596
御批歷代通鑑輯覽一百二十卷　（清）傅恒等纂　清光緒三十年（1904）上海錦章書局石印本　二十八冊

440000－2518－0000668　G0597
御批歷代通鑑輯覽一百二十卷　（清）傅恒等

纂　清光緒二十七年(1901)上海經香閣石印本　八冊

440000－2518－0000669　G0598
御批歷代通鑑輯覽一百二十卷　(清)傅恒等纂　清光緒二十七年(1901)上海經香閣石印本　八冊

440000－2518－0000670　G0599
通鑑類纂二十卷　(清)馬佳松椿輯　清光緒二十三年(1897)上海天章書局鉛印本　十二冊

440000－2518－0000671　G0600
九朝紀事本末　(清)捷記主人增輯　清光緒二十九年(1903)上海文盛書局石印本　十三冊　存八種

440000－2518－0000672　G0601
歷代史表五十九卷　(清)萬斯同撰　清光緒十五年(1889)廣雅書局刻本　六冊

440000－2518－0000673　G0602
史目表二卷　(清)洪飴孫撰　清光緒四年(1878)啟秀山房刻本　一冊

440000－2518－0000674　G0603
史通削繁四卷　(唐)劉知幾撰　(清)紀昀削繁　(清)浦起龍注　清道光十三年(1833)兩廣節署刻朱墨套印本　四冊

440000－2518－0000675　G0604
史畧八十七卷　(清)朱堃輯　清光緒二十五年(1899)萬本書局刻朱墨套印本　十六冊

440000－2518－0000676　G0605
文史通義八卷　(清)章學誠撰　清光緒十九年(1893)粵東菁華閣刻本　七冊

440000－2518－0000677　G0606
歷代史論十二卷　(明)張溥撰　**宋史論三卷　元史論一卷**　(明)張溥撰　**明史論四卷**　(清)谷應泰撰　**左傳史論二卷**　(清)高士奇撰　清光緒十一年(1885)粵東文陞閣刻朱墨套印本　八冊

440000－2518－0000678　G0607
讀史大畧六十卷首一卷　(清)沙張白撰　**小沙子史略一卷**　(清)沙晉撰　清光緒二十六年(1900)石印本　二冊

440000－2518－0000679　G0608
史姓韻編二十四卷　(清)汪輝祖輯　清光緒二十九年(1903)上海文瀾書局石印本　八冊

440000－2518－0000680　G0609
尚書集注述疏三十二卷首一卷末二卷　簡朝亮撰　清光緒三十三年(1907)讀書堂刻本　十八冊

440000－2518－0000681　G0610
書經六卷　(宋)蔡沈集傳　清嘉慶二十三年(1818)金陵芥子園刻本　四冊

440000－2518－0000682　G0611
監本春秋全文十二卷　(□)□□撰　清咸豐五年(1855)禪山連元閣刻本　二冊

440000－2518－0000683　G0612
春秋鑰四卷　(清)劉翰棻撰　清光緒三十二年(1906)廣州刻本　二冊　存三卷(一至二、四)

440000－2518－0000684　G0613
春秋左傳五十卷列國圖說一卷提要一卷　(晉)杜預　(宋)林堯叟注釋　(唐)陸德明音義　(明)孫鑛等評點　清光緒二十一年(1895)澹雅局刻本　十六冊

440000－2518－0000685　G0614
春秋經傳集解三十卷　(晉)杜預注　清宣統三年(1911)上海會文堂石印本　七冊　存十二卷(一至四、十九至二十四、二十九至三十)

440000－2518－0000686　G0615
東萊博議四卷　(宋)呂祖謙撰　(清)馮泰松點定　清光緒二十四年(1898)育才山房刻朱墨套印本　四冊

440000－2518－0000687　G0616
東萊博議四卷　(宋)呂祖謙撰　(清)馮泰松點定　清光緒二十四年(1898)育才山房刻朱墨套印本　四冊

440000－2518－0000688　G0617
春秋繁露十七卷　(漢)董仲舒撰　(清)淩曙注　清嘉慶二十年(1815)江都淩氏蜚雲閣刻本　四册

440000－2518－0000689　G0618
春秋公羊經何氏釋例十卷發墨守評一卷何氏解詁箋一卷左氏春秋考證二卷　(清)劉逢禄撰　清光緒二十三年(1897)廣州太清樓刻本　四册

440000－2518－0000690　G0619
春秋穀梁傳十二卷　(晉)范甯集解　(唐)陸德明音義　清光緒十二年(1886)星沙文昌書局刻本　四册

440000－2518－0000691　G0620
前漢書一百卷　(漢)班固撰　清光緒十年(1884)上海同文書局影印本　三十二册

440000－2518－0000692　G0621
後漢書一百二十卷　(南朝宋)范曄撰　(唐)李賢注　清光緒十年(1884)上海同文書局影印本　二十八册

440000－2518－0000693　G0622
三國紀年表一卷五代紀年表一卷　(清)周嘉猷撰　清光緒六年(1880)崇文書局刻本　一册

440000－2518－0000694　G0623
三國志六十五卷　(晉)陳壽撰　(南朝宋)裴松之注　清光緒十年(1884)上海同文書局影印本　十四册

440000－2518－0000695　G0624
晉書一百三十卷　(唐)太宗李世民撰　清光緒十年(1884)上海同文書局影印本　三十册

440000－2518－0000696　G0625
南北史捃華八卷　(清)周嘉猷輯　清刻本　四册

440000－2518－0000697　G0626
南北史識小録二十八卷　(清)沈名蓀　(清)朱昆田輯　(清)張應昌補正　清同治十年(1871)武林吳氏清來堂刻本　十册

440000－2518－0000698　G0627
南史八十卷　(唐)李延壽撰　清光緒十年(1884)上海同文書局影印本　二十册

440000－2518－0000699　G0628
北史一百卷　(唐)李延壽撰　清光緒十年(1884)上海同文書局影印本　二十四册

440000－2518－0000700　G0629
魏書一百十四卷　(北齊)魏收撰　清光緒十年(1884)上海同文書局影印本　二十四册

440000－2518－0000701　G0630
北齊書五十卷　(唐)李百藥撰　清光緒十年(1884)上海同文書局影印本　八册

440000－2518－0000702　G0631
周書五十卷　(唐)令狐德棻等撰　清光緒十年(1884)上海同文書局影印本　八册

440000－2518－0000703　G0632
九國志十二卷　(宋)路振撰　清道光二十七年(1847)番禺潘氏刻本　二册

440000－2518－0000704　G0633
隋書八十五卷　(唐)魏徵撰　清光緒十年(1884)上海同文書局影印本　二十四册

440000－2518－0000705　G0634
舊唐書二百卷　(五代)劉昫撰　清光緒十年(1884)上海同文書局影印本　四十八册

440000－2518－0000706　G0635
唐書二百二十五卷　(宋)歐陽修撰　清光緒十年(1884)上海同文書局影印本　四十八册

440000－2518－0000707　G0636
舊五代史一百五十卷目録二卷　(宋)薛居正等撰　清光緒十年(1884)上海同文書局影印本　二十四册

440000－2518－0000708　G0637
五代史七十四卷　(宋)歐陽修撰　清光緒十年(1884)上海同文書局影印本　十册

440000－2518－0000709　G0638

宋史四百九十六卷 (元)脱脱等修 清光緒十年(1884)上海同文書局影印本 一百冊

440000－2518－0000710 G0639
南渡錄四卷 (宋)辛棄疾撰 清光緒六年(1880)刻本 二冊

440000－2518－0000711 G0640
元史二百十卷目錄二卷 (明)宋濂等修 清光緒十年(1884)上海同文書局影印本 五十一冊

440000－2518－0000712 G0641
明史三百三十二卷 (清)張廷玉等撰 清光緒十年(1884)上海同文書局影印本 一百十二冊

440000－2518－0000713 G0642
明史三百三十二卷 (清)張廷玉等撰 清光緒十四年(1888)上海圖書集成印書局鉛印本 二十二冊 存一百八十九卷(一至八十一、一百二十四至一百三十五、一百七十三至一百八十九、一百九十九至二百七十一、二百八十一至二百八十六)

440000－2518－0000714 G0643
酌中志二十四卷 (明)劉若愚撰 清道光二十五年(1845)番禺潘氏刻海山仙館叢書本 四冊

440000－2518－0000715 G0644
臨安旬制紀三卷全浙詩話刊誤一卷 (清)張道撰 清光緒六年(1880)刻本 一冊

440000－2518－0000716 G0645
貳臣傳十二卷 (清)國史館撰 清都城琉璃廠半松居士刻本 三冊

440000－2518－0000717 G0646
二林居集二卷 (清)彭紹升撰 清光緒六年(1880)刻本 二冊

440000－2518－0000718 G0647
讀史方輿紀要六卷 (清)顧祖禹撰 清廣州識時山館刻本 六冊

440000－2518－0000719 G0648
讀史方輿紀要六卷 (清)顧祖禹撰 清廣州識時山館刻本 六冊

440000－2518－0000720 G0649
李氏五種合刊 (清)李兆洛輯 清光緒二十四年(1898)掃葉山房石印本 八冊

440000－2518－0000721 G0650
歷代地理志韻編今釋二十卷 (清)李兆洛輯 清光緒二十九年(1903)上海蜚英館石印本 二冊 存十二卷(一至十二)

440000－2518－0000722 G0651
莫愁湖志六卷首一卷 (清)馬士圖輯 清光緒八年(1882)刻本 二冊

440000－2518－0000723 G0652
[道光]廣東通志三百三十四卷首一卷 (清)阮元修 清同治三年(1864)刻本 一百二十冊

440000－2518－0000724 G0653
鴻泥日錄八卷續錄四卷續吟一卷 (清)王定柱撰 清道光七年(1827)刻本 一冊 存四卷(鴻泥日錄一至四)

440000－2518－0000725 G0654
日本七十三義俠傳三卷 (清)韓曇首撰 清光緒二十四年(1898)日本東亞書局鉛印本 一冊 存一卷(二)

440000－2518－0000726 G0655
日本七十三義俠傳三卷 (清)韓曇首撰 清光緒二十四年(1898)日本東亞書局鉛印本 一冊 存一卷(二)

440000－2518－0000727 G0656
日本龍馬俠士傳二卷 (清)愚山真軼郎撰 清末日本東亞書局鉛印本 二冊

440000－2518－0000728 G0657
日本龍馬俠士傳二卷 (清)愚山真軼郎撰 清末日本東亞書局鉛印本 二冊

440000－2518－0000729 G0658
禮記增訂旁訓六卷 (清)徐立綱撰 清刻本 六冊

440000－2518－0000730　G0659
監本禮記十卷　(元)陳澔集說　清同治三年(1864)廣州芸居樓刻本　五冊

440000－2518－0000731　G0660
清日戰爭實記十五卷　(日本)橋本海關譯　清光緒二十四年(1898)鉛印本　二冊　存六卷(一、八至十二)

440000－2518－0000732　G0661
新定三禮圖二十卷　(宋)聶崇義集注　清末上海同文書局石印本　二冊

440000－2518－0000733　G0662
廣東考古輯要四十六卷　(清)周廣等撰　清光緒十九年(1893)還讀書屋刻本　六冊

440000－2518－0000734　G0663
吉金所見錄十六卷首一卷末一卷　(清)初尚齡輯　清嘉慶二十四年(1819)萊陽初氏渭園刻道光七年(1827)古香書舍補刻本　四冊

440000－2518－0000735　G0664
古泉匯六十四卷　(清)李佐賢撰　清同治三年(1864)利津李氏石泉書屋刻本　十五冊

440000－2518－0000736　G0665
續泉匯元集三卷亨集三卷利集三卷貞集五卷補遺二卷　(清)李佐賢　(清)鮑康撰　清光緒元年(1875)刻本　五冊

440000－2518－0000737　G0666
政治汎論二卷　(美國)威爾遜撰　(清)麥鼎華譯　清光緒二十九年(1903)上海廣智書局鉛印本　二冊

440000－2518－0000738　G0667
政治汎論後編二卷　(美國)威爾遜撰　(清)麥鼎華譯　清光緒二十九年(1903)上海廣智書局鉛印本　二冊

440000－2518－0000739　G0668
宋李盱江先生富國策一卷　(宋)李覯撰　清光緒二十四年(1898)東亞書局鉛印本　一冊

440000－2518－0000740　G0669
宋李盱江先生富國策一卷　(宋)李覯撰　清光緒二十四年(1898)東亞書局鉛印本　一冊

440000－2518－0000741　G0670
宋李盱江先生強兵策一卷　(宋)李覯撰　清光緒二十四年(1898)東亞書局鉛印本　一冊

440000－2518－0000742　G0671
勸學篇二卷　(清)張之洞撰　清光緒二十四年(1898)兩湖書院刻本　二冊

440000－2518－0000743　G0672
小谷山房雜記四卷　(清)張光裕撰　清光緒二十二年(1896)楚南張氏湘霞仙館刻本　三冊

440000－2518－0000744　G0673
不慊齋漫存六卷　(清)徐賡陛撰　清宣統元年(1909)上海南洋官書局石印本　六冊

440000－2518－0000745　G0674
不慊齋漫存六卷　(清)徐賡陛撰　清光緒八年(1882)南海官署刻本　六冊

440000－2518－0000746　G0675
從公錄一卷續錄二卷三錄一卷求治管見一卷續求治管見一卷　(清)戴肇辰撰　清同治刻本　三冊

440000－2518－0000747　G0676
周禮節訓六卷　(清)黃叔琳撰　清廣州福芸樓刻本　一冊

440000－2518－0000748　G0677
周禮節訓六卷　(清)黃叔琳撰　清廣州福芸樓刻本　一冊

440000－2518－0000749　G0678
萬國公法四卷　(美國)丁韙良譯　清末石印本　三冊

440000－2518－0000750　G0680
孫子十家註十三卷　(宋)吉天保輯　(清)孫星衍　(清)吳人驥校　清咸豐五年(1855)淡香齋木活字印本　四冊

440000－2518－0000751　G0681
草廬經畧十二卷　(明)□□撰　清道光三十年(1850)南海伍氏刻粵雅堂叢書本　四冊

440000－2518－0000752　G0682
校讐通義三卷　(清)章學誠撰　清光緒十九年(1893)粤東菁華閣刻本　一冊

440000－2518－0000753　G0683
藏書紀要一卷　(清)孫從添撰　清光緒十六年(1890)新會劉氏藏修書屋刻本　一冊

440000－2518－0000754　G0684
學校衛生學十篇　(日本)三島通良撰　(清)周起鳳譯　清光緒二十九年(1903)上海廣智書局鉛印本　一冊

440000－2518－0000755　G0685
增廣詩韻全璧五卷　(□)□□輯　清宣統元年(1909)上海江左書林石印本　五冊

440000－2518－0000756　G0686
國文文法一卷　(清)黄雨蒼撰　清宣統三年(1911)順德守愚書屋刻本　二冊

440000－2518－0000757　G0687
說文解字注十五卷　(清)段玉裁注　清同治六年(1867)蘇州保息局刻本　十五冊

440000－2518－0000758　G0688
文字蒙求四卷　(清)王筠撰　清光緒二十三年(1897)廣州壁經堂刻本　一冊

440000－2518－0000759　G0689
康熙字典十二集三十六卷　(清)張玉書等撰　清光緒二十五年(1899)上海慎記書莊石印本　六冊

440000－2518－0000760　G0690
康熙字典十二集三十六卷　(清)張玉書等撰　清光緒十八年(1892)上海點石齋石印本　二冊

440000－2518－0000761　G0691
文心雕龍十卷　(南朝梁)劉勰撰　(清)黄叔琳注　(清)紀昀評　清光緒二十年(1894)壁經堂昌記刻朱墨套印本　四冊

440000－2518－0000762　G0692
漁隱叢話六十卷　(宋)胡仔撰　清道光二十六年(1846)番禺潘氏刻海山仙館叢書本　八冊

440000－2518－0000763　G0693
梅村詩話一卷　(清)吴偉業撰　清末上海掃葉山房石印本　一冊

440000－2518－0000764　G0694
湖海詩傳小傳六卷　(清)王昶撰　清光緒四年(1878)上海淞隱閣鉛印本　二冊

440000－2518－0000765　G0695
文選六十卷　(南朝梁)蕭統輯　(唐)李善注　**文選考異十卷**　(清)胡克家撰　清末上海鴻文書局石印本　十冊

440000－2518－0000766　G0696
文選六十卷　(南朝梁)蕭統輯　(唐)李善注　(清)何焯評　清羊城翰墨園刻朱墨套印本　十二冊

440000－2518－0000767　G0697
桐城吴氏古文讀本十三卷　(清)吴汝綸輯　清光緒三十四年(1908)文明書局鉛印本　四冊

440000－2518－0000768　G0698
高常侍集十卷　(唐)高適撰　清光緒十年(1884)上海同文書局石印本　一冊

440000－2518－0000769　G0699
桂苑筆耕集二十卷　(唐)崔致遠撰　清道光二十七年(1847)番禺潘氏刻海山仙館叢書本　四冊

440000－2518－0000770　G0700
青藤書屋文集三十卷補遺一卷　(明)徐渭撰　清道光二十六年(1846)番禺潘氏刻海山仙館叢書本　六冊

440000－2518－0000771　G0701
曾文正公全集　(清)曾國藩撰　清同治至光緒傳忠書局刻本　一百二十四冊

440000－2518－0000772　G0702
曾文正公文集三卷詩集一卷　(清)曾國藩撰　清宣統三年(1911)上海掃葉山房石印本　四冊

440000－2518－0000773　G0703
胡文忠公遺集八十六卷首一卷　(清)胡林翼撰　(清)曾國荃輯　清光緒二十七年(1901)上海圖書集成印書局鉛印本　八册

440000－2518－0000774　G0704
定盦文集三卷續集四卷文集補四卷　(清)龔自珍撰　清同治七年(1868)刻本　四册

440000－2518－0000775　G0705
頻羅庵遺集十六卷　(清)梁同書撰　清嘉慶二十二年(1817)仁和陸貞一刻本　四册

440000－2518－0000776　G0706
吴學士文集四卷詩集五卷　(清)吴鼒撰　(清)梁肇煌　(清)薛時雨輯　清光緒八年(1882)江寧藩署刻本　六册

440000－2518－0000777　G0707
希古堂集甲集二卷乙集六卷　(清)譚宗浚撰　清光緒十六年(1890)羊城刻本　四册

440000－2518－0000778　G0708
朱九江先生集十卷首四卷　(清)朱次琦撰　簡朝亮輯　清光緒二十三年(1897)讀書草堂刻本　四册

440000－2518－0000779　G0709
詩古微上編三卷中編十卷下編二卷首一卷　(清)魏源撰　清光緒十三年(1887)上海掃葉山房刻本　十二册

440000－2518－0000780　G0710
離騷彙訂六卷　(清)王邦采輯　清光緒二十六年(1900)廣雅書局刻本　二册

440000－2518－0000781　G0711
註釋唐詩三百首六卷　(清)孫洙輯　(清)李盤根注　清刻本　一册

440000－2518－0000782　G0712
唐詩鼓吹十卷　(元)郝天挺註　(明)廖文炳解　清刻本　五册

440000－2518－0000783　G0713
李長吉集四卷外集一卷　(唐)李賀撰　清宣統元年(1909)掃葉山房朱墨石印本　二册

440000－2518－0000784　G0714
杜詩鏡銓二十卷附錄一卷　(唐)杜甫撰　(清)楊倫輯　**讀書堂杜工部文注解二卷**　(清)張溍評注　清光緒十八年(1892)鉛印本　六册

440000－2518－0000785　G0715
王摩詰集六卷　(唐)王維撰　清光緒十年(1884)上海同文書局石印本　一册

440000－2518－0000786　G0716
孟浩然集四卷　(唐)孟浩然撰　清光緒十年(1884)上海同文書局石印本　一册

440000－2518－0000787　G0717
南宋雜事詩七卷　(清)沈嘉轍等撰　清同治十一年(1872)淮南書局刻本　二册

440000－2518－0000788　G0718
指南後錄三卷　(宋)文天祥撰　清光緒六年(1880)崇文書局刻本　一册

440000－2518－0000789　G0719
鴈門集十四卷附卷一卷　(元)薩都拉撰　(清)薩龍光注　清嘉慶十二年(1807)刻本　十册

440000－2518－0000790　G0720
七家試帖輯註彙鈔八卷　(清)張熙宇評　(清)王植桂註　清同治十一年(1872)京師琉璃廠刻本　七册　存七卷(一至四、六至八)

440000－2518－0000791　G0721
批點七家試帖輯註彙鈔七種九卷　(清)張熙宇評　(清)王植桂註　清光緒六年(1880)京師琉璃廠刻朱墨套印本　七册　存六種七卷(澹香齋一卷、修竹齋一卷、樫花館一卷、桐雲閣一卷、西漚二卷、簡學齋一卷)

440000－2518－0000792　G0722
冬心先生集四卷　(清)金農撰　清宣統二年(1910)影印本　四册

440000－2518－0000793　G0723
漁洋山人精華錄箋注十二卷補一卷　(清)王士禛撰　(清)金榮箋注　清末影印本　六册

440000－2518－0000794　G0724
甌香館集十二卷補遺二卷附録一卷　(清)惲格撰　(清)蔣光煦輯　清末掃葉山房石印本　二册

440000－2518－0000795　G0725
有正味齋詩集十六卷詩續集八卷　(清)吳錫麒撰　清刻本　四册　存十八卷(詩集五至十六、詩續集一至六)

440000－2518－0000796　G0726
春吟回文一卷　(清)李暘撰　清末石印本　一册

440000－2518－0000797　G0727
退思軒詩集六卷補遺一卷　(清)張百熙撰　清末上海會文堂書局石印本　二册

440000－2518－0000798　G0728
吳門百艷圖五卷　(清)花下解人輯　清光緒五年(1879)刻本　一册

440000－2518－0000799　G0729
説劍堂集不分卷　潘飛聲撰　清光緒刻本　一册

440000－2518－0000800　G0730
御定歷代賦彙一百四十卷外集二十卷逸句二卷補遺二十二卷　(清)陳元龍輯　清光緒十二年(1886)雙梧書屋石印本　十六册

440000－2518－0000801　G0731
紅樓夢賦一卷　(清)沈謙撰　清刻本　一册

440000－2518－0000802　G0732
分類賦學雞跖集三十卷附録一卷　(清)張維城輯　清道光十二年(1832)粲花吟館刻本　三册　存二十二卷(一至二十二)

440000－2518－0000803　G0733
唐駢體文鈔十七卷　(清)陳均輯　清同治刻本　四册

440000－2518－0000804　G0734
國朝駢體正宗十二卷　(清)曾燠輯　清嘉慶十一年(1806)賞雨茆屋刻本　六册

440000－2518－0000805　G0735
有正味齋駢文十六卷　(清)吳錫麒撰　(清)葉聯芬箋注　清同治七年(1868)慈北葉氏刻本　八册

440000－2518－0000806　G0736
袁文箋正十六卷　(清)袁枚撰　(清)石韞玉箋　清光緒刻本　四册

440000－2518－0000807　G0737
復莊駢儷文榷八卷　(清)姚燮撰　清咸豐四年(1854)大梅山館刻本　二册

440000－2518－0000808　G0738
八家四六文註八卷　(清)許貞幹註　清光緒十八年(1892)上海圖書集成印書局鉛印本　八册

440000－2518－0000809　G0739
繪像第六才子書八卷　(元)王實甫撰　清刻朱墨套印本　四册　存四卷(四至七)

440000－2518－0000810　G0740
京塵雜録四卷　(清)楊懋建撰　清光緒十二年(1886)上海同文書局鉛印本　一册

440000－2518－0000811　G0741
京塵雜録四卷　(清)楊懋建撰　清光緒十二年(1886)上海同文書局鉛印本　一册

440000－2518－0000812　G0742
唐人説薈一百六十四種　(清)陳世熙輯　清宣統三年(1911)上海掃葉山房石印本　十六册

440000－2518－0000813　G0743
六研齋筆記二卷二筆四卷三筆四卷　(明)李日華撰　清末上海有正書局影印本　六册　缺二卷(二筆一至二)

440000－2518－0000814　G0744
容齋隨筆十六卷續筆十六卷三筆十六卷四筆十六卷五筆十卷　(宋)洪邁撰　清光緒二十一年(1895)上海飛鴻閣石印本　六册

440000－2518－0000815　G0745
歸田瑣記八卷　(清)梁章鉅撰　清同治五年(1866)連元閣刻本　二册

440000－2518－0000816　G0746

香祖筆記十二卷　(清)王士禛撰　清宣統二年(1910)上海掃葉山房石印本　四冊

440000－2518－0000817　G0747

竹葉亭雜記四卷　(清)姚元之撰　清宣統二年(1910)上海掃葉山房石印本　二冊

440000－2518－0000818　G0748

池北偶談二十六卷　(清)王士禛撰　清宣統二年(1910)上海震東學社石印本　二冊　存十卷(一至十)

440000－2518－0000819　G0749

情天寶鑑二十四卷　(明)詹詹外史輯　清光緒二十年(1894)上海石印本　一冊　存三卷(一至三)

440000－2518－0000820　G0750

增像全圖東漢演義四卷六十四回　(□)□□撰　清末燮記書局石印本　二冊

440000－2518－0000821　G0751

增評補圖石頭記一百二十回　(清)曹霑　(清)高鶚撰　清末石印本　一冊　存十一回(一至十一)

440000－2518－0000822　G0752

海上花列傳六十四回　(清)韓邦慶撰　清光緒三十四年(1908)日新書莊石印本　二冊

440000－2518－0000823　G0753

詳訂古文評註全集十卷　(清)過珙　(清)黃越選評　清末上海錦章圖書局石印本　一冊

440000－2518－0000824　G0754

繪圖增批古文觀止十二卷　(清)吳乘權編　清宣統三年(1911)浙江明達石印本　六冊

440000－2518－0000825　G0755

重訂古文釋義新編八卷　(清)余誠評注　清末上海掃葉山房石印本　八冊

440000－2518－0000826　G0756

三大家經義文鈔不分卷　(宋)王安石等撰　(清)張啟琛輯　清光緒二十四年(1898)刻本　二冊

440000－2518－0000827　G0757

賴古堂名賢尺牘新鈔十二卷二選藏弆集十六卷三選結隣集十五卷　(清)周在浚等輯　清宣統三年(1911)上海國學扶輪社石印本　十六冊

440000－2518－0000828　G0758

蘇東坡尺牘八卷　(宋)蘇軾撰　清羣玉山房刻本　四冊

440000－2518－0000829　G0759

曾文正公家書十卷　(清)曾國藩撰　清光緒二十九年(1903)上海山左書林石印本　五冊

440000－2518－0000830　G0760

音註小倉山房尺牘八卷　(清)袁枚撰　胡光斗箋釋　清宣統三年(1911)上海掃葉山房石印本　二冊

440000－2518－0000831　G0761

音註隨園尺牘八卷　(清)袁枚撰　胡光斗箋釋　清末上海廣益書局石印本　一冊

440000－2518－0000832　G0762

增注秋水軒尺牘二卷　(清)許思湄撰　(清)婁世瑞注　清宣統元年(1909)廣州昌華石印局石印本　一冊

440000－2518－0000833　G0763

管注合刻雪鴻軒尺牘二卷　(清)龔萼撰　清末上海廣益書局石印本　二冊

440000－2518－0000834　G0764

大題文府不分卷　(清)龍文書局輯　清光緒十四年(1888)上海龍文書局石印本　二十冊

440000－2518－0000835　G0765

美術叢書　鄧實輯　清宣統三年(1911)上海神州國光社鉛印本　六冊　存十三種十五卷(荀勗笛律圖注一卷、書影擇錄一卷、學古編一卷、附三十五舉校勘記一卷、續三十五舉一卷、玉几山房畫外錄二卷、印章集說一卷、清秘藏二卷、曝書亭書畫跋一卷、說硯一卷、賞延素心錄一卷、玻璃志一卷、石友贊一卷)

440000－2518－0000836　G0766

完白山人篆刻偶存一卷　(清)鄧石如篆刻　清末上海有正書局影印本　二冊

440000－2518－0000837　G0767
欽定重刻渲化閣帖十卷　(清)于敏中等編　清刻本　二冊

440000－2518－0000838　G0768
芥子園畫傳四卷　(清)王概輯摹　清刻本　一冊

440000－2518－0000839　G0769
聾道人百種詩箋一卷　(清)劉錫玲繪　清光緒榮寶齋刻彩色套印本　一冊

440000－2518－0000840　G0770
秘殿珠林二十四卷　(清)張照等編　清末上海有正書局石印本　八冊

440000－2518－0000841　G0771
高僧傳十三卷　(南朝梁)釋慧皎撰　清道光二十七年(1847)番禺潘氏刻海山仙館叢書本　四冊

440000－2518－0000842　G0772
算術駕說十一卷　潘應祺撰　清光緒十年(1884)番禺潘氏扈籬館刻本　五冊

440000－2518－0000843　G0773
電學紀要一卷　(英國)李提摩太口譯　葭深居士筆述　清末鉛印本　一冊

440000－2518－0000844　G0774
天演論二卷　(英國)赫胥黎撰　嚴復譯　清光緒鉛印本　一冊

440000－2518－0000845　G0775
天演論二卷　(英國)赫胥黎撰　嚴復譯　清光緒二十四年(1898)侯官嗜奇精舍石印本　一冊

440000－2518－0000846　G0776
女學校胎教新法一卷　(日本)鹽路嘉一郎譯　清光緒東亞書局鉛印本　一冊

440000－2518－0000847　G0777
南雅堂醫書全集　(清)陳念祖撰　清光緒十八年(1892)上海圖書集成印書局鉛印本　十八冊　缺二種九卷(金匱要略淺註一至五、靈素節要淺註一至四)

440000－2518－0000848　G0778
補注黃帝内經素問二十四卷　(唐)王冰注　(宋)林億等校正　(宋)孫兆重改誤　**黃帝内經靈樞十二卷**　(宋)史崧音釋　清光緒十九年(1893)鴻文書局石印本　一冊

440000－2518－0000849　G0779
圖注難經□□卷　(明)張世賢圖注　(清)沈鏡重校　清刻本　一冊　存一卷(三)

440000－2518－0000850　G0780
尚論篇四卷首一卷後篇四卷　(清)喻昌撰　清光緒三十三年(1907)校經山房石印本　一冊

440000－2518－0000851　G0781
本草求真□□卷　(清)黃宫繡撰　清刻本　一冊　存一卷(一)

440000－2518－0000852　G0782
得心集醫案六卷　(清)謝星煥撰　清光緒二十五年(1899)刻本　一冊　存序跋、凡例、目錄

440000－2518－0000853　G0783
增訂花柳指迷一卷　(美國)嘉約翰輯譯　(清)林應祥筆述　清光緒十五年(1889)羊城博濟醫局刻本　一冊

440000－2518－0000854　G0784
重刊補註洗冤錄集證六卷　(宋)宋慈撰　(清)王又槐增輯　(清)李觀瀾　(清)阮其新補注　清道光二十四年(1844)羊城翰墨園刻四色套印本　五冊

440000－2518－0000855　G0785
彙刻書目二十卷　(清)顧修編　清光緒十二年至十五年(1886－1889)上海福瀛書局刻本　二十冊

440000－2518－0000856　G0786
書目答問不分卷　(清)張之洞撰　清光緒元年(1875)刻本　二冊

440000－2518－0000857　G0787

欽定四庫全書簡明目録二十卷首一卷　(清)紀昀等撰　清同治七年(1868)廣東書局刻本　十二册

440000－2518－0000858　G0788

拜經樓藏書題跋記五卷附録一卷　(清)吴壽暘撰　**經籍跋文一卷**　(清)陳鱣撰　清光緒會稽章氏刻式訓樓叢書本　四册

440000－2518－0000859　G0789

普通百科新大詞典八集　(清)黄摩西輯　清宣統三年(1911)上海國學扶輪社鉛印本　十五册

440000－2518－0000860　G0790

淵鑑類函四百五十卷　(清)張英等輯　清光緒九年(1883)上海點石齋石印本　二十册

440000－2518－0000861　G0791

子史精華一百六十卷　(清)允祿等編　清末石印本　八册

440000－2518－0000862　G0792

重編留青新集二十四卷　(清)馮善長編　清光緒鉛印本　八册

440000－2518－0000863　G0793

增補事類統編三十五卷　(清)黄葆真輯　清光緒十四年(1888)上海點石齋石印本　十二册

440000－2518－0000864　G0794

文獻通考詳節二十四卷　(元)馬端臨撰　(清)嚴虞惇節録　清末珍藝書局鉛印本　一册　存九卷(一至九)

440000－2518－0000865　G0795

義門讀書記五十八卷　(清)何焯撰　(清)蔣維鈞輯　清乾隆十六年(1751)刻光緒六年(1880)重修本　十二册

440000－2518－0000866　G0796

翁注困學紀聞二十卷首一卷　(宋)王應麟撰　(清)翁元圻輯　清光緒十五年(1889)上海點石齋石印本　六册

440000－2518－0000867　G0797

潛邱劄記六卷　(清)閻若璩撰　清光緒十四年(1888)同文書局石印本　四册

440000－2518－0000868　G0798

述學内篇三卷外篇一卷補遺一卷别録一卷　(清)汪中撰　清光緒二十年(1894)刻本　四册

440000－2518－0000869　G0799

時務通攷三十一卷　(清)杞廬主人輯　清光緒二十三年(1897)上海點石齋石印本　二十三册　存三十卷(一至三十)

440000－2518－0000870　G0800

隨園三十六種　(清)袁枚撰　清光緒十八年(1892)上海圖書集成印書局鉛印本　五十册

440000－2518－0000871　G0801

皇清經解分經合纂十六卷　(清)阮元輯　清光緒二十一年(1895)上洋鴻寶齋石印本　三十二册

440000－2518－0000872　G0802

皇清經解橫直縮編目十六卷　(清)淩忠照輯　清光緒十三年(1887)上海書局石印本　四册

440000－2518－0000873　G0803

皇清經解續編目録十七卷　(清)蜚英館輯　清光緒二十二年(1896)上海蜚英書局石印本　四册

440000－2518－0000874　G0804

皇清經解續編二百九卷　王先謙輯　清光緒十五年(1889)上海蜚英書局石印本　二十九册

440000－2518－0000875　G0805

五經合纂大成五種　(清)同文書局輯　清光緒十一年(1885)上海同文書局石印本　二十册

440000－2518－0000876　G0806

新學僞經考十四卷　康有爲撰　清光緒十七年(1891)武林望雲樓刻本　八册

440000－2518－0000877　G0807
經考十四卷　康有爲撰　清刻本　八冊

440000－2518－0000878　G0808
詞林正韻三卷　（清）戈載撰　清光緒七年（1881）四印齋刻本　一冊　存一卷（上）

440000－2518－0000879　G0809
欽定續通志六百四十卷　（清）嵇璜等纂　清光緒二十八年（1902）石印本　二十四冊

440000－2518－0000880　G0810
廣東考古輯要四十六卷　（清）周廣等撰　清末石印本　一冊　存十四卷（三十三至四十六）

440000－2518－0000881　G0811
廣東考古輯要四十六卷　（清）周廣等撰　清光緒十九年（1893）還讀書屋刻本　三冊　存十五卷（一至五、十四至二十一、三十八至三十九）

440000－2518－0000882　G0812
皇朝通志一百二十六卷　（清）嵇璜等纂　清光緒二十八年（1902）影印本　五冊

440000－2518－0000883　G0813
皇朝通典一百卷　（清）嵇璜等纂　清末影印本　六冊

440000－2518－0000884　G0814
欽定續文獻通考二百五十卷　（清）嵇璜等纂　清光緒二十八年（1902）影印本　十四冊

440000－2518－0000885　G0815
文選六十卷　（南朝梁）蕭統輯　（唐）李善注　清同治八年（1869）萃文堂刻本　二十冊

440000－2518－0000886　G0816
羊城古鈔八卷首一卷　（清）仇池石輯　清嘉慶十一年（1806）刻本　四冊　存七卷（二至八）

440000－2518－0000887　G0817
靜庵文集一卷詩稿一卷　王國維撰　清光緒三十一年（1905）鉛印本　一冊

440000－2518－0000888　G0818
鑑史提綱四卷　（清）杜詔等撰　（清）盧文錦補注　清刻朱墨套印本　一冊　存二卷（三至四）

440000－2518－0000889　G0819
中外大畧四十八卷　（清）羅傳瑞撰輯　清光緒二十三年（1897）東粵經韻樓鉛印本　一冊　存二卷（三十五至三十六）

440000－2518－0000890　G0820
讀史方輿紀要□□卷　（清）顧祖禹撰　清道光三十年（1850）識時山館刻本　一冊　存一卷（六）

440000－2518－0000891　G0821
文選六十卷　（南朝梁）蕭統輯　（唐）李善注　**文選考異十卷**　（清）胡克家撰　清末上海鴻文書局石印本　十冊

440000－2518－0000892　G0822
陳書三十六卷　（唐）姚思廉撰　清末鉛印本　一冊　存十一卷（八至十八）

440000－2518－0000893　G0823
鈞天樂二本三十二出　（清）尤侗撰　（清）悔菴填詞　清刻本　二冊

440000－2518－0000894　G0824
金石索十二卷首一卷　（清）馮雲鵬　（清）馮雲鵷輯　清光緒十九年（1893）上海積山書局石印本　一冊　存一卷（首一卷）

440000－2518－0000895　G0825
積古齋鐘鼎彝器款識十卷　（清）阮元撰　清刻本　二冊　存六卷（五至十）

440000－2518－0000896　G0826
［光緒］新寧縣志二十六卷首一卷　（清）何福海　（清）鄭守昌修　（清）林國賡　（清）黄榮熙纂　清光緒十九年（1893）刻本　四冊　存十九卷（一至八、十七至二十六，首一卷）

440000－2518－0000897　G0827
金史一百三十五卷　（元）脱脱撰　清末鉛印本　一冊　存十二卷（一百二十四至一百三十五）

440000－2518－0000898　G0828

[道光]高要縣志二十二卷首一卷　(清)韓際飛等修　(清)何元等纂　清道光六年(1826)刻本　八册　存十九卷(一至七、十至十三、十六至二十二,首一卷)

440000－2518－0000899　G0829

[同治]續修高要縣志稿二卷首一卷　(清)吳信臣修　(清)黄登瀛纂　清同治二年(1863)刻本　二册

440000－2518－0000900　G0830

華英通語集全一卷　(清)□□撰　清光緒十年(1884)香港文裕堂刻本　一册

440000－2518－0000901　G0831

御批歷代通鑑輯覽一百二十卷　(清)傅恒等撰　清末影印本　一册　存十一卷(八十五至九十五)

440000－2518－0000902　G0832

史記□□卷　(漢)司馬遷撰　(南朝宋)裴駰集解　(唐)司馬貞索隱　(唐)張守節正義　清末影印本　一册　存十二卷(一百十九至一百三十)

440000－2518－0000903　G0833

增補蘇批孟子□□卷　(宋)蘇洵撰　(清)趙大浣增補　清末上海錦章圖書局石印本　一册　存一卷(上)

440000－2518－0000904　G0834

詳訂古文評注全集八卷　(清)過珙　(清)黄越選評　清宣統三年(1911)羊城懷遠驛關東雅書局石印本　五册　存五卷(一至四、七)

440000－2518－0000905　G0835

鑑史提綱四卷　(清)杜詔等撰　(清)盧文錦補注　清刻本　一册　存一卷(二)

440000－2518－0000906　G0836

第一才子書六十卷首一卷　(清)毛宗崗評　清光緒十六年(1890)上海圖書集成印書局鉛印本　一册　存二十九卷(一至十八、三十一至四十,首一卷)

440000－2518－0000907　G0837

紅樓夢一百二十回　(清)曹雪芹撰　清三元堂刻本　八册　存三十一回(三十三至三十九、六十九至七十三、七十九至八十三、九十至一百三)

440000－2518－0000908　G0838

繡像綺樓重夢六卷　(清)□□撰　清末影印本　一册　存三卷(一至三)

440000－2518－0000909　G0839

文選六十卷　(南朝梁)蕭統撰　(唐)李善注　(清)何焯評　清羊城翰墨園刻朱墨套印本　十二册

440000－2518－0000910　G0840

欽定續通典一百五十卷　(清)嵇璜等纂　清光緒二十七年(1901)貫吾齋影印本　六册

440000－2518－0000911　G0841

御批歷代通鑑輯覽一百二十卷　(清)傅恒等撰　清同治十年(1871)浙江書局刻朱墨套印本　四十八册

440000－2518－0000912　G0842

繡像封神演義一百回　(明)鍾惺評釋　清光緒二十一年(1895)上海書局石印本　九册　存九十回(一至六十、七十一至一百)

440000－2518－0000913　G0843

繡像封神演義□□卷　(□)□□撰　清末影印本　一册　存一卷(七)

440000－2518－0000914　G0844

繪圖封神演義八卷　(□)□□撰　清末影印本　八册

440000－2518－0000915　G0845

四大奇書第一種一百二十回　(清)毛宗崗評
　忠義水滸傳一百十五回　(明)羅貫中輯
清金陵興賢堂刻本　十二册　存一百四十七回(四大奇書一至十四、二十七至三十八、六十五至九十四、一百一至一百二十,忠義水滸傳一至十四、二十九至四十、六十六至九十五、一百一至一百十五)

440000－2518－0000916　G0846
板橋詞鈔一卷題畫一卷家書一卷　(清)鄭燮撰　清末影印本　一冊

440000－2518－0000917　G0847
板橋題畫一卷　(清)鄭燮撰　清末影印本　一冊

440000－2518－0000918　G0848
原富甲二卷乙一卷丙一卷丁二卷戊二卷　(英國)斯密亞丹撰　嚴復譯　清光緒二十八年(1902)南洋公學譯書院鉛印本　七冊

440000－2518－0000919　G0849
廣東財政説明書□□卷　(清)廣東清理財政局編訂　清末鉛印本　六冊　存六卷(三、五、八、十至十一、十五)

440000－2518－0000920　G0850
文選考異十卷　(清)胡克家撰　清嘉慶鄱陽胡氏刻本　四冊

440000－2518－0000921　G0851
本草綱目拾遺十卷首一卷　(清)趙學敏輯　清末上海錦章圖書局石印本　三冊

440000－2518－0000922　G0852
奇經八脈攷二卷　(明)李時珍撰　清末上海錦章圖書局石印本　一冊

440000－2518－0000923　G0853
明通鑑坿編六卷　(清)夏燮撰　清光緒二十六年(1900)上海掃葉山房石印本　一冊

440000－2518－0000924　G0854
明通鑑九十卷　(清)夏燮撰　清末影印本　一冊

440000－2518－0000925　G0855
嶺南即事初集五卷　(清)何惠群輯　清光緒二十八年(1902)福芸樓刻本　一冊　存二卷(一至二)

440000－2518－0000926　G0856
詩經增訂旁訓四卷　(清)張大受增訂　清匠門書屋刻本　三冊

440000－2518－0000927　G0857
東塾讀書記二十五卷　(清)陳澧撰　清光緒刻本　五冊　存十五卷(一至十二、十五至十六、二十一)

440000－2518－0000928　G0858
增批輯註東萊博議四卷　(宋)呂祖謙撰　(清)劉紫山輯注　清宣統三年(1911)上海會文堂石印本　三冊　存三卷(一至二、四)

440000－2518－0000929　G0859
匋雅二卷　(清)陳瀏撰　清末石印本　一冊　存一卷(下)

440000－2518－0000930　G0860
小五義□□卷　(□)□□撰　清末石印本　一冊　存三卷(四至六)

440000－2518－0000931　G0861
增像小五義全傳六卷一百二十四回　(□)□□撰　清末錦章圖書局石印本　六冊

440000－2518－0000932　G0862
增像小五義全傳六卷一百二十四回　(□)□□撰　清末錦章圖書局石印本　六冊

440000－2518－0000933　G0863
增像續小五義六卷一百二十四回　(□)□□撰　清末上海錦章圖書局石印本　六冊

440000－2518－0000934　G0864
增像續小五義六卷一百二十四回　(□)□□撰　清末上海錦章圖書局石印本　六冊

440000－2518－0000935　G0865
萬國公法四卷　(美國)丁韙良譯　清光緒二十四年(1898)新學會鉛印本　四冊

440000－2518－0000936　G0866
繡像東周列國志二十七卷　(清)蔡奡評點　清光緒三十一年(1905)上海商務印書館鉛印本　二冊　存四卷(一至二、二十二至二十三)

440000－2518－0000937　G0867
繪像結水滸全傳八卷一百四十回　(清)俞萬春撰　清末上海廣益書局石印本　二冊

440000－2518－0000938　G0868

增評加批金玉緣圖說十六卷首一卷 (清)曹霑撰 (清)高鶚續撰 (清)蝶鄉仙史評訂 清末石印本 一冊 存十二卷(一至十二)

440000－2518－0000939 G0869
芥子園畫傳□□卷 (清)王概輯纂 清宣統元年(1909)上海章福記石印本 一冊 存二卷(四至五)

440000－2518－0000940 G0870
芥子園畫傳二集□□卷 (清)王概輯纂 清末影印本 一冊 存三卷(五至七)

440000－2518－0000941 G0871
芥子園畫傳□□卷 (清)王概等輯纂 清宣統元年(1909)上海章福記石印本 三冊 存六卷(一至二、五至八)

440000－2518－0000942 G0872
詩韻集成□□卷 (清)余照輯 清末影印本 一冊 存二卷(上平聲、上聲)

440000－2518－0000943 G0873
詩韻集成十卷 (清)余照輯 清刻本 一冊 存五卷(六至十)

440000－2518－0000944 G0874
詩韻□□卷 (□)□□撰 清末石印本 一冊 存一卷(四)

440000－2518－0000945 G0875
芥子園畫傳三集□□卷 (清)王概輯纂 清末影印本 一冊 存一卷(六)

440000－2518－0000946 G0876
芥子園畫傳□□卷 (清)王概輯纂 清末影印本 一冊 存一卷(九)

440000－2518－0000947 G0877
詩學含英十四卷 (清)劉文蔚輯 清末廣益書局石印本 一冊 存四卷(一至四)

440000－2518－0000948 G0878
詩學含英十四卷 (清)劉文蔚輯 清末廣益書局石印本 一冊 存四卷(一至四)

440000－2518－0000949 G0879
增補重訂千家詩註解二卷 (宋)謝枋得選 (清)王相注 新鐫五言千家詩箋註二卷 (清)王相選注 清末上海廣益書局石印本 一冊

440000－2518－0000950 G0880
芥子園畫傳□□卷 (清)王概輯纂 清宣統元年(1909)上海章福記石印本 一冊 存二卷(五至六)

440000－2518－0000951 G0881
芥子園畫傳□□卷 (清)王概輯纂 清末影印本 一冊 存一卷(四)

440000－2518－0000952 G0882
康熙字典十二集三十六卷備考一卷補遺一卷 (清)張玉書等纂 清末影印本 四冊 存二十三卷(丑集三卷、寅集三卷、巳集三卷、午集三卷、酉集三卷、戌集三卷、亥集三卷,備考一卷,補遺一卷)

440000－2518－0000953 G0883
詳訂古文評註全集八卷 (清)過珙 (清)黄越選評 清末羊城懷遠驛關東雅書局石印本 三冊 存三卷(三、五至六)

440000－2518－0000954 G0884
秦漢瓦當文字二卷 (清)程敦撰 清末影印本 一冊 存一卷(下)

440000－2518－0000955 G0885
積古齋鐘鼎彝器款識十卷 (清)阮元撰 清光緒五年(1879)刻本 三冊 存五卷(二至四、九至十)

440000－2518－0000956 G0886
通典二百卷 (唐)杜佑纂 清咸豐九年(1859)崇仁謝氏刻本 一冊 存九卷(一百六至一百十四)

440000－2518－0000957 G0887
女孝經讀本二卷 (□)□□撰 清末廣州麟書閣石印本 一冊

440000－2518－0000958 G0888
閨門女孝經二卷 (□)□□撰 清末廣州廣經閣刻本 一冊

440000－2518－0000959　G0889

策學備纂三十二卷首一卷　(清)蔡啟盛　(清)吳潁炎輯　清光緒十三年(1887)點石齋影印本　一冊　存四卷(二十一至二十四)

440000－2518－0000960　G0890

文選六十卷　(南朝梁)蕭統輯　(唐)李善注　(清)何焯評　清雙桂堂刻朱墨套印本　八冊　存四十三卷(四至十九、三十四至六十)

440000－2518－0000961　G0891

前漢書一百卷　(漢)班固撰　(唐)顏師古注　清影印本　三冊　存十六卷(十五至十八、六十七至七十四、九十七至一百)

440000－2518－0000962　G0892

後漢書一百二十卷　(南朝宋)范曄撰　(唐)李賢注　清影印本　五冊　存四十八卷(七至十六、五十六至八十四、一百十二至一百二十)

440000－2518－0000963　G0893

資治通鑑二百九十四卷　(宋)司馬光撰　(元)胡三省音注　清末影印本　二十九冊　存一百八十七卷(四十一至八十七、九十五至一百三十四、一百四十一至一百六十七、一百八十六至一百九十七、二百二十二至二百二十六、二百三十三至二百七十四、二百八十一至二百九十四)

440000－2518－0000964　G0894

續資治通鑑二百二十卷　(清)畢沅編集　清光緒二十五年(1899)上海蜚英館石印本　十八冊　存一百三十一卷(一至七、十七至四十二、五十一至五十八、一百三十一至二百二十)

440000－2518－0000965　G0895

資治通鑑目錄三十卷　(宋)司馬光編　清光緒二十五年(1899)上海蜚英館石印本　二冊　存十四卷(一至十四)

440000－2518－0000966　G0896

資治通鑑二百九十四卷　(宋)司馬光撰　(元)胡三省音注　清末影印本　八冊　存六十九卷(六十八至七十五、八十五至一百四十五)

440000－2518－0000967　G0897

增補萬寶全書二十卷續編六卷　(明)陳繼儒纂輯　(清)毛煥文補輯　清末上海啟新書局石印本　一冊

440000－2518－0000968　G0898

文料大成四卷　(□)□□撰　清光緒十五年(1889)上海蜚英館石印本　二冊

440000－2518－0000969　G0899

五經揭要　(清)許寶善輯　清末影印本　三冊　存三種十六卷(詩經揭要一至四,春秋三卷、揭要一至六,禮記揭要一至三)

440000－2518－0000970　G0900

錢錄十六卷　(清)梁詩正等纂修　清光緒二十年(1894)上海積山書局石印本　三冊　存十二卷(一至四、九至十六)

440000－2518－0000971　G0901

鑑史提綱四卷　(清)杜詔等撰　(清)盧文錦補注　清刻朱墨套印本　一冊　存二卷(三至四)

440000－2518－0000972　G0902

四書合璧□□卷　(□)□□輯　清刻本　一冊　存一卷(上)

440000－2518－0000973　G0903

新增韻對屑玉津梁二卷　(清)歐達徹輯　(清)李天淇注　清末佛山華文書局刻本　一冊

440000－2518－0000974　G0904

四體千字文一卷　(清)□□編　清末上海廣益書局石印本　一冊

440000－2518－0000975　G0905

陽宅三要四卷　(清)趙廷棟撰　清末上海廣益書局石印本　一冊

440000－2518－0000976　G0906

武英殿本二十三史考證六十七卷　(清)□□輯　清同治刻本　十一冊　存三十九卷(一

至三、七至三十三、五十七至六十五）

440000－2518－0000977　G0907
養雲山館試帖四卷　（清）許球撰　（清）王榮紱注釋　清同治四年（1865）善美堂刻本　二册

440000－2518－0000978　G0908
青雲集分韻試帖詳註四卷　（清）楊逢春（清）蕭應椢輯　清同治元年（1862）維經堂刻本　二册　存二卷（一、四）

440000－2518－0000979　G0909
正音撮要四卷　（清）高靜亭撰　清光緒三十三年（1907）廣州福芸樓刻本　四册

440000－2518－0000980　G0910
周稿全集一卷　（清）周景益撰　清刻本　二册

440000－2518－0000981　G0911
小題指南三集　（清）侯鳳苞等輯　清同治四年（1865）維經堂刻本　六册

440000－2518－0000982　G0912
搭截新編一卷　（□）□□輯　清刻本　一册

440000－2518－0000983　G0913
欽定啟禎四書文一卷　（清）方苞選評　清刻本　一册

440000－2518－0000984　G0914
初學玉玲瓏四集　（清）徐瑄評　清咸豐十年（1860）維經堂刻本　二册

440000－2518－0000985　G0915
科名金鍼一卷　（清）毛昶熙編　清光緒元年（1875）琉璃廠懿文齋刻本　一册

440000－2518－0000986　G0916
白沙叢考一卷　（清）阮榕齡編　清咸豐元年（1851）新會阮氏夢菊堂刻本　一册

440000－2518－0000987　G0917
策學備纂三十二卷首一卷　（清）蔡啟盛（清）吳熲炎輯　清光緒十三年（1887）點石齋石印本　三十四册　存二十五卷（一至五、七、十四至三十二）

440000－2518－0000988　G0918
點石齋叢畫十卷　蔡爾康輯　清光緒十一年（1885）點石齋石印本　六册　存七卷（二至七、十）

440000－2518－0000989　G0919
小學集解六卷　（清）張伯行撰　清刻本　四册

440000－2518－0000990　G0920
放翁先生詩選□□卷　（清）周之鱗　（清）柴升選　清望雲草廬刻本　一册　存一卷（六）

440000－2518－0000991　G0921
養默山房詩藁□□卷　（清）謝元淮撰　清刻本　二册　存十一卷（七至十七）

440000－2518－0000992　G0922
經義塾鈔一卷　（清）俞樾撰　清光緒二十七年（1901）刻本　一册

440000－2518－0000993　G0923
經義模範一卷　（□）□□輯　清光緒二十八年（1902）刻本　一册

440000－2518－0000994　G0924
註釋葉大宗師賦草一卷　（清）葉蒨士註　清光緒九年（1883）粵東菉竹齋刻本　一册

440000－2518－0000995　G0925
分類賦學雞跖初集三十卷附錄一卷　（清）張維城輯　清末石印本　二册

440000－2518－0000996　G0926
雞跖賦續刻三十卷　（清）應泰泉等輯　清末石印本　二册

440000－2518－0000997　G0927
經義精華三卷　（□）□□輯　清末鉛印本　一册　存一卷（中）

440000－2518－0000998　G0928
甲午直省闈墨□□卷　（清）□□輯　清刻本　一册　存一卷（二）

440000－2518－0000999　G0929
五言詩十七卷　（清）王士禎選　清末掃葉山房石印本　一册　存五卷（七至十一）

440000－2518－0001000　G0930
七言詩歌行鈔十五卷　(清)王士禛選　清末掃葉山房石印本　一册　存四卷(六至九)

440000－2518－0001001　G0931
七言今體詩鈔九卷　(清)姚鼐輯　清末掃葉山房石印本　二册

440000－2518－0001002　G0932
本草綱目五十二卷　(明)李時珍撰　清末上海錦章書局石印本　一册　存六卷(四十一至四十六)

440000－2518－0001003　G0933
本草求真九卷　(清)黄宫繡撰　清末石印本　一册　存四卷(六至九)

440000－2518－0001004　G0934
白沙子全集十卷　(明)陳獻章撰　清乾隆三十六年(1771)碧玉樓刻本　二册　存三卷(一至二、八)

440000－2518－0001005　G0935
[道光]新會縣志十四卷首一卷　(清)林星章修　(清)黄培芳等纂　清道光二十一年(1841)刻本　二册　存三卷(九至十一)

440000－2518－0001006　G0936
[道光]新會縣志十四卷首一卷　(清)林星章修　(清)黄培芳等纂　清道光二十一年(1841)刻本　三册　存三卷(四、八、十)

440000－2518－0001007　G0937
[道光]新會縣志十四卷首一卷　(清)林星章修　(清)黄培芳等纂　清道光二十一年(1841)刻本　一册　存一卷(七)

440000－2518－0001008　G0938
[道光]新會縣志十四卷首一卷　(清)林星章修　(清)黄培芳等纂　清道光二十一年(1841)刻本　二册　存三卷(一、五,首一卷)

440000－2518－0001009　G0939
[道光]新會縣志十四卷首一卷　(清)林星章修　(清)黄培芳等纂　清道光二十一年(1841)刻本　二册　存二卷(二、八)

440000－2518－0001010　G0940
[道光]新會縣志十四卷首一卷　(清)林星章修　(清)黄培芳等纂　清道光二十一年(1841)刻本　一册　存一卷(九)

440000－2518－0001011　G0941
通志二百卷　(宋)鄭樵撰　清末貫吾齋石印本　二十三册　缺六卷(一百六至一百十一)

440000－2518－0001012　G0942
文獻通考三百四十八卷考證三卷　(元)馬端臨撰　清光緒二十八年(1902)貫吾齋石印本　二十一册

440000－2518－0001013　G0943
通典二百卷　(唐)杜佑撰　清光緒二十七年(1901)貫吾齋石印本　八册

440000－2518－0001014　G0944
皇朝文獻通考三百卷　(清)嵇璜等纂　清光緒二十八年(1902)貫吾齋石印本　二十册

440000－2518－0001015　G0945
九通全序九卷　(清)□□輯　清光緒二十八年(1902)貫吾齋石印本　二册

440000－2518－0001016　G0946
梅漪叢著二種　(清)莫賢書撰　清宣統元年(1909)鉛印本　一册

440000－2518－0001017　G0947
古賦首選一卷　(清)梁夔譜編　清同治八年(1869)梁鏡古堂家刻本　一册

440000－2518－0001018　G0948
庾子山集十六卷　(北周)庾信撰　(清)倪璠注　清光緒二十年(1894)儒雅堂刻本　七册　存十一卷(二至三、五至十二、十六)

440000－2518－0001019　G0949
吾學錄初編二十四卷　(清)吳榮光撰　清道光十二年(1832)南海吳氏筠清館刻本　四册　存十三卷(一至十三)

440000－2518－0001020　G0950
四書人物類典串珠四十卷　(清)臧志仁輯　清刻本　一册　存四卷(十六至十九)

440000－2518－0001021　G0951
食品求真一卷　(清)紅杏主人撰　清光緒刻本　一冊

440000－2518－0001022　G0952
小種字林集字偶語四種　(清)吳受福輯　清末石印本　一冊

440000－2518－0001023　G0953
北江詩話六卷　(清)洪亮吉撰　清宣統元年(1909)掃葉山房石印本　一冊　存三卷(一至三)

440000－2518－0001024　G0954
增補分部書法正傳一卷　(清)蔣和撰　清宣統二年(1910)掃葉山房石印本　一冊

440000－2518－0001025　G0955
古文析義二編八卷　(清)林雲銘評註　清末石印本　三冊　存三卷(一、七至八)

440000－2518－0001026　G0956
癸巳存稿十五卷　(清)俞正燮撰　清刻本　六冊　存十二卷(四至十五)

440000－2518－0001027　G0957
古文眉詮七十九卷　(清)浦起龍論次　清刻本　二十五冊　存七十七卷(三至七十九)

440000－2518－0001028　G0958
梁武帝御製集二卷　(南朝梁)武帝蕭衍撰　清刻本　二冊

440000－2518－0001029　G0959
魏武帝集一卷　(三國魏)曹操撰　清刻本　一冊

440000－2518－0001030　G0960
魏文帝集二卷　(三國魏)文帝曹丕撰　清刻本　一冊

440000－2518－0001031　G0961
國語二十一卷　(三國吳)韋昭解　**校刊明道本韋氏解國語札記一卷**　(清)黃丕烈撰　**國語明道本攷異四卷**　(清)汪遠孫撰　清同治八年(1869)湖北崇文書局刻本　五冊

440000－2518－0001032　G0962
廣東新語二十八卷　(清)屈大均撰　清刻本　三冊　存十卷(六至十五)

440000－2518－0001033　G0963
兩漢紀校記二卷　(清)陳璞撰　清刻本　一冊

440000－2518－0001034　G0964
女兒三字書□□卷　(□)□□輯　清末刻本　一冊　存一卷(二)

440000－2518－0001035　G0965
評點春秋綱目左傳句解彙雋六卷　(清)韓菼重訂　清末上海廣益書局石印本　六冊

440000－2518－0001036　G0966
曲江書屋新訂批註左傳快讀十八卷首一卷　(清)李紹崧輯　清末上海廣益書局石印本　九冊　存十三卷(一至八、十四至十八)

440000－2518－0001037　G0967
訓蒙千字文一卷　(清)何桂珍撰　清末廣州大新書局刻本　一冊

440000－2518－0001038　G0968
前漢書一百卷　(漢)班固撰　(唐)顏師古注　清光緒二十六年(1900)焕文書局影印本　十二冊

440000－2518－0001039　G0969
後漢書一百二十卷　(南朝宋)范曄撰　(唐)李賢注　清光緒二十六年(1900)焕文書局影印本　八冊

440000－2518－0001040　G0970
忠雅堂詩集二十七卷補遺二卷詞集二卷　(清)蔣士銓撰　清刻本　十二冊

440000－2518－0001041　G0973
奚囊寸錦三卷　(清)張潮撰　清刻本　一冊

440000－2518－0001042　G0974
東萊先生古文關鍵二卷　(宋)呂祖謙評　(宋)蔡文子注　(清)徐樹屏考異　清光緒元年(1875)番禺韓氏經畬草堂刻本　二冊

440000－2518－0001043　G0975
溫病條辨六卷　(清)吳瑭撰　清刻本　二冊

存四卷(三至六)

440000－2518－0001044　G0976

中西匯通醫經精義二卷　(清)唐宗海撰　清光緒三十四年(1908)千頃堂書局影印本　一冊　存一卷(上)

440000－2518－0001045　G0977

明夷待訪錄一卷　(清)黃宗羲撰　清道光二十七年(1847)番禺潘氏刻海山仙館叢書本　一冊

440000－2518－0001046　G0978

文選□□卷　(南朝梁)蕭統輯　(唐)李善注　清末影印本　一冊　存四卷(九至十二)

440000－2518－0001047　G0979

普通新歷史十章　(清)普通學書室編　清光緒二十七年(1901)上海普通學書室刻本　二冊

440000－2518－0001048　G0980

增補分部書法正傳一卷　(清)蔣和輯　清宣統二年(1910)上海掃葉山房石印本　一冊

440000－2518－0001049　G0981

增補分部書法正傳一卷　(清)蔣和輯　清宣統二年(1910)上海掃葉山房石印本　二冊

440000－2518－0001050　G0982

香祖筆記十二卷　(清)王士禛撰　清末掃葉山房石印本　三冊　存九卷(四至十二)

440000－2518－0001051　G0983

國民讀本三卷　(清)朱樹人撰　清末刻本　一冊　存一卷(上)

440000－2518－0001052　G0984

傅氏眼科審視瑤函六卷首一卷　(明)傅仁宇纂輯　(明)林長生校補　清宣統元年(1909)上海會文堂影印本　一冊

440000－2518－0001053　G0985

參訂古文詳解評註八卷　(清)陳宏謀輯　清末上海廣益書局影印本　二冊

440000－2518－0001054　G0986

古文析義□□卷　(清)林雲銘評註　清末影印本　二冊　存二卷(四、六)

440000－2518－0001055　G0987

風憲忠告一卷　(元)張養浩撰　清末影印本　一冊

440000－2518－0001056　G0988

廟堂忠告一卷　(元)張養浩撰　清末影印本　一冊

440000－2518－0001057　G0989

聖祖仁皇帝庭訓格言一卷　(清)世宗胤禛述　清粵東省維經堂刻本　一冊

440000－2518－0001058　G0990

葛氏語錄一卷　(清)葛鍾秀撰　清光緒三十四年(1908)鉛印本　一冊

440000－2518－0001059　G0991

紅樓夢賦一卷　(清)沈謙撰　清道光二十六年(1846)刻本　一冊

440000－2518－0001060　G0992

三字經註解備要二卷　(宋)王應麟撰　(清)賀興思註　清光緒十二年(1886)古經閣刻本　二冊

440000－2518－0001061　G0993

[道光]鶴山縣志十二卷末一卷　(清)徐香祖修　(清)吳應逵纂　清道光六年(1826)廣州簡書齋康鴻文刻本　六冊

440000－2518－0001062　G0994

史記評林一百三十卷　(漢)司馬遷撰　(南朝宋)裴駰集解　(唐)司馬貞索隱　(唐)張守節正義　清光緒十七年(1891)星沙養翮書齋刻本　一冊　存序跋、凡例、目錄

440000－2518－0001063　G0995

增批輯注東萊博議四卷　(清)劉鍾英輯註　清宣統三年(1911)上海會文堂石印本　四冊

440000－2518－0001064　G0996

芥子園畫傳初集六卷二集九卷三集六卷　(清)王概等輯　清光緒十六年(1890)上海鴻寶齋石印本　十冊　存十八卷(初集六卷,二集九卷,三集一至二、五)

440000－2518－0001065　G0997
新訂四書補注備旨十卷　(明)鄧林撰　清道光九年(1829)刻本　八册

440000－2518－0001066　G0998
編次陳白沙先生年譜二卷　(清)阮榕齡撰　清咸豐元年(1851)新會阮氏夢菊堂刻本　四册

440000－2518－0001067　G0999
編次陳白沙先生年譜二卷白沙叢考一卷白沙門人考一卷　(清)阮榕齡撰　清咸豐元年(1851)新會阮氏夢菊堂刻本　四册

440000－2518－0001068　G1000
白沙門人考一卷　(清)阮榕齡撰　清咸豐元年(1851)新會阮氏夢菊堂刻本　二册

440000－2518－0001069　G1001
白沙叢考一卷　(清)阮榕齡撰　清咸豐元年(1851)新會阮氏夢菊堂刻本　二册

440000－2518－0001070　G1002
白沙叢考一卷白沙門人考一卷　(清)阮榕齡撰　清咸豐元年(1851)新會阮氏夢菊堂刻本　二册

440000－2518－0001071　G1003
白沙門人考一卷　(清)阮榕齡撰　清咸豐元年(1851)新會阮氏夢菊堂刻本　一册

440000－2518－0001072　G1004
飲冰室文集癸卯集二卷　梁啟超撰　清光緒三十年(1904)上海廣智書局鉛印本　二册

440000－2518－0001073　G1005
飲冰室壬寅文集十八卷　梁啟超撰　清光緒三十一年(1905)維新學社石印本　十二册　存十三卷(一、三至五、九至十、十二至十八)

440000－2518－0001074　G1006
粤會賦一卷　(明)黄佐撰　(清)何健箋釋　清會城文經樓刻本　一册

440000－2518－0001075　G1007
[道光]新會縣志十四卷首一卷　(清)林星章修　(清)黄培芳等纂　清道光二十一年(1841)刻本　十二册

440000－2518－0001076　G1008
[道光]新會縣志十四卷首一卷　(清)林星章修　(清)黄培芳等纂　清道光二十一年(1841)刻本　十一册　缺一卷(十)

440000－2518－0001077　G1009
[道光]新會縣志十四卷首一卷　(清)林星章修　(清)黄培芳等纂　清道光二十一年(1841)刻本　十一册　存十三卷(二至十四)

440000－2518－0001078　G1010
[道光]新會縣志十四卷首一卷　(清)林星章修　(清)黄培芳等纂　清道光二十一年(1841)刻本　八册　存八卷(二至五、九、十一至十三)

440000－2518－0001079　G1011
[道光]新會縣志十四卷首一卷　(清)林星章修　(清)黄培芳等纂　清道光二十一年(1841)刻本　七册　存九卷(三至六、九、十一至十四)

440000－2518－0001080　G1012
[道光]新會縣志十四卷首一卷　(清)林星章修　(清)黄培芳等纂　清道光二十一年(1841)刻本　四册　存四卷(六至九)

440000－2518－0001081　G1013
新會鄉土志輯稿十五篇　(清)蔡垚爔修　(清)譚鑣等纂　清光緒三十四年(1908)粤東編譯公司鉛印本　一册

440000－2518－0001082　G1014
新會鄉土志輯稿十五篇　(清)蔡垚爔修　(清)譚鑣等纂　清光緒三十四年(1908)粤東編譯公司鉛印本　一册

440000－2518－0001083　G1015
重刻秫坡先生詩集八卷首一卷　(明)黎貞撰　清光緒元年(1875)都會三賢居書屋刻本　四册

440000－2518－0001084　G1016
重刻秫坡先生詩集八卷首一卷　(明)黎貞撰

清光緒元年(1875)都會三賢居書屋刻本　四冊

440000－2518－0001085　G1017
重刻秫坡先生詩集八卷首一卷　(明)黎貞撰　清光緒元年(1875)都會三賢居書屋刻本　三冊　存七卷(二至八)

440000－2518－0001086　G1018
秫坡先生古今一覽全書二卷　(明)黎貞撰　清光緒元年(1875)都會三賢居書屋刻本　一冊　存一卷(下)

440000－2518－0001087　G1019
鑑史提綱四卷　(清)杜詔等撰　(清)盧文錦注　清同治四年(1865)刻本　二冊

440000－2518－0001088　G1020
鴻桷堂詩集五卷梅花四體詩一卷文鈔一卷家訓一卷　(清)胡方撰　清同治三年(1864)劬學齋刻本　三冊　存六卷(詩集五卷、梅花四體詩一卷)

440000－2518－0001089　G1021
鴻桷堂詩集五卷梅花四體詩一卷文鈔一卷家訓一卷　(清)胡方撰　清同治三年(1864)劬學齋刻本　一冊　存二卷(詩集一至二)

440000－2518－0001090　G1022
自知集□□卷　(清)黃居石撰　清同治七年(1868)刻本　一冊　存二卷(一至二)

440000－2518－0001091　G1023
北燕巖集四卷　(明)黃公輔撰　清刻本　二冊　存三卷(二至四)

440000－2518－0001092　G1024
增訂四聲字宗一卷　(清)黃同書撰　清末抄本　二冊

440000－2518－0001093　G1025
聲音韻切千字文一卷　(清)黃克明撰　清末抄本　一冊

440000－2518－0001094　G1026
皇朝直省地名韻語一卷　(清)陳樹鏞纂　(清)韓銘基補　清光緒十九年(1893)刻本　一冊

440000－2518－0001095　G1027
中國魂二卷　梁啟超撰　清末鉛印本　二冊

440000－2518－0001096　G1028
中國魂二卷　梁啟超撰　清末上海廣智書局鉛印本　一冊

440000－2518－0001097　G1029
康熙字典十二集三十六卷　(清)張玉書等纂　清光緒十一年(1885)上海點石齋影印本　一冊

440000－2518－0001098　G1030
說文繫傳校錄三十卷　(清)王筠撰　清咸豐七年(1857)刻本　四冊

440000－2518－0001099　G1031
匋齋藏印四集　(清)端方輯　清末影印本　四冊

440000－2518－0001100　G1032
匋齋藏印四集　(清)端方輯　清末影印本　四冊

440000－2518－0001101　G1033
匋齋藏印四集　(清)端方輯　清末影印本　四冊

440000－2518－0001102　G1034
匋齋藏印四集　(清)端方輯　清末影印本　四冊

440000－2518－0001103　G1035
匋齋藏印四集　(清)端方輯　清末影印本　一冊　存一集(一)

440000－2518－0001104　G1036
春秋世族譜二卷　(清)陳厚耀撰　清光緒二十五年(1899)兩湖書院正學堂刻本　一冊

440000－2518－0001105　G1037
飛鴻堂印譜初集八卷二集八卷三集八卷四集八卷五集八卷　(清)汪啟淑輯　清影印本　二十冊

440000－2518－0001106　G1038

金石萃編一百六十卷　(清)王昶撰　清光緒十九年(1893)上海醉六堂石印本　十八冊

440000－2518－0001107　G1039
歷代帝王年表不分卷　(清)齊召南撰　清道光四年(1824)小琅嬛仙館刻本　四冊

440000－2518－0001108　G1040
金石索十二卷首一卷　(清)馮雲鵬　(清)馮雲鵷輯　清光緒三十三年(1907)上海文新局石印本　二十四冊

440000－2518－0001109　G1041
高要金石略四卷　(清)彭泰來編　清刻本　一冊

440000－2518－0001110　G1042
史通削繁四卷　(唐)劉知幾撰　(清)紀昀削繁　(清)浦起龍注　清道光十三年(1833)兩廣節署刻朱墨套印本　四冊

440000－2518－0001111　G1043
廣東鄉土歷史教科書第一冊　黄節編　清光緒三十四年(1908)國學保存會鉛印本　一冊

440000－2518－0001112　G1044
[道光]新會縣志十四卷首一卷　(清)林星章修　(清)黄培芳等纂　清道光二十一年(1841)刻本　十三冊　存十三卷(二至十四)

440000－2518－0001113　G1045
[光緒]廣州府志一百六十三卷　(清)戴肇辰等修　(清)史澄等纂　清光緒五年(1879)粤秀書院刻本　二十冊　存五十四卷(三至二十五、一百二十六至一百五十六)

440000－2518－0001114　G1046
增評補像全圖金玉緣一百二十回　(清)曹雪芹撰　(清)高鶚續　清光緒三十四年(1908)求不負齋石印本　十六冊

440000－2518－0001115　G1047
近思録集註十四卷校勘記一卷考訂朱子世家一卷　(清)江永集注　清同治八年(1869)江蘇書局刻本　四冊

440000－2518－0001116　G1048
封泥攷略十卷　(清)吳式芬　(清)陳介祺輯　清光緒三十年(1904)上海石印本　十冊

440000－2518－0001117　G1049
千金翼方三十卷　(唐)孫思邈撰　(宋)林億等校　清光緒四年(1878)上海影印本　八冊

440000－2518－0001118　G1050
備急千金要方三十卷　(唐)孫思邈撰　(宋)林億等校　清光緒四年(1878)上海影印本　十一冊　存二十八卷(三至三十)

440000－2518－0001119　G1051
歷代鐘鼎彝器款識法帖二十卷　(宋)薛尚功輯　清嘉慶二年(1797)刻本　四冊

440000－2518－0001120　G1052
夢溪筆談二十六卷補筆談三卷續筆談一卷　(宋)沈括撰　清光緒三十二年(1906)番禺陶氏愛廬刻本　四冊

440000－2518－0001121　G1053
唐人三家集二十六卷　(清)秦恩復輯　清宣統三年(1911)影印本　七冊　缺四卷(駱賓王文集七至十)

440000－2518－0001122　G1054
嶺南三大家詩選二十四卷　(清)王隼選　清同治七年(1868)南海陳氏刻本　五冊

440000－2518－0001123　G1055
俞氏畫稿一卷　(清)俞禮繪　清光緒十五年(1889)上海秀文書局石印本　一冊

440000－2518－0001124　G1056
增補分部書法正傳一卷　(清)蔣和撰　清宣統二年(1910)上海掃葉山房石印本　一冊

440000－2518－0001125　G1057
增補分部書法正傳一卷　(清)蔣和撰　清宣統二年(1910)上海掃葉山房石印本　一冊

440000－2518－0001126　G1058
吳友如畫寶十二集　(清)吳嘉猷繪　清宣統元年(1909)上海壁園石印本　四冊　存四集(一上、下,二上、下)

440000－2518－0001127　G1059

藝概六卷　(清)劉熙載撰　清同治十二年(1873)刻本　二册

440000－2518－0001128　G1060
文選六十卷　(南朝梁)蕭統輯　(唐)李善注　(清)何焯評　清羊城翰墨園刻朱墨套印本　六册　存二十八卷(一至二十八)

440000－2518－0001129　G1061
唐賢三昧集三卷　(清)王士禛選　(清)吳煊　(清)胡棠輯註　(清)黃培芳評　清光緒九年(1883)翰墨園刻朱墨套印本　三册

440000－2518－0001130　G1062
朱九江先生集十卷首四卷　(清)朱次琦撰　清光緒二十三年(1897)讀書草堂刻本　四册

440000－2518－0001131　G1063
朱九江先生集十卷首四卷　(清)朱次琦撰　清光緒二十三年(1897)讀書草堂刻本　四册

440000－2518－0001132　G1064
陶淵明文集十卷　(晉)陶潛撰　清光緒五年(1879)刻本　二册

440000－2518－0001133　G1065
涵芬樓古今文鈔一百卷　吳曾祺纂　清宣統二年(1910)商務印書館鉛印本　一百册

440000－2518－0001134　G1066
歷代輿地沿革險要圖註一卷　楊守敬　饒敦秩撰　清光緒二十二年(1896)石印本　一册

440000－2518－0001135　G1067
廣東輿地全圖一卷　(清)張人駿編　清光緒二十三年(1897)廣州石經堂石印本　一册

440000－2518－0001136　G1068
名醫類案十二卷　(明)江瓘撰　清光緒二十二年(1896)畊餘堂鉛印本　三册

440000－2518－0001137　G1069
續名醫類案三十六卷　(清)魏之琇輯　清光緒二十二年(1896)畊餘堂鉛印本　七册

440000－2518－0001138　G1070
陶齋吉金錄八卷　(清)端方輯　清光緒三十四年(1908)金陵石印本　八册

440000－2518－0001139　G1071
陶齋吉金續錄二卷補遺一卷　(清)端方輯　清宣統元年(1909)金陵石印本　二册

440000－2518－0001140　G1072
南疏續刻一卷　(明)何熊祥撰　清刻本　一册

440000－2518－0001141　G1073
增改婦孺須知二卷　澳門蒙學書塾編輯　清光緒二十九年(1903)刻本　一册

440000－2518－0001142　G1074
梅漪叢著二種　(清)莫賢書撰　清宣統元年(1909)鉛印本　一册

440000－2518－0001143　G1075
梅漪叢著二種　(清)莫賢書撰　清宣統元年(1909)鉛印本　一册

440000－2518－0001144　G1076
梅漪叢著二種　(清)莫賢書撰　清宣統元年(1909)鉛印本　一册

440000－2518－0001145　G1077
梅漪叢著二種　(清)莫賢書撰　清宣統元年(1909)鉛印本　一册

440000－2518－0001146　G1078
文選六十卷　(南朝梁)蕭統輯　(唐)李善注　(清)何焯評　清羊城翰墨園刻朱墨套印本　十二册

440000－2518－0001147　G1079
癸巳類稿十五卷　(清)俞正燮撰　清道光求日益齋刻本　十六册

440000－2518－0001148　G1080
金石索十二卷首一卷　(清)馮雲鵬　(清)馮雲鵷輯　清光緒三十二年(1906)上海文新書局石印本　二十二册

440000－2518－0001149　G1081
驗方新編十八卷　(□)□□輯　清光緒三十一年(1905)鉛印本　一册

440000－2518－0001150　G1082
王臨川全集一百卷　(宋)王安石撰　清光緒

九年(1883)聽香館刻本　十三冊　存六十二卷(十五至四十九、七十四至一百)

440000－2518－0001151　G1083
驗方新編十八卷　(□)□□輯　清末鉛印本　一冊

440000－2518－0001152　G1084
驗方新編十八卷　(□)□□輯　清光緒三十四年(1908)粵東編譯公司鉛印本　一冊

440000－2518－0001153　G1085
驗方新編十八卷　(□)□□輯　清光緒三十一年(1905)鉛印本　一冊

440000－2518－0001154　G1086
驗方新編十八卷　(□)□□輯　清光緒三十一年(1905)鉛印本　一冊

440000－2518－0001155　G1087
杜詩鏡銓二十卷　(唐)杜甫撰　清刻本　九冊

440000－2518－0001156　G1088
南遊記一卷　(清)孫嘉淦撰　清敦和堂刻本　一冊

440000－2518－0001157　G1089
南遊記一卷　(清)孫嘉淦撰　清道光二十四年(1844)刻本　一冊

440000－2518－0001158　G1090
石遺室詩集三卷文集十二卷續集一卷三集一卷　陳衍撰　清光緒三十一年(1905)武昌刻本　四冊　缺七卷(文集一至七)

440000－2518－0001159　G1091
中晚唐詩叩彈集十二卷續集三卷　(清)杜詔　(清)杜庭珠輯　清刻本　三冊　缺三卷(叩彈集一至三)

440000－2518－0001160　G1092
宋本十三經注疏附校勘記　(清)阮元撰校勘記　(清)盧宜旬摘錄　清光緒十三年(1887)脈望仙館石印本　三十二冊

440000－2518－0001161　G1093
十三經注疏并校勘記　(清)阮元撰校勘記　(清)盧宜旬摘錄　清光緒十三年(1887)點石齋影印本　四冊　存三種(周易注疏并校勘記、尚書注疏并校勘記、毛詩注疏并校勘記)

440000－2518－0001162　G1094
格言聯璧一卷　(清)金纓輯　清光緒二十五年(1899)順德龍氏刻本　一冊

440000－2518－0001163　G1095
弟子箴言十六卷　(清)胡達源撰　清光緒二十一年(1895)蒲圻但氏刻本　四冊

440000－2518－0001164　G1096
史鑑節要便讀六卷末一卷　(清)鮑東里撰　清光緒十年(1884)翰文堂刻本　一冊

440000－2518－0001165　G1097
重刻賴古堂尺牘新鈔三選結隣集十六卷　(清)周在浚等輯　清道光六年(1826)刻本　三冊　存十卷(一至十)

440000－2518－0001166　G1098
遊山日記十二卷　(清)舒夢蘭撰　清嘉慶蓮根詩社刻本　六冊

440000－2518－0001167　G1099
蜀道驛程記二卷　(清)王士禛撰　清刻本　二冊

440000－2518－0001168　G1100
甲行日注八卷　(明)釋木拂撰　清活字印本　六冊

440000－2518－0001169　G1101
遣愁集十四卷　(清)張貴勝輯　清刻本　一冊　存三卷(三至五)

440000－2518－0001170　G1102
古今醫統正脈全書　(明)王肯堂輯　明末刻本　六冊　存十一種(脈經七至十、祕傳證治要訣一至十、內外傷辨三卷、脈訣、局方發揮、脾胃論三卷、新刻校定脈訣指掌病式圖說、丹溪先生金匱鈎玄三卷、難經本義二卷、醫學發明、活法機要)

440000－2518－0001171　G1103
三國畫像二卷　(清)潘錦繪　清末影印本

一册　存一卷(上)

440000－2518－0001172　G1104
嶺南即事雜詠十集　(□)□□輯　清光緒十年(1884)聚文堂刻本　一册　存二集(九至十)

440000－2518－0001173　G1105
海山仙館叢書五十六種　(清)潘仕成輯　清道光至咸豐番禺潘氏刻本　一百十九册　缺一種三卷(尺牘新鈔十至十二)

440000－2518－0001174　G1106
知不足齋叢書　(清)鮑廷博輯　(清)鮑志祖續輯　清乾隆至道光長塘鮑氏刻本　二百三十一册　缺九種二十五卷(湛淵静語二卷,墨史三卷,畫訣一卷,畫筌一卷,竹譜詳録七卷,書學捷要二卷,履齋示兒編二十至二十三、校補一卷、覆校一卷,梅花喜神譜二卷,宇通一卷)

440000－2518－0001175　G1107
二十四史　(□)□□輯　清光緒十八年(1892)武林竹簡齋石印本　二百册

440000－2518－0001176　G1108
九通　(清)□□輯　清光緒二十七年(1901)上海圖書集成局鉛印本　二百五十九册　缺三種三十四卷(欽定續通典六十八至八十、欽定續通志二百二十一至二百三十二、皇朝文獻通考一百七十至一百七十八)

440000－2518－0001177　G1109
武英殿聚珍版書　(清)高宗弘曆敕輯　清光緒二十五年(1899)廣雅書局刻本　七百九十九册　缺二種五卷(乾道稿二卷、淳熙稿一至三)

440000－2518－0001178　G1110
廣雅書局叢書　(清)廣雅書局輯　清光緒廣雅書局刻本　五百八十册

440000－2518－0001179　G1111
欽定四庫全書總目二百卷首一卷　(清)永瑢等修　(清)紀昀等纂　清同治七年(1868)廣東書局刻本　一百二十册

440000－2518－0001180　G1112
增補事類統編九十三卷首一卷　(清)黄葆真輯　清光緒十四年(1888)上海積山書局石印本　十二册

440000－2518－0001181　G1113
北堂書鈔一百六十卷首一卷　(唐)虞世南輯　(清)孔廣陶注　清光緒十四年(1888)南海孔氏刻本　二十册

440000－2518－0001182　G1114
册府元龜一千卷目録十卷　(宋)王欽若等撰　(明)李嗣京參閲　(明)文翔鳳訂正　(明)黄國琦較釋　清刻本　二百四十册

440000－2518－0001183　G1117
詩經庭訓便覽五卷　(清)潘炳綱輯　清刻本　一册　存一卷(二)

440000－2518－0001184　G1118
史記一百三十卷　(漢)司馬遷撰　(明)徐孚遠　(明)陳子龍測議　清碧清堂刻本　二十八册

440000－2518－0001185　G1119
五代史六十卷　(宋)歐陽修撰　清刻本　三册　存二十八卷(三十三至六十)

廣東省廣州圖書館古籍普查登記目録

全國古籍普查登記目録

國家圖書館出版社
National Library of China Publishing House

440000－2526－0000001　199001044/199001055

有正味齋集七十三卷　（清）吳錫麒撰　清嘉慶刻本　十二冊

440000－2526－0000002　199001056/199001062

有正味齋全集五十三卷　（清）吳錫麒撰　清嘉慶十三年（1808）刻本　七冊　存三十七卷（詩集一至十二、駢體文十三至二十四、詞集一至八、外集一至五）

440000－2526－0000003　199001063/199001073

有正味齋全集六十九卷　（清）吳錫麒撰　清嘉慶十三年（1808）刻增修本　十一冊　缺二卷（駢體文續集七至八）

440000－2526－0000004　199001088/199001093

中西四書不分卷　（英國）理雅各譯　清光緒三十年（1904）點石齋石印本　六冊

440000－2526－0000005　199001106/199001111

曝書亭詩錄十二卷　（清）朱彝尊撰　（清）江浩然箋注　清乾隆三十年（1765）惇裕堂刻本　六冊

440000－2526－0000006　199001098/199001101

漁洋山人詩集二十二卷　（清）王士禛撰　清康熙四十四年（1705）吳郡沂詠堂刻本　四冊

440000－2526－0000007　199001102/199001105

漁洋山人詩集續集十六卷　（清）王士禛撰　清康熙二十三年（1684）刻本　四冊

440000－2526－0000008　199001112/199001117

杜詩鏡銓二十卷附諸家論杜　（唐）杜甫撰　（清）楊倫編輯　**舊唐書文苑本傳一卷**　（五代）劉昫撰　**新唐書本傳一卷**　（宋）宋祁撰　**杜工部［甫］年譜一卷**　（宋）趙子櫟編　**唐故檢校工部員外郎杜君墓誌銘並序一卷**　（唐）元稹撰　清乾隆刻本　六冊

440000－2526－0000009　199001118/199001127

白香山詩長慶集二十卷後集十七卷別集一卷補遺二卷　（唐）白居易撰　（清）汪立名編訂　**舊唐書本傳一卷**　（五代）劉昫撰　**［白居易］年譜舊本一卷**　（宋）陳振孫撰　**［白居易］年譜一卷**　（清）汪立名撰　清康熙四十二年（1703）刻本　十冊

440000－2526－0000010　199001719

袁督師列傳一卷　（清）□□撰　**督師文一卷**　（明）袁崇煥撰　**白冤疏一卷**　（明）錢家修撰　**白冤疏一卷**　（明）程本直撰　**剖肝錄一卷**　（明）余大成撰　**督師詩一卷**　（明）袁崇煥撰　清嘉慶元年（1796）刻本　一冊

440000－2526－0000011　199001720

返生香一卷　（明）葉小鸞撰　**窈聞一卷續窈聞一卷**　（明）葉紹袁撰　清光緒二十二年（1896）羊城葉衍蘭秋夢盦刻本　一冊　缺二卷（窈聞一卷、續一卷）

440000－2526－0000012　199001573/199001692

重刊宋本十三經注疏附校勘記十三種四百十六卷　（清）阮元校勘記　（清）盧宣旬摘錄校勘記　清同治十二年（1873）江西書局刻本　一百二十冊

440000－2526－0000013　199001727

比目魚傳奇二卷三十二曲　（清）湖上笠翁編次　（清）秦淮醉侯批評　清康熙世德堂刻本　一冊　存一卷（二）

440000－2526－0000014　199001721/199001726

庾子山集十六卷　（北周）庾信撰　**總釋一卷年譜一卷**　（清）倪璠撰　清道光十九年（1839）同文堂刻本　六冊

440000－2526－0000015　199001728/199001735

梅村詩集箋注十八卷　（清）吳偉業撰　（清）吳翌鳳箋注　清嘉慶十九年（1814）嚴榮滄浪吟榭刻本　八冊

440000－2526－0000016　199001736/199001747

曝書亭集八十卷附錄一卷　（清）朱彝尊撰　**笛漁小稿十卷**　（清）朱昆田撰　清光緒十五年（1889）刻本　十二冊

440000－2526－0000017　199001748/199001753

曝書亭集詞註七卷　（清）朱彝尊撰　（清）李富孫注　清嘉慶十九年（1814）嘉興李氏校經廎刻本　六冊

440000－2526－0000018　199001754/199001773

蘇文忠公詩編註集成四十六卷集成總案四十五卷首一卷目錄一卷附蘇海識餘四卷牋詩圖一卷真像考一卷諸家雜綴酌存一卷　（宋）蘇軾撰　（清）王文誥輯注　清道光三年（1823）揚州阮氏刻本　二十冊

440000－2526－0000019　199001774/199001775

林和靖先生詩集四卷詩話一卷附林集酬唱題詠林集續刻一卷　（宋）林逋撰　**省心錄一卷**　（宋）李邦獻撰　清光緒二十一年（1895）婺源俞氏清蔭堂刻本　二冊

440000－2526－0000020　199001776/199001777、199001779/199001790

知服齋叢書五集二十五種　（清）龍鳳鑣輯　清光緒順德龍氏刻本　十三冊　缺七種二十六卷（南嶽小錄一卷，寧古塔紀略一卷，元儒攷略四卷，少陽集十卷，楊忠愍公集五卷、首一卷、末一卷，崇禎五十宰相傳一卷，崇禎内閣行略一卷、閣臣年表一卷）

440000－2526－0000021　199000343/199000344

鼠璞一卷　（宋）戴埴撰　明弘治刻百川學海叢書本　二冊

440000－2526－0000022　199001192

高上玉皇本行集經三卷　（□）□□撰　明嘉靖八年（1529）羅貴等刻本　一冊

440000－2526－0000023　199001228/199001231

易占經緯四卷　（明）韓邦奇輯　清嘉慶至道光刻本　四冊

440000－2526－0000024　199001792

直省考卷清雅三集一卷　（清）何希軾編次　清道光三年（1823）刻本　一冊

440000－2526－0000025　199001793/199001795

廣東鄉土史教科書二卷附錄二卷　黄佛頤編輯　（清）黄映奎參閲　清光緒三十二年（1906）粵城時中學校刻本　一冊

440000－2526－0000026　199001796/199001799

讀史提要錄十二卷　（清）夏之蓉編　清乾隆三十七年（1772）刻本　四冊

440000－2526－0000027　199001791

知服齋叢書第二集　（清）龍鳳鑣輯　清光緒順德龍氏刻本　一冊　存五種五卷（金華赤松山志一卷、南嶽小錄一卷、三秦記一卷、島夷誌略一卷、甯古塔紀略一卷）

440000－2526－0000028　199001800/199001802

日知薈説四卷　（清）高宗弘曆撰　清乾隆元年（1736）刻本　三冊

440000－2526－0000029　199001803

毛詩名物解二十卷　（宋）蔡卞集解　清康熙十五年（1676）通志堂刻本　一冊

440000－2526－0000030　199001804

汪本隸釋刊誤一卷　（清）黄丕烈撰　清嘉慶二十一年（1816）士禮居刻士禮居黄氏叢書本　一冊

440000－2526－0000031　199001810/199001813

積古齋鐘鼎彝器款識十卷　（清）阮元編錄　清嘉慶九年（1804）刻本　四冊

440000－2526－0000032　199001830/199001849

觀古堂書目叢刻十五種　葉德輝輯　清光緒二十八年至民國十年（1902－1921）湘潭葉氏觀古堂刻本　二十冊

440000－2526－0000033　199001814/199001829

觀古堂所著書二集十七種四十卷　葉德輝撰輯　清光緒元年至民國五年（1875－1916）湘潭葉氏刻本　十六冊　缺一卷（郭氏玄中記二）

440000－2526－0000034　199001850/199001853

毛詩名物解二十卷　（宋）蔡卞集解　清康熙刻本　四冊

440000－2526－0000035　199001854/199001857

説文解字十五卷　（漢）許慎撰　（宋）徐鉉等校定　清嘉慶九年（1804）刻本　四冊

440000－2526－0000036　199001859/199001864

大新書局較正監韻分章分節四書正文四種四卷　（明）陳豸校　（明）顏茂猷校正　清大新書局石印本　六冊

440000－2526－0000037　199001858

四書正文四種□□卷　(□)□□輯　清末廣州醉經堂石印本　一冊　存一卷(孟子下)

440000－2526－0000038　199001865

劈邪寶卷□□卷　(□)□□撰　明刻本　一冊

440000－2526－0000039　199001866/199001877

康熙字典十二集三十六卷總目一卷檢字一卷辨似一卷等韻一卷備考一卷補遺一卷　(清)張玉書等纂　清刻本　十二冊　存十二卷(子集上下、丑集上中、戌集上中下、亥集上中下,備考一卷,補遺一卷)

440000－2526－0000040　199001878/199001879

爾雅疏十卷　(宋)邢昺等校定　清光緒四年(1878)吳興陸氏十萬卷樓刻本　二冊

440000－2526－0000041　199001880/199001886

秋讞輯要六卷首一卷　(清)剛毅輯　清光緒十九年(1893)廣東書局刻本　七冊

440000－2526－0000042　199001887/199001926

康熙字典十二集三十六卷總目一卷檢字一卷辨似一卷等韻一卷備考一卷補遺一卷　(清)張玉書等纂　清康熙五十五年(1716)刻本　四十冊

440000－2526－0000043　199001928

書林揚觶二卷　(清)方東樹撰　清文學山房木活字印本　一冊　存一卷(二)

440000－2526－0000044　199001929/199001944

李太白文集三十六卷　(唐)李白撰　(清)王琦輯註　清乾隆刻本　十六冊　存三十二卷(一至二十六、三十一至三十六)

440000－2526－0000045　199001945/199001948

河海崑崙錄四卷　裴景福撰　清宣統元年(1909)鉛印本　四冊

440000－2526－0000046　199001953/199001962

太平御覽一千卷　(宋)李昉等輯　明萬曆刻本　十冊　存一百卷(三百二十五至三百三十八、四百十三至四百二十五、五百七十五至五百八十八、六百三十九至六百五十、六百八十六至六百九十、七百八十、七百九十至八百五、八百二十一至八百三十、八百八十六至九百)

440000－2526－0000047　199001963

東坡先生全集七十五卷　(宋)蘇軾撰　明刻本　一冊　存二卷(五十八至五十九)

440000－2526－0000048　199001975/199001980

太乙數統宗大全四十卷　(清)李自明撰　清乾隆刻本　六冊　存十一卷(一至十一)

440000－2526－0000049　199001981/199001984

碑版文廣例十卷　(清)王芑孫輯　清道光二十一年(1841)刻本　四冊

440000－2526－0000050　199001985/199001987

歷代帝王年表不分卷　(清)齊召南編　(清)阮福續編　**帝王廟謚年諱譜一卷**　(清)阮福編　清道光四年(1824)小琅嬛仙館刻本　三冊

440000－2526－0000051　199001998

御製古稀說一卷　(清)高宗弘曆撰　**古稀頌一卷**　(清)彭元瑞撰　清乾隆內府刻本　一冊

440000－2526－0000052　199000306

新鐫武經標題正義七卷　(明)趙光裕註釋　明末刻本　一冊　存五卷(一至五)

440000－2526－0000053　199000362/199000363

奕妙一卷二編一卷　(清)吳峻輯　(清)施襄夏鑒定　清乾隆二十九年(1764)崇雅堂刻本　二冊

440000－2526－0000054　199000326/199000334

四書彙考二十八卷引用書目一卷目錄一卷考異一卷　(明)陳仁錫增定　(明)陳禮錫等參訂　明崇禎七年(1634)刻本　九冊　存十八卷(一至三、六至十四、十七至二十、二十七至二十八)

440000－2526－0000055　199000307/199000322

文選六十卷　(南朝梁)蕭統撰　(唐)李善注

明末汲古閣刻本　十六冊

440000－2526－0000056　199001949/199001952
高季迪先生大全集十八卷　（明）高啓撰　清康熙三十四年（1695）竹素園刻本　四冊

440000－2526－0000057　199001805/199001809
易註十二卷洪范傳一卷　（清）崔致遠撰　清乾隆八年（1743）綘雲樓刻本　五冊　存八卷（易註一至三、六至十）

440000－2526－0000058　199001778
御製勸善要言不分卷　（清）世祖福臨撰　清順治十二年（1655）内府刻本　一冊

440000－2526－0000059　199001717/199001718
燕市讀易鮮三卷　（明）余鴻鼎撰　明萬曆刻本　二冊

440000－2526－0000060　199000690
秋涇筆乘一卷　（明）宋鳳翔撰　清道光十一年（1831）六安晁氏木活字印學海類編本　一冊

440000－2526－0000061　199000665
漢銅印叢八卷　（清）汪啓淑藏並輯　清乾隆十七年（1752）刻鈐印本　一冊　存四卷（一至二、七至八）

440000－2526－0000062　199003983/199003984
搗叔考藏秦漢印存不分卷　（清）趙之謙藏並輯　清鈐印本　二冊

440000－2526－0000063　199000256/199000264
地理參贊玄機僊婆集十三卷　（明）張鳴鳳編集　（明）張希堯參補　明萬曆書林熊體忠刻本　九冊　存十一卷（一至八、十一至十三）

440000－2526－0000064　199000265/199000276
重刊人子須知資孝地理心學統宗八卷首一卷　（明）徐善繼　（明）徐善述撰　明萬曆十一年（1583）曾璠刻本　十二冊

440000－2526－0000065　199001193/199001198
玉堂校傳如崗陳先生二經精解全編九卷　（明）陳懿典撰　明刻本　六冊　存七卷（三至九）

440000－2526－0000066　199001964/199001974
書經注疏大全合纂五十九卷首一卷　（明）張溥撰　明崇禎九年（1636）刻本　十一冊　存三十七卷（二、六、十三至十九、二十七至五十四）

440000－2526－0000067　199001019/199001024
歸愚詩鈔二十卷矢音集三卷　（清）沈德潛撰　清乾隆刻本　六冊

440000－2526－0000068　199001074/199001081
忠雅堂詩集二十七卷補遺二卷銅絃詞二卷附南北曲　（清）蔣士銓撰　清乾隆刻本　八冊

440000－2526－0000069　199001537/199001548
六書分類十二卷首一卷　（清）傅世垚輯　清康熙三十八年（1699）周天健聽松閣刻本　十二冊　存六卷（一至六）

440000－2526－0000070　199001232
陳眉公珍珠船四卷　（明）陳繼儒撰　明末刻本　一冊

440000－2526－0000071　199000760/199000763
漢谿書法通解八卷　（清）戈守智撰　清乾隆刻本　四冊

440000－2526－0000072　199000992/199001002
思綺堂文集十卷　（清）章藻功撰　清康熙六十一年（1722）刻本　十一冊

440000－2526－0000073　199001988/199001994
新纂氏族箋釋八卷　（清）熊峻運撰　（清）楊煌義編　清刻本　七冊　缺一卷（七）

440000－2526－0000074　199000350/199000361
東坡全集一百十五卷目錄七卷　（宋）蘇軾撰　**東坡先生［蘇軾］年譜一卷**　（宋）王宗稷編　明刻本　十二冊　存五十九卷（三十五至四十五、五十五至五十八、六十八至九十六、一百四至一百十五，目錄一至二，年譜一卷）

440000－2526－0000075　199000299/199000305
編註醫學入門内集二卷外集五卷首一卷　（明）李梴撰　明萬曆書林本立堂刻本　七冊

440000－2526－0000076　199001094/199001097

讀杜心解六卷首二卷　（唐）杜甫撰　（清）浦起龍解　清雍正二年至三年（1724－1725）浦氏寧我齋刻本　四冊　存六卷（一之六至六之下）

440000－2526－0000077　199000754/199000759
揚州畫舫錄十八卷　（清）李斗撰　清乾隆六十年至嘉慶二十五年（1795 －1820）刻本　六冊

440000－2526－0000078　199001693/199001716
荆駝逸史四十九種附一種　（清）陳湖逸士輯　清刻本　二十四冊

440000－2526－0000079　199001995/199001997
宋元舊本書經眼錄三卷附錄二卷　（清）莫友芝撰　清同治十二年（1873）刻本　三冊

440000－2526－0000080　199000247/199000255
幼科證治準繩九卷　（明）王肯堂輯　明萬曆三十年至三十六年（1602－1608）刻本　九冊

440000－2526－0000081　199002005/199002020
皇極經世六十卷附編二卷補編一卷　（宋）邵雍撰　（清）王宗嶧輯　清咸豐元年（1851）刻本　十六冊

440000－2526－0000082　199001999/199002004
水道提綱二十八卷　（清）齊召南編錄　清乾隆四十一年（1776）刻本　六冊

440000－2526－0000083　199000024/199000031
范文正公集文集二十卷別集四卷政府奏議二卷尺牘三卷言行拾遺事錄四卷鄱陽遺事錄一卷遺蹟一卷建立義莊規矩一卷褒賢集五卷補編五卷　（宋）范仲淹撰　**［范仲淹］年譜一卷**　（宋）樓鑰編　**［范仲淹］年譜補遺一卷**　（宋）范之柔撰　**鄱陽遺事錄一卷**　（宋）陳貽範撰　清康熙四十六年（1707）歲寒堂刻道光十年（1830）重修本　八冊

440000－2526－0000084　199001082/199001087
虛白齋存藁十卷館課詩一卷館課賦一卷　（清）吳壽昌撰　清乾隆五十五年（1790）吳氏刻本　六冊

440000－2526－0000085　199000404/199000451
淵鑒齋御纂朱子全書六十六卷　（宋）朱熹撰　（清）熊賜履　（清）李光地等纂修　清康熙五十三年（1714）武英殿刻本　四十八冊

440000－2526－0000086　199000817/199000832
文選六十卷　（南朝梁）蕭統撰　（唐）李善註　（清）何焯評點　清乾隆三十七年（1772）長洲葉氏海錄軒刻朱墨套印本　十六冊

440000－2526－0000087　199000130/199000149
文選六十卷　（南朝梁）蕭統撰　（唐）李善註　**文選考異十卷**　（清）胡克家撰　清嘉慶十四年（1809）鄱陽胡氏刻本　二十冊　存五十九卷（文選三至四十一、四十八至六十，考異一至七）

440000－2526－0000088　199001235/199001374
淵鑑類函四百五十卷目錄四卷　（清）張英等纂輯　清康熙四十九年（1710）刻本　一百四十冊

440000－2526－0000089　199002021
百宋一廛賦一卷　（清）顧廣圻撰　（清）黄丕烈注　清嘉慶十年（1805）刻本　一冊

440000－2526－0000090　199000370/199000373
圍棋近譜四集　（清）金楙志輯　清康熙刻本　四冊

440000－2526－0000091　199000323/199000325
性理大全書七十卷　（明）胡廣編　明刻本　三冊　存八卷（五至九、三十一至三十三）

440000－2526－0000092　199000368/199000369
六家弈譜六卷　（清）王彥侗輯　清咸豐七年（1857）刻本　二冊

440000－2526－0000093　199000335/199000342
重訂王鳳洲先生會纂綱鑑四十六卷　（明）王世貞纂　明維新堂刻本　八冊　存十二卷（三十五至四十六）

440000－2526－0000094　199000364/199000367
孔氏家語十卷札記一卷　（三國魏）王肅註　劉世珩札記　清光緒二十四年至二十六年

(1898－1900)玉海堂景刻本　四冊

440000－2526－0000095　199000345/199000349
唐書二百二十五卷　(宋)歐陽修　(宋)宋祁等撰　明刻明清遞修本　五冊　存十四卷(一、十七、十九至三十)

440000－2526－0000096　199000388/199000403
水經注釋四十卷首一卷附錄二卷水經注箋刊誤十二卷　(漢)桑欽撰　(北魏)酈道元注　(清)趙一清刊誤　清乾隆五十九年(1794)趙氏小山堂刻本　十六冊

440000－2526－0000097　199002022
書目答問四卷古今人著述合刻叢書目一卷別錄一卷國朝著述諸家姓名略一卷　(清)張之洞撰　清光緒二年(1876)刻本　一冊

440000－2526－0000098　199000374/199000387
重刊許氏說文解字五音韻譜十二卷　(宋)李燾編　(宋)徐鉉校　清刻本　十四冊

440000－2526－0000099　199000464/199000527
本草綱目五十二卷首一卷圖三卷萬方針線八卷藥品總目一卷瀕湖脈學一卷奇經八脈攷一卷脈訣考證一卷　(明)李時珍撰　(清)蔡烈先輯　清道光六年(1826)英德堂刻本　六十四冊

440000－2526－0000100　199000452/199000463
五代史記七十四卷　(宋)歐陽修撰　清宣統貴池劉氏玉海堂影刻本　十二冊

440000－2526－0000101　199000058
緐笙館修簫譜四卷　(清)舒位撰　清道光十三年(1833)錢塘汪氏振綺堂刻本　一冊

440000－2526－0000102　199000065/199000072
樊川文集二十卷外集一卷　(唐)杜牧撰　(唐)裴延翰編　**樊川別集一卷**　(宋)田槩輯　清光緒二十二年(1896)景蘇園刻本　八冊

440000－2526－0000103　199002023/199002028
瀛環志略十卷　(清)徐繼畬撰　清道光二十八年(1848)刻本　六冊

440000－2526－0000104　199002029/199002032
湘軍志十六卷　王闓運撰　清光緒刻本　四冊

440000－2526－0000105　199002033
壽世簡便集一卷附增續一卷　(清)林清標輯　清乾隆五十二年(1787)武陵同心堂刻本　一冊

440000－2526－0000106　199002034
皇清大事紀畧不分卷　(清)阮榕齡輯　(清)阮燮橋鈔　清光緒元年(1875)抄本　一冊

440000－2526－0000107　199000057
一片石一卷四齣　(清)蔣士銓填詞　(清)王興吾評定　(清)吳承緒正譜　**第二碑(後一片石)一卷六齣**　(清)藏園居士(蔣士銓)填詞　(清)蒼厓老人評校　(清)見亭外史正譜　清末刻本　一冊

440000－2526－0000108　199000034
白沙子古詩教解二卷　(明)陳獻章撰　(明)湛若水輯解　清乾隆三十六年(1771)刻本　一冊

440000－2526－0000109　199000001/199000002
玉谿生詩箋註三卷首一卷　(唐)李商隱撰　(清)馮浩編訂　清乾隆三十二年(1767)刻本　二冊

440000－2526－0000110　199000003/199000006
玉谿生詩箋註三卷首一卷　(唐)李商隱撰　(清)馮浩編訂　清乾隆四十五年(1780)刻本　四冊

440000－2526－0000111　199000007/199000008
樊南文集箋註八卷　(唐)李商隱撰　(清)馮浩編訂　清乾隆三十年(1765)刻本　二冊

440000－2526－0000112　199000009/199000011
陶淵明文集十卷　(晉)陶潛撰　清廣州芸書閣刻本　三冊

440000－2526－0000113　199000012/199000013
陶淵明文集十卷　(晉)陶潛撰　清同治二年(1863)何氏篤慶堂影刻本　二冊

440000－2526－0000114　199000014/199000017
漁洋山人精華錄十卷　(清)王士禎撰　(清)林佶編　清康熙三十九年(1700)刻本　四冊

440000－2526－0000115　199000018/199000023
梅村詩集箋注十八卷　(清)吳偉業撰　(清)吳翌鳳箋注　清嘉慶十九年(1814)嚴榮滄浪吟榭刻本　六冊

440000－2526－0000116　199000032/199000033
唐詩金粉十卷　(清)沈炳震輯　清雍正刻本　二冊

440000－2526－0000117　199000035/199000046
施註蘇詩四十二卷總目二卷蘇詩續補遺二卷　(宋)蘇軾撰　(清)施元之　(清)顧禧註　(清)顧嗣立等刪補　**東坡先生[蘇軾]年譜一卷**　(宋)王宗稷編　(清)邵長蘅重訂　**蘇詩續補遺二卷**　(清)馮景補註　清康熙刻本　十二冊

440000－2526－0000118　199000047/199000056
梅村集四十卷目錄二卷　(清)吳偉業撰　**梅村先生文集目錄二卷**　(清)顧湄　(清)周瓚編　清康熙刻本　十冊

440000－2526－0000119　199000073/199000074
李義山詩集三卷　(唐)李商隱撰　(清)朱鶴齡箋註　清順治十六年(1659)金沙繼溪山房刻本　二冊

440000－2526－0000120　199000059/199000064
李義山詩集三卷　(唐)李商隱撰　(清)朱鶴齡箋註　清乾隆十五年(1750)懷德堂刻本　六冊

440000－2526－0000121　199000199/199000202
巢經巢詩鈔九卷後集四卷　(清)鄭珍撰　清咸豐刻本　四冊

440000－2526－0000122　199000203/199000204
思勉齋詩鈔八卷　(清)張尚絅撰　清道光元年(1821)刻本　二冊

440000－2526－0000123　199000195/199000198
惜裦先生尺牘八卷　(清)姚鼐撰　清宣統元年(1909)小萬柳堂刻本　四冊

440000－2526－0000124　199000193
[光緒壬寅]陝西鄉試闈墨不分卷　(清)段□鑒定　清光緒二十八年(1902)刻本　一冊

440000－2526－0000125　199000194
蒙學筆算教科書三十二課　丁福保撰　清光緒三十年(1904)上海文明書局鉛印本　一冊

440000－2526－0000126　199000205/199000224
納書楹曲譜四夢全譜八卷正集四卷續集二卷外集四卷補遺四卷　(清)葉堂訂譜　(清)王文治參訂　清乾隆五十七年至五十九年(1792－1794)長州葉氏納書楹刻本　二十冊

440000－2526－0000127　199000225/199000235
四書翼註論文十二卷　(清)鄭獻甫撰　清光緒五年(1879)黔南節署刻本　十一冊

440000－2526－0000128　199000236/199000238
愚一錄十二卷　(清)鄭獻甫撰　清光緒二年(1876)黔南節署刻本　三冊

440000－2526－0000129　199000239/199000240
補學軒詩集十二卷　(清)鄭獻甫撰　清光緒五年(1879)黔南節署刻本　二冊

440000－2526－0000130　199000241/199000242
補學軒文集四卷　(清)鄭獻甫撰　清光緒八年(1882)黔南節署刻本　二冊

440000－2526－0000131　199000243/199000245
補學軒制藝四卷制藝雜話一卷　(清)鄭獻甫撰　清同治十年(1871)黔南臬署刻本　三冊

440000－2526－0000132　199000246
補學軒批選時文讀本二卷　(清)鄭獻甫撰　清同治八年(1869)貴州臬署刻本　一冊

440000－2526－0000133　199000283/199000298
重刊人子須知資孝地理心學統宗八卷首一卷　(明)徐善繼　(明)徐善述撰　明萬曆十一年(1583)曾璠刻本　十六冊

440000－2526－0000134　199000075/199000076
李義山文集十卷　(唐)李商隱撰　(清)徐樹穀箋　(清)徐炯註　清康熙四十七年(1708)

徐氏花谿草堂刻本　二册

440000－2526－0000135　199000077/199000116
御製詩三集一百卷總目十二卷　（清）高宗弘曆撰　（清）于敏中等編　清乾隆二十五年至三十六年（1760－1771）刻本　四十册

440000－2526－0000136　199000124/199000125
退思軒詩集六卷補遺一卷　（清）張百熙撰　清宣統三年（1911）刻本　二册　存三卷（一至三）

440000－2526－0000137　199000117/199000122
大雲山房文稾初集四卷二集四卷　（清）惲敬撰　清嘉慶刻本　六册　存六卷（初集四卷、二集一至二）

440000－2526－0000138　199000123
駢花閣文選四卷　沈宗畸輯　清宣統二年（1910）番禺沈氏鉛印晨風閣叢書本　一册

440000－2526－0000139　199000126/199000127
鍊菴駢體文選四卷　沈宗畸輯　清末番禺沈氏鉛印晨風閣叢書本　二册

440000－2526－0000140　199000128/199000129
海天樓詩鈔八卷　（清）喻福基撰　清道光十六年（1836）正文堂刻本　二册

440000－2526－0000141　199000150/199000173
王臨川全集一百卷目錄二卷　（宋）王安石撰　清光緒九年（1883）刻本　二十四册

440000－2526－0000142　199000174/199000188
全五代詩一百卷補遺一卷五代帝王廟謚年諱譜一卷　（清）李調元編　清乾隆刻本　十五册　存八十二卷（一至十、二十四至八十七、九十五至一百，補遺一卷，年諱譜一卷）

440000－2526－0000143　199000189/199000192
兩當軒詩鈔十四卷竹眠詞鈔二卷　（清）黄景仁撰　清道光十三年至十四年（1833－1834）刻本　四册

440000－2526－0000144　199000904/199000905
新刻批評東漢演義八卷三十二回　（清）清遠道人重編　清刻本　二册

440000－2526－0000145　199000906
太極靈寶祭煉玄科不分卷　（三國吴）葛玄撰　（清）施道淵校定　清刻本　一册

440000－2526－0000146　199000907
貫華堂第六才子書八卷　（元）王實甫撰　（清）金聖歎批點　清初刻本　一册　存四卷（一至四）

440000－2526－0000147　199000920/199000923
念昔齋寱言圖纂不分卷　（清）黄雲鵠撰　清光緒十二年（1886）刻本　四册

440000－2526－0000148　199000924
歷代地理沿革圖一卷　（清）六嚴繪　（清）馬徵麟增輯　清同治十年（1871）刻朱墨套印本　一册

440000－2526－0000149　199000925
易筋經圖説不分卷　（三國魏）釋達摩撰　（清）梁士賢輯　**八段錦坐功圖不分卷**　（清）青萊真人撰　清宣統三年（1911）大文堂刻本　一册

440000－2526－0000150　199000931/199000936
淞隱漫錄十二卷　（清）王韜撰　清光緒十年（1884）石印本　六册

440000－2526－0000151　199000937/199000938
文房肆攷圖説八卷　（清）唐秉鈞撰　（清）康愷繪　清乾隆竹暎山莊刻本　二册　存四卷（一至四）

440000－2526－0000152　199000950/199000991
西清續鑑甲編二十卷附錄一卷　（清）王杰等輯　清宣統三年（1911）上海商務印書館影印本　四十二册

440000－2526－0000153　199000926/199000930
羊城古鈔八卷首一卷　（清）仇巨川輯　清嘉慶十一年（1806）刻本　五册

440000－2526－0000154　199000949
歷代輿地沿革險要圖説不分卷　楊守敬　饒敦秩撰　（清）王尚德重繪　清光緒二十四年（1898）上海文賢閣石印本　一册

440000－2526－0000155　199000939/199000948

聖諭像解二十卷　（清）梁延年編　清光緒二十九年（1903）滿洲恩壽石印本　十册

440000－2526－0000156　199001003/199001018

第一才子書六十卷一百二十回首一卷　（明）羅本撰　（清）金聖歎　（清）毛宗崗評　清光緒九年（1883）築野書屋石印本　十六册

440000－2526－0000157　199000743/199000747、199000716/199000742

湖海樓叢書十二種　（清）陳春輯　清嘉慶蕭山陳氏刻本　二册

440000－2526－0000158　199000748/199000749

百美新詠一卷圖傳一卷集詠一卷　（清）顔希源撰　（清）王翽繪　清嘉慶刻本　二册　存一卷（圖傳一卷）

440000－2526－0000159　199000750/199000753

回文類聚四卷　（宋）桑世昌撰　**織錦回文圖一卷**　（清）玉山仙史摹集　**回文類聚續編十卷**　（清）朱象賢集　清刻本　四册

440000－2526－0000160　199000772/199000774

晚笑堂竹莊畫傳不分卷　（清）上官周撰並繪　清乾隆八年（1743）刻本　三册

440000－2526－0000161　199000768/199000770

豳風廣義三卷　（清）楊屾輯　清乾隆刻本　三册

440000－2526－0000162　199000771

列仙酒牌一卷　（清）任熊繪　清咸豐四年（1854）蕭山蔡照初刻本　一册　存二十三籌（一至二十三）

440000－2526－0000163　199000775/19900776

列仙酒牌一卷　（清）任熊繪　清咸豐四年（1854）蕭山蔡照初刻本　二册

440000－2526－0000164　199000778/199000779

三十三劍客圖不分卷　（清）任熊繪　清咸豐六年（1856）蕭山蔡照初刻本　二册

440000－2526－0000165　199000764/199000765

凰求鳳傳奇二卷三十齣　（清）湖上笠翁編次（清）冷西梅客批評　清刻本　二册

440000－2526－0000166　199000766

玉搔頭傳奇二卷三十齣　（清）湖上笠翁編次（清）睡鄉祭酒批評　清刻本　一册　存一卷（一）

440000－2526－0000167　199000767

巧團圓傳奇二卷三十四齣　（清）湖上笠翁編次　（清）新亭牧子　（清）華岳居民評　清刻本　一册　存一卷（二）

440000－2526－0000168　199000777

憐香伴傳奇二卷三十六齣　（清）湖上笠翁編次　（清）玄洲逸叟批評　清刻本　一册　存一卷（一）

440000－2526－0000169　199000780

芥子園畫傳不分卷　（清）沈心友輯　（清）王概等摹　清刻彩色套印本　一册

440000－2526－0000170　199000781

芥子園畫傳五卷　（清）王概輯並摹　清康熙十八年（1679）刻本　一册　存二卷（一至二）

440000－2526－0000171　199000785

芥子園畫傳初集五卷　（清）王概輯並摹　清康熙十八年（1679）刻彩色套印本　一册　存一卷（五）

440000－2526－0000172　199000786/199000789

於越先賢像傳贊二卷　（清）王齡撰　（清）任熊繪　清咸豐六年至七年（1856－1857）蕭山王氏養和堂刻本　四册

440000－2526－0000173　199000782/199000784

增訂本草備要四卷　（清）汪昂輯　清末刻本　三册

440000－2526－0000174　199000790/199000816

海山仙館叢書五十六種　（清）潘仕成輯　清道光至咸豐番禺潘氏刻本　二十七册　存十四種九十八卷（易大義一卷；尚書註考一卷；讀詩拙言一卷；漁隱叢話前集二十四至四十七，後集一至八、三十四至四十；四溟詩話四卷；宋四六話一至三、七至九；竹雲題跋四卷；

茶董補二卷、酒顛補三卷;尺牘新鈔五至十二;顔氏家藏尺牘一、三至四,姓氏考一卷;幾何原本一至三、首一至三;同文算指通編一至六;女科一、產後編二卷;全體新論十卷)

440000－2526－0000175　199000875/199000891

御纂周易折中二十二卷首一卷　(清)李光地等撰　清康熙五十四年(1715)内府刻本　十七册

440000－2526－0000176　199000862/199000867

隸韻十卷　(宋)劉球撰　**攷證二卷碑目一卷碑目攷證一卷**　(清)翁方綱撰　清嘉慶十五年(1810)刻本　六册

440000－2526－0000177　199000856/199000861

四書貫珠講義十九卷　(清)林文竹輯　清同治十一年(1872)兩廣運署刻本　六册　缺四卷(孟子四至七)

440000－2526－0000178　199000869/199000874

復古編二卷校正一卷附録一卷　(宋)張有撰　**安陸集一卷**　(宋)張先撰　**曾樂軒稿一卷**　(宋)張維撰　清嘉慶刻本　六册

440000－2526－0000179　199000688

讀書録存遺一卷　(宋)潘音撰　清道光十一年(1831)六安晁氏木活字印學海類編本　一册

440000－2526－0000180　199000689

月下偶談一卷　(宋)俞琰撰　清道光十一年(1831)六安晁氏木活字印學海類編本　一册

440000－2526－0000181　199000691

飛鳧語略一卷　(明)沈德符撰　清道光十一年(1831)六安晁氏木活字印學海類編本　一册

440000－2526－0000182　199000692

錢氏私誌一卷　(宋)錢世昭撰　清道光十一年(1831)六安晁氏木活字印學海類編本　一册

440000－2526－0000183　199000703

碣石調幽蘭一卷　(南朝陳)丘公明撰　清光緒遵義黎庶昌日本東京使署刻古逸叢書本　一册

440000－2526－0000184　199000704/199000715

古逸叢書二十六種　(清)黎庶昌輯　清光緒遵義黎庶昌日本東京使署刻本　十二册　存七種三十九卷(碣石調幽蘭一卷,天臺山記一卷,史略六卷,楚辭集注八卷、辯證二卷、後語六卷,急就篇一卷,南華真經注疏十卷,玉篇零本四卷)

440000－2526－0000185　199000528/199000537

欽定明鑑二十四卷首一卷　(清)托津等撰　清嘉慶二十三年(1818)刻本　十册

440000－2526－0000186　199000538/199000664

古香齋新刻袖珍淵鑑類函四百五十卷目錄四卷　(清)張英　(清)王士正等編　清康熙四十九年(1710)刻本　一百二十七册　缺三十一卷(六十一至六十四、一百二十四至一百二十六、一百九十至一百九十七、二百至二百二、二百六十五至二百六十六、三百五十九至三百六十六、三百七十三至三百七十五)

440000－2526－0000187　199000666/199000667

聽秋山館印譜一卷　(清)張澐篆　清咸豐二年(1852)刻鈐印本　二册

440000－2526－0000188　199000669/199000671

味蔗草堂印存三卷　(□)□□篆　清鈐印本　三册

440000－2526－0000189　199000672

松園印譜一卷　(清)賈永篆　清福壽堂刻鈐印本　一册

440000－2526－0000190　199001128

松心十錄十集四十一卷　(清)張維屏撰　清道光刻本　一册　存二十二卷(經義錄六卷,史鑑錄一,倫常錄五卷,政治錄一至二、四,天象錄一,地輿錄一,藝談錄一,物產錄一,尚論錄一,雜陳錄一、八)

440000－2526－0000191　199001129/199001130

松心詩錄十卷　(清)張維屏撰　清咸豐四年(1854)刻本　二册

440000－2526－0000192　199001131/199001133

松心詩集十集二十四卷　(清)張維屏撰　清道光三十年(1850)刻本　三冊　缺四卷(燕臺集三至六)

440000－2526－0000193　199001134

瘞鶴銘考一卷　(清)汪士鋐編　清嘉慶十年(1805)刻本　一冊

440000－2526－0000194　199001135

松心雜詩不分卷　(清)張維屏撰　清刻本　一冊

440000－2526－0000195　199001136/199001139

聽松廬詩鈔十六卷　(清)張維屏撰　清嘉慶十八年(1813)刻本　四冊

440000－2526－0000196　199001140

春遊唱和詩不分卷　(清)張維屏輯　清刻本　一冊

440000－2526－0000197　199001141/199001143

日本金石志五卷　(清)傅雲龍撰　清光緒十五年(1889)石印本　三冊　缺一卷(二)

440000－2526－0000198　199001144/199001147

語石十卷　葉昌熾撰　清宣統元年(1909)刻本　四冊

440000－2526－0000199　199001148/199001151

楚辭十七卷　(漢)王逸章句　(宋)洪興祖補注　清同治十一年(1872)金陵書局刻本　四冊

440000－2526－0000200　199001152/199001191

康熙字典十二集檢字一卷辨似一卷等韻一卷總目一卷備考一卷補遺一卷　(清)張玉書等撰　(清)奕繪等重修　清道光七年(1827)刻本　四十冊

440000－2526－0000201　199001199/199001202

說文解字十五卷　(漢)許慎記　(宋)徐鉉校定　清毛氏汲古閣刻本　四冊

440000－2526－0000202　199001203/199001210

說文解字十五卷　(漢)許慎記　(宋)徐鉉校定　清毛氏汲古閣刻本　八冊

440000－2526－0000203　199001211/199001215

黃帝內經素問二十四卷　(明)吳崐註　明萬曆刻本　五冊　存十一卷(十四至二十四)

440000－2526－0000204　199001216/199001227

梁昭明文選十二卷　(南朝梁)蕭統輯　(明)張鳳翼纂註　明萬曆至崇禎刻本　十二冊

440000－2526－0000205　199001233

晉王右軍集二卷　(晉)王羲之撰　明婁東張氏刻漢魏六朝百三家集本　一冊

440000－2526－0000206　199001234

晉王大令集一卷　(晉)王獻之撰　**孫廷尉集一卷**　(晉)孫綽撰　**陶彭澤集一卷**　(晉)陶淵明撰　明婁東張氏刻漢魏六朝百三家集本　一冊

440000－2526－0000207　199001488/199001503

增評補圖石頭記一百二十卷首一卷　(清)曹雪芹　(清)高鶚撰　(清)護花主人評　(清)大某山民加評　清光緒鉛印本(卷九至十六配清光緒三十四年石印本增評補像全圖金玉緣第九至十六回)　十六冊

440000－2526－0000208　199001504/199001516

歷代名儒傳八卷　(清)李清植撰　**歷代名臣傳三十五卷首一卷**　(清)張江撰　**歷代循吏傳八卷首一卷**　(清)張福昶撰　清雍正七年(1729)刻本　十六冊

440000－2526－0000209　199001517/199001518

選集漢印分韻二卷　(清)袁日省編　(清)謝景卿重編　清嘉慶二年(1797)漱藝堂刻本　二冊

440000－2526－0000210　199001519/199001520

續集漢印分韻二卷　(清)謝景卿編　清嘉慶八年(1803)漱藝堂刻本　二冊

440000－2526－0000211　199001521/199001532

小腆紀年坿攷二十卷　(清)徐鼒撰　清咸豐刻本　十二冊

440000－2526－0000212　199001533/199001536

華陽國志十二卷　(晉)常璩撰　**補三州縣郡**

目錄一卷　（清）廖寅撰　清嘉慶十九年(1814)鄰水廖氏刻光緒十六年(1890)會稽陶氏補刻本　四册

440000－2526－0000213　199001549/199001572
史記一百三十卷　（漢）司馬遷撰　（南朝宋）裴駰集解　（唐）司馬貞索隱　（唐）張守節正義　清同治九年(1870)楚北崇文書局刻本　二十四册

440000－2526－0000214　199001025/199001030
忠雅堂詩集二十七卷補遺二卷詞集二卷　（清）蔣士銓撰　清嘉慶刻本　六册

440000－2526－0000215　199001031/199001034
賞雨茅屋詩集十二卷外集一卷　（清）曾燠撰　清嘉慶十五年(1810)刻本　四册

440000－2526－0000216　199001035
鬲津草堂詩不分卷　（清）田霡撰　清康熙至乾隆刻本　一册

440000－2526－0000217　199001036/199001043
船山詩草二十卷　（清）張問陶撰　清嘉慶二十年(1815)刻本　八册

440000－2526－0000218　199002035/199002044
國朝先正事畧正編八卷續編四卷　（清）李元度纂　（清）朱孔彰續編　清光緒二十八年(1902)廣益書局石印本　十册

440000－2526－0000219　199002045
西崑詶唱集二卷　（宋）楊億編　清咸豐四年(1854)南海伍氏刻粤雅堂叢書本　一册

440000－2526－0000220　199002046/199002053
有正味齋試帖詩註八卷　（清）吳錫麒撰　（清）吳清學等注　清道光二十年(1840)婺源孫氏刻本　八册

440000－2526－0000221　199002054
新刊地理五經四書解義郭璞葬經二卷　（晉）郭璞撰　（元）吳澄删定　（明）鄭謐註釋　清刻本　一册　存一卷(二)

440000－2526－0000222　199002055
坤道必讀不分卷　(□)□□撰　清光緒三十一年(1905)刻本　一册

440000－2526－0000223　199002060/199002061
陳子性藏書十二卷首一卷　（清）陳應選撰　清刻本　二册　存四卷(六至七、十一至十二)

440000－2526－0000224　199002062/199002065
楚辭十七卷　（漢）王逸注　（宋）洪興祖補注　清同治十一年(1872)金陵書局刻本　四册

440000－2526－0000225　199002066
徐迪功詩集四卷附錄一卷　（明）徐禎卿撰　重選徐迪功外集三卷　（明）傅光宅選　清光緒三十一年(1905)刻本　一册

440000－2526－0000226　199002067/199002068
東萊先生古文關鍵二卷　（宋）吕祖謙評　（宋）蔡文子注　（清）徐樹屏考異　清同治九年(1870)古閩晏湖張氏勵志書屋刻本　二册

440000－2526－0000227　199002069
屈子雜文六卷　（戰國）屈原撰　（清）王邦采輯　清光緒二十六年(1900)廣雅書局刻本　一册

440000－2526－0000228　199002070/199002071
紀曉嵐詩註釋四卷　（清）紀昀撰　（清）郭斌評註　清嘉慶十三年(1808)刻本　二册

440000－2526－0000229　199002072
天籟集二卷　（元）白樸撰　蟻術詞選四卷　（元）邵亨貞撰　清光緒十八年(1892)臨桂王氏四印齋刻本　一册

440000－2526－0000230　199002073
味靈華館詩六卷　（清）商廷煥撰　清宣統二年(1910)石印本　一册

440000－2526－0000231　199002074/199002076
徐孝穆全集六卷備考一卷　（南朝陳）徐陵撰　（清）吳兆宜箋注　（清）徐文炳備考　清揚州藝古堂刻本　三册

440000－2526－0000232　199002077
笙月詞五卷花影詞一卷　（清）王詒壽撰　清同治十一年至十二年(1872－1873)刻本

一册

440000－2526－0000233　199002078

夢窗詞集一卷補一卷　(宋)吴文英撰　清末至民國刻本　一册

440000－2526－0000234　199002079

秋林琴雅四卷　(清)厲鶚撰　清汪氏洒邊人倚紅樓刻本　一册

440000－2526－0000235　199002080

夢窗甲乙丙丁稿四卷補遺一卷　(宋)吴文英撰　**校勘夢窗詞劄記一卷**　(清)王鵬運撰　清光緒二十五年(1899)臨桂王鵬運四印齋刻本　一册

440000－2526－0000236　199002081/199002096

欽定國朝詩别裁集三十二卷　(清)沈德潛纂評　清乾隆二十六年(1761)刻本　十六册

440000－2526－0000237　199002097

蓮因室詞一卷補一卷　(清)鄭蘭孫撰　清光緒三十三年至三十四年(1907－1908)刻本　一册

440000－2526－0000238　199002098

白石道人詞集三卷别集一卷　(宋)姜夔撰　**山中白雲詞二卷補二卷續補一卷**　(宋)張炎撰　**詞旨一卷**　(元)陸輔之述　清光緒十四年(1888)臨桂王鵬運四印齋刻本　一册

440000－2526－0000239　199002099

桃隖百詠一卷　(清)淩泗著　(清)謝家福註　**五畝園懷古一卷**　(清)□□輯　清光緒吴縣謝氏刻本　一册

440000－2526－0000240　199002100/199002101

汾湖草堂詩草二卷　(清)周開錫撰　(清)周開銘編輯　清光緒周先濬刻本　二册

440000－2526－0000241　199002102

一拳石齋文鈔二卷　(清)方龍光撰　清末刻本　一册

440000－2526－0000242　199002103/199002106

墨花吟館詩鈔十六卷　(清)嚴辰撰　清光緒刻本　四册

440000－2526－0000243　199002107

河東詩鈔四卷　(唐)柳宗元撰　清雍正刻本　一册

440000－2526－0000244　199002108

廬陵詩鈔八卷　(宋)歐陽修撰　清雍正刻本　一册

440000－2526－0000245　199002109

南豐詩鈔三卷　(宋)曾鞏撰　清雍正刻本　一册

440000－2526－0000246　199002110

儒酸福傳奇二卷十四齣　(清)魏熙元填詞　(清)汪繩武正譜　(清)倪星垣評文　清光緒十年(1884)玉玲瓏館刻本　一册

440000－2526－0000247　199002111/199002133

東周列國全志二十三卷一百八回　(明)馮夢龍撰　(清)蔡奡評點　清刻本　二十三册

440000－2526－0000248　199002134

脊令原二卷　(清)黄燮清填詞　(清)陳用光鑒定　清咸豐至同治刻本　一册

440000－2526－0000249　199002135

續刻退一步軒雜鈔三卷　(清)李元善撰　清光緒十八年至十九年(1892－1893)長沙刻本　一册

440000－2526－0000250　199002136/199002139

靖節先生集十卷首一卷末二卷　(晉)陶潛撰　(清)陶澍集注　清光緒九年(1883)江蘇書局刻本　四册

440000－2526－0000251　199002140

瓊花集五卷　(明)曹璿編　清道光蔣氏别下齋刻本　一册

440000－2526－0000252　199002141/199002142

笠翁對韻二卷附唐司空圖詩品詳註一卷五七言千家詩四卷　(清)文元堂重輯　清刻本　二册

440000－2526－0000253　199002143

拾慧餘吟一卷　(清)周作楫集　清道光十四年(1834)刻本　一册

440000－2526－0000254　199002144

桃谿雪二卷　(清)黄燮清填詞　(清)李光溥評文　(清)瞿傳鼎　(清)余炘正譜　清道光二十七年(1847)刻本　一册

440000－2526－0000255　199002145/199002146

漁洋詩話三卷　(清)王士禛撰　清雍正刻本　二册

440000－2526－0000256　199002147

出像目連記三卷　(明)鄭之珍撰　清刻本　一册　存一卷(二)

440000－2526－0000257　199002148/199002151

國朝十家四六文鈔十一卷　王先謙輯　清光緒十五年(1889)長沙王氏刻本　四册

440000－2526－0000258　199002152

圖畫精意識一卷附論畫八法　(清)張庚撰　清光緒十四年(1888)刻本　一册

440000－2526－0000259　199002153/199002154

初學行文語類四卷　(清)孫埏編輯　清乾隆三年(1738)三讓堂刻本　二册

440000－2526－0000260　199004098/199004099

駢體正宗二編不分卷　(清)張蔭桓輯　稿本　二册

440000－2526－0000261　199004094/199004097

張燕公集二十五卷　(唐)張說撰　清乾隆木活字印本(卷一至五爲翻刻配補本)　四册

440000－2526－0000262　199004112

禁燬書目韻編五卷附錄一卷　李宗顥撰　稿本　一册

440000－2526－0000263　199004101/199004111

楚庭耆舊遺詩前集二十一卷後集二十一卷續集三十二卷　(清)伍崇曜輯　清道光二十三年至三十年(1843－1850)南海伍氏刻本　十一册　缺十二卷(後集十至十三、續集一至八)

440000－2526－0000264　199004113/199004114

雲林石譜三卷附詠石詩一卷　(宋)杜綰撰　李宗顥輯鈔　稿本　二册

440000－2526－0000265　199004116

入秦紀程不分卷榆林赴北京路程不分卷赴雲南由西河海道路程不分卷丙申由粤赴蘇州復遊閩中入都紀程不分卷　李宗顥撰　清光緒稿本　一册

440000－2526－0000266　199004115

莊子故八卷　(清)馬其昶撰　清光緒二十七年(1901)蕭山陳氏遺經樓刻本　一册

440000－2526－0000267　199004145/199004148

西樵游覽記十四卷　(清)劉南畬編　清乾隆五十五年(1790)南畬草堂刻道光十三年(1833)補刻本　四册

440000－2526－0000268　199002155/199002156

新編算學啓蒙三卷總括一卷望海島術一卷後記一卷　(清)朱世傑編撰　**算學啓蒙識誤一卷**　(清)羅士琳撰　清道光十九年(1839)刻本　二册

440000－2526－0000269　199002157/199002160

神相鐵關刀四卷　(□)□□撰　清同治十二年(1873)刻本　四册

440000－2526－0000270　199002161/199002180

宋元以來畫人姓氏錄三十六卷首一卷　(清)魯駿編　清道光刻本　二十册

440000－2526－0000271　199002181

新鐫許真君玉匣記增補諸家選擇日用通書六卷　(晉)許真君撰　清鄭濯之刻本　一册

440000－2526－0000272　199002182

邵子擊壤集摘聯六卷　(宋)邵雍撰　(清)邵同珩輯　清光緒二十五年(1899)經世山房刻本　一册

440000－2526－0000273　199002183

文字蒙求四卷　(清)王筠撰　清道光二十六年(1846)刻本　一册　存二卷(一至二)

440000－2526－0000274　199004119

定盦先生[龔自珍]年譜一卷　(清)吳昌綬編　清光緒三十四年(1908)仁和吳氏雙照樓刻朱印本　一册

440000－2526－0000275　199004117/199004118

書目答問四卷別録一卷古今人著述合刻叢書目一卷國朝著述諸家姓名略一卷　（清）張之洞撰　清光緒刻本　二冊

440000－2526－0000276　199004120

定盦續集己亥雜詩一卷　（清）龔自珍撰　清光緒二十三年（1897）江標刻民國潘景鄭朱印本　一冊

440000－2526－0000277　199004121/199004125

龔定盦集十四卷　（清）龔自珍撰　清光緒二十三年（1897）豐城余氏寶墨齋刻本　五冊

440000－2526－0000278　199004126/199004127

王無功集三卷補遺二卷　（唐）王績撰　清嘉慶三年（1798）蘭陵孫氏沇州刻本　二冊

440000－2526－0000279　199004128/199004129

定盦文集三卷補五卷　（清）龔自珍撰　清同治七年至八年（1868－1869）吳煦刻本　二冊

440000－2526－0000280　199004130/199004131

憶山堂詩録八卷　（清）宋翔鳳撰　清嘉慶至道光宋氏浮溪草堂刻本　二冊

440000－2526－0000281　199004132

胸海詩存二集十卷　（清）許喬林輯　清道光刻本　一冊　存八卷（一至四、七至十）

440000－2526－0000282　199004133/199004135

定盦初集十二卷　（清）龔自珍撰　清同治七年（1868）錢塘吳氏刻本　三冊

440000－2526－0000283　199004136

百末詞五卷詞餘一卷　（清）尤侗撰　清康熙刻本　一冊

440000－2526－0000284　199004139/199004144

兩當軒詩鈔十四卷悔存詞鈔二卷　（清）黃景仁著　清嘉慶二十二年（1817）長寧趙希璜刻本　六冊

440000－2526－0000285　199004137

無怠懈齋詩稿一卷　（清）梁藹如著　（清）梁邦俊編　清道光三十年（1850）梁氏刻本　一冊

440000－2526－0000286　199004138

寸知堂遺草一卷　（清）梁翰著　清道光二十六年（1846）佛山梁氏十二石山齋刻本　一冊

440000－2526－0000287　199004150

邵齋漫錄一卷　李宗顥輯　稿本　一冊

440000－2526－0000288　199004151

南海李應鴻先生行述一卷　李宗顥撰　稿本　一冊

440000－2526－0000289　199004152/199004155

寒村見黃稿二卷安庸集二卷　（清）鄭梁撰　清康熙山陽戴氏刻本　四冊

440000－2526－0000290　199004156

西安府學碑林石刻錄目不分卷　李宗顥輯　稿本　一冊

440000－2526－0000291　199004158

唐昭陵石跡考略五卷　（清）林侗著　清道光四年（1824）廣州喜聞過齋刻本　一冊

440000－2526－0000292　199004157

水經注拾唾一卷　李宗顥輯　稿本　一冊

440000－2526－0000293　199004159

詩輯一卷　（清）李應鴻撰　李宗顥輯　稿本　一冊

440000－2526－0000294　199004160/199004164

筠清館金石文字五卷　（清）吳榮光撰　清光緒湖北宜都楊氏刻本　五冊

440000－2526－0000295　199004165

經驗良方一卷　李宗顥輯　稿本　一冊

440000－2526－0000296　199004167/199004168

著花庵集八卷　（清）李黼平撰　清嘉慶十二年（1807）廣州以文堂刻本　二冊

440000－2526－0000297　199004166

連珠匯抄不分卷儀禮萃精不分卷　李宗顥輯　稿本　一冊

440000－2526－0000298　199004169

定盦文集一卷餘集一卷　（清）龔自珍撰　清道光七年（1827）刻本　一冊

440000－2526－0000299　199004170/199004172
定盦文集三卷餘集一卷　(清)龔自珍撰　清道光三年(1823)浙江仁和龔自珍刻本　三冊

440000－2526－0000300　199004173
對嶽樓詩錄二卷　(清)孔憲彝撰　清道光十九年(1839)刻本　一冊

440000－2526－0000301　199004174
對嶽樓詩續錄四卷　(清)孔憲彝撰　清咸豐七年(1857)刻本　一冊

440000－2526－0000302　199004175/199004176
定盦文集三卷續集四卷文集補五卷文集補編四卷附定盦文集佚文一卷　(清)龔自珍撰　清光緒三十四年(1908)成都官書局刻本　二冊

440000－2526－0000303　199004177/199004178
龔定盦別集一卷詩集定本二卷詞定本一卷集外未刻詩一卷集外未刻詞一卷　(清)龔自珍撰　(清)龔橙編　清宣統二年(1910)順德鄧氏鉛印風雨樓叢書本　二冊

440000－2526－0000304　199004179
洞簫樓詩紀十三卷　(清)宋翔鳳撰　清道光十年(1830)江寧劉文楷刻本　一冊　存六卷(一至六)

440000－2526－0000305　199004187/199004194
校訂定盦全集十卷　(清)龔自珍撰　**定盦[龔自珍]年譜稿本一卷**　黄守恒編　清宣統元年(1909)上海時中書局鉛印本　八冊

440000－2526－0000306　199004181/199004186
定盦文集三卷續集四卷補五卷補編四卷　(清)龔自珍撰　清光緒二十三年(1897)萬本書堂刻本　六冊

440000－2526－0000307　199004195/199004197
定盦文集三卷續集四卷文集補五卷文集補編四卷　(清)龔自珍撰　清宣統二年(1910)上海掃葉山房石印本　三冊

440000－2526－0000308　199004180
定盦文集補編四卷　(清)龔自珍撰　清光緒十二年(1886)平湖朱之榛刻本　一冊

440000－2526－0000309　199004198/199004200
定盦文集三卷續集四卷補編四卷補一卷餘集一卷　(清)龔自珍撰　清光緒二十八年(1902)浙江文彙書局鉛印本　三冊

440000－2526－0000310　199004201
息柯雜著六卷　(清)楊翰撰　清同治十二年(1873)羊城九曜山房刻本　一冊　存二卷(三至四)

440000－2526－0000311　199004202/199004207
定盦文集三卷續集四卷補五卷補編四卷佚文一卷　(清)龔自珍撰　清光緒三十年(1904)四川官書局刻本　六冊

440000－2526－0000312　199004212
松心詩錄十卷　(清)張維屏撰　清咸豐四年(1854)羊城刻本　一冊

440000－2526－0000313　199004213
松心雜詩不分卷　(清)張維屏撰　清刻本　一冊

440000－2526－0000314　199004214
秋夢盦詞鈔二卷續一卷再續一卷　(清)葉衍蘭撰　清光緒十六年(1890)羊城刻本　一冊

440000－2526－0000315　199004216/199004221
復堂類集四集　(清)譚獻撰　**待堂文一卷**　(清)吴懷珍撰　清同治至光緒仁和譚氏刻本　六冊

440000－2526－0000316　199004215
聯珠集一卷附詩聯選雋一卷　(清)葉衍蘭製　清光緒秋夢盦刻本　一冊

440000－2526－0000317　199004223
定盦文集補編四卷　(清)龔自珍撰　清光緒十二年(1886)平湖朱之榛刻本　一冊

440000－2526－0000318　199004222
龔定盦集外未刻詩一卷定盦集外未刻詞一卷　(清)龔自珍撰　包天笑鈔錄　清宣統三年(1911)上海秋星社石印本　一冊

440000－2526－0000319　199004224/199004225

定盦文集三卷補編四卷　(清)龔自珍撰　清宣統元年(1909)上海國學扶輪社鉛印本　二冊

440000－2526－0000320　199004226
來齋金石刻考畧三卷　(清)林侗纂輯　清道光二十一年(1841)上海徐渭仁刻本　一冊

440000－2526－0000321　199004238/199004241
亭林文集六卷餘集一卷　(清)顧炎武著　清末刻本　四冊

440000－2526－0000322　199004227/199004230
定盦文集三卷續集四卷文集補五卷孝珙手抄本詞一卷文集補編四卷定盦文拾遺一卷附定盦時文二篇　(清)龔自珍撰　**定盦先生[龔自珍]年譜一卷附年譜後記一卷**　吳昌綬編　清宣統元年(1909)上海國學扶輪社鉛印本　四冊

440000－2526－0000323　199004231/199004237
定盦文集三卷續集四卷文集補五卷孝珙手抄本詞一卷文集補編四卷定盦文拾遺一卷附定盦時文二篇　(清)龔自珍撰　**定盦先生[龔自珍]年譜一卷附年譜後記一卷**　吳昌綬編　清宣統元年(1909)國學扶輪社鉛印本　七冊

440000－2526－0000324　199004242
御製原任大學士直隸總督一等肅毅伯晉一等侯贈太傅李鴻章碑文一卷　(清)德宗載湉撰　清光緒二十九年(1903)濟南鵲華湖瀞亭刻本　一冊

440000－2526－0000325　199004243/199004244
馮舍人遺詩六卷　(清)馮廷櫆撰　清雍正十一年(1733)德州馮氏刻本　二冊

440000－2526－0000326　199004245
片雲行草一卷　(清)釋純謙撰　清道光二十七年(1847)曹廣文堂刻本　一冊

440000－2526－0000327　199004246/199004247
曾文正公文鈔四卷　(清)曾國藩撰　(清)張瑛編校　清同治十一年(1872)蘇郡刻本　二冊

440000－2526－0000328　199004248/199004252
定盦文集三卷續集四卷文集補五卷　(清)龔自珍撰　清同治七年(1868)刻本　五冊

440000－2526－0000329　199004253/199004254
兩當軒詩鈔十四卷竹眠詞鈔二卷　(清)黃景仁撰　清道光十三年至十四年(1833－1834)順德黎氏廣州刻本　二冊

440000－2526－0000330　199004255/199004256
春秋公羊經傳解詁十二卷　(漢)何休撰　(唐)陸德明音義　**重刊宋紹熙公羊傳注附音本校記一卷**　(清)魏彥撰　清同治二年(1863)揚州汪氏問禮堂刻本　二冊

440000－2526－0000331　199004257
花影吹笙詞鈔二卷小游僊詞一卷　(清)葉英華撰　清光緒三年(1877)羊城刻本　一冊

440000－2526－0000332　199004258/199004261
鴻桷堂詩集五卷附一卷文鈔一卷附錄一卷　(清)胡方撰　清同治三年(1864)羊城效文堂刻本　四冊

440000－2526－0000333　199004262/199004264
清波雜志八卷清波別志四卷　(宋)周煇撰　清嘉慶至道光抄本　三冊

440000－2526－0000334　199004271
惜抱軒書錄四卷　(清)姚鼐撰　清光緒桐城徐氏刻本　一冊

440000－2526－0000335　199004272/199004276
多識集類編六卷　(清)朱桓編輯　清嘉慶六年(1801)刻本　五冊　缺一卷(六)

440000－2526－0000336　199004265
檳榔譜一卷龍眼譜一卷　(清)趙古農撰　清道光九年(1829)刻本　一冊

440000－2526－0000337　199004277
劫餘存稿一卷　(清)吳受藻撰　(清)吳積鑑編　清同治七年(1868)刻本　一冊

440000－2526－0000338　199004278/199004281
平津讀碑記八卷續記一卷　(清)洪頤煊撰　清嘉慶二十一年(1816)刻本　四冊

440000－2526－0000339　199004266/19004270
國策地名考二十卷首一卷　(清)程恩澤纂　(清)狄子奇箋　清咸豐三年(1853)南海伍氏刻粤雅堂叢書本　五册

440000－2526－0000340　199004282
涇林續記一卷　(明)周元暐撰　清光緒十年(1884)吳縣潘氏刻本　一册

440000－2526－0000341　199004283
鬬杯堂詩集一卷　(清)陳瀏撰　清宣統二年(1910)鉛印本　一册

440000－2526－0000342　199004285
禮耕堂叢説一卷史論五答一卷吉貝居暇唱一卷　(清)施國祁撰　清光緒湖城義塾刻本　一册

440000－2526－0000343　199004284
説文五翼八卷　(清)王煦撰　清嘉慶十三年(1808)上虞王氏芮鞠山莊刻本　一册

440000－2526－0000344　199004286
融谷詩草二卷補遺一卷　(清)文守元撰　清廣州學院前傳經堂刻本　一册

440000－2526－0000345　199004290
[同治]番禺縣志藝文略三卷　(清)金錫齡纂　清同治十年(1871)光霽堂刻本　一册

440000－2526－0000346　199004289
微尚齋詩二卷　汪兆鏞撰　清宣統三年(1911)刻本　一册

440000－2526－0000347　199004291
懺盦隨筆八卷　(清)沈澤棠撰　清宣統二年(1910)刻本　一册　存四卷(一至四)

440000－2526－0000348　199004292
姑蘇好詞一卷　(清)陳聯祚撰　清光緒七年(1881)刻本　一册

440000－2526－0000349　199004293/199004295
倚松閣詩鈔十五卷附録二卷　(清)馮錫鏞撰　清道光十七年至同治九年(1837－1870)刻本　三册　缺四卷(十四至十五、附録二卷)

440000－2526－0000350　199004296
韻山堂詩集七卷補遺一卷　(清)王文誥撰　清光緒十四年(1888)浙江書局刻本　一册

440000－2526－0000351　199004297
崔翰林遺集二卷附録一卷　(清)崔舜球撰　清光緒十四年(1888)南海崔氏刻本　一册

440000－2526－0000352　199004298
海語三卷　(清)黄衷撰　清道光南海伍氏刻粤雅堂叢書本　一册

440000－2526－0000353　199004299
毛詩草木鳥獸蟲魚疏二卷　(三國吳)陸璣撰　清同治十二年(1873)粤東書局刻古經解彙函本　一册

440000－2526－0000354　199004300
守岐公牘匯存一卷　(清)張兆棟撰　清光緒刻本　一册

440000－2526－0000355　199004301
才調集□□卷　(清)韓菼等撰　(清)伍叔葆輯　**[光緒壬辰科]會試硃卷**　(清)伍銓萃撰　清末刻本　一册

440000－2526－0000356　199004302
江南春詞補傳一卷附一卷　(清)梁廷枏撰　清末刻本　一册

440000－2526－0000357　199004304
滇事總錄二卷　(清)莊士敏撰　清光緒十四年(1888)刻本　一册

440000－2526－0000358　199004303
人海記二卷　(清)查慎行編輯　清宣統二年(1910)掃葉山房石印本　一册

440000－2526－0000359　199004306/199004308
寄龕甲志四卷乙志四卷丙志四卷丁志四卷　(清)孫德祖撰　清光緒會稽孫氏刻本　三册

440000－2526－0000360　199004309
漢書地理志校本二卷　(清)汪遠孫撰　清同治十年(1871)永康胡鳳丹退補齋刻本　一册

440000－2526－0000361　199004310
蠶尾文八卷　(清)王士禛撰　(清)程哲校編　清康熙刻本　一册　存三卷(一至三)

440000－2526－0000362　199004311/199004314

寰宇訪碑録十二卷　（清）孫星衍　（清）邢澍撰　清嘉慶七年（1802）蘭陵孫星衍刻本　四册　存十卷（一至十）

440000－2526－0000363　199004315

[道光]連山綏猺廳志一卷　（清）姚柬之編集　清道光十七年（1837）刻本　一册

440000－2526－0000364　199004316

味經書屋詩存一卷　（清）寶珣撰　清光緒二十七年（1901）刻本　一册

440000－2526－0000365　199004287/199004288

昭陵碑録三卷附録一卷　羅振玉輯　清宣統元年（1909）番禺沈宗畸刻晨風閣叢書本　二册

440000－2526－0000366　199004317

疑年録四卷　（清）錢大昕編　**續疑年録四卷**　（清）吳修編　清刻本　一册

440000－2526－0000367　199004305

潘瀾筆記二卷　（清）彭兆蓀撰　清同治十三年（1874）虞山顧氏刻小石山房叢書本　一册

440000－2526－0000368　199004100

古史六十卷　（清）蘇轍撰　明萬曆刻本　一册　存六卷（一至六）

440000－2526－0000369　199004318

西湖修禊詩一卷　（清）鄂敏輯　清光緒五年（1879）泉唐丁氏刻本　一册

440000－2526－0000370　199004318

金牛湖漁唱一卷　（清）張雲璈撰　清光緒七年（1881）刻本　一册

440000－2526－0000371　199004318

銀瓶徵一卷　（清）俞樾撰　清光緒七年（1881）刻本　一册

440000－2526－0000372　199004318

西湖詩一卷　（清）汪志伊撰　清光緒十九年（1893）嘉惠堂丁氏刻本　一册

440000－2526－0000373　199004319

明夷待訪録一卷　（清）黄宗羲撰　清光緒五年（1879）京師晉華書局刻本　一册

440000－2526－0000374　199004320

仙心閣文鈔二卷　（清）彭慰高撰　清光緒刻本　一册

440000－2526－0000375　199004321

仰蕭樓文集不分卷　（清）張星鑑撰　清光緒六年（1880）刻本　一册

440000－2526－0000376　199004322/199004325

校經廎文稿十八卷　（清）李富孫撰　清道光元年（1821）刻本　四册

440000－2526－0000377　199004321

國朝經學名儒記一卷　（清）張星鑑輯　清光緒九年（1883）刻本　一册

440000－2526－0000378　199004326/199004329

孝肅奏議十卷　（宋）包拯撰　清同治二年（1863）合肥李瀚章刻本　四册

440000－2526－0000379　199004330

借閒生詩三卷詞一卷　（清）汪遠孫撰　清道光二十年（1840）錢塘汪氏振綺堂刻本　一册

440000－2526－0000380　199004331

紀元總載不分卷　（清）□□撰　清抄本　一册

440000－2526－0000381　199004332

紀元編三卷韻補一卷　（清）李兆洛撰　（清）六承如集録　清道光十一年（1831）武進李兆洛輩學齋刻本　一册

440000－2526－0000382　199004333/199004334

槎江即事詩集五卷首一卷　（清）謝建麟撰　清光緒三十年（1904）刻本　二册

440000－2526－0000383　199004335

花叢儷語一卷　（清）張悼棠輯　清光緒三十二年（1906）鉛印本　一册

440000－2526－0000384　199004336

吳郡金石目一卷　（清）程祖慶撰　清光緒三年（1877）吳縣潘祖蔭八囍齋京師刻本　一册

440000－2526－0000385　199004337

讀史論略一卷　(清)杜詔撰　清刻本　一册

440000－2526－0000386　199004339
九經補韻一卷附録一卷　(宋)楊伯嵒撰　(清)錢侗考證　清光緒十年(1884)常孰鮑氏刻後知不足齋叢書本　一册

440000－2526－0000387　199004340
幸存録二卷　(明)夏允彝述　清刻本　一册

440000－2526－0000388　199004338
干禄字書一卷　(唐)顔元孫撰　(唐)顔真卿書　清同治十二年(1873)粤東書局刻本　一册

440000－2526－0000389　199004341/199004342
奉使三音諾彦記程草一卷塞上吟一卷怡悦齋試帖詩存二卷　(清)寶鋆撰　清咸豐九年(1859)刻本　二册

440000－2526－0000390　199004343
庚甲類鈔六卷景德鎮陶歌一卷　(清)龔鉽撰　清刻本　一册　缺四卷(庚甲類鈔一至四)

440000－2526－0000391　199004344
道榮堂文集六卷首一卷　(清)陳鵬年撰　清乾隆二十七年(1762)刻本　一册　存一卷(一)

440000－2526－0000392　199004345
日知録三十二卷　(清)顧炎武撰　清康熙三十四年(1695)刻本　一册　存三卷(八至十)

440000－2526－0000393　199004346
江蘇陸軍二十三混成協司令處内務細則一卷　(□)□□撰　清光緒三十年至宣統三年(1904－1911)木活字印本　一册

440000－2526－0000394　199004347
緑漪草堂文集三十卷　(清)羅汝懷撰　清光緒九年(1883)湘潭羅氏刻本　一册　存四卷(十四至十七)

440000－2526－0000395　199004348
碧溪詩話十卷　(宋)黄徹撰　**馮汝言詩紀匡謬一卷**　(清)馮舒撰　清乾隆至道光長塘鮑氏刻知不足齋叢書本　一册

440000－2526－0000396　199004349
餘菴雜録三卷　(明)陳恂著　清道光十一年(1831)六安晁氏木活字印學海類編本　一册

440000－2526－0000397　199004350
空青水碧齋文集八卷首一卷　(清)蔣琦齡撰　清光緒十一年(1885)刻本　一册　存二卷(一、首一卷)

440000－2526－0000398　199004351
光緒朝設立統計處條例奏摺一卷　(清)内閣大臣輯　清光緒三十三年(1907)鉛印本　一册

440000－2526－0000399　199004352/199004353
空青水碧齋詩集十三卷補遺一卷　(清)蔣琦齡撰　清光緒刻本　二册　存十一卷(四至十三、補遺一卷)

440000－2526－0000400　199004354
無事為福齋隨筆二卷　(清)韓泰華撰　清光緒刻本　一册

440000－2526－0000401　199004355
字説一卷　(清)吴大澂撰　清光緒十九年(1893)刻本　一册

440000－2526－0000402　199004356/199004357
酒令叢鈔四卷　(清)俞敦培輯　清光緒四年(1878)藝雲軒刻本　二册

440000－2526－0000403　199004358/199004365
三先生逸書五種八卷　(明)□□輯　**一枝堂稿二卷**　(明)徐渭撰　**柞林紀譚一卷**　(明)李贄撰　**金屑編一卷**　(明)袁宏道撰　**珊瑚林二卷**　(明)袁宏道撰　**半峰錄二卷**　(明)馮昌曆撰　明萬曆清響齋刻本　八册

440000－2526－0000404　199004366
六祖壇經節録一卷　(明)袁宏道輯　明末刻本　一册

440000－2526－0000405　199004367
張文襄公手劄一卷　(清)張之洞撰　(清)沈秉模編　清宣統二年(1910)沈氏敦藝廬石印本　一册

440000－2526－0000406　199004368/199004372

廣雅翰墨不分卷　(清)張之洞撰　清末稿本　五冊

440000－2526－0000407　199004497

抄南窑筆記一卷　(清)□□撰　清乾隆張九鉞抄本　一冊

440000－2526－0000408　199004374/199004493

海山仙館叢書五十六種　(清)潘仕成輯　清道光二十五年至咸豐元年(1845－1851)番禺潘氏刻光緒補刻本　一百二十冊

440000－2526－0000409　199002192

美味求真一卷　(□)□□編　清光緒二十一年(1895)字林書局刻本　一冊

440000－2526－0000410　199002184/199002185

書目答問四卷別錄一卷古今人著述合刻叢書目一卷國朝著述諸家姓名略一卷　(清)張之洞撰　清光緒刻本　二冊

440000－2526－0000411　199002186/199002191

學算筆談十二卷　(清)華蘅芳撰　清光緒十一年(1885)金匱華氏刻本　六冊

440000－2526－0000412　199002193

百家姓考略一卷　(清)王相纂　清善成堂刻本　一冊

440000－2526－0000413　199002194

中說十卷　(隋)王通撰　(宋)阮逸注　清刻本　一冊

440000－2526－0000414　199002195

干支偶錄二卷　(清)秦闢著　清嘉慶六年(1801)刻本　一冊

440000－2526－0000415　199002196

千字文釋義一卷　(清)汪嘯尹纂輯　(清)孫謙益參注　清刻本　一冊

440000－2526－0000416　199002198

官話指南四卷　(日本)吳啓太　(日本)鄭永邦編撰　清光緒七年(1881)刻本　一冊

440000－2526－0000417　199002197

靈芬館雜著二卷　(清)郭麐撰　清光緒九年(1883)蛟川張氏刻花雨樓叢鈔本　一冊

440000－2526－0000418　199002199/199002204

卜筮正宗十四卷　(清)王維德輯　清光緒十三年(1887)刻本　六冊

440000－2526－0000419　199002206

新刻袁柳莊先生秘傳相法二卷　(明)雲林子校正　清繡穀五□堂刻本　一冊

440000－2526－0000420　199002205

新刊校正增釋合併麻衣先生人相編五卷　(明)陸位崇校編　清金陵錦池唐鯉耀刻本　一冊　存四卷(一至四)

440000－2526－0000421　199002208

樹桑廣義一卷　(清)徵廉鑒泉氏著　清同治三年(1864)刻本　一冊

440000－2526－0000422　199002207

碧溪詩話十卷　(宋)黄徹撰　清乾隆四十二年(1777)福建刻武英殿聚珍版書本　一冊

440000－2526－0000423　199004373

樂志堂詩集目錄一卷文集目錄一卷文續集目錄一卷　(清)□□輯　清末抄本　一冊

440000－2526－0000424　199002217/199002224

五種遺規摘鈔五種　(清)陳宏謀原編　(清)劉肇紳摘鈔　清同治七年(1868)楚北崇文書局刻本　八冊

440000－2526－0000425　199004498

抱冰堂弟子記一卷　(清)張之洞撰　清光緒鉛印本　一冊

440000－2526－0000426　199002209/199002212

福惠全書三十二卷　(清)黄六鴻撰　清種書堂刻本　四冊　存二十卷(一至十、十七至二十一、二十八至三十二)

440000－2526－0000427　199002213/199002216

重刊震無咎齋合編三種七卷　(清)汪輝祖撰　**明倫堂解二葉讀近思錄說二葉**　(清)明善撰　清咸豐元年(1851)刻本　四冊　缺一卷(學治臆說上)

440000－2526－0000428　199002225/199002234

周禮註疏刪翼三十卷 （明）葉培恕定 （明）王志長輯 明末清初天德堂刻本 十册 存十六卷（十五至三十）

440000－2526－0000429 199002235
禮記十六卷 （元）陳澔集說 （明）汪應魁句讀並校訂 明刻本 一册 存一卷（一）

440000－2526－0000430 199002236
内外傷辨三卷 （元）李杲撰 明刻本 一册

440000－2526－0000431 199002237
蔡虛齋先生四書蒙引十五卷 （明）蔡清撰 明刻本 一册 存二卷（七至八）

440000－2526－0000432 199002238
登壇必究四十卷 （明）王鳴鶴編輯 （明）袁世忠校正 明萬曆二十七年（1599）刻本 一册 存一卷（一）

440000－2526－0000433 199002239
妙一齋醫學正印種子編二卷 （明）岳甫嘉著 明崇禎刻本 一册 存一卷（一）

440000－2526－0000434 199002240/199002241
大般若波羅蜜多經六百卷 （唐）釋玄奘譯 明刻本 二册 存二卷（二百三十七至二百三十八）

440000－2526－0000435 199002242
太上説三官妙經序一卷太上三元賜福赦罪解厄消災延生保命妙經一卷太上元始天尊説三官寶號一卷 （□）□□譯 明刻本 一册

440000－2526－0000436 199002243
無爲清淨華嚴真經一卷 （□）□□譯 明刻本 一册

440000－2526－0000437 199002244
圓通妙道華嚴真經一卷 （明）龠白上人撰 明萬曆四十二年（1614）刻本 一册

440000－2526－0000438 199002245
圓通妙道華嚴真經一卷 （明）龠白上人撰 明萬曆四十二年（1614）刻本 一册

440000－2526－0000439 199002258/199002259
普光四維圓覺寶卷二卷 （□）□□撰 明萬曆二十二年（1594）刻本 二册

440000－2526－0000440 199002344
奇經八脈考一卷脈訣考證一卷瀕湖脈學一卷 （明）李時珍撰輯 明本立堂刻本 一册

440000－2526－0000441 199002246/199002252
重刊人子須知資孝地理心學統宗八卷首一卷 （明）徐善繼 （明）徐善述撰 （明）凃元良參録 （明）曾璠校刊 明萬曆十一年（1583）曾璠刻本 七册 缺一卷（五）

440000－2526－0000442 199002253
正字略定本一卷 （清）王筠撰 清道光十九年（1839）刻本 一册

440000－2526－0000443 199002254/199002255
初展泰山寶卷二十四卷 （□）□□撰 明刻本 二册 缺四卷（十至十三）

440000－2526－0000444 199002256/199002257
無礙頓宗心安語録寶卷四卷 （□）□□撰 明刻本 二册 存二卷（三至四）

440000－2526－0000445 199002343
公是弟子記四卷 （宋）劉敞撰 清乾隆四十三年（1778）福建刻武英殿聚珍版書本 一册

440000－2526－0000446 199002345
試帖扶輪集八卷 （清）吳烺 （清）程夢元輯註 清乾隆二十五年（1760）文采齋刻朱墨套印本 一册 存二卷（一至二）

440000－2526－0000447 199002346
毘陵集十六卷 （宋）張守撰 清乾隆四十四年（1779）福建刻道光、同治間遞修武英殿聚珍版書本 一册 存三卷（一至三）

440000－2526－0000448 199002347
御製全韻詩不分卷 （清）高宗弘曆撰 清乾隆刻本 一册

440000－2526－0000449 199002350
臨川詩鈔一卷 （宋）王安石撰 清康熙十年（1671）吳氏鑑古堂刻本 一册

440000－2526－0000450 199002348/199002349
東坡詩鈔一卷 （宋）蘇軾撰 清康熙十年

(1671)吳氏鑑古堂刻本　二册

440000－2526－0000451　199002351
南陽集鈔一卷　(宋)韓维撰　清康熙十年(1671)吳氏鑑古堂刻本　一册

440000－2526－0000452　199002352
天演論二卷　(英國)赫胥黎造論　嚴復達恉　清光緒二十九年(1903)西昌清芬書屋刻本　一册　存一卷(一)

440000－2526－0000453　199002353
文選各家詩集四卷　(清)陳光明輯　清光緒五年(1879)刻本　一册

440000－2526－0000454　199002260/199002342
資治通鑑綱目前編二十五卷正編五十九卷續編二十七卷　(宋)朱熹撰　(明)陳仁錫評閲　清嘉慶八年(1803)敬書堂刻本　八十三册　缺二十一卷(正編十一、二十六、四十二,續編十至二十七)

440000－2526－0000455　199002354/199002361
續甬上耆舊詩集一百四十卷　(清)全祖望輯　清光緒至宣統鉛印本　八册

440000－2526－0000456　199002362/199002369
唐宋八大家類選十四卷　(清)儲欣評　清嘉慶十八年(1813)静遠堂刻本　八册

440000－2526－0000457　199002370
鄭巢詩集一卷　(唐)鄭巢撰　清光緒二十三年(1897)錢塘丁丙嘉惠堂刻本　一册

440000－2526－0000458　199002371/199002372
荒政輯要九卷首一卷　(清)汪志伊纂　清道光二十一年(1841)錢塘許乃釗刻本　二册

440000－2526－0000459　199002373
四史集十卷　(□)□□撰　清宣統元年(1909)北京救世堂鉛印本　一册

440000－2526－0000460　199002374/199002377
歸潜志十四卷　(元)劉祁撰　清乾隆四十二年(1777)福建刻道光、同治間遞修武英殿聚珍版書本　四册

440000－2526－0000461　199002378/199002381
武林舊事十卷附録一卷　(宋)周密輯　清光緒三年(1877)錢塘丁氏正修堂刻本　四册

440000－2526－0000462　199002382
浯溪考二卷長白山録一卷補遺一卷　(清)王士禛撰　清刻本　一册

440000－2526－0000463　199002383/199002388
駢體文鈔三十一卷　(清)李兆洛輯　清刻本　六册

440000－2526－0000464　199002389
蔡同德堂丸散膏丹全録不分卷　(清)蔡鴻儀編　清光緒八年(1882)蔣文照瑞堂刻本　一册

440000－2526－0000465　199002390/199002392
東桓十書十二種　(清)陳璞編　清光緒三十三年(1907)文盛書局石印本　三册

440000－2526－0000466　199002393
熊氏濟生堂醫書不分卷　(□)□□撰　清末稿本　一册

440000－2526－0000467　199002394/199002395
新鐫七真天仙寶傳四卷　(清)□□撰　清刻本　二册

440000－2526－0000468　199002396
蔡同德堂丸散膏丹全録不分卷附續增不分卷　(清)蔡鴻儀編　清光緒八年(1882)蔣文照瑞堂刻本　一册

440000－2526－0000469　199002397/199002399
增訂敬信録不分卷　(清)周鼎臣輯　(清)益善氏增訂　清乾隆三十四年(1769)刻本　三册

440000－2526－0000470　199002401
四書質疑二卷補遺一卷又補一卷四書章法調法附録一卷　(清)呂天培撰　清嘉慶十七年(1812)閲稼軒刻本　一册

440000－2526－0000471　199002402/199002405
國朝小題文濬靈集四編　(清)張躍鱗編　清道光十年(1830)文畲德記刻本　四册

440000－2526－0000472　199002406

雲林詞一卷 （元）倪瓚撰 **雪坡詞一卷** （宋）姚勉撰 **演山詞二卷** （宋）黄裳撰 **古山樂府一卷** （元）張埜撰 清光緒二十一年(1895)湖南思賢書局刻本 一册

440000－2526－0000473 199002407/199002415

錢牧齋文鈔一卷初學集二十卷 （清）錢謙益撰 **牧翁先生[錢謙益]年譜一卷** （清）葛萬里編 清宣統國學扶輪社鉛印本 九册 存十四卷(初學集一至七、十至十一、十三至十六,年譜一卷)

440000－2526－0000474 199002416

東山詩選二卷 （宋）葛紹體撰 清光緒刻本 一册

440000－2526－0000475 199002417

史學提要二卷 （宋）黄繼善撰 清道光朱廷標刻本 一册 存一卷(一)

440000－2526－0000476 199002418

晉束廣微集一卷附錄束晳本傳一卷 （晉）束晳撰 清光緒三年(1877)滇南唐氏壽考堂刻本 一册

440000－2526－0000477 199002422

欽定儀禮義疏四十八卷首二卷 （清）鄂爾泰等撰 清刻本 一册 存二卷(七至八)

440000－2526－0000478 199002419

陳記室集一卷附錄本傳一卷 （三國魏）陳琳撰 清光緒三年(1877)滇南唐氏壽考堂刻本 一册

440000－2526－0000479 199002420/199002421

張河間集二卷張衡本傳一卷 （漢）張衡撰 清光緒三年(1877)滇南唐氏壽考堂刻本 二册

440000－2526－0000480 199002423/199002429

古文眉詮七十九卷首一卷 （清）浦起龍論次 清乾隆三吳書院刻本 七册 存十八卷(十九至二十一、二十五至三十九)

440000－2526－0000481 199002430

武林草一卷附刻一卷 （清）趙士麟撰 清光緒八年(1882)清和武林丁氏刻本 一册

440000－2526－0000482 199002431

東軒集選一卷補遺三卷附錄一卷 （明）聶大年撰 清光緒二十三年(1897)錢塘丁氏嘉惠堂刻本 一册

440000－2526－0000483 199002432/199002434

藤香館詩删存四卷 （清）薛時雨撰 清光緒刻本 三册 缺一卷(三)

440000－2526－0000484 199002435

佛説佛名經一卷 （北魏）釋留支譯 清康熙五十七年(1718)刻本 一册

440000－2526－0000485 199002436

佛説佛名經一卷 （北魏）釋留支譯 清康熙五十七年(1718)刻本 一册

440000－2526－0000486 199002437

未來星宿劫千佛名經一卷 （□）□□撰 清康熙五十七年(1718)刻本 一册

440000－2526－0000487 199002438

未來星宿劫千佛名經一卷 （□）□□撰 清康熙五十七年(1718)刻本 一册

440000－2526－0000488 199002439

未來星宿劫千佛名經一卷 （□）□□撰 清康熙五十七年(1718)刻本 一册

440000－2526－0000489 199002440

現在賢劫千佛名經一卷 （□）□□撰 清康熙五十七年(1718)刻本 一册

440000－2526－0000490 199002441

現在賢劫千佛名經一卷 （□）□□撰 清康熙五十七年(1718)刻本 一册

440000－2526－0000491 199002442

編輯運氣要訣一卷 （清）吳謙等輯 清乾隆武英殿刻本 一册

440000－2526－0000492 199002443

欽定協紀辨方書三十六卷 （清）允祿等纂 清光緒鉛印本 一册 存二卷(三至四)

440000－2526－0000493 199002444

歷代世系紀年編一卷 （清）沈炳震撰 **歷代建元重號一卷補遺一卷建元附攷一卷** （清）姚文田增輯 清刻本 一冊

440000－2526－0000494 199002445/199002452

阮亭選古詩三十二卷 （清）王士禎選 清康熙三十六年（1697）刻本 八冊

440000－2526－0000495 199002453/199002457

史記菁華錄六卷 （清）苧田氏撰 清末刻朱墨套印本 五冊 存五卷（一至五）

440000－2526－0000496 199002458/199002467

繡像玉連環八卷七十六回 （清）朱素仙撰 清嘉慶十年（1805）刻本 十冊

440000－2526－0000497 199002468/199002475

歷代名臣言行錄二十四卷 （清）朱桓編輯 清光緒二十六年（1900）文瀾書局石印本 八冊

440000－2526－0000498 199002476/199002479

春秋公羊經傳解詁十二卷 （漢）何休撰 （唐）陸德明音義 **重刊宋紹熙公羊傳注附音本校記一卷** （清）魏彥撰 清同治李光明莊刻本 四冊

440000－2526－0000499 199002480/199002492

欽定大清會典一百卷 （清）允祹等纂修 清刻本 十三冊 存八十七卷（九至五十八、六十四至一百）

440000－2526－0000500 199002493

佛說千手千眼觀世音菩薩廣大圓滿無礙大悲心陀羅尼經不分卷 （唐）釋伽梵達磨譯 清嘉慶十二年（1807）刻本 一冊

440000－2526－0000501 199002494/199002496

秣陵集六卷表一卷圖考一卷 （清）陳文述輯 清光緒十年（1884）淮南書局刻本 三冊

440000－2526－0000502 199002497

食譜不分卷 （清）□□撰 清抄本 一冊

440000－2526－0000503 199002498

太史向正存小題稿不分卷 （清）向日貞撰 （清）左史 （清）魯質評 清康熙六十一年（1722）刻本 一冊

440000－2526－0000504 199002499/199002502

［乾隆］裕州志六卷 （清）董學禮纂修 （清）宋名立續纂修 清乾隆五年（1740）刻本 四冊

440000－2526－0000505 199002503/199002506

隱居通議三十一卷 （元）劉壎撰 清嘉慶桐川顧氏刻讀畫齋叢書本 四冊

440000－2526－0000506 199002507

金華子雜編二卷 （五代）劉崇遠撰 （清）周廣業校注 **五代春秋二卷** （宋）尹洙撰 **泊宅編十卷** （宋）方勺撰 清嘉慶桐川顧氏刻讀畫齋叢書本 一冊

440000－2526－0000507 199002508/199002528

兩浙輶軒錄四十卷 （清）阮元輯 清刻本 二十一冊 存三十三卷（七至三十九）

440000－2526－0000508 199002529

文選李注補正四卷 （清）孫志祖輯 清嘉慶三年（1798）桐川顧氏刻讀畫齋叢書本 一冊

440000－2526－0000509 199002530/199002532

文選理學權輿八卷 （清）汪師韓撰 **補一卷** （清）孫志祖輯 清嘉慶三年（1798）桐川顧氏刻讀畫齋叢書本 三冊

440000－2526－0000510 199002533

梅磵詩話三卷 （宋）韋居安撰 **文淵閣書目二十卷** （明）楊士奇等撰 清嘉慶桐川顧氏刻讀畫齋叢書本 一冊 缺十七卷（文淵閣書目四至二十）

440000－2526－0000511 199002534/199002539

瘡瘍經驗全書六卷 （宋）竇漢卿輯著 清康熙五十六年（1717）陳氏浩然閣刻本 六冊

440000－2526－0000512 199002540

字學舉隅不分卷 （清）龍啟瑞撰 清道光二十九年（1849）忻州燮理堂刻本 一冊

440000－2526－0000513 199002541/199002544

竹書紀年統箋十二卷前編一卷雜述一卷 （南朝梁）沈約注 （清）徐文靖統箋 清光緒

三年(1877)浙江書局刻本　四册

440000－2526－0000514　199002545
[同治]海豐縣志續編一卷　(清)蔡逢恩修　(清)林光斐等纂　清同治十二年(1873)刻本　一册

440000－2526－0000515　199002546/199002551
第六才子書釋解八卷　(元)王實甫撰　(元)關漢卿續　(清)金人瑞評　(清)鄭汝寧音義　清刻本　六册

440000－2526－0000516　199002552/199002563
蘇文忠公詩集五十卷目錄二卷　(宋)蘇軾撰　(清)紀昀評點　清同治八年(1869)韞玉山房刻朱墨套印本　十二册

440000－2526－0000517　199002564/199002574
[乾隆]欽定皇輿西域圖志四十八卷首四卷　(清)傅恒等修　(清)褚廷璋等纂　(清)英廉等續纂修　清光緒十九年(1893)杭州便益書局石印本　十一册　缺五卷(四十四至四十八)

440000－2526－0000518　199002575
[光緒]貴池縣沿革表一卷　劉世珩撰　清光緒二十八年(1902)湖北三佛閣刻本　一册

440000－2526－0000519　199002576
四聲切韻表一卷凡例一卷　(清)江永編　清刻本　一册

440000－2526－0000520　199002577/199002580
天花精言六卷　(清)袁句撰　清乾隆二十年(1755)刻本　四册

440000－2526－0000521　199002581/199002590
太平寰宇記二百卷目錄二卷補闕八卷　(宋)樂史撰　(清)陳蘭森補闕　清嘉慶六年(1801)刻本　十册　存五十七卷(二十、三十二至三十四、三十六至三十九、七十六至八十、八十二至九十二、一百二十至一百二十四、一百三十、一百三十四至一百四十、一百四十七至一百五十、一百五十二、一百五十四至一百五十五、一百六十二至一百六十六，補闕八卷)

440000－2526－0000522　199002591
聲韻攷四卷　(清)戴震撰　清乾隆刻本　一册

440000－2526－0000523　199002592/199002597
醫方集解六卷　(清)汪昂著輯　清刻本　六册

440000－2526－0000524　199002598/199002605
[康熙]寧化縣志七卷　(清)祝文郁修　(清)李世熊纂　清同治八年(1869)湘南蔣澤沅刻本　八册

440000－2526－0000525　199002606/199002615
瘡瘍經驗全書六卷　(宋)竇漢卿輯著　清刻本　十册

440000－2526－0000526　199002616/199002631
史姓韻編六十四卷　(清)汪輝祖輯　清光緒十年(1884)慈溪馮祖憲耕餘樓鉛印本　十六册

440000－2526－0000527　199002632/199002647
遼史一百十六卷　(元)脱脱等修　清乾隆四年(1739)刻本　十六册

440000－2526－0000528　199002648/199002650
重鐫壽世編三種三卷黄梅石產瑚各種附方一卷　(清)□□輯　清咸豐八年(1858)刻本　三册

440000－2526－0000529　199002651/199002660
痘學真傳八卷　(清)葉大椿撰　清乾隆四十七年(1782)刻本　十册

440000－2526－0000530　199002661/199002662
痢疾論四卷　(清)孔毓禮撰　清乾隆三十七年(1772)謙益堂刻本　二册

440000－2526－0000531　199002663/199002665
葉氏醫案存真三卷　(清)葉桂撰　清光緒十二年(1886)常熟抱芳閣刻本　三册

440000－2526－0000532　199002859/199002860
董米山水畫譜二卷　(清)陳允升繪　清光緒三年(1877)刻本　二册

440000－2526－0000533　199002861

西洋易筋經一卷　(英國)慶丕　(清)翟汝舟編著　清光緒十六年(1890)刻本　一册

440000－2526－0000534　199002862/199002876
增評補像全圖金玉緣一百二十回首一卷　(清)曹雪芹撰　(清)高鶚續　清光緒三十四年(1908)求不負齋石印本　十五册　存一百十一回(一至四十、四十三至五十六、六十五至一百二十,首一卷)

440000－2526－0000535　199002666/199002681
後漢書九十卷續漢書八志三十卷　(南朝宋)范曄撰　(晉)司馬彪續志　(唐)李賢注　(南朝梁)劉昭注續志　清同治十二年(1873)嶺東使署刻本　十六册

440000－2526－0000536　199002682/199002693
漢書一百卷　(漢)班固撰　(唐)顔師古注　清同治十二年(1873)嶺東使署刻本　十二册　存七十二卷(一至七十二)

440000－2526－0000537　199002694/199002801
御批歷代通鑑輯覽一百二十卷　(清)傅恒等撰　歷代帝王年表圖歌一卷　(清)萬健庵編錄　讀史論略一卷　(清)杜紫綸著　綱鑑總評一卷　(清)潘寅軒原本　清同治十年(1871)潯陽萬氏芋栗園刻本　一百八册

440000－2526－0000538　199002802
大千圖説三卷　(清)江希張撰　清末刻本　一册　存一卷(一)

440000－2526－0000539　199002803
筆法字法要訣不分卷　(□)□□輯　清末廣州聚賢堂刻本　一册

440000－2526－0000540　199002804/199002858
本草綱目五十二卷圖三卷藥品總目一卷萬方鍼線八卷奇經八脈考一卷　(明)李時珍撰　(清)蔡烈先輯　清乾隆三十二年(1767)刻本　五十五册

440000－2526－0000541　199002877/199002884
第一才子書六十卷一百二十回首一卷　(明)羅貫中(羅本)撰　(清)金聖嘆　(清)毛宗崗評　清光緒八年(1882)點石齋石印本　八册

440000－2526－0000542　199002885/199002887
蘭室秘藏三卷　(元)李杲撰　明刻本　三册

440000－2526－0000543　199002888/199002889
湯液本草三卷　(元)王好古類集　明刻本　二册　存二卷(一至二)

440000－2526－0000544　199002890/199002904
增評補像全圖金玉緣一百二十回首一卷　(清)曹雪芹撰　(清)高鶚續　清光緒三十四年(1908)石印本　十五冊　缺八回(一百五至一百十二)

440000－2526－0000545　199002905/199002906
凝香室鴻雪因緣圖記三集　(清)麟慶撰　清石印本　二册

440000－2526－0000546　199002907
東垣先生此事難知集二卷　(元)王好古撰　明刻本　一册　存一卷(下)

440000－2526－0000547　199002908/199002910
湯液本草三卷　(元)王好古類集　明刻本　三册

440000－2526－0000548　199002911/199002915
二如亭群芳譜二十八卷　(明)王象晉纂輯　明刻本　五册　存六卷(蔬譜一至二、果譜一至四)

440000－2526－0000549　199002916
格致餘論一卷　(元)朱震亨撰　明刻本　一册

440000－2526－0000550　199002917
歐陽文忠公集一百五十三卷　(宋)歐陽修撰　明刻本　一册　存八卷(居士集三十六至四十二、内制集四)

440000－2526－0000551　199002918
傷寒證治準繩八卷　(明)王肯堂輯　明萬曆三十二年(1604)刻本　一册　存二卷(五至六)

440000－2526－0000552　199002919/199002920
椽筆樓初集二卷　(清)胡鉉撰　清光緒三十

三年(1907)上海國粹學報社鉛印本　二册

440000－2526－0000553　199002921
女科證治準繩五卷　(明)王肯堂輯　明萬曆刻本　一册　存一卷(五)

440000－2526－0000554　199002922/199002923
脾胃論三卷　(元)李杲撰　明刻本　二册

440000－2526－0000555　199002924/199002933
萬國通史前編十卷　(英國)李思倫輯譯　蔡爾康筆述　清光緒二十九年(1903)上海商務印書館鉛印本　十册

440000－2526－0000556　199002934
山海經十八卷　(晉)郭璞傳　明刻本　一册

440000－2526－0000557　199002935/199002942
萬國藥方八卷　(美國)洪士提譯　清光緒二十四年(1898)石印本　八册

440000－2526－0000558　199002943/199002950
山堂肆考二百二十八卷補遺十二卷　(明)彭大翼撰　(明)張幼學編輯　明萬曆刻本　八册　存二十四卷(角集一至二十四)

440000－2526－0000559　199002951
中華古今注三卷　(五代)馬縞集　明刻本　一册

440000－2526－0000560　199002952/199002959
詳註聊齋志異圖詠十六卷首一卷　(清)蒲松齡撰　(清)呂湛恩註　清光緒二十三年(1897)上海順城書局石印本　八册

440000－2526－0000561　199002960/199002965
文廟史典二十一卷　(清)莫瑞堂編輯　清道光十四年(1834)刻本　六册　存十五卷(七至二十一)

440000－2526－0000562　199002966
皇朝武功紀盛四卷　(清)趙翼撰　清乾隆五十七年(1792)湛貽堂刻本　一册

440000－2526－0000563　199002967
史論晚存不分卷　(清)張芝田撰　清光緒二十二年(1896)榕蔭山房刻本　一册

440000－2526－0000564　199002968
清静無爲妙道真經寶懺一卷　(□)□□撰　明刻本　一册

440000－2526－0000565　199002969
普照銀砂海中取心經一卷　(□)□□撰　明刻本　一册

440000－2526－0000566　199002970
圓通妙道華嚴真經一卷　(明)翕白上人撰　明萬曆四十一年(1613)刻本　一册

440000－2526－0000567　199002971
莫愁湖志六卷首一卷　(清)馬士圖撰　清光緒刻本　一册

440000－2526－0000568　199002972/199002978
妙法蓮華經七卷　(後秦)釋鳩摩羅什譯　明崇禎三年(1630)刻本　七册

440000－2526－0000569　199002979/199002986
漢書鈔九十三卷　(明)茅坤評選　明萬曆十七年(1589)刻本　八册　存七十五卷(一至十八、三十七至九十三)

440000－2526－0000570　199002987/199003002
五經類編二十八卷　(清)周世樟編輯　清刻本　十六册

440000－2526－0000571　199004499/199004502
[江蘇蘇州]姚村陳氏家譜十六卷首一卷　(清)陳鍾麟　(清)陳鍾鶴纂　清同治十三年(1874)刻本　四册　存七卷(一至六、首一卷)

440000－2526－0000572　199004503
粵東三家詞鈔三卷　(清)葉衍蘭輯　清光緒二十一年(1895)刻本　一册

440000－2526－0000573　199004504/199004505
緯蕭草堂詩一卷　(清)宋至撰　清康熙刻本　二册

440000－2526－0000574　199004506
涉需堂詩集一卷　(清)陳遇夫撰　(清)林伯桐編　**迂言百則一卷**　(清)陳遇夫撰　清光緒刻本　一册

440000－2526－0000575　199004507/199004510
變雅堂文集八卷詩集十卷附録二卷　(清)杜濬撰　清光緒二十年(1894)黄岡沈氏刻本　四册

440000－2526－0000576　199004511/199004523
脩本堂叢書十種　(清)林伯桐撰　清道光至光緒番禺林世懋刻本　十三册　缺一種(學海堂志)

440000－2526－0000577　199003991/199004006
[同治]番禺縣志五十四卷首一卷附録一卷　(清)李福泰修　(清)史澄　(清)何若瑶纂　清同治十年(1871)光霽堂刻本　十六册

440000－2526－0000578　199004007/199004010
[康熙]花縣志四卷　(清)王永名修　(清)黄士龍　(清)黄虞纂　清光緒十六年(1890)刻本　四册

440000－2526－0000579　199004011/199004018
[同治]南海縣志二十六卷首一卷　(清)鄭夢玉等修　(清)梁紹獻等纂　清同治十一年(1872)刻本　八册

440000－2526－0000580　199004019/199004033
[宣統]南海縣志二十六卷末一卷　(清)鄭榮等修　(清)桂坫等纂　清宣統三年(1911)刻本　十五册

440000－2526－0000581　199004034/199004093
[光緒]廣州府志一百六十三卷　(清)戴肇辰等修　(清)史澄　(清)李光廷纂　清光緒五年(1879)粤秀書院刻本　六十册

440000－2526－0000582　199004524/199004525
[廣東五華]遂江曾氏族譜不分卷　(清)曾貞祖等主修　(清)曾即飛等編修　清乾隆五十年(1785)木活字印本　二册

440000－2526－0000583　199004553/199004562
[湖南衡陽]吴氏三修宗譜□□卷首□□卷　(清)□□纂修　清同治十一年(1872)木活字印本　十册　存十二卷(一至二、六至十一、十四、十九至二十,首一)

440000－2526－0000584　199004549/199004550
[江西萬載]葉氏族譜二卷首一卷　(清)□□纂修　清光緒二十九年(1903)木活字印本　二册　存一卷(首一卷)

440000－2526－0000585　199004548
[江西]武城曾氏重修族譜不分卷　(清)□□纂修　清宣統元年(1909)木活字印本　一册

440000－2526－0000586　199004551
[四川]武城曾氏族譜一卷　(清)□□纂修　清末木活字藍印本　一册

440000－2526－0000587　199004552
[安徽歙縣]胡氏祖宗譜一卷　(清)胡濟□訂　稿本　一册

440000－2526－0000588　199004545/199004547
璿源續譜□□卷　(□)□□纂修　清銅活字印本　三册　存三卷(十六、十九至二十)

440000－2526－0000589　199004532
[廣東羅定]朗塘傅氏宗譜五卷首一卷末一卷　(清)□□纂修　清同治元年(1862)敬業堂木活字印本　一册　存五卷(二至五、末一卷)

440000－2526－0000590　199004527/199004529
[山西興縣]王氏二修聯族譜不分卷　(清)王安連主修　(清)王德謀纂修　清光緒十八年(1892)太原堂木活字印本　三册

440000－2526－0000591　199004543/199004544
[江西吉安]永陽胡氏六修族譜不分卷　(清)胡友梅等編　清咸豐十一年(1861)木活字印本　二册

440000－2526－0000592　199004526
[安徽歙縣]程氏族譜不分卷　(清)程以文撰纂修　清咸豐三年(1853)稿本　一册

440000－2526－0000593　199004533/199004542
[福建漳浦]綏安鄢氏宗譜十六卷首一卷　(清)□□纂修　清光緒二十六年(1900)木活字印本　十册　存十卷(二至十、首一卷)

440000－2526－0000594　199004563/199004564

脩本堂稿四卷　（清）林伯桐撰　清道光二十四年（1844）番禺林世懋刻本　二册

440000－2526－0000595　199004565/199004566
經驗單方彙編不分卷　（清）錢峻編輯　清康熙五十六年（1717）沈元瑞裕麟堂刻本　二册

440000－2526－0000596　199004567
外科症治全生前集三卷後集三卷新增一卷　（清）王維德著　（清）馬培之評　清光緒十年（1884）掃葉山房刻本　一册

440000－2526－0000597　199004568/199004570
采艾編翼三卷　（清）葉茶山輯　清嘉慶十年（1805）六藝堂刻本　三册

440000－2526－0000598　199004579/199004580
脈如二卷　（清）郭治撰　清道光七年（1827）刻本　二册

440000－2526－0000599　199004571/199004572
信驗方一卷附續一卷　（清）盧蔭長輯　清道光十年（1830）刻本　二册

440000－2526－0000600　199004576
醫醫瑣言二卷續一卷　（清）徐延祚撰　清光緒二十三年（1897）刻本　一册

440000－2526－0000601　199004582
鼠疫彙編一卷　（清）羅芝園撰　清光緒二十五年（1899）粤東省城明經閣刻本　一册

440000－2526－0000602　199004577/199004578
傷寒論近言七卷　（清）何夢瑤輯　清乾隆二十四年（1759）樂只堂刻本　二册

440000－2526－0000603　199004573/199004575
醫粹精言四卷　（清）徐延祚著　清光緒二十一年（1895）刻本　三册　存三卷（二至四）

440000－2526－0000604　199004583
婦科保嬰經驗良方一卷　（□）□□撰　清同治四年（1865）刻本　一册

440000－2526－0000605　199004585
簡便經騐良方四卷　（清）黄兆鸞撰　清宣統三年（1911）刻本　一册

440000－2526－0000606　199004584
醫宗鐵綱二卷　（清）彭大墟輯　清咸豐十一年（1861）刻本　一册

440000－2526－0000607　199004586/199004588
霄鵬先生遺著三種　（清）黄保康撰　清宣統三年（1911）南海黄氏刻本　三册

440000－2526－0000608　199004589/199004592
仲景歸真七卷　（清）陳煥堂纂輯　（清）王賢佐批點　清道光二十九年（1849）光華堂刻本　四册

440000－2526－0000609　199004616/199004617
彙選驗方二卷　（清）惜陰氏撰　清光緒十五年（1889）刻本　二册

440000－2526－0000610　199004594/199004595
脈理藥性忠恕集二卷　（清）謝濟安撰　清光緒二十三年（1897）佛山丹桂堂刻本　二册

440000－2526－0000611　199004628
痲痘撮要一卷　（□）□□撰　清光緒三十一年（1905）刻本　一册

440000－2526－0000612　199004618/199004619
增補痘疹玉髓金鏡錄真本三卷首一卷　（清）翁仲仁撰　清光緒十七年（1891）粤東曹存善堂刻本　二册

440000－2526－0000613　199004620/199004627
本草求原二十七卷　（清）趙其光撰　清道光二十八年（1848）遠安堂刻本　八册

440000－2526－0000614　199004614/199004615
保赤新編二卷補遺一卷　（清）任贊編　清光緒十三年（1887）刻本　二册

440000－2526－0000615　199004630
跌打新書一卷　（清）邵勤俊撰　清光緒十六年（1890）刻本　一册

440000－2526－0000616　199004629
臨症外辨一卷　（清）曾覺軒撰　清光緒十七年（1891）廣州石經堂石印本　一册

440000－2526－0000617　199004635/199004638
女科四卷　（清）傅山撰　保坤金丹一卷

(清)雲隱山人撰　清光緒十六年(1890)刻本　四册

440000－2526－0000618　199004631/199004634
重刻經驗良方七種八卷　(清)蔣光煦輯　清同治八年(1869)粤東省城富文齋刻本　四册

440000－2526－0000619　199004606
寒溫條辨治疫彙編一卷　(清)楊璿撰　李石樵輯　清光緒二十年(1894)刻本　一册

440000－2526－0000620　199004607
鼠疫非疫六經條辨一卷　(清)黄仲賢撰　清宣統元年(1909)刻本　一册

440000－2526－0000621　199004608
活人鑑一卷　(清)謝德仁輯　清光緒二十八年(1902)廣濟醫院刻本　一册

440000－2526－0000622　199004609
小兒產婦跌打雜症内外科藥方二卷　(清)□□著　清末刻本　一册

440000－2526－0000623　199004611
小兒痘證備方二卷附疹瘄纂要一卷附斑症良方一卷　(清)任壽昌輯　清末刻本　一册　缺一卷(斑症良方一卷)

440000－2526－0000624　199004610
療飢良方一卷關帝核丸方一卷　(清)□□輯　清光緒二十三年(1897)刻本　一册

440000－2526－0000625　199004657/199004660
華洋臟象約纂三卷附錄一卷　(清)朱沛文編輯　清光緒十九年(1893)刻本　四册

440000－2526－0000626　199004654
經驗良方不分卷　(清)竹松子輯　清光緒十年(1884)刻本　一册

440000－2526－0000627　199004664
天花精言不分卷　(清)郭鐵崖著　清光緒二十九年(1903)刻本　一册

440000－2526－0000628　199004665
虛癆辨證二卷　(清)歐陽杏農著　清光緒十三年(1887)刻本　一册

440000－2526－0000629　199004671
時症彙編二卷　(清)符麗生輯　清光緒二十七年(1901)以文堂刻本　一册

440000－2526－0000630　199004653
奇方備檢不分卷　(清)梁元輝輯　**新選良方不分卷**　(清)連展如訂　清光緒十年(1884)刻十六年(1890)續刻本　一册

440000－2526－0000631　199004674
經驗良方不分卷　(清)周桂山輯　清刻本　一册

440000－2526－0000632　199004663
陳氏秘方一卷　(清)陳珍閣著　清光緒二十一年(1895)刻本　一册

440000－2526－0000633　199004662
順邑鰲山楊藉福堂傳家至寶書二卷　(清)楊隱山撰　清刻朱印本　一册

440000－2526－0000634　199004613
提携便覽一卷　(清)陳羲撰　**應驗良方一卷**　(清)黄瀛洲撰　清光緒十九年(1893)刻本　一册

440000－2526－0000635　199004673
經驗方歌一卷　(□)□□撰　清光緒三十三年(1907)順邑談敬善堂刻本　一册

440000－2526－0000636　199004675
保赤慢驚條辨一卷　(清)黄仲賢撰　清光緒三十三年(1907)刻本　一册

440000－2526－0000637　199004655/199004656
集驗急救良方二卷　(清)冼瑞圃輯　清光緒十七年(1891)佛山同文堂刻本　二册

440000－2526－0000638　199004661
保嬰撮要良方一卷　(清)□□撰　清光緒十七年(1891)粤東省城五經樓刻本　一册

440000－2526－0000639　199004679/199004682
仙拈集四卷　(清)李文炳彙纂　清刻本　四册

440000－2526－0000640　199004672
小兒科家傳秘錄一卷　(清)程康圃輯　清光

緒十九年(1893)刻本　一冊

440000－2526－0000641　199004676
理產至寶一卷　(清)朱澤揚撰　清咸豐八年(1858)刻本　一冊

440000－2526－0000642　199004683/199004684
經驗良方二卷　(□)□□撰　清刻本　二冊

440000－2526－0000643　199004685
瘰癧良方一卷　(清)□□編　清刻本　一冊

440000－2526－0000644　199004677/199004678
急救應驗良方一卷　(清)費友棠纂輯　**重編普濟應驗良方六卷附編一卷**　(□)□□輯　清光緒十年(1884)廣東省城學院前合成齋刻本　二冊

440000－2526－0000645　199004666
醫學易知一卷續編一卷　(清)黄瑤圃撰　清光緒南海黄五之齋刻本　一冊

440000－2526－0000646　199004686
胎產集要三卷　(清)黄惕齋輯　**幼科摘要附刻一卷**　(□)□□輯　清刻本　一冊

440000－2526－0000647　199004642/199004645
增訂經驗良方十四卷　(清)沈肇元編　清道光二十六年(1846)刻本　四冊

440000－2526－0000648　199004641
眼科新書一卷　(□)□□撰　清光緒十四年(1888)佛鎮福祿大街翰寶樓刻本　一冊

440000－2526－0000649　199004639/199004640
經驗簡便神效方不分卷　(清)釋悳心撰　清咸豐二年(1852)聚經堂刻三年(1853)續刻九年(1859)再續刻本　二冊

440000－2526－0000650　199004691/199004694
重鐫玉歷彙錄良方不分卷　(清)俞大文編　清同治七年(1868)仁和金肖農刻本　四冊

440000－2526－0000651　199004612
傷寒論一卷　(清)郭治撰　清刻本　一冊

440000－2526－0000652　199004646/199004652
居由居虛癆立卓七卷　(清)鄧友鳳撰　清道光三十年(1850)刻本　七冊

440000－2526－0000653　199004667
治痘歌訣一卷　(清)□□輯　清光緒三十四年(1908)順邑履端氏刻本　一冊

440000－2526－0000654　199004668
治腳氣方一卷　(清)美愚子撰　清光緒十二年(1886)香港中華印務總局木活字印本　一冊

440000－2526－0000655　199004687
食物本草會纂十二卷　(清)沈李龍纂輯　清道光二十三年(1843)四盛堂刻本　一冊　存四卷(一至四)

440000－2526－0000656　199004669/199004670
樂只堂人子須知韻語四卷　(清)何夢瑤纂輯　清光緒十一年(1885)佛山福祿大街華文局刻本　二冊

440000－2526－0000657　199004688
便世方一卷　(清)山月道人輯　清學院前錦書堂刻本　一冊

440000－2526－0000658　199004689
麻科輯要一卷　(清)黄年輝編集　清光緒二十九年(1903)粵東省城以文堂刻本　一冊

440000－2526－0000659　199004695
白喉瘟驗方一卷　(清)梁錫類編校　清光緒二十五年(1899)木活字印本　一冊

440000－2526－0000660　199004690
經驗良方二卷附潮陽玉歷續刻經驗良方一卷　(清)□□輯　清同治十三年(1874)省城業文堂刻本　一冊

440000－2526－0000661　199004699
南醫辨論二卷　(清)陳耀辰撰　清光緒十八年(1892)佛山翰寶樓刻本　一冊　存一卷(一)

440000－2526－0000662　199004696
腳氣芻言一卷附錄一卷　(清)曾超然撰　清光緒十三年(1887)羊城大文堂刻本　一冊

440000－2526－0000663　199004701

寶硯堂硯辨一卷附圖一卷　(清)何傳瑤撰　(清)黄培芳繪圖　清道光肇城馮積儒堂刻本　一册

440000－2526－0000664　199004705
辨論粤東疔瘋并經驗醫案脈證方法一卷　(清)蔣希曾撰　清末省城西湖瑞元堂刻本　一册

440000－2526－0000665　199004704
王氏醫存十七卷　(清)王燕昌撰　清同治十三年(1874)刻本　一册　存七卷(十一至十七)

440000－2526－0000666　199004702/199004703
王氏醫存十七卷　(清)王燕昌撰　清同治十三年(1874)皖城黄竹友齋刻本　二册

440000－2526－0000667　199004706
應驗良方一卷　(清)張熙垣輯　清光緒七年(1881)刻本　一册

440000－2526－0000668　199004700
經驗良方一卷　(清)邵彬儒輯　清同治十一年(1872)刻朱印本　一册

440000－2526－0000669　199004602/199004605
廣嗣金丹要言錄四卷　(清)何守愚編輯　清光緒二十二年(1896)刻本　四册

440000－2526－0000670　199004596/199004601
符樂善堂經驗良方六卷編首一卷　(清)符霽光輯　清光緒三十年(1904)南海蔡忠善堂刻本　六册

440000－2526－0000671　199004593
旹疫核標蛇症治法一卷　(清)李守中編　清宣統元年(1909)羊城澄天閣石印本　一册

440000－2526－0000672　199004710/199004713
醫家四要四卷　(清)江誠等纂　清光緒十年(1884)刻本　一册

440000－2526－0000673　199004707
時疫白喉捷要一卷各種經驗良方附錄一卷　(清)張紹修著　(清)聶緝槼增訂　清光緒三十年(1904)浙江官書局刻本　一册

440000－2526－0000674　199004709
醫驗辨似續編一卷　(清)蔣希曾撰　清光緒三十年(1904)羊城瑞元堂刻本　一册

440000－2526－0000675　199004715
評琴書屋醫略三卷　(清)潘名熊撰　清同治七年(1868)刻本　一册

440000－2526－0000676　199004716
痘疹正宗二卷附論一卷　(清)宋麟祥撰　清刻本　一册

440000－2526－0000677　199004717
醫故二卷　鄭文焯撰　清光緒刻本　一册

440000－2526－0000678　199004697
流犯喉科藥方二卷首一卷末一卷　(□)□□撰　(清)鄭汝恭編輯　清光緒刻本　一册

440000－2526－0000679　199004718
眼科秘方一卷　(清)程正通撰　清光緒刻本　一册

440000－2526－0000680　199004698
的確應驗良方一卷　(清)張吉林輯　經驗良方一卷驗方一卷　(清)□□輯　清刻本　一册

440000－2526－0000681　199004719
新編吏治懸鏡八卷　(清)徐文弼輯　清刻本　一册　存一卷(四)

440000－2526－0000682　199004720/199004721
傷寒恒論十卷　(清)鄭壽全注　清光緒二十三年(1897)刻本　二册

440000－2526－0000683　199004708
醫餘偶錄二卷續編一卷　(清)李能善輯　清光緒元年(1875)同文堂刻本　一册　存一卷(醫餘偶錄一)

440000－2526－0000684　199004714
嚞齋彙選簡要良方一卷　(清)徐實謙撰　清光緒九年(1883)刻本　一册

440000－2526－0000685　199004724
焦氏喉科枕秘二卷　(清)金德鑑編校　十藥神書一卷　(元)葛乾孫編　(清)周揚俊解

清末刻本　一冊

440000－2526－0000686　199004722/199004723
經驗良方□□卷　(□)□□輯　清刻本　二冊

440000－2526－0000687　199004729/199004730
新刊秘授外科百効全書六卷附經驗奇方一卷　(明)龔居中編　清刻本　二冊

440000－2526－0000688　199004725
經驗良方一卷　(清)□□輯　清刻本　一冊

440000－2526－0000689　199004727/199004728
集驗簡易良方四卷　(清)德豐輯　清刻本　二冊　存二卷(一、四)

440000－2526－0000690　199004731
經驗良方□□卷　(□)□□輯　清刻本　一冊

440000－2526－0000691　199004726
不藥良方一卷　(清)余廷勳編　**經驗濟世良方一卷**　(清)衍秀重訂　清好生堂刻本　一冊

440000－2526－0000692　199004732
良方集腋二卷　(清)謝元慶編　清道光二十二年(1842)刻本　一冊　存一卷(下)

440000－2526－0000693　199004733
感應篇經驗良方不分卷　(清)周桂山輯　清刻本　一冊

440000－2526－0000694　199004734
醫鏡刮磨四卷　(清)江涵暾著　清刻本　一冊　存一卷(一)

440000－2526－0000695　199004750/199004751
衛生家寶產科備要八卷　(宋)朱端章編　清末刻本　二冊

440000－2526－0000696　199004752/199004761
當歸草堂醫學叢書初編十種　(清)丁丙輯　清光緒四年(1878)錢塘丁氏當歸草堂刻本　十冊

440000－2526－0000697　199004745/199004749
易簡方便醫書六卷　(清)周青亭輯　清同治九年(1870)刻本　五冊　存五卷(一至五)

440000－2526－0000698　199004744
白喉全生集一卷　(清)李紀方輯　**瘧痢吐血三證指南方論三種三卷**　(清)李光寅等校　清光緒二十二年至宣統元年(1896－1909)刻本　一冊

440000－2526－0000699　199004735/199004743
歷代地理志韻編今釋二十卷　(清)李兆洛輯　**附校勘記一卷**　(清)馬貞榆撰　清光緒元年(1875)羊城馬氏集益堂刻本　九冊

440000－2526－0000700　199004581
名家醫方歌訣一卷附錄一卷　(清)林樹紅著　清刻本　一冊

440000－2526－0000701　199004762/199004764
醫說十卷　(宋)張杲著　**續醫說十卷**　(明)俞弁著　清宣統三年(1911)上海文明書局鉛印本　三冊

440000－2526－0000702　199004765
經驗雜方一卷惡核良方釋疑一卷　(清)勞守慎輯　清光緒二十九年(1903)廣州宏經閣刻本　一冊

440000－2526－0000703　199004766
欽定四庫全書提要醫家類一卷　(□)□□編　清宣統三年(1911)上海文明書局鉛印本　一冊

440000－2526－0000704　199004767
脚氣芻言一卷附錄一卷　(清)曾超然撰　清光緒三十四年(1908)兩廣督練公所鉛印本　一冊

440000－2526－0000705　199004768
東語入門二卷　(清)陳天麒輯譯　清光緒二十一年(1895)海鹽陳氏石印本　一冊　存一卷(一)

440000－2526－0000706　199004771
大生要旨五卷　(清)唐千頃撰　清道光二十八年(1848)江城慶餘堂刻本　一冊

440000－2526－0000707　199004772

傷寒醫訣串解六卷傷寒真方歌括六卷　(清)陳念祖撰　清石印本　一册

440000－2526－0000708　199004770

衛生至寶圖説不分卷　(清)卓岐山編　清光緒三十二年(1906)中華印務有限公司鉛印本　一册

440000－2526－0000709　199004773

鼠疫良方釋疑一卷　(清)黎佩蘭編　清宣統二年(1910)上海商務印書館鉛印本　一册

440000－2526－0000710　199004769

幼科撮要不分卷　(清)陳方濟撰　清末石印本　一册

440000－2526－0000711　199004774

秘抄太醫院紥訂炙火穴法不分卷　(□)南陽子輯　清抄本　一册

440000－2526－0000712　199004775/199004776

藥性百方一卷各君臣藥性列一卷各生藥名一卷　(□)□□輯　清抄本　二册

440000－2526－0000713　199004777

陳憲廉醫學雜録不分卷　(□)□□輯　清抄本　一册

440000－2526－0000714　199004778

溫病條辨三焦方歌不分卷　(□)□□輯　清抄本　一册

440000－2526－0000715　199004779

眼藥全録一卷眼藥外諸藥性録一卷　(□)□□輯　清抄本　一册

440000－2526－0000716　199004780

少林寺真傳跌打全書一卷　(□)□□輯　清抄本　一册

440000－2526－0000717　199004782

婦科秘書三卷　(□)□□輯　清抄本　一册

440000－2526－0000718　199004783

石渠閣精訂攝生秘剖四卷　(明)洪基輯　清石印本　一册

440000－2526－0000719　199004781

傷寒論揣摩集不分卷　(□)□□輯　清抄本　一册

440000－2526－0000720　199004784

經驗良方一卷　(清)服膺氏編　清鉛印本　一册

440000－2526－0000721　199004785

正音咀華四卷　(清)莎彝尊撰　清刻朱墨套印本　一册　存一卷(三)

440000－2526－0000722　199004786

内經三部九候脈法不分卷　(□)□□撰　清抄本　一册

440000－2526－0000723　199004790/199004791

跌打全書不分卷　(清)闞荆山編　(清)黄德先訂　清抄本　二册

440000－2526－0000724　199004787

采艾編翼二卷　(清)葉茶山編　**太乙神鍼方不分卷**　(□)□□撰　清抄本　一册

440000－2526－0000725　199004788

痘科至寶英羣集不分卷　(明)萬全撰　(明)劉玉斗增　清末至民國抄本　一册

440000－2526－0000726　199004793

言行堂保全篇五卷　(清)凌子三參訂　清抄本　一册

440000－2526－0000727　199004792

雜方不分卷　(□)□□輯　清抄本　一册

440000－2526－0000728　199004794

本草分經一卷　(□)□□輯　清抄本　一册

440000－2526－0000729　199004827/199004828

良方要録不分卷　(□)□□輯　清抄本　二册

440000－2526－0000730　199004796

跌打青囊撮要三集　林毓芝編　清抄本　一册

440000－2526－0000731　199004830

羣方便覽一卷　(□)□□輯　清道光二十一

年(1841)順德龍山周維新堂刻本　一冊

440000－2526－0000732　199004798

傷寒類傷寒辯不分卷　(□)□□輯　清抄本　一冊

440000－2526－0000733　199004789

中草藥性一卷　(□)□□輯　清抄本　一冊

440000－2526－0000734　199004799

劉孝寬婦科不分卷　(清)劉孝寬撰　清抄本　一冊

440000－2526－0000735　199004800

時疫白喉捷要一卷　(清)張紹修著　**備急良方一卷**　**經驗痒子症良方一卷**　(□)□□輯　清末鉛印本　一冊

440000－2526－0000736　199004801

醫方撮秘不分卷　(清)關節臣撰　(清)關祝三輯　清光緒二十二年(1896)抄本　一冊

440000－2526－0000737　199004802

評琴書屋藥性要畧一卷附初學診證要畧一卷　(清)潘名熊輯　清同治七年(1868)抄本　一冊

440000－2526－0000738　199004805

診治歌訣一卷　(清)□□輯　清抄本　一冊

440000－2526－0000739　199004826

靜觀堂較正家傳幼科發揮秘方二卷　(明)萬全撰　清康熙五十四年(1715)龍巖鄭氏靜觀堂刻本　一冊

440000－2526－0000740　199004804

鬬杯堂集一卷　(清)陳瀏撰　清抄本　一冊

440000－2526－0000741　199004807/199004808

外科撮秘不分卷　(清)□□輯　清稿本　二冊

440000－2526－0000742　199004809

兒科庭訓八說一卷　(清)□□輯　**怛齋秘集推掐妙訣一卷**　(清)王□輯　清抄本　一冊

440000－2526－0000743　199004810

仙傳生活不分卷　(清)□□輯　清抄本　一冊

440000－2526－0000744　199004811

醫學心悟五卷附外科十法一卷　(清)程國彭撰　清抄本　一冊

440000－2526－0000745　199004812/199004813

增補食物本草備考二卷　(清)何克諫　(清)何省軒輯　清末廣州麟玉樓刻本　二冊

440000－2526－0000746　199004823

服氣祛病圖說一卷　(□)□□撰　清刻本　一冊

440000－2526－0000747　199004814/199004822

醫學精要十卷　(清)黄巖撰　清同治六年(1867)刻本　九冊

440000－2526－0000748　199004824

調燮類編四卷　(□)□□撰　清道光二十七年(1847)番禺潘氏刻海山仙館叢書本　一冊

440000－2526－0000749　199004825

脩安集新編四卷　(清)馮元英輯　清光緒八年(1882)羊城酌雅齋刻本　一冊

440000－2526－0000750　199004829

救急經驗良方一卷　(清)竹梅居士輯　清刻本　一冊

440000－2526－0000751　199004797

新選生草藥性三卷　(清)何克諫輯　(清)雲中子校　清丹桂堂刻本　一冊

440000－2526－0000752　199004831/199004835

仙傳各種經驗奇方四卷續刻經驗奇方一卷　(清)倪瑤璋輯　清乾隆五十四年(1789)刻本　五冊

440000－2526－0000753　199004836/199004837

理瀹駢文不分卷　(清)吳師機撰　清同治三年(1864)刻本　二冊

440000－2526－0000754　199004838/199004845

譔集傷寒世驗精法八卷首一卷修補傷寒金鏡錄辨舌世驗精法一卷　(明)張吾仁撰　(明)張于喬輯　清光緒十六年(1890)廣東文樂軒刻本　八冊

440000－2526－0000755　199004806
小兒疳眼黄膜論一卷　(清)張思濟撰　清刻本　一冊

440000－2526－0000756　199004795
引痘略一卷引痘題詠一卷　(清)邱熺輯　清同治元年(1862)心耕堂刻本　一冊

440000－2526－0000757　199003027
易圖定本一卷　(清)邵嗣堯撰　清刻本　一冊

440000－2526－0000758　199003028/199003031
左傳條疏十六卷　(清)周廷華撰　清雍正十二年(1734)光德堂刻本　四冊

440000－2526－0000759　199003032/199003037
隸法彙纂十卷隸法彙纂字總錄八卷　(清)項懷編　清乾隆小西山房刻本　六冊

440000－2526－0000760　199003003/199003004
周易本義爻徵二卷　(清)吴日慎撰　清道光二十六年(1846)宏道書院刻惜陰軒叢書本　二冊

440000－2526－0000761　199003038/199003039
春秋左類聯四卷　(清)王一清編註　清乾隆四十四年(1779)金陵藜照堂刻本　二冊

440000－2526－0000762　199003005/199003007
周易象義集成不分卷　(清)陳洪冠撰　清咸豐八年(1858)羣玉書屋刻本　三冊

440000－2526－0000763　199003055/199003057
西泠詞萃六種九卷　(清)丁丙輯　清光緒錢塘丁氏刻本　三冊　存五種七卷(簫臺公餘詞一卷、片玉詞三卷、斷腸詞一卷、貞居詞一卷、柘軒詞一卷)

440000－2526－0000764　199003026
周禮集解節要六卷　(清)鄧愷輯　清刻本　一冊

440000－2526－0000765　199003008/199003012
四書拾遺六卷　(清)林春溥輯　清道光十四年(1834)閩中林氏竹柏山房刻本　五冊

440000－2526－0000766　199003178
太上感應篇印章一卷　(清)□□篆　清刻鈐印本　一冊

440000－2526－0000767　199003013/199003025
讀通鑑論三十卷末一卷　(清)王夫之撰　清光緒二十六年(1900)湖南益友書局刻船山史論本　十三冊

440000－2526－0000768　199003040/199003054
左繡三十卷首一卷　(清)馮李驊　(清)陸浩評輯　**春秋經傳集解三十卷**　(晉)杜預撰　(唐)陸德明音釋　(宋)林堯叟附註　(清)馮李驊增訂　清乾隆五十九年(1794)華川書屋刻本　十五冊

440000－2526－0000769　199003094/199003098
古唐詩合解十二卷古詩四卷　(清)王堯衢注　清刻本　五冊

440000－2526－0000770　199003123
草訣歌一卷　(朝鮮)尹囷書　清光緒二十二年(1896)粤東守經堂刻本　一冊

440000－2526－0000771　199003072/199003079
隸辨八卷　(清)顧藹吉撰　清同治十二年(1873)漁古山房刻本　八冊

440000－2526－0000772　199003066/199003071
小檀欒室彙刻閨秀詞十集一百種　徐乃昌輯　清光緒二十一年至二十二年(1895－1896)南陵徐氏刻本　六冊　存十八種十八卷(德風亭詞一卷、曇花詞一卷、碧梧紅蕉館詞一卷、慈暉館詞一卷、瘦吟詞一卷、蓮因室詞一卷、浣青詩餘一卷、冷吟僊館詩餘一卷、蕉窗詞一卷、嘯雪庵詩餘一卷、茶香閣詞一卷、雯窗瘦影詞一卷、慧福樓詞一卷、倚雲閣詞一卷、霞珍詞一卷、繡閒詞一卷、三秀齋詞一卷、補欄詞一卷)

440000－2526－0000773　199003058/199003065
説文解字繫傳四十卷　(五代)徐鍇撰　(五代)朱翺反切　清光緒九年(1883)江蘇書局刻本　八冊

440000－2526－0000774　199003080/199003089
全本禮記體註十卷　(清)徐瑄輯　禮記

(元)陳澔集說　清乾隆三十一年(1766)百尺樓刻本　十冊

440000－2526－0000775　199003090/199003093
重訂詩經衍義合參體註大全八卷　(清)江晉雲輯　**詩經**　(宋)朱熹集註　清刻本　四冊

440000－2526－0000776　199003105/199003107
高上玉皇本行集經三卷　(□)□□撰　清光緒十年(1884)刻本　三冊

440000－2526－0000777　199003110
孝經一卷弟子職一卷　(清)任文田集註　清嘉慶十九年(1814)武林三德堂刻本　一冊

440000－2526－0000778　199003108/199003109
憑山閣增輯留青新集三十卷　(清)陳枚選　(清)陳德裕增輯　清刻本　二冊　存二卷(十九至二十)

440000－2526－0000779　199003099、199003101/199003104
四書章句集注十九卷　(宋)朱熹撰　清光緒五年(1879)山西濬文書局刻本　五冊　存十七卷(大學一卷,中庸一卷,論語十卷,孟子一至三、六至七)

440000－2526－0000780　199003100
四書章句集注十九卷　(宋)朱熹撰　清光緒五年(1879)山西濬文書局刻本　一冊　存三卷(孟子一至三)

440000－2526－0000781　199003111/199003122
左繡三十卷首一卷　(清)馮李驊　(清)陸浩評輯　**春秋經傳集解三十卷**　(晉)杜預撰　(唐)陸德明音釋　(宋)林堯叟附註　(清)馮李驊增訂　清康熙兩儀堂刻本　十二冊

440000－2526－0000782　199003128/199003129
暗室燈二卷　(清)深山居士撰　清刻本　二冊

440000－2526－0000783　199003124/199003125
篆刻鍼度八卷　(清)陳克恕撰　清乾隆五十一年(1786)活字印本　二冊

440000－2526－0000784　199003126
揚子江流域現勢論四編　(日本)林繁撰　(清)汪國屏譯　清光緒二十八年(1902)上海廣智書局鉛印本　一冊

440000－2526－0000785　199003181
風箏誤二卷　(清)李漁撰　清刻本　一冊　存一卷(二)

440000－2526－0000786　199003179/199003180
分陰館集古百壽印譜不分卷　(清)金兆增篆　清道光刻鈐印本　二冊

440000－2526－0000787　199003127
軍隊内務條例三十章附表十一枚　(清)北洋陸軍部輯　清光緒三十二年(1906)北洋陸軍編譯局鉛印本　一冊

440000－2526－0000788　199003130/199003169
康熙字典十二集三十六卷總目一卷檢字一卷辨似一卷等韻一卷備考一卷補遺一卷　(清)張玉書等修　清康熙五十五年(1716)刻本　四十冊

440000－2526－0000789　199003401/199003406
讀書記疑十六卷　(清)王懋竑著　清同治十一年(1872)刻本　六冊

440000－2526－0000790　199003170
法言十卷　(漢)揚雄撰　清刻本　一冊

440000－2526－0000791　199003171/199003177
論語會解十卷　(清)綦澧輯　清刻本　七冊

440000－2526－0000792　199003182/199003243
分類字錦六十四卷　(清)何焯等撰　清刻本　六十二冊　存六十二卷(一至十六、十八至二十八、三十至六十四)

440000－2526－0000793　199003409/199003421
欽定吏部處分則例五十二卷　(清)吏部纂修　清道光刻本　十三冊　存二十八卷(一至七、十一至十六、二十三至二十四、三十八至五十)

440000－2526－0000794　199003422/199003423
子史輯要詩賦題解四卷子史輯要題解續編四卷　(清)胡本淵輯　清緯文堂刻本　二冊

440000－2526－0000795　199003407/199003408

直省鄉墨文淳不分卷　(清)陳榕軒輯　清道光二年(1822)聯墨堂刻本　二冊

440000－2526－0000796　199003424/199003425
詩法入門四卷首一卷　(清)游藝輯　清茂選樓刻本　二冊

440000－2526－0000797　199003429/199003430
家禮帖式集成二卷　(清)陳鳴盛輯　清道光二十二年(1842)刻本　二冊

440000－2526－0000798　199003431/199003437
仰止子詳考古今名家潤色詩林正宗十二卷詩韻正宗六卷　(明)余象斗編　清刻本　七冊　存十二卷(詩林正宗一至六、九至十二,詩韻正宗一、六)

440000－2526－0000799　199003426/199003427
巧搭十則文鈔不分卷　(清)蔡傑編　清道光二十七年(1847)刻本　二冊

440000－2526－0000800　199003438/199003449
韻府約編二十四卷　(清)鄧愷輯　清乾隆二十七年(1762)綰秀閣刻本　十二冊　存二十卷(一至十六、十九至二十二)

440000－2526－0000801　199003428
周易函書別集十六卷　(清)胡煦撰　清乾隆胡氏葆樸堂刻本　一冊　存五卷(一至五)

440000－2526－0000802　199003450/199003457
史通通釋二十卷附錄一卷　(唐)劉知幾撰　(清)浦起龍釋　清乾隆十七年(1752)梁溪浦氏求放心齋刻本　八冊

440000－2526－0000803　199003458/199003459
昭代名人尺牘小傳二十四卷　(清)吳修輯　清道光六年(1826)刻本　二冊

440000－2526－0000804　199003460/199003465
歷朝名媛詩詞十二卷　(清)陸昶輯　清乾隆三十八年(1773)吳門陸氏紅樹樓刻本　六冊

440000－2526－0000805　199003244/199003400
佩文韻府一百六卷韻府拾遺一百六卷　(清)張玉書等修　清道光刻本　一百五十七冊　缺十九卷(韻府拾遺三、三十五至五十二)

440000－2526－0000806　199003483/199003490
吾學錄初編二十四卷　(清)吳榮光撰　清道光十二年(1832)南海吳氏筠清館刻本　八冊

440000－2526－0000807　199003466/199003482
竹柏山房十五種附刻四種　(清)林春溥撰　清嘉慶至咸豐林氏竹柏山房刻本　十七冊　存十三種七十七卷(開闢傳疑二卷;古史紀年十四卷;古史考年異同表二卷、考年後說一卷;武王克殷日記一卷;春秋經傳比事二十二卷;戰國紀年六卷、年表一卷;竹書紀年補證四卷、後案一卷;孔門師弟年表一卷、後說一卷,孟子時事年表一卷、後說一卷;孔子世家補訂一卷;孟子列傳纂一卷;孟子外書補證一卷;四書拾遺六卷;開卷偶得十卷)

440000－2526－0000808　199003542/199003557
四書疏註撮言大全三十七卷　(清)胡蓉芝輯　清道光十三年(1833)刻本　十六冊

440000－2526－0000809　199003491
易筋圖說一卷　(三國魏)釋達摩撰　(清)梁士賢輯　**八段錦**　(清)梁士賢輯　**八段錦坐功圖**　(清)青萊真人撰　清宣統三年(1911)大文堂刻本　一冊

440000－2526－0000810　199003507/199003508
類類聯珠初編三十二卷二編十二卷　(清)李堃編　(清)李椿林增補　清同治九年(1870)刻本　二冊　存二十卷(初編一至十一、二編四至十二)

440000－2526－0000811　199003492/199003495
名法指掌新例增訂四卷　(清)沈辛田輯　(清)鈕大煒增訂　清道光四年(1824)刻本　四冊

440000－2526－0000812　199003496/199003506
半園尺牘二十五卷補遺六卷　(清)靜福山人撰　清刻本　十一冊　存二十七卷(五至二十五、補遺六卷)

440000－2526－0000813　199003509/199003512
四書典腋十七卷　(清)□□撰　清末刻本　四冊

440000－2526－0000814　199003558/199003577
欽定春秋傳説彙纂三十八卷首二卷　(清)王掞等纂修　清刻本　二十册

440000－2526－0000815　199003529/199003541
四書味根録三十七卷　(清)金澂輯　清咸豐十年(1860)刻本　十三册　存三十二卷(大學一卷,中庸二卷,論語一至十五、十七至二十,孟子一至二、七至十四)

440000－2526－0000816　199003513/199003528
禹貢錐指二十卷略例圖一卷　(清)胡渭撰　清康熙四十四年(1705)刻本　十六册

440000－2526－0000817　199003685/199003686
陰隲文圖證不分卷　(清)費丹旭繪　(清)許光清集證　清道光二十四年(1844)刻本　二册

440000－2526－0000818　199003578
欽定書經傳説彙纂二十一卷首二卷書序一卷　(清)王頊齡等纂　清刻本　一册　存二卷(二十至二十一)

440000－2526－0000819　199003579/199003679
歷代名賢列女氏姓譜一百五十七卷　(清)蕭智漢撰　清嘉慶二十年(1815)聽濤山房刻本　十一册　存一百二十三卷(一至十九、三十四至四十七、六十三至八十三、八十五至八十六、八十八、九十二至一百五十七)

440000－2526－0000820　199003681
老子殘本一卷　(春秋)李耳撰　明刻本　一册

440000－2526－0000821　199003683/199003684
隸續二十一卷　(宋)洪适撰　清乾隆四十三年(1778)錢塘汪日秀刻本　二册　存十九卷(一至八、十一至二十一)

440000－2526－0000822　199003827
石雲山人詩藁一卷　(清)吴榮光撰　清道光刻本　一册

440000－2526－0000823　199003733/199003741
[江西婺源]種德程氏宗譜十卷首一卷末一卷　(清)□□纂修　清光緒元年(1875)刻本　九册

440000－2526－0000824　199003783
皇朝武功紀盛四卷　(清)趙翼撰　清嘉慶桐川顧氏刻本　一册　存三卷(一至三)

440000－2526－0000825　199003752
[嘉慶丙子科]直省鄉墨經翼五卷　(清)葉葆輯　清嘉慶文新堂刻本　一册

440000－2526－0000826　199003753/199003754
[光緒乙酉科]各省選拔全録不分卷　(清)□□編　清光緒刻本　二册

440000－2526－0000827　199003710/199003721
五經備旨五種四十五卷　(清)鄒聖脉纂輯　清光緒十五年(1889)上海積山書局石印本　十二册

440000－2526－0000828　199003751
小題六集大觀一卷　(清)□□撰　清末刻本　一册

440000－2526－0000829　199003746/19903747
普通應用尺牘教科書二卷　(清)王顯黼撰　清光緒三十三年(1907)上海廣益書局石印本　二册

440000－2526－0000830　199003749/199003750
光緒壬午科直省鄉墨快二卷　(清)黄耀奎等撰　(清)陳昌評選　清光緒八年(1882)宣南坊刻本　二册

440000－2526－0000831　199003748
增批輯註東萊博議四卷註釋一卷　(宋)吕祖謙撰　劉鍾英輯注　清宣統三年(1911)上海會文堂書局石印本　一册

440000－2526－0000832　199003732
五行擇吉書不分卷　(清)□□撰　(清)鄧清池輯　清光緒二十七年(1901)稿本　一册

440000－2526－0000833　199003728/199003730
易緯八種十二卷　(漢)鄭玄注　清光緒二十五年(1899)廣雅書局刻本　三册

440000－2526－0000834　199003731

易象意言一卷 (宋)蔡淵撰 清光緒二十五年(1899)廣雅書局刻本 一冊

440000－2526－0000835 199003742/199003745
新刻天寶圖十卷五十七回 (清)隨安散人撰 清道光蓮溪書屋刻本 四冊

440000－2526－0000836 199003725
禹貢川澤考二卷 (清)桂文燦撰 清光緒十二年(1886)鉛印本 一冊

440000－2526－0000837 199003768
金石史二卷 (明)郭宗昌撰 清光緒八年(1882)學古齋刻本 一冊

440000－2526－0000838 199003722/199003724
弢園尺牘十二卷 (清)王韜撰 清光緒六年(1880)天南遯窟鉛印本 三冊 存九卷(一至九)

440000－2526－0000839 199003775/199003776
增像第六才子書六卷 (元)王實甫撰 (清)金聖歎評 清光緒二十七年(1901)上海書局石印本 二冊

440000－2526－0000840 199003769/199003770
八銘塾鈔初集不分卷二集不分卷 (清)吳懋政編 清末刻本 二冊

440000－2526－0000841 199003771/199003774
增批輯註東萊博議四卷註釋一卷 (宋)呂祖謙撰 劉鍾英輯注 清宣統三年(1911)上海會文堂石印本 四冊

440000－2526－0000842 199003777/199003782
增評補像全圖金玉緣一百二十回首一卷 (清)曹雪芹撰 (清)高鶚續 清光緒三十四年(1908)求不負齋石印本 六冊 缺八十二回(九至五十、五十七至六十四、七十三至八十八、九十七至一百十二)

440000－2526－0000843 199003767
本朝小題新裁不分卷 (清)楊逢春等撰 清刻本 一冊

440000－2526－0000844 199003789
無爲清淨華嚴真經不分卷 (明)釋照白撰 明萬曆四十二年(1614)刻本 一冊

440000－2526－0000845 199003757
近科考卷鳳翔不分卷 (清)陳製錦編 清乾隆二十二年(1757)古吳三樂齋刻本 一冊

440000－2526－0000846 199003758
二續近科分類墨式五卷 (清)劉履安等撰 清同治七年(1868)榴紅書屋刻本 一冊 存二卷(一至二)

440000－2526－0000847 199003755/199003756
道光己酉科直省鄉墨精醇不分卷 (清)唐鑑輯 清道光二十九年(1849)金陵同文堂刻本 二冊

440000－2526－0000848 199003759
[道光辛已科壬午科]直省鄉墨合璧一卷 (清)周進階等撰 (清)葉錫麐輯 清道光刻本 一冊

440000－2526－0000849 199003760
[乾隆]直省鄉墨奎光不分卷 (清)王澡等撰 清乾隆刻本 一冊

440000－2526－0000850 199003761
近科詩經文馨一卷 (清)王培元輯 **鄒暾東詩經稿一卷** (清)鄒麗中撰 清乾隆刻本 一冊

440000－2526－0000851 199003765
明文小題傳薪不分卷 (清)臧嶽評釋 清刻本 一冊

440000－2526－0000852 199003762
近科試帖躍鱗集二卷 (清)錢大昕等撰 (清)陸貽穀箋註 清乾隆刻本 一冊

440000－2526－0000853 199003766
明文分類怡心集一卷 (清)□□撰 清刻本 一冊

440000－2526－0000854 199003763
芝巖稿一卷 (清)楊大受撰 清道光六年(1826)以約齋刻本 一冊

440000－2526－0000855 199003784
愧郯錄十五卷 (宋)岳珂撰 清乾隆至道光

長塘鮑氏刻知不足齋叢書本　一册　存五卷(四至八)

440000－2526－0000856　199003764
重校時藝引階合編不分卷　(清)路德等撰　清光緒十二年(1886)書業德刻本　一册

440000－2526－0000857　199003788
澄衷蒙學堂字課圖說四卷　(清)劉樹屏撰　清光緒三十一年(1905)澄衷蒙學堂石印本　一册　存一卷(四)

440000－2526－0000858　199003785/199003787
增評補圖石頭記一百二十卷首一卷　(清)曹雪芹　(清)高鶚撰　(清)護花主人　(清)大某山民評　清光緒鉛印本　三册　存二十八卷(一至二十八)

440000－2526－0000859　199003697
金剛般若波羅蜜經一卷　(唐)柳公權書　清末影印本　一册

440000－2526－0000860　199003790
五百四峰堂詩鈔二十五卷　(清)黎簡撰　清抄本　一册　存八卷(一至八)

440000－2526－0000861　199003792/199003793
五經文苑擷華八卷　(清)朱逌紱編　清末石印本　二册　存四卷(一至二、七至八)

440000－2526－0000862　199003791
蘭室秘藏三卷　(元)李杲撰　明吳勉學刻本　一册

440000－2526－0000863　199003794
文壇幟不分卷　(清)石德芬　(清)陳石樵　(清)吳玉臣編　清光緒十三年(1887)刻本　一册

440000－2526－0000864　199003795
詳註聊齋志異圖詠十六卷　(清)蒲松齡撰　(清)吕湛恩註　清光緒十二年(1886)石印本　一册　存二卷(九至十)

440000－2526－0000865　199003796
外科症治全生前集三卷　(清)王維德輯　清刻本　一册　存二卷(二至三)

440000－2526－0000866　199003801
經笥堂文鈔二卷　(清)雷鋐撰　(清)伊秉綬編　清嘉慶十六年(1811)廣州刻本　一册　存一卷(一)

440000－2526－0000867　199003797
通玄經不分卷　(清)□□撰　清刻本　一册

440000－2526－0000868　199003802
欽定吏部處分則例五十二卷　(清)□□編　清刻本　一册　存四卷(十三至十六)

440000－2526－0000869　199003798/199003799
春秋世論五卷　(清)王夫之撰　清刻船山遺書本　二册

440000－2526－0000870　199003803
羅念庵醒世詩一卷　(明)羅洪先撰　(清)葛之覃書　清刻本　一册

440000－2526－0000871　199003804/199003805
張南軒先生文集七卷　(宋)張栻撰　清同治五年(1866)福州正誼書局刻本　二册

440000－2526－0000872　199003806/199003807
程氏家塾讀書分年日程三卷　(元)程端禮撰　清同治五年(1866)福州正誼書局刻本　二册

440000－2526－0000873　199003808/199003809
讀書雜釋十四卷　(清)徐鼒撰　清咸豐十一年(1861)福寧郡齋刻本　二册

440000－2526－0000874　199003812
周禮三家佚注一卷　(清)孫詒讓輯　清光緒二十年(1894)刻本　一册

440000－2526－0000875　199003813
八銘塾鈔初集不分卷　(清)吳懋政輯　清末刻本　一册

440000－2526－0000876　199003800
李延平先生文集四卷　(宋)李侗撰　清同治五年(1866)福州正誼書局刻本　一册

440000－2526－0000877　199003815
楚風補四十八卷前編一卷末編一卷　(清)廖元度輯　清乾隆十四年(1749)際恒堂刻本

一冊　存四卷(四十至四十三)

440000－2526－0000878　199003816
周易四卷　(宋)朱熹本義　清四友堂刻本　一冊　存一卷(一)

440000－2526－0000879　199003817
汽機發軔九卷表一卷　(英國)美以納　(英國)白勞那撰　(英國)偉烈口譯　(清)徐壽筆述　清光緒刻本　一冊　存二卷(一至二)

440000－2526－0000880　199003810
瓜棚避暑錄二卷　(清)孟超然撰　清嘉慶二十年(1815)刻本　一冊　存一卷(一)

440000－2526－0000881　199003811
瓜棚避暑錄二卷　(清)孟超然撰　清嘉慶二十年(1815)刻本　一冊　存一卷(一)

440000－2526－0000882　199003819
仙源書院課選不分卷　(清)□□編　清刻本　一冊

440000－2526－0000883　199003824
登高介雅集不分卷　龔鎮湘輯　清宣統三年(1911)鉛印本　一冊

440000－2526－0000884　199003820、199003822/199003823
瓶菴居士詩鈔四卷　(清)孟超然撰　清嘉慶二十年(1815)刻本　三冊　存三卷(二至四)

440000－2526－0000885　199003821
瓶菴居士詩鈔四卷　(清)孟超然撰　清嘉慶二十年(1815)刻本　一冊　存一卷(二)

440000－2526－0000886　199003825
代數備旨十三章附總答　(美國)狄考文選譯　(清)鄒立文　(清)生福維筆述　清光緒三十年(1904)上海美華書館鉛印本　一冊

440000－2526－0000887　199003828
新刻袁柳莊先生秘傳相法二卷　(明)雲林子輯　清愛日堂刻本　一冊

440000－2526－0000888　199003826
格致餘論一卷　(元)朱震亨撰　明吳中珩刻本　一冊

440000－2526－0000889　199003829
綱鑑總論二卷　(清)周道卿編　清光緒二十七年(1901)新化三味書局刻本　一冊

440000－2526－0000890　199003831
本草發揮四卷　(明)徐用誠編　明刻薛氏醫按本　一冊　存二卷(三至四)

440000－2526－0000891　199003830
繪圖孟子便蒙課本七種　(清)南洋官書局編　清光緒南洋官書局石印本　一冊　存一種二卷(梁惠王二卷)

440000－2526－0000892　199003832/199003833
御批資治通鑑綱目前編十八卷　(元)金履祥撰　(清)聖祖玄燁批　清刻本　二冊　存五卷(一至五)

440000－2526－0000893　199003834
目蓮寶卷三卷　(□)□□撰　清刻本　一冊

440000－2526－0000894　199003837
醫經溯洄集一卷　(明)王履撰　明吳勉學刻本　一冊

440000－2526－0000895　199003838/199003839
湯液本草三卷　(元)王好古編　明吳勉學刻本　二冊

440000－2526－0000896　199003835/199003836
胡慶餘堂丸散膏丹不分卷　(清)胡光墉編　清光緒胡慶餘堂刻本　二冊

440000－2526－0000897　199003840
東垣先生此事難知集二卷　(元)王好古撰　明吳勉學刻本　一冊

440000－2526－0000898　199003842/199003845
文心雕龍十卷　(南朝梁)劉勰撰　(清)黄叔琳注　(清)紀昀評　清道光十三年(1833)兩廣節署刻朱墨套印本　四冊

440000－2526－0000899　199003841
蘭室秘藏三卷　(元)李杲撰　明吳勉學刻本　一冊　存二卷(二至三)

440000－2526－0000900　199003850
圖註八十一難經辨真四卷　(明)張世賢註

明刻本　一册

440000－2526－0000901　199003846/199003849

禮記省度四卷　（清）彭頤纂　清刻朱墨套印本　四册

440000－2526－0000902　199003851/199003875

四書詳說三十九卷　（清）曹愼訂　清乾隆十二年（1747）刻本　二十五册　缺五卷（論語三至六、孟子十四）

440000－2526－0000903　199003814

百美新詠一卷圖傳一卷集詠一卷　（清）顏希源輯　清嘉慶十年（1805）刻本　一册　存一卷（集詠一卷）

440000－2526－0000904　199003908/199003911

桐陰論畫二卷首一卷續一卷附桐陰畫訣一卷二編二卷三編二卷　（清）秦祖永撰　清同治三年至光緒八年（1864－1882）刻朱墨套印本　四册

440000－2526－0000905　199003904

字學雲鴻二卷　（清）□□輯　清同文館刻本　一册　存一卷（一）

440000－2526－0000906　199003905/199003906

牙牌神數圖註詳解一卷　（清）何汝樫撰　清光緒十一年（1885）文會堂刻朱墨套印本　二册

440000－2526－0000907　199003907

警富新書四卷四十回　（清）安和撰　清宣統元年（1909）石印本　一册

440000－2526－0000908　199003903

對聯集成五卷　（清）□□輯　清刻本　一册　存三卷（三至五）

440000－2526－0000909　199003902

對類引端二卷　（清）黃堃輯　清光緒十五年（1889）壁經堂刻本　一册

440000－2526－0000910　199003901

對類引端三卷　（清）黃堃輯　清光緒粤東佛山文光樓書局刻本　一册

440000－2526－0000911　199003898

俗話傾談初集二卷　（清）邵彬儒評輯　清光緒刻本　一册

440000－2526－0000912　199003899

繪圖粤東繁華夢三卷四十回　黃世仲撰　清光緒三十三年（1907）刻本　一册

440000－2526－0000913　199003876/199003877

峨山圖志二卷　（清）譚鍾嶽繪圖　（清）廖笙堂輯說　（清）黃綬芙編　清光緒成都蔣會文堂刻本　二册

440000－2526－0000914　199003878

滇粹一卷　呂志伊　李根源輯　清宣統元年（1909）鉛印本　一册

440000－2526－0000915　199003882/199003897

聊齋志異新評十六卷　（清）蒲松齡撰　（清）王士正評　（清）但明倫新評　清道光二十二年（1842）廣順但氏刻朱墨套印本　十六册

440000－2526－0000916　199003900

爾雅註解時文二卷　（□）□□撰　清同治十一年（1872）刻本　一册

440000－2526－0000917　199003912/199003919

芥子園畫傳六卷　（清）王安節摹並輯　清光緒十三年（1887）石印本　八册

440000－2526－0000918　199003930/199003961

宋本十三經注疏附校勘記十三種　（清）阮元撰校勘記　（清）盧宣旬摘錄校勘記　**十三經注疏校勘記識語四卷**　（清）汪文臺撰　清光緒十三年（1887）上海脈望仙館石印本　三十二册　缺八卷（附釋音毛詩注疏七至十四）

440000－2526－0000919　199003920/199003923

芥子園畫傳二集九卷　（清）王槩等摹並輯　清光緒十四年（1888）石印本　四册

440000－2526－0000920　199003924/199003929

芥子園畫傳三集六卷　（清）王槩等摹並輯　清光緒十四年（1888）石印本　六册

440000－2526－0000921　199003881

時文一卷　（□）□□撰　清抄本　一册

440000－2526－0000922　199003975

消災呪真武經一卷　(□)□□撰　清抄本　一册

440000－2526－0000923　199003976/199003982

康熙字典十二集三十六卷總目一卷檢字一卷辨似一卷等韻一卷備考一卷補遺一卷　(清)張玉書等纂　清刻本　七册　存九卷(丑集下、辰集下、巳集上中下,總目一卷,檢字一卷,辨似一卷,等韻一卷)

440000－2526－0000924　199003973

太上洞玄靈寶昇玄消災護命妙經一卷　(□)□□撰　清抄本　一册

440000－2526－0000925　199003970

妙法蓮華經七卷二十八品　(後秦)釋鳩摩羅什譯　清抄本　一册　存一品(二十五)

440000－2526－0000926　199003971

五方五土土科全卷一卷　(□)□□撰　清抄本　一册

440000－2526－0000927　199003974

元始天尊説北方真武妙經一卷　(□)□□撰　元始天尊説十一曜大消災神咒經一卷　(□)□□撰　清抄本　二册

440000－2526－0000928　199003968

普照銀砂海中取心經一卷　(□)□□撰　明刻本　一册

440000－2526－0000929　199003969

普照銀砂海中取心經一卷　(□)□□撰　清抄本　一册

440000－2526－0000930　199003972

元始天尊説三官消災滅罪懺三卷　(□)□□撰　清蘇增瑞抄本　一册

440000－2526－0000931　199003966

清淨妙法蓮華真經一卷　(□)□□撰　明清抄本　一册

440000－2526－0000932　199003967

藴空明寶透玲真經一卷　(□)□□撰　明萬曆抄本　一册

440000－2526－0000933　199003986/199003987

水流雲在圖記二卷　(清)陳夔龍撰　清宣統三年(1911)至民國石印本　二册

440000－2526－0000934　199003965

藥師菩薩本願經一卷　(□)□□撰　清抄本　一册

440000－2526－0000935　199003962/199003964

慈悲十王妙懺法三卷　(□)□□撰　明萬曆泥金寫本　三册

440000－2526－0000936　199004846

聽松廬詩略二卷　(清)張維屏撰　(清)陳澧編　清光緒粵東省城富文齋刻學海堂叢刻本　一册

440000－2526－0000937　199004847/199004848

區奉政遺稿十卷　(明)區元晉著　(明)郭夢得校　明萬曆四年(1576)刻本　二册

440000－2526－0000938　199004849/199004852

綠杉軒集印不分卷　伍德彝藏並輯　清光緒鈐印本　四册

440000－2526－0000939　199004853

五雲社錄一卷　(□)□□撰　清咸豐六年(1856)刻本　一册

440000－2526－0000940　199004854

廣東人和堂膏丹丸散總彙一卷　(□)□□撰　清光緒石印本　一册

440000－2526－0000941　199004857/199004860

代數通藝錄十六卷　(清)方愷撰　清光緒十六年(1890)成文堂刻本　四册

440000－2526－0000942　199004855/199004856

石嶽詩寄一卷文寄一卷　(清)林鳳岡撰　清抄本　二册

440000－2526－0000943　199004861

同春堂趙宗濟揀選上藥精製各項丸一卷　(□)□□撰　清光緒十三年(1887)刻本　一册

440000－2526－0000944　199004862

鹿芝館陳家園揀選上藥精製各項大小丸散膏丹一卷　(□)□□撰　清光緒十七年(1891)

刻本　一册

440000－2526－0000945　199004863

福蘭堂鄭德軒精製揀選上藥各項丸散膏丹一卷　(□)□□撰　清光緒刻本　一册

440000－2526－0000946　199004865/199004867

風滿樓古銅印譜不分卷　(清)葉夢龍藏並輯　清道光鈐印本　三册

440000－2526－0000947　199004864

今夕盦印存一卷　(清)居巢藏並輯　清光緒鈐印本　一册

440000－2526－0000948　199004868/199004873

古銅印彙三卷　(清)潘正煒藏並輯　清道光十二年(1832)聽颿樓刻鈐印本　六册

440000－2526－0000949　199004874

周鈞印存一卷　(清)周鈞藏並輯　清光緒鈐印本　一册

440000－2526－0000950　199004875

粵海關奏稿一卷　(清)長有著　清光緒抄本　一册

440000－2526－0000951　199004877

馬拉語粵音譯義四卷　(清)馮兆年輯　清光緒十六年(1890)刻本　一册

440000－2526－0000952　199004876

寶琴齋古銅印彙一卷　(清)潘仕成藏並輯　清道光鈐印本　一册

440000－2526－0000953　199004878/199004879

里木山房印存一卷　(清)柯有榛篆並輯　清光緒刻鈐印本　二册

440000－2526－0000954　199004881

蔬筍館印存一卷　(清)符翕篆並輯　清光緒鈐印本　一册

440000－2526－0000955　199004882/199004891

秋曉盦古銅印不分卷　(清)潘儀增藏並輯　清光緒二十年(1894)鈐印本　十册

440000－2526－0000956　199004892/199004895

銘雀硯齋印存四卷　(清)黄霖澤藏並輯　清光緒二十一年(1895)鈐印本　四册

440000－2526－0000957　199004903/199004906

粵東金石略九卷首一卷附二卷　(清)翁方綱撰　清光緒十七年(1891)廣州石經堂書局影印本　四册

440000－2526－0000958　199004902

吉金齋古銅印譜[不分卷]　(清)何昆玉藏並輯　清光緒鈐印本　一册

440000－2526－0000959　199004896/199004901

新刻訂正原板劉氏家藏二十四山造全書八卷　(清)劉春沂撰　清康熙二十三年(1684)書林黄雲從刻本　六册

440000－2526－0000960　199004909/199004910

味古堂印存二卷　(清)馮兆年藏並輯　清光緒十四年(1888)刻鈐印本　二册

440000－2526－0000961　199004911

嘉顯堂圖書會要不分卷　(清)何劍湖鐫纂　清乾隆四十二年(1777)刻鈐印本　一册

440000－2526－0000962　199004912/199004915

經傳字音考正四卷　(清)馮肩輯　清光緒二年(1876)文選樓刻本　四册

440000－2526－0000963　199004916/199004919

莊子十卷　(戰國)莊周撰　(晉)郭象注　(唐)陸德明音義　(清)胡方評　清嘉慶刻本　四册

440000－2526－0000964　199004907/199004908

羊城竹枝詞二卷　(清)吟香閣主人輯　清光緒三年(1877)廣州全經閣刻本　二册

440000－2526－0000965　199004920/199004927

看篆樓鑑藏古銅印不分卷　(清)潘有為藏並輯　清嘉慶二十二年(1817)鈐印本　八册

440000－2526－0000966　199004928/199004929

較正幼學須知成語考二卷　(明)邱文莊撰　清光緒八年(1882)粵東省城文林閣刻本　二册

440000－2526－0000967　199004930/199004933

元朝祕史十五卷首一卷　(□)□□撰　(清)

李文田注　清光緒二十二年(1896)通隱堂刻本　四冊

440000－2526－0000968　199004934/199004945
明季北略二十四卷　(清)計六奇編　清道光都城琉璃廠半松居士刻本　十二冊

440000－2526－0000969　199004946/199004957
明季南畧十八卷　(清)計六奇編　清道光都城琉璃廠半松居士刻本　十二冊

440000－2526－0000970　199004958
[澹庵吟]二卷　吳道鎔撰　清末抄本　一冊

440000－2526－0000971　199004959
[乾隆]豐順縣志八卷首一卷　(清)葛曙纂修　清乾隆刻本　一冊　存二卷(五至六)

440000－2526－0000972　199004960/199004963
[廣東南海]南海丹桂方氏族譜不分卷　(明)方巒　(明)方貴科纂修　(清)方雲從等重修　(清)方秋白增修　清乾隆惇叙堂刻本　四冊

440000－2526－0000973　199004964/199004970
重訂蔡虛齋先生易經蒙引十二卷　(明)蔡清撰　(清)宋兆禴重訂　明末刻本　七冊

440000－2526－0000974　199004971/199004975
施註蘇詩四十二卷總目二卷首一卷　(宋)蘇軾撰　(宋)施元之　(清)顧禧註　(清)顧嗣立等刪補　**東坡先生[蘇軾]年譜一卷**　(宋)王宗稷編　(清)邵長蘅重訂　清康熙刻本　五冊　存二十三卷(十五至二十四、三十一至四十二,首一卷)

440000－2526－0000975　199004980
婦科精蘊五卷　(美國)妥瑪氏撰　(清)孔慶高筆譯　(美國)嘉約翰校正　清光緒十五年(1889)羊城博濟醫局刻本　一冊　存一卷(一)

440000－2526－0000976　199004981/199004982
增補蘇批孟子二卷　(宋)蘇洵撰　(清)趙大浣增補　**孟子年譜一卷**　(清)趙大浣撰　清道光刻朱墨套印本　二冊

440000－2526－0000977　199004976/19900679
二如亭群芳譜二十九卷首一卷　(明)王象晉纂輯　明天啟刻本　四冊　存七卷(天譜一至三、歲譜一至四)

440000－2526－0000978　199004983
水經注西南諸水考三卷弧三角平視法一卷摹印述一卷　(清)陳澧撰　清道光至咸豐刻本　一冊

440000－2526－0000979　199004984
增訂廣輿記二十四卷　(明)陸應陽纂　(清)蔡方炳增輯　清康熙二十五年(1686)刻本　一冊　存二卷(一至二)

440000－2526－0000980　199004985/199004986
籌海圖編十三卷　(明)胡宗憲輯議　(明)胡維極重校　明天啟四年(1624)刻本　二冊　存一卷(一)

440000－2526－0000981　199004987/19900694
杜工部集二十卷首一卷　(唐)杜甫撰　(明)王世貞等評　清光緒二年(1876)粵東翰墨園刻六色套印本　八冊　存十七卷(一至十四、十九至二十,首一卷)

440000－2526－0000982　199004880
壽竹齋印譜一卷　(清)老廷光藏並輯　清道光壽竹齋鈐印本　一冊

440000－2526－0000983　199004995/199004996
古印藏真不分卷　(清)居巢藏並輯　清同治十一年(1872)楊氏添茅小屋鈐印本　二冊

440000－2526－0000984　199004997/199005000
秦漢三十體印證二卷　(清)李陽藏並輯　清道光二十年(1840)刻鈐印本　四冊

440000－2526－0000985　199005001
經訓粹編一卷　(□)□□撰　清末刻本　一冊

440000－2526－0000986　199005002
陽宅紫府寶鑑三卷首一卷　(清)劉文瀾撰　清道光十二年(1832)張作哲刻廣州大文堂印本　一冊

440000－2526－0000987　199005003
曲話五卷　(清)梁廷枏撰　清道光刻藤花亭十七種本　一冊

440000－2526－0000988　199005004/199005005
金石稱例四卷續一卷碑文摘奇一卷書餘一卷　(清)梁廷枏撰　清道光刻藤花亭十七種本　二冊

440000－2526－0000989　199005006/199005007
讀史方輿紀要一百三十卷　(清)顧祖禹撰　清刻本　二冊　存六卷(一百至一百五)

440000－2526－0000990　199005101/199005112
蓼懷堂琴譜不分卷　(清)雲志高撰　清康熙蓼懷堂刻本　十二冊

440000－2526－0000991　199005154
[光緒庚寅]會試硃卷[一卷]　(清)張際雲撰　清光緒十六年(1890)刻本　一冊

440000－2526－0000992　199005114/199005137
兩漢紀六十卷　(漢)荀悅　(晉)袁宏撰　(宋)王銍輯　清光緒二年(1876)嶺南述古堂刻本　二十四冊

440000－2526－0000993　199005153
御製勸善要言不分卷　(清)世祖福臨撰　清光緒十八年(1892)兩粵廣仁善堂刻本　一冊

440000－2526－0000994　199005036
南漢文字畧四卷　(清)梁廷枏輯　清道光刻藤花亭十七種本　三冊

440000－2526－0000995　199005054/19005057
南漢書十八卷　(清)梁廷枏撰　清道光刻藤花亭十七種本　四冊

440000－2526－0000996　199005149/199005152
龍文鞭影二卷　(明)蕭良有撰　(清)楊臣諍增訂　**龍文鞭影二集二卷**　(清)李暉吉撰　(清)徐瓚輯　**訓蒙四字經二卷**　(□)□□撰　清同治十三年(1874)刻本　四冊

440000－2526－0000997　199005058/199005061
南漢書考異十八卷　(清)梁廷枏撰　清道光刻藤花亭十七種本　四冊

440000－2526－0000998　199005062
南漢叢錄二卷　(清)梁廷枏輯　清道光刻藤花亭十七種本　一冊

440000－2526－0000999　199005148
戊戌奏稿不分卷　康有為輯　清宣統三年(1911)鉛印本　一冊

440000－2526－0001000　199005089/199005100
重刊五百家註音辯昌黎先生文集四十卷　(唐)韓愈撰　清乾隆兩儀堂刻本　十二冊

440000－2526－0001001　199005147
幽穿雪鴻不分卷　(清)馮焌光輯　清光緒石印本　一冊

440000－2526－0001002　199005146
商辦廣東新寧鐵路公司息摺　(清)□□編　清宣統元年(1909)鉛印本　一冊

440000－2526－0001003　199005113
廣東輿地全圖不分卷　(清)張人駿修　清光緒二十三年(1897)廣州石經堂石印本　一冊

440000－2526－0001004　199005145
商辦廣東新寧鐵路股份簿　(清)□□編　清宣統元年(1909)新寧鐵路公司鉛印本　一冊

440000－2526－0001005　199005144
宣統元年天成墟建立各鋪戶規例[一卷]　(清)□□編　清宣統元年(1909)會城藝新印務所鉛印本　一冊

440000－2526－0001006　199005143
永福堂豬會股份簿　(清)永福堂編　清宣統二年(1910)抄本　一冊

440000－2526－0001007　199005142
砵崙寶綸號股份簿　(清)砵崙寶綸號編　清光緒十九年(1893)抄本　一冊

440000－2526－0001008　199005008/199005032
[乾隆]潮州府志四十二卷首一卷抄存舊志不分卷　(清)周碩勳輯　(清)上官惠繪　清光緒十九年(1893)珠蘭書屋刻本　二十五冊

440000－2526－0001009　199005078
[廣東]潘氏族譜二卷　(□)□□纂修　清抄

本　一冊　存一卷(一)

440000－2526－0001010　199005077

聖諭廣訓疏義不分卷　(清)廣仁善堂編　清光緒十六年(1890)兩粵廣仁善堂刻本　一冊

440000－2526－0001011　199005075/199005076

新刻註釋孔子家語憲四卷　(明)陳際泰撰　明末金閶書業堂刻本　二冊

440000－2526－0001012　199005084/199005086

[同治]廣東圖二十三卷　(清)□□撰　清同治五年(1866)刻本　三冊

440000－2526－0001013　199005080/199005083

朱九江先生集十卷首四卷　(清)朱次琦撰　簡朝亮輯　清光緒二十三年(1897)順德簡氏讀書草堂刻本　四冊

440000－2526－0001014　199005087/199005088

儀禮圖六卷　(清)張惠言撰　清同治九年(1870)楚北崇文書局刻本　二冊

440000－2526－0001015　199005079

高宗純皇帝御書觀音經一卷　(□)□□撰　清道光廣州西湖街正文堂刻本　一冊

440000－2526－0001016　199005063/199005066

金剛般若波羅蜜經四卷　(□)□□撰　清光緒十五年(1889)肇慶鼎湖經坊刻本　四冊

440000－2526－0001017　199005073/199005074

杜德美割圜捷法原本二卷　(清)淩步芳撰　清光緒二十八年(1902)粵東番禺靈山凌百硯齋刻凌百硯齋算稿本　二冊

440000－2526－0001018　199005067/199005069

圜天圖說三卷　(清)李明徹撰　清嘉慶二十五年(1820)松海軒刻本　三冊

440000－2526－0001019　199005070/199005071

圜天圖說續編二卷首一卷　(清)李明徹撰　清道光元年(1821)松海軒刻本　二冊

440000－2526－0001020　199005044/199005047

陳子性藏書十二卷首一卷　(清)陳應選撰　清乾隆四十七年(1782)禪山書房奎元堂刻本　四冊　缺四卷(九至十二)

440000－2526－0001021　199005040/199005043

史通削繁四卷　(唐)劉知幾撰　(清)紀昀削繁　(清)浦起龍注　(清)陳士荃校　清道光十三年(1833)兩廣節署刻粵東翰墨園朱墨套印本　四冊

440000－2526－0001022　199005033/199005034

吉祥花六卷　(清)邵彬儒輯評　清同治十年(1871)廣東佛鎮翰寶樓刻本　二冊

440000－2526－0001023　199005039

正音咀華一卷　(清)莎彝尊撰　清刻朱墨套印本　一冊

440000－2526－0001024　199005035

庚子歲通書大成不分卷　(□)□□撰　清光緒二十五年至二十六年(1899－1900)廣州石經堂書局石印本　一冊

440000－2526－0001025　199005048/199005053

知不足齋叢書　(清)鮑廷博輯　(清)鮑志祖續輯　清乾隆至道光長塘鮑氏刻本　六冊　存三種二十一卷(嶺外代答十卷、鄭所南先生文集一卷、重彫足本鑒誡錄十卷)

440000－2526－0001026　199005072

關聖帝君桃園明聖經不分卷　(□)黎廷彥書　清羊城合成齋、合璧齋刻本　一冊

440000－2526－0001027　199005155

不可錄一卷　(清)陳海曙輯　清咸豐六年(1856)佛山金玉樓刻本　一冊

440000－2526－0001028　199005157

新刻全本明心一卷　(□)□□撰　清香港廣文樓鉛印本　一冊

440000－2526－0001029　199005163

[廣東新會]雲步李氏宗譜六卷　(清)李起纂修　清雍正七年(1729)三多堂刻本　一冊　存三卷(一至三)

440000－2526－0001030　199005160

驗方新編十八卷　(清)鮑相璈編　清光緒二十四年(1898)廣州麟書閣刻本　一冊

440000－2526－0001031　199005167/199005170

[同治]番禺縣志五十四卷首一卷附錄一卷　(清)李福泰主修　清同治十年(1871)光霽堂刻本　四册　存十一卷(三十一至三十五、四十二至四十五、五十一至五十二)

440000－2526－0001032　199005164

敕封綏靖伯行實一卷　(□)□□撰　清光緒二十一年(1895)香港中華印務總局石印本　一册

440000－2526－0001033　199005174

應用化學第二編不分卷　(日本)蜂屋貞興著　宋以梅譯　清光緒三十四年(1908)粤東編譯公司刻本　一册

440000－2526－0001034　199005178/199005179

茂遠堂合益會部一卷　茂遠堂編　清宣統三年(1911)廣州東華印務局刻本　二册

440000－2526－0001035　199005182

新增帖式備要二卷　(清)樂道軒居士輯　清光緒三十四年(1908)抄本　一册　存一卷(一)

440000－2526－0001036　199005183

[廣東台山]陳氏家譜五卷　(清)陳遇夫　(清)陳天桂修　清宣統抄本　一册　存四卷(一至三、五)

440000－2526－0001037　199005202/199005204

闢徑集二卷　(明)李秩撰　清道光十四年(1834)刻本　三册

440000－2526－0001038　199005205/199005207

鄉賢區西屏集十卷　(明)區越著　(明)余一鵬校　(明)周鯤編　明萬曆刻本　三册

440000－2526－0001039　199005208/199005217

廣東新語二十八卷　(清)屈大均撰　清康熙三十九年(1700)水天閣刻本　十册

440000－2526－0001040　199005218

春秋天文考一卷　(清)蔡綬綵著　清光緒二十五年(1899)順德龍江蔡真步堂刻本　一册

440000－2526－0001041　199005219/199005220

算術駕說十一卷　潘應祺纂　清光緒三十三年(1907)番禺潘氏扂籬館刻本　二册　存四卷(一至四)

440000－2526－0001042　199005221/199005228

文選六十卷　(南朝梁)蕭統輯　(唐)李善注　(清)何焯平點　清羊城翰墨園刻朱墨套印本　八册　存十八卷(一至十四、二十至二十三)

440000－2526－0001043　199005238

選集漢印分韻二卷　(清)袁日省輯　(清)謝雲生摹錄　清嘉慶二年(1797)漱藝堂刻本　一册　存一卷(二)

440000－2526－0001044　199005239

續集漢印分韻二卷　(清)謝景卿纂摹　清嘉慶八年(1803)漱藝堂刻本　一册　存一卷(一)

440000－2526－0001045　199005156

關帝桃園明聖經一卷　(清)鄧遂良書　清粤東守經堂刻本　一册

440000－2526－0001046　199005158

治瘋徵驗畧紀二卷　(清)易啟賢著　清刻本　一册　存一卷(一)

440000－2526－0001047　199005184/199005187

論說入門不分卷　程宗啟編　清宣統元年(1909)上海彪蒙書室石印本　四册

440000－2526－0001048　199005159

醫方捷徑指南全書二卷　(元)李杲著　(清)王宗顯輯　清光緒二十三年(1897)書林文發堂刻本　一册

440000－2526－0001049　199005188

最新國文教科書不分卷　蔣維喬等編　清光緒三十一年(1905)上海商務印書館鉛印本　一册

440000－2526－0001050　199005161

衛生淺說二卷壽世真傳一卷　(清)梁鏡堂撰　清刻本　一册

440000－2526－0001051　199005162

南圍新科南益會會規一卷　(清)南益會編

清宣統元年(1909)廣州光華刻本　一册

440000－2526－0001052　199005165
[廣東台山]新甯端芬梅氏族譜不分卷　(□)梅□等修　清抄本　一册

440000－2526－0001053　199005189
筆算新教科書四卷　(清)張景良編　清末上海文明書局鉛印本　一册　存一卷(四)

440000－2526－0001054　199005166
誠齋太祖新科誠益會會規一卷　(清)誠益會編　清光緒二十八年(1902)廣州翰章鉛印本　一册

440000－2526－0001055　199005190
最新初等小學筆算教科書不分卷　徐寯編纂　清光緒三十二年(1906)上海商務印書館鉛印本　一册

440000－2526－0001056　199005172
何鴛侶祖均益會簿一卷　(清)何錫類堂編　清光緒二十二年(1896)刻本　一册

440000－2526－0001057　199005192
蒙學珠算教科書一卷　(清)董瑞椿著　清光緒三十一年(1905)上海文明書局鉛印本　一册

440000－2526－0001058　199005173
周詒燕堂均益會部一卷　(清)周詒燕堂編　清宣統元年(1909)鉛印本　一册

440000－2526－0001059　199005193
最新修身教科書一卷　(清)商務印書館編譯所編纂　清光緒三十一年(1905)上海商務印書館鉛印本　一册

440000－2526－0001060　199005175
奇槎同志堂保境會簿一卷　(清)同志堂保境會編　清光緒三十四年(1908)廣文書局鉛印本　一册

440000－2526－0001061　199005177
兩粤廣仁善堂萬善會胙金簿一卷　(清)廣仁善堂編　清光緒三十二年(1906)刻本　一册

440000－2526－0001062　199005194
高等小學理科教科書四卷　王季烈編譯　清末上海文明書局鉛印本　一册　存一卷(二)

440000－2526－0001063　199005176
任千億堂會簿一卷　(清)任千億堂編　清光緒二十六年(1900)刻本　一册

440000－2526－0001064　199005195
繪圖蒙學歷史讀本十九章　(□)□□撰　清光緒三十四年(1908)石印本　一册　存十章(一至十)

440000－2526－0001065　199005198
最新高等小學地理教科書二卷　(□)□□撰　清光緒商務印書館鉛印本　一册　存一卷(二)

440000－2526－0001066　199005191
婦孺信札□□編　(清)華文局輯　清宣統元年(1909)粵東華文局鉛印本　一册

440000－2526－0001067　199005196
和樂堂家規一卷　(清)和樂堂編　清光緒二年(1876)抄本　一册

440000－2526－0001068　199005197
新增幼學五字經句釋一卷　(□)□□撰　清刻本　一册

440000－2526－0001069　199005199
化學須知一卷　(英國)傅蘭雅輯　清光緒十二年(1886)刻本　一册

440000－2526－0001070　199005200
御註孝經一卷　(清)世祖福臨註　清宣統元年(1909)羊城關東雅石印書局石印本　一册

440000－2526－0001071　199005201
算法撮要一卷　(□)□□撰　清末守經堂石印廣州華興書局改版印本　一册

440000－2526－0001072　199005180
方慵怡祖公益鋪會簿一卷　(清)方富浩等訂　清光緒刻本　一册

440000－2526－0001073　199005181
[廣東番禺]盧氏宗譜不分卷　(清)盧文澤纂修　清光緒元年(1875)抄本　一册

440000－2526－0001074　199005240

春秋祖廟祭祀禮儀不分卷　(□)□□撰　清光緒抄本　一冊

440000－2526－0001075　199005233/199005237

五百四峯堂詩鈔二十五卷　(清)黎簡撰　清嘉慶刻本　五冊　存十一卷(九至十三、十七至十八、二十二至二十五)

440000－2526－0001076　199005229/199005232

朱子學的二卷　(明)丘濬撰　清乾隆刻本　四冊

440000－2526－0001077　199005274/199005289

漢銅印原十六卷　(清)李陽集印　清道光十六年(1836)鈐印本(前四冊爲原鈐本、後十二冊爲配本)　十六冊

440000－2526－0001078　199005241/199005245

重刊補註洗冤錄集證六卷　(宋)宋慈撰　(清)王又槐增輯　(清)李觀瀾補輯　(清)阮其新補　(清)張錫蕃重訂　清道光二十四年(1844)刻四色套印本　五冊　存五卷(二至六)

440000－2526－0001079　199005518

女學三字經不分卷　(清)陳春編　(清)王乃棠書　清光緒十年(1884)守經堂刻本　一冊

440000－2526－0001080　199005247

金山衣裳館股份簿不分卷　(□)□□撰　清光緒四年(1878)抄本　一冊

440000－2526－0001081　199005253

文昌帝君陰騭文廣義節錄三卷　(清)周夢顏撰　清光緒應化文社刻本　一冊　存一卷(二)

440000－2526－0001082　199005267

李若農唐碑十二則一卷　(清)李文田書　清光緒五年(1879)刻本　一冊

440000－2526－0001083　199005270

金索六卷　(清)馮雲鵬　(清)馮雲鵷輯　清末刻本　一冊　存一卷(四)

440000－2526－0001084　199005255

鄉會墨選不分卷　(清)□□輯　清末刻本　一冊

440000－2526－0001085　199005256

廣西闈墨不分卷　(清)□□輯　清末刻本　一冊

440000－2526－0001086　199005257/199005262

廣東闈墨不分卷　(清)□□輯　清末刻本　六冊

440000－2526－0001087　199005520

奇方備檢不分卷　(清)梁元輝檢輯　**楊用修先生勸孝文不分卷**　(明)楊慎撰　清光緒十五年(1889)廣州文元閣刻本　一冊

440000－2526－0001088　199005528/199005531

小學集解六卷　(清)張伯行纂輯　(清)李蘭汀校訂　清光緒三十三年(1907)廣州福芸樓刻本　四冊

440000－2526－0001089　199005533

[光緒庚子科]恩拔貢卷一卷　(清)廖聰超撰　清光緒刻本　一冊

440000－2526－0001090　199005536

[同治庚午科]江西鄉試硃卷一卷　(清)嚴楷撰　清同治刻本　一冊

440000－2526－0001091　199005538/199005541

[廣東南海]丹山謝氏世譜五卷　(清)謝瀚中等修　清光緒二十年(1894)刻本　四冊　存四卷(二至五)

440000－2526－0001092　199005582

提携便覽一卷　(清)陳羲撰　清光緒六年(1880)抄本　一冊

440000－2526－0001093　199005542

廣東陳以懷屋宇田業簿不分卷　(□)□□撰　清光緒二十七年(1901)抄本　一冊

440000－2526－0001094　199005543/199005546

粤東金石略九卷首一卷附二卷　(清)翁方綱撰　清光緒十七年(1891)廣州石經堂書局影印本　四冊

440000－2526－0001095　199005577

星命萬年書一卷　(□)□□撰　清光緒十一年(1885)成文堂刻本　一册

440000－2526－0001096　199005532

美味求真一卷　(□)□□撰　清光緒悦硯堂刻本　一册

440000－2526－0001097　199005534

壽世真傳一卷　(□)□□撰　清末刻本　一册

440000－2526－0001098　199005535

急救方一卷　(□)□□輯　清末刻本　一册

440000－2526－0001099　199005517

秋水軒尺牘四卷　(清)許思湄撰　(清)婁世瑞註　清道光三十年(1850)羊城大文堂刻本　一册　存二卷(一至二)

440000－2526－0001100　199005620/199005623

警富新書四卷四十回　(清)安和撰　清宣統元年(1909)石印本　四册

440000－2526－0001101　199005513/199005516

四淫齊四卷　(清)古岡嘯天氏輯　清末石印本　四册

440000－2526－0001102　199005616/199005619

真好唱四卷　(□)□□輯　清末刻本　四册

440000－2526－0001103　199005571/199005574

家禮帖式彙編四卷　(□)□□輯　清同治抄本　四册

440000－2526－0001104　199005561/199005562

馮玉山稿二卷　(清)馮玉山輯　清光緒三年(1877)抄本　二册

440000－2526－0001105　199005547/199005550

卜筮正宗十四卷　(清)王維德輯　清翰寶樓刻本　四册

440000－2526－0001106　199005631

葆矜張老先生貽來錄一卷　(□)□□等撰　清康熙四年(1665)抄本　一册

440000－2526－0001107　199005589

粵東省縣名詩不分卷　(□)□□輯　清咸豐至光緒抄本　一册

440000－2526－0001108　199005519

朱柏廬先生治家格言一卷　(清)朱用純撰　清同治六年(1867)番禺清緗閣刻本　一册

440000－2526－0001109　199005521

千字文一卷　(南朝梁)周興嗣撰　清光緒粵東佛鎮寶華閣石印本　一册

440000－2526－0001110　199005522

觀世音救苦大悲咒真經一卷　(□)□□撰　清光緒二十四年(1898)佛山文光樓刻本　一册

440000－2526－0001111　199005523

登洲三字經一卷　(宋)區適子撰　清同治九年(1870)粵東聚賢堂刻本　一册

440000－2526－0001112　199005524

何瑞初詩帖一卷　何瑞初書　清光緒廣益書局石印本　一册

440000－2526－0001113　199005525/199005527

[海南瓊山]魏氏家譜□□卷　(□)□□撰　清宣統元年(1909)刻本　三册　存五卷(四至五、九、十九至二十)

440000－2526－0001114　199005558

宣統己酉科廣東選拔貢卷一卷　趙允豪撰　清宣統元年(1909)刻本　一册

440000－2526－0001115　199005559/199005560

學海堂集十六卷　(清)吳蘭修編　清道光五年(1825)啟秀山房刻本　二册　存二卷(十一至十二)

440000－2526－0001116　199005591/199005593

[廣東番禺]永錫堂何氏家譜不分卷　(清)何建勛輯　清光緒十八年(1892)抄本　三册

440000－2526－0001117　199005551/199005554

保赤新編二卷　(清)任贊纂集　(清)胡仕樑　(清)伍學乾校正　清光緒十八年(1892)廣州璧經堂刻本　四册

440000－2526－0001118　199005555

光緒己丑科會試硃卷　(清)任文燦撰　清光

緒廣州翰元樓刻本　一冊

440000－2526－0001119　199005556/199005557

字學良知二卷　梁顯庭輯　清光緒二十九年(1903)脩篁齋刻本　二冊

440000－2526－0001120　199005563/199005564

名家醫方歌訣一卷附錄一卷　林樹紅撰　清光緒二十一年(1895)羊城守經堂刻本　二冊

440000－2526－0001121　199005590

廣東新會杜阮黃氏族譜不分卷　(清)□□纂修　清光緒抄本　一冊

440000－2526－0001122　199005537

驗方備用一卷　(清)黃德仁輯　清光緒二十九年(1903)抄本　一冊

440000－2526－0001123　199005566

改良婦孺淺史歌不分卷　黃用端撰　清光緒二十九年(1903)時敏書局刻本　一冊

440000－2526－0001124　199005567/199005570

廣東試牘□□卷　(清)何廷謙選　清同治十二年(1873)刻本　四冊　存四卷(一、三至五)

440000－2526－0001125　199005575

光緒癸卯舉行辛丑壬寅恩正併科會試闈卷一卷　(清)關文彬撰　清光緒石印本　一冊

440000－2526－0001126　199005576

光緒甲辰恩科會試闈卷一卷　(清)關賡麟撰　清光緒石印本　一冊

440000－2526－0001127　199005578/199005581

紀風七絕二十一卷　(清)梁九圖輯　清光緒十九年(1893)南海梁氏刻本　四冊

440000－2526－0001128　199005594

廣東南海仙岡陳姓族譜不分卷　(清)□□纂修　清光緒二十四年(1898)陳立軒抄本　一冊

440000－2526－0001129　199005612/199005615

漢西域圖考七卷首一卷　(清)李光廷撰　(清)潘平章繪　(清)李承緒重繪　清末石印本　四冊

440000－2526－0001130　199005624/199005625

羊城竹枝詞二卷　(清)吟香閣主人輯　清光緒三年(1877)馬溪刻本　二冊　存一卷(一)

440000－2526－0001131　199005626/199005630

[廣東廣州]鴉湖曹氏族譜七卷　曹鳳貞選輯　曹長麟　曹伯麒編　曹亮熙　曹仲昭繪　清宣統三年(1911)廣東省城穗雅鉛印本　五冊

440000－2526－0001132　199513039/199513040

神明儆世録初集二卷　念誠思過草堂輯　清宣統二年至民國元年(1910－1912)粵東佛鎮念誠思過草堂鉛印本　二冊

440000－2526－0001133　199513041

神明儆世録弍集四卷　念誠思過草堂輯　清宣統三年至民國元年(1911－1912)粵東佛鎮念誠思過草堂鉛印本　一冊　存一卷(四)

440000－2526－0001134　199005647/199005664

新造雙退婚鴛鳳圖九卷　(□)□□撰　清末潮城瑞文堂刻本　十八冊

440000－2526－0001135　199005673/199005678

新選背解紅羅全本六卷　(□)□□撰　清末廣州璧經堂刻本　六冊

440000－2526－0001136　199005643/199005646

新造秦雪梅火城記四卷　(□)□□撰　清末刻本　四冊

440000－2526－0001137　199005595/199005610

新造雙白燕子全歌□□卷　(□)□□撰　清光緒潮城萬利生記刻本　十六冊　存十六卷(一至四、九至二十)

440000－2526－0001138　199005665/199005669

新選正字初集背解紅羅全本六卷　(□)□□撰　清末廣州以文堂刻本　五冊　存五卷(一、三至六)

440000－2526－0001139　199005633/199005642

新刻陰陽寶扇二集十卷　(□)□□撰　清末佛山芹香閣刻本　十冊

440000－2526－0001140　199005680/199005683

新選原本西番棋子四卷　守拙主人訂　清光緒二十一年(1895)芹香閣刻本　四册

440000-2526-0001141　199005684/199005687
續西番棋子四卷　閒情居士訂　清光緒二十一年(1895)芹香閣刻本　四册

440000-2526-0001142　199005696
新刻十二寡婦征西六集六卷　閒情居士訂　清末廣州五桂堂刻本　一册

440000-2526-0001143　199005700/199005705
御結茶蘼原本六卷　(□)□□撰　清末廣州五桂堂刻本　六册

440000-2526-0001144　199005718/199005727
鍾無豔六集六十四卷　守拙主人訂　清末廣州五桂堂刻本　十册　存四十九卷(初集十卷,三集十卷,四集十卷,五集十卷,六集一至五、十一至十四)

440000-2526-0001145　199005728/199005736
二集鍾國母十卷　守拙主人訂　清末廣州五桂堂刻本　九册　存九卷(二至十)

440000-2526-0001146　199005738
三集鍾國母十卷　守拙主人訂　清末刻本　一册　存九卷(二至十)

440000-2526-0001147　199005739/199005740
拾弍時辰全卷一卷　(□)□□撰　清末廣州璧經堂刻本　二册

440000-2526-0001148　199005741
新本秀容掃琴南音一卷　(□)□□撰　清末廣州五桂堂刻本　一册

440000-2526-0001149　199005742/199005745
華林寺秀容附荐新本南音二卷　(□)□□撰　清末廣州五桂堂刻本　四册

440000-2526-0001150　199005708
龍舟蘇小妹憶母嘆更一卷　(□)□□撰　清末廣州成文堂刻本　一册

440000-2526-0001151　199005706/199005707
五諫刁妻三卷　(□)□□撰　清末廣州醉經堂刻本　二册　存二卷(二至三)

440000-2526-0001152　199005709
新本羅通逼命一卷　(□)□□撰　清末廣州五桂堂刻本　一册

440000-2526-0001153　199005710/199005711
新刻薛剛大戰紀鵉英二卷　(□)□□撰　清末廣州三元堂刻本　二册

440000-2526-0001154　199005712/199005713
新出結拜同心送嫁歌二卷　(□)□□撰　清末廣州璧經堂刻本　二册

440000-2526-0001155　199005714
新本金蘭寄書一卷　(□)□□撰　清末廣州三元堂刻本　一册

440000-2526-0001156　199005715/199005716
新五諫妻一卷　(□)□□撰　清末廣州醉經堂刻本　二册

440000-2526-0001157　199005717
玉蟬問覡□□卷　(□)□□撰　清末廣州五桂堂刻本　一册　存一卷(一)

440000-2526-0001158　199005737
玉蟬嘆五更一卷　(□)□□撰　清末廣州五桂堂刻本　一册

440000-2526-0001159　199005688/199005691
新選玉簫琴全本初集四卷　(□)□□撰　清末佛山芹香閣刻本　四册

440000-2526-0001160　199005692/199005695
新選玉簫琴全本二集四卷　程梅莊修輯　清末佛山芹香閣刻本　四册

440000-2526-0001161　199005697/199005699
新刻茶薇記銀嬌全本三卷　(□)□□撰　清末廣州以文堂刻本　三册

440000-2526-0001162　199005746/199005747
廣東闈墨不分卷　(清)楊裕芬等撰　清光緒刻本　二册

440000-2526-0001163　199005748/199005752
嶺南三大家詩選二十四卷　(清)王隼輯　清同治七年(1868)南海陳氏刻本　五册

440000－2526－0001164　199005754/199005759
嶺南雜事詩鈔八卷　(清)陳坤撰　清光緒錢塘陳氏粵東刻如不及齋叢書本　六冊

440000－2526－0001165　199005763
最新校士錄五卷　(清)□□編　清末鉛印本　一冊

440000－2526－0001166　199005768/199005770
隨山館全集七種三十二卷　(清)汪瑔撰　清光緒刻本　三冊　存二種八卷(隨山館猥稾一至四、續稾二卷,隨山館詞稾一卷、續稾一卷)

440000－2526－0001167　199005764/199005765
繡詩樓詩五卷　陳步墀撰　清宣統元年(1909)羊城鉛印本　二冊

440000－2526－0001168　199005760/199005762
勺園詩鈔四卷　(清)李遐齡著　**松溪遺草一卷**　(清)李藹元撰　**證真畫齋詩鈔一卷**　(清)陳子清撰　清光緒三十四年(1908)刻本　三冊

440000－2526－0001169　199005766/199005767
粵嶽草堂詩話二卷　(清)黄培芳撰　陳步墀編　清宣統二年(1910)饒平陳氏香港鉛印繡詩樓叢書本　二冊

440000－2526－0001170　199005771/199005772
隨山館全集七種三十二卷　(清)汪瑔撰　清光緒刻本　二冊　存三種七卷(隨山館猥稾一至二、續稾二卷,隨山館詞稾一卷、續稾一卷,無聞子一卷)

440000－2526－0001171　199005773/199005776
粵東金石略九卷首一卷附二卷　(清)翁方綱撰　清光緒十七年(1891)廣州石經堂書局影印本　四冊

440000－2526－0001172　199513471
望溪錢光裕堂千益會規一卷　錢千聚堂立　清光緒三十一年(1905)刻本　一冊

440000－2526－0001173　199005777/199005781
東塾讀書記二十五卷　(清)陳澧撰　清光緒刻本　五冊　存十五卷(一至十二、十五至十六、二十一)

440000－2526－0001174　199005792/19900579
補山山人詩草四卷首一卷　(清)陳夔疇撰　清光緒二十二年(1896)西湖街瑞元堂刻本　二冊

440000－2526－0001175　199005782/199005785
天下郡國利病書一百二十卷　(清)顧炎武輯　清刻本　四冊　存八卷(九十七至一百四)

440000－2526－0001176　199005794/199005799
吾學錄初編二十四卷　(清)吳榮光撰　清同治九年(1870)江蘇書局刻本　六冊

440000－2526－0001177　199005800/199005802
棉陽學準五卷　(清)藍鼎元撰　清閑存堂刻本　三冊

440000－2526－0001178　199005786/199005791
新訂四書補註備旨十卷　(明)鄧林撰　清末翰文堂刻本　六冊

440000－2526－0001179　199005803
數學上編十三卷　(清)曹汝英編　清光緒三十年(1904)上海德新書局石印本　一冊　存五卷(一至五)

440000－2526－0001180　199005804/199005805
紅杏山房詩鈔六卷不易居齋集一卷　(清)宋湘撰　清同治八年(1869)刻本　二冊

440000－2526－0001181　199005808
粵歸草二卷　(清)沈用霖撰　清光緒十五年(1889)羊城刻本　一冊

440000－2526－0001182　199005806
聽松廬駢體文鈔四卷　(清)張維屏撰　清道光刻本　一冊

440000－2526－0001183　199005807
聽松廬詩略二卷　(清)張維屏撰　(清)陳澧編　清同治十年(1871)粵東省城西湖街富文齋刻本　一冊

440000－2526－0001184　199005809
豐湖漫草一卷續草一卷　(清)宋湘撰　清嘉

慶六年至七年(1801－1802)刻本　一冊

440000－2526－0001185　199005810
湖隱詩鈔一卷　(□)□□撰　清抄本　一冊

440000－2526－0001186　199005811
對類引端三卷　(清)硯香書屋主人輯　清光緒六年(1880)粵東佛山文光書局鉛印本　一冊

440000－2526－0001187　199005812
增補對類引端三卷　(清)硯香書屋主人輯　清光緒六年(1880)佛鎮同文堂刻本　一冊

440000－2526－0001188　199005813
明季稗史彙編十六種　(清)留雲居士輯　清刻本　一冊　存四種四卷(江南聞見錄一卷、粵游見聞一卷、賜姓始末一卷、兩廣紀略一卷)

440000－2526－0001189　199005814
劉希仁文集一卷附錄一卷　(唐)劉軻撰　清道光二十五年(1845)南海伍氏粵雅堂刻嶺南遺書本　一冊

440000－2526－0001190　199005815/199005818
涉需堂集一卷文集一卷文後集一卷正學續四卷　(清)陳遇夫撰　清道光二十二年(1842)刻本　四冊

440000－2526－0001191　199005819/199005823
無邪堂答問五卷　(清)朱一新撰　清光緒二十一年(1895)葆真堂刻本　五冊

440000－2526－0001192　199005824/199005833
說文解字十五卷附校字　(漢)許慎撰　(宋)徐鉉校訂　**說文通檢十六卷**　(清)黎永椿編　清光緒五年(1879)刻本　十冊

440000－2526－0001193　199005834
晉游草一卷粵游草二卷　(清)唐祖价著　清光緒十五年(1889)鉛印本　一冊

440000－2526－0001194　199005847
五山艸堂初編二卷　龍令憲撰　清光緒三十四年(1908)刻本　一冊

440000－2526－0001195　199005848/199005849
疑耀七卷　(明)張萱撰　清道光二十五年(1845)南海伍氏粵雅堂刻嶺南遺書本　二冊　存二卷(一、七)

440000－2526－0001196　199005850/199005851
新增韻對屑玉津梁二卷附辨字一卷增訂切字捷法一卷新增韻對屑玉津梁直指一卷　(清)歐達徹纂輯　(清)李天淇注　(清)李瓊飛編次　清佛山翰文堂刻本　二冊

440000－2526－0001197　199005846
京塵雜錄四卷　(清)楊懋建撰　清光緒十二年(1886)鉛印本　一冊

440000－2526－0001198　199005852
關聖帝君應驗桃園明聖經一卷　(□)□□撰　清粵東九曜坊守經堂刻本　一冊

440000－2526－0001199　199005886/199005913
時務報不分卷附書八種十卷　梁啟超撰　清光緒石印本　二十八冊

440000－2526－0001200　199005853/199005885
廣東訴訟案件刑案彙編不分卷　(□)□□編　清抄本　三十三冊

440000－2526－0001201　199005914
[江西]貴溪胡氏族譜六卷　(明)胡自立纂修　明成化四年(1468)刻本　一冊

440000－2526－0001202　199005915
[全國]江氏統會宗譜二卷　(清)江南勳重修　明末清初刻本　一冊

440000－2526－0001203　199005916/199005921
[福建漳浦]綏安鄢氏宗譜不分卷　(清)□□纂修　清光緒二十六年(1900)木活字印本　六冊

440000－2526－0001204　199005922/199005924
[湖北黃州]張氏支譜五卷首一卷　(清)張利滋主修　清光緒二十八年(1902)百忍堂刻本　三冊　存五卷(一、三至五,首一卷)

440000－2526－0001205　199005925/199005928
張氏宗譜二十五卷首十一卷　(清)□□纂修　清宣統二年至民國五年(1910－1916)刻朱

墨印本　四册　存四卷(首一至四)

440000－2526－0001206　199005955/199005957

[湖北黄岡]丁氏續修宗譜不分卷　(清)丁昌豪等提修　清光緒十三年(1887)集書堂刻本　三册

440000－2526－0001207　199005929

范陽鄒氏族譜□□卷　(清)□□纂修　清道光范陽堂木活字印本　一册　存一卷(五)

440000－2526－0001208　199005930/199005935

[江西宜春]宜邑鹿岡章氏八修宗譜三十八卷　(清)□□纂修　清光緒二十八年(1902)木活字印本　六册　存六卷(七、十五、十七、二十三、又二十六、三十八)

440000－2526－0001209　199005936/199005941

[湖北麻城]趙氏宗譜□□卷　(清)□□纂修　清宣統三年(1911)琴鶴堂木活字印本　六册　存八卷(達甫公支一至四、首一,若春祖支一,諧公支二,光遠公和光閱公支二)

440000－2526－0001210　199005942/199005945

[江西萬載]萬載蕭氏支譜四卷首一卷　(清)蕭殿懷等修　清道光二十八年(1848)三端堂刻本　四册

440000－2526－0001211　199005946/199005948

[廣東梅州]三坑鍾氏族譜□□卷　(清)鍾飛龍纂修　清光緒十七年(1891)木活字印本　三册

440000－2526－0001212　199005949/199005950

王氏宗譜三卷首二卷　(清)□□纂修　清光緒十七年(1891)槐蔭堂刻本　二册　存二卷(三、首二)

440000－2526－0001213　199005951/199005954

李氏宗譜不分卷　(清)□□纂修　清末木活字印本　四册

440000－2526－0001214　199005958

[江西贛州]雩邑縣前房王氏三修族譜不分卷　(清)王翰春　(清)王攀仙纂修　清宣統元年(1909)三槐堂木活字印本　一册

440000－2526－0001215　199005959/199005968

[四川]西昌古城顔氏族譜八卷首一卷　(清)顔克焯　(清)顔復渭纂輯　清光緒三十四年(1908)木活字印本　十册

440000－2526－0001216　199005973/199005974

[江西]熊氏重修族譜不分卷　(清)熊維新等修　清嘉慶十九年(1814)木活字印本　二册

440000－2526－0001217　199005975/199005976

[江西]熊氏續修族譜不分卷　(清)熊達之等修　清光緒十三年(1887)雨錢堂木活字印本　二册

440000－2526－0001218　199005969/199005972

[江西興國]興邑嚴溪胡氏重修族譜不分卷　(清)□□纂修　清光緒三十二年(1906)祀先堂木活字印本　四册

440000－2526－0001219　199005977

宋氏支譜十三卷　(清)□□纂修　清宣統三年(1911)奪錦堂木活字印本　一册　存一卷(十三)

440000－2526－0001220　199005978/199005979

[湖北浠水]鄢氏族譜□□卷首一卷　(清)鄢厚齋等纂輯　清光緒二十二年(1896)衍慶堂木活字印本　二册　存二卷(十二、首一卷)

440000－2526－0001221　199005980/199005981

[湖北浠水]鄢氏族譜□□卷　(清)鄢雲程等纂輯　清同治八年(1869)衍慶堂木活字印本　二册　存二卷(三十八、五十九)

440000－2526－0001222　199005982

[湖北麻城]熊氏族譜九卷　(清)熊子相纂修　清光緒二十年(1894)孝友堂木活字印本　一册　存一卷(三)

440000－2526－0001223　199005983

孫氏宗譜□□卷　(清)□□纂修　清光緒二十六年(1900)步武堂刻本　一册　存一卷(七)

440000－2526－0001224　199005984

[湖北黄岡]張氏宗譜□□卷　(清)□□纂修

清同治十三年(1874)清河堂木活字印本 一册 存一卷(首六)

440000-2526-0001225 199006000/199006011
[湖南瀏陽]陳氏族譜八卷首一卷 (清)陳潤選纂修 清光緒二年(1876)德星堂木活字印本 十二册

440000-2526-0001226 199005985/199005999
[湖北麻城]方氏族譜十八卷首一卷 (清)方新作纂修 清嘉慶十年(1805)刻本 十五册

440000-2526-0001227 199006012/199006021
[安徽太湖]義門陳氏宗譜十一卷首一卷末一卷 (清)陳炳 (清)陳選青纂修 清宣統二年(1910)德星堂木活字印本 十册 存十卷(一至五、七至九,首一卷,末一卷)

440000-2526-0001228 199006022
[湖北羅田]張氏續修宗譜□□卷 (清)張翼軫編次 清光緒三十年(1904)孝友堂木活字印本 一册 存二卷(一至二)

440000-2526-0001229 199006023
[湖北羅田]呂氏宗譜一卷 (清)呂常興督修 清光緒三十一年(1905)敦倫堂木活字印本 一册

440000-2526-0001230 199006024/199006037
[湖北浠水]楊氏創修宗譜十三卷首一卷 (清)楊在府督修 清光緒三十四年(1908)四知堂木活字印本 十四册

440000-2526-0001231 199006038
[湖北黄岡]左氏宗譜四卷首一卷 (清)左祥發等修 清光緒八年(1882)裕後堂刻本 一册 存一卷(首一卷)

440000-2526-0001232 199006039/199006048
[湖北黄岡]蘄水彭氏族譜五修三十四卷 (清)□□纂修 清咸豐八年(1858)述信堂木活字印本 十册 存十一卷(六、十一、十三至十五、十八、二十三、二十八、三十一、三十三至三十四)

440000-2526-0001233 199006079/199006082
[湖北麻城]周氏西宗重修族譜□□卷首□□卷 (清)周子和纂修 清光緒二十八年(1902)愛蓮堂木活字印本 四册 存四卷(十至十一、首一至二)

440000-2526-0001234 199006049/199006062
[湖北黄岡]蘄水彭氏族譜六修三十六卷 (清)□□纂修 清光緒二年(1876)述信堂木活字印本 十四册 存十六卷(五、八、十二至十五、十八、二十、二十三、二十七至二十八、三十一、三十三至三十六)

440000-2526-0001235 199006063/199006078
[湖北黄岡]蘄水縣彭氏族譜七修三十七卷 (清)□□纂修 清光緒二十五年(1899)述信堂木活字印本 十六册 存十六卷(四至五、十一至十八、二十三至二十四、二十九、三十三、三十五、三十七)

440000-2526-0001236 199006088/199006093
[湖北黄岡]熊氏宗譜二十卷首三卷 (清)熊澤善督修 清光緒十三年(1887)寶善堂木活字印本 六册 存六卷(七、九至十,首三卷)

440000-2526-0001237 199006089
[福建建甌]山邊潘氏家譜□□卷 (清)潘元發 (清)潘紀鋆纂修 清宣統元年(1909)滎陽堂木活字印本 一册 存一卷(一)

440000-2526-0001238 199006094/199006095
[江西泰和]西昌鄧氏族譜不分卷 (清)□□纂修 清光緒木活字印本 二册

440000-2526-0001239 199006090/199006093
[福建建寧]延陵吳氏三修家譜不分卷 (清)吳永季等修 清光緒六年(1880)木活字印本 四册

440000-2526-0001240 199006106/199006107
[安徽宿松]義門陳氏宗譜二卷首一卷 (清)□□纂修 清光緒十二年(1886)德星堂木活字印本 二册

440000-2526-0001241 199006108/199006119
[湖北浠水]義陳宗譜十卷首四卷 (清)陳福興等督修 清光緒二十七年(1901)德星堂木

活字印本　十二冊　存十二卷(一至七、十,首四卷)

440000－2526－0001242　199006121/199006124
[湖北宜昌]西陵田氏族譜□□卷　(清)□□纂修　清光緒紫荊堂木活字印本　四冊　存一卷(四)

440000－2526－0001243　199006096/199006105
[湖北麻城]楚黄麻邑長潭胡氏宗譜七卷首三卷　(清)胡德蒸　(清)胡斗南督修　清光緒十二年(1886)延禧堂木活字印本　十冊

440000－2526－0001244　199006132
陳氏大成宗譜□□卷　(清)□□纂修　清光緒陶桂林刻本　一冊　存一卷(一)

440000－2526－0001245　199006125/199006130
阮氏三修族譜新編□□卷　(清)□□纂修　清光緒繼述堂木活字印本　六冊　存六卷(二至七)

440000－2526－0001246　199006120
[湖北羅田]義門陳氏宗譜□□卷　(清)□□纂修　清宣統三年(1911)聚星堂木活字印本　一冊　存一卷(首五)

440000－2526－0001247　199006131
吴越錢氏宗譜□□卷　(清)□□纂修　清光緒二十四年(1898)刻本　一冊　存一卷(三)

440000－2526－0001248　199006133/199006141
瑯琊王氏宗譜□□卷　(清)□□纂修　清世德堂刻本　九冊　存八卷(四、六至八、十、十三、十五,首七)

440000－2526－0001249　199006143/199006148
[湖北黄岡]雷氏宗譜十九卷首三卷　(清)雷生榮纂修　清同治九年(1870)敦本堂木活字印本　六冊　存六卷(二、四至五、七至八,首三)

440000－2526－0001250　199006142
[湖北黄岡]雷氏宗譜十二卷首二卷　(清)雷清溪纂修　清光緒三十一年(1905)講易堂刻本　一冊　存一卷(首二)

440000－2526－0001251　199006149/199006152
[湖北黄岡]雷氏宗譜二十五卷首二卷　(清)雷英煦纂修　清光緒二十八年(1902)易學堂木活字印本　四冊　存四卷(一、六、九,首一)

440000－2526－0001252　199006153/199006158
[湖北羅田]屈氏宗譜六卷　(清)屈志海等督修　清光緒二十一年(1895)敦睦堂木活字印本　六冊

440000－2526－0001253　199006176/199006193
崔氏族譜□□卷　(清)□□纂修　清木活字印本　十八冊　存二十三卷(十至十二、十五至十七、十九、二十至二十一、二十六至三十一、三十三至三十八、四十二至四十三)

440000－2526－0001254　199006159/199006169
[湖南長沙]星沙善邑冷木流吴氏續修族譜二十四卷首一卷　(清)吴士鰲纂修　清咸豐十年(1860)陳琢堂刻本　十一冊　存十二卷(一至二、四至五、十一、十四至十五、十九、二十二至二十四,首一卷)

440000－2526－0001255　199006170/199006175
崔氏族譜□□卷　(清)□□纂修　清木活字印本　六冊　存十五卷(五至六、十一至十二、十六至十八、二十四至二十五、二十七至三十、三十三至三十四)

440000－2526－0001256　199006194/199006197
[江西萍鄉]蔣氏族譜三卷首一卷　(清)蔣尚坤　(清)黎旺達纂修　清同治五年(1866)樂安堂木活字印本　四冊

440000－2526－0001257　199006202
[福建寧化]雷氏六修族譜不分卷　(清)雷興國　(清)雷雨田纂修　清光緒三十二年(1906)木活字印本　一冊

440000－2526－0001258　199006198/199006201
[江西]石埭貢溪彭氏宗譜三卷　(清)彭應江修　清同治十年(1871)刻本　四冊

440000－2526－0001259　199006214/199006215
[江西贛州于都]雩邑北鄉李氏四修族譜不分

卷　(清)李成階纂修　清宣統木活字印本　二册

440000－2526－0001260　199006203/199006213

[江西石城]石城縣豐上里新坊廖氏族譜不分卷　(清)□□纂修　清光緒木活字印本　十一册

440000－2526－0001261　199006228/199006246

[湖北黄岡]梅氏族譜十四卷首一卷　(清)梅敵准等編次　清同治九年(1870)百歲堂木活字印本　十九册　存十四卷(一至七、九至十四,首一卷)

440000－2526－0001262　199006216/199006221

[湖北武漢]西陵李氏創修族譜□□卷　(清)□□纂修　清光緒木活字印本　六册　存六卷(一至四、八、十)

440000－2526－0001263　199006247/199006253

[湖南湘潭]中湘檀木衝楊氏族譜九卷　(清)楊逵隆等纂修　清宣統元年(1909)許東壁堂木活字印本　七册　存七卷(一至五、八至九)

440000－2526－0001264　199006222/199006227

新纂氏族箋釋八卷　(清)熊峻運著　(清)楊煌義編次　清雍正至宣統經國堂刻本　六册

440000－2526－0001265　199006313/199006320

[湖北黄岡]楚黄蔡氏宗譜二十八卷首六卷　(清)蔡大魁　(清)蔡錫元督修　清光緒二十一年(1895)朱友堂木活字印本　八册　存八卷(一至三、五至七、二十、二十三)

440000－2526－0001266　199006254/199006259

[湖北麻城]鮑氏宗譜六卷首二卷　(清)鮑繼恢主稿　清光緒七年(1881)俊逸堂木活字印本　六册　存六卷(一至四、首二卷)

440000－2526－0001267　199006260

[江西興國]興邑劉氏總祠重修須知清册不分卷　(清)□□纂修　清光緒四年(1878)龍興堂木活字印本　一册

440000－2526－0001268　199006261

[湖北紅安]方氏族譜□□卷　(清)方天位等督修　清嘉慶十年(1805)木活字印本　一册　存一卷(首一)

440000－2526－0001269　199006262/199006280

[湖北紅安]方氏族譜□□卷　(清)□□纂修　清道光二十七年(1847)木活字印本　十九册　存十四卷(一至二、四至七、九至十二、十四至十五、十七至十八)

440000－2526－0001270　199006281/199006283

[江西瑞金]太原郡王氏族譜不分卷　(清)王禮貫纂修　清同治六年(1867)木活字印本　三册

440000－2526－0001271　199006284/199006285

鄒氏族譜□□卷首一卷　(清)□□纂修　清道光二十八年(1848)范陽堂木活字印本　二册　存二卷(一、首一卷)

440000－2526－0001272　199006286/199006287

[江西][廣東][福建][湖南]鄒氏族譜□□卷　(清)鄒騰蛟纂修　清道光三十年(1850)范陽堂木活字印本　二册　存一卷(三)

440000－2526－0001273　199006294/199006297

[江西興國]興國曾氏重修族譜四卷　(清)曾朝鯤等纂修　清同治十二年(1873)木活字印本　四册

440000－2526－0001274　199006292/199006293

[江西贛州]贛邑建節謝氏族譜不分卷　(清)謝師震　(清)謝耘渠纂修　清嘉慶四年(1799)余忠堂刻本　二册

440000－2526－0001275　199006288/199006291

鄒氏族譜□□卷　(清)□□纂修　清木活字印本　四册　存三卷(一至三)

440000－2526－0001276　199006298

[江西贛縣]安成永嘉江口劉氏族譜□□卷　(明)劉繼棒纂修　明崇禎至清順治木活字印本　一册　存六卷(一至四、六至七)

440000－2526－0001277　199006321/199006322

[湖南安化]鄧氏支譜二卷　(清)鄧克詞等修

清光緒十一年(1885)陳培德堂木活字印本　二册

440000－2526－0001278　199006299/199006312
[福建建寧][福建寧化][江西南豐][江西贛州]平江黄氏三修族譜十六卷首一卷　(清)黄珍慶等纂修　清光緒二十五年(1899)江夏堂木活字印本　十四册　存十四卷(一至十、十三至十四、十六,首一卷)

440000－2526－0001279　199006323
李氏宗譜□□卷　(清)□□纂修　清末木活字印本　一册　存一卷(四)

440000－2526－0001280　199006324/199006338
[湖北黄岡]楊氏宗譜□□卷首一卷　(清)楊鴻儒　(清)楊延釬等續修　清光緒七年(1881)木活字印本　十五册　存十四卷(二分一至四、六,三分二至五,五分一至三、五;首一卷)

440000－2526－0001281　199006339/199006345
[湖北麻城]熊氏族譜十二卷　(清)熊子相等編修　清光緒二十年(1894)孝友堂木活字印本　七册　存六卷(一至二、四至六、十二)

440000－2526－0001282　199006346/199006349
山海經十八卷圖讚一卷訂譌一卷敘録一卷　(晉)郭璞傳　(清)郝懿行箋疏　清嘉慶阮氏琅嬛僊館刻本　四册

440000－2526－0001283　199006356/199006359
史姓韻編六十四卷　(清)汪輝祖輯　清光緒上海中西書局石印本　四册

440000－2526－0001284　199006370/199006371
十駕齋養新録二十卷餘録三卷　(清)錢大昕撰　清光緒二年(1876)浙江書局刻本　二册　存二十卷(新録二十卷)

440000－2526－0001285　199006382
漢書西域傳補注二卷　(清)徐松撰　清光緒二十年(1894)廣雅書局刻本　一册

440000－2526－0001286　199006383/199006392
淵鑑類函四百五十卷　(清)張英等編　清光緒九年(1883)上海點石齋石印本　十册

440000－2526－0001287　199006393/199006404
陔餘叢考四十三卷　(清)趙翼撰　清乾隆五十五年(1790)壽考堂刻本　十二册

440000－2526－0001288　199006372/199006381
昭德先生郡齋讀書志二十卷例略一卷　(宋)晁公武撰　(宋)姚應績重編　**附志二卷**　(宋)趙希弁輯　**晁公武事略一卷**　(清)錢保塘撰　**考證一卷考異一卷校補一卷**　王先謙撰　清光緒十年(1884)長沙王先謙刻本　十册

440000－2526－0001289　199006350/199006355
翻譯名義集二十卷　(宋)釋法雲編　清光緒四年(1878)刻本　六册

440000－2526－0001290　199515430/199515448、199007504/199007516
宋史四百九十六卷目録三卷　(元)脱脱等修　清光緒十八年(1892)武林竹簡齋石本　三十二册

440000－2526－0001291　199006360/199006369
直齋書録解題二十二卷　(宋)陳振孫撰　清光緒十一年(1885)富順考雋堂刻本　十册

440000－2526－0001292　199006405/199006434、199007495/199007503
太平寰宇記二百卷目録二卷　(宋)樂史撰　清刻本　三十册　存一百九十七卷(一至一百九十二、一百九十八至二百,目録二卷)

440000－2526－0001293　199006443/199006446
三國志六十五卷　(晉)陳壽撰　(南朝宋)裴松之注　清光緒三十一年(1905)上海久敬齋石印本　四册

440000－2526－0001294　199006435/199006442
胡文忠公遺集八十六卷首一卷　(清)胡林翼撰　(清)郭敦謹　(清)曾國荃纂輯　(清)胡鳳丹重編　(清)涂家樑校正　清光緒十四年(1888)石印本　八册

440000－2526－0001295　199006447/199006454

有正味齋駢文十六卷補注一卷 （清）吳錫麒撰 （清）葉聯芬箋註 清同治七年（1868）慈北葉氏刻本 八冊

440000－2526－0001296 199006455
日本之佳人一卷 （日本）遊月散士著 詹憲慈譯述 清光緒二十八年（1902）安雅書局鉛印本 一冊

440000－2526－0001297 199006456/199006461
歸顧朱三先生年譜合刻三種附觀復堂稾 （清）金吳瀾輯 清光緒六年（1880）嘉興金氏刻本 六冊

440000－2526－0001298 199006462/199006469
皇朝經世文三編八十卷 （清）陳忠倚編 清光緒二十八年（1902）上海書局石印本 八冊

440000－2526－0001299 199006470/199006473
名家詞集十種 （清）侯文燦輯 清光緒十三年（1887）江陰金氏刻本 四冊

440000－2526－0001300 199006474/199006481
遏雲閣曲譜初集不分卷 （清）王錫純輯 （清）李秀雲拍正 清光緒十九年（1893）著易堂鉛印本 八冊

440000－2526－0001301 199006482/199006485
溫飛卿詩集箋注九卷 （唐）溫庭筠撰 （明）曾益原注 （清）顧予咸補注 （清）顧嗣立重校 清宣統二年（1910）石印本 四冊

440000－2526－0001302 199006486
綠天香雪簃詩話八卷 （清）袁祖光編 清光緒三十四年至宣統三年（1908－1911）鉛印晨風閣叢書本 一冊

440000－2526－0001303 199006487
詞綜三十八卷 （清）朱彝尊輯 （清）汪森增定 （清）王昶纂補 清刻本 一冊 存三卷（三十二至三十四）

440000－2526－0001304 199006488/199006489
放翁逸稾二卷續添一卷南唐書十八卷附音釋一卷老學菴筆記十卷齋居紀事一卷家世舊聞一卷 （宋）陸游撰 （明）毛晉輯 （元）戚光音釋 明末汲古閣刻陸放翁全集本 二冊 存十六卷（放翁逸稾二卷、續添一卷；南唐書一至五、十四至十八，音釋一卷；齋居紀事一卷；家世舊聞一卷）

440000－2526－0001305 199006490/199006491
杜詩分類全集五卷 （唐）杜甫撰 （清）張縉彥 （清）谷應泰輯定 清還讀齋刻本 二冊 存一卷（四）

440000－2526－0001306 199006494/199006505
皇朝經世文編一百二十卷 （清）賀長齡輯 清光緒十三年（1887）上海點石齋石印本 十二冊

440000－2526－0001307 199006492/199006493
李義山詩三卷 （唐）李商隱撰 清宣統元年（1909）影印本 二冊

440000－2526－0001308 199006506
聲調三譜十二卷 （清）王祖源輯 清光緒十八年（1892）關中書院刻本 一冊

440000－2526－0001309 199006507/199006508
皇朝經世文續編一百二十卷 （清）葛士濬輯 清光緒十四年（1888）鉛印本 二冊 存八卷（一百十三至一百二十）

440000－2526－0001310 199006509
增補蘇批孟子二卷 （宋）蘇洵撰 （清）趙大浣增補 **孟子年譜一卷** （清）趙大浣撰 清嘉慶刻朱墨套印本 一冊

440000－2526－0001311 199006510/199006511
續復古編四卷 （元）曹本撰 清光緒十二年（1886）歸安姚覲元咫進齋刻本 二冊 存二卷（一至二）

440000－2526－0001312 199006512/199006515
古事比五十二卷 （清）方中德撰 清光緒十三年（1887）上海點石齋石印本 四冊 存三十一卷（一至十六、二十六至三十一、四十四至五十二）

440000－2526－0001313 199500931
足以有臨也不分卷 （清）李焌等撰 清末至

民國刻本　一冊

440000－2526－0001314　199006516/199006519
金石三例四種十七卷　（清）盧見曾輯　（清）王芑孫評點　清光緒四年（1878）南海馮氏讀有用書齋刻朱墨套印本　四冊

440000－2526－0001315　199006520
三國志質疑六卷　（清）徐紹楨撰　清光緒十二年（1886）番禺徐氏刻學壽堂叢書本　一冊　存三卷（一至三）

440000－2526－0001316　199006521
竹林答問一卷　（清）陳僅撰　清光緒十一年（1885）金峩山館刻本　一冊

440000－2526－0001317　199006522
歲寒堂詩話二卷　（宋）張戒撰　清乾隆四十二年（1777）福建刻武英殿聚珍版書本　一冊

440000－2526－0001318　199006522
碧溪詩話十卷　（宋）黃徹撰　清乾隆四十二年（1777）福建刻武英殿聚珍版書本　一冊　存二卷（一至二）

440000－2526－0001319　199006523/199006525
長安獲古編二卷補一卷　（清）劉喜海撰　清光緒三十一年（1905）丹徒劉鶚刻本　三冊

440000－2526－0001320　199006530/199006539
左傳經世鈔二十三卷　（清）魏禧評點　清聯墨堂刻本　十冊

440000－2526－0001321　199006540/199006549
大清壹統輿圖三十卷首一卷　（清）鄒世詒　（清）晏啟鎮編　（清）李廷簫　（清）汪士鐸修訂　清同治二年（1863）湖北撫署刻本　十冊

440000－2526－0001322　199006573/199006576
國語二十一卷　（三國吳）韋昭解　（宋）宋庠補音　清成文堂刻本　四冊

440000－2526－0001323　199006526/199006529
詩經繹参四卷　（清）鄧翔撰　清同治六年（1867）孔氏刻朱墨套印本　四冊

440000－2526－0001324　199006550/199006561
本經疏證十二卷續疏六卷序疏要八卷　（清）鄒澍撰　清道光二十九年（1849）常州長年醫局刻本　十二冊

440000－2526－0001325　199006572
曇花夢雜劇一卷　（清）梁廷枏填詞　（清）周寶俟評校　清道光八年至十三年（1828－1833）刻本　一冊

440000－2526－0001326　199006615/199006642
士禮居黃氏叢書十八種附二種　（清）黃丕烈輯　清光緒十三年（1887）上海蜚英館影印本　二十八冊

440000－2526－0001327　199006562/199006571
淵鑑類函四百五十卷　（清）張英等編　清光緒二十三年（1897）石印本　十冊

440000－2526－0001328　199006583/199006614
皇朝五經彙解二百七十卷　（清）抉經心室纂　清光緒十九年（1893）寶文書局石印本　三十二冊

440000－2526－0001329　199006650/199006681
佩文齋廣羣芳譜一百卷目錄二卷　（清）汪灝等撰　清康熙四十七年（1708）刻本　三十二冊

440000－2526－0001330　199006577/199006582
戰國策十卷　（宋）鮑彪校注　（元）吳師道重校　清文盛堂刻本　六冊

440000－2526－0001331　199006682/199006771
皇朝經世文編一百二十卷　（清）賀長齡輯
皇朝經世文編初續一百二十卷　（清）饒玉成續採　清同治十二年至光緒八年（1873－1882）江右雙峰書屋刻本　九十冊　存一百九十五卷（皇朝經世文編一至六十三、七十九至九十一，皇朝經世文編初續一至三十、三十二至一百二十）

440000－2526－0001332　199006772/199006773
坦園傳奇六種六卷　（清）楊恩壽撰　清光緒長沙楊氏刻本　二冊　存四種四卷（再來人一卷、姽嫿封一卷、桃花源一卷、桂枝香一卷）

440000－2526－0001333　199005447/199005448
世說新語六卷　（南朝宋）劉義慶撰　（南朝梁）劉峻注　明嘉靖十四年（1535）吴中珩刻本　二冊

440000－2526－0001334　199005430/199005433
山海經十八卷　（晉）郭璞傳　（清）畢沅校正　清光緒三年（1877）浙江書局刻本　四冊

440000－2526－0001335　199005350/199005369
歷朝詞綜四種一百六卷　（清）朱彝尊　（清）王昶輯　清光緒二十八年（1902）金匱浦氏刻本　二十冊

440000－2526－0001336　199005434
評點春秋綱目左傳句解彙雋六卷　（清）韓菼重訂　清末上海錦章圖書局石印本　一冊

440000－2526－0001337　199005428/199005429
奇字名十二卷　（清）李調元撰　清刻本　二冊

440000－2526－0001338　199005370
漫游隨錄三卷　（清）王韜撰　清光緒十三年（1887）石印本　一冊

440000－2526－0001339　199005445/199005446
聲調三譜四卷　（清）王祖源輯　清光緒八年（1882）福山王氏天壤閣刻本　二冊

440000－2526－0001340　199005449/199005452
文心雕龍十卷　（南朝梁）劉勰撰　（清）黄叔琳注　（清）紀昀評　清道光十三年（1833）兩廣節署刻朱墨套印本　四冊

440000－2526－0001341　199005405/199005407
藝談錄二卷　（清）張維屏撰　清粤東富文齋刻本　三冊

440000－2526－0001342　199005397/199005398
讀書敏求記四卷　（清）錢曾撰　清乾隆六十年（1795）刻本　二冊

440000－2526－0001343　199005371
冬心先生題畫記五卷　（清）金農撰　**王笈甫先生畫鍾進士像題記一卷**　（清）王鴻朗撰　清光緒三年（1877）潘氏桐西書屋刻本　一冊

440000－2526－0001344　199005399/199005400
棣垞集四卷首一卷外集三卷　（清）朱啟連撰　清光緒二十六年（1900）刻本　二冊

440000－2526－0001345　199005401/199005404
借閒生詩三卷詞一卷　（清）汪遠孫撰　清光緒刻本　四冊

440000－2526－0001346　199005441/199005444
復古編二卷校正一卷附錄一卷　（清）張有撰　清光緒十八年（1892）香山劉氏小蘇齋刻本　四冊

440000－2526－0001347　199005393/199005396
大雲山房文稾初集四卷　（清）惲敬撰　清刻本　四冊

440000－2526－0001348　199005435/199005440
道援堂詩集十三卷　（清）屈大均撰　清道光刻本　六冊

440000－2526－0001349　199005328/199005329
御製避暑山莊詩二卷　（清）聖祖玄燁撰　（清）高宗弘曆和　（清）揆敘等注　清乾隆六年（1741）刻本　二冊

440000－2526－0001350　199005372/199005376
文史通義内篇五卷外篇三卷校讎通義三卷　（清）章學誠撰　清光緒十九年（1893）刻章氏遺書本　五冊

440000－2526－0001351　199005424/199005427
習是編二卷　（清）屈成霖輯　清乾隆元年至二十七年（1736－1762）豫簪堂刻本　四冊

440000－2526－0001352　199005340/199005349
御纂周易折中二十二卷首一卷　（清）李光地等纂　清康熙五十四年（1715）刻本　十冊

440000－2526－0001353　199005305/199005306
銘雀硯齋印存四卷　（清）黄霖澤藏並輯　清光緒二十一年（1895）刻鈐印本　二冊　存二卷（一至二）

440000－2526－0001354　199005330/199005339
才調集十卷　（五代）韋縠編　（清）馮舒（清）馮班點評　清康熙四十三年（1704）刻本

十冊

440000－2526－0001355　199005320/199005327
李太白文集三十卷　（唐）李白撰　清康熙五十六年（1717）吴門繆武子雙泉草堂刻本　八冊

440000－2526－0001356　199005408/199005409
武夷志四卷　（明）徐表然纂輯　明孫世昌刻本　二冊　存一卷（二）

440000－2526－0001357　199005410/199005414
鳥鼠山人小集十六卷　（明）胡纘宗撰　（明）宋延年編　明刻本　五冊　存七卷（五至九、十五至十六）

440000－2526－0001358　199005301
古印存二卷　（清）葉志詵藏並輯　清道光二十八年（1848）粤東撫署刻鈐印本　一冊

440000－2526－0001359　199005312/199005315
古銅印彙不分卷　（清）潘正煒藏並輯　清道光十二年（1832）聽颿樓刻鈐印本　四冊

440000－2526－0001360　199005302/199005304
銘雀硯齋印存四卷　（清）黄霖澤藏並輯　清光緒二十一年（1895）刻鈐印本　三冊　存三卷（一至三）

440000－2526－0001361　199005316/199005319
樂石齋印譜四卷　（清）何昆玉藏並輯　清鈐印本　四冊

440000－2526－0001362　199005307/199005311
吉金齋古銅印譜六卷　（清）何昆玉藏並輯　清同治八年（1869）鈐印本　五冊　存五卷（一至五）

440000－2526－0001363　199005508
明夷待訪録一卷　（清）黄宗羲撰　清光緒二十四年（1898）豐城余氏寶墨齋刻本　一冊

440000－2526－0001364　199005509
明夷待訪録一卷　（清）黄宗羲撰　清光緒二十八年（1902）餘姚黄氏正文齋刻本　一冊

440000－2526－0001365　199005510
四禮疑五卷禮餘言一卷　（明）呂坤撰　明萬曆四十二年（1614）呂知思刻本　一冊

440000－2526－0001366　199005415/199005423
南華真經旁注五卷　（戰國）莊周撰　（明）方虚名輯注　明刻本　九冊

440000－2526－0001367　199005377/199005392
後漢書一百卷　（南朝宋）范曄撰　（唐）李賢注　**續漢志三十卷**　（晉）司馬彪撰　（南朝梁）劉昭注　清同治八年（1869）金陵書局刻本　十六冊

440000－2526－0001368　199005453/199005500
御定駢字類編二百四十卷　（清）聖祖玄燁敕撰　（清）吴士玉　（清）沈宗敬等輯　清光緒十三年（1887）上海同文書局石印本　四十八冊

440000－2526－0001369　199005504/199005507
朱九江先生集十卷首四卷　（清）朱次琦撰　簡朝亮編　清光緒順德簡氏讀書草堂刻本　四冊

440000－2526－0001370　199005502/199005503
朱氏傳芳集八卷　（清）朱次琦輯　清光緒順德簡氏讀書草堂刻本　二冊

440000－2526－0001371　199005501
朱九江先生講學記一卷　簡朝亮撰　清光緒二十三年（1897）順德簡氏讀書草堂刻本　一冊

440000－2526－0001372　199512890/199512892
戴氏族譜□□卷　（清）□□纂修　清光緒二十六年至宣統三年（1900－1911）譙國堂木活字印本　三冊　存二卷（二、七）

440000－2526－0001373　199512886
[湖南瀏陽]瀏邑邱從祥祠族譜□□卷　（清）□□纂修　清光緒三十年至宣統三年（1904－1911）河南堂木活字印本　一冊　存一卷（十）

440000－2526－0001374　199502625
[廣東江門杜阮]伊洲黄公族譜一卷　（清）□□纂修　清光緒三十年（1904）至民國抄本

一册

440000－2526－0001375　199512923/199512934
謝氏族譜□□卷　（清）□□纂修　清末木活字印本　十二册　存十二卷（二至十三）

440000－2526－0001376　199512945/199512951
［江西萬載］萬載昌田鍾祠甯房譜十一卷首一卷　（清）鍾挺敂督修　（清）鍾玉麟纂修　清同治十一年（1872）孝思堂木活字印本　七册　存八卷（四至七、九至十一，首一卷）

440000－2526－0001377　199512935/199512944
［江西萬載］萬載昌田鍾祠甯房譜十二卷末一卷　（清）□□纂修　清光緒二十五年（1899）孝思堂木活字印本　十册　存十卷（二至六、九至十二，末一卷）

440000－2526－0001378　199006774
［安徽潛山］重修徐氏宗譜二十二卷首一卷　（清）□□纂修　清光緒二十二年（1896）立德堂木活字印本　一册　存一卷（首一卷）

440000－2526－0001379　199006775/199006776
李氏宗譜□□卷　（清）□□纂修　清末衍慶堂木活字印本　二册　存二卷（六、十三）

440000－2526－0001380　199006777/199006784
［湖北黄岡］洪氏宗譜六卷首二卷　（清）洪庸壽　（清）洪孔金纂輯　清光緒二十九年（1903）四知堂木活字印本　八册

440000－2526－0001381　199006785
趙氏祭祀帳本一卷　（清）□□編　清光緒九年（1883）抄本　一册

440000－2526－0001382　199006786
［福建］賴氏族譜一卷　（清）□□纂修　清末賴良梅抄本　一册

440000－2526－0001383　199006788/199006789
義門宗譜□□卷首一卷　（清）□□纂修　清宣統二年（1910）景星堂木活字印本　二册　存二卷（二、首一卷）

440000－2526－0001384　199006787
［福建莆田］翁氏族譜一卷　（清）□□纂修　清光緒抄本　一册

440000－2526－0001385　199006790/199006793
［廣東開平］裏村周氏族譜三卷　周兆齡纂修　清宣統元年（1909）石印本　四册

440000－2526－0001386　199006794/199006801
［河南龍門］河南方氏宗譜□□卷　（清）□□纂修　清光緒三十二年（1906）敦倫堂木活字印本　八册　存八卷（二至三、五至七、九、十一至十二）

440000－2526－0001387　199006802/199006807
［湖南興甯］何氏續修族譜□□卷　（清）何郅明　（清）何祖紹主修　（清）何達邦纂修　清光緒三十三年（1907）木活字印本　六册　存七卷（一至二、五至六、八至十）

440000－2526－0001388　199006809/199006812
［江西湖口］濟陽江氏宗譜□□卷　（清）江汝霖　（清）江耀奎纂修　清光緒六年（1880）木活字印本　四册　存四卷（三至六）

440000－2526－0001389　199006813/199006815
［江西湖口］濟陽江氏宗譜□□卷　（清）□□纂修　清光緒二十六年（1900）木活字印本　三册　存三卷（四至六）

440000－2526－0001390　199006808
［福建莆田］林氏族譜一卷　（清）□□纂修　清抄本　一册

440000－2526－0001391　199006816
［江西九江］延陵吴氏宗譜□□卷　（清）□□纂修　清嘉慶九年（1804）木活字印本　一册　存一卷（二十四）

440000－2526－0001392　199006836
［廣東英德］東鄉鄭氏族譜一卷　（清）□□纂修　清光緒三十三年（1907）抄本　一册

440000－2526－0001393　199006817
［江西九江］延陵吴氏宗譜□□卷　（清）□□纂修　清道光七年（1827）木活字印本　一册　存一卷（三）

440000－2526－0001394　199006818/199006820

[江西九江]延陵吴氏宗譜□□卷　（清）□□纂修　清道光二十八年(1848)木活字印本　三冊　存三卷(三、十九、二十三)

440000－2526－0001395　199006821/199006822
[江西九江]延陵吴氏宗譜□□卷　（清）□□纂修　清同治六年(1867)木活字印本　二冊　存六卷(二十一至二十三、二十五至二十七)

440000－2526－0001396　199006823
[江西九江]延陵吴氏宗譜□□卷　（清）□□纂修　清光緒十四年(1888)木活字印本　一冊　存一卷(二十)

440000－2526－0001397　199006824/199006834
[江西九江]延陵吴氏宗譜□□卷　（清）□□纂修　清光緒三十三年(1907)木活字印本　十一冊　存十五卷(六至九、十二至十三、十九至二十三、二十五至二十七、三十二)

440000－2526－0001398　199006835
[江西湖口]李氏宗譜□□卷首一卷　（清）□□纂修　清光緒三十三年(1907)木活字印本　一冊　存二卷(一、首一卷)

440000－2526－0001399　199006849
[廣東]鄺氏族譜不分卷　（清）□□纂修　清宣統鉛印本　一冊

440000－2526－0001400　199006837/199006843
[湖北麻城]麻邑牌樓河夏氏宗譜二十九卷首二卷　（清）夏炳元督修　清光緒十九年(1893)木活字印本　七冊　存七卷(八至九、十七至十八、二十、二十八至二十九)

440000－2526－0001401　199006850
[安徽太湖]太湖縣章氏宗派□□卷　（清）章世及等纂修　清光緒三十三年(1907)木活字印本　一冊　存二卷(一至二)

440000－2526－0001402　199006844/199006847
[湖南寧鄉]甯邑鍾氏族譜二十二卷　（清）□□纂修　清光緒三十一年(1905)北衡祠木活字印本　四冊　存五卷(六至七、十三、二十一至二十二)

440000－2526－0001403　199006848
[廣東新會]冲式林氏家譜一卷　（清）□□纂修　清光緒二十四年(1898)德安堂抄本　一冊

440000－2526－0001404　199006851
[江西]周氏家譜一卷　（清）□□纂修　清末抄本　一冊

440000－2526－0001405　199006852/199006861
[湖北鄂州]李氏宗譜十二卷　（清）李鳴鳳纂修　清同治三年(1864)尊親堂木活字印本　十冊　存九卷(一至二、五至七、九至十二)

440000－2526－0001406　199006862/199006880
[湖北羅田]王氏宗譜十八卷首二卷　（清）王耀藻纂修　清光緒十七年(1891)槐蔭堂木活字印本　十九冊　存十九卷(二至十八、首二卷)

440000－2526－0001407　199006881/199006888
[湖北黃岡]段氏宗譜四卷首五卷　（清）段清海纂輯　清光緒二十九年至三十年(1903－1904)立本堂木活字印本　八冊

440000－2526－0001408　199006889/199006891
[廣東開平]開平黃氏族譜五卷　（清）黃可權修　清光緒二十六年(1900)刻本　三冊　存三卷(一、三、五)

440000－2526－0001409　199006892
[廣東]黃氏族譜一卷　（清）□□纂修　清末抄本　一冊

440000－2526－0001410　199006893
[楊氏族譜]一卷　（清）□□纂修　清同治元年(1862)楊世官抄本　一冊

440000－2526－0001411　199006895
[浙江龍游]溪東張氏族譜不分卷　（清）□□纂修　清咸豐六年(1856)裕德堂木活字印本　一冊

440000－2526－0001412　199006894
[湖南沅陵]江氏族譜一卷　（清）□□纂修　清光緒十年至民國二十一年(1884－1932)江

萬梯抄本　一冊

440000－2526－0001413　199006896
[廣東新會]余氏家譜一卷　(清)□□纂修　清末抄本　一冊

440000－2526－0001414　199006897/199006909
[湖北羅田]王氏三槐祠宗譜十五卷末一卷　(清)□□纂修　清末敦本堂木活字印本　十三冊　存十四卷(二至六、八至十五,末一卷)

440000－2526－0001415　199006921/199006923
[廣東鶴山]鶴邑陸氏族譜□□卷　(清)□□纂修　清末刻本　三冊　存二卷(十八至十九)

440000－2526－0001416　199006910/199006913
[湖北武昌]王氏宗譜四卷　(清)王鉅福等修　清光緒二年(1876)三槐堂木活字印本　四冊

440000－2526－0001417　199006914/199006918
[江西都昌]義門陳氏家乘□□卷　(清)□□纂修　清乾隆四十三年(1778)木活字印本　五冊

440000－2526－0001418　199006919/199006920
[江西都昌]義門家乘□□卷　(清)□□纂修　清乾隆二十年(1755)木活字印本　二冊　存二卷(二至三)

440000－2526－0001419　199006924/199006943
[江西石城]石城橫江劉氏六修族譜□□卷　(清)劉懷栴主修　清同治十二年至光緒二年(1873－1876)木活字印本　二十冊　存卷不全

440000－2526－0001420　199006955/199006956
蕭氏宗譜□□卷　(清)□□纂修　清光緒七年(1881)師儉堂木活字印本　二冊　存四卷(一至二、十至十一)

440000－2526－0001421　199006944/199006954
[湖北麻城]曾氏族譜□□卷　(清)□□纂修　清末三省堂木活字印本　十一冊　存卷不全

440000－2526－0001422　199006957
荔山小草一卷　(清)黃培芳撰　(清)黃允中編　清咸豐三年(1853)刻本　一冊

440000－2526－0001423　199006958/199006961
廣東同官錄不分卷　(清)王藻章編　清光緒七年(1881)刻本　四冊

440000－2526－0001424　199006966/199006969
初學集二十卷　(清)錢謙益撰　(清)錢曾箋　清宣統三年(1911)上海國學扶輪社石印本　四冊

440000－2526－0001425　199006973
香葉草堂詩存一卷　(清)羅聘撰　清道光十四年(1834)刻本　一冊

440000－2526－0001426　199006977/199006978
校邠廬抗議二卷　(清)馮桂芬撰　清光緒二十三年(1897)聚豐坊刻本　二冊

440000－2526－0001427　199006974/199006975
唐詩選六卷　王闓運撰　清光緒二年(1876)成都尊經書局刻本　二冊　存三卷(四至六)

440000－2526－0001428　199006979/199006981
唐賢三昧集三卷　(清)王士禛輯　(清)吳煊　(清)胡棠輯註　(清)黃培芳評　清光緒九年(1883)翰墨園刻朱墨套印本　三冊

440000－2526－0001429　199006982/199006986
十二石山齋詩話十卷　(清)梁九圖撰　清道光二十六年(1846)順德梁氏十二石山齋刻本　五冊

440000－2526－0001430　199007038/199007039
宋元名家詞十五種十七卷　(清)江標輯　清宣統三年(1911)湖南思賢書局刻本　二冊

440000－2526－0001431　199007040/199007047
杜工部集二十卷　(唐)杜甫撰　(清)錢謙益箋注　清宣統三年(1911)時中書局石印本　八冊

440000－2526－0001432　199007048
眉韻樓詩話八卷　孫雄輯　清光緒三十四年(1908)國學萃編社鉛印晨風閣叢書本　一冊

440000－2526－0001433　199007049/199007058
東喦艸堂評訂唐詩鼓吹十卷　（金）元好問輯　（元）郝天挺註　（明）廖文炳解　（清）朱三錫評　清康熙五十三年（1714）刻本　十冊

440000－2526－0001434　199006962/199006963
遼詩話二卷　（清）周春輯　清光緒十六年（1890）新會劉氏藏修書屋刻藏修堂叢書本　二冊

440000－2526－0001435　199006964/199006965
甌北詩話十二卷　（清）趙翼撰　清宣統元年（1909）掃葉山房石印本　二冊

440000－2526－0001436　199006970/199006972
詞苑叢談十二卷　（清）徐釚輯　清道光二十七年（1847）番禺潘氏刻海山仙館叢書本　三冊

440000－2526－0001437　199006976
增評補像全圖金玉緣一百二十回首一卷　（清）曹雪芹撰　（清）高鶚續　清光緒十五年（1889）滬上石印本　一冊　存一卷（首一卷）

440000－2526－0001438　199007061
船山遺書　（清）王夫之撰　清同治四年（1865）湘鄉曾國荃金陵刻本　一冊　存二種二卷（瀟湘怨詞一卷、愚鼓詞一卷）

440000－2526－0001439　199007061
思益堂詞鈔一卷　（清）周壽昌撰　清刻本　與440000－2526－0001438合一冊

440000－2526－0001440　199007061
春在堂詞錄二卷　（清）俞樾撰　清同治十年（1871）德清俞氏書本　與440000－2526－0001438合一冊

440000－2526－0001441　199007061
問鸝山館詞鈔一卷詞餘一卷　（清）楊炳勳著　清刻本　與440000－2526－0001438合一冊

440000－2526－0001442　199007061
蕢波詞一卷　（清）萬劍撰　清光緒十九年（1893）刻本　與440000－2526－0001438合一冊

440000－2526－0001443　199007062/199007063
攷史拾遺十卷　（清）錢大昕撰　清嘉慶十二年（1807）嘉興郡齋刻本　二冊

440000－2526－0001444　199007059/199007060
海峰先生詩集十卷附札記一卷　（清）劉大櫆撰　（清）姚鼐校定　清光緒刻本　二冊

440000－2526－0001445　199007064/199007071
說文解字十五卷說文校字記一卷說文解字標目一卷　（漢）許慎撰　（宋）徐鉉等校定　**說文通檢十四卷首一卷末一卷**　（清）黎永椿編　清同治十二年（1873）粵東省城富文齋刻本　八冊

440000－2526－0001446　199007072/199007271
佩文韻府一百六卷　（清）張玉書等編　清道光嶺南潘氏海山仙館刻本　二百冊

440000－2526－0001447　199007272
三國志裴注述二卷　（清）林國贊撰　清光緒十六年（1890）廣州學海堂刻本　一冊

440000－2526－0001448　199007273
緝雅堂詩話二卷　（清）潘衍桐撰　清光緒十七年（1891）杭州刻本　一冊

440000－2526－0001449　199007274/199007279
杜工部草堂詩箋二十二卷　（唐）杜甫撰　（宋）魯訔編次　（宋）蔡夢弼箋　**杜工部草堂詩年譜二卷**　（宋）趙子櫟撰　**杜工部草堂詩話二卷**　（宋）蔡夢弼集錄　清光緒元年（1875）巴陵方氏碧琳琅館刻本　六冊

440000－2526－0001450　199007280/199007281
香石詩話四卷　（清）黃培芳撰　清嘉慶十六年（1811）嶺海樓刻本　二冊

440000－2526－0001451　199007282/199007293
蘇文忠公詩集五十卷目錄二卷　（宋）蘇軾撰　（清）紀昀評點　清同治八年（1869）韞玉山房刻朱墨套印本　十二冊

440000－2526－0001452　199007415/199007418
虎鈐經二十卷　（宋）許洞撰　清刻本　四冊

440000－2526－0001453　199007419
采香詞四卷　（清）杜文瀾撰　清同治四年（1865）杜氏曼陀羅華閣刻本　一册

440000－2526－0001454　199007294/199007316
歷朝詞綜四種一百六卷　（清）朱彝尊　（清）王昶輯　清光緒二十八年（1902）金匱浦氏刻本　二十三册

440000－2526－0001455　199007317/199007324
國朝詞綜續編二十四卷　（清）黄燮清編　（清）張炳堃增訂　清同治十二年（1873）鄂垣刻本　八册

440000－2526－0001456　199007325
詩話八卷　（清）毛奇齡撰　清刻西河合集本　一册

440000－2526－0001457　199007326/199007341
歷朝詩約選九十二卷　（清）劉大櫆編　清刻本　十六册　存六十五卷（十五至六十五、七十三至七十七、八十四至九十二）

440000－2526－0001458　199007342/199007349
元詩選三集　（清）顧嗣立輯　清康熙長洲顧氏秀野草堂刻本　八册

440000－2526－0001459　199007350
全唐近體詩鈔五卷　（清）沈裳錦輯　清道光二年（1822）姚文田刻本　一册

440000－2526－0001460　199007351/199007382
明詩綜一百卷　（清）朱彝尊編　（清）汪森等評　清乾隆吳清來堂刻本　三十二册

440000－2526－0001461　199007383/199007414
全唐詩三十二卷　（清）聖祖玄燁敕編　（清）曹寅等輯　清光緒十三年（1887）上海同文書局石印本　三十二册

440000－2526－0001462　199007420/199007431
詞學叢書六種　（清）秦恩復輯　清光緒六年（1880）邗江承啟堂刻本　十二册

440000－2526－0001463　199007432/199007451
蘇文忠公詩編註集成四十六卷首一卷目錄一卷總案四十五卷附諸家雜綴酌存一卷蘇海識餘四卷牋詩圖一卷　（宋）蘇軾撰　（清）王文誥輯注　清光緒十四年（1888）浙江書局刻本　二十册

440000－2526－0001464　199007469/199007471
御選唐宋詩醇四十七卷目錄二卷　（清）高宗弘曆選　清刻朱墨套印本　三册　存九卷（九至十七）

440000－2526－0001465　199007472
［江西寧都］雩陽濂泉劉氏四修族譜不分卷　（清）□□纂修　清光緒十年（1884）彭城堂木活字印本　一册

440000－2526－0001466　199007473/199007488
史記一百三十卷　（漢）司馬遷撰　明萬曆二十四年（1596）南京國子監刻明清遞修本　十六册

440000－2526－0001467　199007489/199007490
海錯百一錄五卷　（清）郭柏蒼輯　清光緒十二年（1886）刻本　二册

440000－2526－0001468　199007491
善女人傳二卷　（清）彭際清撰　清同治十一年（1872）常熟刻經處刻本　一册

440000－2526－0001469　199007492
比丘尼傳四卷　（南朝梁）釋寶唱撰　清光緒十一年（1885）金陵刻經處刻本　一册

440000－2526－0001470　199007493
四分比丘尼戒本一卷　（北魏）佛陀耶舍釋　清光緒二十一年（1895）金陵刻經處刻本　一册

440000－2526－0001471　199007494
島夷誌略一卷　（元）汪大淵撰　清光緒十八年（1892）順德龍氏刻知服齋叢書本　一册

440000－2526－0001472　199007542
攬轡錄一卷驂鸞錄一卷桂海虞衡志一卷　（宋）范成大撰　清嘉慶十年（1805）長塘鮑氏刻知不足齋叢書本　一册

440000－2526－0001473　199007541
史記一百三十卷附考證　（漢）司馬遷撰　清

光緒二十八年(1902)誒寶齋石印本　一冊　存十三卷(一至十三)

440000－2526－0001474　199007517/199007540
明史三百三十二卷　(清)張廷玉等修　清光緒十八年(1892)武林竹簡齋石印本　二十四冊

440000－2526－0001475　199005290/199005297
繡像洪秀全演義四集八卷五十四回　黄世仲撰　清光緒三十二年(1906)上海江左書林石印本　八冊

韓山師範學院圖書館古籍普查登記目録

全國古籍普查登記目録

國家圖書館出版社
National Library of China Publishing House

440000－2557－0000001　K204/L980
重訂路史全本四十七卷　(宋)羅泌輯　(宋)羅苹注　(明)吳弘基等重編　清嘉慶六年(1801)刻本　二十四册

440000－2557－0000002　O112/L720
九章算術九卷　(晉)劉徽注　(唐)李淳風等釋　**九章算術音義一卷**　(宋)李籍撰　清末刻本　二册

440000－2557－0000003　I222.748/Z839
明詩綜一百卷　(清)朱彝尊輯　清康熙刻後印本　三十二册

440000－2557－0000004　B222.12/Z830
四書集註十九卷　(宋)朱熹撰　清光緒二十四年(1898)廣雅書局刻本　六册

440000－2557－0000005　B222.62
荀子集解二十卷首一卷　(唐)楊倞注　王先謙集解　清光緒十七年(1891)長沙王先謙思賢講舍刻本　六册

440000－2557－0000006　B223.52/G952
莊子集釋十卷　(清)郭慶藩輯　清光緒二十年(1894)長沙王先謙思賢講舍刻本　八册

440000－2557－0000007　B224/S985
墨子閒詁十五卷目録一卷附録一卷後語二卷　(清)孫詒讓撰　清光緒三十三年(1907)刻本　八册

440000－2557－0000008　B226.5/W376
韓非子集解二十卷首一卷　(清)王先慎集解　王先謙注　清光緒二十二年(1896)刻本　六册

440000－2557－0000009　B244/H797
宋元學案一百卷考略一卷首一卷　(清)黄宗羲撰　(清)黄百家輯　清光緒五年(1879)攸縣龍汝霖長沙寄廬刻本　四十册

440000－2557－0000010　B249.9/H514
繹志十九卷　(清)胡承諾撰　清同治十一年(1872)浙江書局刻本　八册

440000－2557－0000011　B249.9/Z337
楊園先生全集五十四卷　(清)張履祥撰　(清)姚璉原輯　(清)萬斛泉編次　**張楊園先生[履祥]年譜一卷**　(清)蘇惇元纂定重編　清同治十年(1871)江蘇書局刻本　十六册

440000－2557－0000012　B941/D340
法苑珠林一百卷　(唐)釋道世撰　清宣統刻本　三十册

440000－2557－0000013　D60/L359
李文忠公全集一百六十五卷首一卷　(清)李鴻章撰　(清)吳汝綸編録　清光緒二十一年(1905)金陵刻本　一百册

440000－2557－0000014　D69/M144
文獻通考三百四十八卷考證三卷　(元)馬端臨撰　清光緒二十七年(1901)上海圖書集成局石印本　四十四册

440000－2557－0000015　D69/D790
通典二百卷　(唐)杜佑撰　清光緒二十七年(1901)上海圖書集成局石印本　十六册

440000－2557－0000016　D69/Z580
通志二百卷欽定通志考證三卷　(宋)鄭樵撰　清光緒二十七年(1901)上海圖書集成局石印本　六十册

440000－2557－0000017　D69/J150.5
欽定續通典一百五十卷　(清)嵇璜纂　清光緒二十七年(1901)上海圖書集成局石印本　十二册

440000－2557－0000018　D69/J150.3
皇朝通典一百卷　(清)嵇璜等纂　清光緒二十七年(1901)石印本　十六册

440000－2557－0000019　D69/J150.2
欽定續通志六百四十卷　(清)嵇璜等纂　清光緒二十七年(1901)上海圖書集成局石印本　六十册

440000－2557－0000020　D69/J150.4
皇朝通志一百二十六卷　(清)嵇璜等纂　清光緒二十七年(1901)上海圖書集成局石印本　十二册

440000－2557－0000021　D69/J150

欽定續文獻通考二百五十卷　（清）嵇璜等纂　清光緒二十七年（1901）上海圖書集成局石印本　三十四册　存二百三十三卷（一至三十三、五十一至二百五十）

440000－2557－0000022　D69/J150

皇朝文獻通考三百卷　（清）嵇璜等纂　清光緒二十七年（1901）上海圖書集成局石印本　四十八册

440000－2557－0000023　D929/Z373.1

故唐律疏議三十卷　（唐）長孫無忌等撰　**律音義一卷**　（宋）孫奭撰　**洗冤集錄五卷**　（宋）宋慈編　清光緒十七年（1891）刻本　八册

440000－2557－0000024　E892.49/H528

讀史兵略四十六卷　（清）胡林翼纂　清咸豐十一年（1861）武昌節署刻本　十六册

440000－2557－0000025　H111/G697

音學五書三十八卷　（清）顧炎武撰　清光緒十六年（1890）思賢講舍刻本　十二册

440000－2557－0000026　H114.9/Y351

初學檢韻袖珍十二集　（清）姚文登輯　（清）姚炳章校　（清）錢辛楣鑒定　**佩文詩韻一卷**　（清）張玉書等編纂　清嘉慶四年（1799）寧郡群玉山房刻本　一册

440000－2557－0000027　H114.9/Z810

佩文詩韻釋要五卷　（清）周兆基撰　（清）朱蘭重輯　清光緒元年（1875）湖北崇文書局刻本　一册

440000－2557－0000028　H131.2/H247

爾雅郭注義疏二十卷　（清）郝懿行撰　清光緒十四年（1888）湖北官書處刻本　八册

440000－2557－0000029　H131.2/Z366

爾雅注疏本正誤五卷　（清）張宗泰撰　清光緒二十六年（1900）廣雅書局刻本　一册

440000－2557－0000030　H131.4/W346

廣雅疏證十卷　（清）王念孫撰　**博雅音十卷**　（隋）曹憲撰　清光緒五年（1879）淮南書局刻本　八册

440000－2557－0000031　H131.7/R590

經籍纂詁一百六卷首一卷　（清）阮元撰　清光緒六年（1880）淮南書局刻本　四十八册

440000－2557－0000032　H161/D851

說文解字注三十二卷六書音均表三卷汲古閣說文訂不分卷　（清）段玉裁撰　清光緒元年（1875）湖北崇文書局刻本　十八册

440000－2557－0000033　H161/L391

說文通檢十四卷首一卷末一卷　（清）黎永椿編　清光緒五年（1879）常桂潤刻本　一册

440000－2557－0000034　H161/W330

說文解字句讀三十卷　（清）王筠撰　清同治四年（1865）刻本　十三册　存二十八卷（一至二十八）

440000－2557－0000035　K296.54/L828

［光緒］海陽縣志四十六卷首一卷　（清）盧蔚猷主修　吳道鎔總纂　清光緒二十六年（1900）潮城謝存文館刻本　十二册

440000－2557－0000036　K296.54/Z767（2）

［乾隆］潮州府志四十二卷首一卷抄存舊志不分卷　（清）周碩勳輯　清光緒十九年（1893）珠蘭書屋刻本（卷九至十一配複印本）　二十五册　缺一卷（十二）

440000－2557－0000037　H161/W330.1

說文釋例二十卷　（清）王筠撰　清末中江家塾刻本　二十册

440000－2557－0000038　H161/Y356

說文校議十五卷　（清）姚文田　（清）嚴可均撰　清同治十三年（1874）歸安姚氏刻邃雅堂全書本　五册

440000－2557－0000039　I207.23/Z360

詞源二卷　（宋）張炎撰　清光緒八年（1882）紹興娛園刻榆園叢刻本　一册

440000－2557－0000040　I211/L366

國朝文錄八十二卷　（清）李祖陶編　清道光

十九年(1839)瑞州鳳儀書院刻本　二十九册

440000－2557－0000041　I211/L366

國朝文錄續編六十六卷　(清)李祖陶編　清同治七年(1868)敖陽李氏刻本　三十二册

440000－2557－0000042　I211/L366

金元明八大家文選八種五十三卷　(清)李祖陶編　清道光二十五年(1845)刻本　十九册

440000－2557－0000043　I211/Y213

全上古三代秦漢三國六朝文七百四十六卷　(清)嚴可均輯　清光緒十九年(1893)廣雅書局刻本　一百册

440000－2557－0000044　I214.42/W365

宋王忠文公文集五十卷目錄四卷　(宋)王十朋撰　(清)唐傳鉎重編　清光緒二年(1876)梅溪書院刻本　十八册

440000－2557－0000045　I214.81/S870

宋學士全集三十二卷補遺八卷附錄二卷　(明)宋濂撰　清同治十三年(1874)永康胡氏退補齋刻金華叢書本　四十册

440000－2557－0000046　I214.82/T279

重刊校正唐荆川先生文集十二卷外集三卷附錄一卷補遺五卷　(明)唐順之撰　清光緒三十年(1904)江南書局刻本　十册

440000－2557－0000047　I214.92/B311

安吳四種三十七卷　(清)包世臣撰　(清)包世榮　(清)包慎言注　清光緒十四年(1888)刻本　十六册

440000－2557－0000048　I214.92/H213

道古堂文集四十八卷詩集二十六卷集外文一卷集外詩一卷軼事一卷　(清)杭世駿撰　清光緒十四年(1888)刻本　十六册

440000－2557－0000049　I214.92/L380

樊榭山房集十卷續集十卷文集八卷集外詩遊仙百詠三卷集外詞秋林琴雅四卷集外曲迎鑾新曲一卷集外詩一卷集外文一卷　(清)厲鶚撰　清光緒十年(1884)錢唐汪氏振綺堂刻本　十二册

440000－2557－0000050　I214.92/Q937

鮚埼亭集三十八卷首一卷全謝山先生經史問答十卷鮚埼亭集外編五十卷　(清)全祖望撰　清嘉慶刻同治十一年(1872)印本　二十四册

440000－2557－0000051　I214.92/T230

湯子遺書三十九卷　(清)湯斌撰　清同治九年(1870)刻本　三十二册

440000－2557－0000052　I214.92/Z815

朱九江先生集十卷首四卷　(清)朱次琦撰　清光緒二十三年(1897)順德讀書草堂刻本　二册　存五卷(八至十、首一至二)

440000－2557－0000053　I214.92/Z815

朱九江先生講學記一卷　簡朝亮撰　清光緒二十三年(1897)讀書草堂刻本　一册

440000－2557－0000054　I222.6/G955

樂府詩集一百卷目錄二卷　(宋)郭茂倩編　清光緒元年(1875)湖北崇文書局刻本　十六册

440000－2557－0000055　I222.742/G824

讀雪山房唐詩三十四卷　(清)管世銘編　清光緒十二年(1886)湖北官書處刻本　十二册

440000－2557－0000056　I222.744/S910

蘇文忠公詩編註集成四十六卷總案四十五卷諸家弁言一卷王施注諸家姓氏考一卷墓誌銘注一卷本傳注一卷恭錄一卷詩目一卷帖子口號詞一卷兩宋雜綴一卷蘇海識餘四卷附牋詩圖一卷　(清)王文誥輯注　清光緒十四年(1888)浙江書局刻本　二十四册

440000－2557－0000057　I222.749/W369

漁洋山人精華錄訓纂十卷總目二卷年譜二卷附錄一卷補十卷補卷首一卷　(清)王士禛撰　(清)惠棟注補　清光緒十七年(1891)會稽徐氏述史樓刻本　十四册

440000－2557－0000058　I222.8/W250

詞律二十卷　(清)萬樹撰　**詞律拾遺八卷附補遺一卷**　(清)徐本立纂　清光緒二年(1876)刻本　十六册

440000－2557－0000059　I242.1/H430
夷堅志甲集二十卷乙集二十卷丙集二十卷丁集二十卷　(宋)洪邁編　清光緒五年(1879)吳興陸氏刻十萬卷樓叢書本　十二册

440000－2557－0000060　I242.1/X765
玉芝堂談薈三十六卷　(明)徐應秋輯　明崇禎刻清康熙、乾隆、光緒遞修本　三十二册

440000－2557－0000061　I242.4/Y510
改良今古奇觀六卷四十回　(明)抱甕老人編　清光緒三十二年(1906)鉛印本　二册

440000－2557－0000062　K204.2/L496
史記志疑三十六卷　(清)梁玉繩撰　清光緒十三年(1887)廣雅書局刻本　二十册

440000－2557－0000063　K/204.3/F920
御批歷代通鑑輯覽一百二十卷　(清)傅恒等纂　清同治十年(1871)浙江書局刻朱墨套印本　四十八册

440000－2557－0000064　K207/Z480
廿二史劄記三十六卷首一卷補遺一卷　(清)趙翼撰　清光緒二十年(1894)廣雅書局刻本　十册

440000－2557－0000065　K208/Y422
紀元通考十二卷目錄一卷例言一卷　(清)葉維庚撰　清道光八年(1828)鍾秀山房刻本　四册

440000－2557－0000066　K220.4/M440
繹史一百六十卷附年表一卷　(清)馬驌纂　清光緒三十年(1904)浙江書局刻本　五十册

440000－2557－0000067　K221.04/J374
尚書集注述疏三十二卷首一卷末二卷　簡朝亮撰　清光緒三十三年(1907)讀書堂刻本　二十三册

440000－2557－0000068　K224.06/S985
周禮正義八十六卷　(清)孫詒讓撰　清光緒三十一年(1905)鉛印本　二十册

440000－2557－0000069　K225.04/G672
春秋大事表五十卷輿圖一卷　(清)顧棟高撰　清光緒十四年(1888)南菁書院刻皇清經解續編本　十八册

440000－2557－0000070　K225.04/Z361
春秋宗朱辨義十二卷首一卷末一卷　(清)張自超撰　清光緒七年(1881)刻本　八册

440000－2557－0000071　K234.2/S433
後漢書疏證三十卷　(清)沈欽韓撰　清光緒二十六年(1900)浙江官書局刻本　十六册

440000－2557－0000072　K234/S433
漢書疏證三十卷　(清)沈欽韓撰　清光緒二十六年(1900)浙江官書局刻本　二十四册

440000－2557－0000073　K242.3/W285
唐陸宣公奏議讀本四卷首一卷　(唐)陸贄撰　(清)汪銘謙編　(清)馬傳庚評點　清宣統元年(1909)石印本　二册

440000－2557－0000074　K252.06/H528
胡文忠公遺集八十六卷首一卷　(清)胡林翼撰　(清)曾國荃　(清)鄭敦謹輯　(清)胡鳳丹重編　清光緒元年(1875)崇文書局刻本　三十二册

440000－2557－0000075　K82－64/M194
韓文類譜七卷　(宋)呂大防編　**柳先生[宗元]年譜一卷**　(清)馬曰璐輯　清光緒元年(1875)金陵騰溪義學摹刻本　四册

440000－2557－0000076　K82/X443
歷代名賢列女氏姓譜一百五十七卷　(清)蕭智漢輯　清嘉慶二十年(1815)刻本　一百六十册

440000－2557－0000077　K820.49/L361
國朝先正事略六十卷　(清)李元度纂　清同治五年(1866)循陔草堂刻本　二十四册

440000－2557－0000078　K820.855/P186
兩浙輶軒續錄五十四卷補遺六卷　(清)潘衍桐輯　清光緒十七年(1891)浙江書局刻本　四十册

440000－2557－0000079　K820.855/R590
兩浙輶軒錄四十卷補遺十卷　(清)阮元輯

清光緒十六年(1890)浙江書局刻本　三十二冊

440000－2557－0000080　K820/L750
古列女傳八卷　(漢)劉向撰　(明)黃魯曾贊　清光緒元年(1875)湖北崇文書局刻本　二冊

440000－2557－0000081　K820/Z820
高安三傳合編五十六卷　(清)朱軾　(清)蔡世遠輯　清光緒二十一年(1895)江蘇書局刻本　二十四冊

440000－2557－0000082　K877.4/Y421
語石十卷　葉昌熾撰　清宣統元年(1909)刻本　四冊

440000－2557－0000083　K92/B590
晉書地理志新補正五卷　(清)畢沅撰　清光緒二十年(1894)廣雅書局刻本　一冊

440000－2557－0000084　K928.6/L364
李氏五種合刊　(清)李兆洛輯　清光緒十八年(1892)長沙竹素書局刻本　十六冊　存二十七卷(歷代地理韻編一至二十,皇朝輿地韻編一至二、增補一,歷代地理沿革圖一,歷代紀元編一至三)

440000－2557－0000085　Q959/F253
百獸集說圖考十科不分卷　(美國)范約翰著　(清)吳子翔述　清光緒二十五年(1899)上海美華書館鉛印本　一冊

440000－2557－0000086　R2－52/W336
六科證治準繩　(明)王肯堂輯　清光緒十八年(1892)上海圖書集成印書局鉛印本　三十六冊　存三十六卷(證治準繩一至八、雜病治證類方一至八、女科準繩一至五、外科準繩一至六、幼科準繩一至九)

440000－2557－0000087　R25/Z290
醫門棒喝四卷傷寒論本旨九卷　(清)章楠撰　清同治六年(1867)刻本　十二冊

440000－2557－0000088　R254.2/Q443
溫病條辨症方歌括三卷　(清)錢文驥輯　清光緒三十年(1904)刻本　一冊

440000－2557－0000089　R281.3/Z820
本草詩箋十卷　(清)朱鑰撰　清光緒八年(1882)群玉山房刻本　四冊

440000－2557－0000090　Z121.5/G387
嘯園叢書五十七種　(清)葛元煦輯　清光緒仁和葛氏刻本　三十四冊

440000－2557－0000091　Z121.5/G690
小石山房叢書四十一種　(清)顧湘編輯　清道光刻同治十三年(1874)虞山顧氏補刻本　二十冊

440000－2557－0000092　Z121.5/P188
功順堂叢書十八種　(清)潘祖蔭輯　清光緒吳縣潘氏刻本　三十二冊

440000－2557－0000093　Z121.5/R590
學海堂集十六卷　(清)阮元輯　**學海堂二集二十二卷**　(清)吳蘭修輯　**學海堂三集二十四卷**　(清)張維屏編　**學海堂四集二十八卷**　(清)金錫齡輯　清道光五年至光緒十二年(1825－1886)啟秀山房刻本　四十八冊

440000－2557－0000094　Z121.5/S988
正覺樓叢刻二十九種　(清)崇文書局輯　清光緒崇文書局刻本　三十四冊　缺七卷(西京雜記一至二,兩京新記一,李嶠雜詠一至二,東林朋黨錄、東林點將錄、東林同治錄、東林籍貫、盜炳東林夥、夥壞封疆錄、天鑒錄等合一卷,欽定逆案、天啟宮詞、擬故宮詞等合一卷)

440000－2557－0000095　Z121.5/X750
南菁書院叢書四十一種　王先謙　繆荃孫輯　清光緒十四年(1888)江陰南菁書院刻本　四十冊

440000－2557－0000096　Z121.5/X753
觀自得齋叢書二十三種別集六種　(清)徐士愷輯　清光緒石埭徐氏刻本　二十四冊

440000－2557－0000097　Z122.55/D580
武林掌故叢編二十六集一百九十種　(清)丁

丙　(清)丁申輯　清光緒十三年至二十年(1887－1894)錢塘丁氏嘉惠堂刻本　二百八册

440000－2557－0000098　Z122.63/Z462

湖北叢書三十種　(清)趙尚輔輯　清光緒十七年(1891)三餘草堂刻本　一百册

440000－2557－0000099　Z122/F611

潮州耆舊集三十七卷　(清)馮奉初輯　清光緒三十四年(1908)刻本　十六册

440000－2557－0000100　Z126.2/R590

宋本十三經注疏附校勘記　(清)阮元撰校勘記　(清)盧宣旬摘録　清光緒十三年(1887)上海脈望仙館石印本(論語注疏解經十卷、孝經注疏九卷以光緒十三年點石齋石印十三經注疏本中的論語注疏解經四卷和孝經注疏二卷補配)　三十二册

440000－2557－0000101　Z126/L874

經典釋文三十卷　(唐)陸德明撰　**經典釋文考證三十卷**　(清)盧文弨撰　清同治八年(1869)湖北崇文書局刻本　十二册

440000－2557－0000102　Z2/F291

古事比五十二卷　(清)方中德編　清光緒十八年(1892)上海點石齋石印本　六册

440000－2557－0000103　Z126.2/P495

皮鹿門所著書九種　(清)皮錫瑞撰　清光緒思賢書局刻本　十四册

440000－2557－0000104　Z225/H749

增補事類統編九十三卷首一卷　(清)黄葆真輯　清光緒十四年(1888)上海積山書局石印本　十二册

440000－2557－0000105　Z429.49/G697

日知録集釋三十二卷　(清)顧炎武撰　(清)黄汝成集釋　**日知録栞誤二卷續栞誤二卷**　(清)黄汝成撰　清同治十一年(1872)湖北崇文書局刻本　十六册

440000－2557－0000106　Z429.49/W346

讀書雜志八十二卷餘編二卷　(清)王念孫撰　清同治十一年(1872)金陵書局刻本　二十四册

440000－2557－0000107　Z125/M143

玉函山房輯佚書附目耕貼三十一卷　(清)馬國翰輯　清光緒九年(1883)長沙娜嬛館刻本　一百二十册

440000－2557－0000108　Z429.47/T468

輟耕録三十卷　(明)陶宗儀撰　清末刻本　十册

440000－2557－0000109　I214.22/H158

昌黎先生集四十卷外集十卷朱子校集傳一卷遺文一卷　(唐)韓愈撰　(唐)李漢編　**朱子校昌黎先生集傳一卷**　(宋)朱熹撰　清康熙冠山堂刻本　十二册

440000－2557－0000110　I214.82/C489

白沙子全集十卷首一卷末一卷古詩教解二卷　(明)陳獻章撰　清乾隆三十六年(1771)陳氏碧玉樓刻本　十册

440000－2557－0000111　H162/Z590

汗簡箋正七卷目録一卷　(清)鄭珍撰　清光緒十五年(1889)廣雅書局刻本　四册

440000－2557－0000112　H122/M765

六書通十卷　(明)閔齊伋撰　(清)畢弘述篆订　清光緒七年(1881)鉏經堂刻本　三册　存六卷(三至四、七至十)

440000－2557－0000113　K296.54/Z767(1)

[乾隆]潮州府志四十二卷首一卷抄存舊志不分卷　(清)周碩勳輯　清光緒十九年(1893)珠蘭書屋刻本　二十五册

廣東省汕頭市金山中學古籍普查登記目録

全國古籍普查登記目録

國家圖書館出版社
National Library of China Publishing House

440000－2558－0000001　403.2/1

八代詩選二十卷　王闓運輯　清光緒七年(1881)四川尊經書局刻本　六冊

440000－2558－0000002　118.2/1

古音類表九卷　(清)傅壽彤撰　清光緒二年(1876)大梁臬署刻本　四冊

440000－2558－0000003　118.3/1

爾雅直音二卷　(清)孫偘輯　清嘉慶五年(1800)潘平遠刻本　二冊

440000－2558－0000004　111.2/1

左通補釋三十二卷　(清)梁履繩撰　清光緒元年(1875)錢塘汪氏振綺堂刻本　十冊

440000－2558－0000005　502.1/6

春暉堂叢書十二種　(清)徐渭仁輯　清道光、咸豐上海徐渭仁刻同治九年至十年(1870－1871)徐允臨補刻彙印本　十冊

440000－2558－0000006　404.3/1

四六叢話三十三卷附選詩叢話一卷　(清)孫梅輯　清光緒七年(1881)吳下刻本　十二冊

440000－2558－0000007　210.1/1

史外八卷　(清)汪有典撰　清同治三年(1864)尋樂山房刻本　八冊

440000－2558－0000008　101/2

沈氏經學六種　(清)沈淑撰　清光緒八年(1882)虞山鮑氏後知不足齋刻本　五冊

440000－2558－0000009　502.5/3

安吳四種　(清)包世臣撰　清同治十一年(1872)湖北包誠注經堂刻本　十六冊

440000－2558－0000010　316.3/1

自遠堂琴譜十二卷　(清)吳灴輯　(清)李廷敬等鑒定　清嘉慶七年(1802)廣陵吳灴自遠堂刻本　八冊

440000－2558－0000011　502.1/1

稗海十函七十種　(明)商濬編　明萬曆會稽商氏半埜堂刻清康熙臨川李氏重編補刻本　六十二冊

440000－2558－0000012　402.7/1

倭文端公遺書十卷首二卷　(清)倭仁撰　清光緒三年(1877)粵東翰元樓刻本　六冊

440000－2558－0000013　501.1/1

廣博物志五十卷　(明)董斯張纂　清光緒五年(1879)學海堂刻本　二十二冊

440000－2558－0000014　302.2/3

河南二程全書七種　(宋)程顥　(宋)程頤撰　(宋)朱熹輯　清星沙小嫏嬛山館刻本　十四冊

440000－2558－0000015　310.18/1

名醫類案十二卷　(明)江瓘輯　(明)江應元校正　(明)江應宿述補　**附錄一卷**　(明)汪道崑撰　清同治十年(1871)藏脩堂刻本　十二冊

440000－2558－0000016　118.2/5

音學五書三十八卷　(清)顧炎武撰　清光緒十六年(1890)思賢講舍刻本　十二冊

440000－2558－0000017　118.1/12

說文通訓定聲十八卷分部柬韻一卷說雅一卷古今韻準一卷　(清)朱駿聲撰　**行述一卷**　朱孔彰撰　清道光二十九年(1849)刻同治九年(1870)朱孔彰臨嘯閣補刻本　十八冊

440000－2558－0000018　114.2/1

春秋會義二十六卷　(宋)杜諤撰　清光緒十八年(1892)榮成孫氏山淵閣刻本　十冊

440000－2558－0000019　102.5/1

讀易述訓四卷　(清)蔡顯原撰　清同治六年(1867)刻本　四冊

440000－2558－0000020　101/1

倣宋相臺五經九十六卷附考證　(口)口口輯　清同治三年(1864)南海鄺九我堂刻本　四十冊

440000－2558－0000021　502.1/31

增訂漢魏叢書九十六種　(清)王謨輯　清宣統三年(1911)上海大通書局石印本　三十二冊　缺二種二卷(三國志辨誤一卷、蓮社高賢

傳一卷)

440000－2558－0000022　102.2/1
周易本義十二卷易圖一卷五贊一卷筮儀一卷　(宋)朱熹撰　清光緒九年至十年(1883－1884)刻本　五冊

440000－2558－0000023　102.2/1(2)
周易本義十二卷易圖一卷五贊一卷筮儀一卷　(宋)朱熹撰　清光緒九年至十年(1883－1884)刻本　五冊

440000－2558－0000024　102.2/1(3)
周易本義十二卷易圖一卷五贊一卷筮儀一卷　(宋)朱熹撰　清光緒九年至十年(1883－1884)刻本　五冊

440000－2558－0000025　117.2/1
經義述聞三十二卷　(清)王引之撰　清刻本　十八冊

440000－2558－0000026　118.1/1
經字異同四十八卷　(清)張維屏輯　清光緒五年(1879)清泉精舍刻本　四冊

440000－2558－0000027　102.2/2
周易指三十八卷例一卷圖五卷斷辭一卷往來卦一篇八卦世位一篇卦侯一篇六日七分六十卦一篇逸象一篇　(清)端木國瑚撰　清道光十六年(1836)刻本　二十冊

440000－2558－0000028　118.1/2
說文聲讀表七卷　(清)苗夔纂　清同治、光緒間福山王氏刻本　二冊

440000－2558－0000029　118.1/3
雷刻四種　(清)雷浚輯　清光緒十年(1884)雷氏刻本　五冊

440000－2558－0000030　215.6/1
廬山志十五卷　(清)毛德琦撰　清刻本　九冊　缺四卷(十二至十五)

440000－2558－0000031　118.2/2
韻綜不分卷集字不分卷檢字一卷　(清)陳詒厚編　清嘉慶十七年(1812)琴心書屋刻本　八冊

440000－2558－0000032　209.3/1
考史拾遺二種　(清)錢大昕撰　清嘉慶十二年(1807)稻香吟館刻本　四冊

440000－2558－0000033　118.1/4
說文辨字正俗八卷　(清)李富孫撰　清嘉慶二十三年(1818)校經廎刻本　二冊

440000－2558－0000034　117.2/2
經學不厭精五卷　(德國)花之安撰　清光緒二十二年(1896)上海美華書館鉛印本　二冊　存一卷(一)

440000－2558－0000035　118.3/2
通俗編三十八卷　(清)翟灝撰　清乾隆十六年(1751)無不宜齋刻本　十二冊

440000－2558－0000036　502.1/20
武英殿聚珍版書一百三十五種　(清)高宗弘曆敕輯　清乾隆四十二年(1777)福建刻道光同治增修本　七十八冊　存十種一百六十九卷(御纂周易述義十卷,御纂詩義折中二十卷,御纂春秋直解十二卷,周易十卷,尚書十三卷,毛詩二十卷,春秋經傳集解三十卷、附歸一圖二卷、年表一卷,禮記二十卷,欽定清漢對音字代一卷,經典釋文十四種三十卷)

440000－2558－0000037　102.2/3
周易述翼五卷　(清)黄應麒撰　清光緒十三年(1887)山陰宋澤元懺花盦刻本　五冊

440000－2558－0000038　118.1/6
說文解字十五卷　(漢)許慎撰　(宋)徐鉉校定　清刻本　六冊

440000－2558－0000039　118.1/7
隸韻十卷碑目一卷　(宋)劉球撰　**碑目考證一卷**　(清)秦恩復撰　**隸韻考證二卷**　(清)翁方綱撰　清嘉慶十五年(1810)江都秦恩復刻本　六冊

440000－2558－0000040　102.2/4
新刻來瞿唐先生易註十五卷首一卷末一卷來圖一卷來圖補遺一卷　(明)來知德撰　(清)高雪君鑒定　(清)淩厚子原點　清同治九年(1870)瀋陽劉建德刻本　十冊　缺五卷(七、

十、十四至十五，末一卷）

440000－2558－0000041　103.2/3
古文尚書正辭三十三卷　（清）吳光耀撰　清光緒十九年（1893）刻本　十七册　缺二卷（二十九至三十）

440000－2558－0000042　106.2/2
儀禮正義四十卷　（清）胡培翬撰　（清）楊大堉補　清咸豐二年（1852）湯晉苑局刻同治七年（1868）陸光祖補刻本　二十一册

440000－2558－0000043　405.5/1
詞律二十卷　（清）萬樹論次　（清）吳興祚鑒定　清康熙二十六年（1687）堆絮園刻本　十二册

440000－2558－0000044　109.1/1
求古録禮説十六卷補遺一卷　（清）金鶚撰　**校勘記三卷**　（清）王士駿輯　清光緒二年（1876）吳縣孫憙刻本　十册

440000－2558－0000045　118.2/3
集韻十卷　（宋）丁度撰　清康熙四十五年（1706）曹寅刻嘉慶十九年（1814）桐城方葆巖補刻本　十册

440000－2558－0000046　118.1/8
苗氏説文四種　（清）苗夔撰　清道光、咸豐間壽陽祁氏漢專亭刻本　六册

440000－2558－0000047　103.2/1
尚書考異六卷　（明）梅鷟撰　清光緒十八年（1892）浙江書局刻本　四册

440000－2558－0000048　118.1/9
小學鉤沉十九卷　（清）任大椿輯　（清）王念孫校正　清光緒十年（1884）龍氏刻本　二册

440000－2558－0000049　104.9/1
詩古微三編十五卷首一卷　（清）魏源撰　清光緒十一年（1885）宜都楊氏刻本　十二册

440000－2558－0000050　312.1/1
讀書叢録二十四卷　（清）洪頤煊撰　清光緒十三年（1887）吳氏醉六堂刻本　八册

440000－2558－0000051　118.1/10
五經文字三卷　（唐）張參撰　**新加九經字樣一卷**　（唐）唐玄度撰　**石經殘字考一卷**　（清）翁方綱撰　清光緒九年（1883）鮑氏後知不足齋刻本　四册

440000－2558－0000052　402.2/1
杜工部草堂詩箋二十二卷　（唐）杜甫撰　（宋）魯訔編次　（宋）蔡夢弼會箋　**杜工部草堂詩話二卷**　（宋）蔡夢弼集録　**杜工部草堂詩年譜二卷**　（宋）趙子櫟編　清光緒二年（1876）巴陵方氏碧琳琅館刻本　四册

440000－2558－0000053　117.2/3
讀書雜志八十二卷餘編二卷　（清）王念孫撰　清光緒二十年（1894）上海醉六堂鉛印本　八册

440000－2558－0000054　208/1
史畧提綱白文一卷附註釋六卷　（清）羅繡文編　清咸豐二年（1852）刻本　四册

440000－2558－0000055　118.2/4
大宋重修廣韻五卷　（宋）陳彭年等修　清道光三十年（1850）新化鄧顯鶴東山精舍刻本　四册

440000－2558－0000056　118.3/7
班馬字類二卷　（宋）婁機撰　清光緒九年（1883）鮑氏後知不足齋刻本　二册

440000－2558－0000057　118.3/3
爾雅疏十卷　（宋）邢昺等校定　清光緒四年（1878）陸氏十萬卷樓刻本　二册

440000－2558－0000058　118.1/5
隸辨八卷　（清）顧藹吉撰　清同治十二年（1873）漁古山房刻本　八册

440000－2558－0000059　402.7/2
古愚心言八卷　（清）彭鵬編　清康熙愚齋刻本　八册

440000－2558－0000060　215.6/2
逍遙山萬壽宫志二十卷　（清）丁步上　（清）郭懋隆校輯　清乾隆五年（1740）逍遙山萬壽宫刻本　八册

440000－2558－0000061　502.1/2

後知不足齋叢書初編四函十六種　(清)鮑廷爵編　清光緒常熟鮑氏後知不足齋刻本　三十二册

440000－2558－0000062　502.5/14

陸放翁全集六種　(宋)陸游撰　明末海虞毛氏汲古閣刻清初毛扆增刻楚濮李氏森寶齋印本　四十八册　缺一種一卷(齋居紀事一卷)

440000－2558－0000063　502.5/1

菽園著書三種　邱煒萲撰　清光緒二十三年(1897)海澄邱煒萲排印本　八册

440000－2558－0000064　101/3

御纂七經五種　(清)聖祖玄燁敕撰　清同治六年至九年(1867－1870)浙江書局刻本　一百四十册

440000－2558－0000065　208/2

新舊唐書合鈔二百六十卷首一卷　(清)沈炳震輯　**唐書宰相世系表訂譌十二卷**　(清)沈炳震撰　**新舊唐書合鈔補正六卷**　(清)丁子復撰　清嘉慶十五年(1810)海昌查氏刻清同治十年(1871)武林吴氏清來堂補刻本　八十册

440000－2558－0000066　215.4/1

廣東新語二十八卷　(清)屈大均撰　清康熙三十九年(1700)文匯堂刻本　十册

440000－2558－0000067　215.1/1

輿地廣記三十八卷校勘札記二卷　(宋)歐陽忞撰　(清)黄丕烈校勘　清光緒六年(1880)金陵書局刻本　四册

440000－2558－0000068　402.7/3

趙清獻公集六卷附刻一卷　(清)趙廷臣撰　清康熙二十二年(1683)趙延祺、趙延組敬恕堂刻本　四册

440000－2558－0000069　116.5/1

重訂四書疑問十一卷　(明)姚舜牧撰　明萬曆四十五年(1617)六經堂刻本　四册　存八卷(一至八)

440000－2558－0000070　214/1

編日新書十二卷　(明)陳堦編輯　明末周師旦金陵刻本　六册

440000－2558－0000071　118.1/13

字彙十二卷首一卷末一卷附韻法直圖一卷韻法橫圖一卷　(明)梅膺祚音釋　明萬曆鹿角山房刻本　十四册

440000－2558－0000072　211.1/2

皇朝通典一百卷　(清)嵇璜等纂修　清光緒八年(1882)浙江書局刻本　三十册

440000－2558－0000073　211.1/6

皇朝通志一百二十六卷　(清)嵇璜等纂修　清光緒八年(1882)浙江書局刻本　三十册

440000－2558－0000074　211.1/3

皇朝通典一百卷　(清)嵇璜等纂修　清光緒元年(1875)廣東學海堂刻本　三十二册

440000－2558－0000075　211.1/4

欽定續通典一百五十卷　(清)嵇璜等纂修　清光緒十二年(1886)浙江書局刻本　四十册

440000－2558－0000076　211.1/5

欽定續通典一百五十卷　(清)嵇璜等纂修　清光緒元年(1875)廣東學海堂刻本　四十册

440000－2558－0000077　211.1/9

欽定續文獻通考二百五十卷　(清)嵇璜等纂修　清光緒十三年(1887)浙江書局刻本　九十册

440000－2558－0000078　211.1/8

皇朝文獻通考三百卷　(清)嵇璜等纂修　清光緒八年(1882)浙江書局刻本　一百二十册

440000－2558－0000079　211.1/7

欽定續通志六百四十卷　(清)嵇璜等纂修　清光緒十二年(1886)浙江書局刻本　一百四十九册　缺四卷(三百六十四至三百六十七)

440000－2558－0000080　211.1/1

通典二百卷　(唐)杜佑纂修　清同治十年

(1871)廣東學海堂刻本　三十八册　缺十卷(一百五十五至一百六十四)

440000－2558－0000081　210.2/1
鄂國金佗粹編二十八卷續編三十卷　(宋)岳珂輯　清光緒九年(1883)浙江書局刻本　十二册

440000－2558－0000082　116.5/2
李見菴四書大成直講二十卷附朱子年譜一卷　(清)李錫書撰　清道光十一年(1831)校經堂刻本　二十册

440000－2558－0000083　502.5/2
竹柏山房十五種　(清)林春溥撰　清嘉慶二十一年至咸豐四年(1816－1854)林氏竹柏山房刻本　二十四册

440000－2558－0000084　302.2/1
聖諭像解二十卷　(清)梁延年編　清光緒二十九年(1903)滿洲恩壽石印本　十册

440000－2558－0000085　302.2/2
聖諭像解二十卷　(清)梁延年編　清咸豐六年(1856)廣州味經堂書坊刻本　八册

440000－2558－0000086　307.1/1
孫子十家注十三卷　(宋)吉天保輯　(清)孫星衍　(清)吳人驥校　**孫子遺說一卷**　(宋)鄭友賢撰　**孫子敘錄一卷**　(清)畢以珣撰　清咸豐五年(1855)淡香齋刻本　四册

440000－2558－0000087　103.2/2
日講書經解義十三卷　(清)庫勒納等撰　清刻本　六册

440000－2558－0000088　215.10/1
大清中外壹統輿圖三十一卷首一卷　(清)鄒世詒等編　(清)李廷簫增訂　清同治二年(1863)湖北巡署刻本　八册

440000－2558－0000089　210.1/2
皇朝聖師考七卷首一卷　(清)鄭曉如撰　清同治八年(1869)廣州華文堂刻本　四册

440000－2558－0000090　314.3/1
行素軒算稿五種　(清)華蘅芳撰　清光緒八年(1882)梁溪華蘅芳刻本　六册

440000－2558－0000091　502.1/3
心矩齋叢書六種　(清)蔣鳳藻輯　清光緒八年至十四年(1882－1888)心矩齋刻本　十二册

440000－2558－0000092　215.1/2
讀史方輿紀要一百三十卷　(清)顧祖禹撰　(清)彭元瑞校　清嘉慶十六年(1811)錦里龍氏敷文閣刻清末補修本　五十八册

440000－2558－0000093　318.1/1
雅俗通用釋門疏式十卷　(明)釋如德輯　清初刻本　八册

440000－2558－0000094　502.1/4
檀几叢書五十種二集五十種餘集四十七種附政十種　(清)王晫　(清)張潮輯　清蘇州掃葉山房刻本　九册

440000－2558－0000095　215.1/3
大明一統志九十卷　(明)李賢等纂修　明萬曆萬壽堂刊清初剜改重印本　四十册

440000－2558－0000096　310.01/1
陳修園醫書十六種　(清)陳念祖撰　清刻本　三十二册

440000－2558－0000097　402.3/2
黄詩全集五十八卷　(宋)黄庭堅撰　(宋)任淵等注　清光緒二年(1876)刻本　二十册

440000－2558－0000098　116.5/3
四書隨見錄四十一卷首二卷　(清)鄒鳳池　(清)陳作梅輯　清道光二十七年(1847)紅杏山坊刻本　十二册

440000－2558－0000099　402.6/1
重刻天傭子全集十卷首一卷末一卷　(明)艾南英撰　(清)蔡元鳳等評點　清光緒五年(1879)梯雲書屋刻本　六册

440000－2558－0000100　502.1/5
貸園叢書初集十二種　(清)周永年編　清乾隆五十四年(1789)歷城周氏竹西書屋刻本　十二册

440000－2558－0000101　314.3/2
李氏遺書十一種　(清)李鋭撰　清馮氏聯興堂刻本　六冊

440000－2558－0000102　314.3/3
中西算學集要三種　(清)周毓英撰　清光緒八年(1882)刻本　六冊

440000－2558－0000103　314.3/3(2)
中西算學集要三種　(清)周毓英撰　清光緒八年(1882)刻本　五冊

440000－2558－0000104　314.3/4
九章算術細草圖説九卷附海島算經細草圖説一卷　(晉)劉徽注　(唐)李淳風等注釋　(清)李潢細草　清光緒十七年(1891)成都王氏刻本　八冊

440000－2558－0000105　314.3/5
翠微山房數學十六種　(清)張作楠撰　清光緒初年息園刻本　二十冊

440000－2558－0000106　314.3/6
御製數理精藴上編五卷下編四十卷表八卷　(清)何國宗　(清)梅瑴成彙編　清光緒八年(1882)江寧藩署刻本　二十八冊

440000－2558－0000107　302.2/4
淵鑒齋御纂朱子全書六十六卷　(宋)朱熹撰　(清)熊賜履等纂修　清刻本　三十二冊

440000－2558－0000108　403.2/2
皇朝駢文類苑十四卷首一卷　(清)姚燮輯　(清)張壽榮校　清光緒七年(1881)張壽榮刻本　二十冊

440000－2558－0000109　309.1/1
欽定授時通考七十八卷　(清)鄂爾泰　(清)張廷玉等撰　清道光六年(1826)四川藩署刻本　二十冊　缺二卷(三十九至四十)

440000－2558－0000110　402.6/2
堵文忠公集十卷年譜一卷附録一卷　(明)堵允錫撰　清光緒十三年(1887)刻本　六冊

440000－2558－0000111　309.1/2
農政全書六十卷　(明)徐光啟撰　清道光二十三年(1843)上海王氏刻本　十六冊

440000－2558－0000112　403.2/3
唐宋詩本七編七十六卷目録八卷　(清)戴第元輯　清乾隆三十八年(1773)覽珠堂刻光緒三年(1877)戴仲和補刻本　二十八冊

440000－2558－0000113　403.2/4
古文辭類纂七十五卷　(清)姚鼐輯　清同治八年(1869)問竹軒刻本　十六冊

440000－2558－0000114　205.2/1
國語校注本三種　(清)汪遠孫撰　清道光二十六年(1846)汪氏振綺堂刻本　五冊

440000－2558－0000115　215.5/1
今水經一卷表一卷　(清)黄宗羲撰　清光緒二十年(1894)六有齋刻本　一冊

440000－2558－0000116　215.5/1(2)
今水經一卷表一卷　(清)黄宗羲撰　清光緒二十年(1894)六有齋刻本　一冊

440000－2558－0000117　215.5/1(3)
今水經一卷表一卷　(清)黄宗羲撰　清光緒二十年(1894)六有齋刻本　一冊

440000－2558－0000118　215.5/1(4)
今水經一卷表一卷　(清)黄宗羲撰　清光緒二十年(1894)六有齋刻本　一冊

440000－2558－0000119　316.2/1
吴越所見書畫録六卷　(清)陸時化編輯　**書畫説鈴一卷書畫作僞日奇論一卷**　(清)陸時化撰　清光緒五年(1879)婁東陸氏懷煙閣木活字印本　十二冊

440000－2558－0000120　404.2/1
本事詩十二卷　(清)徐釚編輯　清光緒十四年(1888)邵武徐氏刻本　六冊

440000－2558－0000121　302.2/5
輶軒語一卷　(清)張之洞撰　清光緒二年(1876)永康胡氏退補齋刻本　一冊

440000－2558－0000122　302.2/5(2)
輶軒語一卷　(清)張之洞撰　清光緒二年(1876)永康胡氏退補齋刻本　一冊

440000－2558－0000123　302.2/5(3)
輶軒語一卷　(清)張之洞撰　清光緒二年(1876)永康胡氏退補齋刻本　一册

440000－2558－0000124　302.2/5(4)
輶軒語一卷　(清)張之洞撰　清光緒二年(1876)永康胡氏退補齋刻本　一册

440000－2558－0000125　402.6/3
陶菴集二十二卷首一卷末一卷　(明)黄淳耀撰　清光緒八年(1882)刻本　八册

440000－2558－0000126　213.2/1
駱文忠公奏稿十卷　(清)駱秉章撰　清光緒十七年(1891)刻本　十册

440000－2558－0000127　205.2/2
野獲編三十卷補遺四卷　(明)沈德符著　(清)錢枋輯　清道光七年(1827)錢塘姚氏扶荔山房刻本　二十册

440000－2558－0000128　402.4/1
元遺山詩集箋注十四卷首一卷末一卷　(金)元好問撰　(元)張德輝類次　(清)施國祁箋　清道光二年(1822)南潯瑞松堂刻本　六册

440000－2558－0000129　310.12/1
胎產心法三卷　(清)閻純璽撰　清光緒十八年(1892)存存氏刻本　六册

440000－2558－0000130　204.2/1
明末紀事補遺十卷　(清)三餘氏輯　清末刻本　五册

440000－2558－0000131　302.2/6
五子近思錄發明十四卷　(宋)朱熹撰　(清)施璜纂注　清光緒十四年(1888)新繁沈氏刻本　十册

440000－2558－0000132　501.1/2
記事珠十卷　(清)張以謙撰　(清)王燮廷校　(清)王剛重訂　清光緒八年(1882)掃葉山房刻本　十二册

440000－2558－0000133　302.2/7
繹志十九卷　(清)胡承諾撰　清同治十一年(1872)浙江書局刻本　八册

440000－2558－0000134　209.2/1
史案二十卷首一卷　(清)吳裕垂撰　清光緒六年(1880)大成堂刻本　六册

440000－2558－0000135　209.2/1(2)
史案二十卷首一卷　(清)吳裕垂撰　清光緒六年(1880)大成堂刻本　六册

440000－2558－0000136　207.1/1
二十四史三表　(清)段長基撰　(清)段搢書編次　清同治四年(1865)曾守誠刻本　二十四册

440000－2558－0000137　502.1/7
小石山房叢書三十八種　(清)顧湘輯　清同治十三年(1874)虞山顧氏刻本　十四册

440000－2558－0000138　104.2/1
毛詩讀三十卷尚書後案駁正二卷　(清)王劼撰　清咸豐五年(1855)成都熊印心齋刻本　十二册

440000－2558－0000139　402.7/4
止齋遺書十六卷　(清)黄俊苑著　(清)劉存仁删定　清光緒元年(1875)刻本　八册

440000－2558－0000140　402.7/5
大雲山房文稾初集四卷二集四卷言事二卷　(清)惲敬著　清同治二年(1863)惲世臨刻本　十册

440000－2558－0000141　402.3/3
歐陽文忠公全集一百五十三卷首一卷附錄五卷　(宋)歐陽修撰　清光緒十九年(1893)澹雅書局刻本　三十二册

440000－2558－0000142　402.7/6
漁洋山人精華錄訓纂十卷總目二卷　(清)王士禛撰　(清)惠棟訓纂　**漁洋山人自撰年譜二卷**　(清)王士禛撰　(清)惠棟注補　**金氏精華錄箋注辯訛一卷**　(清)惠棟撰　**漁洋山人精華錄訓纂補十卷首一卷**　(清)惠棟撰　**漁洋山人本傳一卷**　(清)黄叔琳撰　清光緒十七年(1891)會稽徐氏述史樓刻本　十六册

440000－2558－0000143　403.2/5

漁洋山人古詩選三十二卷　(清)王士禎選　惜抱軒今體詩選十八卷　(清)姚鼐選　清同治七年(1868)湘鄉曾氏刻本　十册

440000－2558－0000144　403.2/6
古文雅正十四卷　(清)蔡世遠選評　清刻本　八册

440000－2558－0000145　101/4
味經齋遺書十二種　(清)莊存與撰　清光緒八年(1882)陽湖莊氏刻本　八册　缺四種十三卷(周官記五卷,周官說二卷、補三卷,樂說二卷,四書說一卷)

440000－2558－0000146　215.10/1(2)
大清中外壹統輿圖三十一卷首一卷　(清)鄒世詒等編　(清)李廷簫增訂　清同治二年(1863)湖北巡署刻本　十二册

440000－2558－0000147　215.1/4
大清一統志表不分卷　(清)徐午輯校　清刻本　六册

440000－2558－0000148　403.4/1
海虞三陶先生集合刻三種　(清)楊沂孫輯　清光緒七年(1881)海虞楊同福貴池縣署刻本　六册

440000－2558－0000149　502.1/8
曼陀羅華閣叢書十六種　(清)杜文瀾輯　清咸豐、同治秀水杜氏刊光緒十八年(1892)上海掃葉山房修補印本　三十二册

440000－2558－0000150　316.2/7
甌鉢羅室書畫過目攷四卷首一卷附一卷　(清)李玉棻輯　清末上海江南圖書局石印本　四册

440000－2558－0000151　307.1/2
登壇必究四十卷　(明)王鳴鶴編輯　(明)袁世忠校正　清刻本　三十四册

440000－2558－0000152　316.2/2
歷代畫史彙傳七十二卷首一卷總目三卷引証書目一卷附錄二卷　(清)彭蘊璨編　清光緒五年(1879)京都善成堂刻八年(1882)上海掃葉山房印本　二十四册

440000－2558－0000153　315.3/1
管窺輯要八十卷　(清)黃鼎纂定　清刻本　三十册　缺四卷(六十一至六十四)

440000－2558－0000154　203.1/1
鼎鍥趙田了凡袁先生編纂古本歷史大方綱鑑補三十九卷首一卷　(明)袁黄編纂　清刻本　三十一册　缺一卷(十五)

440000－2558－0000155　402.7/7
鮚埼亭集三十八卷外編五十卷全謝山先生經史問答十卷　(清)全祖望撰　年譜一卷全氏世譜一卷　(清)董秉純撰　清嘉慶九年(1804)史夢蛟刻清同治十一年(1872)印本　三十册

440000－2558－0000156　104.2/2
毛詩要義二十卷毛詩序要義譜一卷　(宋)魏了翁撰　清光緒八年(1882)上海獨山莫祥芝刻本　十二册

440000－2558－0000157　403.2/7
東萊集註類編觀瀾文集三集七十卷　(宋)林之奇編　東萊集注古文觀瀾甲集附考一卷乙集附考一卷丙集附考一卷丙集續考一卷　(清)方功惠撰　清光緒十年(1884)方氏碧琳琅館刻本　十二册

440000－2558－0000158　212.2/1
宦遊紀略六卷續一卷　(清)桂超萬撰　清光緒七年(1881)拙修齋木活字印本　四册

440000－2558－0000159　403.2/8
文選六十卷　(南朝梁)蕭統輯　(唐)李善注　文選考異十卷　(清)胡克家撰　清同治八年(1869)尋陽萬氏刻本　二十四册

440000－2558－0000160　502.1/9
郝氏遺書十三種　(清)郝懿行撰　清同治四年至光緒八年(1865－1882)刻本　三十六册

440000－2558－0000161　117.1/1
石經彙函十種　王秉恩輯　清光緒十六年(1890)四川尊經書局刻本　八册

440000－2558－0000162　117.1/1(2)
石經彙函十種　王秉恩輯　清光緒十六年(1890)四川尊經書局刻本　十册　缺一種一卷(石經考一卷)

440000－2558－0000163　402.6/4
新鐫東厓王先生遺集二卷　(明)王襞撰　(明)林訥輯　明萬曆刻崇禎至清嘉慶遞修本　一册　缺一卷(上)

440000－2558－0000164　104.2/3
毛詩故訓傳鄭箋三十卷　(漢)毛亨傳　(漢)鄭玄箋　清同治十一年(1872)丁氏五雲堂刻本　六册

440000－2558－0000165　501.1/3
增補註釋故事白眉十卷　(明)許以忠輯　清光緒二年(1876)經濟堂刻本　六册

440000－2558－0000166　502.1/10
鐵華館叢書六種　(清)蔣鳳藻輯　清光緒九年至十年(1883－1884)長洲蔣氏刻本　六册

440000－2558－0000167　402.6/5
百可亭摘稿九卷首一卷　(明)龐尚鵬撰　清道光十二年(1832)疊滘龐敦睦堂刻本　七册

440000－2558－0000168　116.5/4
四書詳說三十九卷　(清)曹愼訂　清乾隆十二年(1747)刻本　三十册

440000－2558－0000169　215.6/3
石鐘山志十六卷首一卷　(清)李成謀　(清)丁義方蒐輯　(清)方宗誠　(清)胡傳釗較訂　清光緒九年(1883)聽濤眺雨軒刻本　八册

440000－2558－0000170　307.1/3
兵鏡類編四十卷首一卷　(清)李蕊編輯　清光緒九年(1883)三吾李氏刻本　十二册

440000－2558－0000171　403.2/9
切問齋文鈔三十卷　(清)陸燿輯　清道光河南布政使楊國楨刻本　十册

440000－2558－0000172　402.7/8
二知軒詩鈔十四卷續鈔十卷　(清)方濬頤撰　清同治五年至八年(1866－1869)刻本　十二册

440000－2558－0000173　116.5/5
四書會解二十七卷　(清)綦澧輯　清同治八年(1869)集益山房刻本　十七册

440000－2558－0000174　402.1/1
傅鶉觚集五卷　(晉)傅玄撰　(清)方濬師校集　**傅鶉觚集補遺一卷**　(清)方濬師撰　**傅子校勘記一卷**　(清)方濬師撰　清光緒二年(1876)廣州書局刻本　三册

440000－2558－0000175　402.1/1(2)
傅鶉觚集五卷　(晉)傅玄撰　(清)方濬師校集　**傅鶉觚集補遺一卷**　(清)方濬師撰　**傅子校勘記一卷**　(清)方濬師撰　清光緒二年(1876)廣州書局刻本　三册

440000－2558－0000176　402.1/1(3)
傅鶉觚集五卷　(晉)傅玄撰　(清)方濬師校集　**傅鶉觚集補遺一卷**　(清)方濬師撰　**傅子校勘記一卷**　(清)方濬師撰　清光緒二年(1876)廣州書局刻本　三册

440000－2558－0000177　213.2/2
張大司馬奏稿四卷　(清)張亮基撰　清光緒十七年(1891)刻本　四册

440000－2558－0000178　601.1/1
泰西新史攬要二十四卷　(英國)馬懇西撰　(英國)李提摩太譯　蔡爾康述稿　清光緒二十一年(1895)上海美華書館鉛印本　八册

440000－2558－0000179　302.2/8
小學集解六卷輯說一卷　(清)張伯行纂輯　(清)李蘭汀校訂　清同治十一年(1872)廣州郡署刻本　四册

440000－2558－0000180　208/3
南北史識小錄二十八卷　(清)沈名蓀　(清)朱昆田輯　(清)張應昌補正　清同治十年(1871)武林吳氏清來堂刻本　十二册

440000－2558－0000181　210.1/3
文獻徵存錄十卷　(清)錢林輯　(清)王藻編　清咸豐八年(1858)有嘉樹軒刻本　十册

440000－2558－0000182　217.2/1

書目答問四卷別錄一卷叢書目一卷國朝著述諸家姓名略一卷　(清)張之洞撰　清光緒刻本　二册

440000－2558－0000183　217.2/1(2)

書目答問四卷別錄一卷叢書目一卷國朝著述諸家姓名略一卷　(清)張之洞撰　清光緒刻本　二册

440000－2558－0000184　217.2/1(3)

書目答問四卷別錄一卷叢書目一卷國朝著述諸家姓名略一卷　(清)張之洞撰　清光緒刻本　二册

440000－2558－0000185　217.2/1(4)

書目答問四卷別錄一卷叢書目一卷國朝著述諸家姓名略一卷　(清)張之洞撰　清光緒刻本　二册

440000－2558－0000186　403.5/1

清尊集十六卷　(清)汪遠孫輯　清道光十九年(1839)錢塘振綺堂刻本　四册

440000－2558－0000187　316.2/3

圖詠遺芬六卷　(清)俞旦編　**俞公禹勤墓誌銘一卷**　(清)倪文蔚譔　清光緒二十一年(1895)婺源俞氏清蔭堂刻本　一册

440000－2558－0000188　316.2/3(2)

圖詠遺芬六卷　(清)俞旦編　**俞公禹勤墓誌銘一卷**　(清)倪文蔚譔　清光緒二十一年(1895)婺源俞氏清蔭堂刻本　一册

440000－2558－0000189　118.1/14

六書正譌五卷　(元)周伯琦編注　清光緒十二年(1886)恭壽堂刻本　四册

440000－2558－0000190　402.6/6

石臼前集九卷後集七卷　(明)邢昉著　清光緒十八年(1892)會稽陶在銘刻本　六册

440000－2558－0000191　502.1/11

咫進齋叢書三集三十七種　(清)姚覲元輯　清光緒九年(1883)歸安姚覲元咫進齋刻本　二十四册

440000－2558－0000192　402.7/10

蟄廬遺集一卷　(清)俞文詔著　清光緒二十一年(1895)婺源俞氏清蔭堂刻本　一册

440000－2558－0000193　213.2/3

彭剛直公奏稿八卷詩集八卷　(清)彭玉麟撰　(清)俞樾輯　清光緒十七年(1891)吳下刻本　八册

440000－2558－0000194　402.7/11

甘泉鄉人稿二十四卷　(清)錢泰吉撰　**皇清敕授修職郎誥封朝議大夫顯考警石府君[錢泰吉]年譜一卷**　(清)錢應溥撰　**四水子遺著一卷**　(清)錢友泗撰　**郊農偶吟稿一卷**　(清)錢炳森撰　清同治十一年(1872)嘉興錢氏刻本　六册

440000－2558－0000195　207.1/2

歷代帝王年表三卷　(清)齊召南編　清光緒十二年(1886)蘇州掃葉山房刻本　三册

440000－2558－0000196　210.1/4

鶴徵錄八卷首一卷　(清)李集輯　(清)李富孫　(清)李遇孫續輯　**鶴徵後錄十二卷首一卷**　(清)李富孫輯　清嘉慶十六年(1811)嘉興李氏漾葭老屋刻同治十一年(1872)修補本　八册

440000－2558－0000197　609.1/1

原富五部　(英國)亞丹斯密撰　嚴復譯　清光緒二十八年(1902)南洋公學譯書院鉛印本　八册

440000－2558－0000198　208/4

廿一史約編八卷首一卷　(清)鄭元慶述　清愛日堂刻本　八册

440000－2558－0000199　207.1/3

廿一史四譜五十四卷　(清)沈炳震鈔　清同治十年(1871)武林吳氏清來堂刻本　十六册

440000－2558－0000200　403.3/1

國朝常州駢體文錄三十一卷結一宧駢體文一卷　屠寄輯　清光緒十六年(1890)刻本　八册

440000－2558－0000201　211.6/1
秋審實緩比較成案二十四卷　（清）林恩綬編　清光緒二年（1876）刻本　十二冊

440000－2558－0000202　118.1/15
文字蒙求四卷　（清）王筠撰　清光緒十三年（1887）梁谿浦氏刻本　一冊

440000－2558－0000203　118.1/15(2)
文字蒙求四卷　（清）王筠撰　清光緒十三年（1887）梁谿浦氏刻本　一冊

440000－2558－0000204　215.1/5
廣輿記二十四卷圖一卷　（明）陸應陽輯　（清）蔡方炳增輯　**提要一卷**　（清）蔡方炳撰　清光緒四年（1878）蘇州綠蔭堂刻本　十二冊

440000－2558－0000205　215.2/1
［道光］直隸定州志二十二卷首一卷　（清）寶琳　（清）勞沅恩纂修　清道光三十年（1850）刻本　十二冊

440000－2558－0000206　215.2/2
［乾隆］平利縣志四卷　（清）黃寬纂修　清乾隆二十一年（1756）刻本　二冊

440000－2558－0000207　215.2/3
［道光］石泉縣志四卷　（清）舒鈞纂修　清道光二十九年（1849）刻本　二冊

440000－2558－0000208　215.2/4
［乾隆］貴州通志四十六卷首一卷　（清）鄂爾泰等修　（清）靖道謨纂　清乾隆六年（1741）刻本　二十四冊

440000－2558－0000209　215.2/5
［雍正］勑修浙江通志二百八十卷首三卷　（清）嵇曾筠等修　（清）沈翼機等纂　清乾隆元年（1736）刻本　九十八冊　缺六卷（四十五至四十七、一百二十七至一百二十九）

440000－2558－0000210　215.2/6
［咸淳］臨安志一百卷　（宋）潛説友纂修　**校栞咸淳臨安志札記三卷**　（清）黃士珣撰　清道光十年（1830）錢塘汪氏振綺堂刻同治六年（1867）補刻本　二十四冊　缺四卷（九十、九十八至一百）

440000－2558－0000211　215.2/7
［雍正］山東通志三十六卷首一卷　（清）岳濬　（清）法敏修　（清）杜詔　（清）顧瀛纂　清雍正七年（1729）修乾隆元年（1736）刻道光十七年（1837）補刻本　四十一冊　缺三十五之藝文志記下

440000－2558－0000212　215.2/8
［道光］留壩廳足徵錄四卷　（清）賀仲瑊輯　清道光二十二年（1842）漢中友義齋刻本　二冊

440000－2558－0000213　215.2/9
［道光］重修汧陽縣志十二卷首一卷　（清）羅曰壁纂修　清道光二十一年（1841）刻本　四冊

440000－2558－0000214　215.2/10
［光緒］江西通志一百八十卷首五卷　（清）劉坤一等修　（清）劉繹等纂　清光緒七年（1881）刻本　一百十八冊　缺三卷（九十二至九十四）

440000－2558－0000215　215.2/11
［道光］重纂福建通志二百七十八卷首六卷　（清）孫爾準等修　（清）陳壽祺纂　（清）程祖洛等續修　（清）魏敬中續纂　**補采福建全省列女附志一卷**　清道光九年（1829）修十五年（1835）續修同治十年（1871）正誼書院刻本　一百七十九冊　缺二卷（四十九、一百七十六）

440000－2558－0000216　215.2/12
［乾隆］盛京通志四十八卷首一卷　（清）宋筠等修　（清）魏樞等纂　清乾隆元年（1736）刻咸豐二年（1852）雷以誠校補印本　十三冊　缺十六卷（一至十二、二十至二十二，首一卷）

440000－2558－0000217　215.2/13
［雍正］平陽府志三十六卷　（清）章廷珪修　（清）范安治等纂　清雍正十三年（1735）修乾隆元年（1736）刻本　四冊　存二卷（三十四、

三十六）

440000－2558－0000218　215.2/14

［雍正］四川通志四十七卷首一卷　（清）黄廷桂等修　（清）張晉生纂　清雍正十一年（1733）刻乾隆元年（1736）補版增刻本　十册　存十卷（二、十五、十九、二十六、二十八、三十九至四十、四十三至四十四、四十六）

440000－2558－0000219　215.2/15

［道光］大定府志六十卷　（清）黄宅中修　（清）鄒漢勳纂　清道光二十九年（1849）刻本　十八册　缺七卷（十至十六）

440000－2558－0000220　215.2/16

［咸豐］重修興化縣志十卷　（清）梁園棣修　（清）鄭之僑　（清）趙彦俞纂　清咸豐二年（1852）刻本　八册

440000－2558－0000221　215.2/17

［乾隆］潮州府志四十二卷首一卷　（清）周碩勳纂修　**抄存潮州府舊志一卷**　（清）康基田輯　清光緒十九年（1893）保安總局刻本　二十五册

440000－2558－0000222　215.2/18

［光緒］海陽縣志四十六卷首一卷　（清）盧蔚猷修　吴道鎔纂　清光緒二十六年（1900）刻本　十二册

440000－2558－0000223　109.4/1

讀禮通考一百二十卷　（清）徐乾學撰　清康熙三十五年（1696）昆山徐樹穀刻本　二十四册

440000－2558－0000224　109.4/2

五禮通考二百六十二卷首四卷總目二卷　（清）秦蕙田編輯　（清）方觀承同訂　清乾隆二十八年（1763）無錫秦蕙田味經窩刻本　七十六册

440000－2558－0000225　502.5/4

歸雲別集十種　（明）陳士元撰　清道光十三年（1833）應城吴毓梅刻本　二十四册

440000－2558－0000226　502.5/5

嘉定錢氏潛研堂全書二十一種　（清）錢大昕撰　清光緒十年（1884）長沙龍氏家塾刻本　七十册

440000－2558－0000227　502.1/12

槐廬叢書五編四十六種　（清）朱記榮輯　清光緒三年至十五年（1877－1889）吴縣朱氏槐廬家塾刻本　六十册

440000－2558－0000228　502.5/6

曾文正公全集十三種　（清）曾國藩撰　清同治、光緒傳忠書局刻本　六十三册　缺八十五卷（曾文正公奏稿四、二十八至三十二，十八家詩鈔二十八卷，經史百家雜鈔二十六卷，經史百家簡編下，鳴原堂論文上，曾文正公書札三十，曾文正公批牘六卷，求闕齋讀書録四卷，曾文正公年譜十二卷）

440000－2558－0000229　116.4/1

孟子要略五卷　（宋）朱熹撰　（清）劉傳瑩輯　（清）曾國藩按　清道光二十九年（1849）漢陽劉氏刻本　一册

440000－2558－0000230　402.7/12

曾文正公家書十卷家訓二卷　（清）曾國藩撰　清光緒五年（1879）傳忠書局刻本　十二册

440000－2558－0000231　403.2/10

全唐詩九百卷　（清）曹寅編　清光緒元年（1875）豫章撫州饒玉成刻本　一百二十册

440000－2558－0000232　216.1/1

金石全例四種　（清）朱記榮輯　清光緒十八年（1892）吴縣朱氏彙印本　十四册　缺四卷（碑版文廣例七至十）

440000－2558－0000233　403.3/2

潮州耆舊集三十七卷　（清）馮奉初輯　清光緒三十四年（1908）王有文樓刻本　十六册

440000－2558－0000234　106.5/1

儀禮釋官九卷首一卷　（清）胡匡衷撰　清同治八年（1869）胡肇智刻本　三册

440000－2558－0000235　502.5/7

春在堂全書二十七種 （清）俞樾撰 清同治十年（1871）德清俞氏刻光緒十五年（1889）增修本 八十冊 缺一種一卷（曲園墨戲一卷）

440000－2558－0000236 501.1/4
淵鑑類函四百五十卷目錄四卷 （清）張英等纂 清同治九年（1870）補刻本 一百五十九冊 缺三卷（二百四十五至二百四十七）

440000－2558－0000237 402.7/13
梅村詩集箋注十八卷 （清）吴偉業撰 （清）吴翌鳳箋注 清光緒十年（1884）湖北官書處刻本 十冊 缺二卷（十二至十三）

440000－2558－0000238 118.1/11
説文楬原二卷 （清）張行孚綴 （清）余澍校 清光緒十年（1884）常熟鮑氏後知不足齋刻本 二冊

440000－2558－0000239 502.5/8
左文襄公全集六種 （清）左宗棠撰 清光緒十六年至十八年（1890－1892）刻本 一百四冊

440000－2558－0000240 403.9/1
學海堂集十六卷 （清）阮元編 清道光五年（1825）啟秀山房刻本 二冊 缺十卷（一至十）

440000－2558－0000241 403.9/2
學海堂二集二十二卷 （清）吴蘭修編 清道光十八年（1838）啟秀山房刻本 十冊

440000－2558－0000242 403.9/3
學海堂三集二十四卷 （清）張維屏編 清咸豐九年（1859）啟秀山房刻本 八冊

440000－2558－0000243 403.9/4
學海堂四集二十八卷 （清）金錫齡編 清光緒十二年（1886）啟秀山房刻本 十六冊

440000－2558－0000244 403.2/11
湖海詩傳四十六卷 （清）王昶輯 清同治四年（1865）蘇州綠蔭堂刻本 四冊 存十五卷（一至十五）

440000－2558－0000245 207.1/4
紀元通攷十二卷 （清）葉維庚著 清同治十年（1871）刻本 三冊 缺三卷（一至三）

440000－2558－0000246 118.1/16
大廣益會玉篇三十卷 （南朝梁）顧野王撰 （唐）孫強增字 （宋）陳彭年等重修 清道光三十年（1850）新化鄧顯鶴東山精舍刻本 一冊 缺二十卷（一至二十）

440000－2558－0000247 217.3/1
愛日精廬藏書志三十六卷續志四卷 （清）張金吾撰 清光緒十三年（1887）吴縣徐氏靈芬閣木活字印本 九冊 缺四卷（續志四卷）

440000－2558－0000248 402.7/14
湖海樓全集五十一卷 （清）陳維崧撰 清光緒十七年至十九年（1891－1893）弇山鐸署刻本 十六冊

440000－2558－0000249 312.1/2
餘冬錄六十一卷 （明）何孟春撰 清同治三年（1864）刻本 十一冊 缺三卷（一至三）

440000－2558－0000250 402.7/15
邁堂文畧四卷 （清）李祖陶撰 清同治七年（1868）刻本 二冊 缺二卷（三至四）

440000－2558－0000251 312.1/3
炳燭編四卷 （清）李賡芸撰 清光緒四年（1878）宏達堂刻本 二冊

440000－2558－0000252 312.1/3(2)
炳燭編四卷 （清）李賡芸撰 清光緒四年（1878）宏達堂刻本 一冊 存一卷（四）

440000－2558－0000253 202.1/1
金史詳校十卷首一卷末一卷 （清）施國祁撰 清光緒六年（1880）會稽章氏刻本 六冊 缺七卷（一至三上、九至十，首一卷，末一卷）

440000－2558－0000254 101/5
十三經札記十二種附羣書札記十六卷 （清）朱亦棟撰 清光緒四年（1878）武林竹簡齋刻本 九冊 缺三卷（羣書札記十四至十六）

440000－2558－0000255 502.1/13
海源閣叢書六種 （清）楊以增輯 清咸豐聯

城楊氏海源閣刻本　六冊　缺三種二十三卷(蔡中郎集十卷、外紀一卷、外集四卷、附列傳一卷、年表一卷,三續千字文注一卷,助字辨略五卷)

440000-2558-0000256　502.1/14
古棠書屋叢書十八種　(清)孫澍　(清)孫錤輯　清道光鵝溪孫氏刻本　三十冊　缺四十卷(杜主開明前志四卷、岷陽古帝墓祠後志六至八、瘦石文鈔十三卷、增補太玄集注四卷、商邱史記十卷、蜀破鏡三卷、司馬溫公詩集三卷)

440000-2558-0000257　316.2/4
清河書畫舫十二卷附鑒古百一詩一卷　(明)張丑撰　**襄陽寶章待訪錄一卷**　(宋)米芾撰　清刻本　十一冊　缺一卷(子集)

440000-2558-0000258　402.7/9
頻羅庵遺集十六卷　(清)梁同書撰　清光緒十三年(1887)鎮海鮑景溪刻本　七冊

440000-2558-0000259　203.2/1
御撰資治通鑑綱目三編二十卷　(清)張廷玉等撰　清刻本　三冊　缺五卷(十六至二十)

440000-2558-0000260　502.2/1
二酉堂叢書二十一種　(清)張澍輯　清道光元年(1821)武威張氏二酉堂刻本　十冊　缺四卷(世本一至四)

440000-2558-0000261　502.1/15
天壤閣叢書二十種　(清)王懿榮輯　清同治、光緒間福山王氏刻本　十二冊　缺四種八卷(爾雅直音二卷、續疑年錄四卷、內功圖說一卷、求雨篇一卷)

440000-2558-0000262　215.6/4
水道提綱二十八卷　(清)齊召南編錄　清光緒五年(1879)宏達堂刻本　六冊

440000-2558-0000263　502.1/16
懺花盦叢書三十五種　(清)宋澤元輯　清光緒山陰宋氏刻十三年(1887)彙印本　五十八冊　缺一種五卷(草堂詩餘五卷)

440000-2558-0000264　403.2/12
皇朝經世文編一百二十卷姓名總目二卷　(清)賀長齡輯　**皇朝經世文續編一百二十卷姓名總目一卷**　(清)管窺居士輯　清光緒十四年(1888)藝芸書局刻本　七十三冊　缺五十三卷(二至三、十二至十七、二十五至三十一、三十八至三十九、四十九至五十五、五十八至六十三、六十六至七十四、八十三、九十八至九十九,姓名總目二,續編三至八、十三至十六)

440000-2558-0000265　404.3/2
全唐文紀事一百二十二卷首一卷　(清)陳鴻墀纂　清同治十二年(1873)巴陵方功惠刻本　三十二冊

440000-2558-0000266　404.3/2(2)
全唐文紀事一百二十二卷首一卷　(清)陳鴻墀纂　清同治十二年(1873)巴陵方功惠刻本　三十二冊

440000-2558-0000267　502.1/17
十萬卷樓叢書三編五十一種　(清)陸心源輯　清光緒歸安陸氏刻本　一百冊　缺四十九卷(夷堅志乙集二十卷、丙集二十卷、丁集一至七,靖康要錄十三至十四)

440000-2558-0000268　217.3/2
皕宋樓藏書志一百二十卷續志四卷　(清)陸心源編　清光緒八年(1882)歸安陸氏十萬卷樓刻本　三十七冊　缺九卷(十一至十三、二十至二十二、二十六至二十八)

440000-2558-0000269　215.1/6
輿地紀勝二百卷　(宋)王象之撰　**輿地紀勝校勘記五十二卷**　(清)劉文淇　(清)劉毓崧撰　**輿地紀勝補闕十卷**　(清)岑建功輯　清道光二十九年(1849)揚州岑氏懼盈齋刻本　四十一冊　缺四十五卷(三十五至四十、五十七至六十三、九十一、九十九至一百三、一百十四至一百二十三、一百五十二至一百五十七,校勘記十八至二十七)

440000-2558-0000270　502.1/18
佚存叢書十七種　(日本)林衡(天瀑山人)輯

清光緒八年(1882)滬上黄氏木活字印本　二十八冊　缺十五卷(古文孝經一卷、泰軒易傳六卷、左氏蒙求一卷、唐才子傳一至七)

440000－2558－0000271　502.1/19
湖海樓叢書十二種　(清)陳春編　清嘉慶蕭山陳氏刻二十四年(1819)彙印本　三十一冊　缺三卷(卮林九至十、卮林補遺一卷)

440000－2558－0000272　502.5/9
有恒心齋集六種　(清)程鴻詔撰　清同治刻本　十二冊　缺二卷(贈言録二卷)

440000－2558－0000273　402.7/16
袁文箋正十六卷補注一卷　(清)袁枚著　(清)石韞玉箋　清末步月山房刻本　七冊　缺二卷(一至二)

440000－2558－0000274　111.3/1
左傳事緯十二卷　(清)馬驌編論　(清)潘霨校訂　清光緒四年(1878)吳縣潘氏敏德堂刻本　七冊　缺四卷(一、四、六、八)

440000－2558－0000275　210.1/5
道齊正軌二十卷　(清)鄒鳴鶴纂　清光緒無錫鄒氏刻本　七冊　缺三卷(一至三)

440000－2558－0000276　502.5/10
古愚老人消夏録十七種　(清)汪汲撰　清乾隆、嘉慶間古愚山房刻本　十五冊　缺七卷(事物原會一至三、樂府標源二卷、怪疾奇方一卷、彙集經驗方一卷)

440000－2558－0000277　310.01/2
陳修園醫書二十一種　(清)陳念祖撰　清光緒十八年(1892)上海圖書集成印書局鉛印本　十四冊　缺二十九卷(張仲景傷寒論原文淺注一至二、金匱要略淺注十卷、金匱方歌括六卷、神農本草經讀四卷、醫學三字經四卷、經驗百病内外方一卷、絞腸痧證一卷、弔腳痧證一卷)

440000－2558－0000278　403.3/3
沅湘耆舊集前編四十卷　(清)鄧顯鶴審編　(清)鄧琮輯　清道光二十四年(1844)鄧氏小九華山樓刻本　四冊　缺七卷(一至七)

440000－2558－0000279　403.3/4
沅湘耆舊集二百卷　(清)鄧顯鶴輯　清道光二十三年(1843)新化鄧氏南村草堂刻本　四十五冊

440000－2558－0000280　213.2/4
沈文肅公政書七卷首一卷　(清)沈葆楨撰　清光緒六年(1880)吳門節署刻本　十一冊　缺一卷(首一卷)

440000－2558－0000281　502.1/21
三長物齋叢書二十六種　(清)黄本驥輯　清道光湘陰蔣環刻光緒四年(1878)香書閣重印本　六十冊

440000－2558－0000282　117.5/1
經籍籑詁一百六卷補遺一百六卷首一卷　(清)阮元撰　清嘉慶十七年(1812)揚州阮元琅環仙館刻光緒六年(1880)淮南書局補刻本　二十九冊　缺七十三卷(一至三、五至十、十二至二十三、二十六至三十三、九十四至九十五、九十九至一百二,補遺一至十、十二至二十三、二十六至三十三、九十四至九十五、九十九至一百二、一百六,首一卷)

440000－2558－0000283　502.1/22
琳琅秘室叢書三十種　(清)胡珽輯　(清)董金鑑校勘　清光緒十四年(1888)會稽董氏取斯堂木活字印本　二十一冊　缺二十二卷(孔氏祖庭廣記一至四,鸞書十卷、校譌一卷、續校一卷,南海百詠一卷、校譌一卷、續校一卷,幽明録一卷、校譌一卷、續校一卷)

440000－2558－0000284　502.1/23
重刊拜經樓叢書七種　(清)吳騫編　(清)□□重編　清光緒十一年(1885)會稽章氏鄂渚刻本　七冊　缺一種六卷(陶靖節先生詩四卷、補注一卷、附録一卷)

440000－2558－0000285　602.3/1
大清教育新法令十三編　(清)商務印書館編譯所編　清宣統二年(1910)上海商務印書館鉛印本　七冊　缺一編(五)

440000－2558－0000286　501.1/5

分類字錦六十四卷　(清)何焯等纂輯　清刻本　五十八册　缺四卷(三十三、四十一至四十二、六十二)

440000－2558－0000287　210.1/6

宋元學案一百卷首一卷攷略一卷　(清)黄宗羲撰　(清)黄百家纂輯　(清)全祖望修定　(清)王梓材等校刊　清光緒五年(1879)長沙寄廬刻本　四十册　缺一卷(二十一)

440000－2558－0000288　403.2/13

乾坤正氣集五百七十四卷首一卷　(清)姚瑩等輯　清道光二十八年(1848)涇縣潘氏袁江節署刻光緒七年(1881)長白恭鏜重印本　一百五十四册　缺十八卷(四百七十四至四百八十四、五百四至五百七、五百十三、五百十七至五百十八)

440000－2558－0000289　403.2/14

漢魏六朝百三名家集一百三種　(明)張溥輯　清光緒十八年(1892)善化章經濟堂刻本　八十册

440000－2558－0000290　502.5/11

玉海二百卷辭學指南四卷附刻十三種　(宋)王應麟撰　清光緒十年(1884)成都志古堂刻本　一百十一册　缺十六卷(一至二、四十八至五十、五十九至六十一、一百十一至一百十二、一百三十至一百三十五)

440000－2558－0000291　502.1/24

函海四十函一百五十九種　(清)李調元編　清光緒七年至八年(1881－1882)廣漢鍾登甲樂道齋刻本　一百五十八册　缺七卷(翼元一至三、淡墨錄十至十三)

440000－2558－0000292　402.7/17

天岳山館文鈔四十卷　(清)李元度撰　清光緒六年(1880)爽谿精舍刻本　二十册

440000－2558－0000293　312.1/4

何義門讀書記五十八卷　(清)何焯撰　清乾隆三十四年(1769)蔣維鈞刻光緒六年(1880)苕溪吳氏重修本　十一册　缺四卷(杜工部集五至六、李義山詩二卷)

440000－2558－0000294　403.3/5

湖南文徵一百九十卷首一卷姓氏傳四卷目錄六卷　(清)羅汝懷輯　清同治十年(1871)長沙羅氏荷花池館刻本　八十册

440000－2558－0000295　402.7/18

正誼堂文集四十卷首二卷　(清)張伯行著　清光緒二年(1876)儀封揚烈堂刻本　二十册

440000－2558－0000296　502.1/25

正誼堂全書六十六種　(清)張伯行輯　(清)楊浚重輯　清同治五年(1866)福州正誼書局刻同治八年至九年(1869－1870)續刻本　一百三十册　缺五十一卷(李延平集四卷,諸葛武侯文集三至四,司馬溫公集二至三,養正類編十三卷,居濟一得五至八,正誼堂文集六至十二,正誼堂續集一至三、五至八,唐宋八大家文鈔十六至十九,續近思錄七至十四)

440000－2558－0000297　402.2/2

重刊五百家註音辯昌黎先生文集四十卷　(唐)韓愈撰　(宋)魏仲舉輯　清刻本　十四册　缺四卷(十至十一、十五至十六)

440000－2558－0000298　203.1/2

錢陟園考訂資治通鑑綱目全書五十九卷　(宋)朱熹撰　(清)錢選考訂　清光緒八年(1882)符離邵氏惜物軒刻本　六十册

440000－2558－0000299　304/2

墨子閒詁十五卷目錄一卷附錄一卷後語二卷　(清)孫詒讓撰　清光緒三十二年(1906)上海涵芬樓石印本　七册　缺三卷(七至九)

440000－2558－0000300　203.1/4

校刊資治通鑑全書八種　(清)胡元常輯　清光緒十四年(1888)長沙楊氏刻本　一百十八册　缺七卷(資治通鑑二十六至三十二)

440000－2558－0000301　203.1/5

御批資治通鑑綱目全書四種　清光緒二年至三年(1876－1877)廣州富文齋刻本　五十二册　缺三十六卷(御批資治通鑑綱目一至十三、首一卷,資治通鑑綱目前編十八卷、舉要三卷,資治通鑑前編外紀一卷)

440000－2558－0000302　203.1/5(2)
御批資治通鑑綱目全書四種　清光緒二年至三年(1876－1877)廣州富文齋刻本　八十册

440000－2558－0000303　203.1/5(3)
御批資治通鑑綱目全書四種　清光緒二年至三年(1876－1877)廣州富文齋刻本　七十七册　缺六卷(御批資治通鑑綱目九、十四、二十四、二十七,御批續資治通鑑綱目二十六至二十七)

440000－2558－0000304　502.2/2
玉函山房輯佚書五百九十三種附一種　(清)馬國翰輯　清光緒九年(1883)長沙嫏嬛館刻本　一百六册　缺一種一卷(毛詩舒氏義疏一卷)

440000－2558－0000305　211.1/10
大明會典一百八十卷　(明)徐溥等纂修　明正德四年(1509)司禮監刻本(卷四至五、一百二十六至一百二十七爲手抄補配)　九十九册　缺二卷(七十八至七十九)

440000－2558－0000306　101/6
皇清經解一千四百八卷首一卷　(清)阮元輯　清道光九年(1829)廣東學海堂刻咸豐十一年(1861)補刻本　三百五十八册　缺三卷(五百六十七、一千七至一千八)

440000－2558－0000307　101/6(2)
皇清經解一千四百八卷首一卷　(清)阮元輯　清道光九年(1829)廣東學海堂刻咸豐十一年(1861)補刻本　三百三十四册　缺九十一卷(一至三十三、六十至六十三、一百七十七至二百十六、二百九十三至二百九十六、三百至三百一、四百九十九至五百五,首一卷)

440000－2558－0000308　501.1/6
欽定古今圖書集成一萬卷目錄三十二卷　(清)陳夢雷　(清)蔣廷錫等編　清光緒三十年(1904)上海圖書集成鉛版印書局鉛印本　一千六百十八册　缺六十一卷(方輿職方四百六至四百十三、一千三百三十五至一千三百四十七,方輿山川二百四十四至二百五十、二百六十三至二百六十九,明倫交誼六十一至六十六,氏族三十七至四十四、六百四十,博物藝術六百十四至六百十九,神異十二至十六)

440000－2558－0000309　101/7
十三經注疏附考證十三種　(清)□□輯　清同治十年(1871)廣東書局刻本　一百一册　缺六十一卷(周禮注疏附考證十至十五、十九至二十七、三十一至三十三,儀禮注疏附考證九至十五,禮記注疏附考證二十至三十五,論語注疏附考證二十卷)

440000－2558－0000310　502.5/12
重刊船山遺書四十五種補遺一種補刊三種　(清)王夫之撰　**王船山叢書校勘記二卷**　(清)劉毓崧撰　清同治四年(1865)湘鄉曾國荃刻光緒十三年(1887)船山書院補刻本　九十四册　缺十卷(周易内傳一至四上、春秋稗疏二卷、春秋世論一至二、續春秋左氏傳博議二卷)

440000－2558－0000311　502.1/26
功順堂叢書十八種　(清)潘祖蔭編　清光緒吳縣潘氏刻本　二十八册　缺十七卷(春秋左氏傳補注一至七、十至十二,春秋左氏傳地名補注六至十二)

440000－2558－0000312　502.1/27
惜陰軒叢書十六函三十四種續編一種　(清)李錫齡編　清光緒十四年(1888)長沙惜陰書局刻本　七十八册　缺八卷(古文苑十至十四、周易說翼三卷)

440000－2558－0000313　502.3/1
湖州叢書十二種　(清)陸心源編　清光緒湖城義塾刻本　二十四册　缺一種八卷(澤雅堂文集八卷)

440000－2558－0000314　502.5/13
中復堂全集九種　(清)姚瑩撰　**中復堂[姚瑩]年譜一卷**　(清)姚濬昌撰　清同治六年(1867)姚濬昌安福縣署刻本　二十八册　缺十三卷(後湘詩集五至九,中後堂遺稿五卷、續編二卷,中復堂年譜一卷)

440000－2558－0000315　502.1/28

龍威秘書十集一百六十九種　(清)馬俊良編　清刻本　四十一册　存五十七種一百四十卷(西京雜記六卷,海内十洲記一卷,神仙傳十卷,别國洞冥記四卷,詩品三卷,鼎録一卷,竹譜一卷,古今刀劍録一卷,江淮異人録一卷,離騷集傳一卷,赤雅三卷,平臺紀畧一卷,考槃餘事一至二,麗體金膏三、七至八,金鼇退食筆記二卷,京東考古録一卷,山東考古録一卷,泰山紀勝一卷,隴蜀餘聞一卷,板橋雜記三卷,揚州鼓吹詞序一卷,匡廬紀游一卷,游雁蕩山記一卷,甌江逸志一卷,湖壖雜記一卷,峝谿纖志一卷,坤輿外紀一卷,嶺南雜記一卷,封長白山記一卷,使琉球紀一卷,閩小記二卷,臺灣紀畧一卷,臺灣雜記一卷,安南紀游一卷,粵述一卷,粵西偶記一卷,滇黔紀游一卷,滇行紀程一卷、續抄一卷,東還紀程一卷、續抄一卷,推易始末四卷,春秋屬辭比事記四卷,春秋占筮書三卷,韻學指南一卷,竟山樂録四卷,李氏學樂録二卷,論語稽求篇七卷,大學證文一卷,明堂問一卷,白鷺洲主客説詩一卷,續詩傳鳥名三卷,八紘譯史四卷,八紘荒史一卷,譯史記餘一至二、四,西番譯語一卷,外國竹枝詞一卷,西藏記二卷,説文解字繫傳一至二十八)

440000－2558－0000316　202.1/2

前漢書附考證一百卷　(漢)班固撰　(唐)顔師古注　清光緒十四年(1888)上海圖書集成印書局鉛印本　二十册

440000－2558－0000317　202.1/3

後漢書附考證一百二十卷　(南朝宋)范曄撰　(唐)李賢注　(晉)司馬彪續纂　(南朝梁)劉昭續注　清光緒十四年(1888)上海圖書集成印書局鉛印本　十六册

440000－2558－0000318　202.1/4

史記附考證一百三十卷　(漢)司馬遷撰　(南朝宋)裴駰集解　(唐)司馬貞索隱　(宋)張守節正義　清光緒十四年(1888)上海圖書集成印書局鉛印本　十五册　缺四卷(一至四)

440000－2558－0000319　202.1/5

三國志附考證六十五卷　(晉)陳壽撰　(南朝宋)裴松之注　清光緒十四年(1888)上海圖書集成印書局鉛印本　二册　存十七卷(魏書十四至三十)

440000－2558－0000320　403.2/15

文選六十卷　(南朝梁)蕭統撰　(唐)李善注　**文選考異十卷**　(清)胡克家撰　清宣統三年(1911)上海會文堂書局石印本　十六册

440000－2558－0000321　502.3/2

紹興先正遺書四集十五種　(清)徐友蘭輯　清光緒會稽徐友蘭鑄學齋刻本　三十册　缺五十卷(嘯堂集古録校補一卷,鮑照集校補一卷,章蘇州集校正拾遺一卷,元微之文集校補一卷,白氏文集校正一卷;林和靖集校正一卷,澹生堂藏書目十四卷,思復堂文集十卷、附録一卷、末一卷,漢孳室文鈔四卷、補遺一卷,行朝録十一卷、末一卷,江右紀變一卷)

440000－2558－0000322　403.2/16

文粹一百卷　(宋)姚鉉編　**文粹補遺二十六卷**　(清)郭麟編　清光緒十六年(1890)杭州許增榆園刻本　二十三册　缺十卷(七、五十九、六十五至六十八,補遺二十三至二十六)

440000－2558－0000323　215.6/5

水經注釋四十卷首一卷附録二卷水經注箋刊誤十二卷　(漢)桑欽撰　(北魏)酈道元注　(清)趙一清釋　清光緒六年(1880)蛟川張壽榮華雨樓刻本　十七册　缺十七卷(一至十六、首一卷)

440000－2558－0000324　215.1/7

中外地輿圖説集成一百三十卷首三卷　(清)同康廬主人輯　清光緒二十年(1894)上海積山書局石印本　十一册　缺三十二卷(九十九至一百三十)

440000－2558－0000325　501.2/1

佩文韻府一百六卷　(清)張玉書等編　**韻府拾遺一百六卷**　(清)張廷玉等編　清嶺南潘氏海山仙館刻本　一百五十七册　缺七卷(韻府拾遺一至七)

440000－2558－0000326　403.2/17

唐詩百名家全集四函一百種　（清）席啟寓輯　清康熙四十一年（1702）洞庭席氏琴川書屋刻光緒八年（1882）重修本　六十一册　缺十八卷（羅隱昭諫甲乙集五至十、于鄴詩一卷、于濆子漪詩一卷、許棠文化詩一卷、曹唐堯賓詩二卷、李山甫詩一卷、許郴詩一卷、邵謁詩一卷、周樸見素詩一卷、司空圖表聖詩三卷）

440000－2558－0000327　403.3/6

資江耆舊集六十卷資江盛事一卷　（清）鄧顯鶴輯　（清）歐陽紹洛訂　（清）陶澍補　清道光十九年（1839）金陵節署刻本　十六册

440000－2558－0000328　103.2/4

尚書古文疏證八卷　（清）閻若璩撰　**朱子古文書疑一卷**　（宋）朱熹撰　（清）閻詠復輯　清嘉慶元年（1796）天津吳氏刻本　七册　缺二卷（二至三）

440000－2558－0000329　403.3/7

縉雲文徵二十卷補編一卷　（清）湯成烈編錄　清道光三十年（1850）五雲書院刻本　六册　缺五卷（十一至十二、十九至二十，補編一卷）

440000－2558－0000330　113.2/1

春秋穀梁經傳補注二十四卷首一卷末一卷　（晉）范甯集解　（清）鍾文烝補注　清光緒二年（1876）嘉善鍾氏信美室刻本　七册　缺三卷（二十三至二十四、末一卷）

440000－2558－0000331　211.3/1

星輶攷轍四卷　（清）劉啟彤譯述　清光緒十五年（1889）上海同文書局石印本　七册　缺一卷（一）

440000－2558－0000332　314.3/7

白芙堂算學叢書二十三種　（清）丁取忠輯　清同治、光緒長沙古荷花池精舍刻本　十九册　缺四十四卷（算書二十二卷、八線對數類編三卷、借根方勾股細草一卷、少廣縋鑿一卷、務民義齋算學十二卷、百雞術衍二卷、輿地經緯度裏表一卷、演算法圓理括囊一卷、開方說下）

440000－2558－0000333　314.3/8

算經十書十種　（清）孔繼涵輯　**勾股割圜記三卷**　（清）戴震撰　（清）吳思孝注　清光緒十六年（1890）上海刻本　八册　缺一卷（勾股割圜記下）

440000－2558－0000334　402.6/7

寶綸堂集十卷　（明）陳洪綬撰　（清）陳字贌編　清光緒十四年（1888）會稽董氏取斯堂木活字印本　三册　缺五卷（二至五、十）

440000－2558－0000335　116.5/6

學庸會要□□卷　（□）椒園老人輯　清刻本　五册　存四卷（一至四）

440000－2558－0000336　403.2/18

唐宋八家文讀本三十卷　（清）沈德潛評點　清刻本　七册　缺十三卷（一至七、十二至十六、二十八）

440000－2558－0000337　402.7/19

嘯古堂文集八卷　（清）蔣敦復撰　清同治七年（1868）上海道署刻本　三册　缺二卷（五至六）

440000－2558－0000338　215.1/8

乾隆府廳州縣圖志五十卷　（清）洪亮吉撰　清乾隆五十三年至嘉慶八年（1788－1803）刻本　七册　缺十七卷（二十一至三十二、三十七至四十一）

440000－2558－0000339　502.1/29

平津館叢書十集三十四種　（清）孫星衍輯　清光緒十年至十五年（1884－1889）吳縣朱記榮槐廬家塾刻本　十一册　存四種四十一卷（寰宇訪碑錄七至八、十至十一，抱朴子附篇之抱朴外篇佚文一卷、抱朴神仙金汋經三卷、抱朴子養生論一卷、大丹問答一卷、抱朴子別旨一卷，尚書今古文注疏一至六、九至二十七，芳茂山人詩錄一至五）

440000－2558－0000340　402.7/20

春融堂集六十八卷雜記八種　（清）王昶撰　**述庵先生[王昶]年譜二卷**　（清）嚴榮撰　清刻本　十六册　缺十二卷（一至十、年譜二卷）

440000－2558－0000341　318.1/2
法苑珠林一百卷　(唐)釋道世撰　清道光七年(1827)虞山蔣氏燕園刻本　九冊　缺六十七卷(一至六十二、八十八至九十二)

440000－2558－0000342　111.2/2
春秋説約三十卷　(晉)嚴天顏等輯著　清刻本　四冊　缺九卷(一至九)

440000－2558－0000343　210.1/7
從政觀法錄三十卷　(清)朱方增輯　清道光十年(1830)刻本　七冊　缺三卷(二十四至二十六)

440000－2558－0000344　205.2/3
平定關隴紀略十三卷　(清)易孔昭等撰　清光緒十三年(1887)刻本　一冊　缺十一卷(一至十一)

440000－2558－0000345　403.3/8
廣東文獻初集十八卷二集九卷三集十七卷四集二十六卷　(清)羅學鵬編　清嘉慶春暉堂刻同治二年(1863)印本　二十二冊　缺六卷(初集一、四集二十二至二十六)

440000－2558－0000346　401/1
楚辭十七卷　(戰國)屈原等撰　(漢)劉向輯　(漢)王逸注　清光緒九年(1883)長沙書堂山館刻本　六冊

440000－2558－0000347　215.5/2
畿輔河道水利叢書九種　(清)吳邦慶輯　清道光四年(1824)益津吳邦慶刻本　七冊　缺三種三卷(水利營田圖說一卷、畿輔水道管見一卷、畿輔水利私議一卷)

440000－2558－0000348　402.7/21
隨園三十種　(清)袁枚撰　清光緒十七年(1891)經綸堂刻本　二十七冊　缺一百二十六卷(小倉山房文集三十五卷;小倉山房外集一至五;小倉山房尺牘七至十;隨園詩話三至五、八至十六,補遺十卷;隨園隨筆二十八卷;新齊諧一至六;隨園食單一卷;續同人集七至十七;碧腴齋詩存八卷;隨園女弟子詩選六卷)

440000－2558－0000349　403.2/19
古文辭類纂七十五卷　(清)姚鼐輯　**續古文辭類纂三十四卷**　王先謙編　清光緒三十三年(1907)上海商務印書館鉛印本　十一冊　缺十卷(四十一至五十)

440000－2558－0000350　216.5/1
寰宇訪碑錄十二卷　(清)孫星衍　(清)邢澍撰　**補寰宇訪碑錄五卷失編一卷刊誤一卷**　(清)趙之謙撰　羅振玉刊謬　清光緒十年至十二年(1884－1886)吳縣朱記榮槐廬家塾刻本　六冊　缺五卷(四至六、十二,刊誤一卷)

440000－2558－0000351　210.1/8
明儒學案六十二卷師説一卷附案一卷　(清)黃宗羲撰　清雍正十三年至乾隆四年(1735－1739)慈谿鄭性刻光緒八年(1882)慈谿二老閣補修本　二十冊

440000－2558－0000352　210.1/9
明儒學案六十二卷師説一卷　(清)黃宗羲撰　清光緒十四年(1888)南昌縣學刻本　三十二冊

440000－2558－0000353　111.2/3
左傳義法舉要一卷　(清)方苞口授　(清)王兆符　(清)程崟傳述　**方氏左傳評點二卷**　(清)廉泉輯　清光緒十九年(1893)金匱廉氏刻本　三冊

440000－2558－0000354　205.2/4
國語二十一卷　(春秋)左丘明撰　(三國吳)韋昭注　**札記一卷**　(清)黃丕烈撰　**考異四卷**　(清)汪遠孫撰　清光緒三年(1877)永康胡氏退補齋刻本　四冊

440000－2558－0000355　205.2/5
戰國策三十三卷　(漢)高誘注　(宋)姚宏校注　**札記三卷**　(清)黃丕烈撰　清光緒三年(1877)永康胡氏退補齋刻本　六冊

440000－2558－0000356　205.2/4(2)
國語二十一卷　(春秋)左丘明撰　(三國吳)韋昭注　**札記一卷**　(清)黃丕烈撰　**考異四卷**　(清)汪遠孫撰　清光緒三年(1877)永康

胡氏退補齋刻本　三冊　缺八卷(七至十四)

440000－2558－0000357　205.2/5(2)
戰國策三十三卷　(漢)高誘注　(宋)姚宏校注　**札記三卷**　(清)黄丕烈撰　清光緒三年(1877)永康胡氏退補齋刻本　六冊

440000－2558－0000358　210.1/10
學案小識十四卷首一卷末一卷　(清)唐鑑撰　清光緒十年(1884)刻本　十一冊　缺二卷(十二至十三)

440000－2558－0000359　118/1
小學考五十卷　(清)謝啟昆撰　清光緒十四年(1888)浙江書局刻本　十四冊　缺十六卷(三十四至三十五、三十七至五十)

440000－2558－0000360　209.2/2
歷代史論十二卷宋史論三卷元史論一卷　(明)張溥撰　**左傳史論二卷**　(清)高士奇撰　**明史論四卷**　(清)谷應泰撰　清光緒刻本　二冊　存一種四卷(明史論四卷)

440000－2558－0000361　312.1/5
癸巳存稿十五卷　(清)俞正燮撰　清光緒十年(1884)刻本　八冊

440000－2558－0000362　205.3/1
俄史輯譯四紀七十七章　(英國)闞斐迪譯　(清)徐景羅重譯　清光緒十四年(1888)益智書會刻本　三冊　缺十一章(第一紀一至二章、第二紀二十九至三十七章)

440000－2558－0000363　215.8/1
防海新論十八卷　(德國)希理哈撰　(英國)傅蘭雅口譯　(清)華蘅芳筆述　清同治十二年(1873)江南製造總局刻本　六冊

440000－2558－0000364　211.7/1
汽機新制八卷　(英國)白爾格撰　(英國)傅蘭雅口譯　(清)徐建寅筆述　清江南製造總局刻本　二冊

440000－2558－0000365　307.1/4
輪船布陣十二卷首一卷圖一卷　(英國)裴路撰　(英國)傅蘭雅口譯　(清)徐建寅筆述　清江南製造總局刻本　二冊　缺一卷(十二)

440000－2558－0000366　605.5/1
克虜伯礮説四卷操法四卷彈造法二卷表八卷彈附圖一卷餅藥造法一卷　(美國)金楷理口譯　(清)李鳳苞筆述　清末刻本　五冊

440000－2558－0000367　302.2/9
程氏家塾讀書分年日程三卷　(元)程端禮編　清刻本　一冊　存一卷(三)

440000－2558－0000368　205.2/6
國語正義二十一卷　(清)董增齡撰　清光緒六年(1880)會稽章氏式訓堂刻本　一冊　存二卷(一至二)

440000－2558－0000369　623.5/1
實用衛生自強法六十章　(日本)堀井宗一著　趙必振譯　清光緒二十九年(1903)上海廣智書局鉛印本　一冊

440000－2558－0000370　210.1/14
欽定宗室王公功績表傳十二卷首一卷　(清)國史館編　清京都琉璃廠榮錦書屋刻本　五冊　缺二卷(四至五)

440000－2558－0000371　210.1/11
漢名臣傳三十二卷　(清)國史館編　清京都琉璃廠榮錦書屋刻本　三十一冊　缺一卷(二)

440000－2558－0000372　210.1/12
滿洲名臣傳四十八卷　(清)國史館編　清京都琉璃廠榮錦書屋刻本　二十八冊　缺二十卷(三至四、九至十一、十六至十七、二十一、二十三、二十七、三十五至四十、四十二、四十六至四十八)

440000－2558－0000373　502.1/30
增訂漢魏叢書八十六種　(清)王謨輯　清乾隆五十六年(1791)金溪王氏刻本　七十八冊　缺八卷(易林二、毛詩草木鳥獸蟲魚疏二卷、大戴禮記一至五)

440000－2558－0000374　118.1/17
康熙字典十二集總目一卷檢字一卷辨似一卷

等韻一卷備考一卷補遺一卷　（清）張玉書等纂　清刻本　三十三册

440000－2558－0000375　210.1/13

國朝先正事略六十卷　（清）李元度纂　清同治五年（1866）循陔草堂刻本　二十二册

440000－2558－0000376　215.2/19

［乾隆］永壽縣新志十卷首一卷　（清）蔣基修　（清）王開沃纂　清乾隆五十八年（1793）刻本　一册　存二卷（九至十）

440000－2558－0000377　215.7/1

環遊地球新録四卷　（清）李圭撰　清光緒刻本　四册

440000－2558－0000378　302.2/10

御製勸善要言一卷　（清）世祖福臨輯　清光緒三十二年（1906）汕頭公報排印本　一册

440000－2558－0000379　301/1

子書二十五種　清光緒三十年（1904）上海育文書局石印本　二十六册　缺六十五卷（孔子集語三至六，管子十至十八，列子八卷，黄帝内經素問十九至二十四、素問遺篇一卷、靈樞十二卷，墨子十五卷，孫子十家註七至十三、遺説一卷，山海經十七至十八）

廣東外語外貿大學圖書館
古籍普查登記目録

全國古籍普查登記目録

國家圖書館出版社
National Library of China Publishing House

440000－5541－0000001　050
約章成案匯覽甲篇□□卷　（□）□□輯　清末石印本　二冊　存二卷（七至八）

440000－5541－0000002　058
皇朝文獻通考三百卷　（清）嵇璜等纂　清光緒二十八年（1902）上海鴻寶書局石印本　三十三冊

440000－5541－0000003　059
皇朝通志一百二十六卷　（清）嵇璜等纂　清光緒二十八年（1902）上海鴻寶書局石印本　八冊

440000－5541－0000004　061
［宣統］南海縣志二十六卷末一卷　（清）鄭榮等修　（清）桂坫等纂　清宣統二年（1910）刻本　十五冊

440000－5541－0000005　062
說文解字十五卷標目一卷　（漢）許慎撰　（宋）徐鉉等校定　清初毛氏汲古閣刻本　八冊

440000－5541－0000006　064
三藩紀事本末四卷　（清）陸榮編　清抄本　二冊

440000－5541－0000007　066
漢書一百卷　（漢）班固撰　清金陵書局刻本　一冊　存七卷（八至十四）

440000－5541－0000008　081
佩文韻府一百六卷拾遺一百六卷　（清）張玉書等輯　清光緒十二年（1886）上海同文書局石印本　六十冊　存一百九十六卷（佩文韻府一至三十、三十七至六十六、六十八至七十、七十四至七十五、八十一至九十九、一百一至一百六，拾遺一百六卷）

440000－5541－0000009　082
英軺日記十二卷　（清）載振撰　清光緒鉛印本　一冊　存七卷（一至三、九至十二）

440000－5541－0000010　089
爾雅疏二卷附校勘記二卷　（宋）邢昺等校定　清光緒十三年（1887）點石齋石印本　一冊

440000－5541－0000011　090
監本附音春秋公羊注疏二十八卷附校勘記二十八卷　（漢）何休撰　（唐）陸德明音義　（唐）孔穎達疏　清光緒十三年（1887）脈望仙館石印重刊宋本十三經註疏附校勘記本　二冊

440000－5541－0000012　091
附釋音春秋左傳注疏六十卷附校勘記六十卷　（晉）杜預注　（唐）陸德明音義　（唐）孔穎達疏　清末石印本　二冊　存十二卷（注疏七至十二、校勘記七至十二）

440000－5541－0000013　092
附釋音禮記注疏六十三卷附校勘記六十三卷　（漢）鄭玄注　（唐）陸德明音義　（唐）孔穎達疏　清末石印本　一冊　存六卷（注疏十至十二、校勘記十至十二）

440000－5541－0000014　093
監本附音春秋穀梁注疏二十卷附校勘記二十卷　（晉）范甯集解　（唐）陸德明音義　（唐）楊士勛疏　清光緒十三年（1887）點石齋石印本　一冊　存八卷（注疏一至四、校勘記一至四）

440000－5541－0000015　094
英國水師考一卷　（英國）巴那比　（美國）克里撰　（英國）傅蘭雅　（清）鍾天緯譯　清光緒江南製造總局鉛印本　一冊

440000－5541－0000016　095
俄國水師考一卷　（英國）百拉西撰　（英國）傅少蘭　（清）李嶽衡譯　清光緒江南製造總局鉛印本　一冊

440000－5541－0000017　096
昌黎先生集四十卷　（唐）韓愈撰　（唐）李漢編　清同治八年（1869）江蘇書局刻本　一冊　存十二卷（一至十二）

《廣東省汕頭市圖書館古籍普查登記目録》
書名筆畫字頭索引

一畫

二畫

三畫

四畫

五畫

六畫

七畫

八畫

九畫

十畫

十一畫

十二畫

十三畫

十四畫

十五畫

十六畫

十七畫

十八畫

十九畫

二十畫

二十一畫

二十二畫

二十三畫

二十四畫

《廣東省汕頭市圖書館古籍普查登記目録》
書名筆畫索引

一畫

二畫

三畫

四畫

五畫

六畫

七畫

八畫

九畫

十畫

十一畫

十二畫

十三畫

十四畫

十五畫

十六畫

十七畫

十八畫

十九畫

二十畫

二十一畫

二十二畫

二十三畫

二十四畫

《廣東省佛山市圖書館古籍普查登記目録》
書名筆畫字頭索引

一畫

二畫

三畫

四畫

五畫

六畫

七畫

八畫

九畫

十畫

十一畫

十二畫

十三畫

十六畫

十七畫

十八畫

十九畫

二十畫

二十一畫

二十二畫

二十三畫

二十四畫

《廣東省佛山市圖書館古籍普查登記目録》
書名筆畫索引

一畫

二畫

三畫

四畫

五畫

六畫

七畫

八畫

九畫

十畫

十一畫

十二畫

十三畫

十四畫

十五畫

十六畫

十七畫

十八畫

十九畫

二十畫

二十一畫

二十二畫

二十三畫

二十四畫

《廣東省東莞圖書館古籍普查登記目録》
書名筆畫字頭索引

二畫

三畫

四畫

五畫

六畫

七畫

八畫

九畫

十畫

十一畫

十二畫

十三畫

十四畫

十五畫

十六畫

十七畫

十八畫

十九畫

二十一畫

二十四畫

《廣東省東莞圖書館古籍普查登記目録》
書名筆畫索引

二畫

三畫

四畫

五畫

六畫

七畫

八畫

九畫

十畫

十一畫

十二畫

十三畫

十四畫

十五畫

十六畫

十七畫

十八畫

十九畫

二十一畫

二十四畫

《廣東省江門市新會區景堂圖書館古籍普查登記目録》書名筆畫字頭索引

一畫

二畫

三畫

四畫

五畫

六畫

七畫

八畫

九畫

十畫

十一畫

十二畫

十三畫

十四畫

十五畫

十六畫

十七畫

十八畫

十九畫

二十畫

二十一畫

二十二畫

二十三畫

二十四畫

《廣東省江門市新會區景堂圖書館古籍普查登記目録》

書名筆畫索引

一畫

二畫

三畫

四畫

五畫

六畫

七畫

八畫

九畫

十畫

十一畫

十二畫

十三畫

十四畫

十五畫

十六畫

十七畫

十八畫

十九畫

二十畫

二十一畫

二十二畫

二十三畫

二十四畫

《廣東省廣州圖書館古籍普查登記目録》
書名筆畫字頭索引

一畫

二畫

三畫

四畫

五畫

六畫

七畫

八畫

九畫

十畫

十一畫

十二畫

十三畫

十四畫

十五畫

十六畫

十七畫

十八畫

十九畫

二十畫

二十一畫

二十二畫

二十三畫

二十四畫

《廣東省廣州圖書館古籍普查登記目録》書名筆畫索引

一畫

二畫

三畫

四畫

五畫

六畫

七畫

八畫

九畫

十畫

十一畫

十二畫

十三畫

十四畫

十五畫

十六畫

十七畫

十八畫

十九畫

二十畫

二十一畫

二十二畫

二十三畫

二十四畫

《韓山師範學院圖書館古籍普查登記目録》
書名筆畫字頭索引

二畫

三畫

四畫

五畫

六畫

七畫

八畫

九畫

十畫

十一畫

十二畫

十三畫

十四畫

十五畫

十六畫

十七畫

十八畫

十九畫

二十二畫

二十四畫

《韓山師範學院圖書館古籍普查登記目録》

書名筆畫索引

二畫

三畫

四畫

五畫

六畫

七畫

八畫

九畫

十畫

十一畫

十二畫

十三畫

十四畫

十五畫

十六畫

十七畫

十八畫

十九畫

二十二畫

二十四畫

《廣東省汕頭市金山中學古籍普查登記目録》
書名筆畫字頭索引

二畫

三畫

四畫

五畫

六畫

七畫

八畫

九畫

十畫

十一畫

十二畫

十三畫

十四畫

十五畫

《廣東省汕頭市金山中學古籍普查登記目録》
書名筆畫索引

二畫

三畫

四畫

五畫

六畫

七畫

八畫

九畫

十畫

十一畫

十二畫

十三畫

十四畫

十五畫

十六畫

十七畫

十八畫

十九畫

二十畫

二十一畫

二十二畫

《廣東外語外貿大學圖書館古籍普查登記目録》
書名筆畫字頭索引

三畫

七畫

八畫

九畫

十四畫

《廣東外語外貿大學圖書館古籍普查登記目録》
書名筆畫索引

三畫

七畫

八畫

九畫

十四畫